민중과 그로테스크의 문화정치학

미하일 바흐친과 생성의 사유

민중과 그로테스크의 문화정치학 미하일 바흐친과 생성의 사유

초판 1쇄 발행 _ 2017년 5월 30일

지은이 최진석
펴낸곳 (주)그린비출판사 | **주소** 서울시 마포구 와우산로 180, 4층
전화 02-702-2717 | **이메일** editor@greenbee.co.kr | **등록번호** 제2017-000094호

ISBN 978-89-7682-258-1 93100
이 도서의 국립중앙도서관 출판시도서목록(CIP)은 서지정보유통지원시스템 홈페이지(http://seoji.nl.go.kr)와
국가자료공동목록시스템(http://www.nl.go.kr/kolisnet)에서 이용하실 수 있습니다(CIP제어번호: CIP2017012468).

민중과 그로테스크의 문화정치학

미하일 바흐친과 생성의 사유

최진석 지음

용B
그린비

차례

| 일러두기 |

1 이 책은 2009년 러시아인문학대학교 예술사대학 문화의 이론과 역사학과(kafedra teorii i istorii kul'tury)에 제출했던 박사학위 논문 「바흐친의 저술에 나타난 문화 동력학의 문제들」("Problemy dinamiki kul'tury v rabotakh M. M. Bakhtina")을 번역·보완한 것이다.

2 본문과 각주의 인용문에 쓰인 대괄호([ ])는 저자가 사용한 것으로 '——인용자'로 표시했다.

3 단행본·정기간행물은 겹낫표(『 』)로, 논문·시·회화·선언문은 낫표(「 」)로 표시했다.

4 각주에 등장하는 러시아어 문헌은 권말의 '참고문헌'에 번역어를 병기해 두었다.

5 외국어 고유명사는 2002년에 국립국어원에서 펴낸 외래어 표기법을 따르는 것을 원칙으로 하되, 러시아어의 현지 발음과 국내에서 관례적으로 통용되는 표기를 고려하여 폭넓게 예외를 두었다.

6 키릴문자는 라틴 알파벳으로 전사하여 썼다. 이 경우 미국도서관협회/미국국회도서관 제정 표기법(ALA-LC)을 따르되, 고유명사의 경우 폭넓게 예외를 인정하였다.

서문 다시 돌아올 '사건의 책'을 위하여

> 나는 차라투스트라, 신을 믿지 않는 자.
> 온갖 우연을 나의 솥에 넣고 끓여서,
> 잘 익은 것만을 나의 음식으로 반기지.
> ─ 프리드리히 니체

대학원을 수료할 무렵인 2002년 말, 박사논문의 주제를 '미하일 바흐친의 문학과 문화이론'으로 결정한 나는 그때까지 출간된 바흐친 저작의 한국어 번역본과 관련 학술논문 목록을 정리해 보기로 했다. 석사논문의 주제가 러시아 근대문학비평사였기 때문에 박사학위의 방향과 주제를 완전히 바꾸기 위해서는 한번쯤 폭넓은 조사가 필요하다고 생각했고, 무엇보다도 한국 지식사회에서 바흐친이 차지하는 위상이나 쓰임새 같은 '현재적 분위기'를 살펴보고 싶었기 때문이다. 물론, 도서관과 인터넷에서 접할 수 있는 영어권 및 러시아어권 단행본과 논문은 수없이 많았다. 하지만 국내 러시아학 전문가들과 전공 '바깥'의 연구자들이 바흐친을 얼마나 널리 수용하고 깊이 있게 파고들었는지 알고 싶었다.

실제로 1980년대 이래 한국의 문학과 문화 담론에서 바흐친은 가장 각광받는 이론가 중 한 사람이었다. 독일 고전철학과 고전주의 문학비평으로 중무장한 게오르크 루카치와 나란히, 혹은 그의 '대항마'로 내세워져 다방면에 걸쳐 호출되었던 까닭이다. 루카치가 장대하고 강인한 남성적 스타일로 사변적 우주를 펼쳤다면, 바흐친은 조곤조곤한 목소리로, 하지만 끈질기게 형이상학의 고도高度를 끌어내리는 말투로 자신의 글을 써갔다. 지금도 널리 읽히는 바흐친의 첫번째 한국어 번역서는 『장편소설과 민중언어』라는 '가슴 벅찬' 제목을 달고 있는데, 1980년대의 정서적 분위기와 바흐친 수용의 시대적 맥락을 보여 주는 듯하여 제목을 읽을 때마다 늘 신기한 감상에 잠기곤 했다. 더구나 루카치와 대비되는 바흐친 삶의 궤적은 그 자체로 감동스러운 데가 있었다. 나름의 간난신고에도 불구하고 루카치가 '미학의 맑스'라는 영예로운 호칭을 누렸던 데 반해, 청년 시절 '때 아닌' 정치적 죄과를 짊어졌던 바흐친은 티 내지 않고 조용히 연명하는 삶을 택했던 것이다. 사뭇 대조되는 일생을 보냈던 두 사람이 1980년대 한국의 문화 공간에서 나란히 이름을 떨쳤던 사실은 참 아이러니하게 느껴진다.

'철의 장막'이라 불리던 소련과의 외교 관계가 1991년 즈음에야 시작되었던 점을 감안할 때, 반공과 억압으로 점철된 이 땅에서 바흐친이 명성을 얻고 그의 저작 상당수가 번역되었던 것은 제법 놀라운 일이 아닐 수 없다. 영어판의 중역을 거친 형태지만, 1980~1990년대에 출판된 그의 책들은 여전히 읽을 만한 수준을 보유하는 편이다. 또한 '대화주의'나 '웃음문학', '다성악', '민중성', '크로노토프'(시공성) 등으로 표지되는 바흐친의 주요 개념들은 학술논문의 분석적 도구나 이론적 프리즘으로 빈번하게 사용되었으며, 인문학 연구자들이 필수적으로 독파해야 하는 방법론으로 자리 잡았다. 그렇게 '지난 세기'까지는, 바흐친이라는 이름을 무시하고 현대적 사유의 지평을 논한다는 것은 상당히 무색한 노릇이었다. 그러나 21세기에 접어들며 모든 것이 바뀌었다.

한때 대단한 성가聲價를 올렸다던 바흐친에 관한 관심은 2000년대 초엽에 이미 그 열기가 상당히 시들어 가던 참이었다. 러시아학계를 포함하여 인문학 일반에서도 이론이든 비평이든 비중 있는 성과물을 찾아보기 어려웠다. 연구논문의 숫자도 1990년대에 비해 확연히 줄어들어 있었고, 자신의 관점에서 저술한 국내 학자들의 연구서도 손에 꼽을 만큼 드물었다. 나름대로 부지런히 간행되던 바흐친 번역본들도 전반적으로는 줄어들고 있다는 인상을 지울 수 없었다. 문학비평이나 문화연구, 철학적 사유를 위해 한번쯤 훑어봐야 한다는 당위성은 여전히 공유되고 있었으나 과연 '통과지대' 이상의 의미를 갖는지는 의심스러울 지경이었다. 어쩌면 신자유주의의 전 세계적 팽창과 지배에 놓인 거의 모든 나라에서 공통적으로 벌어진 사태, 즉 인문학의 후퇴에 맞물린 현상이었을 수도 있다. 비단 한국뿐만 아니라 러시아와 유럽, 미국에서도 바흐친은 말할 것도 없이 인문학 자체가 나날이 쪼그라드는 모양새였으니까. 그렇다면 나는 무슨 이유로 이렇게 '전망 없는' 공부를 하고 있는 것일까? 이다지도 막막한 상황에서 바흐친을 파고들어 본들 무슨 소용이 있을까? 나로 하여금 물러서지 않고 한 발 더 나아가도록 촉발할 이유가 절실했지만, 그런 게 당장 눈앞에 떠오를 턱이 없었다.

다른 한편, 내 앞에는 바흐친이 과연 본격적으로 공부를 시작해도 좋을 만큼 가치 있는 대상인지에 대한 또 다른 의구심이 생겨나고 있었다. '공부해야 하는 이유'야 이 바닥에 발을 들여 놓은 이상 평생 내 빈약한 영혼을 갉아먹을 '악의 구렁텅이'가 되겠지만, 두번째 물음은 '실용적' 차원에서도 어느 정도 답변을 받아 내야 했다. 만일 바흐친이 그다지 몰두할 만한 가치나 필요가 없는 대상이라면 어찌할 것인가? 좀더 전문적으로 말한다면, 그것은 바흐친 사상의 유기적 통일성에 대한 질문이었다.

1980년대 미국에서는 '바흐친 산업'이라는 표현이 나올 정도로 그가 남긴 개념과 범주가 학자들 사이에 유행이었던 적이 있다. 그와 동시에 바흐친이 통일적 사상의 소유자인가에 대한 논란이 끊이지 않았다. 대화주의나 카니발, 민중문화와 크로노토프 등의 의미와 기능에 주목하면서도, 그것들이 과연 서로 정합적으로 연결되는지, 구조적 일관성을 형성하는지에 대해 심각한 의문이 제기되었던 것이다. 가령 1929년에 저술한 『도스토예프스키 창작의 제문제』와 1940년대의 저작 『프랑수아 라블레의 작품과 중세 및 르네상스의 민중문화』는 저자의 근본적 문제 설정에 비추어 볼 때 얼마나 연속적인 성격을 갖는가? 전자가 타자의 환원 불가능한 특수성을 내세우며 근대적 전체성과 주체성에 반기를 들고 있다면, 후자는 그 어떤 잉여도 남기지 않은 채 모든 것을 통합하는 전全 민중적 힘에 관해 역설力說하고 있지 않은가? 도스토예프스키론과 라블레론은 동일한 저자에게서 나왔다고 보기에 너무나도 상반되는 사유의 지평을 드러내고 있었다. 어느 유명한 연구자는 바흐친 사상의 이런 대립과 모순에 아연실색한 나머지 그를 '사기꾼'으로 지탄하며 돌아설 지경이었다.

유기적 통일성에 관한 이와 같은 물음은 당연하면서도 동시에 당연하지 않은 문제를 우리 앞에 던진다. 당연한 이유는 근대적 학문은 학문의 전제를 유기적 통일성에 두지 않으면 아예 성립하지 않기 때문이며, 당연하지 않은 이유는 그러한 근대적 전제라는 게 실상 사상누각에 불과하다는 사실이야말로 우리 시대의 전제이기 때문이다. 우리가 여전히 근대의 지평 위에 살고 있는지, 혹은 자신도 모르게 그 경계선을 훌쩍 넘어 버렸는지 알기 어렵듯, 바흐친이 정합적인 사상가인지 '조각난 사상가'인지 양단간에 결정짓기는 전혀 불가능해 보였다. 전자는 제도적 지식에 안착하는 데는 적합했지만 어딘지 '구닥다리' 같은 고루함을 풍기고 있어 꼭 '죽은 애비'를 애도하는 느낌이었다. 그에 비해 후자는 '쿨'한 태도를 표명하는 듯하지만 창의적인 자극은 선사하지 못했다. 곧이곧대로 현상을 받아들이고서는 그냥 방기해 버리는 기분이었던 탓이다. 어느 쪽이든 바흐친을 되살려 내는 '주문'을 연성하는 데 필요충분조건이 되지는 못했다. 그렇게 혼란스러움만 잔뜩 안은 채 유학길에 올라 삼 년 반이라는 세월을 그럭저럭 보내다, 2009년 봄 우여곡절 끝에 문화학 졸업장을 받고 돌아왔다.

　귀국 후 여러 해 동안 박사논문에서 다루지 못한 주제들에 대해 보충적인 글들을 발표했으나, 애초에 바흐친을 공부하며 비롯된 문제의식을 곰곰이 되짚어 볼 시간은 제대로 갖지 못했다. 지금 바흐친에 관한 책을 내놓는 이 자리에서 자문해 보건대, 예전에 나를 사로잡았던 질문들에 그간 어떤 답안을 내놓았는지 여전히 확신이 가지 않는다. 물론 변명거리는 많았다. 가령 모든 사태는 쌍방향적 대화를 통해 구성된다고 바흐친이 주장했으므로, 바흐친 전공자가 어떤 단일한 결론을 내리는 것은 적절하지 않다는 식의 변호가 그렇다. 바흐친 연구자들 사이에서는 거의 '농담'처럼 인용되는 이런 말들이 우스개 이상으로 삶과 공부에 대한 변명이 되어 술자리 안주뿐만 아니라 학술논문과 책자의 결론이 되는 경우도 꽤 자주 보았다. 단 하나의 귀결이 나올 수 없다는 주장 자체가 그릇될 리 없다. 변명 삼아 말하건 논리적 추론으로 내놓건, 단일한 귀결을 거부하는 것이 나쁘다고 생각지 않는다. 하지만 그러한 온당함의 이면에는, 오랜 고민에도 불구하고 나름의 입장을 내놓지 못하는 자신을 은근슬쩍 감추려는 곤혹이 배어 있는 듯싶다. 오히려 퍼뜩 드는 생각은 좀 엉뚱하고도 낯설다. 지금껏 나는 질문에 답해야 한다는 궁리만 했지, 그 물음이 과연 적절했는지에 대해서는 별다른 이견을 내세워 본 적이 없지 않은가. 바흐친이 통일적이고 유기적인 사상가인지에 대한 질문의 전제는 무엇일까? 차라리 이렇게 반문해야지 않을까? "유기적이고 통일적이어야만 사상가라 할 수 있을까?"

　관건은 유기적인가 아닌가, 통일성인가 아닌가와 같은 이분법이 아니라, 왜 양자가 서로 대립적인 틀로만 사유되어야 하는지 질문하는 데 있을 것이다. 가령 후기 바흐친의 중요한 문제들 중에는 문화를 이끄는 힘이 일원적인가 다원적인가와 같은 질문이 있는데, 이는 형식적으로 볼 때 상호 대립적인 물음처럼 보인다. 하지만 과연 어느 한쪽이 맞다고 답할 수 있을까? 마치 칸트적 이율배반을 옮겨 놓은 것처럼 어느 한쪽이 옳다고 논증하면 다른 한쪽도 옳다고 곧바로 반박할 여지가 없지 않다. 이것이냐 저것이냐는 식의 질문과 답변은 서로 꼬리를 물고 도는 영원한 순환을 면하지 못할 성싶다. 바흐친 사유의 핵심은 혼성과 혼류를 유심히 관찰하고 그것을 삶의 생성으로 끌어들이는 데 있다고 생각한다. 혼성과 혼류, 그리고 생성은 상대주의나 불가지론 같은 게 아니며, 항상 특정한 맥락 속에서 가동되는 삶의 실재이다. 이런 의미에서 질문이 질문으로 기능하고 답변이 답변으로 작동하는 것은 구체적인 상황과 조건에 놓여 있을 때이다. 질문이 놓인 맥락을 잘 파악하지 못하면 질문이 파놓은 '미리 정해진 답'의 틀 속에 곧장 갇혀 버리고 만다. 바흐친의 사유는 유기적이고 통일적인가? 무덤 속의 바흐친을 왜 지금-여기로 불러내야 하는가? 이런 물음들도 마찬가지다. 질문을 잘 설정하는 것도 중요하지만, 질문이 노정하는 숨겨진 맥락에 대해 제대로 읽을 수 있어야 한다.

　서구 사상의 '보따리 장수들'이 넘친다는 한국의 현실에서 바흐친이든 어떤 누구든 지금 우리 앞에 호명될 필연적 이유를 갖는 이는 없을 듯하다. 다만 우리는 삶의 어느 순간에 이르러 누군가와 만나고 서로 감겨들어 뒤엉키는 경험을 하게 된다. 처음부터 작심하고 타자와 마주 서거나 접촉하는 게 아니라 아주 우연히 사건에 끼어드는 것이다. 오직 사후적으로만 우리는 문득 그 누군가와, 더 정확히 말해 미지의 사유와 마주쳤고 그에 강제되어 이리로 흘러들었다고 자각하는 것이 아닐까? 2000년 무렵의 어느 시점에 내가 하필이면 바흐친과 접촉하고 그의 실존적 그림자에, 사유의 인력에 이끌리게 된 것은 분명 우연이었지만 결코 우연만은 아닐 듯하다. 아마도 그때 거기에, 나의 신체와 정신, 무의식이 놓여 있던 그 장소에 바흐친이 불쑥 들어섰다고 말해도 좋지 않을까.

확정 불가능한 이 '아마도'만이 바흐친과 나의 불가피한 마주침과 접속을 설명하는 유일한 단어가 되지 않을까 생각해 본다. 유기성과 통일성에 대한 근대적 강박은 내려놓는 한편으로, 그의 사유에 결락된 부분들을 메우고 다른 것들로 덧붙여 나가는 것은 바로 나일 것이다. 그렇게 대체되고 보충되는 바흐친은 더 이상 바흐친 자신으로 머물 수도 없을 것이다. 요컨대 그의 비일관성은 나로 인해 일관성을 획득하는 동시에 다시 비일관성의 흐름 위에 올려질 것이다. 내가 바흐친을 계속 읽고 그에 관해 써야 할 이유는 다만 거기에 있지 않을까. 들뢰즈 식으로 말해, 바흐친과 내가 접붙어 바흐친을 닮았지만 바흐친은 아닌, 바흐친의 타자를 생산하는 것. 그리하여 바흐친을 넘어서고 바흐친을 배반하는 타자로서의 바흐친을 기대해 보는 것. 이 과정에서 나는 과연 얼마나 나로서 남아 있게 될 것인가? 그럴 기대나 가망이 없는 작업에 기꺼이 나를 실어 보내는 것이야말로 나의 욕망이 되길 감히 바라 본다. 이 책을 펴든 독자들에게 그와 같은 사건이 벌어지지 않으리라 누가 장담할 수 있으랴? 과연 이 책은 당신들에게도 '사건의 책'이 될 수 있을까? 그렇게 되길 원하는가?

*

이 책의 저본은 2009년 러시아인문학대학교 예술사대학 문화의 이론과 역사학과kafedra teorii i istorii kul'tury에 제출했던 박사학위 논문「바흐친의 저술에 나타난 문화 동력학의 문제들」Problemy dinamiki kul'tury v rabotakh M.M. Bakhtina이다. 표면적으로 보자면, 러시아어로 작성했던 논문을 한국어로 번역한 것이 이 책이다. 하지만 실은 그렇지가 않다. 2010년 당시 그린비출판사 대표였던 유재건 사장님과 김현경 주간님께 출판 제안을 받아 계약서에 서명했을 때만 해도 그저 한 언어에서 다른 언어로 옮기기만 하면 모든 일이 쉽게 끝날 줄 알았다. 뭔가 대단한 역작을 내놓겠다는 욕심만 부리지 않으면 무난히 바흐친과 문화에 관한 내 생각을 담은 책이 뚝딱 만들어질 줄 알았다. 내 글을 내가 번역하는 작업이 크게 어렵지 않을 것이라 생각했다. 하지만 오판이고 오산이었으며, '고난의 행군'은 그렇게 시작되었다.

따지고 보면 '단순한 번역'이란 생각 자체가 큰 욕심이었다. 한 글자, 한 문단마다 조금씩 한국어로 옮기다 보면 내 자신도 이해하지 못한 개념적 공백이나 논리적 결락이 이내 드러나곤 했고, 그 부분들을 메우다 보면 어느새 감당 못할 정도로 일이 커져 애초의 형태대로 옮겨 놓는 게 불가능할 지경이었다. 원래 번역이라는 작업이 그런 것인지, 혹은 내가 유난을 떠는 것인지 전혀 갈피를 잡을 수 없었다. 이유는 여러 가지였다. 학위논문을 작성할 무렵, 러시아에서 바흐친은 너무나 잘 알려진 인물이었기에 따로 설명을 붙일 부분들이 많지 않았던 반면, 들뢰즈는 여전히 '포스트모더니즘'의 이름으로 소비되고 있었다. 바흐친과 들뢰즈를 나란히 놓고 결합시키는 게 내 목표 중 하나였기에, 학위논문에서는 자연히 들뢰즈에 대한 인용과 해석이 길게 덧붙여져야 했다. 반면 한국어로 옮기면서 드러난 것은, 지형이 바뀌니 사정도 바뀌었다는 사실이었다. 한국에서 바흐친은 문학이론 및 비평의 범주에서 주로 호출되고 있었고, 그의 사상적 측면들은 다소 생소하게 여겨지는 상황이었기에 그 부분을 해명하지 않는다면 다소 뜬금없는 논의가 될 우려가 생긴 것이다. 더구나 러시아에서는 논리적으로 무난히 연결된다고 여겼던 지점들이 막상 번역하고 보니 개념적 징검다리 없이는 전혀 건널 수 없는 심연처럼 낯설게 다가오고 있었다.

처음엔 한두 줄 붙여 넣어 대강 무마하려 했다. 그러나 한 문단, 한 절, 나아가 한 편의 논문으로 보충되지 않으면 안 될 정도로 일이 커져 버리고 말았다. 마음은 급한데 끝은 도무지 나질 않고, 언제까지 여기에 매달릴 수도 없을뿐더러 지겨운 마음이 치고 올라 몇 달을 내버려 두거나 몇 년을 방치해 버린 적도 없지 않다. 아무런 확신도 결심도 갖지 못한 채 세월만 흘려보내는 나날이 계속되었다. 부끄럽지만 좌절적인 감상에 젖어 자포자기한 적도 여러 번이었다. 그렇게 시간의 탑을 쌓고 또 쌓아 마침내 종점에 이르고 보니, 처음 번역하겠다던 논문과는 너무나 다른 책이 되어 버린 듯싶다. 분량은 한없이 늘어나 거의 두 배 정도에 이르렀고, 결론은 아예 다른 방향으로 흘러 엉뚱한 장소에 도착하고 만 것이다. 러시아 지도교수가 본다면 학위 여부를 다시 심사하자거나 취소해 버릴지도 모를 일이다. 그러나 어쩌랴! 그때는 그때의 사건적 상황에서 그때의 논문을 썼던 것이고, 지금은 지금의 사건적 상황에서 지금의 책을 만들게 된 것을. 지금은 지금이요, 그때는 그때며, 맞고 틀린 게 있을 리 없다. 그저 사건적이라 부를 만한 마주침과 혼성, 그리고 생성만이 있을 뿐이다. 적어도 지금은 그렇다고 나는 믿는다.

내가 바흐친을 만난 것은 우연이지만 또한 우연 이상이듯이, 이 책 역시 우연을 넘어선 우연적인 사건들의 결과라 말하고 싶다. 책의 후기에 흔히 '감사의 인사'라 적고 호명하는 이름들은 아마도 그런 사건 속에서 마주쳤던 '공저자'들을 남몰래 불러 세우는 관용어법이 아닐까.

근대 비평 연구를 계속하려던 대학원 시절, 김희숙 선생님의 바흐친 강의를 두 차례나 들었던 것은 정말 행운이었다. 여느 교과서에서도 찾아볼 수 없던 독특한 해석의 길을 열어 주신 선생님께 진심으로 감사드린다. 또한 지도교수이신 박종소 선생님은 자꾸만 엉뚱한 샛길로 빠져드는 제자에게 늘 따뜻한 격려를 아끼지 않으셨다. 선생님의 한결같은 믿음이 없었다면 고단한 공부길을 결코 잘 버텨 내지 못했을 것이다. 학교 바깥의 인연도 결코 작지 않다. 들뢰즈의 사유를 소개하고 안내해 주신 이진경 선생님은 그 첫번째 자리에 있다. 선생님의 빛나는 통찰을 빌리지 못했다면, 내게 바흐친은 그저 전공 분야의 한 이론가에 머물고 말았을 것이다. 게다가 도대체 언제 책이 나오냐며 닦달하시며 걸었던 '헤드락'이 아니었다면 이 책의 출판은 여전히 장담할 수 없었으리라. 어려운 출판 환경에서도 지각쟁이 필자에게 싫은 내색 한 번 없이 듬직하게 기다려 주신 그린비출판사의 박순기 이사님께 고마움을 전하지 않을 수 없다. "올해는 반드시……" 해마다 되풀이되는 이 공약空約에 온화하게 웃으며 다음 일정을 잡아 주던 그가 없었더라면, 이 책은 내가 먼저 포기해 버리지 않았을까. 길고 난삽한 원고를 차분히 읽고 검토해 주신 김현정 편집자님께도 더할 수 없는 감사를 드리고 싶다. 함께 공부하며 부대끼던 수유너머의 여러 동학들, 수차에 걸쳐 시행착오를 반복하던 내 강의를 기꺼이 듣고 소통해 준 수강생들에게도 기쁘고 부끄러운 마음으로 인사를 전하겠다. 그 외에, 내가 하나하나 이름 부를 수 없는 수많은 타자들의 존재를 어찌 무시할 수 있을까. 장기전을 벌이는 통에 진작에 유명을 달리한 노트북이며, 수없이 붙였다 뗀 포스트잇과 사정없이 버려지던 볼펜, 책가방이나 신발, 등굣길 산책길마다 나도 모르게 스쳐 지났던 나무, 풀벌레, 바람소리 들……. 내가 알 수 없고 부를 수 없는 모든 타자들에게도 고마움과 즐거움의 감응이 전해지길 바란다.

자, 이제 마침내 세상에 이 책을 내보낸다. 떠나보낼 때는 내 것이었으되 돌아올 때는 온전히 낯선 것이 되어 다시 마주칠 수 있길!

2017년 어느 봄밤에
최진석

1장 변경의 삶과 사유

1. 혁명의 세기와 '현실 너머'

미하일 미하일로비치 바흐친은 1895년 11월 17일, 혁명 전까지 통용되던 구력舊曆으로는 1월 4일에 모스크바 남부의 소도시 오룔에서 출생했다. 아버지 미하일 니콜라예비치 바흐친과 어머니 바르바라 자하로브나 사이에서 태어난 두번째 아들이었다. 러시아 인명은 이름, 부칭父稱, 성씨 순서로 배열되는데, 바흐친 집안 미하일의 아들 미하일이 그를 가리키는 이름인 셈이다.

바흐친 가문은 성대하진 않아도 대대로 귀족 집안이었고, 그의 할아버지 대代에 약간 영락했지만 은행업에 종사하던 아버지 덕택에 경제적으로 아주 쪼들리지는 않았다. 훗날 영국으로 건너가 언어학자로서 상당한 명성을 누렸던 한 살 위의 형 니콜라이 바흐친에 관해서는 저술이나 기록 등이 꽤 남은 편이나, 네 명의 여자 형제들에 관해서는 이름자 외에 별로 알려진 게 없다. 바흐친은 가족의 내력이나 개인적 사실들을 공개하는 데 인색한 편이었다. 인생의 후반기에 그를 찾아온 후학들과 나눈 대화와 대담집, 몇몇 친구들이 전하는 단편적 사실들을 통해 초년 시절의 경험이나 교우 관계 및 역사적 사건 등에 대한 그의 태도 등을 짐작해 볼 수 있지만, 사적私的 진실에 대해서는 대체로 완고한 침묵으로 일관했다. 그의 타고난 성격 탓이었는지, 혹은 살얼음을 딛는 듯했던 삶의 경험에서 비롯된 조심성 때문이었는지 알 길은 없다. 어쩌면 사상가의 지적 풍모를 이해하는 데 있어 사적인 배경이란 전혀 불필요한 것일 수도 있고, 또는 그와 반대로 결정적인 것이기에 오히려 묻혀 있을 수밖에 없을지도 모른다.

유럽 지성사의 맥락에서 볼 때, 바흐친은 전형적인 '90년대의 아이들' 중 하나였다. 1890년대에 태어난 아이들이 그들이다. 이들은 이성과 진보의 세기였던 19세기 끝 무렵에 출생해 '벨 에포크'belle époque, 곧 '아름다운 시절'을 지적·문화적으로 향유하고 곧장 전쟁과 혁명의 20세기를 살아가야 했던 세대, 그 가운데서도 가장 명민하고 치열했던 사유의 고원高原들을 가리킨다. 누가 그들인가? 오스트리아-헝가리 제국, 곧 독일어 문화권의 대표적 지식인이던 카를 만하임Karl Mannheim, 1893~1947, 아르놀트 하우저Arnold Hauser, 1892~1978는 바흐친과 비슷한 연배의 동시대인이었으며, 열 살 위의 게오르크 루카치Georg Lukács, 1885~1971는 내놓고 말하진 않았으나 그가 존경해 마지않던, 하지만 피할 수 없는 학문적 경쟁자였다. 그보다 약간 더 앞선 선배로는 에른스트 카시러Ernst Cassirer, 1874~1945가 있었고, 헤르만 코헨Hermann Cohen, 1842~1918과 게오르크 짐멜Georg Simmel, 1858~1918, 막스 베버Max Weber, 1864~1920 등은 완연한 선배들이었다. 우리는 이 목록에 프리드리히 니체Friedrich Nietzsche, 1844~1900와 지그문트 프로이트Sigmund Freud, 1856~1939를 더 보태 볼 수 있을 것이다.

바흐친의 지적 연원이 독일어권에 국한될 리는 없지만, 당대 유럽의 귀족 자제들이 그랬듯 그는 어릴 때부터 외국인 가정교사에게 교육을 받았으며 근대 독일의 풍부한 지적 유산에 노출된 채 자라났다. 어려서 익힌 독일어는 그가 자유롭게 독일 문헌들을 소화하게 해주었고, 그 스펙트럼은 괴테와 실러의 고전주의 문학부터 낭만주의 사상을 거쳐 칸트와 헤겔의 철학 및 동시대 사상 사조까지 길고 깊게 뻗어 있었다. 바흐친의 전기 작가들은 형 니콜라이를 유년기의 놀이 상대이자 지적 경쟁자, 협력자로 묘사하곤 하는데,[1] 두 형제의 독서 편력은 곧 독일어권을 넘어 전체 유럽과 고대 그리스·로마로까지 확장되었다. 후일 '문학 연구자'로서 바흐친의 관심사가 특정 국민/민족문학의 범주에 머물지 않고 시간적·공간적으로 전 유럽 세계를 아우를 수 있었던 바탕에는 분명히 어린 시절의 이런 인문학적 소양에 힘입은 바가 컸을 것이다.[2]

하지만 지나치게 반듯한 모범생의 이미지로 바흐친 형제를 포장할 필요는 없다. '90년대의 아이들'이 철들 무렵, 그러니까 20세기 초엽의 유럽은 이미 혁명의 거센 바람에 이리저리 휩쓸리던 와중에 있었다. 특히 1905년에 터진 제1차 러시아 혁명은 철통 같은 차르의 제국에 생긴 거대한 균열을 온 세계에 폭로하였고, 청년들은 문턱까지 차오른 '미래의 혁명'에 대한 기대로 쉽게 들떠 올랐다. 김나지움에서 수학하던 소년 바흐친 역시 친구들과 맑스에 관해 읽고 토론하면서 시간을 보냈으며, 어설프게나마 비밀 회합 따위를 가지며 몰래 인터내셔널가[歌]를 합창했다고 한다. 물론, 아직 치기를 벗어나지 못했던 어린 형제가 정치 운동으로서 맑스주의에 본격적으로 몰두했다고 보긴 어렵다. 소년들이 벌인 정치적 논쟁은 자주 니체와 보들레르, 레오나르드 다빈치에 대한 토

1) 카테리나 클라크·마이클 홀퀴스트, 『바흐친』, 이득재 외 옮김, 문학세계사, 1993, 제1장.
2) Semen Konkin·Larisa Konkina, *Mikhail Bakhtin: Stranitsy zhizni i tvorchestva*, Mordovskoe knizhnoe izd-vo, 1993, pp.36~38.

론과 뒤섞였고, 혁명에 대한 관심은 대개 예술의 본질과 철학적 사변의 현실성, 혹은 미학과 정치의 결합 가능성에 대한 질문들로 옮겨 갔다. 그러나 이런 경향을 '소년기의 낭만'이나 '지식인의 한계'쯤으로 치부하는 것도 공정하진 않을 듯하다. 왜냐면 19세기 말에서 20세기 초 러시아의 지적 풍토에서 정치적 혁명만큼이나 중요한 비중을 차지했던 것이 바로 예술과 미학의 혁명이었기 때문이다. 억압적이며 폐쇄적인 사회·문화적 환경을 오랫동안 견디며 저항하던 러시아인들은 시대 전환의 예감을 예술과 미학에서 찾는 데 익숙해져 있었고, 감수성의 변혁이야말로 이 세계를 전복하고 또 다른 세계를 불러들이는 열쇠가 되리라 굳게 믿고 있었다.

흔히 도스토예프스키와 톨스토이로 대표되고, 세계문학사에서 '리얼리즘'의 전범으로 간주되는 19세기 러시아 문화는 그 세기의 후반에 이르러 심각한 문화적 피로감과 결손 현상에 시달리던 참이었다. 있는 그대로의 현실이 진실이자 진리라는 리얼리즘의 패러다임에 반발하던 새로운 예술가들은 '현실 너머'에 있는 더욱 현실적인 것, 즉 실재實在에 대한 맹렬한 욕망에 사로잡혔고, 그런 실재와의 만남을 '혁명'이라 부르는 데 망설임이 없었다. 예컨대 상징주의 운동을 이끌던 발레리 브류소프Valery Bryusov, 1873~1924나 안드레이 벨리Andrei Bely, 1880~1934, 알렉산드르 블로크Aleksandr Blok, 1880~1921 등은 '현실에서 실재로'realia ad realiora라는 모토를 내세우며 현실의 직접적 재현 대신 상징의 다양한 형식 속에 은폐된 실재를 발견하고자 노력했다. 눈에 보이고 귀에 들리는 현실은 진정한 현실, 곧 실재의 작은 조각에 지나지 않기에 그것을 있는 그대로 묘사하는 것은 예술의 본질이 될 수 없었다. 일견 무의미하게 버려진 것처럼 보이지만, 실상 미래의 독자를 위해 남겨진 것을 찾아내는 일, 그 실재의 기호를 식별하고 해석하는 일이야말로 시대의 과제였으며, 시는 그것을 이루기 위한 유일한 통로로서 승인되었다.

상징주의에 뒤이어 20세기의 벽두부터 등장한 미래주의자들은 더욱 과격했다. 1912년에 발표된 선언문 「대중의 취향에 따귀를 때려라」Poshchechina obshchestvennomu vkusu에서 블라디미르 마야코프스키Vladimir Mayakovsky, 1893~1930와 그의 패거리는 '현대'Modern라는 배에서 푸슈킨과 도스토예프스키, 톨스토이 등 과거의 위대한 거장들을 끌어내 배 밖으로 내던지라고 요구함으로써 기성 사회의 커다란 반발과 공분을 샀다.[3] 그들에게 오래된 모든 것들, 낡고 지나간 것들은 아무리 위대하고 존엄한 것일지라도 그저 방해물에 불과했다. 새로운 탄생을 위해 과거는 얼른 자리를 비켜야 했다. 전통에 격렬히 반항하며 오직 '새로움'만을 추구하던 청년 세대의 그와 같은 열정은 비단 문학계에만 국한된 현상이 아니었다. 미술을 예로 든다면, 모든 구상회화의 원점이자 예술의 온갖 색채와 형태를 극도로 추상화하고 단순화한 카지미르 말레비치Kazimir Malevich, 1878~1935의 「검은 사각형」Chernyj kvadrat, 1915을 빼놓을 수 없을 것이다. 이미 시각적 현대성의 '고전'이 된 이 작품은 1915년에 개최된 미래주의 회화전 「0.10」에 처음 출품되어 전통적 회화에 익숙해 있던 관람객들의 격한 놀라움과 반발을 샀다. 단지 표현 양식의 새로움 때문에 스캔들이 난 것은 아니었는데, 이 작품이 걸려 있던 위치가 전통적으로 성상聖像을 모셔 두던, '성스러운 자리'svjatoj ugol라 불리던 곳이었기 때문이다. 러시아 혁명기의 청년 세대, 미래파는 그 어떤 예전의 문화적 지반도 인정하지 않는 데카르트적인 영점에서 출발하고 싶어 했고, 예술

3) 블라디미르 마야코프스키, 『대중의 취향에 따귀를 때려라』, 김성일 옮김, 책세상, 2005, 245~246쪽.

과 미학은 그러한 자신감과 욕망을 담아내는 무기가 되어야 했다. 정치 혁명에 선행하는 문화 혁명이 바야흐로 급물살을 타고 있던 중이었다.

　　시대의 교체기를 상세하게 서술하기엔 우리의 갈 길이 아직 멀다. 요점만 지적하자면, 소년 바흐친의 시대는 근대성의 패러다임 자체가 급진적으로 변전하던 시기였고, 거대한 역사적 흐름을 일으키며 돌진 하던 혁명의 세기는 삶과 문화의 다차원적 평면들을 관통해 흐르고 있 었다는 사실이다.

2. 바흐친 서클, 혹은 우정의 정원

은행업을 하던 아버지를 따라 바흐친은 러시아 제국령의 여러 지방을 돌아다녀야 했다. 소년기를 리투아니아의 빌노Vilno(현재의 빌뉴스Vilnius) 에서 보내다 중학생 무렵에는 우크라이나의 오데사로 옮겨 갔고, 거기 서 김나지움과 오데사대학교의 역사문학부를 다녔다고 한다. 바흐친의 전기에 관해 흡사 전하는 듯한 어투를 쓰는 이유는, 다른 많은 사실들과 더불어 그의 학적 사실에 관해서도 정확히 알려진 바가 적기 때문이다. 오데사에서 수학했다는 김나지움과 대학 등록에 대해서는 남아 있는 기록이 없을 뿐만 아니라, 1916년 그가 수도로 이주한 뒤 다녔다는 페트 로그라드(현재의 상트페테르부르크, 구소련의 레닌그라드)대학교 고전 문헌학부에도 바흐친이 정식으로 수학했다는 기록은 전무하다. 전쟁통 에 기록이 소실되었을 수도 있으나, 당시의 관례대로 다른 일반인들과 함께 임의로 청강했을 가능성도 있다. 하지만 나중에 바흐친이 박사학 위를 청구했다는 점을 고려할 때, 그가 어떤 형태로든 학부 과정을 마쳤 다는 점은 확실해 보인다.

아무튼 그의 최종 학력이라 할 만한 페트로그라드대학교의 고전문헌학부에는 당대 최고의 문헌학 교수들이 포진해 있었다. 가령 이 분야 최고의 학자로 명성을 떨치던 파데이 젤린스키[Fadei Zelinsky, 1859~1944]는 바흐친의 문헌학 연구의 실질적 기틀을 잡아 준 스승으로 추정된다. 어린 시절의 독서 취향이나 후일에 표명된 문학에 대한 관심이 근본적으로 세계문학사에 기울어 있었음을 감안할 때, 바흐친이 대학 시절 젤린스키의 강의에 흥미를 느끼지 않을 수 없었을 것이다.[4] 그 외에도 대학생들이 으레 했을 법한 동아리 활동이나 친목 모임 따위에 그가 참여했으리라 추측되지만, 이 역시 별다른 기록은 남아 있지 않다. 다만 그가 종교적 회합에 잠시 출입했다는 언급만이 불분명하게 전해질 따름이다.

사회주의 대혁명이 발발한 다음 해, 바흐친은 대학을 마치고 오늘날 벨라루스(당시의 백러시아)에 있는 비텝스크의 네벨로 이주했다. 1920년에는 다시 비테프스크시市로 옮겨 감으로써 이 무렵을 전기상 '네벨-비테프스크 시기'라 부른다. 온 가족이 거처를 옮긴 이유는 혁명의 혼란과 극심한 식량난을 피하기 위해서였다. 지방으로의 이주가 시대의 격변을 피해 갈 만한 좋은 출구였는지 알 순 없으나, 청년 바흐친에게 이 시절(1919~1921년, 혹은 1920~1924년)은 자신의 학문적 이력을 형성하는 가장 중요한 시간이었다. 먹고사는 방도는 여전히 해결되지 않았고, 이 무렵부터 발병한 골수염은 갈수록 악화되어 바깥 활동을 취소해야 하는 날이 잦았음에도, 왕성한 지적 욕망은 그의 손이 펜을 놓도록 허락하지 않았다. 아직 학문적 이력에서는 초년병 신세였으나 바

---

4) 만년의 대화에서 바흐친은 자신이 젤린스키에게 직접 사사받았으며, 가장 좋아하는 스승이었다고 회고했다(Viktor Dubakin, *M. M. Bakhtin: besedy s V.D. Dubakinym*, Soglasie, 2002, p.50).

흐친은 예술, 미학, 철학, 윤리와 종교 등 여러 가지 주제들에 대해 재기 발랄한 저술들을 구상하고 습작하며 하루하루를 버텨 나갔다.[5]

마침 혁명 초의 러시아 사회도 교육 계몽의 열기로 한참 달아오르고 있었다. 봉건적 구습을 타파하는 유력한 방안이 지식의 보급에 있다고 믿었던 혁명 당국은 지방마다 도서관과 문화센터 등을 설치하는 데 주력했고, 바흐친은 거기서 강연하며 근근이 생계를 이어 갈 수 있었다. 사회적 교육시설이라야 교회나 마을회관을 개수한 작은 강당 정도의 공간이었으나, 그곳은 배고프지만 학문적 열기에 타오르던 청년이 자신의 지식을 공개하고 실험해 보기에 충분한 장소였다. 무엇보다도 그를 고무시켰던 든든한 지적 자산은 보잘것없는 지방 소도시에 모여든 일군의 젊은 지식인들이었다. 후일 '바흐친 서클(학파)'로 불리게 될 그들은 바흐친과 함께 새로운 지식을 공유하고 연마하며 그 의미를 곱씹어 보는 데 함께 열정을 보태었다.[6]

서클의 지적 관심사는 철학과 문학, 예술의 모든 분야를 망라했다. 예를 들어 철학에서는 고대 그리스로부터 중세신학, 칸트와 헤겔, 그리고 당시엔 '최신' 철학사조였던 신칸트학파의 저술 및 러시아 사상사가 토론과 연구의 목록에 포함되었다. 이 패기 넘치는 친구들은 제법 거창한 주제들을 모아 놓고 강도 높이 논쟁하며 자주 밤을 지새웠다고 한다. 독일에서 신칸트주의를 직접 배우고 돌아와 좋은 길잡이가 되었던 마트베이 카간Matvei Kagan, 1889~1937을 비롯해, 파벨 메드베데프Pavel Medvedev, 1892~1938, 발렌틴 볼로쉬노프Valentin Voloshinov, 1895~1936, 레프 품꽌

---

5) 클라크·홀퀴스트, 『바흐친』, 62~65쪽.
6) Konkin·Konkina, *Mikhail Bakhtin*, pp.62~63.

스키^{Lev Pumpyansky, 1891~1940}, 마리아 유디나^{Maria Yudina, 1899~1970} 등은 그 시절의 '절친'들이다. 이들의 전공 분야와 개인적 관심사는 제각각 달랐지만 함께 어울려 공부하는 데는 아무 문제가 없었다. 또한, 이 모임에는 순수 인문학 연구자들만 찾아왔던 것도 아닌데, 가령 블라디미르 루게비치^{Vladimir Rugevich, 1894~1937}는 공학도였으며, 이반 카나예프^{Ivan Kanaev, 1893~1984}는 전도유망한 생리학자였다. 1924년 이후 모임이 페트로그라드로 옮겨 갔을 때는 화가 마르크 샤갈^{Marc Chagall, 1887~1985}과 소설가 콘스탄틴 바기노프^{Konstantin Vaginov, 1899~1934}도 합류했다.[7]

러시아의 여러 도시에서 함께 모이기도 또 흩어지기도 했던 이 친구들의 이름은 훗날 다소 기묘한 운명 속에서 다시 조우한다. 애초에는 메드베데프와 볼로쉬노프의 이름으로 출간되었던『프로이트주의: 비판적 스케치』*Frejdizm: kriticheskij ocherk*, 1927와『문예학의 형식적 방법』*Formal'nyj metod v literaturovedenii*, 1928,『마르크스주의와 언어철학』*Marksizm i filosofija jazyka*, 1929 및 몇 편의 논문들이 1970년대에 이르러 본래 바흐친의 글이었다는 주장이 제기되었기 때문이다.[8] 그전까지 바흐친의 공식적 첫 저작은 1929년에 출간된『도스토예프스키 창작의 제문제』로 알려져 있었고, 이는 그의 사상적 지평을 문학 연구에 한정하는 근거가 되기도 했다. 이런 상황에서 터져 나온 저작권에 대한 의문은 바흐친의 사상적 스펙트럼을 확장시키고 문학 이외의 영역에 대한 그의 입장이나 태도를 유추하게 만드는 새로운 출발점이 되었다. 1990년대부터 등장

---

7) Aleksandra Shatskikh, *Vitebsk: Zhizn' iskusstva 1917-1922*, Yazyki russkoj kul'tury, 2001, pp.204~227. 놀라운 우연인지, 이 시절 비테프스크에 모여든 젊은이들은 대부분 20세기 초 러시아 문화사의 빛나는 주역들로 기록된다.
8) 츠베탕 토도로프,『바흐친: 문학사회학과 대화이론』, 최현무 옮김, 까치, 1988, 22~25쪽.

한 '철학자 바흐친'의 이미지는 이로부터 연원한 것이다.

저작권 논쟁의 역사는 바흐친 연구사와 맞물려 다소 아이러니한 결말을 맞았다. 최초 제기된 이래 러시아와 서구에서 여러 학자들이 논쟁에 참여했고, 그들은 바흐친 저작의 내용 분석에서부터 전기적 사실 확인에 이르기까지 여러 방면에서 논의를 이어 나갔다. 하지만 이런 '열기'는 오래 지속될 수 없었는데, 논란에 휩싸인 저자들 대부분이 스탈린 시대의 혼란 속에 사라지거나 죽었고, 노년의 바흐친 자신도 이에 대해 몹시 모호한 태도로 일관하다가 사망해 버렸기 때문이다. 논쟁 당사자들 역시 최초의 주장을 반복하기만 할 뿐 더 이상 이에 천착하는 태도를 보이지 않음으로써 결국 저작권 논쟁은 1980년대를 전후하여 흐지부지하게 사그라들고 말았다. 저작권 논쟁의 의미는 다소 역설적이다. 이로 인해 바흐친의 저작을 어디까지 한정할 수 있을지 여전히 시비가 그치지 않고 있으며, 이는 그의 사유가 갖는 내적 경계와 외적 경계가 확정되지 않은 채 열려 있음을 반증하기 때문이다. 마치 대화와 생성에 대한 바흐친 자신의 언명처럼.

3. 첫 저작과 체포, 유형의 시절

『예술의 날』*Den' iskusstva*은 바흐친 서클이 주도하여 1919년에 발간한 문집이었다. 같은 해에 청년 바흐친은 여기에 「예술과 책임」*Iskusstvo i otvetstvennost'*이라는 한 페이지 남짓한 분량의 글을 싣는다. 대부분의 연구자들은 짧고 압축적인 이 텍스트가 바흐친이 평생토록 유지한 문제의식을 예증하는 중요한 자료라는 데 이의를 달지 않는다. 미리 말해 두지만 우리의 논의는 바흐친이 이 최초의 출발점으로부터 어떤 분기선을 그려 나가는지, 어떠한 변형과 굴절을 겪고 마침내 단절하는지, 그러나 또한 어떻게 다시 연속성을 발견하고 지속해 가는지를 조명하는 데 맞춰질 것이다. 그렇지만 일단 「예술과 책임」을 그의 지적 이력의 시작으로 보는 데는 별 무리가 없다. '1920년대의 철학적 미학'이라 불리는 초기 저작들의 문을 여는 이 글은 동시대의 문화적 위기와 그 극복에 관한 청년 바흐친의 암중모색이 표현된 첫 결과물이었던 까닭이다.

네벨-비테프스크 시기는 바흐친이 자신의 언어를 만들고 정련하는 기간이었다. 생계를 위해 그리고 사유의 단련을 위해 그는 지속적으로 문학과 미학, 철학에 관한 대중강연을 했고, 「행위철학」K filosofii postupka, 「미적 활동에서의 작가와 주인공」Avtor i geroj v esteticheskoj dejatel'nosti 같은 문제의식이 충만한 글들을 써나갔다. 주목할 만한 점은, 이 시기에 바흐친이 동시대 유럽의 철학·예술·문예학 등에 관련된 가장 현재적인 문제 설정들을 공유하고 있었다는 사실이다. 훗날 공개된 바흐친의 저술노트에는 베르그손이나 니체, 프로이트 등 후기 저작에는 거의 나오지 않는 이름들이 등장하며, 그들과의 대결을 통해 자신만의 독특한 사유의 선을 찾아 나간 러시아 지식인의 고투가 생생히 남아 있다.

그리고 마침내 1929년, 바흐친은 자신의 이름이 새겨진 첫번째 책 『도스토예프스키 창작의 제문제』를 펴낸다. 1922년경부터 집필하기 시작해 오랜 시간 공들여 완성한 이 책의 의의는 그의 첫번째 공식 저술이란 점에 한정되지 않는다. 그것은 바흐친의 주저主著 가운데 첫머리이자, 30년 후 그의 이름을 전 세계에 퍼뜨렸던 최고의 '출세작'이 되었다.

하지만 이 책이 나올 무렵 세상의 분위기는 바흐친에게 그다지 호의적이지 않았다. 1917년의 정치 혁명 이후 10년간 이어진 문화 혁명이 어느새 '정리' 분위기로 들어가 사회와 제도의 틀이 잡히고, 무엇보다도 스탈린의 1인 집권기와 맞물리며 지성계 전반의 분위기가 급속히 냉각되던 참이었다. 때마침 바흐친이 종교서클에 잠시 들락거린 사실이 고발당하고 몇몇 친구들과 함께 체포되는 사태가 벌어졌다. 딱히 확실한 증거나 유죄 사유가 없어도 곧잘 정권의 의심을 받고 체포되어 끌려가는 게 비일비재하던 시대였다. 무단히 거주지 이탈을 하지 않겠다는 각서를 쓰고 나오면서, 곧 출판될 『도스토예프스키 창작의 제문제』가 지식사회에 자신의 이름을 알림으로써 구명救命에 도움이 되지 않을까 기대했지만, 결과는 썩 좋지 않았다.

레닌이 사망한 후, 공산당의 최고 권좌에 오른 스탈린은 옛 혁명의 동지들을 철저히 축출함으로써 당과 국가를 마음대로 주물러 댔다. 1920년대 후반의 소련 사회는 날로 경색되어 갔고, 예술과 문학의 사회주의적 일원화가 각계에서 제창되어 비당파적 흐름에 제재를 가하라는 강성 발언이 힘을 얻어 가던 시절이었다. 도스토예프스키에 관한 바흐친의 책은 문학작품에 대한 연구를 표방했으나 실제로는 사상의 다양성을 옹호하고 서로 통일되지 않는 목소리들의 공존을 주제로 삼은 것이었다. '다성악'polyphony과 '대화주의'dialogism가 그것인데, 당시의 시대 분위기를 고려할 때 이 책이 환영받을 수 없던 것은 너무도 당연해 보인다. 지난 시대의 위대한 문호로 추앙받았지만 공공연히 사회주의를 비방하던 도스토예프스키는 '반동작가'로 분류되었고, 다양한 등장인물들로 대변되던 이데올로기의 복수성과 비통일성은 반동적 관념론의 아류로 곧장 매도되어 버렸다. 사회는 이제 막 '일국 사회주의 건설'의 기치 아래 똘똘 뭉치려는 판국인데, '근본적으로 동화될 수 없는 타자'라는 생각 따위는 도무지 용인될 수 없었던 것이다.

바흐친이 강연과 토론으로 세월을 보내던 1920년대 초만 해도 소련 사회에서 종교를 포함한 비非맑스주의적 입장이 큰 사회적 문제거리로 여겨지진 않았다. 실제로 바흐친 서클의 친구들은 대중 앞에서 곧잘 종교적 논쟁을 벌였으며, 러시아 정교의 전통에 충실하게 남아 있던 이들도 있었다. 심지어 혁명을 종교적 메시아주의의 현실적 표현으로 간주했던 이들도 적지 않았다. 하지만 1929년 반反종교법이 선포되고 반反소비에트적 사회 활동을 규제하는 법규들이 제정되면서 사태는 급변해버렸다. 사람들은 재빨리 자신들이 무신론자임을, 사회주의라는 단일한 이념만을 신봉하고 있음을 공개적으로 선언해야 했다.

불행 중 다행히도 교육인민위원이던 아나톨리 루나차르스키Anatoly Lunacharsky가 바흐친의 책에 대한 호의적인 서평을 써주었고, 지성계 일각에서도 작으나마 구명 운동이 이루어졌다. 무엇보다도 바흐친의 죄명이 그다지 중대한 게 아니었거나, 정치적 죄목을 걸어 처분하기에 그가 그리 대단한 '거물'이 아니었을 것이다. 결국 소연방 북쪽 끝의 솔로베츠키 군도에 5년 형을 언도받게 된 바흐친은, 골수염 등의 신병身病이 감안돼 중앙아시아 카자흐스탄의 쿠스타나이로 유형길을 떠나게 된다. 가족과 몇몇 친구들이 함께 떠난 유형길은 아주 '최악'은 아니었을 듯싶다. 평생의 반려자이던 아내 옐레나의 보살핌을 받으며 바흐친은 현지의 집단 농장에서 회계원으로 일하는 틈틈이 독서로 소일하며 시간을 보냈다. 그렇게 5년이 흘러갔다.

4. 문학의 사유, 또는 사유로서의 문학

1934년 유형이 종료되었으나, 러시아 공화국 영토로의 귀환은 허락받지 못했던 바흐친은 카자흐스탄에서 2년을 더 체류하기로 한다. 수형 기간이 끝나도 실제로는 유형지에 좀더 잔류해야 하는 게 제국 시절 이래의 관례였다. 같은 해에 제1차 전체 소비에트 작가회의가 열려 '사회주의 리얼리즘'이 소련 문(예)학의 공식 기조로 선포되고, 정치·사회는 물론 문화·지성계에도 숙청의 광풍狂風이 불어닥쳤다. 여파는 엄청났다. 전체적으로 추산해 볼 때 거의 이천만 명 이상이 희생된 혹독한 재앙의 시대가 열린 것이다. 바흐친의 친구들도 대부분 이 기간 동안 실종되거나 숙청당했다. 역설적이지만, 당시 정치·사회·문화의 중심지이던 모스크바와 레닌그라드에서 벗어나 이역만리 카자흐스탄에서 유형 생활을 보낸 바흐친만이 대숙청이라는 광란의 칼날을 겨우 피해 갈 수 있었다. 지적 이력에 있어서나 개인적 삶에 있어서나 이런 극적인 반전이야말로 그의 운명의 표정이었다고 한다면 지나친 말일까?

죄수의 신분에서 벗어난 바흐친은 연구와 교육을 생업으로 삼고자 여러 대학에 지원서를 보냈다. 갓 풀려난 정치범이었기에 논쟁이 없진 않았으나, 다행히 모르도바 자치공화국의 수도 사란스크에 강사직을 얻을 수 있었다. 비록 초빙강사 신분이었으나 연명의 끈을 찾아낸 셈이었고, 중단된 연구를 다듬어 새로운 침로針路를 모색할 수 있던 기회였다. 우리에게 알려진 문학 연구자, 문예학자 바흐친의 모습이 만들어진 것도 이 무렵의 일이다. 곧이어 새로 시작된 문인·예술가·학자 들에 대한 숙청 때문에 대학을 그만두고 레닌그라드 외의 여러 지역들을 전전하는 처지가 되지만, 이때부터 그의 연구는 단절 없이 일관된 흐름을 이어 가게 된다. 이렇게 여러 지방을 돌아다니다 1945년 사란스크로 되돌아 온 바흐친은 1969년까지 그곳에 머물며 모르도바 사범대학교의 문학교수로 일하기 시작했다.

1930년대에 간헐적으로, 그리고 차차 형편이 나아지면서 바흐친을 흡인해 들어갔던 분야는 문학사, 특히 소설의 역사에 대한 연구였다. 도서관 이용이 자유로워지고 현실의 정치·사회적 문제보다 고대와 중세의 문학작품류에 몰두하면서 당국의 감시는 더욱 느슨해졌다. 대학과 과학아카데미 등지에서 일련의 논문들도 발표할 수 있었다. 「소설 속의 말」Slovo v romane, 1934~1935, 「소설 속의 시간과 크로노토프의 형식: 역사시학에 관한 논고」Formy vremeni i khronotopa v romane: Ocherki po istoricheskoj poetike, 1937~1938, 「서사시와 소설」Epos i roman, 1941 등이 그것들이다. 이 논문들은 바흐친 문학 사상의 근간을 이루는 글로서 당대의 주류적 입장과는 궤를 달리하고 있다. 작품들을 장르별, 사조별로 일목요연하게 정리하고 그 진화의 역사를 서술하던 '공식적' 경향과 달리, 바흐친은 고대 그리스로부터 중세와 근대, 현대에 이르기까지 소설을 변형시켰던 근본적인 힘이란 무엇인가라는, 장르 형식의 변형과 생성의 역사를 추적하고 있었다. 그에게 소설이란 단지 문예학의 한 장르가 아니었다. 소설은 차라리 글쓰기의 운동, 글쓰기를 통해 무한하게 유동하고 변전하는 삶의 생성을 가리키는 이름이었다.

1920년대의 '철학적 미학'으로부터 1930년대의 문학사 연구로 바흐친의 발걸음이 옮겨진 것은 단지 당국의 주목을 회피하려는 현실적 이유 때문만은 아니었다. 오히려 그의 관심이 '철학'이나 '문학' 같은 분과적 형식의 글쓰기에 한정되지 않았다고 보는 게 더욱 타당할 듯싶다. 문화사를 삶의 다채로운 형식들이 유동하며 교차 생성하는 거대한 흐름으로 고찰하는 만년의 글에서 바흐친은 문화 영역들의 경계선이 절대적이지 않으며, 문학이란 장르 역시 여타의 장르들과 맺는 상호 연관과 혼성성을 통해 생산된 것이라 말한다.[9] 근대문화사에서 문학은 가장 유력한 표현의 매체였으나, 그것의 장르적 경계선은 언제나 불안정하게 요동했고 끊임없이 변형되어 왔다는 것이다. 글쓰기는 그러한 운동의 다른 이름이며, 소설은 그 운동이 남긴 흔적들의 집합적 명칭이었다.

　문학과 글쓰기에 대한 바흐친의 입장은 동시대 최고의 맑스주의 미학자이자 문학 연구자였던 루카치와의 대결을 배경으로 깔고 있다. 헤겔에 의해 '근대의 서사시'라 명명된 소설은 이제 루카치에 의해 새로운 사회 이념의 반영물이 될 것을 요구받았다. 낡은 부르주아 사회의 붕괴를 묘사하는 한편으로 새로이 도래할 공산주의 사회의 전망을 생생하게 담아내야 한다는 것이다. 그런 의미에서 소설은 사상이자 예언이 되어야 하고, 공산주의적 미래를 예시하는 스크린이 되어야 했다. 사회주의 리얼리즘의 원칙은 여기서 성립하는바, 루카치는 스탈린주의 사회와 일정한 거리를 두면서도 이 원칙 자체에는 이견을 내비치지 않았다. 사회와 사상을 위해 복무하는 문학, 그것이 맑스주의자 루카치의 문학관이었다. 그와 달리 바흐친은 소설을 사회와 사상의 '건설적' 역할에 종속된 구조물로 간주하지 않았다. 특정 장르가 아니라 글쓰기의 운동 일반을 가리키는 문학(소설)은 '괴물적'인 힘에 가까운 무엇이다. 분명 문학은 그것이 속한 낡은 질서를 파괴하고 새로움을 낳는 운동과 관련되지만, 어떤 궁극의 이데올로기를 성취하기 위해 동원되어야 할 수단이 아니다. 낡은 부르주아 사회를 해체하는 데 일조할 문학은 공산주의적 미래의 한 부분이지만 거기에 전적으로 소속되지는 않으며, 공산주의가 낡고 억압적인 힘이 될 때 그것을 해체시키는 괴물의 얼굴로 어느새 우리 주변을 서성거리고 있을 것이다. 소설이라는 장르는 이러한 역

---

9) 미하일 바흐친, 「『신세계』 편집진의 물음에 대한 답변」, 『말의 미학』, 김희숙 외 옮김, 길, 2006, 469~470쪽.

사적 운동을 보여 주는 일반화된 표현의 형식이다. 바흐친에게 소설(문학)은 그 자체로 사유이자, 더 정확히는 사유의 신체였던 셈이다.

사유의 운동으로서 문학, 문학의 글쓰기는 구체적인 작가들의 활동에서 보다 선명히 각인된다. 도스토예프스키와 괴테, 라블레는 이러한 운동의 첨점尖點에 있던 세 작가들이다. 작가들의 이름자, 그들의 고유명사는 글쓰기-운동의 다양한 양상들에 대한 표지에 다름 아니다. 1929년의 저작이 도스토예프스키의 사례를 조망한 것이었다면, 30년대 문학사 연구의 결산은 괴테를 통해 집결되었다. '크로노토프'Chronotope가 그것인데, 20년대와는 전혀 다른 입지점에서 제기된 개념이지만 사건과 생성을 다루고 있다는 점에서 전형적인 바흐친적 주제라 할 수 있다. 그러나 크로노토프를 다룬 글은 단 한 편만 남아 있고 괴테에 대한 책은 거의 망실되어 버렸는데, 사연은 다소 희극적이다. 도스토예프스키론에 육박하는 엄청난 분량의 원고를 집필하였음에도, 제2차 세계대전 때문에 종이가 심각하게 부족해지자 애연가였던 바흐친이 한 장 한 장 말아서 '죄다 피워 버렸다'는 것이다!

'대학자'라는 원대한 야망을 바라진 않았어도 대학교원이라는 안정된 자리는 현실적으로 필요했다. 학위라는 제도적 인증은 분명 그 과정을 수월하게 해줄 수 있었을 것이다. 1940년 「리얼리즘 역사 속에서의 프랑수아 라블레」Fransua Rable v istorii realizma라는 제목으로 제출된 논문은 그 시도의 하나였다. 하지만 제2차 세계대전으로 심사가 중단되고, 학문적 내용 말고도 정치적 성향을 검증받아야 하는 지루하고도 오랜 과정을 거친 끝에 1952년에서야 겨우 학위 수여가 결정되었다. 애초에 독토르 후보학위kandidat로 신청한 논문이 독토르 학위doktor로 추천되고, 지난한 논란을 겪은 끝에 다시금 독토르 후보학위로 변경된 사실은 전설처럼 남아 있는 이야기다.

지금도 마찬가지인데, 소련의 학위 제도는 서구와는 다른 방식으로 운용되었다. 서구식 박사학위$^{Ph.D.}$에 해당하는 것은 준準박사학위라 불리는 '후보학위'이며, '독토르'는 서구의 박사학위보다 상위에 있는 최고등급의 학위이다. 준박사는 학술발표나 논문, 저술 등을 종합하여 실적을 쌓은 후 새로운 논문을 제출하여야만 독토르를 신청할 수 있다. 바흐친의 경우, 준박사를 신청했지만 심사위원들의 추천으로 독토르 심의를 받았다가 최종적으로는 준박사학위를 수여받은 것이다. 제도적으로 학위 등급을 이렇게 오르내릴 수 있었다는 게 의아스럽기는 하지만, 보다 중요한 논란은 그의 논문의 성격에 집중되었다. 논문의 학문적 업적보다 정치적 쟁점으로 인해 수여 학위가 '강등'되었기 때문이다. 아이러니컬하지만, 이는 일생 동안 정치적 논란에 휩쓸리지 않으려 갖은 애를 썼던 바흐친의 사유가 근본적으로 정치적인 것과 맞닿아 있음을 반증하는 사건으로 봐도 무방하지 않을까?

5. 만년의 영광, 끝나지 않은 대화

시대가 바뀌어 1953년 3월 5일 스탈린이 돌연 사망했다. 그러자 소련 사회에 급작스레 '해빙'의 물결이 찾아들었다. 그즈음 바흐친은 몰도바 대학의 세계문학부에 근무하며 정년을 바라보던, 평온하고 무탈한 '비정치적' 일상을 보내던 참이었다. 그런데 마침, 멀리 수도에서 문학 연구에 매진하던 일군의 젊은 대학원생들이 우연히 그의 이름을 알게 된다. 도서관 수장고에 보관되었다가 스탈린 사후 금서 목록에서 풀려난 책 더미 사이에서 『도스토예프스키 창작의 제문제』가 발견되었던 것이다. 사소한 이의 제기도 용납하지 않던 강철 독재의 시기에 타자와 대화주의, 다성악을 주제로 한 책이 쓰였다는 사실은 놀라움 그 자체였다. 아울러 엄혹한 대환난의 시기에 당의 지도로부터 '탈선한' 지식인 대부분이 숙청당했음에도 불구하고, 그 책의 저자가 여전히 살아 있다는 사실은 흡사 기적처럼 여겨졌다. 이후, 세르게이 보차로프와 바딤 코쥐노프 등을 필두로 러시아 인문학계의 소장학자들이 사란스크로 바흐친을 만나러 가는 행렬이 이어지고, 마치 만년의 톨스토이를 만나고 온 사람들이 그랬듯, 성자聖者를 만나고 그와 교감했다는 기고문들이 잡지마다 줄지어 연재됐다. 이른바 첫번째 '바흐친 르네상스'가 시작된 것이다.

　이 현상은 비단 러시아에서만 일어난 게 아니었다. 1963년 『도스토예프스키 시학의 제문제』로 제목을 바꿔 개정·출간된 바흐친의 학위논문은 러시아에서도 엄청난 상찬을 받으며 판을 거듭해 인쇄되었고, 줄리아 크리스테바라는 재기발랄한 불가리아 여대생의 손을 거쳐 문학과 철학의 수도 파리에 입성하게 된다.[10] 바흐친의 도스토예프스키론은 곧장 유럽어들로 번역되어 그의 이름을 서방세계에 알렸고, 1965년 러시아에서 출판되자마자 유럽으로 건너온 『프랑수아 라블레의 작품과 중세 및 르네상스의 민중문화』*Tvorchestvo Fransua Rable i narodnaja kul'tura srednevekov'ja i Renessansa*는 막 싹터 나온 새로운 학문인 '문화 연구'의 중요한 전거로 인용되기 시작했다. 때마침 1968년을 전후로 포스트모더니즘의 바람이 불기 시작한 서구 지식사회에서 바흐친은 타자와 대화주의, 다성악, 크로노토프, 민중의 웃음문화 등에 대한 필수 불가결한 참

---

10) 줄리아 크리스테바, 『줄리아 크리스테바의 문학 탐색』, 김인환 옮김, 이화여대출판부, 2003, 33~34쪽.

고문헌으로 공인되고, 명실상부하게 20세기의 가장 중요한 이론가 중 하나로 자리매김된다.

젊은 시절의 불운을 보상이라도 받듯, 바흐친의 만년은 '화려한 평온'으로 장식되었던 것 같다. 지인들의 노력으로 모스크바에서 요양 생활을 하게 되었고, 그 덕에 보다 나은 의료 체계의 도움을 받으며 생활을 이어 갈 수 있었다. 또한 인문학의 전망과 방법에 대한 조언을 얻으려는 후학들의 방문이 끊이지 않았는데, 그와는 다른 학문적 성향을 지닌, 가령 모스크바-타르투 학파로 불린 기호학자들도 바흐친에 대한 존경심을 표현하였고, 맑스·레닌주의에 충실한 연구자들 역시 그를 20세기 인문학의 신화로 인정하길 마다하지 않았다. 하지만 이런 영광의 분위기를 새로운 저술 활동으로 펼쳐 나가기에 그는 너무 노쇠한 상태였다. 말년에 그가 손댔던 일은 대개 과거의 저술들을 다듬어 개정하거나, 머릿속에서 산산이 흩어져 가는 사유의 조각들을 간신히 이어 붙여 새로운 향방을 타진해 보는 정도였다. 이런 사정으로 그의 말년의 사유는 온전한 저술의 형태가 아니라 단편적인 메모 형태를 띠는데, 역설적으로 이런 파편적 글쓰기야말로 시작도 끝도 없이 영원히 종결되지 않는 그의 대화주의적 사유를 표징하는 것이었다. 바흐친 자신의 표현을 빌리면, "아직 대화는 끝나지 않은" 것이다.

1973년 부인 옐레나가 사망한 후부터 부쩍 기운을 잃었던 바흐친은 1975년 3월 7일 조용히 눈을 감았다. 3월 9일, 후학과 제자들, 친구들이 지켜보는 가운데 모스크바 동부 베젠스키 묘역의 제21구역에 묻혔으며, 향년 80세였다.

1919~1924년 네벨-비테프스크 시절의 바흐친. 강렬한 눈빛으로 정면을 쏘아보
는 바흐친은 예술과 미학, 철학, 종교, 윤리 등의 다양한 영역을 가로질러 분열된
근대 문화를 재통합하고자 했던 야심만만한 젊은이였다. 외국 망명을 택한 형
니콜라이와 달리, 바흐친은 소비에트 러시아에서 자기 사유의 지평이 활짝 열릴
것이라 믿고 있었다.

1924~1926년 레닌그라드에 모인 바흐친 서클의 구성원들. 아랫줄 왼쪽부터 바흐친, 유디나, 볼로쉬노프, 품판스키, 메드베데프. 윗줄 오른쪽부터 바기노프와 그의 아내, 바흐친의 부인 옐레나. 혁명과 변혁의 소란스런 시대에 앎에 대한 열정만으로 의기투합했던 '젊은 그들'은 후일 20세기 러시아 문화사의 빛나는 성좌(星座) 속에 다시 합류하게 된다.

1929년 체포 직후의 바흐친. 『마르크스주의와 언어철학』 및 『도스토예프스키 창작의 제문제』가 세상의 빛을 본 지 얼마 후, 불법적인 회합에 참석했다는 혐의를 받고 체포된 바흐친은 카자흐스탄의 오지로 유배되고 만다. 이로써 그는 당대 문화운동의 주류로부터 추방되는 불운을 겪었지만, 역설적으로 스탈린 시대의 엄혹함으로부터 생존하는 운명의 아이러니를 체험하게 된다.

1974년 모스크바에서 보내던 마지막 시절의 바흐친. 악화된 건강에도 불구하고 바흐친은
평생 애호하던 담배를 결코 끊지 않았다. 사회주의 혁명과 내전, 스탈린의 대숙청과 제2차
세계대전을 온몸으로 살아 낸 그는 말 그대로 '20세기 러시아 문화지성사의 신화'라 불릴
만했다. 모르도바 공화국에서 은퇴 생활을 하던 바흐친을 만나기 위해 전국에서 후학들의
'순례'가 끊이지 않았고, 그들의 배려로 모스크바로 옮겨 가 만년을 평안히 지낼 수 있었다.

2장 응답으로서의 삶

1. 전환기의 감성과 위기의식

20세기는 전환의 감수성과 더불어 시작되었다. '세기말과 세기초'라는 단어에 함축된 그것은 낡은 것과 새로운 것이 혼재하는 이중의 감각이었으며, 불안과 기대 또는 감격과 혼돈이 뒤엉킨 양가적인 의식을 표상했다. '문화적 공황'[1]이란 이러한 시대 전환의 정신적 분위기를 가리키는 말로서, 그 시대의 지식인이 마주쳤고 자신의 과제로 받아들였던 문제의식의 출발점이었다. 19세기 끝 무렵에 태어나 20세기 초에 청년기를 보냈던 바흐친도 여기서 예외이지 않았다. 일단 그 무렵의 시대상에 관해 간단히 살펴보자.

오랜 진전을 거쳐 19세기부터 가속화된 산업혁명과 고도 자본주의 사회의 달성은 20세기에 접어들며 인류 역사상 최초로 물질 문명이 정신 문화를 앞지르는 사태를 초래했다. 대략 1880년경부터 나타난 무선통신과 전화, 엑스레이, 사진, 영화 등은 시간에 대한 집약적 표상을

---

1) 도널드 서순, 『유럽문화사 III』, 오숙은 외 옮김, 뿌리와이파리, 2012, 412쪽 이하.

가능하게 해주었고, 자동차와 비행기의 상용화는 공간을 획기적으로 압축시켜 경험하게 만들었다.[2] 거대 전함이 대양을 누비고 세계는 '단일 제국'의 조망 속에 합쳐져 유례없는 통일성을 획득한 듯 보였다. 삶은 전례 없이 편안해졌고 세계는 가까워졌으며 미래는 희망이 뿜어내는 빛으로 눈이 부실 지경이었다. 그 시대의 모토이자 표상, 모든 것이 된 과학기술의 보편적 지배는 예술가들마저 매혹시켰는데, 이탈리아의 미래주의자들은 '도시와 기계의 미학'을 선언하며 기술과 예술의 '행복한' 결합에 아낌없는 찬사를 퍼부었다.[3] 미래는 무서운 속도로 질주해 다가오며 삶을 더할 수 없는 환희와 경이 속으로 곧 옮겨 놓을 것만 같았다. 진보는 세계를 과거와 급진적으로 분리시켰다. 미래의 정신은 인간의 내적 자질 따위가 아니라 태양빛에 하얗게 발광하는 기계의 역동성 속에서 발견될 성싶었다. '벨 에포크', 말 그대로 인류의 '아름다운 시대'가 온 것이다.

다른 한편, 정반대의 분위기 또한 급격히 유럽의 정신을 잠식해 가고 있었다. 전례 없이 비대해진 물질적 풍요의 지표들은 역설적으로 정신적 빈곤의 증거로 자주 제시되었다. 전면적인 도시화와 산업화로 인해 삶은 무자비하게 착취당했고 급격히 황폐해져 갔다. 오랫동안 보존되었던 전통적 가치들이 순식간에 쓸려 나가 자취를 감추어 버렸다. 이웃과의 격의 없는 유대, 유구한 세월 속에 지켜 온 공동체의 가치, 자연과의 신비로운 교감 등은 어느새 현실 너머로 증발해 버린 듯싶었다. 그 자리를 대신한 것은 기계가 대신하는 노동, 편리하지만 무감각해진 일

---

2) 스티븐 컨, 『시간과 공간의 문화사 1880~1918』, 박성관 옮김, 휴머니스트, 2004.
3) 리처드 험프리스, 『미래주의』, 하계훈 옮김, 열화당, 2003, 6~11쪽.

상, 자동기계마냥 '사심 없이' 작동하는 국가 장치(관료제)였다. '현대' Modern라는 경이의 저편으로 고귀하게 지켜지던 예술적 감성과 지적 통찰이 머잖아 소멸해 버리리란 초조감이 공공연히 유통되고 있었다. 벤야민이 '아우라의 상실'이라 불렀던 이런 분위기를 토마스 만Thomas Mann, 1875~1955은 『부덴브로크가의 사람들』Buddenbrooks, 1901이나 「토니오 크뢰거」Tonio Kröger, 1903 등을 통해 섬세히 묘사했다. 도시와 기계는 발전의 징표였지만, 동시에 시詩의 종말이었다. 산문처럼 메말라 버린 일상에서 예술가들은 어디에도 발붙일 곳이 없어졌다며 통탄해 마지않았다. 그들에게 '벨 에포크'는 언젠가 하이네가 읊조리던 '궁핍의 시대'die dürftige Zeit와 동의어였다.

세기말과 세기초의 유럽인들을 사로잡았던 전환의 감수성은 낯선 시대의 도래에 대한 신경증적 불안감이기도 했다. 이른바 '문명의 성가聲價' 이면에 나타난 '문화의 위기'라는 지성사적 테마가 그 사정을 잘 보여 준다. 몸집은 충분히 자랐을지언정 정신은 아직 어린애 수준에 머물러 있어, 성인다운 사고의 폭과 깊이를 갖추지 못한 채 방황하고 있다는 자의식 속에서 유럽인들은 시대의 우울한 자화상을 그렸다.[4] 혹은 정반대로 시대의 격렬한 속도감을 견딜 수 없을 정도로 유럽이 노쇠해 버렸다는 진단도 나왔다.[5] 미성숙인지 아니면 조로早老인지, 아무튼 이런 불안의식에서 싹튼 우울증은 형식Form에 대한 향수, 정체성의 갑옷에 대

---

4) 게오르그 짐멜, 「문화의 개념과 비극」, 『게오르그 짐멜의 문화이론』, 김덕영 외 옮김, 길, 2007, 19~61쪽.
5) 오스발트 슈펭글러, 『서구의 몰락 1~3』, 박광순 옮김, 범우사, 1995. '유럽의 황혼'이란 19세기 말부터 러시아인들이 즐겨 다루던 주제였는데, 가령 범슬라브주의 사상가 니콜라이 다닐레프스키(Nikolaj Ja Danilevskij)는 1871년 『러시아와 유럽』(Rossija i Evropa)을 출판하여 슈펭글러를 예고한 바 있다.

한 달뜬 지향과 집착을 낳았다. 이때 형식이란 개인이 자신의 삶을 주조할 때 요구하는 사고와 행위의 틀, 곧 문화적 규범을 말한다. 문명의 속도가 거침없이 폭주하고 삶이 방향타를 잃은 시대에 개인이 자신의 인생을 기획하기 위해 참조할 만한 문화적 형식이 유실되었다는 사실, 이것이 전환기의 어두운 진실이었다. 삶을 안정적이고 유의미하게 담아둘 그릇이 없다면 어떻게 해야 할까? 모든 것이 무상하게 빠져나간 자리에는 결국 존재의 텅 빈 껍데기만 남겨지지 않을까? 존재의 경험과 인식을 보전하고 견고하게 결정화結晶化하지 못한다면 과연 문화가 지속될 수 있을까? 정신과 문화를 잃어버린 인간에게 도대체 '가치'라는 것이 따로 존재할 수 있을까?

이렇게 불안감으로 점철된 시대의식은 문화와 문명의 지속 가능성에 대한 강한 의구심을 낳는다. 1905년의 러시아 혁명은 어떤 식으로든 과거의 세계가 곧 종막을 고하리란 예감을 강화시켰고, 전 세계적 괴멸을 향한 것이든 재탄생을 향한 것이든 전쟁은 불가피하다는 인식마저 팽배해져 갔다.[6] 그런 상황에서 때로는 혼란스럽게 때로는 무심하게 흘러 소진되는 삶을 온전히 붙잡아 둘 수 있는 형식을 찾는 것은 단순히 생활 혹은 생존의 필요 때문만은 아니었다. 낡고 무기력한 기성의 가치 규범을 허물고 새로운 형식을 창안하여 세공하는 것은 삶 자체를 보전하고 유지하기 위해 필연적으로 요청되는 과제였다. 문화의 새로운 형식. 삶을 다시 일으키기 위해 찾아야 할 것이 그것이었고, 학문과 예술은 그 탐색의 첨병이었다. 시대의 격랑을 피해 변방으로 흘러든 청년 바

6) 스튜어트 휴즈, 『의식과 사회』, 황문수 옮김, 개마고원, 2007, 9장. 유럽 지식인들의 일부는 문화의 위기를 돌파할 삶의 부활은 전쟁을 통한 것일지도 모른다는 예감에 사로잡혀 있었다(짐멜, 「문화의 위기」, 『게오르그 짐멜의 문화이론』, 198쪽).

흐친이 삶과 문화, 윤리의 문제를 성찰했던 것은 이런 배경에서였다. 그 것은 '당대'의 문제이자 '세계'의 문제였고, '역사'와 '존재'의 문제로 제 기되었으며, 그의 사유의 기원이자 생애를 통해 반복되고 변주될 지속 적인 테마의 착상着床과도 같은 장면이었다.

바흐친의 사상이 '네벨-비테프스크 시대'라 불리는 1919~1924년 동안 형성되었음은 전기적 이력에서 서술한 바 있다. 후일 저작권 분쟁 이 벌어진 여러 저술들을 포함해 1929년 체포, 유형에 처해지기까지 그 의 지적 수련은 이 기간 동안 이루어졌다. 이때 결성된 '바흐친 서클'은 당대 유럽 사상을 흡수해 학문적 토양으로 삼았고, 여기엔 '최신' 철학 사조이던 신칸트주의와 현상학이 포함되어 있었다. 실제로 '철학적 미 학[7]'의 저술들이 출간된 네벨-비테프스크 시대뿐만 아니라 1929년까 지의 저작들 대부분에서 공통적으로 동시대 유럽의 사상들이 다루어졌 던바, 우리는 바흐친(서클)이 19세기 말~20세기 초 유럽의 지성이 맞부 딪혔던 문제의식을 충분히 인지하고 수용했노라고 말할 수 있다.

대표적인 바흐친 연구자이자 번역자인 홀퀴스트는 바흐친의 전 생 애에 걸친 과제는 결국 칸트가 남긴 문제를 해결하는 데 있었다고 단언 하는데,[8] 이는 특히 네벨-비테프스크 시대를 염두에 둘 때 적절해 보인 다.[9] 바흐친이 조우했던 동시대 유럽 철학의 첨단에는 신칸트주의가 있

---

7) 1997년부터 러시아에서 출판되기 시작한 『바흐친 저작집』 제1권은 미출간 원고들을 포함해 초기 의 중요한 사상적 맹아들을 보여 주는데, 편집자들은 이 시기를 '철학적 미학'으로 특징 짓고 1권 의 부제로 삼았다.

8) Michael Holquist, "Introduction", M. M. Bakhtin, *Speech Genres & Other Late Essays*, University of Texas Press, 1986, p.xiv.

9) Michael Holquist·Katerina Clark, "The Influence of Kant in the Early Work in M. M. Bakhtin", ed. Joseph Strelka, *Literary Theory and Criticism*, Vol.1, Peter Lang, 1984, pp.299~314; Wlad Godzich, "Correcting Kant: Bakhtin and Intellectual Interactions", *Boundary 2*, Vol.18, No.1, 1991, pp.5~17.

었고, 그 명칭에서 알 수 있듯 이 철학 사조는 칸트의 문제의식을 계승하고 발전시켰기 때문이다. 따라서 신칸트주의와 만나고 논쟁하던 바흐친은 칸트의 체계를 염두에 두지 않을 수 없었고, 신칸트주의로부터 영향을 받는 동시에 그것을 논파하는 과정은 곧 칸트와의 만남이자 대결의 과정이었다고 말해도 좋을 것이다.

하지만 칸트와 바흐친 사이에 유사점과 차이점을 다루는 글이 꽤 있음에도 불구하고, 실제로 바흐친이 자신의 학문적 이력을 시작할 때 마주쳤던 칸트적 문제의식이 도대체 무엇이었는지, 왜 그것이 문제가 되었고, 어떤 식으로 해법을 모색했는지에 대해서는 아직 종합적인 고찰이 이루어진 바 없다. 특히 바흐친이 직접 대결하던 신칸트주의의 문제의식과 칸트 자신의 문제의식이 어떻게 연관되고 분기하는지에 관해 묻지 않은 채, 양자를 뒤섞어 바흐친과 비교함으로써 결론만을 도출하는 연구가 여전히 많다는 점은 대단히 유감스럽다. 그가 간직한 문제의식을 명확히 밝히지 않은 채 단지 (신)칸트주의와 차별적이라는 이유로 '독창적'이라 판단한다면, 그의 '대화주의'를 '독백주의'에 가둘 위험이 있는 탓이다.[10] 바흐친에 관해 더 깊이 있게 이해하기 위해서는, 특히 그의 초기 사유의 원천과 발생을 포착하기 위해서는 무엇보다도 먼저 칸트에서 시작해 신칸트주의를 거쳐 다시 바흐친에 도달하는, 다소 우회적인 길을 애써 찾아갈 필요가 있다. 통상의 철학사나 사상사가 아니라 지성사라는 넓은 맥락에서 칸트-신칸트주의-바흐친의 영향 관계를 살

---

10) 가령 바흐친의 초기 수고본들의 사상적 독자성을 지나치게 과장함으로써 그 이전과 이후의 영향사적 맥락을 탈각시킬 정도로 '숭배'하는 태도가 있다. 이에 따르면 「행위철학」은 하이데거의 『존재와 시간』(1927)의 문제의식을 선취하는 동시에 초월하는 수준까지 고양된다(V. V. Nazintsev, "Myslitel' Bakhtin i Teoretik Khajdegger", ed. K. G. Isupov, *M. M. Bakhtin i filosofskaja kul'tura XX veka*, ch.1, RGPU, 1991, pp.102~112).

펴보아야 할 이유가 여기에 있다.

1919년 동료들과 출판한 잡지 『예술의 날』에 실린 「예술과 책임」
은 바흐친이 공식적으로 서명, 출판한 최초의 글이었다.[11] 그것은 약관
24세의 청년이 쓴 짧은 분량의 글이기에 일반적으로 그가 안고 있던 지
적 포부와 문제의식을 '선언'한 텍스트라는 평가를 받아 왔다. 하지만
그가 마주 섰던 전환기의 시대상과 감수성, 시대의식을 고려할 때 「예
술과 책임」에 던져진 문제의식이야말로 초기 바흐친의 사유를 이해하
는 진정한 입구라고 보아도 좋을 듯하다. 이 텍스트에서 단지 청년기의
포부와 열정 이상을 읽어 내기 위해서는, 즉 그가 어떤 문제의식을 갖고
어떻게 자기 시대와 대결하고자 했는지 이해하기 위해서는 바흐친의
문제 설정을 지성사적 맥락에서 재구성할 필요가 있다.

2. 현대, 분열된 세계상

「예술과 책임」의 대의는 일견 간단해 보인다. 그것은 '현대'에 대한 러
시아 지식인의 시대 진단과 문제의식, 해결에 관한 성찰을 담고 있다.
벨 에포크와 그 전락, 뒤이은 세계대전과 볼셰비키 혁명이라는 세계사
적 파고波高 속에서 러시아 지식인들 역시 '현대의 파국'을 불안스레 감
지하고 있었다. 파국은 '근대의 기획'이 정점에 이른 시대에 삶과 예술,
학문이 하나로 통일되지 못한 채 분열된 것을 말하며, 이런 시대적 정황
이 현대인의 정신적 불구성을 심화시킨다는 절망감의 표현이었다.

현대는 과학기술과 인식, 예술, 윤리 등 문화의 각 영역들이 각기

---

11) Mikhail Bakhtin, *Sobranie sochinenii*, T.1, Jazyki slavjanskikh kul'tur, 2003, p.347(편집자 주).

고유한 발전을 이루되 전체적으로는 하나의 일관된 세계상을 구축한 것으로 표상되었다. 현대성Modernity이란 개별 문화 영역들이 자립성을 획득하는 동시에 서로 조화롭게 연관됨으로써 총체성을 달성했다는 인식의 산물이었다. 그래서 현대는 종종 잘 짜맞춰진 총체적 구조물에 비유되곤 했다.[12] 하지만 바흐친은 그 구조물이 기계적 조립품에 불과할 뿐, 문화가 진정 뿌리내려야 할 토대로서 세계와의 근원적 통일성이나 창조적인 힘으로부터는 탈구되어 있다고 진단한다. 현대 문화의 자립성과 총체성은 그저 현란한 가상假象에 불과하다는 말이다. 화려한 외관만큼 이 세계는 일관된 통일성을 갖지 않는다. 아니, 수학적 정확성과 합리성으로 통일되어 있지만,[13] 그 통일은 공허하고 맹목적이다. 차라리 세계는 '분열의 일관성'을 갖는다는 표현이 더욱 정확한 표현일 것이다. 「예술과 책임」의 첫머리가 일종의 어두운 시대 진단으로 읽히는 것도 그래서이다.

> 하나의 전체를 이루는 개개 요소들이 공간과 시간 속에서 단지 외적인 연결로만 결합되어 있을 뿐 의미의 내적 통일로 충만되어 있지 않을 경우, 그 전체를 기계적이라 부른다. 그러한 전체의 부분들은 비록 나란히 놓여 있고, 또 서로 접촉하고 있다 하더라도 본질적으로 서로 이질적이다.[14]

---

12) 컨, 『시간과 공간의 문화사 1880~1918』, 540쪽.
13) 후설에 따르면 수학의 현대적 발전은 '의미의 공동화(空洞化)'를 초래했다(에드문트 후설, 『유럽학문의 위기와 선험적 현상학』, 이종훈 옮김, 한길사, 1997, 116쪽).
14) 미하일 바흐친, 「예술과 책임」, 『말의 미학』, 25쪽.

집단과 개인, 대중과 지식인, 삶과 문화 사이의 괴리 등에서 보이듯, 전체와 부분이 단일한 유기체를 이루지 못하고 다만 기계적인 접합만을 이루는 상태, 그것이 '현대의 분열'이다. 청년 바흐친이 마주했던 세기말과 세기초의 세계는 삶과 문화의 각 요소들이 통일성을 이루지 못한 채, 서로 등을 돌리고 분립해 있는 시대였다.

예술과 분리된 삶이라는 문제의식은 당대의 화두였다. 영적인 감흥과 내면적 성찰로 채워져야 할 예술은 일상의 현실에 스며들지 못한 채 공전空轉하고 있으며, 반대로 일상은 예술을 '지금-여기'의 구체성을 떠나 버린 공허한 한담으로 치부한 채 거부한다. 그 결과 생生의 비극적 분리가, 즉 정신의 깊이를 담보하지 못하는 삶, 그리고 일상을 몰각해 버린 예술 사이에 건널 수 없는 분열이 모습을 드러내고 말았다. "인간은 예술 속에 있을 때에는 삶 속에 있지 않고, 삶 속에 있을 때에는 예술 속에 있지 않다. 그것들 사이에는 어떤 통일성도 없으며, 개성의 통일성 속에서 내적으로 서로에게 속속들이 스며들지도 못한다."[15]

더욱 절망적인 상황은 이와 같은 분열이 불가피한 것으로 승인됨으로써 예술과 삶이 서로를 방기하는 사태가 정당화되고 있다는 점이다. 이미 벌어진 사태는 어떻게 할 수 없다는 체념과 포기가 그 시대의 당연하고도 쓰디쓴 진실이 된다. "예술은 너무나 뻔뻔스럽고 자만에 빠져 있으며, 너무나 감상적이고, 당연히 그런 예술을 따라잡을 수 없는 삶에 대해서는 눈곱만큼도 책임지려 하지 않는다." 삶에게 발언권을 준다면 아마 이런 냉소를 듣게 될지 모른다. "그래, 우리에게 예술 따위가 무슨 소용이람? 예술이란 본래 그런 것이고, 우리에겐 일상을 채우는

---

15) 바흐친, 「예술과 책임」, 25쪽.

산문이 있는 걸."[16]

예술과 삶, 혹은 시와 산문의 대립은 그저 비유가 아니다. 그것은 문화의 각 영역들이 서로 만나고 소통할 수 없다는 단절의 징표이자, 만연해 있는 상호 무감각·무관심의 징후에 다름 아니다. 이를 극복하기 위해 예술은 평범한 일상을 세공함으로써 삶에 의미와 가치를 부여하는 활동이 되어야 한다는 게 바흐친의 결론이다. 예술이 삶을 방기하고, 역으로 삶 또한 예술에 무감동해질 때 시대는 무의미와 무가치의 허무주의에 함몰될 것이기 때문이다. 현대의 위기, 그 파국의 근원에는 삶과 예술, 나아가 문화의 다양한 영역들이 서로에 대해 책임지지 않으려는 상호 방기가 가로놓여 있다. 거만한 자세로 삶을 내려다보는 예술의 자기도취와 자만은 그 위기의 심각성을 반증한다. 바흐친이 인용하는 알렉산드르 푸슈킨의 시 「시인과 군중」[Poet i tolpa, 1828]의 구절들이 이를 잘 보여 주고 있다.

번잡한 일상을 위해서가 아니라
탐욕과 싸움을 위해서가 아니라
영감과 달콤한 음향과 기도를 위하여
우리는 태어났노라.[17]

문화의 여러 영역들이 소통 불가능성에 빠졌다는 것은 공통의 지반이 상실되었기 때문이다. 삶과 예술, 학문을 함께 모아들이고 지탱해

---

16) 같은 글, 26쪽.
17) Aleksandr Pushkin, *Sobranie sochinenii v 5 tomakh*, T.1, Bibliopolis, 1993, p.389.

줄 특정한 형식이 사라진 것이다. 문화의 개별 영역들은 다른 영역으로부터 외적인 간섭과 침해를 겪지 않음으로써 최상의 자율성을 향유하게 되었으나, 이는 유리장 안의 장식품마냥 서로 분리되어 의미 없는 공존을 이어 가는 것으로 귀결되었다. 바흐친이 예로 든 삶과 예술의 상호 무관심은 그 한 가지 사례이지만, 삶이 예술을 지지해 주고 예술이 삶을 이끌어 주던 시절에 비춰 볼 때 심각한 위기가 아닐 수 없었다. 문화의 각 영역들이 자율성을 화려하게 자랑하는 동안 서서히 무너져 가는 것은 문화 전체의 지반이었던 까닭이다. 그런 의미에서 바흐친은 현대의 위기와 파멸은 문화의 영역들이 서로에 대한 책임을 몰각해 버린 탓이라고 단언한다.

> 무책임을 정당화하기 위해 '영감'에 의지하는 것은 부질없는 짓이다. 삶을 무시하고, 그 자신이 삶에게 무시당하는 영감은 영감이 아니라 홀림이다. 예술과 삶의 상호 관계, 순수예술 등에 관한 모든 오래된 문제들의 거짓이 아닌 진짜 의미, 그 물음들의 진정한 파토스는 그저 삶과 예술이 서로의 과제를 덜어주고 서로의 책임을 벗겨주는 데 있을 따름이다.[18]

해법은 위기의 원천으로 돌아가 올바른 답안을 제시하는 데 있을 것이다. 바흐친이 칸트를 소환하고 그의 문제의식에 응답하고자 한 것도 그 일환인데, 칸트야말로 '분열'을 현대성의 불가피한 단초로서 입안했던 최초의 사상가였기 때문이다.[19]

18) 바흐친, 「예술과 책임」, 26쪽.

3. 칸트: 초월적 도덕이 삶을 구원할 것인가?

분열에 대한 감수성이 곧바로 '잃어버린' 통일을 강박한다든지, 혹은 (통일되었다고 상상된) 과거에 대한 형이상학적 가정을 동반한 향수로 직결되진 않는다. 「예술과 책임」의 문제적인 첫 단락에서 알 수 있듯, 오히려 바흐친은 분열 자체의 엄연한 현실성, 지금-여기서 마주하는 '이 세계'를 일단 있는 그대로 인정하고자 한다. 이는 현대 문화가 '과학', '예술', '삶'의 세 영역으로 깊고도 강고하게 분할되어 있다는 사실 자체로서 칸트적 세계상과도 겹쳐진다. 칸트는 자신의 저작들을 통해 현대를 과학(『순수이성비판』, 1781/1787)과 예술(『판단력비판』, 1790), 윤리(『실천이성비판』, 1788)의 세 부문으로 분립시키고 이 영역들이 각각 독자적 발전을 이룰 것을 승인하였는데, 바흐친은 이러한 구분을 주어진 사실로서 일단 받아들이겠다는 말이다. 이른바 '현대의 분열(분화)'이란 이것을 가리킨다.

	칸트	바흐친
자연 인식 영역	과학	과학(학문)
심미적 판단 영역	예술	예술
도덕적 행위 영역	윤리	삶

여기엔 미묘한 차이가 있다. 칸트가 '윤리'로 분립시킨 부분을 바흐친은 '삶'이라는 이름으로 부르는 탓이다.[20] 왜 그런가? 칸트는 삶이 도

---

19) 리케르트에 따르면 칸트는 이러한 분열을 공식화하고 정당화했다는 점에서 최초의 '문화철학자' 였다(김덕영, 『주체·의미·문화: 문화의 철학과 사회학』, 나남, 2001, 60~61쪽).

20) 바흐친, 「예술과 책임」, 25쪽.

덕법칙과 온전히 겹쳐져야 하며, 또 그럴 수 있다고 생각했다. 당위Sollen라는 범주가 그 통로였다. 이에 따를 때, 삶은 '묻지도 따지지도 말고' 도덕법칙과 일치해야 한다. 하지만 바흐친과 그의 시대는 이를 고분고분 따를 만큼 순진하지 않았다. 직관적으로 알 수 있듯, 윤리와 삶은 직접적으로 일치하지 않는다. 삶과 윤리가 맞닿아 있는 세계에서 우린 살고 있지 않다(삶≠윤리). 바흐친이 칸트의 '윤리'의 자리에 '삶'을 대치한 것은 두 사람이 세계를 바라보는 시각에서 심원한 차이를 갖고 있음을 시사한다. 요점은 삶과 윤리의 불일치이다.

문화	삶(일상)	삶 ≠ 윤리
	학문	
	예술	

　　현대는 세속적 인간의 시대이다. 칸트는 인간이 이성 능력에 의해 자족적으로 이 세계를 건설할 수 있는 토대를 제공하고자 했다. 3대 비판서는 그 철학적 성과였다. 즉, 인간이 선험적으로 주어진 심성 능력에 따라 사유하고 활동하는 한(선험적 종합판단), 또 현상계 너머의 초월적 질서에 대해 월권을 행사하지 않는 한(이성의 규제적 사용), 인간의 진보는 결코 '독단'이나 '오류'가 아니다. 자연과 세계에 대한 지식으로서 선험적 종합판단은 이성과 경험에 의지할 뿐 신학적 강제나 관습, 도덕 등에 구애받지 않는다. 달리 말해, 과학적 진보에는 이성 이외의 종교나 관습 등이 개입할 여지가 없다.

　　이로써 문화, 곧 인간 활동의 영역들은 저마다 자기 길을 가면 될 뿐이지, 다른 영역으로부터 간섭이나 지도를 받을 이유가 없게 된다. 근대 인식론이 표방하는 절대 명제인 동일성의 원리, A=A라는 정식이 이

보다도 더 명확히 선언될 수 있을까? A가 B가 아닌 만큼 B도 A가 아니며(배중률), A는 A로서, 또한 B는 B로서 각기 독자적인 영토를 확보한다. 양자는 자기만의 규칙과 원리를 만들어 내고 그에 충실히 따르면 충분하다. 다시 푸슈킨을 빌린다면, 예술가가 자신의 영감에 따라 시를 짓는 한편, 서적상이 자신의 계산적 이성에 의해 돈벌이에 열중하는 것은 서로 하등 문제될 게 없는 것이다.

> 뮤즈와 그레이스의 총아가 쓴 시를
> 우리는 당장에 루블로 교환하고[21]

현대의 분열은 이렇게 완수된다. 문화의 개별 영역들도 자율성과 독립성을 획득했다. 도덕이든 종교든 혹은 철학이든 다른 영역에 대한 메타적 권위를 주장할 수 없다. 문화의 자립성, 자율성이 의지하는 현대의 세계상은 '자유'를 만끽하게 된 것이다. 하지만 칸트는 그 자유에 유보 조건을 달았다. 개별 영역들의 자율성을 근거 짓는 동시에 묶을 수 있는 메타적 정초 지대를 찾아야 했고, 그것은 마땅히 윤리의 영역에서 발견되어야 했다. 윤리(실천이성)는 문화의 토대로서 삶을 제어한다.

현대성의 특징인 피상성과 순간성에 맞서 칸트는 정신의 내면성과 영원성을 옹호했다. 예컨대 문화의 외적 발달과는 별도로, 인간 내면에는 저 높은 초월세계의 법칙을 따르려는 양심이 있으며 도덕법칙은 영원하고 절대적이기에 무조건적 복종이 요구된다. 물론, 모든 독단을 거

---

21) Pushkin, *Sobranie sochinenii v 5 tomakh*, T.1, p.285. 1824년에 쓴 「시인과 서적상」("Poet i knigoprodavets")이라는 시의 일부이다.

부했던 칸트이기에 중세적 신학으로 되돌아가 그 '복종'을 정당화할 수는 없었다. 오히려 증명할 수 없어도 믿어야만 하는 영역, 칸트에겐 그것이 윤리의 세계였다. 만일 신도 없고 불멸의 영혼도 없다면, 현세의 선한 행동을 어떻게 기대할 수 있을까? 죽음이 모든 것을 무화한다면? 따라서 신을 증명할 수 없는 세계에서 도덕적 행위를 유인하기 위해서는, 역설적으로 영혼의 불멸을 '믿는' 도리밖에 없다. 죽음 이후에도 영혼이 사라지지 않아서 보상이나 처벌의 대상이 된다면, 현세에서 선하게 살아야 할 이유는 충분할 것이다. 그리하여 도덕은 초월적 이념인 도덕법에 의지해 실현된다는 결론이 도출된다. 『실천이성비판』의 유명한 문구인 "내 위의 별이 빛나는 하늘"과 "내 안의 도덕법칙"에 관한 역설力說의 이면에는, 모든 것이 허용되어 있으나 동시에 허용되어서는 안된다는 칸트적 세계상의 곤혹이 짙게 배어 있다.[22]

칸트는 삶이 도덕법칙, 최고선善의 지도를 받을 때 무난하게 행복에 도달하리라 낙관했다(삶=윤리). "너의 의지의 준칙이 항상 동시에 보편적 법칙 수립의 원리로서 타당할 수 있도록, 그렇게 행위하라"는 테제로 잘 알려진 정언명령은 최고선으로부터 흘러나온 도덕법칙이기에 언제 어디서나 누구에게나 타당하고 따라서 따를 만한 규범이 된다.[23] 행복은 도덕적 의무에 인간이 복종할 때 비로소 달성되는 것이다. 칸트가 우리의 삶이 궁극적으로 윤리의 이상理想과 합치하게 되리라 낙관한 근거가 여기 있다(윤리→삶).

문제는 윤리의 지고한 이상이 현실의 비루한 일상과 부딪힐 때 생

---

22) 임마누엘 칸트, 『실천이성비판』, 백종현 옮김, 아카넷, 2009, 271쪽.
23) 같은 책, 91쪽.

겨난다. 의무가 의무 자체로서 우리 앞에 생경하게 제시될 때, 그것은 구체적인 삶의 굴곡들을 무시하는 형식적 원리가 되고 강제의 족쇄로 우리를 구속할 것이기 때문이다. 도덕법칙은 그것이 법칙이기에 보편타당하다고 주장하며 예외 없는 준행을 촉구하지만, 삶은 그렇게 간단하지 않다. 법칙은 보편적이지만, 삶은 개별적이고 저마다 특수한 것으로서 경험된다. 칸트의 형식주의 윤리학은 그물코가 너무 넓어서 삶의 미세하고 구체적인 순간들을 빠짐없이 포착할 수 없는 커다란 그물과도 같다. 달리 말해, 삶에 밀착하고 의미 있는 경험과 판단의 형식으로서 기능하기엔 너무나 '보편적'이고 '이상적'이란 말이다.

　도덕법칙이 아무리 고귀해도 의무와 복종을 통해서만 삶에 토대를 제공한다면 공허한 형식에 그칠 것이다. 형식주의가 의무론을 짝으로 삼는 것도 그래서이다.[24] 칸트의 윤리학은 19세기 후반에 이르러 이미 현실의 유효성을 거의 상실해 버렸다. 바흐친이 목격했듯 문화의 영역들이 제 갈 길을 갈 때 이들을 묶어 주는 일반적 토대, 즉 보편윤리학에 대한 기대는 전혀 바랄 수 없는 지경이 되었다. 세기의 전환기에 유럽에서 떠돌던 '정신적 위기' 혹은 '문화적 불구성'의 원인으로서 현대의 분열이란 그렇게 윤리로부터 탈구된 삶을 말하는 것이었다(삶≠윤리). 분열이란 곧 삶과 윤리의 무연관, 비일관성에 다름 아니다. 삶이 윤리와 아무런 필연적 연관을 맺지 못할 때, 그 위에 정초된 문화는 불모의 황무지가 되고 만다.

　세기말과 세기초 유럽 지성계에 제기된 가장 절박한 과제는 어떻게든 삶을 '살 만한 것으로' 근거 지을 수 있는 문화의 탐구에 있었다. 신

24) 같은 책, 96쪽.

칸트주의의 문화과학은 그런 탐구의 과정 중 하나였다. 하지만 바흐친은 어떤 문화가 바람직한가를 묻기 이전에 문화의 근거로서 삶과 윤리의 불일치를 해소하고자, 분열된 두 요소를 다시 묶어 내고자 했다. 칸트가 남긴 유제를 이어받은, 전형적인 칸트적 문제의식인 것이다. 의무와 형식에 결박되지 않는 새로운 윤리는 칸트의 최고선과 같은 초월적 세계가 아니라, 바로 지금 '이 세계'로부터, 생생하고 구체적인 삶의 연관으로부터 길어 올려져야 했다. 바흐친은 필연적으로 칸트의 후학들과 대결하지 않을 수 없었다.

4. 신칸트주의: 문화의 이념은 윤리를 대신할 것인가?

실증주의는 현대의 위기를 낳은 또 다른 원인이었다. 19세기에 접어들며 개별 과학들은 괄목할 만한 성장을 이루었고, 특히 자연과학의 약진이 두드러졌다. 이로부터 19세기의 끝 무렵엔 모든 학문적 인식과 방법론이 자연과학을 모델로 삼아야 한다는 주장이 널리 확산된다. 해석해야 할 '의미'보다 설명해야 할 '사실'에 대한 숭배가 그것이다.[25] 이로써 수학적 정확성을 추구하고, 실제 자료를 증거로 제출하는 학문, 통계적인 예측 가능성을 추구하는 학문만이 '현대적'이라 불릴 수 있게 되었다. 달리 말해 방법에 있어 법칙성과 명증성, 곧 실증성을 포함한 지식만이 '참된' 인식의 지위를 누린다는 뜻이다. 현대의 사명이던 세속화는 자연과학의 발달과 함께 거의 완수된 듯 보였다. 실증주의의 발흥은 이런 사정을 웅변하는 것이었다.[26]

---

25) 후설, 『유럽학문의 위기와 선험적 현상학』, 64~65쪽.

하지만 역사와 정신, 문화, 사회조차도 전부 자연과학을 좇아야 한다고 외쳤을 때, 갑자기 현대는 급격한 위기의 징후를 나타내기 시작한다. 역사와 사회를 연구하는 것이 나무나 돌을 관찰하고 기계 구조를 분석하는 것과 같을 수 없기 때문이다. 1870년대부터 본격화된 신칸트주의 운동은 칸트가 남겨 놓은 현대성의 위기, 특히 그 가운데서도 실증주의를 극복하려는 시도였고, 유럽 지성인들에게 공통의 문제를 던져 놓았다. 그것은 자연과학과는 상이한 대상으로서 정신과 문화, 역사에 대한 학문의 기초를 어떻게 마련할 것인가에 관한 물음이다. 또한 그것은 삶과 윤리에 대한 칸트-바흐친의 문제를 해소하는 또 다른 길이기도 했다. 신칸트주의와의 만남은 바흐친에게는 피할 수 없는 수순이었던 셈이다.[27]

빌헬름 빈델반트Wilhelm Windelband와 하인리히 리케르트Heinrich Rickert는 신칸트주의 중에서도 서남학파의 좌장들이었다.[28] 그들은 실증적 자연과학과는 대별되는 문화과학의 고유한 영역을 확보하는 게 철학의 임무라 믿었다. 이에 따르면 자연과학은 현상의 일반 법칙을 '설명'하는 데 목적을 두는 반면, 문화과학은 개별 사건을 '이해'하는 데 목적을 둔다. 특히, 문화과학은 계량화된 객관성을 거부하고, 관찰자의 가치 선택에 큰 비중을 둠으로써 단순히 양화量化될 수 없는 문화 세계의 질적質的

26) 휴즈, 『의식과 사회』, 제2장; 김덕영, 『논쟁의 역사를 통해 본 사회학』, 한울, 2003, 45~49쪽.
27) 19세기 후반부터 러시아로 유입된 신칸트주의는 강단철학계를 풍미한 주류 사상의 하나였다 (Nina Dmitrieva, *Russkoe neokantianstvo*, ROSSPEN, 2007, ch.3). 바흐친이 강단철학계에 얼마나 관여했는지는 불분명하나, 신칸트주의자 헤르만 코헨으로부터 직접 사사받은 마트베이 카간을 통해 신칸트주의의 정수를 전해받을 수 있었다(Matvei Kagan, *O khode istorii*, Yazyki slavyanskoi kultury, 2004, pp.10~19; 클라크·홀퀴스트, 『바흐친』, 제2장).
28) 다른 하나는 헤르만 코헨이 이끄는 마르부르크 학파였다(Dmitrieva, *Russkoe neokantianstvo*, pp.63~77).

고유성을 포착하는 것이라고 생각했다. 실증주의적 태도 바깥에서 문화과학의 온전한 지반을 발견하려 한 것이다.

'실증주의에 대한 반역'[29]이라 묘사되는 신칸트주의의 이러한 지향은 궁극적으로 칸트 이래 무한정 발전하리라고 믿었던 과학에 대한 신뢰가 무너진 시점에서 시작되었고, 과학이 윤리적 책임의 공동화空洞化를 초래했다는 위기의식에 대한 적절한 대응책으로 보였다. 칸트로 대변되는 18세기적 계몽주의의 이상, 즉 보편 타당한 인식과 행위의 합리성은 전면적인 회의의 대상이 되었다. 특히 칸트 윤리학의 곤혹은 문화의 재인식을 통해 해소될 수 있으리라 전망되었다. 이로써 철학의 가장 중요한 과제는, 보편적이고 법칙적인 자연의 사실에 대비해 구체적이고 개별적인 문화적 가치를 탐구하는 것, 더 나아가 문화적 가치의 일반성을 확보함으로써 삶을 다시 정초할 메타적 지위를 회복하는 데 두어진다.

그렇다면 신칸트주의자들은 이 과제를 성공적으로 수행했을까? 바흐친의 판단은 부정적이었다. 그들은 경험 세계에 관한 문제는 여전히 자연과학에 위임한 채, 문화적 가치가 갖는 배타적 논리에만 매달렸고, 거기에 철학의 과제를 한정했기 때문이다.[30]

리케르트는 문화의 역할은 삶과 윤리를 이어 주는 매개에 있다고 보았다. 즉 삶과 윤리의 분열을 문화적 가치로써 메우려 한 것이다. 그것은 해당 공동체의 구성원들이 겪은 오랜 경험을 통해 타당성을 인정

---

29) 프리드리히 텐부룩, 『막스 베버의 사회과학 방법론』, 차성환 편역, 문학과지성사, 1990, 164쪽.
30) 앞으로 살펴보게 될 「행위철학」의 논점인 '문화의 세계'와 '삶의 세계'와의 분열이 그것이다. 전자가 기술적이고 합리적인 양(量)의 세계라면 후자는 유일성과 특이성의 사건이 발생하는 세계로 대별되어 있고, 이는 「예술과 책임」에 나타난 현대의 분열에 대응한다(미하일 바흐친, 「행위철학」, 『예술과 책임』, 최건영 옮김, 뿔, 2011, 18~22, 80~81쪽).

받은 것이기에 삶과 직접적으로 맞닿아 있을 뿐만 아니라, 전통과 관습 속에 녹아 있는 윤리적 가치이기도 했다.[31] (칸트적) 형이상학이 민족·국가·시대에 무관히 불변하는 진리를 내세운다면, 문화는 역사·지리·제도·관습에 따라 달라지지만 적어도 동일한 공동체 내에서는 조건 없이 수용되는 일반적 가치 타당성을 갖는다. 문화과학에서는 가치의 일반성이 그것의 타당성을 보증하는 것이다.

가령, 한국인의 백색 선호는 민족성의 본래적 발현이 아니라, 흰색과 민족성을 연관지어 생각하는 한국인들의 문화적 가치 판단일 뿐이다. 색깔과 민족성의 연관은 자의적일 수 있으나, 그것에 대한 믿음은 문화적 가치의 문제다. 사실이지만 단지 사실만은 아닌 것, 한 집단이 오랜 세월 동안 특정 사실에 부여해 온 가치의 축적이 문화인 것이다. 그것은 도덕법과 같은 초월적 이념은 아니지만 거역할 수 없는 당위적 현실성을 갖는다. 이렇게 문화는 형이상학을 대신하는 가치의 일반성을 확보한다. 초월적 당위로서 규범의 지위를 획득하는 것이다.[32] 우리의 일상은 문화적 가치들의 거대한 그물을 통해 가능한 것과 불가능한 것으로 나뉘며, 그 경계에 따라 사고와 행동이 지도된다. 삶에 구체적인 모양새를 부여하고 조직화하는 형식이자 틀로서 현대 문화의 개념은 이런 식으로 확립되었다(문화=윤리→삶).

하지만 문화적 가치의 일반성이 대체 어떻게 보증될 수 있는지는 문화과학의 범주 내에서도 명확히 해명되지 않는다. 단지 통념적으로

---

31) 하인리히 리케르트, 『문화과학과 자연과학』, 이상엽 옮김, 책세상, 2004, 59~60쪽.
32) 그러므로 문화적 가치의 보편 타당성은 이념의 차원에 있으며, 당위의 요청이 된다. '초월적 당위'란 자연법칙의 필연성과 구별되는 '보다 한층 높은 필연성, 즉 당위의 필연성'을 뜻한다(빌헬름 빈델반트, 『근대 독일문예·철학사조』, 장남준 옮김, 정음사, 1979, 162~163쪽).

받아들여지기에 무조건 승인되는 것이 문화적 가치라면 칸트의 초월적 도덕법칙과 무엇이 다르겠는가? 문화의 일반성에 대한 논리는 사변적 직관 이상을 넘어서지 못하며, 다만 전통과 관습, 역사의 이름으로 정당화되고 있는 게 아닐까? 그런 정당화가 대체 얼마나 정당할까? 애초에 '도덕법칙'과 '최고선의 이념'을 거부했던 신칸트주의자들의 문제의식은 현실에서 피와 살로 느낄 수 있는 살아 있는 제도와 규범의 일반적 타당성에 있었다. 문화는 형이상학을 넘어서는 구체성이자 생생한 삶의 산물로 여겨졌다. 그러나 전통과 관습, 제도가 아무리 실제적이고 현실적이어도 그것이 사고와 행동을 지배하는 척도가 될 때, 문화는 다시금 독단적 형이상학의 전철을 밟는다. 문화가 아무리 보편 타당해도 공동체의 삶에 절대적이고 일반화된 규범만을 부과한다면, 여기서 의무와 형식 이외의 무엇을 더 발견할 수 있을까? 초월적 당위가 초월적 이념보다 더 낫다고 할 수 있을까?

신칸트주의자들이 제창한 문화과학의 이념은 국가와 민족·전통·문화 등 현실의 외피를 둘렀으되, 칸트적 논제와 본질적인 차이를 노정했던 것 같진 않다. 문화과학에 대한 엄밀한 정의는, 오히려 삶과 윤리 사이의 간극이 전혀 좁혀지지 않았음을 보여 주고, 그럼으로써 '분열'을 봉합하고 제거하려는 시도가 실패했음을 증거하고 있었다. 삶과 윤리를 이어 줄 끈을 회복하지 못한 상태에서 문화만이 절대화될 때, 그것은 의무론과 형식론의 함정을 피해 가기 어렵다. 그렇다면 삶과 윤리의 만남은 어떻게 생겨나고 어떤 식으로 형식화할 것인가? 마침내 바흐친 자신의 답변이 제출되어야 할 시점이 왔다.

5. 개성과 책임, 또는 일상 행위의 구조

청년 바흐친이 고민하던 주된 문제는 칸트에서 출발한 위기의식, 곧 삶과 윤리의 분열을 어떻게 메울 것인가에 있었다. 현대성의 근본 문제로서 분열은 윤리의 상실로 표징되었으며, 이때 칸트는 문제의 원천이었고 신칸트주의는 그 해법을 모색하던 중 마주친 협력자이자 경쟁자였다. 그것은 윤리가 초월적 도덕에 속한 것인지 혹은 역사문화적 가치 판단에 속한 것인지에 관한 첨예한 논쟁점을 구성했다. 마침 서클의 일원이던 마트베이 카간이 마르부르크에서 돌아와 유럽 '최신' 철학의 교사가 되어 주었고,[33] 바흐친은 이 문제를 둘러싼 다양한 입장들, 곧 정신과학(딜타이), 문화과학(신칸트주의), 현상학(후설) 등에 관해 면밀하게 검토할 기회를 가졌다. 비록 몸은 러시아의 벽촌에 머물고 있었으나 그의 정신은 당대 지성사적 논쟁의 한가운데로 이미 뛰어들었던 셈이다.[34]

칸트에 맞서, 그리고 신칸트주의를 넘어서 '현대의 분열'을 타개하기 위해 바흐친이 주목한 것은 도덕법 혹은 문화와 같은 초월성의 차원이 아니라 바로 '개성'이라는 개별적이고 구체적인 현실의 차원이다. 왜 그런가? 그것은 칸트에서도 신칸트주의에서도 윤리는 도덕법과 문화라는 상위의 차원에서 하강하는 법칙/규범의 형식으로 제시되었기 때문이다. 그러나 인간은 항상 개별자로서 사고하고 행동하며, 보편성과 이념성의 잣대로 그를 판단하기에는 너무나 구체적이고 실제적인 존재이다. 지금-여기에 있는 '내'가 실감할 수 없는 윤리가 도대체 어떤 의

---

33) Vitalii Makhlin, "Predislovie redaktora", M. I. Kagan, *O khode istorii*, p.7; Kagan, *O khode istorii*, pp.10~19; Dmitrieva, *Russkoe neokantianstvo*, p.386.

34) Michael Holquist, *Dialogism: Bakhtin and his World*, Routledge, 1990, ch.1.

미를 가질 수 있겠는가? 이로부터 바흐친은 개성에 우리의 주의를 돌려야 한다고 촉구한다.

개성은 예외 없는 보편성을 주장하지 않기에 개별적^{individual}이며, 추상적 정의에 따라 규정된 개인이 아니라 지금-여기에 있는 '이 나'를 가리키기에 구체적^{concrete}일 뿐만 아니라 인격적^{personal}이고, 그런 '이 나'의 행동을 포함하기에 삶의 현실적^{real} 차원에 있다. 바로 '지금', 바로 '여기'의 구체적인 시간과 장소$^{hic\ et\ nunc}$를 통해 사고하고 판단하며 활동하는 자기 자신으로부터 윤리가 시작되어야 한다는 뜻이다. 다시 강조하건대, 종래의 도덕철학이 규범을 '위에서 아래로' 하달하는 방식으로 축조되었다면, 바흐친은 '아래서 위로' 상향적으로 구성되는 윤리를 찾고자 했다.

	현대성의 토대	윤리와 문화의 구성원리
칸트	도덕법=윤리 → 삶 일반	초월적 형이상학
신칸트주의	문화=윤리 → 삶	초월적 가치 규범
바흐친	문화 ← 개성적 삶=윤리	내재적 가치 창조

러시아에서 '개성'이 사회·경제적이고 정치·문화적인 규정 이전에 그 자체로 고유한 '인격적 개인', 또는 '창조적 인격체'라는 의미로 사용되어 왔음을 염두에 둘 필요가 있다.[35] 그 점에서 바흐친이 현대의 분

---

35) 사전적으로 '개성'으로 번역되는 러시아어 'lichnost''는 개인의 특정한 자질뿐만 아니라 그러한 개인 자체, 그의 인격적 개별성을 가리키는 용어다. 러시아적 맥락에서 개성이란 그 인간 자체인 것이다. 이런 이유로 '개성'은 러시아와 서구의 문화적 차이를 예시해 주는 단어로 자주 인용되며, 'individual', 'personality', 'selfhood' 등으로 다양하게 번역될 수 있다(Catriona Kelly·David Shepherd, *Constructing Russian Culture in the Age of Revolution: 1881-1940*, Oxford University Press, 1998, pp.13~25).

열·위기에 대해 처방하고 있는 개성은 다분히 창조적 예술가나 작가의 이미지에 가깝다. 그가 「시인과 군중」의 시구詩句를 인용하고, 예술가와 생활인을 대립시키며 현대의 분열을 강조했던 것은 전혀 맥락 없는 일이 아니었다.

　그럼 다시, 개성은 왜 중요한가? 무엇보다도 개성은 책임이기 때문이다. 개성이 개별 인간의 재능이나 능력, 나아가 인격을 뜻할 때, 그것은 타고난 자질이나 임의로 더하고 뺄 수 있는 어떤 특성이 아니라 그 인간이 자신의 삶에 대해 자신의 응답을 행함으로써 형성되는 것이다. 삶과 세계에 대한 주체의 응답적 행위가 개성을 만들고, 그것이 곧 책임이 된다. 응답이자 책임인 개성만이 비일관적인 세계('분열된 세계')에 하나의 일관성을 부여할 수 있다는 말이다.[36] 이 세계 속에서 삶은 매 순간 우리에게 수많은 선택지들을 내밀며, 우리는 그때마다 무엇인가를 선택해야 한다. 옳고 그름, 같은 것과 다른 것, 왼쪽과 오른쪽……. 비단 가치 판단에 있어서만이 아니라, 일상의 소소하고 무상한 행동들 하나하나에 이르기까지 무한히 열린 선택의 과정에 놓여 있다. 우리는 행동의 일관성을 확보함으로써 삶을 하나의 통일된 것으로 만들고자 하지만, 모든 행동이 통합된 의식 속에 놓여 있는 것은 아니다. 역으로 일상은 대개 지극히 '비일관적'이라 말해도 과언이 아니다. 일관되고 단일한 자아라는 것도 하나의 가상에 불과하며, 삶은 균열된 자아의 비일관적

---

36) 초기 바흐친의 핵심 개념인 '책임'(otvetstvennost')은 '응답'(otvet)에서 파생된 추상명사다. 바흐친에게 책임이란 주체가 자기의 삶과 세계, 타자 및 자기 자신에 대한 응답을 통해 형성되며, 앞으로 살펴보겠지만 이는 단순한 사실 관계를 넘어 하나의 '능력'마저 요구한다. 영미권 연구자들 역시 이 점에 착안하여 'responsibility' 대신 'answerability'를 번역어로 택한 듯하다(Mikhail Bakhtin, *Art and Answerability: Early Philosophical Essays by M. M. Bakhtin*, University of Texas Press, 1990).

이고 분열된 이미지를 봉합하거나 투과하는 방식으로 되비쳐진다.

　매 순간 다양하게 분기해 나아가는 세계 속에서 삶을 일관되게 통일하는 것은 지금-여기서 행동하는 개성적 자아, '이 나'에 다름 아니다. 책임/응답의 프리즘을 통해 '이 나'는 삶 전체에 질서를 부여하고자 노력한다. 초월적 이념이나 문화적 규범이 아니라, 지금-여기서 '이 나'의 행동을 시간(이전/이후)과 공간(여기/저기)에 있어 일관된 것으로서 구성하는 활동만이 '분열'을 넘어서는 유일한 방법이라는 뜻이다. 그것이 책임이요, 응답이다.

　칸트의 단언대로, 세계는 현대의 어느 기점부터 분열되어 버렸다. 그것이 세계의 소여성, 삶의 사실이라는 '단순한'(하지만 지극히 '복잡한') 사태이다. 그로부터 시선을 돌리거나 부정한다고 해서 분열이 극복되거나 일관성이 생겨나지 않는다. 초월적 이념이나 문화에 의지함으로써 해결될 수도 없다. 필요한 것은 지금-여기에 존재하고 살아가고 있는 각각의 '이 나'가 자기 삶에 책임을 갖고, 응답하며 행동하는 것이다. 칸트식으로 표현하자면, "너의 행위가 항상 동시에 삶에서 일관성과 통일성을 이룰 수 있도록, 그렇게 행위하라"고 할 법하다. 인간이 단순한 개별자에서 하나의 개성으로 '탄생'하는 것은 그 순간이며, 이유를 알 수 없이 던져진 이 세계에서 일관성을 갖는 주체가 되는 것도 그 순간부터다.

　　개성을 이루는 요소들의 내적 결합을 보장하는 것은 무엇인가? 그것은 오로지 책임/응답의 통일이다. 내가 예술[삶과 이어지는 문화의 각 영역 중 하나—인용자]에서 체험하고 이해한 모든 것이 삶에서 무위로 남게 하지 않으려면 나는 그것들에 대해 나 자신의 삶으로써 책임져야/응답해야 한다. 그러나 책임/응답은 죄과와도 결합되어 있다. 삶과 예술은 서로에 대해 책임을 져야 할 뿐만 아니라 서로에 대한 죄과도 떠맡아야 한다. 시인은 삶의 비루한 산문성이 자신의 시 탓임을 기억해야 하며, 생활인은 예술의 불모성이 엄격한 요구를 제시할 줄 모르는 자신의 무능력과 삶의 질문들에 대해 자신이 진지하지 않기 때문임을 깨달아야 한다. 개성이 전적으로 책임을 져야/응답을 해야 한다. 개성의 모든 요소들은 그저 삶의 시간적 연속 속에서 나란히 열거되는 것을 넘어서, 죄과와 책임/응답의 통일 속에서 서로에게 속속들이 스며들어야 한다.[37]

삶에 대한 책임은 노력을 요구한다. 본능과 습관, 문명의 편익에 의해 우리는 곧잘 삶을 방기하는 탓이다. "삶에 대해 책임을 지지 않고 창조하는 것이 더 쉽고, 예술을 염두에 두지 않고 사는 것이 더 쉽다."[38] 책임은 일상의 격률을 마음에 새기는 것만으로 달성되지 않는다. '이 나'가 관여하는 나날의 실천 속에 책임을 일치시키려는 노력만이 그 진정성을 보장할 것이다. 초월성의 이념(도덕법)이나 당위(문화)에 대해 책임지려 들지 말고, 자신의 삶에 책임을 지는 것, 응답하는 것이 핵심이다. 이때 삶이란 바흐친에게 일상을 채우는 행동들을 가리킨다. 삶을 하나의 예술로서 가꾸어 간다는 '예술로서의 삶'이란 테제가 부상하는 지점이 여기다.[39] 무상하고 게으르게 방치된 삶을 의미 있게 변화시키는

---

37) 바흐친, 「예술과 책임」, 26쪽.
38) 같은 글, 26쪽.
39) '삶으로서의 예술', 혹은 '예술로서의 삶'이라는 테제는 세기 전환기의 유럽과 러시아에 공통된 지적·문화적 풍토였다(빌리 하스, 『세기말과 세기초』, 김두규 옮김, 까치, 1994, 318쪽; Irina Paperno · Joan Grossman eds., *Creating Life: The Aesthetic Utopia of Russian Modernism*, Stanford University

활동으로서 행위는 이미 예술과 다르지 않다. 이로부터 「예술과 책임」의 결론적 강령이 도출된다.

예술과 삶은 하나가 아니다. 그러나 그것들은 내 안에서, 나의 책임/응답의 통일 안에서 하나가 되어야 한다.[40]

삶은 그저 무심히 내버려 두면 '죄과'가 되기 쉬운 것이기에 '기억'과 '앎'의 대상이 되며, 책임/응답과 '통일'되어야 한다. '죄과와 책임/응답의 통일'을 통해 도출되는 바흐친의 문제의식은 '삶으로서의 예술', 혹은 '예술로서의 삶'이라는 테제에 집약되어 나타나게 된다.

삶에 대한 책임/응답 = 행위 = 창조 → 삶 = 예술

그러나 초월적 이념이나 가치 규범을 포기한 자리에서 책임/응답의 통일에 대한 강조는 아직 '요청적'일 수밖에 없다. 칸트에 따르면 요청Postulat이란 이론적인 명제로서, 선험적이고 무조건적으로 타당한 실천법칙과 뗄 수 없게 결부되어 있으되, 증명할 수는 없는 명제를 말한다. 그런 한에서 "요청들은 모두 도덕의 원칙에서 출발한다".[41] 현대의 분열은 하나의 소여이며, 분열되어 비일관적인 이 세계를 통일해야 할

Press, 1994, p.21). '삶의 예술적 조형=문화의 창조'라는 주제는 사실 칸트 문화론의 핵심이었다. 즉 문화란 인간이 스스로 만들어 가는 (예술)작품이며, 그런 점에서 인간은 문화를 통해 자기 삶을 만들어 가는 존재란 것이다. 이런 입장은 신칸트학파와 최후의 거장인 에른스트 카시러에게서 가장 선명히 표현된다(신응철, 『캇시러의 문화철학』, 한울아카데미, 2000, 27~61쪽).
40) 바흐친, 「예술과 책임」, 26쪽.
41) 칸트, 『실천이성비판』, 229쪽.

어떠한 목적도 필연적인 이유도 없다. 그럼에도 불구하고 바흐친은 "하나가 되어야 한다"고 요청한다. 그저 '요청'하는 것이다. 삶에 대한 응답으로서 책임이 요청되어야 한다는 주장이 원칙적으로 옳지 않을 리 없다. 하지만 삶과 책임의 통일이 단지 '요청적'이라는 사실은 바흐친의 사고가 여전히 당위론의 연장선에 놓여 있음을 말해 주지 않는가? 증명되지 않는 명령으로서 통일은 의무를 통하지 않을 수 없기 때문이다. 칸트를 넘어서기 위한 문제의식이었으나 결국 다시 칸트로 되돌아온 게 아닐까?

도덕법이든 문화규범이든 보편과 절대를 주장하는 이념들은 바흐친에게 윤리의 출발점이 될 수 없었다. 비록 당위에 따른 주체의 결단이라는 테마가 개성의 책임/응답이라는 문제의식에 어느 정도 공명해도,[42] 그것이 초월적인 것으로서 '이 나'에게 강제되는 한 책임 있는/응답하는 행위는 나올 수 없다. 행위의 출발점은 초월적인 '저 세계'가 아니라 지금-여기에 발 딛고 선 '이 세계'가 되어야 한다. 요컨대 내재성 immanence이 관건이다. 진정한 질문은 이로부터 시작된다. 어떻게 '이 나'의, 우리 각자의 행위가 삶에 책임지는/응답하는, 그럼으로써 삶에 일관성을 부여하고 통일된 것으로서 의미를 가질 수 있을까? '기계적이고 외적인' 것이 아니라 '개성 속에서 결합된' 삶은 어떻게 가능할까?

행위가 윤리가 되기 위해서는 매 순간의 자의성에 회수되어서는 안 된다. 그것은 무책임이자 무응답이고, 삶의 비일관성에 대한 궁색한 변명에 불과하다. 네벨-비테프스크 시기의 바흐친은 행위가 책임/응답

---

42) 세계 속에서 '그냥 태어나 버린 존재'로부터 '도덕적 주체'로의 거듭남이란 정식처럼 칸트적인 테마는 없다(김상봉, 『호모 에티쿠스』, 한길사, 1999, 제11장).

을 담보할 수 있는 개성의 구조를 발견하고자 했다. 헛되이 비산飛散해 무위로 소실되지 않는, 책임/응답을 수반하며 이루어지는 일상 행위의 구조. 그로써 행위는 삶에 대해 응답하는 동시에, 이 응답을 통해 행위는 또 다른 삶을 낳을 것이다. 삶에 대한 응답은 삶 자체에서 발원하는 또 다른 삶이지 않을 수 없다. 청년 바흐친이 찾던 것은 이 과정을 가동시키는 삶-윤리의 새로운 형식이었다. 학문적 이력의 첫걸음을 내딛던 시기에 그가 집약한 자기 시대의 문제의식은 이렇게 형상화되어 나타났으며, '행위의 철학' 혹은 '응답/책임의 건축학'이라 명명되는 1920년대의 철학적 미학은 그 모색의 산물이었다.

3장 행위의 철학, 관여의 존재론

1. 체험의 유일성과 세계에 대한 응답

바흐친의 청년기 원고 가운데 지금 남아 있는 가장 중요한 텍스트 중 하나는 「행위철학」이라는 제목이 붙은 미완성 단편이다. 발굴에서 공간公刊까지 여러 우여곡절이 얽힌 이 텍스트는 「예술과 책임」의 문제의식을 이어받아 심화시키고 있으며,[1] 일찌감치 공개되어 출판된 또 다른 텍스

---

[1] 바흐친의 공식적 복권이 이루어진 1950년대 후반 이후에도 그의 청년기 습작들은 거의 알려지지 않은 상태로 방치되어 있었다. 이 습작들의 발굴과 정리·공간은 바흐친의 지적 유산을 관리하던 몇몇 후학들에 의해 조금씩, 독점적으로 진행되었으며, 바흐친이 사망한 후 출간된 『언어창조의 미학』(*Estetika slovesnogo tvorchesstva*, Iskusstvo, 1979. 한국어판 제목은 『말의 미학』)에 수록된 「미적 활동에서의 작가와 주인공」이 그나마 온전한 형태로 알려졌을 뿐이었다. 그러다 1986년 학술연감 『과학과 기술의 철학과 사회학 1984-1985』에 「행위철학」이 공개되는 사건이 벌어진다(정확히 말해 그 일부가 같은 해에 『사회학 연구』 제2호에 먼저 실렸고, 복구된 전문이 간행된 것이다). 상당히 우연스럽게, 훼손의 염려 속에 발굴되었다는 이 텍스트는 철학과 윤리, 종교, 미학 등의 주제를 다루는 더 큰 책자의 일부로 집필되었으리라 추정되지만 미완의 단편이었고, 실제로 발견된 분량도 유실된 첫 8쪽까지와 뒷부분을 제외한 50여 쪽에 남짓했다. 더구나 손 글씨로 쓰인 많은 부분들이 마멸되어 해독 불가능한 상태였고, 초고의 특성상 나타날 수밖에 없는 온갖 비문(非文)과 생략, 논리적 비정합성 등이 그 전모를 파악하는 데 커다란 어려움을 안겨 주었다. 하지만 「행위철학」은 바흐친 연구사에서 일종의 분수령 역할을 하게 되는데, 대개 1980년대까지 러시아와 서구에서 문학 및 문화 연구가로만 알려졌던 바흐친 사유의 지평이 이 텍스트의 출간을 계기로 사상(철학)의 영역으로 확장되었기 때문이다. 새로운 가치 평가의 첫 결과물은 1992년 소비에트-러시아의 주도적 인문·사회과학자들이 참여한 논문집 『철학자 바흐친』(Sergej Averintsev ed., *M. M. Bakhtin kak filosof*, M.,

트 「미적 활동에서의 작가와 주인공」과 상호 보완적이면서도 서로 충돌하는 문제적 텍스트로서 독특한 위상을 갖고 있다. 특히 바흐친의 지적 경력에서 같은 식으로는 다시 반복되지 않을 '철학적' 문제 제기와 서술 형식을 갖는다는 점에서 「행위철학」은 심도 있게 음미되어야 한다.

'현대의 분열'은 이 시기 바흐친의 근본적인 문제 설정이었다. 「예술과 책임」에서 그것은 문화의 세 영역, 즉 과학(학문)과 예술 및 삶의 단절로 표상되었고, 바흐친은 책임/응답을 통해 분열된 영역들이 다시 통일되어야 한다고 역설했다. 이제 「행위철학」에서 논점은 살짝 방향을 바꾼다. 「예술과 책임」의 중심문제가 삶과 윤리의 불일치였다면, 「행위철학」은 문화와 삶의 대립을 다루고 있기 때문이다. 이로부터 삶에 대한 바흐친의 개념 규정에 큰 변화가 일어났다.

현대성의 객관적 지표들, 곧 문화의 영역들은 그 자체로 일차적인 소여가 아니라 삶으로부터 파생된 차원들로 구별된다. 과학과 예술은 여전히 거기에 포함되지만, 삶은 일상생활과 본원적 생生의 두 차원으로 나누어 첫번째 차원만이 문화의 세계에 귀속된다. 삶 그 자체는 존재의 원질原質로서 사유되며, 현대의 이론이성과 기술합리성이 나오기 위한 토대가 되지만 문화의 영역들로 완전히 회수되거나 포착되지 않는 근원적 지평임이 밝혀진다. 요컨대 삶은 일차적이고 문화는 이차적이다.[2] 문화는 본연의 삶을 바탕으로 해서만 성립하는 세계이고, 문화 내

Nauka, 1992)에 집약되어 나타났다.

2) 삶과 문화라는 심오하지만 일견 '간편한' 이분법에 대한 바흐친의 성찰은 그리 간단하지 않다. 직관적으로 삶의 선차성을 가정함에도 불구하고, 실제 현상세계의 질서는 문화에 의해 일차적으로 분별되어 있기 때문이다. 우리가 의식과 지각을 통해 마주하는 세계는 특정한 가치와 의미에 의해 침윤되어 있는 문화 세계이고 삶이란 추상을 통해서만 전제할 수 있는 차원이다. 그렇다면 삶이란 한낱 가상에 불과한 걸까? 그럴 것이다. 현실을 정태적이고 고정불변하는 체계로 보는 한. 생성의 차원을 고려할 때만이 이런 역설과 아포리아에 대한 출구를 찾게 해줄 듯하다. 아무튼 삶

부의 온갖 영역들을 객관적 관계를 통해 합치시키는 통일성을 지향한다. 반면 삶은 문화의 프리즘을 통해 반복되거나 객관화되지 않는 일회성, 사건성 속에서만 현상하는 세계로서 유일성을 특징으로 삼는다. 이런 입장에서 볼 때 문화와 삶이 서로 교통하지 않는 단절과 대립으로 표징되는 것은 당연한 일이다.

문화			↰
과학	예술	일상생활	대립(양극성)
삶 자체(본연의 생)			↲

그렇다면 문화와 삶, 이 두 세계의 존재 성격에 대해 구체적으로 서술해 보자.[3]

문화의 구조이자 내적 논리는 통일성$^{edinstvo; unity}$에 있다. 그것은 합리성과 완결성을 최상의 가치로 삼아 사물들을 논리 정연하게 배열한 세계의 특징이며, 현실을 견고한 객관성의 토대 위에 올려놓는다. 가령 기능에 따라 정밀하게 제작되고 분류된 수술용 메스와 가위 등 각종 기술적 용구류用具類로부터 1889년 파리 만국박람회의 상징인 에펠탑처럼 수만 개의 철골 부품들을 조립해서 만든 건축적 조형물에 이르기까지, 혹은 전공별로 섬세하게 구획되어 연구의 목표와 대상, 방법론을 분별하는 대학 제도, 남성과 여성, 어른과 아이, 부르주아와 프롤레타리아 등등 성별·계급별·위계별로 구획된 사회적 행위 양식과 에티켓 따위가

과 문화의 우선 관계에 대해 바흐친은 『문예학의 형식적 방법』(M. M. Bakhtin, *Formal'nyj metod v literaturovedenii*, Priboj, 1928[이득재 옮김, 문예출판사, 1992])에서 간략히 논의하고 있지만, 우리의 논의에서는 다루지 않았다.

3) 삶과 문화의 양극성에 대한 아래의 진술은 난삽하고 비체계적인 바흐친의 글을 간명히 요약·정리한 것이다(바흐친, 「행위철학」, 15~118쪽).

여기 들어간다. 이 모든 현대 문화의 단편들은 형태와 구성, 기능은 제각각이어도 문화의 개별영역들 각각에서 하나의 일관된 체계를 구축하고, 그것들 전체가 다시 현대성이라는 거대한 통일성을 이루고 있다. 따라서 통일성의 원리가 지배하는 문화의 세계는 정신적이고 물질적인 차원 모두에서 정합적이며 완결된 전체를 형성한다.

삶의 세계는 두 차원으로 분리되어 나타난다. 우선 「예술과 책임」에서 문화의 하위영역으로 간주되었던 일상생활의 세계를 살펴보자. 상식적으로 그것은 국가와 사회의 연대기적 시간에 포획된 사적 개인들의 세계이며, 경쟁과 승리라는 목적을 향해 초 단위로 관리되고 계산되는 세계이다. 개인으로서든 집단으로서든 삶의 '공식적' 부면이 여기 있으며, 관습과 규범 속에서 일상생활이 영위되는 영역이기도 하다. 한마디로 말해 '사회의 문법'으로서 시간과 공간의 법칙이 통용되는 문화의 세계인 것이다.[4] 이렇게 '문화화된' 일상생활의 세계 근저에는 또 다른 차원의 삶이 자리 잡고 있다. 그것은 인간의 문화적 행위와 상관 없이 그 자체로 존재하는 세계로서, 전前존재론적이며 의미화 이전의 세계를 가리킨다.[5] 삶은 이성 능력이 아무리 포착하고자 해도 항상 빠져

---

4) 최진석, 「근대적 시간: 시계, 화폐, 속도」; 「근대의 공간, 혹은 공간의 근대」, 이진경 엮음, 『문화정치학의 영토들』, 그린비, 2007, 167~239쪽.

5) 본원적 생으로서 삶 자체에 대한 바흐친의 관점은 만년의 후설이 도달한 생활세계의 이념과 맞닿아 있다. 『유럽학문의 위기와 선험적 현상학』에서 구체적으로 밝혀지는 생활세계의 양상은 근대 자연과학에 의해 정복되기 이전의 세계이자 선술어적 직관의 세계, 판단 중지를 통해 주제적으로 드러나는 세계이다. 모호한 면이 많다고 지적됨에도 불구하고 후설에게 생활세계는 모든 문화적 의미가 피어나는 기반이자 권리의 원천이고 단순한 전체성을 넘어 총체적 통일체로 구성된 역사적 형성물을 가리킨다. 이는 실체보다는 기체(Substrat)로 파악될 만한데, 일상생활의 세계를 초월해 있다기보다 그것이 가능하게 해주는 초월론적 장에 가깝다(이종훈, 『현대의 위기와 생활세계』, 동녘, 1994, 제5장). 바흐친과 후설을 직접 비교하는 데는 여러 조건이 결부되어야 하겠으나, 일단 바흐친의 '삶 그 자체'를 이해하는 데 후설의 생활세계는 상당히 유용한 개념적 교량이 될 듯하다.

나가고 흘러내리는 잉여의 차원이기에 합리성과 객관성 저편에 있고, 따라서 결코 완결될 수 없으며 단일하게 표상되지도 않는다. 하지만 이렇게 파악되는 삶 그 자체는 결코 초월적인 세계가 아니다. 도구적 이성에 의해 관장되는 문화와 일상생활 속에 우리는 늘 이러한 삶의 차원을 마주치고 있기 때문이다. 시간의 인과적 연쇄를 넘어선 경이로운 창조의 순간이나 무의식적 직관의 계기들, 열정과 충동에 의해 알 수 없이 이끌려 가는 욕망의 계열들은 한결같이 이러한 삶의 존재를 드러내는 장면들이다.[6] 근대적 인식이 금과옥조로 여기는 반복 가능성과 계산 가능성을 넘어서 '유일무이의 사건성' 및 '현실의 일회적인 생성'이 삶의 원리가 된다.[7] 문화의 통일성에 대립하는 삶의 이러한 특징을 바흐친은 유일성edinstvennost'; uniqueness이라 부르고 있다.

2. 삶, 또는 체험과 사건

일견 문화와 삶의 대립은 18세기 이래 독일인들이 프랑스나 영국의 물질적 발전 수준을 '문명'이라 부르며, 그에 대비해 자신들의 정신적 특징을 '문화'라고 불렀던 것을 상기시킨다.[8] 바흐친도 독일의 이런 문화철학적 논의들에 이미 익숙한 상태였다. 하지만 독일의 문화 관념과 바

---

6) 유실된 「행위철학」의 첫 여덟 쪽에는 베르그손의 미적 직관에 대한 바흐친의 비판이 포함된 것으로 보이지만, 본원적인 삶에 대한 바흐친의 이해에는 베르그손의 '지속으로서의 시간'이 되울리고 있다고 생각한다. 여기서 상세히 논의할 수는 없으나 19세기 말엽 러시아에서 유행했던 베르그손주의는 종교철학자들과 신학자들에 의해 주로 영유되었고 '직관주의'의 틀 안에서 다소간 무반성하게 수용된 것으로 보인다(Frances Nethercott, *Une rencontre philosophique. Bergson en Russie, 1907-1917*, L'Harmattan, 1995, ch.1).

7) 바흐친, 「행위철학」, 18쪽.

8) 외르크 피쉬, 『코젤렉의 개념사 사전 1: 문명과 문화』, 안삼환 옮김, 푸른역사, 2010, 115~127쪽.

흐친이 삶이라 불렀던 것은 전혀 다르다. 신칸트주의의 예에서 볼 수 있듯, 전자에게 문화란 특정한 가치의 위계를 통해 구조화되고 형태화된 삶을 뜻했다. 여기서 선호되었던 것은 '정신적 가치', '민족적 가치', '문화적 가치' 등으로, 전통·역사·철학·문학·언어 등을 연구하던 근대대학의 분과들이 그 담당자들이었다. 독일의 문화철학은 삶 자체가 아니라 특정한 가치들에 의해 조형된 영역에 관심을 기울였고 그것은 바흐친에게 문화의 세계를 가리키는 것이었다. 그는 지금-여기서 끊임없이 유동함으로써 조형되지 않는 삶의 흐름 자체를 강조하려 했다. 그것은 온갖 가치 관계나 체계가 자리 잡기 이전의 세계, 사건의 세계에 다름 아니다. 본원적인 생, 곧 삶 그 자체는 규모에 있어서나 깊이에 있어서나 문화보다 더 큰 외연을 갖는다.

문화와 삶의 대립을 절대적인 것으로, 명확히 식별 가능하고 분리 가능한 범주들의 대립으로 간주해서는 곤란하다. 일상생활의 사례가 보여 주듯 두 세계는 어느 정도 겹쳐져 있다. 삶은 한편으로는 객관성과 합리성에 의해 조직되고 작동하는 영역이지만 다른 한편으로는 결코 이성과 합리에 의해 포획되지 않은 채 빠져나가는 잉여의 영역을 포괄한다. 삶 자체가 더욱 본연적이며 문화를 떠받치는 토대인 것도 그래서이다. 요점은 '그럼에도 불구하고' 두 세계는 분열된 채 대립해 있고, 그 결과 현대성은 좌초의 위기 상태로 몰려 비극적 세계상을 연출한다는 사실이다.

우리 활동의 행동과 우리 체험의 행동은 마치 두 얼굴의 야누스와 같아서, 문화의 영역이라고 하는 객관적 통일과 체험되는 생이라고 하는 반복 불가능한 유일성이 각기 다른 방향을 향하고 있는 셈인데, 문제는 이 두 얼굴을 하나의 통일 쪽으로 향하게 하는, 그러한 하나의 유일한 지평이라는 것이 존재하지 않는다는 점이다.[9]

삶이 구체적이라는 말은 삶이 다름 아닌 사건의 장이라는 뜻이다. 삶의 주체는 법조문에 나오는 객관적·임의적 주어가 아니라, 바로 '이 나' 즉 특정한 세계관과 감정, 습관 등을 갖고서 살아가며 또한 죽어 가는 존재다. 가령 "사람은 모두 죽는다"라는 명제를 우리는 정확히 이해할 수 있다. 그러나 누가 사람이며 누가 죽어 가는가? 명제 속의 주어는 '모든' 사람을 가리키기에 역으로 그 누구도 해당되지 않는다. 명제 속의 사람은 이름이나 표정을 갖지 않은 보편적이고 추상적인 단어를 지시할 뿐이다. 그것은 문장의 주어일 뿐이고 살지 않을 뿐만 아니라 결코 죽을 수도 없다. 현실 속에서 실제로 죽어 가는 사람은 '나'이든 '너'이든, 혹은 '그'이든 구체적이고 개별적인 존재(개성!)일 뿐이다. 오직 이름과 표정을 가진 누군가, '이 나'만이 매 순간 죽어갈 수 있다. 유일성이란 '이 세계' 속에 실존하는 존재자가 맞닥뜨리는 순간들의 무늬이자, 그 무늬들의 궤적에 붙여진 특징이다.

서로 영원히 만날 것 같지 않은 두 세계의 합류는 삶에서 시작된다. 현실 속에서 살아가는, 매 순간 선택을 통해 행위하는 '이 나'의 체험이 그것이다. 거리를 걷고, 물건을 사고, 친구들과 담소하며, 행동하는 나-주체는 매 순간 자신의 체험을 통해 문화와 삶의 두 세계를 이어 붙여 간다. 나는 한편으로 이 세계를 규정하는 문화적 통일성을 수용하는 동시에, 다른 한편으로 타인들과 구별되는 나만이 가능한 유일성을 실현

---

9) 바흐친, 「행위철학」, 21쪽.

해 가는 것이다. 가령, 나는 신호등의 파란 불빛 아래 횡단보도를 건너지만, 매번 다른 걸음걸이와 리듬으로 발걸음을 옮길 것이다. 수학시험에서 방정식을 풀면서 동시에 어젯밤 읽었던 만화책을 떠올리며 몰래 웃을 수도 있다. 사회 체계의 한 부속품처럼 일상을 영위하지만 또한 그 누구와도 다른 식으로 생각하고 행동하며 살아가는 것이다. 각자의 체험은, 그래서 충분히 '사건적'이다. 그렇다면 체험이란 매번 다른 방식으로 실현되는 행위의 연속체가 아닐까? 동일한 것을 반복하고 재현시키는 경험Erfahrung과 달리, 체험Erlebnis은 유일무이한 일회적 사건성을 담지擔持한다. 문화의 통일성과 삶의 유일성은 단지 개념상의 구별이 아니다. 현실 가운데 다양한 방식으로 실현되는 '이 나'의 행위, 체험, 사건은 실재성의 차원에 놓여 있다.

체험이란 본래 괴테가 『시와 진실』Dichtung und Wahrheit, 1831에서 처음 사용한 이래, 딜타이가 자신의 해석학적 정신과학을 특징 짓기 위해 도입한 개념이었다.[10] 그것은 인식이나 반성을 거치지 않고 삶과 직접적으로 만나는 것으로, 근대 학문이 전제하는 주체와 객체의 분열 이전에 존재하는 삶에 대한 의미론적 태도와 정향을 뜻한다. 달리 말해, 삶은 지식의 대상이 아니라 행위의 과정 속에서 그 의미가 투영되는 장으로 체험된다. 그러므로 체험은 원인-결과로 선형화되는 대상적 지식이 될수 없고, 의미를 표현하는 활동으로 드러난다.[11] 그것은 무엇보다도 신체와 감각을 통과하며 만들어지는 정념의 구성이다. 바흐친은 독일어 'Erlebnis'에 대한 번역어로 'perezhivanie'를 채택하는데, 여기엔 '경험

---

10) 빌헬름 딜타이, 『정신과학에서 역사적 세계의 건립』, 김창래 옮김, 아카넷, 2009, 530~538쪽.
11) 리차드 팔머, 『해석학이란 무엇인가』, 이한우 옮김, 문예출판사, 1990, 160~166쪽.

하다'란 뜻 이외에 '고통이나 괴로움을 겪다'란 의미도 포함되어 있다. 체험에는 기쁨과 쾌락 외에 괴로움과 불쾌의 계기도 함께 깃들어 있으며, 능동성과 수동성의 계기들도 한데 겹쳐져 있음을 유의하자.

삶을 체험한다는 것은 단순히 나에게 밀려들어 오는 이 세계를 수동적으로 받아들이기만 한다는 뜻이 아니다. 어떤 방식으로든 나-주체는 이 세계의 움직임에 반응하고, 이 세계가 던지는 물음들에 응답하려 애쓴다(그것이 고통의 한 이유일 것이다). 살아 있는 존재로서 나는 온전히 떠밀리기만 하는 것이 아니라 능동적active으로 앞서 나가며, 적극적positive으로 무엇인가를 만들어 가는 존재다. 즉, 나는 응답하는 주체로서만 세계성世界性을 체험할 수 있다. 이 세계 속에서 내가 겪는 사건이란, 세계가 던지는 온갖 의미와 가치들에 대해 행위를 통해 응답하는 과정을 말한다. 응답은 행동이다. 응답은 내게 던져진 세계를 수용하고 반응하는, 수동과 능동의 두 계기를 모두 포함하는 행동이다. 그래서 응답한다는 것은, 나의 행동에 대해 '이것은 나의 것'임을 인정하고 긍정한다는 의미다. 또한, 역으로 말해 행동한다는 것은 내게 밀려든 세계에 대해 응답하는 것이기도 하다. 따라서 행동은 곧 응답answer이며, 응답할수 있는 능력ability이자, 책임answerability을 수반한다.

나의 모든 사유와 그 내용은 하나의 개체인 나의 응답하는/책임 있는 행위라 할 수 있으며, 그 행위는 고유한 나의 삶 전체를 하나로 구성하는 다양한 행위 중 하나이다. 이는 생애 전체를 하나의 복잡한 행위로 간주할 수 있기 때문인데, 나는 나 자신의 생애 전체를 행위하고 있고, 개개의 행동과 체험은 그 어느 경우에도 모두 나의 삶을 영위하는 요인들이기 때문이다.[12]

3. 행위와 사건, 제1철학의 새로운 지평

행위란 무엇인가? 전통적으로 실천과 분리된 채 세계 일반의 논리적·형식적 구조를 탐구하던 사변철학에서, 행위의 주체는 '나' 또는 '너'라고 불리는 개개의 실존적 존재자들이 아니라 인간 일반을 가리켰다. 그것은 살을 다 발라내고 뼈만 남긴 추상이며, 따라서 얼굴도 없고 목소리도 없이 기호로만 존재하는 대상이다. 이것thisness이라고 부를 수 없는 추상적 일반성인 것이다. 그렇게 정의된 인간의 행위는 반복 가능성과 재현 가능성을 띠게 된다. 추상적 인간과 그의 행위는 문화 세계의 산물인 것이다. 반면, 바흐친에게 행위[13] 속에서 묘사되는 '이 나'는 개념적 파생물이 아니라 지금-여기서 활동하고 있는 '너' 또는 '나'에 다름 아니다. 각자 '이 나'라고 부를 수 있는 구체적 존재자만이 행위와 체험을 통해 세계에 응답할/책임질 수 있다. '구체적인 역사성 전체'란 바로 이 개별적 행동의 세계, '이 나'로서의 삶의 과정들 전체를 말한다.[14]

그런데 삶의 역사적 과정 전체에서 행위는 비단 손과 발을 움직이고 음식을 먹거나 공을 던지는 가시화된 신체적 행위에 국한되지 않는

---

12) 바흐친, 「행위철학」, 22~23쪽.

13) 바흐친은 체험적 삶의 과정에서 나타난 주체의 활동을 'akt' 또는 'postupok'으로 표기하는데, 이는 개념상의 '행위성' 일반으로 환원되지 않는 '이 나'의 구체적이고 개별적인 행동들을 가리킨다. 즉 유일무이하고 특이적인 것으로서 지금-여기서 벌어지는 수행적 행위라는 말이다. 하지만 이것이 나-주체의 모든 행위를 낱낱이 쪼개서 분해해야 한다는 뜻은 아니다. 현실 속에서 우리의 행동들은 개별적이지만 그 행동들의 연속은 삶의 전체성을 구성함으로써 의미론적 일관성을 만들고, 체험은 그것의 전체성을 가리킨다. 바흐친은 이러한 체험적 행위의 구체성과 특이성을 개념 일반으로 몰수시키지 말 것을 강력히 주장하고 있다.

14) 같은 글, 23쪽. 이때 '역사'란 실증주의적·연대기적 서술의 문헌학적 기록의 역사(historisch)가 아니라 사태의 생성이나 사건의 발생적 서술로서의 역사적인 것(geschehen)이란 의미를 갖는다. 정신과학적 해석학의 함의를 띠고 있으며, 하이데거의 『존재와 시간』과의 교차점을 예고하는 대목이기도 하다.

다. 실상 체험 속에서 수행된 모든 것은 행위라 부를 수 있다. 미동도 없이 먼 곳을 바라보고, 무의식중에 몽상에 잠기거나, 누군가에게 뜻하지 않게 연정을 품는 것. 일상의 습관과 감정, 고양된 의식과 사고, 발화, 행동, 심지어 무의식중에 벌어지는 실수와 표현 등 모든 것이 행위의 범주에 들어간다. '이 나'의 삶 전체를 어떤 의미를 통해 일관되고 전체적인 것으로서 구성하는 활동은 모두 행위다. 그러므로 삶은 곧 행위다. 아니, 더 분명히 말해 삶은 행위가 되어야 한다.

> 내 안의 모든 것이, 개개의 동작, 몸짓, 체험, 사유, 감정 등 모든 것이 그러한 행동이 되지 않으면 안 되고, 단지 이러한 조건 하에서만 나는 현실을 살고 현실의 존재가 갖는 존재론적 뿌리에서 자신을 분리하지 않을 수 있다.[15]

이렇게 행위는 문화와 삶의 분열을 메우고 연결하는 유일한 교량으로 부각된다. 관건은 이 사실 자체를 확인하는 데 있지 않다. 자신이 행하는 구체적인 행동들에 대해 그것이 나-주체의 산물임을 인정하고 긍정함으로써 응답한다는 게 핵심이다. 바흐친은 이러한 응답으로서의 행위, 응답적 행동이야말로 칸트가 고심하였던 삶과 윤리의 분열을 해소하는 길이라 단언한다. 앞서 살펴보았듯, 도덕법은 그것이 아무리 고상하고 위대한 이념을 내포하고 있더라도 '이 나'를 향한 것은 아니다. 그것은 인간 일반, 보편적 인간을 향한 추상적 관념에 불과하기에 강제

---

15) 같은 글, 96~97쪽. 바흐친에게 사유=행동=말의 일치는 어떤 목적론적 관점에서가 아니라 행위의 동근원성(同根源性)이란 관점에서 파악되어야 한다.

적 명령의 형태를 띠지 않을 수 없다. 이런 사정은 신칸트주의에서도 마찬가지여서, 문화적 가치 역시 그것의 추상성과 일방성으로 인해 무조건적 명령의 모양새를 취하게 된 것이다.

물론, 사상사에서 보편적 이념이나 가치보다 개별적 주체에 초점을 맞춘 경우도 없지 않았다. 실질적 가치윤리학die materiale Wertethik이라고도 불리는 소재주의적 경향이 그것이다.[16] 이에 따르면 도덕적 가치 판단과 행위는 보편적·추상적 이념의 차원이 아니라 개인의 의지와 결단에 달린 것이지만, 바로 그런 이유로 인해 전적인 상대성에 빠질 위험도 떠안게 된다. 너에게 타당한 행위를 나에게도 타당하게 만들려고 어떤 공통의 원리를 자꾸 소환하게 된다면, 결국 도덕법칙이나 가치 규범과 같은 (준)형이상학적 일반 원리를 요청하게 될 것이기 때문이다.[17] 이로부터 바흐친은 지금까지의 모든 도덕사상사는 당위를 주체의 외부로부터 '이 나'에게 강제로 전가시켜 왔다는 결론을 내린다. 지금-여기서 행동하는 나-주체의 체험으로부터 비롯하지 않은 당위는 아무 내적 필연성을 갖지 않으며, 본래적인 의미를 갖는 것으로 파악될 수 없다.

삶이라는 현실에서 행위하는 주체의 가치 판단을 당위와 연관 짓기 위해서는, '위에서 아래로' 혹은 '바깥으로부터 안으로'가 아니라 '아래서 위로' 그리고 '안에서 바깥으로', 곧 사건적 체험으로부터 비롯되는 윤리가 필요하다. 단지 법이나 규범이라서 무조건 짊어져야 하는 의

---

16) 막스 셸러(1874~1928)가 대표적으로, 그의 사상은 초기 바흐친에게 일정 정도 영향을 끼쳤다 (Brian Poole, "From Phenomenology to Dialogue: Max Scheler's Phenomenological Tradition and Mikhail Bakhtin's Development from 'Toward a Philosophy of the Act' to His Study of Dostoevsky", eds. Ken Hirschkop·David Shepherd, *Bakhtin and Cultural Theory*, Manchester University Press, 2001, p.110).

17) 바흐친, 「행위철학」, 59~63쪽.

무가 아니라, '이 나'의 소산이기에 필연적으로 내가 떠안을 수밖에 없는 응답/책임으로부터 발생한 윤리. 그것은 어떤 윤리학일까?

행동하는 나-주체의 '안으로부터' 솟아난 응답/책임은 일단 '나의 의식의 지향'이라는 현상학적 용어로 표시되지만, 체험-사건-행동으로 이어지는 바흐친의 전회는 후설의 현상학적 관점과 곧 궤를 달리한다.[18] 지금-여기의 행위가 갖는 의미는 그에게 사건에 대한 '이 나'의 연루이자 관여를 중심으로 형성되기 때문이다. 이는 초월성 대 내재성이라는 서구 형이상학의 전통적 대립에서 바흐친이 후자를 확실히 옹호하고 있음을 뜻한다. 잠시 그 대립의 전통에 대해 약술해 보자.

플라톤 이래 서구 형이상학은 세계를 교통 불가능한 두 영역으로 분리시키고, 그 두 영역은 결코 연속적이지 않다고 선언했다. 이른바 초감성계와 감성계의 대립, 이념과 현실 사이의 위계적 분할이 그것이다. 현실은 초월적 이데아의 반영물이자 불완전한 모상模像에 지나지 않는다. 이에 맞서 세계는 존재론적 무게에 있어 차이가 없으며, 하나의 유일한 평면 위에 구성되어 있다는 주장이 꾸준히 제기되었다. 내재성에 대한 사유가 그것이다. 이에 따르면, 현상은 초월적 세계의 불완전한 반영물이 아니라 그 자체로 충족적인 운동의 산물로 인식되어야 한다. 플라톤주의가 이원론적 세계관에 기초한다면, 내재성의 사유는 그런 초월성을 부정함으로써 세계의 일원론을 지지한다. 물론, 이 세계에는 차

---

18) 「행위철학」의 곳곳에서 바흐친은 자신의 사유가 '현상학적'임을 시사하고 있다. 실제로 현상학은 20세기 초엽 러시아에서 가장 강력한 철학적 방법론의 하나였다(Dmitrij Likhachev, *O filologii*, Vysshaja shkola, 1989, pp.10~22; Alexander Haardt, *Husserl in Russland*, W. Fink, 1993, ch.1). 이에 입각하여 초기 바흐친의 사유를 현상학과 맑스주의 사이의 요동으로 파악하는 연구자도 있다(Micahel Bernard-Donals, *Mikhail Bakhtin between Phenomenology and Marxism*, Cambridge University Press, 1995, ch.2).

이와 굴곡의 다양성이 엄연히 존재한다. 하지만 그것은 이 세계 너머의 다른 세계, 완전과 영원으로 표지되는 초월성을 노정하지 않는다. 내재성의 사유에서는 멀고 가까움의 차이만이 인정될 뿐, 절대적으로 교통하지 못할 두 점은 존재하지 않는다. 모든 존재하는 것들은 사건적 교통을 통해 상호 관계를 맺으며 실존한다.[19]

아이러니컬하게도 세계의 내재적 일원론을 명확히 표명한 철학자는 관념론의 태두 헤겔이었다. 그는 감각적 현실성이 결여된 이념이란 추상 그 자체에 불과하며, 역사란 추상적 이념에 피와 살을 입히는 과정이라고 생각했다.[20] 하지만 헤겔은 역사를 절대정신이 자신을 실현하기 위해 동원한 외피外皮로 간주함으로써 내재성의 사유를 철두철미하게 관철한 것은 아니었다. 후일 바흐친이 헤겔을 '독백주의자'라 부르며 이성과 정신 일변도의 사유는 결국 초월론에 다르지 않음을 비판했던 것도 그런 이유에서다.[21] 세계의 모든 다양성은 이성의 자기실현이라는 한 가지 목적에 이바지한다는 헤겔의 입장은, 궁극적으로 초월적 이념에 맞춰 이 세계의 모든 행동과 사건을 정향시켜야 한다는 것, 즉 절대정신의 당위를 그대로 받아들여야 한다는 결론으로 이어져 있다.[22]

---

19) 들뢰즈의 스피노자주의가 이러한 사유의 계보를 잘 보여 준다(질 들뢰즈, 『스피노자의 철학』, 박기순 옮김, 민음사, 1999).
20) 게오르크 헤겔, 『역사철학강의』, 김종호 옮김, 삼성출판사, 1990, 83~84쪽; 알렉상드르 코제브, 『역사와 현실변증법』, 설헌영 옮김, 한벗, 1988, 200~201쪽.
21) 미하일 바흐친, 「인문학의 방법론을 위하여」, 『말의 미학』, 515쪽.
22) 우리는 헤겔에 대한 이런 관점이 20세기 전반의 서구 지식사회에서 널리 통용되던 표준적 해석이란 점을 염두에 두어야 한다. 달리 말해, '절대적 관념론자 헤겔'이란 언명은 그 자체가 근대적 해석의 정점을 이룬다. 탈근대적 사상의 지평을 열었다고 평가받는 바흐친이지만, 그 자신 역시 근대의 자장에서 태어나고 자라난 근대인의 한 사람이 아닌가? 그가 읽고 사유했던 헤겔주의의 표상은 그 시대의 산물이었음을 기억해 두자. 다소 당혹스런 군말로 비칠 수 있겠으나, 헤겔과 바흐친에 대한 새로운 해석을 위한 '열린 뒷문'으로 이 주석을 남겨 두고자 한다.

초월적 외부로부터 이 세계에 무조건 던져지는 당위란 무의미하다. 지금-여기서 벌어지는 사건에 나-주체가 응답/책임져야 하는 이유는 그것이 도덕의 명령이거나 문화적 가치의 필연성을 노정하기 때문이 아니다. 응답/책임의 원인은 차라리 아주 가까이 있다. 지금-여기서 펼쳐진 사건적 체험의 장에 '이 나'가 속해 있고, 단지 내가 거기 있다는 현사실성[23] 자체만으로도 나는 그 사건에 대해 응답적/책임적 관계를 벗어날 수 없다. 당위가 발생하는 것은 그 관계 맺음의 순간이고, 이것이 '안으로부터'의 의미다. 나의 행동은 나의 것이며, 그 행동이 수행되는 사건 가운데 내가 연루, 관여되어 있다는 게 관건이다. 만일 삶이 '이 나'의 행동들의 전체성이라면, 나는 결코 삶이라는 사건과 무관할 수 없다. "현실에서 삶의 내부에 있다는 것은 행위함을, 그리고 유일의 전체에 대하여 무관심하지 않음을 의미한다."[24]

'이 나'가 사건에 관여되어 있다는 말은 어떤 뜻일까? 원치 않는 사태에 휘말렸었음을 가리키는가? 혹은 '나'를 강조함으로써 이기심이나 자기중심적 세계관을 갖는다는 말일까? 관여는 나-주체와 세계 사이에서 능동과 수동의 두 계기를 함께 포괄한다. '이 나'의 체험으로부터 "자신의 안쪽에서 산다는 것은 자신을 위해서 사는 것을 의미하지 않는다. 그것은 자신의 안쪽으로부터 책임을 지고 참여하는 자라는 것을 의미

---

23) 하이데거의 사유에서 특별한 의미를 얻는 현사실성(Faktizität)은 바흐친에게도 익숙한 용어였다. 지금 두 철학자의 영향사 관계를 따질 여력은 없지만, 바흐친이 현사실성에 대해 고찰할 때 거기엔 '이 나'와 세계의 만남, 사건에 대한 통찰이 개입해 있음을 부정할 수 없다. 요컨대 현사실성은 체험적 삶이다. 현사실성에 대한 하이데거의 다음 언급들이 이를 이해하는 데 도움이 될 듯하다. "현사실성은 '우리의' '고유한' 현존재의 존재성격에 대한 표현이다. 보다 더 정확히 말해서 이 표현은 현존재가 존재에 적합하게 그의 존재성격에서 '거기'(da) 있는 한, 매 순간적으로 그렇게 현존재함을 의미한다"(마르틴 하이데거, 『마르틴 하이데거 존재론: 현사실성의 해석학』, 이기상 외 옮김, 서광사, 2002, 25쪽).

24) 바흐친, 「행위철학」, 94쪽.

한다".[25] 사건 속에 내가 있음은 내 선택의 결과가 아니다. 그것은 어쩔 수 없이 끼어들게 된 우연이며, 피할 수 없이 발생한 사건의 강제이다. 그러나 나-주체는 거기에 뛰어든 것이다. 삶의 비일관성, 분열을 하나로 통일해야 한다는 당위는 이런 능동-수동의 복합적 사태 속에 '이 나'가 던져져 있다는 현사실성으로부터 출발한다. 다른 누구도 아닌, 바로 '이 나'가 유일하게 지금-여기 있다는 것. 나-주체가 '있음', 그것이 문제의 진정한 원천이다. 문화와 삶을 통일시키는 행위, 곧 '이 나'의 응답과 책임도 궁극적으로 이런 사태의 강제에서 연유하는 것이다. 존재-사건이란 바로 이 강제적인 관여의 필연성을 가리킨다.

> 유일의 존재 사건은 더 이상 사유되는 것이 아니고, 존재하는 것, 나와 타자를 매개로 실제로 벗어날 길 없이 수행되는 것이다. [……] 이 유일의 유일성을 사유하는 것은 불가능하며, 그것은 단지 관여적으로 체험될 뿐이다. [문화의 통일성을 강변하는—인용자] 이론이성이라고 하는 것은 모두 [칸트의 도덕법이 요구하는—인용자] 실천이성, 즉 유일의 주체가 유일의 존재-사건 안에서 도덕적으로 [정언 명령에 의해—인용자] 정위할 때의 이성적 요인에 불과한 것이다. 관여를 배제한 이론적 의식의 범주를 통해 이러한 존재를 정의하지는 못한다. 그것이 가능한 것은 단지 현실적인 참여의 범주, 즉 행위의 범주를 통해서이다. 세계의 구체적인 유일성을 관여적으로 체험하는 범주를 통해서인 것이다.[26]

---

25) 바흐친, 「행위철학」, 106쪽.
26) 같은 글, 43~44쪽.

당위가 존재하는 것은 나의 유일한 책임 있는/응답하는 삶의 통일 내에서이다.

> 행위는 그 내용면에서가 아니라 바로 그 수행면에서 단일하고도 유일한 생의 사건을 알고 그것을 나의 것으로 하기에 그 사건 안에 정위한다. [……] 안쪽으로부터 그 응답/책임에서 파악하는 것이 필수적이다. 행위의 이 응답/책임이란, 행위에서의 모든 요소를, 즉 의미론적 타당성과 사실로서 수행의 구체적인 역사성 및 개성을 전부 다 고려하는 것이다.[27]

이것이 '관여[28]의 사회적 존재론'으로서 바흐친 사유의 존재론적 기초이자 사회철학의 출발점이다.[29] 존재한다는 사실 자체가 이 세계에 대한 관여를 뜻한다면, 그리고 행동을 통해 이 세계에 참여하는 것이라면 이 세계는 서로 소통 가능한 지평을 통해 연결되어 있어야 할 것이다. '이 나'의 응답/책임은 내가 관여할 수 없는 저 세계, 초월성의 영역으로는 이어지지 않을 터이기 때문이다. 따라서 세계의 순수한 내재적 통일성을 상정하지 않는다면, 체험으로서의 삶, 삶의 사건 그리고 응답/책임의 윤리를 받아들이는 것은 불가능하다. 청년 바흐친이 현대의

---

27) 같은 글, 70쪽.
28) 이 단어를 위해 바흐친은 'uchastvovanie'와 'prichastnost''의 변이형들을 사용하는데, 공통적으로 전체의 부분(chast')이 된다는 의미로는 큰 차이가 없다. 이때 부분-되기는 전체에 대한 유기적 예속을 가리키지 않음이 물론이다. 한국어로 '관여'와 '참여', 어느 쪽으로도 번역될 수 있지만, 후자가 주체의 능동성과 의지를 강하게 함축하는 반면 전자는 수동적이고 우연한 관계성을 지시한다고 보기에 맥락에 맞춰 적절하게 사용했다. 후기로 갈수록 바흐친은 주체가 사건의 장(場)에 비의지적이고 무의식적으로 함께-있음을 주장하고 싶어 했다.
29) Vitalij Makhlin, "Litso k litsu: programma M. M. Bakhtina v arkhitektonike bytija-sobytija", *Voprosy literatury*, Maj-ijun', 1996, p.83.

분열에 맞서 기획한 행위의 철학, 또는 응답/책임의 건축학은 이제 사건의 윤리를 통해 통일된 지평 속에 모아들여지게 된다. 존재의 제1철학prima philosophia, 즉 서구 사상사의 근거를 이루어 왔던 형이상학은 이로써 초월성이 아니라 내재성으로, '저 너머'의 이념이 아니라 '지금-여기'에서 수행되는 '이 나'의 행위에서 발원한다고 언명된다.

> 오직 현실의 행위 안쪽에서만, 다시 말해 전일적 응답/책임을 떠맡는 일회적 행위의 안쪽에서만, 단일하고 유일한 존재가 갖는 구체적인 현실로의 접근이 생겨나며, 이 행위를 근거로 함으로써만 비로소 제1철학은 스스로 위치를 정위할 수 있을 것이다.[30]

4. 사건화, 함께-있음의 크로노토프

「행위철학」의 연구자들은 대개 책임의 진정성을 근거로 바흐친을 실존주의적 맥락에 위치시키는 경향이 있다. 하이데거적인 엄숙성을 배경에 깔고서 세계에 무작정 던져진 고독한 개인이 자기의 삶을 책임이라는 형식 속에 떠안는다는 비장미가 그런 것이다.[31] 하지만 "상호 관계라고 하는 진실, 우리를 연결하는 단일하고 유일한 사건이라는 진실"에 대한 바흐친의 역설力說을 염두에 둔다면,[32] 세계 속에서 영원히 '고독한 개인의 결단'은 수사적 과장처럼 들린다. 행동은 전적으로 자유롭고

---

30) 바흐친, 「행위철학」, 69쪽.
31) Nazintsev, "Myslitel' Bakhtin i teoretik Khajdegger", pp.102~112. 이런 오독의 배후에는 『존재와 시간』과 「행위철학」 사이의 상관성에 대한 과대 포장된 해석이 있다.
32) 바흐친, 「행위철학」, 52쪽.

무작위하게, 단독적으로 수행되지 않는다. "무엇이든 허용되어 있다"라는 테제만큼 근대문화의 자율성 혹은 자유의지에 대한 환상을 보여 주는 것은 없다. 오히려 우리가 일상 속에 행하는 낱낱의 행위들은 철저히 조건화되어 있다. 그것은 단지 의지나 의식의 문제가 아니라, 이 세계에 처한 존재자이자 구체적 상황conjoncture 속에서만 결단할 수 있는 현존재로서 우리가 마주한 존재 조건인 것이다.

나-주체는 선행하는 행위의 계열들에 의해 조건 지어진다. 지금-여기서 '이 나'의 행위는 그 조건들의 결과이며, 따라서 항상 나-주체를 넘어서 있다. 행동은 나의 의지와 결단, 의식으로 인해 정해지는 게 아니라 지금-여기를 규정하는 다양한 조건들에 의해, 또 그 조건들과 '함께' 현실화된다. 나는 도서관에서 책을 읽으면서 동시에 체육관에서 농구를 할 수 없으며, 들고 있던 찻잔을 내려놓지 않는다면 피아노를 칠 수 없다. 원칙적으로 나-주체에겐 많은 가능성이 놓여 있다. 하지만 그 가능성을 현실 속에서 전개시키는 것, 현행화하는 것은 지금-여기에서 내가 처한 조건들에 달린 문제다. 매 순간 나-주체의 행동은 어떤 조건에 놓여 있는가, 그 조건들이 다음 행동들을 어떻게 다시 조건 짓는가에 주의를 기울여야 한다. 모든 행위는 그 행위가 이루어지는 환경, 즉 시간적이고 공간적인 조건 및 타자들과의 관계 등이 개입하여 구성된 일종의 공동성의 결과다. 고독한 결단만을 요구하는 단독자에게 행위는 불가능하다. 모든 행위는 조건들 속에서 계열화됨으로써 의미를 발생시킨다.[33]

---

33) 사건은 조건들이 계열화된 효과다. 그러나 계열화는 결정론의 사슬이 아니다. 이는 우발적 요소들의 첨가에 의해 항상 다양한 방향으로 분산되는 열린 과정이란 점을 기억하자. 단일한 계열은 없다. 항상 둘 이상의 계열이 존재한다(질 들뢰즈, 『의미의 논리』, 이정우 옮김, 한길사, 1999, 99쪽).

이 모든 것을 결집해서 보여 주는 것이 '사건'이다. 계열화란 사건화에 다름 아니다. 바흐친 사유의 핵심은 그가 책임의 진정성을 역설했다는 점이 아니라, 사건에 대한 관여의 불가피성, 즉 '이 나'가 응답/책임에 의해 사건에 연루되어 있음을 보여 주었다는 점에 있다.

러시아어로 사건^{sobytie}이란 '함께'를 뜻하는 접두사 'so'와 '존재'(현존)를 뜻하는 'bytie'가 결합해서 만들어진 단어다. 즉, 어떤 무엇들이 내재성의 공통 평면에 함께 모여듦으로써 생겨나는 사태가 사건이라는 말이다. 초월적 척도로 환원되지 않는 이 세계의 존재자들은 서로 환원될 수 없는 차이와 다양성을 갖는다. 그런 이질적인 것들이 함께 있다^{so-bytie}는 것은, 단지 '있음'이라는 정태적 사실만을 확인하는 게 아니다. 함께-있음, 함께-함이란 모종의 관계를 형성하고, 그 관계에 관여/참여한다는 독특한 존재 상황을 연출한다. 낯선 타자들의 모임, 알 수 없는 공동의 관계가 형성되는 현장에 있다는 것은 어떤 역동적인 상황이 지금-여기서 창출되고 있다는 뜻이다.[34] 진공 속에 놓여 있듯, 또는 스냅사진 속의 한 장면마냥 정지된 상태로 남겨진 것은 아무것도 없다. 함께 존재한다는 사실은 함께 운동하고 있다는 말이다. 함께-있음은 함께-함과 동근원적이고, 이런 의미에서 사건이란 언제나 사건화라 말할 수 있다. 존재-사건의 유일성은 존재자들의 함께-있음이 매 순간 새로운 방식으로 구성되기 때문에 성립한다. 심지어 아무런 신체적·물리적 행동을 하지 않았더라도, 단지 염두에 두는 것만으로도 나-주체는 이미 타자와 관계를 형성하고 사건 속으로 진입했다고 할만 하다.

---

34) 함께-있음(l'être-en-commun)과 공동의 존재-사건에 대해서는 낭시의 성찰을 주목할 만하다. "존재한다는 것보다 더 공동적인 것은 아무것도 없다"(장-뤽 낭시, 『무위의 공동체』, 박준상 옮김, 인간사랑, 2010, 204쪽).

현실에서 체험되는 것은 [……] 감정-의지적 어조를 지니며, 우리를 둘러싸는 사건의 통일 속에서 나와의 적극적인 관계에 돌입한다. 감정-의지적 어조는 행위의 불가결한 요인인데, 그것은 가장 추상적인 사고의 경우에도 마찬가지다. 내가 현실에서 사유하는 한, 즉 사유가 실제로 존재 안에 실현되어 사건에 관여하는 한. 내가 관계하는 것은 모두 감정-의지적 어조를 통해서 나에게 주어진 것이다. 모든 것은 내가 관여하는 사건의 요인으로 나에게 주어져 있기 때문이다. 내가 대상을 마음에 떠올린 이상, 나는 대상과 사건으로서의 관계에 들어간 것이다.[35]

'상황의 진실'이란 바로 이러한 사건의 불가피성이자 전체성을 가리킨다.

존재-사건으로 인정받은 일회적인 유일성에 책임을 지고/응답하고 참여하는 데에 바로 상황의 진실이 존재한다. 절대적으로 새로운 것, 이전에 존재한 적이 없고 두 번 다시 반복될 수 없는 것이라는 요인이 거기에서는 가장 우선시된다.[36]

이로부터 근대적 시간과 공간에 대한 통념, 문화 세계의 통일성을 근거 짓던 전제들이 철저하게 타파된다. 칸트와 뉴턴 이래 우리는 시간

---

35) 바흐친, 「행위철학」, 77쪽. 감정-의지적 어조는 '이 나'의 관점에서 수행된 발화-행위의 특이성을 가리킨다. 문법의 토대로서 언어(랑그)는 추상적 인간의 요소인 반면, 발화(파롤)는 각각의 나-주체들의 자기표현이기 때문이다. '이 나'의 실제 발화, 억양 속에서 구현된 '이것임'이 감정-의지적 어조이다.
36) 같은 글, 88~89쪽.

과 공간을 각기 분리된 중성적 범주로, 사물의 외관을 측정하는 도구로 인식해 왔다. 예컨대 공간은 사물을 담는 '빈 상자'요, 시간은 시계 바늘이 움직인 일정한 '거리'라는 식이다. 하지만 바흐친은 이런 시간관이나 공간관에 의거해서는 사건을 파악할 수 없다고 잘라 말한다. 사건 속에서 시간과 공간은 따로 분리해서 사유할 수 없는, 하나의 특이적인 집합체로 나타나는 까닭이다. 후일 '시공간'이란 단어로 개념화되는 크로노토프chronotope가 그 이름인데, 특정한 의미와 가치를 함유하며 일회적으로 현상해서 사라지는, 그러나 이전과는 다른 의미와 가치가 발생하는 현장으로서 사건은 항상 시간과 공간의 결합체로서만 그 모습을 드러낸다.

가령, 세기의 풍운아 나폴레옹의 몰락을 표지하는 워털루 전투를 생각해 보자. 1815년 6월 18일이라는 시간과 워털루라는 공간을 분리해서 그의 몰락을 말할 수 있을까? 시간을 1315년으로 앞당겨 본다든지, 혹은 공간을 워털루가 아닌 로마로 옮겨서 이 사건을 재현할 수 있을까? 이 사건을 둘러싼 날씨, 병력, 전술 등의 개별 요소들을 정밀하게 분석하고 열거할 수는 있을 것이다. 하지만 '워털루 전투'라고 부르는 역사상의 한 지점, 유럽 정치사를 특정한 방향으로 인도한 이 사건은 오직 그 시간과 그 공간이 한데 결합된 상태인 한에서만 바로 그것thisness일 수 있다. 산술적으로 병력과 전술, 진지의 상태, 기상 조건 따위를 따져 볼 수 있다 해도, 그 당시 병사들의 집단적 심리 상태나 개인별 감정의 흐름, 나폴레옹의 변덕이나 우연히 흘려 버린 사소한 정보, 혹은 간밤의 이슬로 행군을 지연시키는 도로 상태나 풀잎사귀의 건조 여부, 어느 병사가 총구 소제를 게을리 한 탓에 살아난 적장의 운命 등등. 어느 것 하나 우연하고 사소한 조건들은 없다. 오히려 그 모든 것들, 무한하지만 그 사건의 크로노토프 속에 유한하게 집약되어 있는 조건의 총체들은 바로 그 사건의 결과를 필연적으로 낳는다. 조건이 달라졌다면 다른 사건이, 우리가 지금 그 결과를 알고 있는 것과는 전혀 다른 사건이 발생했을 것이다. 그런 뜻에서 이 시공간의 결합체는 지금-여기를 구성하는 모든 성분들의 '집합체'라 할 수 있다. 또 이 집합체는 전체 성분들이 관계를 만들며 한 몸처럼 움직이는 것이기에 사건의 공-동체共-動體이기도 한 것이다.

이러한 총체적인 사건 속에 '이 나'가 던져져 있다. 책을 읽든 노래를 하든, 대화를 하든 잠을 자든 특정한 시간과 공간의 결합체 속에 나는 항상-이미 있다. 그것은 형이상학적 진리가 아니라 '이 나'라는 현존재의 현사실적인 실존이다.

응답하는/책임 있는 의식의 통일 그 근저에 있는 것은 출발점으로서의 [형이상학적―인용자] 원리가 아니라, 자신이 하나의 존재-사건에 참여하고 있다는 현실의 인정이다. 그리고 이 사실은 이론적 용어로는 충분히 표현할 수 없고, 오지 기술記述되고 관여적으로 체험될 수 있을 뿐이다. 행위와 구체적이고 일회적이며 강제적인 당위적 범주 전체의 원점은 바로 여기이다. 나도 역시 존재한다! ['이 나'로서―인용자] 나는 이 주장의 감정-의지적인 행위의 충만성 안에 있고, 현실에서 이 전체 안에 있으며, 이 말을 할 의무를 지닌다.[37]

---

37) 바흐친, 「행위철학」, 89쪽.

5. 행위와 사건, 그리고 삶의 윤리학

다른 존재하는 것들과 마찬가지로 바로 이 시공간에 "나도 역시 존재한다"는 사실이 어떻게 당위의, 윤리의 토대가 될 수 있는가? 그것이 신학도, 형이상학도, 감상이나 과학도 아니라면, 대체 어떤 근거에서 윤리를 주장할 수 있다는 것일까? '이 나' 또한 타자들과 함께 있음──그것은 바로 타자와의 공-동성이라는 벌거벗은 현사실성 자체, 즉 사건의 문제가 아닐까? 그 누구도 아닌, 바로 '이 나'가 지금-여기라는 시공간에 존재한다는 것!

> 나도 역시 일회적이고 반복 불가능한 모양으로 존재에 관여하고 있으며, 유일의 존재 안에, 일회적이고 반복 불가능하며, 타자로 대체 불가능하고, 타자에게 침투되지 않는 위치를 점하고 있다. 내가 현재 있는 이 유일한 지점에는, 유일의 존재가 갖는 유일의 시간과 공간 속의 그 어떤 타자도 존재하지 않는다. 그리고 이 유일의 지점 주변에는 유일의 존재가 온전히, 일회적이고 반복 불가능한 상태로 배치되어 있다. 나에 의해 수행되는 것은 다른 그 누구에 의해서도 결코 수행될 수 없다. 이러한 현존재의 유일성은 강제적이고 의무적이다.[38]

'이 나'가 특정한 시공간적 상황 속에 있다는 것은 지극히 당연한 사실이다. 나-주체의 신체적·물리적인 존재 조건이 시공간인 탓이다. 그 누구도 이 조건을 벗어나 실존할 수는 없다. 여기에 위상학적 조건이

---

38) 바흐친, 「행위철학」, 89~90쪽.

덧붙인다. 물리적 존재로서 '이 나'는 동시에 다른 누군가의 시공간을 차지할 수 없다는 것. 지금-여기서 나는 나로서 존속하는 동시에 너일 수 없다. 물리적으로 나의 체적^{volume}은 너의 체적과 겹쳐질 수 없기 때문이다. '이 나'는 내 신체의 표면을 단 1밀리미터도 벗어날 수 없다. 나의 실재성은 지금-여기서 내 피부로 둘러싸인, 막膜의 경계선 바깥으로 나갈 수 없다는 데서 성립한다. 나를 규정짓는 것은 데카르트적인 코기토가 아니라 피부의 경계다.[39] 도저한 육체의 리얼리즘! 역으로 그 어떤 타자라도 그가 존재하는 자리로부터 동시에 나의 자리를 차지할 수 없다. 각자는 자기 자신의 시공간적 자리를 넘어서 감히 타자를 자처할 수 없는 것이다.

> 일회적이고 반복 불가능하며, 대체 불가능하고, 타자에게 침투되지 않는 위치 [……] 내 존재에 알리바이 없음이라는 이 사실은 나에 의해 인지되거나 인식되는 게 아니라, 나에 의해 유일한 방식으로 인정되고 긍정될 따름이다.[40]

나는 행위하기 전에 먼저 세계의 소여성, 거기에 내가 던져져 있음이란 사실을 인정하고 긍정해야 한다. 그것은 불가피한 나의 수동성이다. 나의 능동성, 행위의 가능성이 바로 그것으로부터 피어난다. 나는 지금-여기란 시공간에 밀어 넣어져 있으나, 누구도 대신할 수 없는 그

---

39) 피막은 자아를 담아내는 그릇이며, 본질적으로는 자아의 발생 장치이다(디디에 앙지외, 『피부자아』, 권정아 외 옮김, 인간희극, 2008). 따라서 가장 표면적이면서도 가장 깊은 것이다. "가장 심오한 것은 피부이다"(들뢰즈, 『의미의 논리』, 59쪽).
40) 바흐친, 「행위철학」, 89~90쪽.

유일한 상황은 나에게 물리적 조건과는 또 다른 조건을 부과하여 내 행동의 방향을 결정짓는다. 즉, 지금-여기에는 나뿐만 아니라 타자들이 있고, 각자에게 유일한 이 상황이 형성하는 관계가 있으며, 그 관계 전체로서의 사건이 발생하고 있다(물론 개개의 상황 자체도 각각 사건이다). 사건의 외부는 없다! 그런 점에서 나의 행위는 사건적 계열화를 통해 타자에게 영향을 미치고, 타자 역시 특정한 방식으로 나의 행위를 조건화할 것이다. 서로가 서로를 사건적으로 조건화하는 전체적 연관으로부터 그 누구도 예외일 수 없다. 각자는 서로에게 타자로 남아 있지만, 각자의 행위는 서로에게 영향을 미치게 된다. 이러한 역설을 인정하지 않고는 정녕 사건을 사유할 수 없으리라. 사건은 다름 아닌 관계의 생성이다.

이것은 단지 자기 자신을 긍정하는 것도, 실제로 단순하게 어떤 존재를 긍정하는 것도 아니다. 이것은 존재 안의 자기 자신을, [양자의—인용자] 융합 없이, 그것도 분할 불가능한 것으로서 긍정하는 것이다. 즉, 나는 존재 안에 그 유일의 행위자로서 관여하는 것이다. 존재 속의, 나 이외의 그 어떤 나도 나에게는 내가 아니다. 전 존재 안에서 나는 유일한 나 자신만을 체험한다. 모든 타자들의 (이론적인) 자아는 내게 결코 나가 될 수 없다. (이론적이지 않은) 그 유일한 나는 유일한 존재에 관여되어 있다. 다시 말해 존재 안에 내가 있다. 나아가 여기서는 수동성과 능동성의 계기들이 융합됨 없이, 분할 불가능한 것으로 주어진다. 즉, 나는 존재 안에 놓여 있으면서(수동성), 능동적으로 존재에 참여하고 있다.[41]

'이 나'의 행동은 또 다른 사건을 낳고, 사건은 계열화됨으로써 무한히 증식한다. 이 세계에 던져져 있다는 수동성이 능동성으로 전화轉化되는 순간은 내가 행동을 존재-사건의 필연으로 인정하고 긍정할 때이다. 내게 주어진dannoe; the given 사건을 계속 사건화하는 것은 '이 나'에게 부과된zadannoe; to be achieved 과제다. 마침내 행위의 철학, 사건의 윤리가 이 '부과된 과제'로부터 솟아오른다.

> 나에게의 소여와 과제도 역시 그러하다. 즉, 나의 유일성은 주어져 있으나 동시에 그것은 나에 의해 유일성으로 실현되는 한에서 존재하는 것이기에, 그것은 늘 행동, 행위의 안에 임한다. 즉, 부과되어 있다. 존재와 당위도 역시 그러하다. 나는 현실의 대체 불가능한 자이고, 그 이유에서 스스로의 유일성을 실현해야 할 자이다. 실제로 어떤 통일의 전체에 대한 나의 일회적인 당위가 발생하는 것은 존재에서 나의 유일의 위치로부터이다. 유일한 자인 나는 현실의, 피난처가 없는, 선택의 여지가 없는, 일회적인 삶에서 단 한 순간도 관여하지 않은 채 스쳐 갈 수 없고, 그러므로 나는 당위를 떠맡지 않으면 안 된다. 그것이 어떠한 것이고, 어떠한 조건 하에 있는 것이라도, 모두에 대하여 나는 스스로의 유일의 위치로부터 행동하지 않으면 안 된다.[42)]

내가 존재-사건 속에 있다는 현사실성만이 당위의 원천이다. 당연한 말이지만, 부과된 과제로서의 이 윤리는, '저 세계'의 이념이 아니라

---

41) 바흐친, 「행위철학」, 91~92쪽.
42) 같은 글, 92쪽.

'이 세계' 속에서 벌어지고 있는 사건으로부터 연유했기에 선과 악, 진리와 거짓을 가리는 기존의 도덕과는 달라야 할 것이다. 우선 그것은 정언명령처럼 현실의 구체성과는 동떨어진 초월적 명령(칸트)이 될 수 없다. 그 다음, 행위의 철학 또는 사건의 윤리는 이미 주어진 특정한 가치를 절대적인 척도(신칸트주의)로 내세우지 않는다. 사건 속에서 모든 기성의 가치는 항상 새로운 가치와 계열화하여 변형되기 때문이다. 더 정확히 말하자면, 새로운 관계가 사건적으로 등장한다. 그것은 늘 새로이, 이전과는 다른 방식으로 구성되는 존재-사건이다. '이 나'의 응답/책임이란 사건에 대한 것일 때 진정성을 갖는다. 사건은 삶의 전체성에 비추어서만 의미를 지니는 것이기에 합리성 너머에, 개별성 너머에, 구체성 너머에 있다. "전일적인 행위란 합리적인 것 이상으로 응답하는/책임지는 것이다."[43] 합리성 '이상'으로서의 행위 전체란 무엇인가? 전체에 응답한다/책임진다는 말은 어떤 뜻인가?

빈 강의실에 한 무리의 학생들이 모여 앉아 토론하고 있다. 그들은 각자가 지닌 (무)의식과 욕망 역시 하나의 흐름 속에 집결시키고 있으며, 그들 사이에 공동의 리듬이라는 분위기가 조성되는 중이다. 그 공통성은 수数적 단일성도 아니요, 이견을 허락지 않는 이데올로기의 일치도 아니다. 설령 아무런 결론도 나지 않고 끝없이 치고받는 난상 토론만 거듭된다 해도, 여기엔 하나의 긴장되고 공유된 열정과 리듬이 존재하며, 그것이 참여자들의 공동성을 구성한다. 공동성共同性은 공-동성共-動性이다. 존재-사건적으로 말해, 이 과정은 다른 시간이나 다른 공간에서는 동일하게 재현되지 않는다. 사건의 밑바탕에는 언제나 분리 불가능

---

43) 바흐친, 「행위철학」, 72쪽.

하게 결합된, 특이한singular 시공간이 개입해 있는 까닭이다. 사건이 발생하는 현장에 있는 모든 것이 그 사건의 공동적 구성 요소가 된다. 참여자들 저마다의 표정들, 의지들, 열정들, 무의식들뿐만 아니라, 칠판, 의자, 책상과 같은 사물들이 있다. 그것으로 끝이 아니다. 개별적인 것으로 간주되지 않는 요소들도 지금-여기에 함께-있다. 공기의 순환, 명확히 분절되지 않는 소리들, 끊임없이 순환하는 시선들, (무)의식과 욕망의 흐름, 감정들…… 모든 것이 있다. 그 전부가 '함께-존재'할 뿐만 아니라so-bytie, 공동으로 사건을 생산한다.[44] 어느 누구든, 그 무엇이든, 자기가 관여한 사건 속에서 자신의 존재를 부인할 수 없다. '이 나'가 있다는 현사실성을 회피할 만한 그 어떤 알리바이도 성립하지 않는다.

사건 속에 '함께-함'은, 거기에 관여한 요소들 사이에 어떤 관계가 만들어지면서 동시에 그것들이 이전과는 다른 존재로 '함께-변화'하는 과정이다. 사건 속에서 나와 너는 특정한 관계를 맺게 되고, 그 관계는 각자의 고유한 특징을 보존하기보다 오히려 변형시켜 버린다. 개별화의 경계선이 사건 속에서 교란되고 붕괴되는 것이다. 삶은 사건 자체, 사건들로 채워져 있다는 명제를 기억해 보면, 너와 나의 구별이 있기보다, 너를 너가 아니도록, 그리고 나를 나 아니도록 강제하는 사건의 힘이야말로 삶의 본래 면목이 아닐까?

절대적으로 무관심하고 완전히 완성된 대상은 현실에서는 의식할 수도 체험할 수도 없다. 대상을 체험할 때, 나는 그것을 통해 대상에 대한

---

44) '있음'이라는 존재 상황은 진공이 아니다. 그것은 사건화, 계열화의 가능 근거로서 행위의 잠재적인 충전 상태를 뜻한다. 행위는 힘이다. 따라서 "모든 것이 있다"는 것은 "모든 것이 생산된다"는 의미로 읽혀야 한다(질 들뢰즈·펠릭스 가타리, 『안티 오이디푸스』, 김재인 옮김, 민음사, 2014, 27쪽).

무엇인가를 수행한다. 대상은 과제와 관계를 중재하고, 대상을 향한 나의 관여 하에 그 과제 안에서 성장한다. 순수한 소여는 체험되는 일이 없다.[45]

'이 나'가 의식적으로 지각하는 경우가 아니더라도, 어떤 상황 속에서 나는 단지 거기 관여해 있다는 이유만으로도 영향을 받게 된다. 나의 개별성, 정체성은 교란되고 변형된다. 지금-여기 있음, 존재한다는 사실 자체가 사건인 까닭이다. 천상천하 유아독존식의 절대적 고립은 있을 수 없다. 존재하는 한 나는 항상-이미 함께-있다.[46] 나는 그리스도를 본 적도 없고, 그가 살았다는 땅에 가본 적도 없으며, 그를 전혀 믿지 않는다 해도 그의 영향을 받는다. 그리스도에 대해, 기독교에 대해 갖는 호오好惡의 감정이, 심지어 무관심조차 그 증거가 된다. 혹은 그리스도의 존재 자체에 관해 보고 들은 바가 전혀 없어도, 그가 이천 년 전 불러일으킨 이 세계 속의 모든 사물들과 사건들의 연쇄 속에서 나는 감각과 인식, 무의식상의 변화를 겪고 말았을 것이다. 그가 언젠가 이 땅에 존재했었다는 바로 그 사건의 결과로 인하여!

능동성의 위대한 상징, 사망한 그리스도는 영성식領聖式을 통해, 그의 영원한 죽음을 체험하는 육체와 피의 [해독 불가능한 글자들 —러시아판 편집자] 분배를 통해, 바로 세계에서 사라진 자로서 사건의 세계 안

---

45) 바흐친, 「행위철학」, 76쪽.
46) 이 점에서 근대적 주체의 탄생으로 표지되는 데카르트의 코기토는 순전히 사고실험의 산물에 불과하다. 추상적 사변 속에서 순수하게 자기 자신과만 관계 맺는 것은 불가능한 탓이다. 나와 관계 맺는 또 다른 나는 이미 타자다. 언제나 쌍으로 존재하는 존재, 그리고 타자의 필연성은 바흐친 사유의 본질적 토대라 할 만하다.

에 임하고 영향을 미치고 있다. 우리는 세계에서 그의 비존재를 통해 살아가고 그에게 참여하며 강인해지는 것이다. 그리스도가 사라져버린 세계라는 것은, 이전에 그리스도가 단 한 번도 존재한 적이 없는 세계와 같지 않고, 근본적으로 별개의 세계이다.[47)]

사건을 낳고 사건으로 생겨난 이러한 차이는 후기 바흐친의 사유에서 '생성'의 이름으로 표명된다. 사건과 생성은 근본적으로 한 가지인 힘(행위)의 다양한 양상들인 까닭이다. 그러나 청년 바흐친에게 이러한 사유의 변전은 아직 '윤리'라는 이름으로 언명되었고, 1920년대 철학적 미학의 중심 줄기를 이루고 있었다.

6. 청년 바흐친의 윤리학과 건축학

1919년 「예술과 책임」으로 출발한 바흐친의 사유는 「행위철학」에서 일정 정도의 결구를 이루었다. 그것은 삶과 윤리를 화두 삼아 삶과 문화의 분열을 적극적으로 성찰하는 방식으로 진행되었고, 행위와 사건은 그 해소 지대를 찾아가는 지렛대 역할을 담당했다. 세계의 근원성으로서의 삶과 객관적 가치 체계로서의 문화는 '이 나'의 행위를 통해 이어지며 사건적 과정 속에서 통일되기 때문이다. 행위의 철학 혹은 사건의 윤리는 기성의 여러 도덕 이론들과 달리 '이 나', 개성을 통과해 이루어지는 새로운 실천철학을 제시한다.

행위하는 나에서 비롯되어 하나의 일관된 윤리를 맺어 나간다는

---

47) 바흐친, 「행위철학」, 49~50쪽.

점에서 청년 바흐친은 여기에 '건축학'architectonics이라는 이름을 붙였다.[48] 그에게 윤리는 '무엇을 행하거나 행하지 말라'는 식의 완결된 도식을 준수함으로써 성취되는 이상이 아니다. 오히려 윤리는 지금-여기를 살아가는 '이 나'의 개성적 행위 속에서 만들어지고 항상-이미 구축해 가야 하는 삶의 양식mode of life이다. 각자마다 상황마다 다르게 마주치는 사건들을 통해 윤리적 삶의 모습들은 다양하게 펼쳐질 것임에 틀림없다. 요컨대 윤리의 집은 모두에게 동일하게 적용되는 단 하나의 건축물이 아니라, 각자의 실천마다 서로 다르게 지어질 다양한 집들이다. 이 점에서 행위와 사건으로 구축된 바흐친의 윤리는 삶의 건축학이라 불러도 좋을 것이다.

청년 바흐친에게 삶과 문화 사이의 분열로 특징 지어진 현대성의 문제는 이렇게 해소 지대를 발견한 듯하다. 이는 그의 시대와 세계의 문제 제기에 대한 바흐친 나름의 사건적인 응답이었을 것이다. 물론, 사유의 긴 여정에서 이러한 응답은 또 다른 질문과 접속하고, 이후 수많은 변주를 거듭하며 애초의 물음과는 상이한 물음-응답의 계열을 만들어 낸다. 가령 『도스토예프스키 창작/시학의 제문제』(1929/1963)나 1930년대의 문학론 및 후기의 대작 『프랑수아 라블레의 작품과 중세 및 르네상스의 민중문화』(1965) 등은 청년기의 사유와 같으면서도 다르게, 불연속적이면서도 연속적인 질문과 응답의 연쇄 속에 구축되어 있다. 그 저술들 하나하나는 바흐친의 지적 행보가 삶과 부딪히며 만들어 낸

48) 바흐친, 「행위철학」, 68쪽. 바흐친은 초기의 몇몇 저술들을 제외하곤 이후 다시 '건축학'을 개념적 언어로 불러들이지 않았다. 아마 사건이 보다 중핵적 개념으로 자리 잡은 탓일 텐데, 그것은 '대화'와 '생성'을 통해 일련의 상관적 연쇄를 만들어 낸 바흐친 사유의 전체를 형성하고 있다. 거기에 건축학의 구도가 포함되어 있음은 물론이다.

건축학적 결구들인데, 거기서 행위와 사건이 빚어내는 바흐친 사유의 반향을 들어 보는 것이 우리 탐구의 다음 순서다.

4장 타자성의 미학과 윤리학

1. 외부, 타자를 사유하기 위한 고리

바흐친의 사상에서 외부성vnenakhodimost'[1]은 대단히 독특한 위치를 차지한다. 1919~1924년의 네벨-비테프스크 시대, 즉 '철학적 미학'의 시기에 빈번히 등장하던 이 개념은 『도스토예프스키 창작의 제문제』(1929)부터 1930~1940년대의 문학론까지는 부쩍 줄어든 빈도를 보이다가, 1970년대의 만년에 이르러 다시 증가해서 나타나기 때문이다. 물론 바흐친의 지적 경력을 비교적 일관되게 구성하려는 연구자들은 그것이 다른 개념들과 뒤섞여 잠재적으로는 계속 작동했음을 지적하고 있다.[2] 하지만 어떤 개념이든 그것 자체로 독자적으로만 사용되기보다 다른 개념들과의 맥락 속에서 운용된다는 점을 고려할 때, 외부성은 그것이 놓여 있는 상관적 틀을 통해 충분히 조명받지 못한 듯싶다. 예컨대 앞서

---

1) 이 단어는 대개 'outsideness'나 'extralocality' 혹은 'exotopy'로 영역되고, 한국어로 '외재성'이라 번역되기도 한다. 러시아어의 축자적 의미는 말 그대로 '바깥에'(vne-) '있음'(nakhodimost')이다.
2) Craig Brandist, *The Bakhtin Circle: Philosophy, Culture and Politics*, Pluto Press, 2002, p.46; Michael Holquist, *Dialogism: Bakhtin and His World*, Routledge, 1990, pp.30~31.

살펴본 '행위의 철학'과 '사건의 윤리', '응답/책임' 및 '삶의 건축학'과 외부성은 어떤 연관을 갖는가? 어떤 맥락에서 외부는 삶과 윤리의 문제에 답하고 있는가? 이러한 질문 없이 외부성을 판단하는 것은 '나무는 보되 숲은 보지 못하는' 근시안적 태도에 머무는 것일 수 있다.

청년기 바흐친이 골몰하던 행위철학은 '이 나'가 어떻게 주체로서 세계와 대면하는지, 어떻게 행동할 수 있는지를 가늠해 본 사유의 실험이었다. 삶과 문화의 연관이 끊어진 시대에 윤리는 주체의 행위 원리로서 요청되었고, 그러한 윤리는 나-주체의 실존형식에 녹아들어야 했다. 그것은 지고한 도덕이나 문화규범으로부터가 아니라 개성적 주체의 내부에서 발원하여 사건을 통해 드러나는 발생적 형식을 취한다. 행위하는 '이 나'는 다른 누구도 아닌 바로 나 자신일 수밖에 없기에 사건 속에서 자신의 존재성에 대해 응답/책임을 져야 한다. 그것이 사건의 윤리학이다. 사건의 장은 복수적 요소들의 관계에 따라 구성되는 것이기에, 여기엔 필연적으로 타자의 문제가 제기될 수밖에 없다.

외부가 바흐친의 사유에 깊숙이 틈입해 들어오는 지점이 바로 여기다. 타자는 나-주체가 아닌 자, 나의 한계 '너머'의 존재이자 절대적인 외부 자체로 규정된다. 나와 타자의 '다름', 타자의 타자성이야말로 타자의 정의인 것이다. 그런데 사건이 '이 나'를 포함한 타자들 사이의 만남과 접속을 뜻한다면, 서로가 서로에 대해 외부인 나와 타자는 어떻게 사건적 관계를 만들 수 있을까? 여기엔 만남이 아니라 분리가, 소통보다는 절연이 개재해 있는 게 아닐까?

주체와 타자 사이에 단절이 상정될 때 윤리는 치명적 결함에 봉착한다. 그 어떤 화려한 논리로 포장해도 그것은 결국 자기만의 윤리, 타자와 격리된 채 주체가 홀로 감당해야 하는 각자성의 윤리로 귀결되는 탓이다. 서로가 서로에 대해 외적인 현실에서 윤리란 한낱 '소통(사건) 에 대한 몽상'으로 전락할 위험에 처한다.

외부란 글자 그대로 '바깥에-있음'이고, 타자성과 동연적^{同延的}이 다. 그러나 사전적 정의에만 머무른다면 우리는 더 이상 아무것도 할 게 없다. 외부를 사유하면서 어떻게 관계를 구성할 수 있는지, 타자의 타자 성을 받아들이면서 어떻게 그와 사건적으로 만날 수 있는지를 모색해 야 한다. 청년 바흐친의 사유에서 이러한 문제의식은 윤리학으로부터 미학으로 나아가는 결정적인 계기로 작용한다. 여기서 미학이란 예술 적 창조에 값하는바, 윤리에 대한 성찰을 적극적이고 능동적인 행위의 차원으로 옮겨 놓는 활동 전체를 가리킨다. 이러한 이행의 문제 설정을 면밀하게 고찰함으로써 우리는 후기 바흐친의 문학·예술론이 그의 지 적 경력의 초기부터 제기되었던 철학적 문제의식의 연장선에 있고 그 사상적 표현물임을 확인할 수 있을 것이다.[3]

2. 타자, 나의 바깥에 있는 자의 존재론과 미학

현대 세계에서 삶과 문화의 분열은 청년 바흐친이 부딪혔던 첫번째 지 적 논제였다. 그 극복의 실마리는 도덕적 이념(칸트)이나 문화적 가치 (신칸트주의)를 통해서가 아니라, 나-주체가 행위를 통해 삶을 구성하

---

3) 1980년대까지 미국을 위주로 문학비평계에서 널리 읽히던 바흐친을 사상가로 자리매김하려 는 시도는 토도로프에 의해 본격적으로 제기되었으며, 현재는 일반적으로 수용되는 흐름이다 (Averintsev ed., *M. M. Bakhtin kak filosof*; 츠베탕 토도로프, 『바흐친: 문학사회학과 대화이론』, 최현 무 옮김, 까치, 1988). 이와 같은 관점 전환의 계기는 청년기 바흐친의 노트 상당수가 철학적 문제들 로 채워져 있으며, 1960년대의 대담들에서 그가 자신을 '철학자'라 소개한 데서 기인한다(Sergej Bocharov, *Sjuzhety russkoj literatury*, Jazyk i russkoj kul'tury, 1999, p.482).

는 과정에서 나타난다. 사건은 그러한 실천적 과정을 가리키는 말로서 타자와 나-주체의 행위들의 종합이다. 나의 행위는 어떤 식으로든 타자들의 행위와 관련되어 있고, 그 관계 속에서 비로소 사건화된다. 이 점에서 삶 전체, 혹은 사건으로서의 삶이란 근본적으로 '관계의 건축학'이라 부를 만하다.

> 단일하고 유일한 행위의 세계가 갖는 이 구체적인 평면을, 행위의 세계를 구성하는 기본적이고 구체적인 여러 요인과 그 상호적인 배치를 기술하지 않으면 안 된다. 그 요인이란, '나 자신에 대한 나', '나에 대한 타자', '타자에 대한 나'이다. 현실의 삶과 문화의 모든 가치는 행위의 현실적 세계를 형성하는 이러한 기본적인 건축학 주변에 배치되어 있다.[4]

정의상 타자는 나-주체가 아닌 자, 나의 외부, 바깥의 존재이다. 가장 순수한 의미에서 타자는 아마 나-주체에 의해 어떤 식으로도 포착될 수 없는 전적인 외부일 것이다. 하지만 타자는 또한 나에 '대한' 타자이지 않을 수 없다. 유한한 주체인 나를 완전히 벗어나는 타자는 무無와 다르지 않을 것이다. 다른 한편, 나를 '나는 나'라고 정의하듯, 타자 역시 그 자신에 대한 '나는 나'라고 말할 수도 없다.[5] '나에 대한 타자'와 '타자에 대한 나'는 서로 자리한 위치, 관점의 지평에서 똑같지 않다. 가령 나는 나의 '안쪽'에서 자신을 의식하지만, 타자는 내게 그의 '바깥쪽'을

---

4) 바흐친, 「행위철학」, 114~115쪽.
5) 서로가 서로에 대해 주체라는 상호 주체성에서 가능한 관계는 헤겔식의 인정투쟁으로 변모하기 십상이다. 알다시피 자기동일성에 입각한 주체성은 근대적 주체중심주의의 발판이 되었고, 타자에 대한 정복 논리로 귀결되고 말았다.

통해 지각된다. 나의 자기성은 내적 직관에 의존하지만, 타자의 타자성은 내게 그의 신체성에서 비롯된다. 나는 나의 내적 의식이지만 타자는 내게 그의 외적 신체다. 나와 타자의 각자성의 진실은 여기서 출발한다. 우리는 서로에게 타자이지만 '나에 대한 나'와 '나에 대한 타자', '타자에 대한 나'는 가치론적 무게에서 차이가 난다. 세 가지 관계성은 서로 다르게 현상한다.

나의 경계는 내 신체의 끝이다. 나는 피부로 둘러싸인 신체의 물리적 체적으로부터 한 치도 벗어날 수 없다. 하지만 나는 나의 신체(내 경계의 끝)를 직접 의식하지 못한다.[6] 나는 언제나 신체 '안'에 있는 나를 상정하며('내면'), 신체를 나의 '밖'이라고 표상한다('외면'). '나'로 귀결되는 의식의 사실과 신체의 사실 사이의 간극, 이 데카르트적 차이는 거울에 비친 자신을 볼 때 극명히 드러난다. 우리는 마치 거울상에 비친 자신의 신체를 경험하는 듯 느끼지만 실제로는 그럴 수 없다.

> 우리는 우리 자신 안에 머물며, 우리 자신의 반영만을 볼 뿐이고, 이 반영은 우리가 세계를 보는 것과 체험하는 것의 직접적인 요소가 될 수 없다. 우리는 자신의 외양이 반영된 상은 보지만, 외양 속에 있는 자기 자신은 보지 못한다. 외양은 나의 모든 것을 포함하지 못하며, 따라서 나는 거울 앞에 있는 것이지 그 안에 있는 것은 아니다.[7]

내면과 외면의 분리를 이어 주는 것은 다름 아닌 타자다. 신체의 경

---

6) 지각-반응의 역치가 존재한다는 사실이 이를 잘 보여 준다. 우리 감각의 한계는 체계적으로 위계화되어 있으며, 우리가 신체를 지각하는 것은 그것이 일정한 경계점에 도달할 때의 매 순간들이다.
7) 바흐친, 「미적 활동에서의 작가와 주인공」, 『말의 미학』, 63쪽. 이하 「작가와 주인공」으로 약칭한다.

계에 갇혀 있으면서도 그 신체를 온전히 자기화할 수 없는 나는, 타자에 의해 그 결여를 보충받는다. 나의 뒷모습을 직접 볼 수 있는 것은 타자이고, 내 얼굴을 통해 나를 지각해 주는 자 역시 타자다. 타자는 내가 볼 수 없는 나를 봐주는 자이자, 내가 누구인지 말해 주는 자이기도 하다. 타자의 존재론은 무엇보다도 이러한 타자의 기능에서 입증되는 게 아닐까?

내적이고 인식적 차원에서도 사정은 마찬가지다. 삶과 죽음을 예시해 보자. 우리는 세상에 그냥 태어났다가 그냥 죽지 않는다. 신진대사의 기능과 중단으로 표시되는 출생과 사망은 생물학적 현상일 뿐이다. 오히려 아이는 "네가 드디어 태어났구나"라는 출생 증명, 곧 부모형제와 이웃, 공동체에 의해 인지되고 명명되면서 진정한 탄생을 경험한다. 아이의 '나'는 처음부터 타자들의 인정에 의존해서 출현한다. 죽음도 그러하다. "네가 마침내 죽었구나"라는 타자의 확증이 없다면, 가족의 슬픔과 애도 및 의사의 사망 증명이 없다면 나라는 존재의 종말은 결코 확정될 수 없다. 나-주체의 삶과 죽음, 시작과 끝을 표시하는 지점은 내가 아니라 타자에게 온전히 맡겨져 있다. 오직 타자만이 나의 처음과 마지막을 보고 알 수 있다. 그런 의미에서 타자는 나에게는 불가능한 차원에 다가갈 수 있는 자로서, 나보다 '더 많이 보는 자'이며 '더 많이 아는 자'이다. 타자의 비밀, 그것은 더 많은 봄과 앎에서 연유하는 식견의 잉여 izbytok videnija; excess of vision/seeing에서 나온다. 타자는 나와의 관계를 통해 정의되지만 나를 넘어선 존재다.

식견의 잉여, 곧 타자의 우월성은 그의 외부성에서 기인한다. 타자의 보충이 없는 한 나는 결코 나 자신을 규정할 수 없으며, '나의 삶'이라 부름에도 불구하고 삶의 결정권자가 될 수 없다. '자유'란 내가 내 삶을 종결지을 수 없다는 무능력을 가장하는 말이다. 역설적이지만 그러한 무능력으로부터 윤리는 생겨난다. 만약 내가 자신의 인생을 총결산하여 미리 보고 알 수 있다면 어떠한 자유로운 선택도 할 수 없을 것이다. 이미 결정된 결과를 '반복'하는 것에 불과하기 때문이다. 그 경우 삶의 목적, 의미에 대한 그 어떤 괴로운 고민이나 심각한 결단도 가소로운 연극에 불과하리라. 오히려 삶에 대한 응답과 책임은 삶의 결정 불가능성, 비종결성에 철두철미하게 근거해 있다. 내가 나에게 부여하는 지금 현재의 주체성('정체성')은 타자의 개입에 의해 사건화되는 미래의 주체성과 일치하지 않으며, 오직 이러한 불일치로부터만 나는 행위할 수 있다. 요컨대 '나=나'의 동일성을 무너뜨리는 고리는 타자에게 있고, 타자성이야말로 내 삶과 행위, 윤리의 근거가 된다. 존재론의 뿌리는 타자에게 있다. 나는 언제나 타자 이후에 온다.

하지만 윤리는 원칙적으로 개별적인 나-주체성의 차원에서, 즉 '이 나'의 행위를 통해서만 성립한다. 내가 응답하고 책임지는 것은 나 자신의 행위이지 타자의 것이 아니다. 달리 말해 윤리는 '나에 대한 나'의 관계에서 던져지는 물음이다. 그것은 온전히 각자에게 부과된 과제인 것이다.[8] 어떤 명목으로든 '안쪽'이 아닌 '바깥쪽'에서 발원한 윤리는 강요에 지나지 않는다. 타자는 내 윤리의 근거가 아니며, 나 역시 타자의 윤리가 될 수 없다. 따라서 각자의 삶을 통해 윤리를 구축한다는 점에서 동형적으로 보여도 나와 타자는 결코 동일한 윤리학을 구성하지 않는다. 서로에게 '타자로서' 의존하지만 윤리적 응답과 책임의 대상이 다른 까닭이다. 나와 타자는 윤리를 통해 관계 맺을 수 없다. 그 다름, 차이를 묶어 주는 것은 바로 미학이다.

8) 바흐친, 「행위철학」, 92쪽.

바흐친은 타자에 대한 나의 관계를 미적aesthetic이라 부른다(나에 대한 타자의 관계도 마찬가지다). 왜 그런가? 나는 타자의 타자, 그의 외부에 있기 때문이다. 나는 타자가 도달할 수 없는 '바깥'에 있기에 그에 대한 식견의 잉여를 갖는다. 타자에 대한 타자로서 나는 그의 윤리를 담보할 수 없으나, 미적으로 관여할 수 있다. 미적 활동이란 윤리적 판단 없이 타자의 삶 전체를 조망하고 종결짓는 행위를 가리킨다. 예컨대 나는 타자의 탄생과 죽음에 입회할 수 있으며, 그의 삶 전반을 보고 의미를 부여하는 자리에 선다. 나의 봄과 앎은 타자에 대해 잉여적이다. 그 가능성이 극대화된 존재가 신이다. 신은 모든 존재자들의 타자이다. 타자성을 이렇게 이해할 때 바흐친이 '미적'이라 부르는 것은 아름다움에 관한 일반적 태도, 즉 분과 학문으로서의 미학이 아님을 알 수 있다.

나는 나의 삶에 윤리적으로 응답하고 책임지는 반면, 타자의 삶에 대해서는 미적으로 응답하고 책임진다. 미학은 타자에 대한 타자의 입장, 즉 식견의 잉여를 통해 타자와 관계 맺는 활동이다. 그것은 타자에게 접근 불가능한 지평과 지식으로써 그의 삶을 구성하는 작업이기에 감정적-의지적 태도를 취하며[9] 본질적으로 사랑의 태도를 취하지 않을 수 없다. 단지 지식의 잉여만으로 타자를 위압하려 든다면 그것은 (나의 기준에 의한) 윤리적 판단이자 폭력에 다름없기 때문이다.

자기 자신에 대한 내적인 가치론적 태도를 타자에게 전이하는 것은 있을 수 없는 일이다. 왜냐하면 중요한 것은 그 자체로서의 타자에 대한

---

9) 이 점에서 바흐친의 미학은 차라리 감성론(aesthesis)이라 부를 만하다. 근대 미학이 미적 합목적성에 주안점을 두었다면, 바흐친의 감성론적 미학은 체험의 진정성을 추구한다. 미적 태도의 성립과 전개에 대해서는 에른스트 카시러, 『계몽주의 철학』, 박완규 옮김, 민음사, 1995, 제7장을 참조하라.

완전히 새로운 감정적-의지적 관계, 우리가 사랑이라고 부르는 관계를 창조하는 것인데, 그 관계를 자기 자신과의 관계에서 체험하는 것은 불가능하기 때문이다.[10]

타자에 대한 사랑과 자기에 대한 사랑은 완전히 상이한 관계 맺음이다. 후자에는 자기 이익이라는 확고한 인과관계가 설정되는 반면, 전자에는 외부, 곧 스스로에게도 설명 불가능한 (식견의) 잉여가 개재해 있기 때문이다. 엄밀히 말해 사랑이란 오직 타자에 대한 관계에서만 나타날 수 있는 감정적-의지적 태도다. 사랑은 외부성, 즉 타자의 타자성을 통과해야만 가능한 관계이고, 그런 의미에서 (불)가능한 역설 속에서만 형성되는 관계인 까닭이다.

에고이스트는 마치 자기 자신을 사랑하는 것처럼 행동하지만, 실제로는 자기 자신에 대한 사랑이나 부드러움과 유사한 그 어떤 것도 체험하지 못한다. 문제는 그가 이러한 감정들을 전혀 모른다는 바로 그 사실이다. 자기 보호는 일체의 사랑스럽고 애틋하며 미적인 요소들을 결여한 차갑고 가혹한 감정적-의지적 태도이다.[11]

입장을 바꿔서 생각할 때, 타자가 나에 대해 베푸는 사랑은 '마치 선물이나 은총처럼 내려오는 것'으로서 이해관계를 초월한다고 볼 수 있다.[12] 미학이란 타자의 입장에서 타자에게 그러한 사랑을 베푸는 행

---

10) 바흐친, 『작가와 주인공』, 82~83쪽.
11) 같은 글, 83쪽.

위인 셈이다. 물론 그것이 사랑인 한에서, 미학은 합리적 계산의 범위를 벗어난다. 오직 '외부(타자)로부터' 연원하는 사랑의 행위, 즉 자기 삶 전체에 대한 의미 형성(이는 타자가 스스로 할 수 없는 일이다)을 대신 해 주는 것이 나-주체의 미적 활동의 요체다.

이로부터 예술, 특히 문학이 중요하게 부각된다. 나는 나의 삶을 의미론적으로 완결 지을 수 없지만, 타자의 삶에 대해서는 그렇게 할 수 있다. 예를 들어 소설을 읽을 때 우리는 주인공에게 자신의 감정을 옮기는 한편으로, 그의 타자가 되어 모종의 의미를 부여하지 않는가? 가상의 인물일지언정 우리가 그의 인격과 행동, 세계관에 대해 이런저런 판단을 내리는 이유는 우리가 그의 전체 삶에 관해 안다는 믿음 때문이다. 지식과 믿음의 잉여, 그로 인해 우리는 주인공의 타자로서 그를 판단하게 된다. 주인공의 현재를 함께 살아갈 뿐만 아니라 그의 과거를 돌아보고 미래를 기획하게 된다. 그것이 미적 활동이다. 이렇게 주인공에 대한 타자성을 가장 적극적인 방식으로 실현시키는 활동은 작가가 되어 타자의 세계를 완결해 보는 것이다. 일상 속에서 만나는 타인을 상대로 그의 삶을 기획할 수는 없으나 허구적 작품에서는 가능하며, 가급적 최선을 다해 그것을 시험해 볼 수 있다. 당연히 그것은 사랑에 기반해 있기에 (타자에 대해서는) 미학적일 뿐만 아니라 (나에 대한 나의 행위로서는) 윤리적이어야 한다. 이 점에서 바흐친에게 미적 활동은 사건의 윤리를 보충하는 실험이기도 하다.

---

12) 같은 글, 84쪽. '이해'라는 목적을 벗어난 사랑, 그것은 오직 타자에게서만 발원하는 힘이며, 그 원천에는 어머니의 사랑이 있다(같은 글, 85쪽 이하).

3. 작가와 주인공, 혹은 타자성의 안과 밖

1920~1924년에 집필된 「미적 활동에서의 작가와 주인공」은 그 실험의 기록이다.[13] 「행위철학」과 거의 동시에, 또는 후속편으로 집필된 이 논문은 미완임에도 책 한 권 분량의 방대한 내용을 담는데, 나-주체와 타자의 관계, 주인공의 공간적·시간적 특이성 등으로부터 글쓰기의 역사에 이르는 다양한 주제들을 섭렵하고 있다. 「예술과 책임」으로부터 「행위철학」을 거쳐 이 논문에서 첨예화된 바흐친의 문제의식은 타자성의 본질은 어떤 것인가라는 질문을 관통하며, 그 때문에 「작가와 주인공」은 단순히 예술미학적 문제틀을 넘어선 사유의 심저에 가닿아 있다.[14]

허구세계의 장점은 작가가 마치 신과 같은 막대한 권한을 갖고 하나의 세계와 그 구성인자로서 등장인물을 창조한다는 사실에 있다. 특히 작품 속에 펼쳐진 삶의 주체로서 주인공에 대해 작가는 전적인 타자의 지위를 누린다. 작가는 주인공의 내면을 들여다보거나 외면을 관찰하고, 그가 관여한 사건에 개입하기도 한다. 주인공의 탄생이라는 경이를 지켜보고, 다사다난한 인생의 역정을 더불어 체험하며, 죽음의 고독한 순간을 마지막까지 함께하는 자가 작가다. 주인공이 결코 알 수 없는

---

13) '저자'(author)와 '등장인물'(hero)로 번역하는 게 더 적절할 수도 있으나, 문학창작 일반을 염두에 두고 집필된 점, 이에 대한 한국어 역어로 '작가'와 '주인공'이 널리 사용되는 점을 고려해 후자 쪽으로 옮긴다. 바흐친이 이 단어 선택을 통해 작가에게 더 많은 권위(authenticity)를 부여하려 했음을 짐작할 만하다.

14) 「작가와 주인공」의 편집자 보차로프는 이 글에 대해 다음과 같은 주석을 남겼다. "미적 사건은 예술작품의 틀 안에 갇혀 있지 않다. 작가와 주인공에 관한 저작에서 이 광의의 미적 활동에 대한 이해와 그것의 가치론적 성격에 대한 강조는 본질적인 것이다. 주인공과 그의 세계는 미적 활동의 '가치론적 중심'을 구성하고, 그것들은 자체의 독립적이고 '탄력적인' 현실을 소유하며, 단순히 작가의 창작활동으로 '창조'될 수도 없고, 마찬가지로 작가에게 단지 대상이 되거나 질료만도 될 수 없다"(세르게이 보차로프, 「엮은이의 주」, 『말의 미학』, 548쪽).

바깥 세계의 지식을 갖고 있기에 그의 행위를 예고하며 반추하고 결산해 주는 것도 작가에 다름 아니다.

```
┌─────────────────────────┐
│  주인공(윤리적 행위)     │
│  ┌──────────────┐       │
│  │ 작가(미적 활동) │       │
│  └──────────────┘       │
└─────────────────────────┘
```

오직 작품 내에서만 세계를 바라보는 주인공의 시야와 작품의 안팎을 오가며 세계를 바라보는 작가의 시야는 그 진폭이 다를 수밖에 없다. 이러한 시야의 간극, 깊이와 넓이의 간격에서 연유한 작가와 주인공 사이의 지식(앎)의 차이가 바로 식견의 잉여다.[15]

작가는 각각의 주인공이 개별적으로, 또 모든 주인공이 함께 보고 아는 모든 것을 보고 알 뿐만 아니라, 그들보다 더 많은 것을 보고 안다. 게다가 그는 그들이 원칙적으로 접근할 수 없는 어떤 것들을 보고 알고 있다. 그리고 각각의 주인공과의 관계에서 작가가 갖는 식견과 지식의 일정하고도 안정적인 바로 이러한 잉여 속에 전체, 주인공들과 그들의 삶을 구성하는 사건의 전체, 즉 작품 전체의 완결을 이루는 모든 요소들이 있다. [……] 작가는 주인공이 관찰하고 보는 방향에서 뿐만 아니라, 다른 방향, 주인공 자신에게는 원칙적으로 접근 불가능한

---

15) 바흐친은 작가와 주인공의 시야를 각각 '주위 환경'(okruzhenie), '시야, 견식, 세계관'(krugozop)으로 구별한다(Aleksandr Kalygin, *Pannij Bakhtin: Estetika kak preodolenie etiki*, RGO, 2007, p.24). '식견'은 두 시야 사이의 낙차로서 작가에게 귀속되는 관점인데, 영어로 'vision/seeing'으로 번역되는 이 단어를 한국어 번역본은 '바라보기'로 번역하고 있으나 이 글에서는 '식견'으로 옮겼다. 요점은 작가와 주인공의 식견에는 그 깊이와 폭에서 차이가 있다는 점이며, 작가적 식견의 잉여를 통해 주인공의 삶이 구성된다는 점이다.

방향에서도 더 많은 것을 알고 있으며 보고 있다. 작가는 주인공과의 관계에서 바로 이러한 입장에 서야 한다.[16]

단지 '보고', '안다'는 점에서만 작가의 우월성이 성립하는 것은 아니다. 무엇보다도 작품 속 세계에서 주인공의 삶의 행적을 일관되게 통일시키는 것 역시 작가의 권력이란 게 중요하다. 세계 속에서 주인공은 자기 삶의 귀결을 알 수 없기에 윤리적으로 행동하려 노력한다. 삶을 자기완성의 도정으로 인식하고 현재의 나와 미래의 나가 합치하는 인생의 종점을 향해 달려가는 것이다. 그래서 주인공의 현재는 항상 열려 있는, 자신을 시험하는 무대가 되는 셈이다. 형식논리적 범주인 '나=나'라는 자기동일성은 삶에서는 추상적 규칙에 불과하다.

주인공은 인식적이며 윤리적으로 살아간다. 그의 행동은 공공의 윤리적 삶의 사건 속으로 정향되거나 주어진 인식의 세계 속으로 정향된다. 작가는 주인공과 그의 인식적·윤리적 지향을 원칙적으로 완결된 존재의 세계, 다시 말해 사건에 선행하는 의미와 상관 없이 이미 현존하는 것 자체의 가장 구체적인 다양성에 따라 그 가치가 도출되는 존재의 세계 안으로 이끈다. 내가 완결되고 사건이 완결되었다면 나는 살 수 없으며 행위할 수 없다. 살기 위해서는 완결되지 않아야 하며, 자신에게 열려있어야 한다. 어떤 경우에도, 삶의 본질적인 모든 순간마다 자신에게 아직 가치론적으로 실현되지 않은 자신이 되어야 하며, 자신의 현존재와 일치하지 않는 자신이 되어야 한다.[17]

16) 바흐친, 「작가와 주인공」, 37쪽.

무정형적인 삶을 일관된 전체로 묶어 주는 행위, 그것이 미적 활동이고, 주인공의 삶에 대한 최종적 결산 행위에 비견된다. 가상의 전체성을 창조하는 것이 바로 작가, 곧 주인공의 타자가 할 일이다. 예컨대 우리는 소포클레스의 드라마 「오이디푸스왕」에 관해 알고 있다. 그것은 고대 그리스 극예술의 정수이며, 인간의 피할 수 없는 운명에 대한 우주적인 관조이자 통찰의 산물이다. 그러나 주인공 오이디푸스의 삶에 대한 이러한 평가는 어디까지나 그가 사는 세계 바깥에서 그의 삶 전체를 조망함으로써 내릴 수 있는 결론이다. 현재 진행 중인 삶 속에서 오이디푸스는 자신의 살인의 의미를, 결혼의 의미를, 나라 안에 창궐하는 역병의 의미를 결코 알지 못하고, 자신의 죽음이 갖는 의미도 명확히 깨달을 수 없다. 이 비극의 온전한 의미는 독자인 우리가 작가의 자리에 설 때, 오이디푸스의 타자가 될 때 비로소 얻게 되는 것이다. 오이디푸스의 삶을 '비극'이라는 미학적 범주로써 의미화하는 것은 오직 그에 대한 타자적 식견을 통해서이다.

오이디푸스는 그 자신의 내부로부터는 비극적이 아니다(여기서 이 말은 엄밀한 미학적 의미에서 그렇다는 것이다). 고통받는 사람의 내부로부터 대상적으로 체험되는 고통은 고통받는 사람 자신에게는 비극이 아니다. 삶은 그 내부로부터는 비극으로서 그 자체를 표현하거나 형성할 수 없다. 만약에 우리가 내적으로 오이디푸스와 일치할 수 있다면 우리는 즉시 비극의 순수한 미적 범주를 상실할 것이다. 왜냐하면 오이디푸스 자신이 객관적으로 자기 자신의 삶을 체험하는 가치-의

17) 같은 글, 37~38쪽.

미적 맥락 안에는 비극의 형식을 구성할 수 있는 어떤 요소도 없기 때문이다.[18]

주인공 오이디푸스는 윤리적 세계에 속한 주체다. 그의 생은 자기 앞에 열려 있고 그것을 의미 있는 것으로 매듭짓기 위해 그는 사고하고 말하며 행동한다. 행위철학에서 강조하였던 '이 나'의 사건적 관여는 바로 이 윤리적 세계에서 일어나는 사태다. 자기 삶의 마지막 순간까지 오이디푸스는 사유, 말, 행위의 3차원에 걸쳐 인식과 윤리의 주체로서 살아갈 것이다. 삶에서 능동성의 작인(作人)은 주인공이며, 작가는 바깥에서 그를 바라보기만 할 수밖에 없다.

윤리적 세계		
주체(능동적)	세계의 크기	타자(수동적)
주인공	⟨	작가

그러나 작가는 주인공의 세계 바깥에서 그를 바라보기에 작가의 앎의 지평은 주인공을 넘어서 있다. 미적 활동의 관점에서 작가와 주인공을 살펴볼 때 주체와 타자의 자리는 뒤바뀐다. 주인공은 자신의 세계를 일구어 나가는 주체라는 점에서 능동적 행위자이지만, 동시에 작가가 창조하는 세계 속에 거주하며 그의 미적 대상이 된다는 점에서 수동적 존재다. 비록 오이디푸스가 세계와 직접 맞서 투쟁하는 주체라 할지라도 그의 전 생애, 삶과 죽음의 최종적 의미는 작가(신)의 식견에 온전히 놓여 있다는 점에서 그는 수동적 대상이다. 주인공의 세계 바깥에서

---

18) 바흐친, 「작가와 주인공」, 114쪽.

미적 활동을 수행하는 작가야말로 능동적 주체의 지위를 차지하고 있으며, 이때 주인공의 역할은 수동적 행위에 한정된다.

미적 세계		
주체(능동적)	세계의 크기	타자(수동적)
작가	〉	주인공

이러한 전도, 작가와 주인공 사이에서 벌어진 주체와 타자 사이의 자리 바꿈은 어떤 관점의 지평에서 그들이 기능하는가에 따라 달라진다. 소포클레스는 오이디푸스의 세계를 창조하고 그의 행위 일반을 조형할 수 있지만 오이디푸스는 소포클레스의 존재 자체를 알지 못한다. 주인공은 자기의 삶을 스스로 만든다고 믿고 있으나 실상 그의 삶 전체는 작가의 시야에 갇혀 만들어지고 있다. 그러므로 작가의 세계는 주인공의 세계에 대한 세계이며, 작가의 의식 또한 주인공의 의식에 대한 의식인 셈이다. 그런데 만일 소포클레스 역시 하나의 주인공이라면 어떨까? 그의 작가를 상정하는 것도 가능하지 않을까? 작가의 작가, 타자의 타자가 왜 불가능하겠는가? 우리는 지금 이중의 세계, 이중의 의식을 목도하고 있으며, 이러한 이중성은 안과 밖의 두 방향으로 무한히 분기해 나갈 가능성을 갖는다.

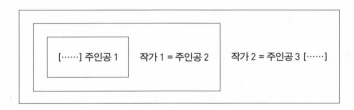

'이 나'는 지금 현재 살아가고 있는 세계에서 주체로서 행위한다. 내 삶의 주체로서 나는 내가 욕망하는 나 자신과 나의 세계를 정초하기 위해 노력하고 있다. 그런데 만약 내가 소설을 한 편 구상해서 쓰기 시작한다면, 나는 작가-타자(작가1)로서 내가 창조한 주인공-주체(주인공1)와 대면할 것이다. 그 주인공은 작가-타자로서 나의 존재와는 구별되는 세계 속에서 자기의 윤리를 실현하기 위해 애쓸 것이다. 그는 '이 나'로서 자신의 운명을 살아가는 것이다. 다른 한편, 지금-현재를 살아가는 '이 나'가 만약 나의 세계 바깥의 작가-타자라는 존재에 의해 만들어지고 있는 것이라면 어떻게 될까? 그렇다면 나는 그(작가2)가 벌이는 미적 활동의 대상으로서, 그가 구획한 세계의 경계 내에 거주하며 그가 관여한 사건 속에서 살아가는 존재(주인공2)라 말할 수 있지 않을까? 이론적으로 이렇게 무한히 중첩되는 세계가 가능할 테지만, 주체와 타자, 작가와 주인공 사이의 끊임없는 자리 바꿈이라는 악무한적 상대주의나 허무주의가 요점은 아니다. 문제는 주체와 타자의 관계는 주인공과 작가라는 개성적인 '이 나'에 의해 절대적인 것으로 점유되지 않으며, 오히려 그가 처한 세계 속을 살아가는 태도, 활동 양상에 따라 다르게 규정될 수 있다는 점이다. 주체인지 타자인지를 결정하는 것은 그가 어떤 활동(기능)을 하는가에 달려 있다. 즉 윤리적인가 미적인가, 다시 말해 누가 타자의 자리에 있는가가 문제다.

4. 타자화와 주체화의 존재론적 역동

주인공이란 무엇인가? 자기에게 '무작정' 던져진 이 세계를 인식하고 윤리적인 행위를 하는 자다. 작가란 무엇인가? 주인공의 세계를 틀 짓는 자다. 그 세계는 주인공의 지식과 행위의 가장자리이자 그가 살아가는 삶의 경계이다. 작가로서 '이 나'의 과제는 주인공이 살아가는 세계의 경계를 그려 줌으로써 그 세계의 한계를 결정짓는 것, 종결지어 주는 것이다. 예컨대 문학작품에서 주인공은 처음에는 단지 '나=나'라는 추상적 동일성만을 갖는다. 그러나 그가 진정 '이 나'로서 삶을 살아가기 위해서는 무엇보다도 '나 아닌 타자', 즉 그를 둘러싼 세계가 존립해야 한다. 그 세계는 주인공 외의 다른 인물들도 포함하며, 산과 바다, 꽃과 나무, 도시와 집, 책상, 의자 등의 사물들로 채워짐으로써 하나의 세계상을 갖추게 된다. 완결된 세계의 이미지에 둘러싸일 때 주인공은 비로소 실존하는 한 개성적 주체가 된다. 한 세계를 창조한다는 것은 그저 막연하게 세계를 공상한다는 게 아니라 그 세계에 육체라는 옷을 입히는 과정인 것이다. 경계를 짓는다는 것, 작가에게 부과된 미적 활동은 이렇게 온전한 의미에서의 세계성(가상의 전체성)을 창조하는 행위이다.

작가가 만드는 것은 주인공의 주위 세계^{Umwelt}만이 아니다. 그는 주인공의 내면에 깃든 세계 역시 창조해야 한다. 때로 주인공이 벌이는 미적 활동, 곧 주인공이 작가-타자가 되어 그 자신의 창조물을 만드는 과정에도 개입해야 한다. 작가의 활동은 세계의 외적 경계만이 아니라 내적 경계를 구성하는 작업을 포함한다. 이렇게 보면 작가의 활동은 천지창조에 버금가는 절대적인 과업처럼 여겨진다. 그는 자신이 창조한 세계의 안과 밖을 속속들이 파고들어 빈틈없이 완결 지어야 하기 때문이다. 이러한 작가적 능력을 바흐친은 경계이월성^{transgredience}이라 부른다.

작가는 완결된 전체(주인공의 전체와 작품의 전체)의 긴장된 적극적 통일성의 담지자로서, 각각의 그 개별 요소들에 대해 경계이월적인 자이다. 우리가 우리 자신을 주인공과 동일시하고 그의 삶을 그의 내면으로부터 체험하는 한, 주인공을 완결하는 전체는 원칙적으로 주인공 자신의 내면에서 주어지지 않는다. 주인공은 이 전체성에 따라 살지 않으며, 그 자신의 체험들과 활동들 속에서 이 전체성에 의해 이끌림 받는 것도 아니다. 왜냐하면 그것은 마치 선물처럼 다른 적극적인 의식(작가의 창조적 의식)에서 그에게 내려오기 때문이다. 작가의 의식은 의식의 의식['타자의 타자'—인용자]이다. 즉 주인공의 의식과 그의 세계를 포함하는 의식으로서, 주인공의 의식에 대해 원칙적으로 경계이월적인 계기로 작용함으로써 이 주인공의 의식을 포함하고 완성한다.[19]

외부란 타자성이며, 경계이월의 잠재성에 다름 아니다. 우리는 주인공-주체로서 이 세계에서 행위하지만 동시에 작가-타자로서 내가 만드는 세계에 개입한다. 이는 반드시 문학가나 극작가와 같은 허구세계의 창작자에게만 해당되는 문제가 아니다. 우리의 인식적이고 윤리적인 행위는 자신이 욕망하고 의지하는 완결된 미래의 세계상을 지향함으로써 수행되며, 그것은 작가-나(현재의 창조하는 세계 속의 나)가 주인공-나(미래라는 창조된 세계 속의 나)라는 또 다른 세계를 전제하고 구성할 때 벌어지는 사태이기도 하다. 또한 지금-여기서 행위하는 나(현재의 창조되는 세계 속의 나)는 나의 외부에 있는 작가-타자인 나(미래의 창조될 세계 속의 나)를 항상 의식하며 그의 시선 속에서 활동한다. 요컨대 우리는 언제나 주체이자 타자, 작가이자 주인공으로서 삶을 영위한다. 이것이냐 저것이냐의 이분법에 의해 주체/타자, 작가/주인공이

19) 바흐친, 「작가와 주인공」, 37쪽.

절대적으로 구분되는 게 아니라, 서로의 경계를 넘나드는 동시적 공속성을 통과하며 우리는 살아가고 있다.

> 윤리적이고 미학적 객관화에는 자신의 바깥에 있는 강력한 지탱점이 필요하며, 그 안에서부터 내가 자신을 타자로 볼 수 있는 실제로 현실적인 어떤 힘이 필요하다.[20]

나는 나 자신에 대해 얼마나 타자인가? 나-주체는 타자인 나에 대해, 또는 타자인 나는 나-주체에 대해 얼마나 외적 경계를 유지하는가? 즉 나는 나의 과거나 현재, 미래의 나를 얼마나 의식하고 그와의 관계 속에서 행위하는가? 세 시제 속의 나, 또는 나에 대한 나, 나에 대한 타자(인 나), 타자(로서 나)에 대한 나의 세 가지 관계 속의 나는 본질적으로 경계이월적인 존재들이다. 하지만 이러한 경계이월성은 무엇보다도 경계 짓기라는 미적 활동이 전제되지 않는다면 불가능하다. 인식적이고 윤리적인 나-주체가 있기 위해서는 미적 활동의 주체로서 작가-타자인 나가 먼저 있어야 한다. 타자의 본원적인 선차성과 외부성의 의미가 여기에 있다.

자기 삶의 작가가 돼라는 명령은 소설이나 시를 쓰라는 뜻이 아니다. 주인공-나에 대해 타자가 돼라는 의미이다. 이를 위해서는 나 자신의 외부가 설정되어야 하는데, 그것은 내가 자유롭게 만들어 낼 수 있는 것이 아니다. 내 의지와 의식에 따라 구성 가능한 외부라면, 그것은 근원적인 타자성이 아닐 것이다. 「행위철학」에서 '이 나'의 유일무이함이

20) 같은 글, 61쪽.

인식이나 승인의 대상이 아니라 인정해야 하고 긍정해야 하는 사태 그 자체였던 것처럼,[21] 외부성은 내가 온전히 그리고 전적으로 받아들여야 할 현사실성 자체다. 나의 타자로서 외부는 잠재적으로 항상-이미 있다. 내가 나를 바라본다고 할 때 그것은 '나=나'의 형식논리적 동일성의 반복인 것처럼 보이지만 실상 또 다른 나(나의 타자)의 시선에 '이 나'의 시선이 겹쳐짐으로써 벌어지는 착시 현상일 뿐이다.

가령 "지금 나는 이런 사람이다"라는 현재의 규정과 "나는 앞으로 저런 사람이 될 것이다"라는 미래의 규정이 있다고 치자. 지금-여기의 사건 속에서 나는 현재의 규정을 미래의 규정에 포개고 양자를 동일화하려 노력한다. 그것이 인식적이고 윤리적인 행위이다. 하지만 이 두 시제의 규정, 주체인 나와 타자인 나 사이의 규정에는 간극이 있고, 그것이 낳는 잉여는 지금-여기서 벌어지는 사건을 결정 불가능하게 열어 놓는다. 사건의 연쇄 속에서 행위하는 나가 언제나 갈등과 고민, 격렬한 분열에 휩싸이는 것은 그런 까닭이다. 만일 삶의 어느 순간, 미래에 대한 나의 규정과 현재의 나의 규정이 일치하는 듯 보이는 순간이 있더라도, 그 순간은 즉각 또 다른 미래로 연기될 것이다. 주인공-주체로서 나는 나의 삶의 끝을 알 수 없기에 완결 지을 수 없고, 미래의 규정은 또 다른 미래의 규정, 곧 완결 (불)가능성 속으로 미루어지는 탓이다. 그러므로 우리는 나의 지평(현재의 규정)과 타자의 지평(미래의 규정) 사이의 간극을 결코 없앨 수 없다. 우리는 단지 삶의 매 순간마다 경계이월을 통해 타자의 지평을 끌어올 수 있을 뿐, 결코 타자의 지평 자체와 나-주체의 지평을 합치시킬 수 없다.[22]

21) 바흐친, 『행위철학』, 89~90쪽.

이로부터 두번째 역설이 도래한다. 주인공-주체는 현재의 지평에서 결코 자기의 삶을 완결 지을 수 없다. 그것은 작가-타자의 몫이다. 그러나 마치 주인공-주체가 작가-타자로서 또 하나의 세계를 구상하듯, 그는 작가-타자의 시점을 빌려 자기 삶의 경계를 그려 볼 수 있을 것이다. 경계이월의 능력으로서 타자화가 그것이다. 작가가 된다는 것은 문자 그대로 타자가 돼라는 말이 아니라 타자의 자리로 가라는, 그렇게 외부를 경유하여 자신에게 되돌아오라는 뜻이다.

작가는 자신 밖에 있어야 하며, 우리가 실제로 우리 자신의 삶을 체험하는 차원과는 다른 차원에서 자신을 체험해야만 한다. 이러한 조건이 충족되는 경우에만 그는 자신의 내면으로부터 살아진 삶에 대해서 경계이월적이고, 그래서 그 삶을 완결할 수 있는 가치들로써 자신을 전체에 이를 정도로까지 완성할 수 있다. 그는 자신과의 관계에서 타자가 되어야 하며, 타자의 눈을 통하여 자신을 바라보아야 한다. 사실 삶에서 우리는 매 순간 이렇게 하고 있다. 우리는 타자의 관점에서 자신을 평가하며 타자를 통하여 우리 자신의 의식에 대해 경계이월적인 요소들을 이해하고 고려하려고 노력한다.[23]

22) 현재와 미래, 나와 타자의 지평이 일치하는 사태는 현실적으로 일어날 수 없다. 하지만 잠재적으로는 그럴 수 있는데, 존재론적 변전의 사태가 그것이다. 만약 존재를 사건을 도외시한 절대적인 실체성으로 규정하려 한다면 우리는 결코 존재의 변전, 즉 생성을 사유할 수 없을 것이고, 두 지평의 일치를 경험할 수 없다. 하지만 존재를 사건적 차원에서 사유할 때 우리는 존재론적 변전을 고려해야 하며, 이는 서로 다른 존재규정들이 접속하고 결합하여 변환을 겪는 사태를 가리킨다. 우리가 미래의 규정을 '도래', 완결 (불)가능성이라는 역설에서 찾는 이유도 이와 다르지 않다. 따라서 문제는 다수의 차별적인 지평들이 맞붙는 게 아니라 결합하여 새로운 지평으로 종합되고 다시 분기하는 그 변전의 순간에 있다. 하이데거식으로 말해 탈-존(Ek-sistenz), 들뢰즈라면 '-되기'(생성)라 불렸을 사태가 그것이다. 타자들의 '함께-있음'과 변형을 다룬 사건에 대한 강조에도 불구하고 초기의 바흐친이 지평들의 분리에 역점을 둔 반면, 후기 사상에 이르러서는 접속과 융합, 생성의 차원을 적극적으로 탐색했다. 이 책의 후반부에 다루게 될 『라블레론』이 그 중심에 있다.

타자의 가치 평가적 시점에 노출되어 자신을 판단하고, 타자의 절대적인 권력에 벌거벗겨진 자기를 목격한 연후에야 나-주체는 비로소 나 자신일 수 있다. '귀환'의 계기는 타자화와 더불어 주체화의 필수 불가결한 요소가 된다.

> 어떠한 경우에도 나 자신을 그[타자──인용자] 안으로 투사하는 것 다음에는 나 자신으로 되돌아오는 것, 즉 고통받는 인간[타자──인용자]의 외부에 있는 나 자신의 자리로 되돌아오는 것이 반드시 뒤따라야만 한다. 왜냐면 그 자리에서만 나 자신을 타자 속으로 투사하여 파생된 질료가 윤리적·인식적·미적으로 의미화될 수 있기 때문이다.[24]

19세기 미학의 강력한 조류였던 감정이입Einfühlung은 나-주체와 근본적으로 상이한 타자를 이해하기 위한 인식 방법이었다. 예를 들어 18세기 괴테 시대를 살던 소시민의 감정과 내적 의식을 그 이후의 인간이 어떻게 공감할 수 있을까? 그 시대의 생활 환경 및 생활 감정을 현재의 나-주체에게 최대한 내면화함으로써 타자와 겹쳐지는 것, 감정이입이 그 해답처럼 제시되었다. 타자의 입장에서 타자를 이해하기가 그것이다.[25] 하지만 타자의 내면에 맹목적으로 빠져들 때 생겨나는 문제는, 그를 이해하기에 급급한 나머지 주체와 타자 사이의 간극, 그 극복할 수 없는 차이와 잉여를 깨닫지 못한다는 점이다. 감정이입을 통해 타자를

---

23) 바흐친, 「작가와 주인공」, 41쪽.
24) 같은 글, 54쪽.
25) 딜타이는 자기 투입과 추형성(모방), 추체험의 과정을 통해 이를 해명하고자 했다(빌헬름 딜타이, 『정신과학에서 역사적 세계의 건립』, 500~507쪽).

완전히 이해하고 동일화할 수 있다는 것은 타자의 절대적 외부성을 부정하는 것이기에 불가능한 이론이다. 주체와 타자의 비동일성, 차이와 다름을 인정한다면 주체가 할 수 있는 것은 타자가 되는 게 아니라 타자의 '자리'에 서보는 것, 그런 다음 다시 주체의 자리로 되돌아오는 것이다. 인식적이고 윤리적 행위보다 미적 활동이 중요한 까닭은 후자가 세계-내-존재의 근본적 복수성을, 나-주체에 선행하는 타자를 존재론적으로 지지하기 때문이다.

> 만일 오직 하나의 단일하고 유일한 참여자만 있다면 어떠한 미적인 사건도 있을 수 없다. 절대적인 의식은 자신을 경계이월하는 그 어떤 것도, 바깥에 존재하면서 제한을 가할 수 있는 그 어떤 것도 지니지 못하며, 이때 이 의식은 미적인 것이 될 수 없다. 그러한 그는 단지 참여만 할 수 있을 뿐이지 자신을 완결될 수 있는 전체로 볼 수는 없는 것이다. 미적인 사건은 참여자가 둘일 때만 일어날 수 있으며 서로 일치하지 않는 두 개의 의식을 전제한다. 주인공과 작가가 일치할 때, 공통적인 가치 앞에 서로 나란히 놓이거나 적대적 관계일 때 미적인 사건은 종결되고 윤리적 사건이 시작된다. 주인공이 전혀 존재하지 않을 때 잠재적 주인공조차 존재하지 않을 때는 인식론적 사건이 된다. 그리고 마지막으로 신의 포용적인 의식이 타자의 의식이 되는 곳에서는 종교적인 사건이 발생한다.[26]

언제나 둘 이상의 존재가 있다. 주체든 타자든, 작가든 주인공이든

---

26) 바흐친, 「작가와 주인공」, 49쪽.

복수의 존재가 있기에 존재-사건이 벌어질 수 있다. 미적 사건이란 사건이 언제나 존재의 복수성에서 기인함을 함축하며, 그것은 결코 하나로 동일화될 수 없는 본질적인 타자성이 존재론의 진리임을 보여 준다. 하지만 이는 주체와 타자, 각자의 진실이 아니다. 타자의 자리로 경계이월하는 것, 타자화와 주체화의 지속적인 이행을 통해서만 이러한 존재론적 진리는 유의미한 현실성을 얻는다. 이에 따라 「작가와 주인공」의 후반부는 그것이 어떻게 글쓰기의 형식 속에 표현되어 왔는지에 관한 문학사적 탐구에 바쳐지게 된다.

5. 경계이월, 타자를 향한 이행의 힘

미적 활동은 한 세계의 경계를 만들어 내는 작가의 적극적인 행위, 능력이다. 우리는 앞서 작가보다 선재하는 외부, 타자의 지평에 관해 논의했고 그것이 바흐친 타자론의 핵심임을 지적했다. 그러나 실상 「작가와 주인공」에서 그가 역점을 두고 있는 것은 상당 부분 작가의 능동성이다. 존재론적으로 나-작가의 타자를 설정하는 것은 물론 가능한 일이지만, 현실적으로 작가는 다른 무엇보다도 우선 주인공의 타자로서 행위하기 때문이다.

> 작가는 내적 체험의 담지자가 아니며, 그의 반응은 수동적인 감정이나 수용자적인 지각이 아니다. 작가는 유일하게 능동적인 형성 에너지이며, 이 에너지는 심리적으로 개념화된 의식이 아니라 견고한 의미의 문화적 산물 속에 주어져 있다. 작가의 능동적인 반응은 그가 만들어 내는 구조, 즉 주인공을 하나의 전체로 파악하는 그의 능동적인 식견/

시선의 구조로 나타나 있으며, 주인공 형상의 구조에, 그를 드러내는 리듬에, 억양구조에, 유의미한 계기들의 선택에 나타나 있다.[27]

미적 전체는 공동 체험되는 것이 아니라 (작가와 관조자에 의해) 적극적으로 창조되는 것이다. [작가와 함께하는—인용자] 공동 체험은 주인공들에게 불가피하지만, 아직은 고유한 미적 요소가 아니다. 이를 구체적인 미적 요소로 구성하는 것은 오직 완결 짓는 행위뿐이다.[28]

조형된 세계의 내부와 외부는 미적 활동의 산물처럼 보이지만, 실제로는 작가의 타자성이 없다면 경계 짓기 자체가 불가능하기에 외부는 미적 활동의 조건이다. 다시 말해 외부는 내부 이전에 항상-이미 존재하고 있다는 말이다. 그러나 작가와 주인공, 주체와 타자 위치의 상호전도에서 살펴보았듯 외부성은 서로 건널 수 없는 절대적 단절의 경계가 아니다. 오히려 지금-여기 '너머'의 타자를 상정하지 않고는 '이 세계' 역시 구성될 수 없다는 점에서 외부성은 강한 의미의 경계이월성과 겹쳐진다.[29] 그것은 타자화하는 힘이며, 유동하는 형식적 경계선이다. 작가와 주인공의 두 세계는 구별되는 복수의 세계들이지만, 서로를 참조하고 넘나들며 자기의 타자가 되어 보지 않는다면 자신의 주체성 역

---

27) 바흐친, 「작가와 주인공」, 32쪽.
28) 같은 글, 110~111쪽.
29) 초월적인 도덕법칙이나 문화적 이념을 거부하며, 지금-여기의 실존적이고 현존재적 윤리를 구성했음에도 불구하고 행위철학의 한계가 여기서 드러난다. 지금-여기의 현실만을 고집하는 한, 그것은 개인의 진정한 주체성을 담보하는 듯 보여도 실상 실증적 사실의 세계에 갇혀 버릴 우려가 있는 것이다. 현실의 인과율과 가능성의 한계를 넘어서기 위해서는 지금-여기라는 조건과 더불어 지금-여기를 넘어서는 타자성과 만날 수 있어야 한다. 후기 바흐친의 사유에서 표명되는 잠재성의 사유가 그것이다. 이에 대해서는 이 책의 후반부에서 더 자세히 다루게 될 것이다.

시 만들어 낼 수 없다. 각자의 자기성은 그것의 외부, 즉 타자성을 경유해서 귀환한 효과다.

> 나의 범주에서 나의 외양은 나를 포괄하고 완결하는 가치로 체험될 수 없다. 그것이 이처럼 체험되는 것은 단지 타자의 범주에서만 가능하다. 그리고 통일적이고 조형적-회화적인 외부세계의 구성성분으로서의 나 자신을 보려면 타자의 범주 속으로 자신을 포함시키는 것이 필요하다. [……] 이러한 의미에서 인간은 타자를, 바라보고 기억하며 모으고 통합하는 타자의 능동성을 절대적이고 미학적으로 필요로 하며, 이러한 타자의 능동성만이 외적으로 완결된 그의 개성을 창조할 수 있다. 타자가 그것을 창조하지 않는다면 이러한 외적인 개성은 존재하지 못할 것이다.[30]

주인공이 있기 이전에 작가가 있다. 더욱 정확히 말하자면, 그의 외부에 타자가 먼저 있다. 같은 식으로 말해 주체가 있기 이전에 타자가 있다. 작가든 주인공이든 그의 타자, 타자의 자리가 항상-이미 먼저 있는 것이다. 그렇다면 타자란 누구인가?

우리는 이 질문을 예의 주시하며 신중하게 접근해야 한다. 앞서 논의했듯, 타자가 대체 누구를 가리키는지, 타자의 본질이 무엇인지 적시하는 게 요점이 아니기 때문이다. 차라리 그렇게 도래하는 타자란 어떤 존재인지, 혹은 타자가 어떻게 작동하는지를 해명하는 데 있다. 불변하는 실체로서의 타자성보다 타자화, 타자의 자리와 기능이 어떤 효과를

---

30) 바흐친, 「작가와 주인공」, 66~67쪽.

야기하는지, 그 작동의 양상을 살펴봐야 한다.

경계이월은 타자화의 문제다. 두 세계는 경계 짓기를 통해 서로에 대해 외부성을 가지며, 경계이월을 통해 타자성을 경험하고 귀환한다. 이는 한 세계의 경계가 견고한 내부성을 통해 장악되어 불변하는 절대성을 갖는 게 아니라 계속적인 변이의 과정에 놓여 있음을 뜻한다. 다르게 말하자면 경계는 가변적인 형식이며, 이 형식에 의해 구별되는 세계는 그것의 타자성에 의해 침해받을 수 있고 변형될 수 있다는 말이다. 경계의 형식을 통해 잠정적으로 완결되는 세계는 개인에 있어 '나', '자기', '의식' 등이 될 것이며, 집단에 있어서는 '우리', '민족', '국가', '문화' 등이 될 것이다. 개인이든 집단이든 하나의 내적 세계는 완결된 전체성을 가지고 통일되어 있지만, 잠재적으로는 외부의 타자에 의해 개입되고 변동될 가능성에 열려 있다. 그러나 이는 '세계'가 불완전하고 부정적임을 가리키지 않는다. 오히려 그것은 세계가 지속하기 위한 조건이다. 경계이월로 표지되는 세계의 형식적 유연성, 바로 그 풍요로움이 문제다.

청년 바흐친이 「예술과 책임」 및 「행위철학」에서 삶과 문화의 분리를 고민하며 유일성과 통일성의 교섭 불가능한 단절에 대해 제기했던 물음은 이제 여기서 모종의 응답을 듣는다. 삶의 외부성, 타자화의 운동이야말로 문화의 낡은 굴레('경계')를 부수고 다른 문화의 형식을 만드는 동력으로 제시되는 것이다.

형식의 풍부함이라는 개념 [……] 이것은 문화창조의 근본적이고 추동적인 개념이다. 문화창조는 (모든 문화의 영역에서) 결코 대상을 그 대상에 내재적인 것으로 풍요롭게 만들지 않는다. 오히려 그것은 대상

을 다른 가치의 차원으로 옮겨 놓아 그것에 형식이라는 선물을 부여하고 그것을 형식적으로 변형시킨다.[31]

타자화는 이렇게 사건의 윤리와 겹쳐진다. '이 나'와 타자의 '함께-있음'이 사건화였던 것처럼, '이 나' 속에 타자의 섞여 듦인 타자화는 사건의 지속적인 생성을 보장한다. '이 나'와 타자, 온갖 문화적 영역들의 경계 형식은 각자의 통일성을 갖고 존속하지만 타자화의 운동에 따라 다른 경계들과 뒤섞이고 사건적 변환에 참여하는 것이다. '형식의 풍부함'이란 바로 그것이다. 절대적인 구분선을 사이에 두고 차원들을 단절시키는 경계-형식이 아니라, 끊임없이 유동하며 나누어진 차원들의 차이를 지우는 동시에 새로 그려 내는 생성하는 경계-형식의 무한함과 다양함. 사건의 생산성은 여기에 성립한다.

사건의 생산성은 모든 것이 하나로 일치하는 데 있지 않고 사건의 외부성과 불일치에서 생기는 긴장에 있으며, 타자들의 외부에 있는 자신의 자리가 지닌 특권[타자의 타자라는 '이 나'의 자리──인용자]을 사용하는 것에 있다.[32]

이제 외부는 이 단어의 외연적 의미에서 무엇의 '저쪽', '바깥'이라는 물리적 공간으로 결정되지 않는다. 외부성은 이행을 가능하게 하는 경계이월적 능력으로, 그 내포적 의미(강도)를 통해 파악되어야 한다.

---

31) 바흐친, 「작가와 주인공」, 134쪽.
32) 같은 글, 135쪽.

그것은 한편으로 비실체적이며 비어 있는 자리를 뜻하며, 다른 한편으로 이행적 기능으로 채워진 잠재력을 가리킨다. 타자화의 동력은 외부성에 있다.

외부성의 주요한 의미는 초월적 심급에 의해 우주를 소통할 수 없는 파편들로 분리시키는 절대적 경계란 존재하지 않는다는 사상에 놓여 있다. 주체도 타자도 어떤 본질을 갖는 실체가 아니다. 작가와 주인공의 사례에서 보았듯, 주체와 타자는 경계 짓기를 통해 구별되는 자리를 가리킨다. 특히 타자의 자리 혹은 타자 자체란 순수한 기능적 충전체로 볼 수 있다. 그러므로 "타자란 무엇인가?"와 같은 질문은 너무 크거나 작게 설정된 것이다. 타자의 본질이나 정체성이 문제가 아니다. 오히려 물음의 초점은 타자화의 효과, 타자의 자리가 어떻게 기능하는가에 모아져야 한다. '이 나'로서 우리는 언제나 주체의 자리에서 말하고 사고하고 행동하지만, 그것은 타자의 자리를 전제하지 않고는 불가능하다는 사실로부터 주체와 타자의 관계는 사유될 필요가 있다. 따지고 보면 사건화 역시 나–주체와 타자의 상호 관계('함께–있음')에서 기인한 존재–사건이 아니었던가?

여기서 타자화, 혹은 타자의 자리와 기능에 대한 강조가 타자를 수단으로 만드는 게 아니란 점을 지적하도록 하자. 그런 오해는 자칫 근대의 유기체주의, 목적론적 기능주의로 회귀할 위험이 있다. 전체의 목표를 달성하기 위해 부분을 도구로 삼는 근대 인식론은 주체의 관점에서 타자를 범주화하고 대상화하는 태도에 다름 아니었다. 그 경우 사유의 중심에는 오직 주체만 있을 수 있고 타자는 주변화되어 주체가 노정하는 전체성을 성립시키기 위한 부분이 된다. 이 구도는 절대적인 것이고 바뀔 수 없다. 주체가 주관하는 전체성의 구도에서 타자는 자율성과 독자성을 가질 수 없는 것이다.

　주체-전체, 타자-부분으로 설정된 이 관계는 인식과 존재의 기본 구도로 굳어진 채 곧잘 지배와 예속의 폭력적 관계로 전용되어 왔다. 개인에 있어서든 집단에 있어서든 부분은 전체의 보존과 유지 및 목표 달성을 위해 아무렇게나 처분해도 좋다는 사고가 근대적 기능주의이며 유기체주의의 실상인 것이다. 반면 우리가 제기한 일련의 개념적 장치들, 외부성과 경계이월, 타자화 등은 주체와 타자 간의 이행적 관계 자체를 문제 삼으며, 위치의 항구적인 변화 가능성에 역점을 둔다. 주체와 타자는 영구불변한 자리를 지키는 게 아니라 상호 교환적 관계를 이루지만, 이때 위치 변환의 선차성은 타자에게 주어져 있다. 전체를 보는 것은 주체가 아니라 타자이기 때문이다. 핵심은 주체 혹은 타자의 본질이 아니라 타자'화'에 있다.[33] 이는 이행의 힘과 능력에 관한 물음으로 다시 이어진다.

6. 대화주의, 타자를 향한 사건

경계이월, 또는 이행의 능력이 핵심이다. 타자가 타자화인 것처럼, 주체는 주체화로서만 드러난다. 이 테제로부터 출발한다면 작가와 주인공

---

33) 같은 의미에서 유기체주의에 대한 들뢰즈와 가타리의 경고는 새겨 볼 만하다. 가장 위험한 것은 유기체 자체가 아니라 유기체가 되려는 계속적인 경향이다. 그것은 주체를 중심에 두고 타자를 흡수하여 주체 중심의 전체를 이루려는 경향이기에 타자화, 즉 변형과 이행 능력의 상실을 뜻한다. 유기체주의는 주체의 자리와 기능에 대한 고착에 다름 아니며, 삶-능력의 퇴화로 귀결된다 (질 들뢰즈·펠릭스 가타리,『천의 고원』, 이진경 외 옮김, 연구공간 너머 자료실, 2000, 제2장 참조). 반면 근대의 주체 중심적 기능주의로 환원되지 않는 기능의 파편화, 다양화는 새로운 의미의 기능주의로 이어진다. 그것은 바흐친의 타자화와 마찬가지로 기능들 각각의 분산과 조합, 자율적인 배치를 통해 탈주체적이고 탈목적론적인 생성(-화[化])을 낳는다(질 들뢰즈,『푸코』, 허경 옮김, 동문선, 2003, 48~49쪽).

사이의 전위轉位는 그렇게 혼란스럽거나 이례적인 현상으로 보이지 않는다. 마찬가지로「작가와 주인공」에서 주도적으로 언급된 주인공에 대한 작가의 우위는 작가의 주체성이 아니라 작가의 주체화와 관련되어 있음을 알게 된다. 작가는 주인공의 타자인 한에서 미적 활동의 작인으로 주체화되는 것이다. 작가는 타자화되는 만큼 주체화될 수 있으며, 그러한 변환과 생성(-화)의 강도가 그의 위상학적 위치를 결정짓는다. 작가가 주체인지 타자인지는 이행하는 힘의 강도, 그 능력에 달려 있다.

『도스토예프스키론』(1929/1963)의 비밀이 여기에 있다.[34] 이 책에 관한 지금까지의 평가는 작가의 권위에 맞서 주인공, 즉 타자의 권리를 옹호한 탈근대의 이정표를 보여 주었다는 것이었다. 작가가 일방적으로 자신의 주제의식을 설파하는, 흡사 철학적 설교 같던 소설의 역사는 도스토예프스키에 이르러 인물들이 스스로 말하기 시작하면서 역전되었다. 작가는 좋건 싫건 자신이 창작한 미학적 세계의 주체들이 떠드는 소리에 귀 기울여야 했고 이제 소설 속 세계의 주도권은 온전히 등장인물들, 주인공에게 이전되고 만다. 저 유명한 '대화주의'란 등장인물들의 목소리, 주인공의 말이 세계의 전면에 나섰음을 포고하는 개념틀이다.

하지만 지금 우리가 주목하는 것은 작가의 전지적 시점에 맞서 주인공이 자신의 목소리를 내세우는, 소위 '타자의 권리'가 아니다. 묘하게도 이런 주장은 타자를 특정한 정체성을 갖는 실체로 간주하여 '저 너머'의 초월적 안전지대로 옮겨 놓는 성향이 있다. 예컨대 타자를 신과 같은 존재로 간주하며, 나-주체는 타자에게 복종함으로써 모종의 윤리

---

34) 미하일 바흐친, 『도스또예프스끼 시학의 제문제』, 김근식 옮김, 중앙대출판부, 2011. 이하 『도스토예프스키론』으로 표기하며, 러시아어판 Mikhail Bakhtin, *Problemy tvorchestva/poetiki Dostoevskogo*, Next, 1994를 참조해 수정·번역한다.

적 사명을 다한다는 입장이 그렇다.[35] 하지만 우리의 관심사는 다른 쪽에 있다. 타자가 아니라 타자화가 문제이며, 주체가 아니라 주체화가 관건이다. 이행적 관계 속에서만 타자든 주체든 의미를 갖는다. 질문은 타자의 자리, 타자의 기능이란 무엇인가이며, 이로부터 『도스토예프스키론』은 과거와 다른 방식으로 읽힐 것을 강력하게 요구하는 텍스트가 된다. 대화주의의 핵심은 타자들의 목소리 자체가 아니라 타자화와 주체화의 이행적 관계를 듣는 것이다.

「작가와 주인공」과는 몇 년을 사이에 둔 채 집필된 『도스토예프스키론』은 확실히 상반된 어조를 띠고 있다. 여기서 주인공은 독립적이고 고유한 이미지의 보유자이자, 스스로의 말과 행동, 욕망을 주장하는 존재로 천명된다. 반면 작가는 타자성의 특권을 사용해 주인공을 재단할 수 있는 권력을 상실해 버렸다. 한마디로 주체의 자리에 올라선 것은 주인공이다.

> 작가는 더 이상 주인공의 현실을 밝혀 주지 않는다. 그는 주인공의 자의식을 제2의 현실로서 밝혀 주고 있는 것이다. [……] 주인공 자신의 현실뿐만 아니라 그를 둘러싼 외부세계와 일상생활도 자의식의 과정 속으로 빨려들어가 작가의 시야로부터 주인공의 시야로 옮겨간다.

---

35) 엠마누엘 레비나스의 철학이 전형적이다. 그에게 타자는 '과부'이자 '고아'로 표상되고, 나-주체의 전적인 헌신을 통해서만 의미를 갖는다. 주체의 자기성을 확립하기 위해 선차적으로 타자를 필요로 한다는 점에서, 그것이 죄의식이라는 원초적 의식에 결합되어 있다는 점에서 그의 사상은 독특한 울림을 갖지만, 주체와 타자의 경계이월은 다루지 못한다는 점에서 양자 사이의 절대적 분할과 단절을 노정하고 있다. 나와 타자의 두 지평 사이에 건널 수 있는 교량은 불가능하다. 그렇다면 어떻게 타자와 공-동적 관계를 구성할 수 있을까? 절대자에 대한 시봉(侍奉)을 과연 구성적 관계라 할 수 있을까? 오로지 타자에 대한 주체의 무조건적 '초월'로 명명되는 레비나스의 윤리학은 일종의 '초월성의 아이러니'로 보인다(최진석, 「코뮨주의와 타자」, 이진경 외, 『코뮨주의 선언』, 교양인, 2006, 235~277쪽).

[……] 작가는 모든 것을 흡수하는 주인공의 의식에 오로지 하나의 객관적 세계—주인공과 동등한 권리를 가진 다른 의식들의 세계—만을 대립시킬 수 있다.[36]

『도스토예프스키론』의 핵심 개념으로 알려진 '다성악'polyphony은 작가의 지배에서 해방된 주인공의 승리와 자유로 인식되어 왔고,[37] '타자의 철학자' 바흐친이 탄생한 배경도 여기서 연유한다. 이런 평가에 대해서는 이론의 여지가 없다. 하지만 '작가 대 주인공'의 구도로 설명하게 되면, 자칫 두 실체 간의 대결, 주인(주체)과 노예(타자) 사이의 인정 투쟁이란 함정에 빠질 수도 있다.[38] 보다 긴요한 질문은 "누가 주인인가?"가 아니라 "어떤 자리냐?"에 있으며, 주체화와 타자화의 이행의 문제야말로 대화주의의 중핵이다.

타자성이 타자의 고유한 속성이 아니라 타자로서의 기능(식견의 잉여를 통한 창조)을 가리킨다면, 타자화는 그러한 기능을 발휘할 수 있

---

36) 바흐친, 『도스토예프스키론』, 62~63쪽.
37) 바흐친이 내린 도스토예프스키의 다성악 소설에 대한 정의는 다음과 같다. "독립적이며 융합하지 않는 다수의 목소리들과 의식들, 그리고 각기 동등한 권리를 지닌 목소리들의 진정한 다성악은 실제로 도스토예프스키 소설의 핵심적인 특성이 되고 있다. 그의 작품에서 전개되고 있는 것은 한 작가의 의식에 비친 단일한 객관적 세계의 여러 성격과 운명이 아니라, 동등한 권리와 각자 자신의 세계를 가진 다수의 의식이 비융합성을 간직한 채로 어떤 사건의 통일성 안으로 들어가는 것이다. 예술가 도스토예프스키의 대표적 주인공들은 실제로 그의 창조적 구상 속에서 작가가 하는 말의 객체가 될뿐더러 독자적이고 직접적으로 의미하는 말의 주체가 되기도 한다(같은 책, 8~9쪽).
38) "대화와 변증법. 대화에서 목소리들(목소리들의 경계)이 지워지고, (감정적이고 개성적인) 억양 역시 지워짐으로써, 살아 있는 말과 응답으로부터 추상적 개념과 판단들이 추출된다. 모든 것은 추상적인 하나의 의식 속으로 끼어들어가며, 그런 식으로 변증법이 생겨나는 것이다"(미하일 바흐친, 「1970~71년의 노트에서」, 『말의 미학』, 498쪽). 또 다른 곳에서는 이런 진술이 나온다. "변증법은 더 높은 차원의 대화(개성들 간의 대화)로 다시 돌아가기 위하여 대화에서 탄생했다"(미하일 바흐친, 「인문학의 방법론을 위하여」, 『말의 미학』, 515쪽).

는 잠재력을 뜻한다. 타자의 자리로 옮겨 가는 것, 타자로서 기능하는 것, 주체인 동시에 타자가 되는 상호 관계 속에 자리하는 것, 그 경계를 이월하는 것이야말로 타자적 능력에 다름 아니다. 그것은 또한 주체화의 힘이기도 하다. 사정이 그렇다면, 『도스토예프스키론』은 주인공 혹은 타자의 승리가 아니라 타자라는 기능의 발견과 그 현행화에 관한 책이 아닐까?

왜 도스토예프스키의 주인공은 새로운가? 그는 작가에 의해 모종의 정체성을 부여받은 '캐릭터'가 아니라 자기를 둘러싼 세계(작가가 부여한 환경)에 대해 반응하고 질문하며 스스로 응답하는 주체로 나섰기 때문이다. 그는 "이 세계는 무엇인가?"를 물으며 "나는 나 자신에게 무엇인가?"를 질문하는 존재다.[39] 도스토예프스키의 세계에서 주인공은 세계의 수동적 관조자가 아니라 능동적 관찰자가 된다(물론 그러한 세계에 '던져져 있음'이라는 상황의 근본적인 피투성-수동성은 피할 수 없다). 그는 타자의 관점에서 세계와 그 자신을 바라보고, 그로써 자신의 낯설고 새로운, 이질적이며 변형된 이미지를 발견한다. 다시 말해, 주인공은 세계라는 타자에 대해, 자기 자신이라는 타자에 대해 끊임없이 묻고 응답하며 실존하는 존재자다. 어떤 식으로든 이러한 문답의 과정은 주인공의 동일성을 분열시키고 계속해서 그 자리를 옮겨 놓는다. 자기에 대한 질문과 응답에는 타자화의 기능이 없을 수 없다. 도스토예프스키는 작가-주체에 대한 주인공-타자가 스스로에 대해서도 역시 타자적 기능을 수행할 수 있음을 보여 준 것이다. 도스토예프스키의 주인공들은 아직 발화되지 않은 타자의 목소리에조차 일일이 반응하며 자신

---

39) 바흐친, 『도스토예프스키론』, 59쪽.

의 이미지를 축조하고, 바흐친은 이것이야말로 가장 탁월한 대화주의의 표본이라 단언한다. 주인공은 타자화함으로써 주체화되는 것이다.

> 도스토예프스키는 의식하는 것을 자신의 과제로 삼는 주인공, 모든 삶을 자신과 세계를 의식하는 순수한 기능에 초점을 둔 주인공을 주로 추구했다. [……] 도스토예프스키의 주인공은 무한의 기능이다. [……] 그의 주인공은 단 한 순간도 자기 자신과 일치하지 않는다.[40]

> 자기 자신에 대한 주인공의 태도는 그가 타자와 맺는 관계, 타자가 그와 맺는 관계와 뗄 수 없이 연결되어 있다. 자기 자신에 대한 주인공의 의식은 주인공에 대한 타자의 의식을 배경으로 해서 지각되며, '나에 대한 나'는 '타자에 대한 나'를 배경으로 이해되는 법이다. 그래서 자기 자신에 대한 주인공의 말은 그에 대해 끊임없이 영향을 주는 타자의 말에 의해 만들어진다.[41]

「작가와 주인공」에서 작가에게 독점적으로 부여되었던 '의식의 의식' 즉 '타자의 타자'라는 자리와 기능은 이제 주인공의 권리가 된다. 아니, 본래적으로 그 누구의 의식이든 항상-이미 (타자적) 의식에 대한 의식, 의식의 타자성을 전제한다고 말해야 정확할 것이다. 이렇게 관계론적으로 규정되는 의식은 데카르트적인 자기동일적 코기토가 아니라 타자적 기능으로 충전된 이행 능력이 아닐 수 없다. 유아독존적인 단 하나

---

40) 같은 책, 64~65쪽.
41) 같은 책, 272쪽.

의 의식은 없다. 언제나 서로 관계 맺는 의식'들'이 있다. 타자의 타자가 의식의 진리이다. 나-주체에 대한 타자의 끊임없는 간섭과 개입, 그것이 대화이다. 모든 존재가 항상-이미 타자의 타자라면, 사실상 대화는 항상-이미 실행되고 있었음에 틀림없다. 그러니 대화의 시작도 끝도 있을 수 없다. 의식이 항상 복수이듯, 대화의 단일한 기원도 종점도 없다. 모두가 타자이며 모든 것이 대화이다.

> 전체적으로 소설의 '거대한 대화'bol'shoj dialog는 과거가 아닌 지금, 즉 창작과정의 현재 시점에서 벌어지고 있다. 그것은 다 끝나버린 [등장인물 간의—인용자] 대화의 속기록이 전혀 아니다. 작가가 이미 그 대화에서 빠져나와 [초월적인—인용자] 더 높은 자리에서 어떤 결정만 내리면 되는 위치에 있지 않다는 말이다. 만약 작가가 그러한 위치에 있다면 종결되지 않은 진정한 대화는 모든 독백적 소설에서 흔히 볼수 있는 객관화되고 완결된 대화의 이미지로 변해 버릴 것이다. 도스토예프스키에게서 이 거대한 대화란 바로 문턱에 서 있는, 닫히지 않은 삶의 전체로서 예술적으로 조직되어 있다.[42]

세계 속에서 끊임없이 자기를 찾는 주인공은 확고부동한 정체성(동일성)을 확보하지 못하는 자이다. '자기의식'이 도달하는 어떤 수준에서도 주인공은 다시 타자의 자리로 이행하게 되며, 이러한 타자화에 의해 무한한 이행의 오딧세이아를 경험하게 된다. 바흐친 사유의 중추로 거론되는 '거대한 대화', '끝나지 않는 대화'의 테마는 이런 경계이월

---

42) 바흐친, 『도스토예프스키론』, 94쪽.

의 프리즘을 통해 볼 때야 비로소 진면목을 드러낸다. 다음 장에서 확인할 수 있듯, 또한 타자화는 이행의 강제라 할 수 있으며, 주체의 감정과 의지, 이성과 욕망 '너머'의 무의식적 힘에 비견할 만하다. 따라서 근대적 주체의 (자기)의식이란 언제나 타자에 의해 관여된 의식이자 타자에 대한 의식이며, 견고한 자기성의 통일체가 아니라 오히려 분열과 이질성의 타자적 의식에 다르지 않다.

외부, 곧 타자를 향한 이끌림이 사건이자 대화이고, 타자화의 강제라는 점에서 그것은 마치 일방적 관계처럼 보인다. 타자가 주체보다 항상 선차적이기 때문이다. 그간 대화주의가 상호 평등한 주체들(타자들) 사이의 '조화'란 관점에서 해명되었던 반면, 우리의 입장에서 볼 때 대화는 차라리 타자의 자리로 주체가 이행할 수밖에 없는 비대칭적 힘의 운동이라 할 수 있다. 주체와 타자가 서로의 각자성을 보존한 채 무연관하게 살아가는 것이 삶은 아니다. 서로가 서로에게 '타자적'으로 섞여들고 변형되는 과정이 진정한 사건(소통)이며 대화이고, 거기서 잉태된 윤리를 바흐친은 길어 내려 했다. 외부성의 문제는 그 불가결한 고리였던 셈이다.

7. 관계와 생성을 향하여

지성사적으로 볼 때 주체와 타자의 문제 설정은 흔히 그들 각자의 고유성을 정립하는 문제로 귀결되곤 했다. 주체성이란 무엇인지, 또는 타자 그 자체란 어떤 것인지를 맴도는 질문들이 그러하다. 근대의 주체중심주의나 포스트모던 시대의 '타자의 철학'은 그러한 노력의 산물들인데, 주체와 타자가 서로의 절대성을 주장하는 입장으로 선회할 때 역으로

소통 불가능성의 곤혹은 증폭되었던 듯하다. 20세기 초엽 청년 바흐친도 이 같은 문제에 부딪혔으며, 타자화와 주체화의 문제 설정을 통해 나름의 답변을 찾아가고자 했다. 타자의 선차성와 외부성, 타자의 삶을 완결 짓는 작가적 능력에 대한 요구 등이 그것들이다.

그렇다면 타자의 자리로 이행한다는 것, 타자적 기능을 수행한다는 것은 무엇을 의미하는가? 그것은 타자를 흉내 내는 것일까, 또는 타자가 되는 것일까? 만약 전자라면 그것은 여전히 주체중심주의의 잔영을 벗어나지 못한 것일 게다. 그럼 후자는 과연 가능한 것일까? 들뢰즈와 가타리는 이 질문에 대한 답변의 흥미로운 실마리를 던져 준다. 그것은 '-되기', 즉 생성becoming에 관한 개념인데, 그들에 의하면 타자가 된다는 것은 타자와의 동일시가 아니다. 타자가 된다는 것은 오히려 타자의 신체 감각과 운동의 리듬, 행위 능력에 합류하는 것이고, '이 나'에게 항상-이미 관여해 있는 타자성을 드러내는 것이다. 동일화가 아니라 동조화同調化이며, 재현이 아니라 표현이 문제다. 이로써 관건은 다시 사건화로 돌아온다. 타자-되기('-화')는 사건적 대화의 출발점이자 원천, 그 무한한 동력이기 때문이다.[43] 타자화와 주체화는 이렇게 생성의 문제 설정으로 연결되고 있다.

생성은 곧 '세계-내-관계'의 (재)구성이다. 관계는 그것을 어떻게 바라보고 형성하는가에 따라 객체적인 대상의 세계('문화')에 속하거나 주관화된 자의에 속할 수 있으며, 혹은 타자화가 보여 주듯 이행의 계열

---

43) 이러한 맥락에서 바흐친의 타자화와 주체화는 통상적인 의미에서 타자성과 주체성의 파생어가 아니다. 그것들은 대개 주체와 타자의 위치를 명백히 설정하는 근대적 이분법에서 도출된 개념이기 때문이다. 문제가 이행과 변형에 있다면, 타자화와 주체화는 타자-되기와 주체-되기로 읽혀야 한다.

로 파악될 것이다. 이렇게 세계 속에서 다양하게 성립하는 관계의 유형들에 대해 후일 바흐친은 아래와 같이 분류한 바 있다.

〈관계의 세 가지 유형〉
① 객체들 사이의 관계
　　사물들 사이, 물리적 현상들 사이, 화학적 현상들 사이의 인과적 관계, 수학적 관계, 논리적 관계, 언어학적 관계 등
② 주체와 객체 들 사이의 관계
③ 주체들 사이의 관계
　　개성적이며 인격적인 관계. 발화들 사이의 대화적 관계, 윤리적 관계 등등. 모든 인격화된 의미관계도 여기에 관련된다. 의식들 사이의, 진리치들 사이의 관계, 상호 영향, 학습 수련, 사랑, 증오, 거짓, 우정, 존경, 경건, 신뢰, 불신 등[44]

　우리가 주목할 것은 물론 세번째 관계다. 그러나 이때 방점은 '주체들'이 아니라 '사이의 관계'가 되어야 할 듯하다. 단지 주체가 문제라면 그것은 두번째 관계, 곧 데카르트적 자아와 대상세계의 근대적 주객관계를 벗어나지 못할 것이다. 그렇다면 '사이의 관계'란 무엇인가? 여기엔 의식과 진리치 같은 분절적이고 대상적인 관계뿐만 아니라 정념과 감성, (무)의식적 측면들처럼 명석판명하게 분절되지 않는 관계들까지 포함된다. '특정한 무엇'이 아니라 '모든 것'을 포괄하는 관계가 바로 '사이의 관계'라는 것이다. 하지만 모든 것은 단순히 죽은 사물들의 나

44) 바흐친, 「1970~71년의 노트에서」, 485쪽.

열로서의 전체성이 아니라 '함께-있음'이자 '함께-함'의 공-동적 관계, 곧 사건의 전체성일 것이다. 우리는 앞서 이것이 타자화라는 이행적 관계란 사실을 밝혀냈다. 모든 것은, 그 어떤 것이든 언제나 이행의 도중에 놓인 생성('-화')의 생산물들이다. 그래서 의미는 항상 두 방향으로 이중의 분열을 겪고 양가성을 지닌다.[45]

이렇게 볼 때 바흐친에게 주체는 데카르트적 중심을 소유한 존재가 아니라, 타자의 자리로 이행하고 타자의 기능을 수행하는 상호 관계적 존재라 불러도 좋을 것이다. 본질적인 타자가 있을 수 없듯, 본질적인 주체도 없다. 차라리 있는 것은 타자화의 힘만큼이나 주체화하는 경향, 잠재적인 능력이다. 우리가 관계의 현상학 혹은 관계의 존재론을 운위할 때 '관계'가 가리키는 것은 정확히 현실 속에서 부단히 상호 이행하고 교차하며, 뒤섞이는 관계의 경향들이다. 관계의 세 가지 유형이란 그런 경향들이 현행화되어 일시적으로 드러난 상태일 것이다. 그러므로 항상-이미 "세 가지 관계 유형의 이행과 혼합이 있다".[46] 만약 주체를 어떤 적극적인 존재로 사유할 수 있다면, 그것은 변이와 변환에 열려 있는 잠재성의 주체에 다름 아니다.

그러므로 작가와 주인공은 자기 자리로부터 바깥으로, 타자의 자리로 옮겨 갈 수 있는 잠재성의 주체이며, 타자 기능의 수행은 자기 자신에 대해서 뿐만 아니라 타자에 대해서도 해당된다. 타자 자체가 아니

45) "각각의 단어는 [주체와 타자 사이에서 관계의 양 방향성이라는 ─ 인용자] 두 요소를 염두에 두고, 이중의 기능을 수행한다"(바흐친, 「작가와 주인공」, 55쪽). 코기토적 주체는 시종일관 주체의 위치를 고수해야 한다. 그것이 객체의 지위에 놓이는 순간, 주체는 타자의 수단으로 간주되며 도구처럼 사용되고 사멸할 위험에 처한다. 근대의 주객 이원론의 실체는 만인에 대한 만인의 전쟁 상황에 다를 바 없다. 상호 주체적 관계는 이러한 이원론이 도달한 최선의 상태일 테지만, 실상 일시적 평형에 불과하기에 곧 '전쟁 상황'으로 복귀할 위험에 처한다.

46) 바흐친, 「1970~71년의 노트에서」, 486쪽.

라 그 기능이 문제이며, 타자화의 기능이 실체화되거나 고착되지 않는 다는 점에서 타자화는 초월적transcendent이 아닌 초월론적transcendental 능력에 관한 것임을 기억하자. 바흐친의 타자가 플라톤적 이데아로도 레비나스적인 준ᆤ신학적 틀로도 환수되지 않는 이유가 여기 있다. 타자는 차라리 외부성을 가동시키는 능력이거나 또는 외부성 자체라고 할 만하다. 주체가 될 수 있는 능력, 주체성은 작가나 주인공 어느 한편으로 배타적으로 배당되지 않고, 이 외부성의 현실화 여부에 따라 구체적으로 드러나게 될 것이다.

하지만 1920년대의 바흐친은 아직 생성이라는 개념적 열쇠를 완전히 움켜쥐지 못한 상태였다. 이 시기의 존재론적 미학과 대화주의가 예시하듯, 그는 주체와 타자를 주로 '인간'에 방점을 찍어 살펴볼 뿐, 세계와 우주 전체를 타자화의 관계 속에서 사유하지는 못하고 있었다. 이 점에서 생성, 즉 타자화는 청년 바흐친에게 단초적으로만 제기된 상태였다. 존재하는 모든 것의 생성과 이행, 변형이란 관점으로 넘어가기 위한 많은 굴곡들이 아직 그를 기다리고 있었다.

*

20세기 초엽, 청년 바흐친의 문제 설정은 문화와 삶의 대립으로 표징되었다. 문화의 영역이 객관화된 사물들의 질서인 반면, 삶은 약동하는 생명의 흐름일 것이다. 그러나 마치 죽음과 생명으로 이원화된 것처럼 보이는 이 두 영역의 대립은 어느 한쪽을 제거하는 방식으로는 해소될 수 없다. 이 세계에 처해 있는 '이 나'는 두 영역을 동시적으로 통과함으로써, 개성적 주체화를 통해 자신의 삶을 구성해야 하기 때문이다. 이 점에서 삶이란 한편으로는 나-주체에게 그저 던져지는 소여이면서, 다른 한편으로는 '이 나'에 의해 조형되지 않으면 안 될 과제로 부과되어 있다. 같은 의미에서 개성적 주체는 단지 수동적이기만 한 게 아니라 능동적이며, 적극적인 행위의 작인인 동시에 소극적인 사태의 담지자로 드러난다. 이렇게 두 극을 오가는 주체의 운동이 사건화이며, 사건에 대한 관여를 통해 삶을 구성하는 것을 바흐친은 행위의 건축학이라 명명했다.

전환기의 문제의식은 이렇게 생동하는 삶과 일치하는 문화적 형식을 만들라는 요구로 풀려 나갈 듯싶었다. 이는 삶과 문화를 분할된 두 영역이 아니라 연속적이고 상호 발명적인 차원으로 다시 사유할 것에 대한 명령이었다. 행위의 철학을 보충하는 미학이 이로부터 제기된다. 삶은 문화 너머의 실재라기보다, 문화적 세계를 관류하며 드러나야 할 창안의 대상인 것이다.

'삶의 창조'라는 테제는 20세기 초 유럽뿐만 아니라 러시아의 예술인들에게도 시대의 명령처럼 던져진 화두였다. 숫자와 물질의 집적으로 표상되는 근대 물질문명에 삼켜지지 않은 영역으로서의 삶, 그것을 새롭게 살아갈 만한 것으로 구축하려는 예술에의 의지가 그것이다. 예컨대 상징주의자 안드레이 벨리는 삶과 예술의 본래적 동일성을 주창하며, 자기 시대의 과제를 삶을 부를 수 있는 노래의 창조, 곧 예술형식의 구성이라 보았다.[47] 삶과 문화의 대립과 분열은 그와 같은 예술형식의 실현 속에서 극복될 것이었다. 하지만 그 노래가 단지 홀로 부르는

---

47) Andrej Bely, "Tvorchestvo zhizni", *Kritika. Estetika: Teorija simvolizma*, T.2, Iskusstvo, 1994, p.56. 이 테제는 니체가 러시아 문화에 미친 영향이기도 하다. 세기 전환기에 그의 철학은 러시아에서 큰 인기를 얻었다가 볼셰비키 혁명 이후 반서구적 당 정책의 강화로 사그라들었으나, 러시아 지식인들에게 니체적 세계관은 기본적인 인문학적 소양의 하나였다(Bernice Rosenthal ed., *Nietzsche in Russia*, Princeton University Press, 1986, pp.3~5).

것일 때 그것은 예술가적 주관성에 함몰될 위험을 피할 수 없다. 바흐친 식으로 말해 독창은 곧 독백론의 함정에 노출되어 있는 것이다. 삶의 산문성, 일상생활의 영역을 방기할 때 예술은 다시금 독단주의의 유아독존에 빠질 운명이다. "삶에 대해 책임을 지지 않고 창조하는 것이 더 쉽고, 예술을 염두에 두지 않고 사는 것이 더 쉬운" 까닭이다.[48)]

일상의 영역으로 눈길을 돌렸을 때 자연스럽게 제기되는 문제는 사회에 대한 관계이다. 여기서 사회는 이른바 '문화', 즉 법과 제도로 명시된 통일성의 세계가 아니다. 사실의 세계 근저에 깔린 비가시적 영역들, 관습과 습속, (무)의식적 태도와 세계감각 등의 사회적인 것the social 이 더욱 근본적이다. 타자화와 주체화란 결국 이행의 지대에 대한 탐조등이기 때문이다. 이 문제의식을 잘 챙겨서 바흐친 사유의 다음 장면들로 넘어가도록 하자.

---

48) 바흐친, 「예술과 책임」, 26쪽.

5장 무의식의 사회학

1. 무의식의 문제 설정

바흐친과 무의식의 문제를 함께 사유할 수 있을까? 그래야 할 이유는
어디 있을까? 이 질문에 대한 답변이 일견 쉬워 보이는 까닭은, 그의 지
적 이력에 대한 전기적 자료들을 뒤적이자마자 우리는 곧장 명확한 답
변을 얻는 듯하기 때문이다. 가령 발렌틴 볼로쉬노프의 이름으로 서명
되어 출판되었던 『프로이트주의: 비판적 스케치』*Frejdizm: kriticheskij ocherk,*
*1927*는 당대 유럽에서 가장 영향력 있던 '문화철학자' 중 한 사람인 지그
문트 프로이트를 정면으로 비판한 책이었으며,[1] 이 저작 이후 바흐친의
글에서 프로이트라는 이름, 혹은 정신분석은 그의 사유를 구성하는 주
된 테마로 더 이상 등장하지 않게 된다.[2] 이런 전기적 사실은 대부분의

---

1) 미하일 바흐친, 『프로이트주의: 비판적 스케치』, 송기한 옮김, 예문, 1989, 13~27쪽. 20세기 사상
사에 미친 프로이트와 정신분석의 영향 관계에 대해 러시아 측의 입장은 다음 책들에서 확인해 볼
수 있다. Valerij Lejbin, *Frejd, psikhoanaliz i sovremennaja zapadnaja filosofija*, Izdatel'stvo
politicheskoj literatury, 1990; Konstantin Tarasov, "Frejdo-marksizm", *o cheloveke*, Mysl', 1989.
2) 후기작인 『라블레론』에서 프로이트의 이름이 한 차례 거론되긴 하지만, 이는 카이저의 '그로테스
크' 개념에 관해 설명하는 도중에 비교를 위해 언급된 것이다(미하일 바흐친, 『프랑수아 라블레의 작
품과 중세 및 르네상스의 민중문화』, 이덕형 외 옮김, 아카넷, 2001, 90쪽. 이하 『라블레론』으로 표기).

바흐친 연구자들이 프로이트의 사상, 특히 무의식의 문제가 바흐친과 '무관'하거나[3] 또는 그가 이미 '극복해 버린' 사유의 모티브라는 인상을 갖게 하는 계기가 되었다. 이를테면, 바흐친 본인이 자기 글에서 이미 '정리해 버린' 사상에 관해 우리가 더 논의할 필요가 있느냐는 입장이 그것이다.[4]

실제로 바흐친이 저작 활동의 초기부터 말년에 이르기까지 더없이 커다란 중요성을 부여해 왔던 것은 바로 의식의 문제, 또는 의식성을 매개로 해서만 해소 가능한 문제들이었다. 가령, 칸트의 윤리적 정언명령에 맞서 '지금-여기'서 실천하는 '이 나'의 책임을 탐구한 '행위철학'이 근본적 지탱점을 찾은 곳은 바로 '응답하는/책임 있는 의식의 통일성'이었으며,[5] 예술 활동에서 타자의 삶을 온전히 포착하여 육화시킬 수 있는 것도 '작가의 창조적 의식' 덕분이라 적시되었다.[6] 또한 『마르크스주의와 언어철학』(1929)의 주제인 이데올로기의 문제 역시 의식과 곧장 연관되어 있음을 고려할 때,[7] 의식의 선차성이란 테제가 초기 바흐친의 주요 저작들을 관류하는 기본 구도라는 판단은 지극히 온당해 보인다. 게다가 그에게 세계적인 명성을 안겨다 준 도스토예프스키 연구

---

3) 에머슨에 의하면 바흐친의 사유에는 프로이트의 이드(id)와 관련된 그 무엇도 존재하지 않는다 (Caryl Emerson, *The First Hundred Years of Mikhail Bakhtin*, Princeton University Press, 1997, p. 213).

4) 전기나 개론서에서 '바흐친 서클'을 다루기 위해 『프로이트주의』가 거론되는 일은 종종 있지만, 바흐친의 사유 자체를 논의하려는 목적으로 이 책이 언급되지 않는 것은 그런 이유일 것이다. 덧붙인다면, 1920년대 '철학적 미학'의 시기에 바흐친이 비판한 이후 더 이상 연구자들 사이에서 거명되지 않는('억압된') 또 다른 철학자는 앙리 베르그손이다.

5) 바흐친, 「행위철학」, 61쪽.

6) 바흐친, 「작가와 주인공」, 37쪽.

7) "의식의 논리는 어디까지나 이데올로기를 주고받는 의사소통의 논리다"(미하일 바흐친, 『마르크스주의와 언어철학』, 송기한 옮김, 한겨레, 1988, 21쪽).

에서도 작품 속의 인물들은 '의식하는 자'이자 '이데올로그'라 명명되며, 대화주의도 결국 '의식들 간의 대화적 소통'[8]이라 규정되지 않았던가? 초기 저작들과 비교해 어조와 태도가 판연히 달라졌다는 『라블레론』에서도 사정은 크게 다르지 않다. 바흐친은 한 치의 망설임도 없이 중세와 르네상스의 민중문화란 궁극적으로 '그 시대 민중의 역사적 의식'이 표현된 결과라 선포하는 까닭이다.[9]

이런 점들로 인해 혹자는 바흐친이 철학사의 고전에 보다 가까이서 있으며, 포스트모더니스트들의 열광과는 정반대로[10] 전통철학의 '적법한 계승자'라 불려 마땅하다는 주장을 펴기도 한다.[11] 하지만 잘 알려져 있듯, 바흐친이 사용하는 사유의 개념들은 그 의미역이 꽤 넓은 편이어서 전통적 철학의 용례들에 정확히 일치하지 않는 게 사실이다.[12] 더구나 의미의 잉여를 뒤따라가 보면 같은 용어라도 부가적이거나 사뭇다른 의미를 내장하는 경우도 종종 마주친다. 그러므로 단어의 축자적동일성을 따지기보다, 실제 사용의 의미 및 용법을 세심하게 고민해 보

---

8) 바흐친, 『도스토예프스키론』, 114쪽.

9) 바흐친, 『라블레론』, 124쪽.

10) 바흐친에 대한 영미 포스트모더니스트들의 반응에 관해서는 다음 책을 참조하라. 김욱동, 『포스트모더니즘』, 민음사, 2004, 37~38쪽.

11) Aleksandr Portnov, "Ideja dialogizma soznanija v filosofii i psikhologii XIX-XX vekov", *Bakhtinskie chtenija*, OGTRK, 1994, p.59. 포르트노프에 따르면 바흐친의 대화주의는 헤겔의 변증법으로 소급되어 설명될 수 있는데, 헤겔 논리학 역시 의식들 간의 대화적 상관성에 본령을 두는 까닭이다. 주인과 노예의 인정투쟁이란 결국 의식들 간의 승인의 문제로 귀결되기에 일종의 대화적 관계에 있다는 것이다. 하지만 앞서 논의했듯, 대화를 주체로서의 의식들 사이의 관계로만 한정 짓는 것은 사건적 이행('-화')을 고려하지 않는 것이며, 따라서 실체화된 주체들의 고립적 관계만을 사유할 수 있을 뿐이다. 여기엔 이행의 문제가 소거되어 있으며, 이는 전형적인 근대적 이분법에 다름 아니다.

12) 저명한 고전문헌학자 미하일 가스파로프는 바흐친의 개념들이 명석판명한 개념적 정확성을 결여하고 있다고 비판했고, 그 이유로 끝까지 바흐친의 반대자로 남았다(Mikhail Gasparov, "M. M. Bakhtin v russkoj kul'ture XX veka", *Izbrannye trudy*, T.2, Jazyki slavjanskikh kul'tur, 1997, p.496).

아야 할 필요가 있다. 즉 외연보다 내포적 함의에 주목해야 하는 것이다.

예컨대 우리는 혁명 전후 러시아에서 '프로이트주의'가 무의식의 문제 설정과는 구별되어야 할 제도에 대한 명칭이었음을 주의해야 한다. 곧 살펴보겠지만, 20세기 초엽 정신분석이 유럽에서 하나의 학문으로 설립되고 제도화되면서 겪었던 많은 논란과 부침들은 러시아에서 격렬한 형태로 재연되었으며, 1920년대 소비에트 지식사회의 은밀하고도 첨예한 논쟁지대를 형성했다. 무의식의 발견이란 점에서 프로이트주의 혹은 정신분석이 갖는 공헌을 무시할 수 없음에도 불구하고, 그것은 소비에트 이데올로기와 합치되는 동시에 대립하는 방식으로 존립했으며, 끝내 '유럽 부르주아 사상'의 하나로서 맹렬한 공박 속에 소멸되었던 역사적 맥락을 염두에 두어야 한다. 제도의 외부, 명징한 이데올로기의 타자로서 무의식이 어떻게 사유되었는지, 그것의 의미가 무엇이었는지에 관해 탐구되지 않는 한, '바흐친과 무의식'이라는 문제 제기는 생산적인 논의로 이어질 수 없을 듯하다.

바흐친에게 무의식이 무엇이었는가를 점검하는 작업은 근본적으로 언어와 사회적인 것the social[13]에 대한 문제의식과 결부되어 있다. 그가 의식의 선차성을 내세우며 프로이트주의를 거부했던 근거는 언어의 사회성, 혹은 사회적 언어라는 실재를 고려했기 때문이다. 하지만 이때 사회적인 것이란 상징적 제도로서의 사회와 달리, 무의식의 역동적 장

13) 철학자 또는 인문학자로서 바흐친이 사회·정치적 사안들에 관해 직접 발언한 적이 없음에도, 그의 문제의식이 당대의 현실 정치적 차원과 결부되어 있으며, 급진적으로 해석될 수 있음은 자주 지적되어 왔다. 특히 언어와 전복적 문화, 혁명을 사유하는 가운데 그가 고수하던 입장은 특정 사회의 체계적 공시성이 아니라 다양한 사회'들'이 구성되고 해체되는 변형의 잠재성에 있었다. 이 점에서 가시적인 공통의 언어로 통합되는 단일한 '사회'(society)보다, 다양한 방식으로 통합·분기되는 사회적 힘들의 양상에 방점을 찍는 '사회적인 것'(the social)을 구분하고자 한다. 실제로도 바흐친은 두 용어를 자주 구별해 사용하였다.

을 전제하지 않으면 성립하지 않는 현실적 바탕이다. 그것은 언어와 문화, 관습 및 제도 등을 배태하는 구성적 힘으로서 초기 바흐친의 '사건' 및 후기의 '생성'에 비견될 수 있다. 그래서 이 시기 바흐친의 사유에서 무의식은 단순히 의식의 안티테제라 할 수 없으며, 오히려 사건적 차원에서 재고해야 할 대상으로 떠오른다. 이것이 이번 장의 과제이다.

2. 러시아와 정신분석, 무의식 담론의 논쟁사

(1) 프로이트의 러시아 제자들

바흐친과 무의식을 논의하기 위해 러시아 정신분석의 역사에 대해 되짚어 보지 않을 수 없다. 조금 길더라도 러시아의 정신분석 도입과 그 경과에 대해 서술해 보도록 하자.

러시아에서 인간 의식의 심저心底에 대한 학문적 연구로서 심리학이 태동한 것은 19세기 전반의 일이다. 물론, 마음에 대한 러시아인들의 관심을 역사적으로 파고들어 간다면 아주 오랜 근원 설화까지도 예시해 볼 수 있겠지만, 학문적 분과이자 의학적 치료술로서 제도화된 심리학의 등장은 사회 전반의 서구화가 진행된 19세기에서야 가능한 일이었다. 러시아에서 심리학이란 대개 '인텔리겐치야'intelligentsia라는 근대 러시아 특유의 지적 현상의 한 분과로서 다루어졌던 것이다.[14] 이에 따라 인간 심리는 문예비평과 사회철학적 관심을 통해 관념화되거나 신경생리학과 같은 의학적 영역에서 병리학적 문제로 조명받게 된다. 하지만 엄밀한 체계를 통해 규정되기보다는 단편적인 지적 호기심에서

---

14) David Joravsky, *Russian Psychology*, Basil Blackwell, 1989, pp.51~53.

연유한 부분이 많았고, 그로 인해 통합적이고 고유한 방법론 및 관점을 통해 심리가 연구되기 위해서는 다시 상당한 시간이 소요될 수밖에 없었다.[15] 그것은 물론 프로이트와 그의 저작들이 러시아에 소개되면서부터였다.

러시아 지식사회에 프로이트가 처음 거명되었던 것은 1884년의 일로, 카잔 신경의학파의 창시자인 리베리 다르크셰비치Liverij Darkshevich, 1858~1925가 『의사』Vrach라는 의학전문저널에 기고한 논문을 통해서였다.[16] 하지만 그때는 프로이트가 신경학자이자 생리학자로 활동하던 시기로 아직 정신분석을 창안하기 이전이었다. 때문에 다르크셰비치의 논문 역시 신경생리학적 측면에서 프로이트의 작업을 소개하고 있었고, 아직 '정신분석'이라 부를 만한 내용도 명확하게 규정되어 있지는 않았다. 정신분석이라는 새로운 학문의 명칭이 러시아에 등장한 계기는 『꿈의 해석』(1900)이 러시아어로 번역·출간되었던 1904년경이었다고 보는 게 더욱 타당하다. 이때부터 프로이트의 저술들은 러시아어로 꾸준히 번역되었으며, 일단의 정신의학자들이 그의 이론에 관심을 갖고 연구를 시작해 1910년경에는 모스크바와 상트페테르부르크, 키예프, 오데사, 로스토프-나-도누 등의 도시들에 정신분석협회들이 우후죽순처럼 발족하기에 이른다. 러시아 지성사에서 외래 학문이 유입되

---

15) 러시아 심리치료의 역사는 길게 보아 10세기까지도 소급되지만(이는 러시아의 역사적 '기원'과도 맞닿는 추정이다), 실제로 근대학문으로서 심리학의 탄생은 19세기 후반에서야 가능했다고 보는 이유가 여기에 있다. 물론 그것은 세르게이 코르사코프나 이반 세체노프 등으로 대표되는 신경생리학 분야를 주로 가리키며, 정신을 신체로 환원하여 다룬다는 점에서 현대 심리학뿐만 아니라 정신분석과도 구별된다. 우리의 관심사를 이루는 정신분석, 곧 무의식의 문제 설정은 20세기를 전후해서 비로소 이론적이고 실천적인 조망권에 들어오게 된다(Martin A. Miller, *Freud and Bolsheviks: Psychoanalysis in Imperial Russia and the Soviet Union*, Yale University Press, 1998, pp.8~14).

16) *Ibid.*, p.86. 이하 연대기적 서술은 밀러의 서술을 참고하며 재구성했다.

었던 역사적 수순을 정신분석도 비슷하게 되풀이했다. 즉, 독일과 오스트리아 현지에서 프로이트와 그의 학파 밑에서 공부하고 돌아온 유학생들이 러시아에 정신분석을 소개하고 전파시켰던 것이다.

니콜라이 오시포프Nikolaj Osipov, 1877~1934는 그 첫번째 인물이었다. 아직 프로이트와 결별하기 이전, 프로이트의 '수제자'였던 칼 융 밑에서 정신분석의 기법에 대해 사사한 후 1908년 귀국한 그는 러시아에서 정신분석을 진지한 학문적 분과로 성립시키고자 노력했다. 모스크바의 정신병원에서 근무하며 프로이트에게 서신 교환을 제안했고, 나중에는 빈으로 직접 그를 만나러 다녀왔던 오시포프는 동시대 러시아 아카데미의 주류를 이루었던 심리학회에 맞서 정신분석을 전문적으로 연구하는 소장 그룹을 결성했고, 1910년경에는 『정신치료』Psikhoterapija라는 격월간지를 간행해 프로이트를 깜짝 놀라게 했다. 프로이트가 자신의 학파를 창설하고 학문적 업적을 전파하기 위해 창간한 『국제정신분석저널』Internationale Zeitschrift für Psychoanalyse보다 6개월 앞서 러시아에서 유사한 저널이 먼저 출판되었기 때문이다.[17]

오시포프의 저널은 이오시프 펠츠만을 비롯한 젊은 학자들이 속속 참여함으로써 러시아 정신분석의 활황기를 이끌었고, 프로이트의 논문과 기본 저작들을 번역함으로써 러시아 정신분석학파의 이름을 창시자의 마음속에 깊이 새겨 두었다. 모스크바를 중심으로 한 정신분석의 열기는 볼셰비키 혁명이 성공한 뒤에도 사그라들지 않았다. 1921년 모셰 불프, 니콜라이 오시포프, 이반 예르마코프, 알렉산드르 루리야 등이 주축이 되어 결성한 러시아 정신분석협회는 이론과 실천 양쪽에서 의욕

---

17) Miller, *Freud and Bolsheviks*, p.34.

적인 활동들을 기획해 나갔다. 당대의 그 어느 나라에서보다도 프로이트는 러시아에서 자신의 열광적인 지지자들을 확보했으며,[18] 모든 낡은 제도와 관습, 문화를 뒤바꿀 듯한 혁명의 분위기와 어울려 볼셰비즘과 정신분석의 '행복한' 결합이 조심스럽게 타진되는 듯했다. 만일 사회주의 혁명의 목표가 체제 전복과 제도 전환이라는 형식적 차원만이 아니라 민중의 욕망 구조 자체를 변혁하는 데 있었다면, 볼셰비즘과 정신분석의 결합은 필연적이지 않을 수 없었다.

이 시대사적 흐름에서 바흐친 서클도 예외는 아니었다. 레프 비고츠키와 알렉산드르 루리야 같은 당대 최고의 심리학자들이 프로이트에 대한 찬사와 지지를 표명한 가운데 바흐친과 그의 친구들도 정신분석의 최신 동향을 주시하기 시작했으며, 특히 심리의 구조와 그 해명의 방법론적 문제에 열띤 관심을 보였다. 역시 볼로쉬노프의 이름으로 출간되었고 『프로이트주의』의 압축된 판본으로 간주되는 「사회적인 것의 저편: 프로이트주의에 관하여」[Po tu storonu sotsial'nogo. O Frejdizme]가 1925년 발표되었던 것도 이런 배경에서다.[19] 곧 이어 살펴보겠지만, 1920년대 국가주의의 강화로 쇠퇴를 겪기까지, 소비에트-러시아에서 정신분석은 유럽에서 그것이 경험했던 어떤 사례에도 비견할 수 없을 만큼 강력한 지위를 누리고 있었다.

---

18) 지그문트 프로이트, 「정신분석 운동의 역사」, 『정신분석학 개요』, 박성수 옮김, 열린책들, 2009, 83쪽; Valerij Lejbin ed., *Zigmund Frejd, psikhoanaliz i russkaja mysl'*, Respublika, 1994, pp.6~7.

19) Semen Konkin·Larisa Konkina, *Mikhail Bakhtin: Stranitsy zhizni i tvorchestva*, Saransk, 1993, pp.116~117. 이 텍스트는 Vladimir Voloshinov, *Filosofija i sotsiologija gumanitarnykh nauk*, Asta-press, 1995, pp.25~58에 실려 있다.

(2) 볼셰비키 혁명과 정신분석

무의식을 둘러싼 논쟁은 러시아 정신분석의 운명에서 가장 핵심적인
사안이었다. 하지만 그것은 학문적 개념 규정의 문제를 훌쩍 넘어선 사
회정책적이고 정치이데올로기적 입장들 사이의 논쟁과 연결되어 있었
다. 소비에트 지도자들에게 새로운 국가의 인민을 창출하는 일은 의식
계몽과 이데올로기 교육만으로는 달성될 수 없는 것이고, 무의식을 매
개로 한 보다 심층적인 인간 개조와 연관된 문제로 제시되었다.

혁명 이후 볼셰비키의 당면 과제는 '낙후된' 러시아 노동자들의 근
로의식을 고취시킬 수 있는 갖가지 장치들을 고안하는 것이었다. 노동
과정과 심리를 기술적으로 분석하고 결합시킬 수 있는 메커니즘이 필
요했고, 생산 현장에서 테일러주의의 도입과 심리학에서 파블로프의
반사학反射學 연구가 동시적으로 진행되었던 것은 결코 우연한 일이 아
니었다.[20] 사회주의의 미래는 새로운 인간 유형의 창출에 달려 있다고
공공연하게 선언되었다.[21] 1921년 이래 신경제 정책NEP의 시작과 사회
주의적 경쟁의 도입, 생산력의 급속한 진작 등을 통한 일국 사회주의 건
설이라는 목표와 맞물리며 '공산주의적 인간'으로서 마땅히 지녀야 할
노동의식을 만들고 주입하는 게 소비에트 당국의 최우선적 관심사가
되었던 것이다. 이는 대중의 일상생활과 관습, 습관과 정신 구조 및 신
체성 전반을 대상으로 삼는 작업이었고, 따라서 무의식은 주요한 고려
대상으로 부각되었다. 의식(계급의식, 당파성과 잘 훈련된 사회주의적 심

---

20) Alex Kozulin, *Psychology in Utopia*, The MIT Press, 1984, pp.40~49; Bailes Kendall, "Alexei
Gastev and the Soviet Controversy over Taylorism 1918-1924", *Soviet Studies*, Vol.29, No.3,
1977, pp.379~392.

21) Lynne Attwood, *The New Soviet Man and Woman*, Indiana University Press, 1990, pp.63~66.

성)과 마찬가지로 무의식(내면화된 노동윤리, 습관 및 자각되지 않은 신념)은 '새로운 사회'의 구성원을 길러 내기 위한 기술적 조작의 대상으로 파악되었던 것이다.[22]

정신분석과 사회혁명의 관련성을 기민하게 파악하고 적극적으로 수용하려 했던 것은 강단의 학자들보다는 일단의 사회활동가들이었다. 혁명 이전부터 프로이트의 저술과 정신분석 이론에 깊은 관심을 가졌던 그들은 사회운동을 통해 정신분석 이론을 현실에 적용하고자 했던 실천가들이었다. 그들에게 정신분석은 카우치에 누운 환자와 나누는 개인적 면담에 한정되지 않았다. 그것은 오히려 사회적이고 집단적 차원에서 실행되어야 할 운동이었고, 무의식에 대한 개입과 형성은 그 최종 목표였다. 그들은 사회적이고 대중적인 실험을 통해 정신분석의 실천적 효용성을 검증하고 싶어 했다. 무의식은 분명 인간 심리의 감추어진 심연이다. 그러나 개인의 내면에 온존한 비밀스런 사적 영역이 아니라, 사회적 관계 속에서 형성되고 만들어짐으로써 집단적 차원에서 조형되어야 할 관계의 역학이라는 게 무의식에 대한 그들의 관점이었다.

초기의 볼셰비키 정부가 정신분석에 호의적인 반응을 보이고 혁명의 연대 세력으로 인정했던 것도 이러한 측면이 고려된 결과였다.[23] 이렇게 혁명 이후 러시아에서 무의식 이론은 개인 심리의 영역을 넘어서 사회적이고 집단적인 차원에서 본격적으로 전유되기 시작한다. 문제는

---

22) 따라서 레닌의 문화 혁명 프로그램은 사회주의 사회의 창출 조건으로서 인민 전체의 폭넓은 계몽을 요청하게 된다(Vladimir Lenin, *Lenin i kul'turnaja revoljutsija. Khronika sobytij (1917-1923 gg.)*, Mysl', 1972; 존 톰슨, 『20세기 러시아 현대사』, 김남섭 옮김, 사회평론, 2004, 280쪽 이하). 또한 혁명 초기 러시아 대중의 무의식을 장악하려는 소비에트 정권의 기획에 대해서는 보리스 그로이스, 『아방가르드와 현대성』, 최문규 옮김, 문예마당, 1995를 참조하라.

23) Levy Rahmani, *Soviet Psychology*, International University Press, 1973, pp.8~9.

정신분석의 이론가들이나 사회활동가들, 볼셰비키 정권 사이에서 무의식에 대한 이론적·실천적 합의가 별반 이루어지지 않은 채, 각자 동상이몽의 상황 속에서 정신분석 운동이 진행되었다는 사실이다. 그들 중에는 프로이트의 이론과는 전혀 무관히, 다만 '정신분석'이라는 이름만을 내건 채 자신들의 사회적 실천에 골몰하는 분파들도 있었고, 반대로이론적 측면만을 정밀하게 세공할 뿐 현장 경험과 실천에는 비교적 무관심한 부류도 있었다. 하지만 혁명기를 전후해 러시아 사회와 문화에프로이트의 이름과 정신분석, 또는 무의식이란 문제의식이 강렬한 흔적을 각인해 놓았던 것은 분명한 사실이었다.

물론 정신분석에 대한 열광의 이면에는 그에 대한 의심과 적대감, 비판 역시 존재하고 있었다. 제정시대 말에서 혁명 초까지 정신분석이러시아에서 순탄하게 받아들여졌던 것만은 아니었다. 하나의 강단이론으로서 소수의 임상의들에게 수용되었을 때 정신분석은 '학문'이라는 덮개에 싸여 보호받을 수 있었지만, 그 덮개가 제거되자마자 유럽에서와 마찬가지의 대중적 통념과 거센 싸움을 벌여야 했다. 특히 범성애주의Pan-sexualism라는 꼬리표는 프로이트와 그의 이론을 곧잘 '비도덕적'이란 논란에 회부해 버렸고,[24] 곧이어 벌어진 독일과의 전쟁은 '적국'의학문이 이론적으로든 실천적으로든 공론화될 기회를 박탈시켜 버렸다. 그러나 1917년의 혁명은 그 모든 분위기를 전도시켜 버렸다. 봉건적이며 부르주아적 '구세계'인 제정시대에 대한 공격의 일환으로 정신분석이 동원될 수 있던 탓이다. 마치 문학·예술의 아방가르드가 제정시대

---

24) 성에 대한 도덕적 통념과의 투쟁은 정신분석이 초기부터 줄곧 부딪혀 왔던 문제였다(지그문트 프로이트, 『성욕에 관한 세 편의 에세이』, 김정일 옮김, 열린책들, 2004, 16쪽).

아카데미의 원로 교수들과 학풍을 비웃고 그 자리를 점거해 버렸듯, 정신분석 역시 구시대의 심리학에 반격을 가하고 새로운 사회에 걸맞은 새로운 심리 이론으로 등극하고자 했다.[25]

　　모든 정신분석가들이 혁명에 동조한 것은 아니었으나, 정치적으로 좌파에 가까웠던 경우에는 대단한 열성을 갖고 볼셰비키와의 연대를 추구했다. 우리는 그 대표적 사례를 타치야나 로젠탈Tat'jana Rozental', 1885~1921에게서 찾아볼 수 있다.[26] 1905년 제1차 혁명 동안 볼셰비키에 가입한 그녀는 러시아 정신분석 운동의 역사에서 이론과 실천 양쪽에서 두드러진 활약을 펼친 인물이었다. 1911년 덴마크 작가에 대한 문학과 정신분석을 주제로 첫 논문을 작성한 이래, 그녀는 프로이트를 직접 방문해 정기적으로 그의 세미나에 출석하여 지도를 받았다. 러시아로 귀국한 후, 1919~1920년의 내전기 동안 정신분석에 대한 강의를 하면서 분석가 모임을 조직하기도 했고, 신경증 아동을 위한 실험학교 설립에 참여하기도 했다. 문학작품에 대한 정신분석적 해석에 괄목할 만한 재능을 지녔던 로젠탈은 향후 정신분석적 문학 연구의 범례를 제공하기도 한다. 그런데 우리의 특별한 주의를 끄는 것은, 그녀 개인의 인생 행로가 운동으로서의 정신분석이 러시아에서 겪었던 경과를 상징적으로 예시해 준다는 점이다.

　　혁명 이후 첫 몇 해 동안 러시아 정신분석 운동은 '전성시대'를 맞이했다. 훈련가를 양성하기 위한 다양한 기관과 병동 및 실험학교 등이

---

25) 레닌이 『유물론과 경험비판론』(1909)에서 기성의 철학과 심리학을 '부르주아의 유산'이라 비판한 이래, 볼셰비키 이론가들은 소비에트 사회의 심리학은 과거와는 다른 인간학적 토대에서 새로 만들어져야 한다는 입장을 갖고 있었다(Rahmani, *Soviet Psychology*, p.6).

26) Miller, *Freud and Bolsheviks*, pp.40~44; Viktor Ovcharenko, *Rossijskie psikhoanalitiki*, Akademicheskij proekt, 2000, p.207.

세워졌고,[27] 프로이트의 저작을 전부 러시아어로 번역해 출판하려는 야심찬 사업들이 기획되었다.[28] 연구자들에 의하면, 당시 러시아에서 진행되던 정신분석 운동은 서구에서 유래를 찾아볼 수 없을 정도로 대담하고 급진적인 것이었는데, 의학적 치료뿐만 아니라 예술과 사회, 정치, 경제, 문화의 다방면에 걸쳐 정신분석을 광범위하게 적용하려는 시도들이 나타났기 때문이다.[29] 소비에트 연방에서 정신분석 운동의 참여자들은 전문적 의료인보다 철학과 미학, 자연학, 교육학 등의 종사자들이 많았는데, 이는 프로이트가 누차 강조하던 정신분석의 '종합적' 성격에 부합하는 것이었다.[30]

볼셰비키의 지지는 정신분석이 제도 속에 안착하기 위한 중요한 전제 조건이었다. 국가의 공인을 받고 싶어 하던 정신분석가들의 열망도 있었지만, 볼셰비키 역시 초기엔 정신분석을 끌어안고 싶어 했다. 이론보다는 실천에 적극적이던 정신분석 활동가들은 병원과 학교, 사회적 약자들을 위한 시설 설립에 큰 의욕을 보였는데, 혁명과 내전으로 피폐해진 러시아 사회에 이러한 활동은 필요하고도 유익한 것으로 보였기 때문이다. 나아가 정신분석가들의 이런 활동은 정신분석이 '부르주

---

27) Miller, *Freud and Bolsheviks*, pp.49~50, 53~60.
28) 실제로 혁명을 전후한 시기에 러시아에서 프로이트의 저작들은 대부분 번역되었고, 누구나 쉽게 구해 읽을 수 있었다(Daniel Rancour-Laferriere, *Russian Literature and Psychoanalysis*, John Benjamins Publishing Company, 1989, p.11).
29) 이로 인해 국제정신분석연합(IPA)은 러시아 활동그룹을 자기들 내부로 수용할지 여부를 두고 고민에 빠졌다. 러시아 분석가들의 상당수가 비의료 분야의 연구자들, 즉 인문·사회과학자나 예술인이었기 때문이다(Miller, *Freud and Bolsheviks*, p.61).
30) 지그문트 프로이트, 「비전문가 분석의 문제」, 『정신분석학 개요』, 박성수 옮김, 열린책들, 2004, 384~385쪽. 프로이트 자신은 의사 면허를 가진 '전문가'로서의 정신분석에 대해 상반된 입장을 보였다. 한편으로 그는 전문적인 정신분석 훈련을 거친 사람만이 치료요법으로서의 정신분석을 담당해야 한다고 믿었고, 다른 한편으로 정신분석이 의학에 국한되지 않은 보다 보편적인 학문으로서 자리매김하길 바랐기 때문이다.

아 태생'이라는 결점을 극복하고 사회주의와 잘 결합할 수 있다는 인상을 심어 주었다. 프로이트의 복잡한 이론보다 신생 사회의 미비점들을 행동으로써 보완하고자 했던 정신분석 운동에 대해 볼셰비키가 적대할 이유는 많지 않았다. 즉 정신분석과 볼셰비키는 필요에 의해 서로를 맞아들였던 것이다. 예를 들어, 정신분석 활동가들이 세운 병원은 어느 누구든 정신분석적 치료를 받을 권리가 있음을 보장했는데, 이는 동시대 유럽에서 치료 비용을 감당할 수 있는 유산계급만이 정신분석의 혜택을 누리던 것과는 판이하게 다른 현상이었다. 서구와 구별되는 소비에트 정신분석의 특징은 그것이 경제적 장벽을 철폐함으로써 대중과 사회에 대해 직접적인 처방과 개입을 수행했다는 점에 있었다.

(3) 맑스주의와 정신분석의 '행복한' 결합

1921년 페트로그라드와 모스크바에서 이반 예르마코프와 모셰 불프의 책임하에 세워진 실험학교는 소비에트 정신분석의 주요한 업적 중 하나였다. 모스크바의 학교는 '아이들의 집─실험실'Detskij dom-laboratorija이라는 이름으로도 알려졌는데, 일종의 기숙사 유치원으로 그 당시 유행하던 대로 과거 부르주아의 저택을 인수해 개조한 시설이었다. 1~5세 정도의 30여 명의 아이들이 수용되었고, 그들의 부모는 노동자에서 농민, 인텔리겐치야를 아우르고 있었다. 일설에는 스탈린의 아들 바실리 역시 이 학교 출신이라는 주장도 있는데, 사실이라면 혁명 초기 정신분석에 대한 정권의 커다란 호의를 보여 주는 사례가 될 것이다.[31]

베라 슈미트Vera Shmidt, 1889~1937는 이 학교의 실질적 운영자로서, 남

---

31) Miller, *Freud and Bolsheviks*, pp.64~68.

편 오토 슈미트는 소비에트 정신분석학계의 임원이자 볼셰비키의 출판 관료였다. 그녀는 정식 학위를 가진 연구자는 아니었으나, 정신분석을 현실에 적용하는 문제에 있어서는 그 어느 이론가보다도 더 과감하고 혁신적인 태도를 취했다. 특히 프로이트의 '유아성욕' 이론을 적극 적용하였던바, 이에 따르면 아이들은 쾌락을 향유하는 데 있어 어른들 및 사회적 억압으로부터 전적으로 자유로워야 했다. 몇 가지 사례들을 언급해 보자.

가령, 실험학교에는 체벌이 없었을 뿐만 아니라 그 어떤 고압적인 방식의 통제도 허용되지 않았다. 교사도 아이들에게 큰 소리로 위협을 가해서는 안 되고, 끔찍하고 고통스런 연상을 떠올릴 만한 언어적 협박도 금지되었다. 상이나 벌은 아이가 한 행위에 정확히 초점이 맞춰지도록 조정되었다. 즉 도덕적 통념에 기반한 '선'과 '악'을 가르치는 게 아니라, 무엇이 유용한지 또 어떤 것이 삶에 즐거움을 주는지를 알도록 하는 게 교육의 주된 목표였다. 또한 아이들이 만족감을 느끼기 위해 하는 행동들, 성기를 만진다거나 오줌 싸기, 손가락 빨기, 배설물 갖고 놀기 등을 꾸짖지도 않았는데, 프로이트에 의하면 이러한 금지들이 성인 신경증의 원인이 되기 때문이다.[32] 요컨대 '억압'의 요인들을 철저히 제거하여 심리적으로 건강하고 자유로운 인간을 육성하는 게 정신분석적 아동 교육의 핵심이었다.

이런 방식으로 양육되는 아이들이 배우는 것은, 통상의 우려처럼 개인적 차원의 감각적 쾌락의 추구가 아니었다. 오히려 아이들은 문화

---

32) 지그문트 프로이트, 「신경증과 정신증」, 『정신병리학의 문제들』, 황보석 옮김, 열린책들, 2004, 192쪽.

적이고 사회적으로 더 월등한 쾌락을 배우고 향유할 수 있게 된다. 일례로, 어떤 소녀는 배설물을 몸에 묻히고 노는 걸 좋아했는데, 그녀에게 그 행위를 금지하는 게 아니라 오히려 물감을 쥐어 줌으로써 결국 그녀가 물감으로 몸이나 도화지에 칠하는 데서 더 큰 흥미와 즐거움을 누리게 하는 데 성공했다고 한다. 프로이트의 용어로 승화sublimation라 부를 수 있는 이러한 전환은 아이가 원초적인 것에서 문화적인 것으로, 개인적인 것에서 집단적인 것으로 자신의 욕망과 쾌락을 전환시키는 길을 열어 주었다는 데 의의가 있다. 나아가 이런 교육은, 전통사회에서는 '부르주아적인 사적 개인'으로 남았을 아이들을 '공산주의적인 집단적 인간'으로 육성하는 근본 방침으로 작용할 것이었다.

하지만 무조건적인 애정 행사가 새로운 교육의 절대 지침은 아니었다. 오히려 교사들에게 벌과 마찬가지로 금지되었던 것은 따뜻한 포옹이나 입맞춤, 스킨십의 과도한 사용이었다. 그런 애정 표현은 아이들을 위한 것이기보다 어른들의 욕망에 부합하는 것으로서, 그것들의 갑작스런 중단이 초래할 신경증의 위험을 포함하고 있었다. 따라서 어른의 감정에 따라 아이들의 감정을 좌지우지하는 것이야말로 정신분석적 교육에서 가장 피해야 할 것으로 명시되었다. 아이들이 외부세계에 대해 불안해하거나 피해의식을 갖지 않게 하는 것, 아이들의 무의식에 외부세계에 대한 호감과 긍정성이 자리 잡도록 하는 것이야말로 아이들의 집이 추구하던 이상적인 교육 목표였다. 볼셰비키가 기대하던 혁명 이후의 인간상을 이런 교육을 통해 만들어 낼 수 있다는 신념이 여기 깔려 있었다.[33]

---

33) 그런 의미에서 정신분석적 교육의 목표는 자기에 대한 사랑이 아니라 사회에 대한 사랑이라 할

육아와 교육이라는 실천적 관심과 더불어, 정신분석을 맑스주의와 통합하려는 학문적 시도 역시 활발히 이루어졌다. 특히 정신분석은 기성세대의 전통학문이 거부하던 분과였기에 새로 출범한 정권하에서 이론가들이나 임상의들이 호의를 갖고 연구하고자 하는 분위기가 조성되어 있었다. 이들의 주요 목표는 어떻게 하면 정신분석을 새로운 사회의 이데올로기인 맑스주의와 화합하게 할 수 있는가에 두어졌다.

이반 예르마코프Ivan Ermakov, 1875~1942는 정신분석을 맑스주의와 통합하고자 시도한 대표적 학자였다. 그는 1921년 모스크바에 설립된 러시아 정신분석협회의 초대 의장을 역임했고, 프로이트의 이론을 문학과 예술 텍스트에 적용함으로써 창조의 심리를 해명하고자 했다. 특히 볼셰비키 정권 출범 후, 국책 사업의 하나로 프로이트 저작집의 번역과 간행을 주도하였고, 그의 노력 덕택에 정신분석의 이론적 유산이 소비에트 러시아에 남아 있을 수 있게 되었다. 이 시기에 그가 출판했던 프로이트의 저작들이 소비에트에서 마지막으로 나왔던 정신분석적 저술들이었기 때문이다.[34]

보다 이론적인 층위에서 정신분석과 맑스주의의 통합은 무의식 개념을 매개로 이루어졌다. 실로 무의식에 대한 합의야말로 맑스주의와 정신분석의 결합이 실제로 성공할 것인지를 판가름 짓는 중요한 결절

만하며, 크루프스카야의 다음과 같은 목표 설정과 동일한 궤도에 놓여 있다. "학교는 학생의 사회적 본능의 발달, 환경이해의 발달, 어느 곳에서나 유용한 인간이 되고자 하는 희망과 가능성"을 키워야 하고, "오직 이것만이 인간을 행복하게 하"는 것이다(나제쥬다 크루프스카야, 『크루프스카야의 국민교육론』, 한신대제3세계문화 연구소 옮김, 돌베개, 1989, 62~63쪽).

34) 이 시기에 출판된 프로이트의 저작들은 소비에트 시대 내내 사회적 분위기에 따라 절판과 복간을 되풀이해 왔다. 만약 이때 전문적이고 대량으로 정신분석 문헌들이 번역되지 않았더라면, 이후 소비에트 연방의 붕괴까지 러시아 지식인들이 프로이트의 저작들을 입수해 읽는 일이 쉽지는 않았을 것이다.

점이었던 것이다. 이로부터 맑스주의와 정신분석의 결합에 대한 치열한 논쟁이 벌어지게 된다. 가령, 1920년대 소비에트 심리학계를 지도하던 알렉산드르 루리야는 무의식이 변증법적 유물론의 법칙에 따라 작동하는 심리기제라 주장했다.[35] 또한, 후일 소비에트 현대심리학의 개척자로 평가받는 베르나르드 비호프스키[Bernard Vykhovskij, 1901~1980]는 오직 정신분석만이 변증법적 유물론의 핵심을 간파하는 유일한 학문이라 선언하며, 프로이트의 리비도 이론이 인간 심리와 신체의 연속성을 입증해 준다고 단언했다.[36] 데카르트 이래 근대철학의 풀리지 않는 난제였던 심신 분리의 문제를 프로이트가 해결해 주었다고 역설함으로써, 정신분석이 새로운 사회의 새로운 '과학'임을 열성적으로 피력했던 것이다.

철학적 논리 이외에도, 당시에 이미 '유물론적 과학'으로 공인되었던 반사학의 입장에서 프로이트를 옹호한 사례도 없지 않았다. 아론 잘킨드[Aron Zalkind, 1888~1936]가 그 대표자인데, 그는 '프로이트주의'란 용어를 만들어서 소비에트 학계에 유포시킨 장본인이었다. 그에 따르면, 파블로프의 반사학과 프로이트의 정신분석은 서로 언어를 달리할 뿐 근본적으로 맑스주의의 과학주의를 공유하는 학문들이었다. 다른 정신분석가들과는 달리, 잘킨드는 프로이트의 중심 이론인 무의식이나 충동 등에 별다른 관심을 쏟지 않았다. 대신 그는 신체적 물질대사에서 자극과 반응/반사 메커니즘이 리비도 이론과 유사하다는 데 착안했다.

---

35) Aleksandr Lurija, "Psikhoanaliz kak sistema monicheskoi psikhologij", *Antologija rossijskogo psikhoanaliza*, Vol.1, pp.427~452.
36) Boris Bykhovskii, "Metapsikhologija Frejda", *Antologija rossijskogo psikhoanaliza*, Vol.1, pp.578~595.

예를 들면, 프로이트는『꿈의 해석』에서 꿈이란 신비스런 전조나 예지가 아니라 다만 전날의 기억들이 리비도적으로 응축되고 전치된 결과들이라 주장했는데, 이를 잘킨드식으로 바꿔 말하면 꿈이란 전날의 체험들이 비지각적 수면상태에서 반사된 이미지들의 조합이라 설명할 수 있다. 이로써 얻는 결론은 자못 심대했다. 반사학 이론이 볼셰비키에게 가져다준 가능성은 자극/반응의 심리적 메커니즘을 조형함으로써 공산주의적 인간을 '기계적으로' 육성할 수 있으리란 기대였는데, 정신분석의 리비도론이 이와 동일한 메커니즘을 갖고 있다면 그 역시 새로운 인간 형성에 기여할 수 있을 것이기 때문이다.

> 프로이트 학설이 갖는 엄청난 내적 모순에도 불구하고, 그의 방법론은 방치되어 있는 인간의 정신생리학적 풍부함을 깊이 파헤칠 가능성을 제공해 주며, 거기에 법칙을 정립시키고 사회적으로 전용할 만한 요소들을 발견하도록 만들어 준다. 사회생물학과 정신생리학적 변증법을 위하여 프로이트는 그의 이데올로기적 이원론에도 불구하고 결코 마르지 않는 가치를 갖는 것이다. [……] 맑스주의적 정신생리학을 위해 프로이트의 학설로부터 길어 올릴 수 있는 많은 것들이 존재한다.[37]

(4) 무의식 논쟁과 정신분석의 패배

사회 사업과 아카데미에서 정신분석이 이렇게 심도 있게 논의되고 실천되기 위해서는 볼셰비키 정부의 승인뿐만 아니라 전폭적인 지원이

---

37) Aron Zalkind, "Freidizm i marksizm", *Antologija rossijskogo psikhoanaliza*, Vol.1, pp.271~275.

불가결했다. 당시 소비에트 전역에서는 여러 형태의 집단적 생활 형태, 즉 코뮨들이 생겨났고 이에 발맞춰 새로운 형식을 지닌 실험학교들도 우후죽순처럼 설립되고 있었다. 볼셰비키 정부는 전통적인 암기 위주의 일방적 교육 방식을 지양하고 인성과 재능, 기술을 함께 수련할 수 있는 종합학교적 성격의 교육 체제를 구축하고자 부심했다. 가령 크루프스카야가 깊이 개입했던 종합기술학교의 설치는 제정시대와 부르주아 사회의 교육 관행 및 체계를 전면적으로 갈아엎어 새로운 인간 육성의 프로그램을 개발하려는 노력의 일환이었다.[38]

새로운 교육 체계에서 징벌과 억압은 제거되어야 할 구시대의 '악'이었다. 교육인민위원인 아나톨리 루나차르스키[Anatolij Lunacharskij, 1875~1933]는 소비에트 연방의 모든 학교에서 체벌과 시험, 숙제 등을 폐지하도록 명령했으며, 정신분석에 완전히 동의하지는 않아도 적어도 그 교육적 지침의 긍정성에는 호의를 보여 주었다.[39] 이런 분위기는 비단 교육 정책에만 반영된 게 아니었다. 가령 1919년 제정된 소비에트 형법에는 '죄', '범죄', '처벌'과 같이 제정시대에 남용되던 부정적 용어들이 대폭 수정되거나 삭제되어 있다. 이런 용어들은 범죄 행위를 개인의 인성 문제로 환원시켜 버림으로써 사회구조적 문제를 은폐시키는 데 악용되거나, 혹은 개인에게 죄의식을 강제함으로써 사회구성원으로의 복귀를 영구적으로 봉쇄해 버리기 때문이다.[40]

이런 점들은 혁명 초기 소비에트가 구축될 때의 사회적 상황을 잘

---

38) 크루프스카야, 『크루프스카야의 국민교육론』, 201~236쪽.
39) Miller, *Freud and Bolsheviks*, pp.62~63; Sheila Fitzpatrick, *The Commissariat of Enlightenment*, Cambridge University Press, 1970, pp.43~58.
40) Raymond Bauer, *The New Man in Soviet Psychology*, Harvard University Press, 1952, p.38.

보여 주며, 동시에 정신분석이 뿌리내리게 된 사회적 토양의 성격을 잘 보여 준다. 확실히 이 시기에 러시아에는 탁월한 재능과 실천력을 갖춘 정신분석가들이 있었고, 그들의 노력을 통해 프로이트의 이론은 '새로운 사회'에서 실험될 수 있었다. 여기서 간과될 수 없는 점은, 혁명기 러시아 정신분석 운동의 역사에서 볼셰비키 정권이 보여 준 관용 및 적극적인 후원이야말로 운동의 성패를 좌우하는 필수 불가결한 요인이었다는 사실이다. 대단히 지적인 '외국산' 이론이자 범성애주의의 낙인이 붙은 정신분석이 러시아에 정착하기 위해서는 비단 그 이론적 프로그램의 장점만으로는 극복할 수 없는 한계가 있었다. 따라서 정신분석을 연구하는 국책 기관들이 설치되고, 병원을 비롯하여 육아와 교도, 구호 등 관련 목적을 가진 여러 시설들이 세워질 수 있던 배경에는 국가라는 거대한 힘을 상정하지 않을 수 없다. 소수이긴 했으나 볼셰비키의 정치 지도자들 중에는 정신분석 이론과 국가 건설 프로그램 사이의 관련성을 인지한 사람들도 없지 않았다. 가령 구시대의 병폐로 간주되어 볼셰비키를 괴롭히던 소비에트 인민들의 낡은 관습들, 곧 음주벽이나 성차별적 사고, 무사안일주의 및 정교신앙에의 고착 등은 정치·계급의식의 훈련만으로는 개선될 수 없는 것이며, 무의식에 대한 개입이 요구된다는 점이 인식되었던 것이다.[41]

당연한 말이지만, 정신분석 운동에 대한 볼셰비키 지도자들과 국가의 지원이 프로이트의 노선에 대한 동조와 적극적 수용이었다고 말할 수는 없다. 역으로 그것은 프로이트의 본래 입장과 판이하게 다른 양상 속에 나타났다. 생애 말년에 이르러 프로이트가 자신의 저술들에

---

41) 최진석, 「트로츠키와 문화정치학의 문제」, 『마르크스주의 연구』 40, 2015, 12~50쪽.

서 공공연히 볼셰비키를 비난했고, 국제정신분석협회에서 모스크바 지부를 인정하지 않으려 했다는 점은 이를 반증한다. 하지만 프로이트 개인의 입장이 중요한 것은 아니다. 러시아에 정착한 정신분석 운동은 그 발생적 배경으로 1917년의 대혁명을 통해 이해되어야 하며, 이론과 더불어 실천을 통해 사회를 변혁하는 운동으로 자신을 규정했기 때문이다.[42] 러시아 분석가들이 감히 정신분석과 혁명을 하나의 범주에서 사고하고 실행하려 했던 데는, 이러한 본질적인 방향 전환이 전제되어 있었고 그런 이유에서 볼셰비키 정부는 정신분석 운동을 적극적으로 감싸안고 힘을 보태 주었다고 말할 수 있다. 그런데 정확히 동일한 측면에서 러시아 정신분석 운동의 비극도 시작되었다. 즉 권력과 결합하고 제도에 안착하게 될수록 사회운동으로서 정신분석의 힘은 점점 국가 의존적인 형태로 바뀌어 갔고, 그 국가가 정신분석을 적대시하고 억압하기 시작하자마자 운동은 곧장 파국으로 치달았던 것이다.

1920년대 초에 활발한 전성기를 누리던 러시아의 정신분석 운동은 1920년대 중반에 접어들며 급작스런 쇠락을 맞이하게 된다. 특히 1926년 정신분석협회를 제외한 대부분의 국책 기관들이 문을 닫으며 이 운동은 몰락의 징후를 드러냈다. 여기엔 몇 가지 분명한 이유들이 있다. 정신분석 운동의 열렬한 후원자에는 레닌의 동지이자 공산당 최고위원인 레프 트로츠키가 있었는데, 20년대 후반 그가 점차 스탈린에게 세력을 빼앗기며 덩달아 정신분석 운동도 타격을 입지 않을 수 없게 되었던

---

42) 러시아 정신분석 역사에 대해 상세한 기술을 시도한 밀러도 강단 이론의 전개에만 관심을 가질 뿐, 사회적 실천으로서 정신분석 운동에 대해서는 상대적으로 빈약한 분석을 제시한다. 실천적 운동으로서 혁명기 러시아의 정신분석 운동에 대해 연구하고 서술하는 것은 굉장히 흥미로운 작업이 될 듯하다.

것이다.[43] 물론 이것이 다는 아니었다. 소비에트 사회가 혁명의 거친 파고를 넘어서 점차 안정화되면서 사회 전반의 분위기가 보수적으로 선회하였는데, 그때부터 서구적 근거를 갖는 학문이나 이론 등은 의심의 대상이 되어 공격받고 추방되기 시작했다.

바흐친과 무의식의 문제를 논의하기 위해 우리가 관심을 가져야 할 부분은 정신분석을 둘러싼 이론적 편차들 사이의 논쟁이다. 1920년대 초부터 불거지기 시작한 맑스주의와 정신분석(프로이트주의)의 결합에 대한 논의들은 20년대 후반부터 점차 이데올로기 논쟁으로 격화되고 무의식에 대한 진지한 고찰은 종종 유물론적 과학에 대한 수용 여부로 변질되곤 했다. 그 양상을 간추려 보자.

비판은 이론적 전선에서부터 시작되었다. 1924년 블라디미르 유리네츠는 「프로이트주의와 맑스주의」라는 글을 『맑스주의의 기치 아래』 *Pod znamenem marksizma*에 게재하며 정신분석에 대한 포문을 열었다. 그에 따르면, 당시 많은 러시아 학자들이 옹호하던 프로이트의 이론은 겉보기에는 유물론적으로 보여도 실상 그 내부에는 모순과 역설, 가정들이 난무하는 '잡탕의 지식'에 불과하다. 따라서 정신분석의 모든 이론적 가정들은 맑스주의의 '과학적 세계관'과 배치된다는 것이다. 여기서 무의식이 쟁점화될 수밖에 없는 이유는, 혁명의 주동 세력으로서 노동자들의 계급의식과 프로이트의 무의식이 양립 불가능한 관계를 형성하는 것처럼 보이기 때문이었다.

프로이트의 주장에 따르면 무의식은 의식되지 않기에 무의식이다. 전前의식이라는 중간항을 설정한다 해도, 본질적으로 무의식은 의식되

---

43) Miller, *Freud and Bolsheviks*, p.87.

지 않음으로써만 비로소 그 본래적 정의에 맞는 개념이 된다. 그래서 프로이트주의자들이 무의식을 정의하고자 하면 할수록 그들은 본래의 무의식으로부터 더욱 멀리 떨어질 수밖에 없다는 말이다. 그 치명적인 결과는 무엇인가?

최근 들어 프로이트와 프로이트주의자들은 무의식을 언어 속에서 사회화되지 않는 것으로 정의하기 시작했다. [……] 여기서 무의식은 '의식되지만 의식되지 않는'이라는 모종의 논리적 조작을 위한 심리학적 질료 역할을 맡는다. [……] 이제 우리는 명확히 알게 되었다. [프로이트주의에는 — 인용자] 어떠한 변증법도 존재하지 않음을. 변증법에 대해서는 아주 낮은 수준에서만 말할 수 있을 뿐이란 것을.[44]

더욱이 정신분석의 이론 중 오이디푸스 콤플렉스는 말하기도 민망한 '치욕스런' 가정이고, 신경증자에 대한 묘사가 거의 동물과 다름없다는 사실은 프로이트가 극히 '악의적인 궤변가'임을 입증해 준다고 유리네츠는 역설하고 있다. 이런 점들로 볼 때, 정신분석은 반유물론적이고 반과학적인 신비주의에 불과하고, 공산주의 사회에서는 용납할 수 없는 '부패한' 요소라는 것이다. 당대의 이데올로기적 논쟁글들이 그러하듯, 그의 공박은 원색적 비난으로 가득해 '학술적' 성격을 거의 주지 않는다. 우리는 다만 거기서 정신분석에 대한 볼셰비키의 적대감이 어느 정도였는지를 확인할 수 있을 뿐이다.

44) Vladimir Jurinets, "Frejdizm i marksizm", *Antologija rossijskogo psikhoanaliza*, Vol.1, pp.284~285, 294.

다른 한편, 법학자 미하일 레이스네르Mikhail Rejsner, 1868~1928 역시 반정신분석 운동의 선두에 나섰던 인물이었다. 그는 프로이트의 논리를 보다 정치精緻하게 분석하며, 왜 정신분석이 과학적이지 않은가를 증명하려 했다. 그에 의하면, 정신분석의 비과학성은 그것이 개인 심리의 차원에 사회적 문제를 가두기 때문이다. 그런데 이 비판은 단지 정신분석에 대한 반감에서 비롯한 것은 아니었다.

프로이트는 「집단심리학과 자아분석」(1921)이란 논문에서 개인과 사회, 두 차원의 심리를 해명하고자 했다. 거기서 그는 집단이란 결국 무지하고 타자의존적이며 맹목적인 이드의 힘을 추종하는 비이성적 무리라 결론짓고, 건전한 자아는 개인의 심리에 자리 잡을 수밖에 없다는 식으로 논의를 매듭지었다.[45] 레이스네르는 이러한 주관주의와 개인주의야말로 정신분석이 맑스주의의 객관성과 과학성을 벗어나는 중요한 과오라 판단했다. 공산주의는 사적 개인의 우위를 반대하고 집단성에 인류를 소환하는 것인데, 정신분석이 집단을 폄하하고 개인을 우월시하는 한 어떻게 서로 결합할 수 있을 것인가? 개인의 심리에서 발생하는 병리 현상들의 원인은 그 개인의 사적인 역사에 있는 게 아니라 그를 둘러싼 사회적 환경에 있고, 치료는 그 개인 한 사람에 국한될 게 아니라 그가 속한 집단과 사회의 차원에서 이루어져야 할 것이다. 노동자들이 심리적 병리에 빠졌을 때 가능한 치료법은 그를 그렇게 만든 사회적 병폐에 대한 처방에 두어져야 한다. 프로이트주의는 이를 명확히 인식해야만 소비에트 사회의 과학을 자처할 수 있을 것이다. 그러므로 레

---

45) 지그문트 프로이트, 「집단심리학과 자아분석」, 『문명 속의 불만』, 김석희 옮김, 열린책들, 2004, 71~163쪽.

이스네르가 보기에 무의식이라는 '두루뭉술한' 관념을 정신분석이 전제하는 한, 그것은 맑스주의의 과학 정신과 양립할 수 없다.

프로이트의 이론은 사회학에 몇 가지 귀중한 결과들을 안겨다 주었다. 그것은 사회생활의 몇몇 의문스런 현상들에 빛을 던져 주었던 것이다. 그러나 첫째, 프로이트의 이론은 심리의 [무의식을 보완하는 개념인—인용자] 전의식적 체계에 대한 논리를 보충하고 추가해야 할 필요가 있다. 둘째, 프로이트 연구자들은 그들이 '현실'에 가까이 다가갈 때 과학적 근거를 설립해야 할 것이다. 프로이트 및 많은 프로이트주의자들은 아직도 안개 속에 휩싸인 추상적 오지에 머물러 있기 때문이다.[46]

유리네츠에 비하면 훨씬 논리 정연한 편이지만, 레이스네르 역시 정신분석의 근본 전제인 무의식에 대한 의혹을 거두지 않았고, 끝내 그것을 폐기시키길 요구했다. 아이러니컬한 사실은, 프로이트 자신의 논리적 발전에서 전의식과 같은 매개항은 후기로 갈수록 줄어들고 무의식 자체와 충동, 이드 등이 전면에 부각되었던 데 반해 소비에트의 학자들은 '과학성'의 근거로서 중간 고리들을 끊임없이 요구했다는 점이다. 그 결과 정신분석은 소비에트 학계와 사회에서 점차 설 자리를 잃어버리게 되었고, 이후 서구 부르주아의 '신비주의' 문화로서 지탄과 배격을 당하지 않을 수 없게 되었다.

---

46) Mikhail Rejsner, "Sotsial'naja psikhologija i uchenie Frejda", *Antologija rossijskogo psikhoanaliza*, Vol.1, p.491.

(5) 러시아 정신분석 운동의 종말과 그 결과들

스탈린을 추종하는 정치관료들이 당을 장악하면서 벌어진 반트로츠키 캠페인은 곧 정신분석에 대한 지원의 중단으로 이어졌다. 국가에 대한 제도적이고 재정적인 지원이 끊어져 버린 것이다. 트로츠키의 후의를 입고 성장한 정신분석이 트로츠키의 주요 정책 기조나 강령을 주도하거나 추종한 적은 거의 없었다. 그러나 혁명 초부터 정부의 묵인과 지도, 협력을 통해 성장했던 정신분석 운동이 정부의 '돌연한' 배척으로 받은 타격은 결코 적지 않았다. 더구나 스탈린의 관료들은 정적政敵의 손길이 닿은 어떤 기구나 조직이라도 그냥 내버려 두지 않았다. 1926년 정신분석 연구소에 대한 자금 지원이 완전 차단되었고, 2년 후 아이들의 집에 대한 보조도 끊어져 결국 폐쇄되고 말았다. 트로츠키가 분노를 터뜨리며 정치 탄압의 혐의를 고발했으나, 1927년 무렵은 이미 당권이 전부 스탈린에게 넘어간 상태라 그의 저항은 아무런 반향도 일으킬 수 없었다.[47] 정신분석을 둘러싸고 벌어진 당관료들과 분석가들, 이론가들 사이의 논쟁은 사상적 입장 차이를 드러내고 논의하기 위한 자리가 아니었다. 논쟁은 일방적이었고, 대화의 타자가 떠난 빈 자리는 당파적 이해관계에 따른 정치적 결정들로 가득 채워지게 되었다.

그것은 이론적 논쟁이 정치적 권력 투쟁에 휩쓸리며 빚어진 파국이었다.[48] 스탈린주의로 기울어진 당과 결탁한 과거의 정신분석가들은 곧 반정신분석 진영으로 잽싸게 몸을 옮겼고, 이론적으로나 실천적으로나 정신분석 운동을 파산시키기 위한 비판에 돌입하게 된다. 그들에

---

47) 존 톰슨, 『20세기 러시아 현대사』, 김남섭 옮김, 사회평론, 2004, 332~333쪽.
48) Miller, *Freud and Bolsheviks*, pp.100~110.

게 중심 교의는 이제 프로이트에서 스탈린으로 옮겨졌다. 1930년 7월에 열린 제16차 소비에트 연방 공산당 전당대회에서 스탈린은 노동자의 집단심리학에 대한 연구를 언급했는데, 이 연설은 곧장 소비에트 심리학계에서 전가의 보도처럼 통용되기 시작했다. 맑스주의 심리학을 완성하기 위해서는 먼저 학계에 널리 퍼진 부르주아적 경향을 제거해야 한다는 요구가 기승을 부렸고, 여기서 정신분석도 예외는 아니었다. 무엇보다도 무의식에 대한 이론은 '비과학주의'나 '신비주의', '성욕주의' 등의 온갖 부정적 꼬리표를 갖다 붙일 수 있는 좋은 '먹잇감'으로 드러났다.

정신분석이 정교하게 발전시킨 많은 이론적 개념들은 더 이상 논리적으로 연구될 필요가 없었다. 통념이 곧 정설로 굳어지고, 그런 한에서 정신분석은 '패덕한' 학문에 다름 아니었다. 이런 경향은 사실 정신분석 운동이 전성기를 향해 가던 1920년대 초부터 나타났는데, 가령 맑스의 "만국의 프롤레타리아여, 단결하라!"라는 언명을 원초적 아버지에 대항하는 아들들의 동성애적 연대와 관련해 해석했던 어느 학자는 공산주의자들을 동성애자로 묘사해 '모욕'했다는 죄목을 덮어쓰고 격렬히 비판당했던 것이다.[49] 또한, 문학작품을 해석함에 있어 성적 상징과 욕망을 읽어 내는 독해 방식은 타락한 부르주아 문화의 유산이라고 거부되고 매도되었다.[50] 실제로 '프로이트적 해석'이라는 명분하에 이루어진 조악한 성적 상징주의가 유행했던 것도 사실이지만, 러시아 정신분석가들에게 성적 환원주의는 큰 관심사가 아니었다. 그럼에도 불

---

49) Jurinets, "Frejdizm i marksizm", p.309.
50) 정신분석의 이론가이자 문학 연구자였던 예르마코프의 사례가 대표적이다(Ivan Ermakov, *Psikhoanaliz literatury*, Novoe literaturnoe obozrenie, 1999).

구하고 반정신분석 캠페인은 부분을 전체로 과장해서 비난함으로써 러시아 정신분석 운동 전체를 말살시키기 위해 조금의 융통성도 발휘하려 들지 않았다. 1930년대에 이르러 러시아의 정신분석 운동은 조용히 종말을 고하게 된다.

러시아 정신분석 운동이 겪어야 했던 처절한 손실 중의 하나는 인적 자원의 말살과 사회적 인식의 저하라는 점 외에도, 도입 초기부터 쌓아 올려진 많은 이론적 성과들이 훼손되고 사용 불능 상태까지 파괴되었다는 사실이다. 예컨대, 쾌락원칙이나 현실원칙 등의 개념들은, 그것들이 실험학교의 사례에서 잘 보여 주듯 새로운 인간과 사회의 건설을 위해 필요한 실천적 개념틀이 되었음에도 불구하고, 전후 맥락은 잘려 나간 채 통속적 의미로 전용됨으로써 쾌락주의나 부르주아적 현실 안주에 관련된 것으로 폄하되어 침묵에 잠길 수밖에 없었다. 나아가 정신분석의 이론적 전제 중 오이디푸스 콤플렉스나 유아성욕 등에 대한 과도한 성적 통념이 소비에트 사회의 공식 입장으로 유통됨으로써 프로이트의 이름을 거론하는 것 자체가 오랫동안 '부도덕한 짓'으로 금기시되어 버렸다.[51] 반정신분석 캠페인의 선봉에 섰던 유리네츠는 다음과 같은 논평을 통해 결정타를 날렸다. 프로이트를 읽으면 "우리는 야만적 비명과 광란의 춤판이 벌어지는 현대판 발푸르기스의 밤의 몽환 속에 빠지게 되어 [……] 프러시아적 논리의 무의식적 실루엣이 넘실대는 물결 속에 빠져 버린다".[52]

무엇보다도 가장 큰 손실은 무의식의 개념이 폐기된 것이었다. 스

---

51) Miller, *Freud and Bolsheviks*, pp.119~120.
52) Jurinets, "Frejdizm i marksizm", p.277.

탈린이 표방한 일국 사회주의의 대의를 위해서는 전 사회가 노동자들의 계급의식으로 일치단결해야 하는데, 완벽한 공산주의적 이데올로기를 벗어나는 의식의 외부, 무의식이 존재한다는 것은 도대체 받아들일 수 없는 '망상'이었기 때문이다. 더구나 무의식이란 정의상 의식의 논리를 넘어선 것, 통제할 수 없고, 예측하거나 조절할 수도 없는 타자성을 갖기 때문에 명료한 당파성과 계급 이해로 무장한 공산주의적 인간형을 주조해 내는 데 있어 최대의 걸림돌로 부상할 우려가 있었다.

무의식은 일차적으로 억압을 전제한다. 의식의 표면 위로 떠오를 수 없는 것이 '억압되어' 무의식을 형성하기 때문이다. 그런데 온갖 억압적 체제와 제도, 현실로부터 해방된 새로운 사회에 억압이 있을 수 있을까? 억압이 없다면 무의식도 없어야지 않을까? 마치 소비에트 문예 창작이론에서의 무갈등 이론처럼,[53] 스탈린주의로 획일화된 사회가 무의식을 허용할 수 없던 것은 논리적으로 당연한 노릇이었다. 모든 인민이 공산주의적 인간으로 새로 태어나고 있다고 선언되는 마당에,[54] 무의식을 본원적 차원에 간직한 정신분석은 적대적으로 여겨지지 않을

---

53) 1930년대에 사회주의 리얼리즘이 공고화되면서 확산된 문예창작이론으로 노동 해방이 성취된 사회주의 국가에서는 더 이상 부르주아 시대와 같은 개인과 공동체 사이의 갈등이 존재할 수 없다는 주장이다. 19세기의 비판적 리얼리즘은 억압적 사회와 해방을 꿈꾸는 개인의 대립을 보여주어야 했지만, 사회주의 리얼리즘은 그처럼 '존재하지 않는' 대립을 묘사해서는 안 된다. 이에 따라 소비에트 소설은 단순한 사회 예찬이나 소소한(비본질적인!) 일상적 마찰 등을 소재로 택할 수밖에 없었고, 이는 사회주의 문학의 천편일률성과 쇠퇴로 이어지게 되었다. 스탈린 이후 창작의 자유가 일정 정도 허용되긴 했지만, 소비에트 말년까지 사회 비판을 금지하는 풍조는 오랫동안 소비에트 문학을 잠식하고 있었다.

54) 대표적인 소비에트 반체제 인사이자 작가였던 시냐프스키에 의하면, 이러한 인간형은 ①이상 사회의 건설에 대한 무한한 헌신, 신념으로 무장해 있고, ②말을 행동으로 단호히 옮기는 능력을 갖고 있으며, ③홀로 있더라도 항상 집단(계급)의 대표자를 자임하여 공동의 목적에 복무한다(Andrej Sinyavsky, *Soviet Civilization*, Arcade Publishing, 1990, p.116). '새로운 인간'은 고독하게 사고하며 말과 행동 사이에서 망설이는 부정적 인간이 아니라, 공동체의 미래를 위해 온전히 투신하기로 결의한 '긍정적 영웅'으로서 '공산주의적 인간'에 다름 아니다.

수 없었다. 이 점에서 스탈린주의와 정신분석의 충돌은 필연적이었다. 관건은 역시 무의식이었던 것이다. 사회주의 리얼리즘이 공식적 이데 올로기로 표방되고 그것이 현실에 대한 진실하고도 사실적인 묘사를 뜻하게 되었을 때, 역설적으로 그것은 인간과 사회의 가시적이며 실증적인 측면에만 주목할 것을 요구하는 정언명령이 되었다. 그 결과, 삶과 인간 현상에서 비가시적인 측면은 존재하지 않는 영역으로 은폐되었고, 무의식과 그에 기반한 정신분석적 통찰은 더 이상 소비에트 사회에서 제 목소리를 낼 수 없게 되었다.

20세기 초 러시아에 유입된 프로이트의 정신분석은 유럽에서와 마찬가지로 러시아에서도 지성사의 획기적인 전환점을 마련했다. 프로이트 자신이 정신분석을 당대의 생리학이나 신경학과는 차별적인, 인간의 내적 심성에 대한 탐구로 규정지었듯,[55] 러시아에서 정신분석은 의식 위주의 학문적 경계들을 다른 방식으로 분절하는 새로운 관점과 방법론으로서 기능했기 때문이다.[56] 더구나 사회 체제 전반을 뒤집어엎는 혁명과 결부되었을 때 정신분석이 갖는 함의는 러시아에서 엄청난 위력을 발휘했다고 말할 수 있다. 이때 무의식의 문제 설정이 단지 개념적 차원에 머물지 않았다는 사실은 간과될 수 없다. 그저 무의식이라는 개념이 문제였다면 그것은 방법론적 도구로서 손쉽게 소비에트 이데올로기에 편입되거나 제거될 수 있었을 것이다. 문제는 무의식이 내장한 힘의 차원, 그것이 어떻게 실제 사회적 동력을 격발시키고 유동하게 만드

---

55) 지그문트 프로이트, 「나의 이력서」, 『정신분석학 개요』, 215쪽 이하.
56) Lev Vygotsky · Aleksandr Lurija, "Predislovie k russkomu perevodu knigi Z. Frejda 'Po tu storonu printsipa udovol'stvija'", *Antologija rossijskogo psikhoanaliza*, Vol.1, Flinta, 1999, p.367.

는가를 인식하는 것인데, 이에 관해 깊이 있는 성찰의 시선을 보낸 사람은 많지 않았다. 소비에트 러시아에서 정신분석은 곧잘 프로이트의 이름과 동치되었고, 이는 곧장 적성敵性 이데올로기로 배척되었던 탓이다. 무의식은 프로이트주의의 하위 관념으로 분류되었고, 기껏해야 대중 계몽과 조작의 방법론으로 전용되었을 뿐 그것이 갖는 실재 의미에 대해서는 면밀하게 논의되지 못했다. 바흐친이 착안했던 정신분석과 무의식의 문제 설정은 바로 이 공백을 파고들며 형성되었다고 말해도 좋을 듯하다.

아마 이제 『프로이트주의: 비판적 스케치』가 출판된 1927년의 정황을 짐작해 볼 수 있을 것이다. 전술했듯, 스탈린의 독재가 사회 안팎으로 강화되던 시점에서 당의 프로파간다와 일치하지 않는 주의주장들, '외국산' 학문들에 관심을 기울이는 것은 어렵고도 위험한 일이었다. 특히 제도적 후원을 상실한 정신분석의 경우, 맑스주의를 전면에 내건 채 그것을 공박하지 않는 논의는 공론화 자체가 불가능한 분위기였다. 프로이트와 무의식에 관해 언급하기 위해서는 우선적으로 그것의 부정적인 측면들을 비판하는 게 '순서'였으며, 대개의 경우 이런 비판을 통해 자신의 입지를 당 정책과 일치시키는 데서 논의가 종료되곤 했다. 『프로이트주의』에 나타난 정신분석에 대한 신랄하고도 생경한 비판은 이런 시대적 분위기를 읽지 않으면 얼핏 이해하기 어렵다.

이제 우리는 하나의 대담한 가정을 해보려 한다. 바흐친 또한 그런 사회적 분위기에 일견 동조하면서도, 실제로 그가 프로이트와 무의식에 대해 말하고자 했던 것은 '공식적 대세'와는 다른 맥락을 갖고 있었다는 점이다. 이제부터 살펴보겠지만, 바흐친의 정신분석 비판은 단지 공식 정책의 무자각적인 반복이 아니며, 대상이 지닌 이론적 맹점에 대한 정치한 분석을 포함한다. 그런데 이런 분석과 비판은 역설적으로 정신분석의 대전제인 무의식을 폐기하기 위한 게 아니라 다른 방식으로 '구출'하려던 시도였다. 유럽에서나 소비에트 러시아에서나 제도 속에 안착된 무의식의 역학을 다시 끄집어내서 문제화problematize하려던 게 바흐친의 의도였던 것이다. 이 가정은 무의식 비판에 뒤이은 이데올로기론에서 보다 구체적인 형태로 입증되는데, 이로부터 우리는 동시대의 공식적 반정신분석 캠페인과는 사뭇 다른 사유의 흐름을 발견할 수 있다.

3. 『프로이트주의』의 안과 밖

소비에트 사회에서 당의 지지를 잃어버린 학파에 대한 비판은 '불공대천의 원수'에 대한 공격과 다름없을 정도로 강도 높은 것이었다. 1927년에 즈음하여 프로이트주의는 대중 계몽과 사회 변혁의 강력한 무기라는 종래의 평가가 뒤집히면서 '부르주아 세계의 붕괴 및 퇴폐의 징후'로 낙인찍혀 맹렬한 비난 세례에 휩싸였다. 그 중 가장 심각한 비판은 정신분석이 신생 사회주의 국가의 정신을 훼손시키는 이데올로기적 위협 인자라는 것이었다. 무의식에 대한 세심한 관찰과 역학에 대한 분석은 갈수록 의심스럽고 불투명한 것으로 간주되었다. 자본주의의 어두운 이면을 폭로하는 '우군'의 메스처럼 보이다가도 어느새 '적군'으로 돌변하여 소비에트 사회의 내부를 들추는 칼날로 돌변할지 모를 일이었다. 정신분석의 논리가 호소력 있게 들릴수록, 그것은 더욱더 위험스런 경계의 대상이 되지 않을 수 없었다.

    1920년대 중반부터 정신분석에 대한 공박이 강화되면서, 그것은 철저히 소비에트 '바깥'의 현상이며, 비러시아적 행태라는 점이 언제나 강조되었다. 즉 정신분석은 무엇보다도 현대 유럽의 왜곡된 이상 증상이란 점을 내세웠던 것이다. 아마도 정신분석을 '프로이트주의'라고 명명하여 어느 유럽인 개인의 주장으로 축소하고자 했던 의도도 거기에 있을 듯하다. 유럽인의 심성에 억압된 부분을 캐내려는 과학이 성립한 이유는, 유럽인들 자신이 속해 있는 유럽 사회가 비뚤어지고 전도되어 있는 탓이다. 하지만 동시에 그것이 현대성 일반의 문제라는 점도 은밀하게 인정되지 않을 수 없다. 소비에트-러시아는 인류사의 역사적 전화轉化로서 성립한 사회 형태이며, 유럽사뿐만 아니라 세계사의 한 부분이자 '최종' 단계로 나타난 역사의 첨점尖點을 자처해 왔기 때문이다. 이 점에서 정신분석의 문제 설정은 슬며시 소비에트 사회로 다시 인입된다. 정신분석의 위협, 무의식이란 문제 설정을 회피하기보다 정면으로 맞닥뜨려야 했던 까닭이다. "현대 유럽의 정신적 인상을 이해하기를 원하는 모든 사람들은 정신분석을 간과해서는 안 될 것이다. 왜냐하면 정신분석은 너무나도 두드러진, 지울 수 없는 현대의 특징이 되어 버렸기 때문이다."[57] 이렇듯 프로이트주의는 당대의 가장 영향력 있는 '기본적인

---

[57] 바흐친, 『프로이트주의』, 14~15쪽. 이 책의 저자는 대개 발렌틴 볼로쉬노프로 알려져 있으나(영역판 저자는 여전히 볼로쉬노프로 인쇄되고 있다), 제1장에서 언급한 대로 요즈음은 바흐친의 저술로 간주되는 형편이다. 그에 따라 이 책에서는 일관되게 바흐친의 저술로 표기하지만, 이로써 논쟁적 저술들을 바흐친 개인의 단독 저작이라 단정하고 싶지는 않다. 오히려 나는 소위 '저작권 논쟁'의 저술들이 볼로쉬노프 등에 의해 작성되었을 가능성을 열어 두는 게 온당하다고 본다. 핵심은 바흐친 서클의 구성원들이 넓은 의미에서 '공명하는 사유의 관계' 속에 있었음을 지적하는 데 있다. 아마도 그들은 당대의 이론적 논쟁에 대해 관심사를 공유하며 토론을 통해 공동의 방향성을 나누었을 수 있고, 그것을 각자의 이름으로 집필했을 수 있다. 우리는 그 대표자로 바흐친을 거명하는 것이며, 아마도 그가 남긴 후기 저술들이 논쟁적 저술들의 이념들을 포괄하므로 이런 판단에 큰 무리가 없으리라 생각한다. 그리고 이는 바흐친의 사상 전체와도 연결되는데, 근대적 글쓰기를 넘어서려는 그의 사유는 '저작권'에 함축된 개인주의적인 창조자-작가의 관념을 거부하고 있기 때문이다. 글쓰기는 사건이며, 그런 점에서 비인칭적인 흐름이다.

모티브'이자 '이데올로기적 지배소'로 등장했으며, 특정한 임상적 방법론을 넘어서 한 시대의 문화적 대표성을 획득하던 참이었다. 맑스주의를 전면에 내세운 『프로이트주의』가 이토록 강력한 적성 이데올로기를 타도하고 넘어서는 데 자신의 목표를 설정했음은 놀랄 일도 아니다.

바흐친은 크게 두 가지 측면에서 프로이트를 공격한다. 그 하나는 당대의 공식적인 이데올로기로서 맑스주의에 의거한 비판으로서, 프로이트주의가 사회적인 것을 무시하고 심리적 억압과 왜곡 현상을 단지 개인적 차원에 국한시켰다는 점이다. 이른바 개인과 사회의 대립이 그것으로, 포이에르바흐에 관한 테제에 충실한 '올바른' 맑스주의자라면 이론의 여지가 없는 비판이다. 다른 하나는 프로이트가 무의식을 해석한 방법론에 대한 비판으로서 정신분석 논리의 내적 정합성에 관련되어 있다. 이 두 측면을 차례대로 검토해 보자.

(1) 정신분석의 사회와 개인

프로이트는 인간 심리의 숨겨진 층위, 즉 무의식을 발견한 공적을 세웠지만, 다른 한편으로 이내 무의식을 개개인의 어린 시절에 관련된 사생활의 비밀 또는 본능과 생물학의 지평에 환원시켜서 축소해 버린 책임을 면할 수 없다. 즉, 프로이트는 우리의 삶과 사회, 역사 전체를 개인 심리적 차원 또는 동물성의 문제로 치부해 버렸고, 이는 계급 투쟁을 통해 규정되는 사회적 존재로서 인간의 본래 면목을 고의적으로 외면한 결과란 의미이다. 그의 무의식 이론과 사회에 대한 바흐친의 비판적 요약은 다음과 같다.[58]

58) 프로이트와 정신분석 비판을 바흐친이 1927년에 정리한 방식으로 다시 풀어 봐야 하는 이유가

정의상 무의식은 무엇보다도 '억압되고', '괄호 속에 봉인된 체험'이자 '심리 속에 침투한 이질적인 신체body'를 뜻한다. 만약 주체가 어떤 내적·외적인 이유로 자신의 욕망을 온전히 발현시키지 못한다면, 그의 표출되지 못한 욕망은 의식 내부로 억압되고, 지각되지 않는 심리의 심층, 곧 무의식을 형성하게 된다. 이른바 '쾌락원칙'에 대한 '현실원칙'의 승리가 그것인데, 문제는 프로이트가 이와 같은 억압을 인류사 전체를 추동하는 근본 기제로 상정했다는 점이다. 법과 금지로 대변되는 현실원칙은 개인의 원초적 본능과 욕망이 제멋대로 실현되는 것을 저지함으로써 공동체를 유지시키고, 이로써 인류 문명 전체의 존속과 발전도 보장될 수 있다. 따라서 법과 금지를 통한 억압은 사회의 영속성을 위한 필요악이며, 개인 심리의 병리적 증상들은 이 과정에서 파생된 부산물에 불과하다. 요컨대 무의식은 '사회적인 것의 저편'으로 밀려난 개인적 병리 현상일 따름이다. 오직 무의식(≒이드)을 극복한 의식(=자아)만이 사회적인 것에 귀속된다.

하지만 맑스주의적 시선에서 본다면, 개인 심리의 병변은 사회적 모순과 억압의 결과임이 명확하다. 프로이트가 밝혀낸 인간 존재의 생리학적 특성은 무엇보다도 사회적 존재로서 인간의 특성을 넘어설 수

몇 가지 있다. 알다시피 프로이트는 정신분석을 창안한 후 몇 차례에 걸쳐 이론적 '전환'을 수행했는데, 1927년은 아직 후기의 문명론이 완전히 전개되지 않은 시기였다. 가령 『문명 속의 불만』(1930)과 『인간 모세와 유일신교』(1934)가 아직 출판되지 않았으며 당연히 바흐친은 이 저술들을 읽을 수 없었다. 따라서 정신분석의 미완성만큼이나 그에 대한 비판 역시 완전하지 않다. 때문에 바흐친의 정신분석 비판이 다소 '나이브'하다는 주장은 그다지 적절해 보이지 않는다. 더구나 『프로이트주의』의 목적이 정신분석 비판이 아니라 무의식을 본원적인 의미에서 재구성하는 데 있었다면, 관건은 비판의 완전성이 아니라 문제 설정의 적합성에 두어져야 할 것이다. 『프로이트주의』에 대한 문제 제기에 관해서는 다음 글을 참조하라. Neal Bruss, "V. N. Voloshinov and the Basic Assumptions of Freudianism and Structuralism", ed. Valentin Voloshinov, *Freudianism: A Critical Sketch*, Indiana University Press, 1976, pp.133~143.

없기 때문이다. 이에 따라 『프로이트주의』의 '공식적' 결론은 다음과 같이 내려진다.

> 프로이트주의의 기본적인 이데올로기적 모티브는 [……] 현대 부르주아 철학의 모든 기본적인 모티브와 일치한다. [……] 추상적이고 생물학적인 인격, 생물학적 개인은 전혀 존재하지 않는다. 그것은 부적절한 추상일 뿐이다. 사회를 떠난, 즉 객관적 사회경제적 조건을 떠난 인간은 존재하지 않는다. 인간의 인격은 사회 전체의 일부로서만, 계급 속에서, 그리고 계급을 통해서만, 역사적으로는 현실적인 것이 되고, 문화적으로는 생산적인 것이 된다. 역사 속으로 들어가기 위해서는 [……] 제2의 탄생, 즉 사회적 탄생이 필요하다. 인간은 추상적인 생물학적 유기체로 태어나는 것이 아니라, 지주나 농민으로 태어나며, 부르주아나 프롤레타리아로 태어나는 것이다. 바로 이 점이 중요한 것이다. [……] 결국 인간의 본질은 개개의 인간 내에 존재하는 고유한 추상성에 있는 것이 아니다. 인간의 본질의 실재는 모든 총체적 사회적 관계들에 있는 것이다.[59]

이 진술에서 "인간의 본질은 그 현실에 있어서 사회적 관계들의 앙상블"[60]이란 맑스의 테제를 읽어 내기란 어렵지 않다. 프로이트주의는 단지 '이론적 관조'에 그치는 게 아니라 '퇴폐적인' 현대 문화의 이데올로기적 핵심을 스스로 폭로하고 있다는 것이다.

---

59) 바흐친, 『프로이트주의』, 25~27쪽.
60) 칼 맑스·프리드리히 엥겔스, 『맑스·엥겔스 저작선집 1』, 최인호 외 옮김, 박종철출판사, 1991, 186쪽.

프로이트주의는 탈계급화의 심리학으로서, 유럽 부르주아의 가장 광범한 층의 이데올로기적 조류로 공인되고 있다. 이것은 현대유럽의 정신을 이해하려고 하는 모든 사람들에게 극히 의미깊은 현저한 현상이다. 오늘날 철학의 근본 지향은 사회적인 것과 역사적인 것 저편에 세계를 구축하려는 것이며 [……] 이런 경향들은 현대 문화인Kulturmensch의 생리를 규정짓고, 마술, 본능,[61] 성이라는 신앙과 숭배의 세 가지 제단을 마련했다. 역사를 향한 창조적인 길이 폐쇄되는 곳에서는 무의미한 삶의 개인적 발산이라는 막다른 골목만 남게 된다.[62]

가장 먼저 눈에 띄는 것은 생경하리만큼 교조적인 맑스주의의 공식적 어조다. 이로 인해 『프로이트주의』는 '평범하고', '진부한' 저작으로 평가되기도 하지만,[63] 앞서 논급되었던 1920년대 후반의 사회적 환경을 고려할 때 이 '공식적 어조'를 자신의 주의주장을 펴기 위해 동원한 일종의 가림막으로 간주해도 무방할 듯하다.[64] 그렇다면 소비에트의 공식적 어조 배면에 있는 바흐친의 '비공식적' 어조는 어디를 향하고 있을까? 그것은 사회적인 것의 스펙트럼이다. 그에 따르면 정신분석은 유

---

61) 흔히 '동물적 본능'으로 표현되는 이것은 프로이트의 저술에서 두 가지 맥락으로 전개된다. 하나는 매우 적은 용례로 나타나는바, 있는 그대로 동물적 본능(Instinkt)을 가리키며 자극-반응의 기제 속에서 서술되는 차원이다. 다른 하나는, 정신분석의 근본 전제를 이루는 것으로서 방향성을 갖는 힘(압력)을 뜻한다. 이는 리비도 에너지의 충전과 운동에 관련되어 있으며, '동물적 본능'을 넘어서는 욕망의 차원과도 연결된다. 요즘은 대개 '충동'(또는 '욕동': Trieb, pulsion, drive)으로 번역되는 두번째 용례는 현대 철학에서 중요한 의미를 갖는데, 자극-반응의 기계적 순환을 넘어선 '도약'의 계기를 함유하는 까닭이다. 우리의 논의는 명확히 후자를 지향하고 있다.

62) 바흐친, 『프로이트주의』, 149~150쪽.

63) 게리 솔 모슨·캐릴 에머슨, 『바흐친의 산문학』, 오문석 외 옮김, 책세상, 2006, 368쪽; Ann Shukman, "Between Marxism and Formalism: The Stylistics of Mikhail Bakhtin", *Comparative Criticism: A Yearbook*, Vol.2, Cambridge University Press, 1980, pp.221~234.

64) 클라크·홀퀴스트, 『바흐친』, 제2, 3장 참조.

럽 사회의 정신적 위기를 마술, 본능(충동), 성의 총체 속에 붙잡으려는 이데올로기적 시도로서, 그 자체로 현대 유럽 문명의 병증을 보여 주는 증상이라 할 만하다. 즉 사회 전체를 몇 가지 상징(마술, 본능, 성)으로 포착하려는 불가능한 시도라는 것이다. 여기서 사회적인 것은 상징체계로서의 사회를 초과하는 장이다. 달리 말해, 사회는 단일한 강령과 명령, 상징과 언어, 문법과 그 사용들의 체계로 조직될 수 있지만, 사회적인 것은 그러한 랑그적 서술을 넘어서는 파롤의 차원에 있기에 완전히 포획될 수 없다. 그것은 생활세계이자 사건적 삶의 차원에 놓인 것으로서 의식과 질서로 포착되지 않는 바탕을 이루고 있다. 그럼 사회적 삶의 총체가 스탈린주의로 점차 수렴되어 가던 시기에 교조적 강령으로서의 사회와 본래적 의미에서 사회적인 것은 어떻게 구분될 수 있을까?

볼셰비키 혁명 이후의 소비에트 사회는 유적 존재로서 인간의 기본 조건을 '계급적인 것'으로 뿐만 아니라 '계급의식적인 것'으로도 요구하고 있었다. 여기서 사회란 계급의식의 총체에 다름 아니고, 의식 없는 계급성이란 존재의 즉자성('계몽되지 않은' 단순성)과 다른 게 아니다. 요컨대 사회란 계급의식의 총화로 표명되어야 했다.[65] 계급의식의 부재는 사회에 대한 의식의 부재를 의미했고, 의식의 부재란 바로 그러한 비계급성과 비사회성의 표징이 되기에 딱 알맞았다.[66] 무의식에 대한 비판은 이러한 맥락에서 이해될 수 있는데, 무의식이 반동화된 부르주아적 계급의식보다 더욱 위험할 수밖에 없는 것은 그것이 의식적으

---

65) 소비에트 초기, 개인의 사적인 삶 일체를 포기하고 혁명과 사회를 위해 무조건적 헌신해야 한다는 신념을 내면화한 정신적 풍경에 대해서는 다음을 참고하라. 올랜도 파이지스, 『속삭이는 사회 1』, 김남섭 옮김, 교양인, 2013, 제1장.

66) 가령 '계급의식=혁명성'을 강조하던 루카치의 입장을 보라(게오르그 루카치, 『역사와 계급의식』, 박정호 외 옮김, 거름, 1992, 81~82쪽).

로 정향되지 않기에 도대체 '어디로 튈지 모르는' 전前의식적이고 비非의식적인 혹은 의식 바깥外部의 실재를 가리키기 때문이다. 도대체 있는지 없는지 알 수 없는 불명확한 적보다 고약한 게 더 어디 있겠는가?

스탈린주의 사회의 공식적이고 이상理想인 지표는 '사회=(계급)의식≠무의식'이었다. 그래서 무의식이란 게 남아 있다면 문제가 아주 미묘해진다. 무의식이 전체 사회의 적대적인 힘으로 간주된 상황에서 그것을 '부정'하거나 혹은 '순치'시키려는 시도는 자연스러울 것이다(소비에트의 공식적인 입장이 전자고, 프로이트주의가 후자다). 하지만 만일 무의식의 존재를 부정하지 않으면서, 동시에 "정신분석 전체는 무의식의 내적인 의식화에 불과하다"[67]면서 무의식의 순치(/포획)도 시도하지 않는다면 사정은 어떨 것인가? 즉, 정신분석과 다른 의미에서 무의식을 남겨 두고자 한다면, 이는 무엇을 뜻하는가? 만일 그렇다면, 무의식은 어떤 불투명한 징후로서, 견고한 상징적 질서에 구멍을 내고 전복의 가능성을 담지하는 불길한 힘의 현존으로 나타나지 않을까? 소비에트의 공식적 입장과 프로이트주의를 교묘하게 비껴가며 바흐친이 취하는 무의식에 대한 입장이란 어떤 것인가?

(2) 무의식은 없다?

프로이트에 대한 비판은 무의식의 이론적·실천적 맹점에 집중되어 있다. 만일, 프로이트가 주장하듯 무의식이 의식과 의식의 언어에 의해 미처 표현되지 못한 잔여물이라면, 어떻게 의식의 타자로서 무의식을 개념화하고 해석할 수 있을까? 한편으로 무의식은 비非언어적이라 정의

---

67) 바흐친, 『프로이트주의』, 155쪽.

하면서도(의식≠무의식), 『꿈의 해석』(1900)에서처럼 "무의식에 적합한 언어적 표상과 결합함으로써" "무의식이 의식으로 전환될 수 있다"[68]고 설명하는 것은 모순되지 않는가? 의식을 통해 해명된 무의식이 과연 얼마나 '무의식적'일 수 있겠는가? 그것은 어쩌면 무의식이라고 포장된 의식의 외장外裝은 아닐까? 이에 바흐친은 반문한다. "의식과의 유추에 의해서 무의식을 구축할 권리와 그 무의식 속에 우리들이 의식에 있어서 발견하는 것과 아주 똑같은 요소들이 포함되어 있다고 가정할 권리가 우리들에게 있는가?"[69] 무의식이 애초에 정의할 수 없는 것이라면, 언어적으로 정의된 무의식은 모두 '가짜'라는 말이다. 그렇다면 무의식이란 존재하지 않는다고 말해야 할까? 바흐친의 목적은 무의식의 존재를 부정하는 데 있었던 걸까? 더 풀어 가보자.

만일 프로이트가 발견한 무의식이 다만 의식의 의식, 혹은 의식의 자기 반영에 불과하다면, 그것은 '현실의 객관적 힘'이라기보다 모종의 이데올로기적 허구로 간주하는 게 옳다. 하지만 이 허구는 '존재하는 허구'로서 모종의 객관성을 가지며 이데올로기적으로 기능한다. 왜냐면 무의식이라는 허구는 언어적으로 표명되어 있으며, 언어적 의식의 담지체로서 그것은 늘 이데올로기적 관점과 평가에 침윤되게 마련인 탓이다.[70] 언어는 의미를 전달하는 투명한 매체가 아니다. 일상생활의 언어든 객관성을 주장하는 과학의 언어든 모든 언어는 가치 평가적 함의를 갖고 있고, 그것은 사회적 관계 속에 규정되기에 이데올로기적이지

---

68) 지그문트 프로이트, 「무의식에 관하여」, 『정신분석학의 근본 개념』, 윤희기 옮김, 열린책들, 2004, 162쪽. "무의식의 산물은 의식의 언어로 번역할 때에만 가능하다"(바흐친, 『프로이트주의』, 56쪽).
69) 같은 책, 115쪽.
70) 같은 책, 143쪽.

않을 수 없다. 이런 입장은 바흐친의 언어관에서 보다 자세히 설명되는데, 『프로이트주의』의 짝으로 『마르크스주의와 언어철학』을 함께 읽어야 하는 이유가 여기에 있다.

프로이트주의의 난점은 무의식을 해석할 때 동원되는 무기로서 언어적 발화의 본성을 간과했다는 데 있다. 언어란 소통의 불편부당한 도구가 아니며, 특정한 가치와 의미에 침윤된 가운데 사회적 복잡성을 표현하는 기호이다.[71] 그런 점에서 "말은 탁월한 이데올로기적 현상"이며, 단일한 의미 영역으로 환원되지 않는 다중적 의사소통의 영역에 속한다.[72] 문제는 이 영역이 복잡하고 혼성적이어서 명석판명하게 구별되는 의미 코드로 개별화individualization(개인화/개체화, 즉 식별 가능성)되지 않는다는 점에 있다. 즉 말의 세계는 단일하고 유일한 코드로 정연하게 정리되지 않는다. 그것은 오히려 현행적이고 잠재적인 발화의 총체를 포함하는 언어 활동의 전체 집합을 가리킨다. 랑그와 파롤, 그리고 랑가주로서 말은 상상 가능한 수의 범주를 훨씬 뛰어넘는데, 왜냐면 말은 "끊임없는 생성과정의 흐름이라는 모습으로" 나타나는 까닭이다.[73]

말은 문법적 수준에서 박제화되어 분류표를 통해 규정된 위치에

---

71) 들뢰즈와 가타리에 따르면, 말은 일차적으로 명령-어(슬로건)이다. 달리 말해, 발화자의 욕망을 실어 전달할 뿐만 아니라 그것을 관철시키는 힘인 것이다(들뢰즈·가타리, 『천의 고원』, 제4장). 들뢰즈·가타리는 이 장에서 바흐친(볼로쉬노프)의 화용론적 언어철학을 직접 거론하며 자신들의 주장을 펼치고 있다.

72) 바흐친, 『마르크스주의와 언어철학』, 22~23쪽; 바흐친, 『프로이트주의』, 129~130쪽. 바흐친 사유에서 가장 중요한 열쇠어인 '말'(slovo)은 랑그와 파롤을 함께 포괄하는 동시에 언어활동(langage) 전체를 지시하는 용어다. 따라서 그것은 수신자-발신자 사이의 합리적이고 단일한 의미 작용으로서의 커뮤니케이션 이상(以上)을 의미한다. 코드의 교란과 혼동, 이종적 파생을 가능하게 만드는 다양한 의미적 접속 가능성이 거기에 포함되며, 나아가 실질적으로 본원적 요소로서 부각되는 것이다. 다른 한편, 말은 질료적 생성 그 자체를 가리키는 것으로 활동과 생산의 장 전체와 겹쳐지는데, 말에 관한 이러한 급진적 인식은 1930년대 문학론에서 더 본격적으로 거론되고 있다.

붙박힌 죽은 기호들이 아니며, 오히려 생생한 삶의 접촉면에 부대끼며 부단히 파열하며 분열하는 과정 속에 생산된다. 바흐친의 언어철학에서 놓치지 말아야 할 핵심은 다음과 같다.

> 말의 기호적 순수성이 아니라, 말의 사회적 편재성에 있다. 말은 사람들의 협력과 노동, 이데올로기적 의사소통, 일상적 접촉과 정치적인 상호 관계 등 문자 그대로 사람들 사이의 모든 행동과 접촉에 관련되어 있다.[74]

소통을 목적으로 고안된 언어 기호는 말의 순수한 질료적 흐름이 탈구되고 식별 가능하도록 개별화된 단면에 불과하다. 하나의 단어는 그 어떤 상황에서든 단 하나의 의미를 가리키도록 조향되어 있고, 그것을 법제화한 것이 문법이요 사전일 것이다. 하지만 생동하는 실재로서의 말은 사회 전체를 흐르며, 곳곳을 파고들어 관계를 해체하는 동시에 생산하는 힘이다. 나중에 따로 논의하겠지만, 말^{slovo}은 랑그로서의 언어보다 훨씬 커다란 외연과 내포적 의미를 갖는다. 즉 말은 비기호적인 측면을 갖는 실재이자 힘으로서 감응$^{affect; 정동(情動)}$의 차원을 포괄하여 작동한다. 그래서 말은 어휘나 구문, 문장, 단락 등의 다양한 단위들로 이합집산을 거듭하며 상황과 맥락에 따라 서로 다른 의미역에서 진동하며 작용한다. 즉 구체적인 상황의 용법에 따라 여러 가지 의미를 만들어 내는 것이다.

---

73) 바흐친, 『마르크스주의와 언어철학』, 90쪽.
74) 같은 책, 28~29쪽.

언어형식에서 말하는 주체에게 중요한 것은 항상 자기동일적인 불변의 신호가 아니라 언제나 변화하고 적응할 수 있는 기호인 것이다. [……] 발화를 이해한다는 과제는 기본적으로 (화자에 의해) 사용된 형태를 그대로 인지하는 것이 아니라, 그 형태를 주어진 구체적인 맥락 속에 두고서 이해하는 것, 특정의 발화 속에서 해당 형태가 가진 의미를 이해하는 것이다. 즉 그 형태가 사용되는 방식의 새로움을 이해하는 것이지 그 동일성을 인지하는 것은 아니다.[75]

말은 가치와 이데올로기에 침윤되어 있지만 그 의미는 고정되어 있지 않다. 심지어 단 하나의 단어로 분절된 것일지라도 말은 매번 그것이 발화되는 정세에 따라 다른 의미역에서 작동한다.[76] 말은 단순한 '사회' 이상이며, 차라리 '사회적인 것' 전체와 외연을 함께하는 것이다.[77] 이는 말이 인간의 편의적 도구 '이상'임을 뜻한다. 말은 개별적 화자, 사회적 협약으로서의 문법을 넘어 사회적인 것, 즉 관계성의 장場 전체를 관류하는 힘이다. 이는 '언어는 살아 있는 생물과 같다'라는 식의 비유를 지시하는 게 아니다. 언어가 실제로 생물인지 아닌지는 중요하지 않다. 문제는 언어, 기호들의 체계 이상인 말이 사회적 관계성 전체에 앞서 있고 그것을 가동시키는 원천으로 작동한다는 사실이다. 이 점에서 말은 사회의 '외부'에 있고, 사회의 '타자'로서 항상 이미 움직이고 있다.

75) 같은 책, 93쪽.
76) 도스토예프스키의 『작가의 일기』에 나오는 여섯 직공들의 이야기를 보라(같은 책, 143~144쪽).
77) 그렇게 말의 생산은 사회적 생산 전체와 겹쳐진다. "그리하여 모든 것은 생산이다"(들뢰즈·가타리, 『안티 오이디푸스』, 27쪽). 거대한 추상기계로서 말의 신체는 사회적 신체와 겹쳐지며 차이의 무한한 생산임을 기억하자. 바로 이 점에서 통념과는 달리 바흐친의 말-기계는 기호학적 메커니즘과 판연히 구별된다. 들뢰즈와 가타리가 말의 사회적 생산이란 관점에서 바흐친의 사유를 고찰하는 대목에 대해서는 『천의 고원』 제4장을 참조하라.

개인의 내적 심리(관계)에서든 개인들 사이(사회)의 관계에서든 명석판명하게 구별할 수 있는 소통의 코드는 극히 제한되어 있다. 언어의 문법적 차원은 구별 가능한 소수의 코드를 마치 가능한 코드의 전체인 것처럼 기술하는 데서 문제를 노출한다. 무한히 뒤섞여 있는 불투명한 기호의 바다에서 식별 가능하고 해석 가능한 개별화된 코드는 망망대해의 섬처럼 고립되어 있다. 가라타니 고진식으로 말한다면, 사회(교환 가능한 문법을 공유하는 공동체)는 사회적인 것(교환되지 않는 문법들의 교착적 상황)으로 둘러싸여 있는 셈이다.[78]

> 기호를 이해한다는 것은 그것이 내적 기호든 외적 기호든 간에 기호가 사용되는 상황 내의 뒤얽힌[/불가분한—인용자] 연관 속에서 발생한다. 그 상황은 자기 관찰의 경우에도, 주어진 내적 기호에 주석을 가하고 내적 기호를 조명하는 외적 경험으로부터 나온 사실들의 총체로서 존재한다. 그러한 상황은 언제나 사회적인 상황이다.[79]

다시 『프로이트주의』로 돌아가 보자. 만약 언어 활동이 사회(단일하고 개별화된 코드들의 체계)가 아니라 사회적인 것(체계화되지 않는 다중적인 코드들의 총체)에 상당하는 것이라면, 해석 가능하고 소통 가능한 의식적 언어 기호를 통해 무의식을 번역하고 포획하려는 프로이트의 시도는 사회적인 것을 사회로써 포착하려는 시도만큼이나 무망한 것이다. 더 작은 것으로 더 큰 것을 둘러싸려는 시도이기 때문이다. 기

---

78) 고진의 용어를 정확히 인용하면, 전자는 '공동체'요, 후자는 '사회'다(가라타니 고진, 『탐구 1』, 송태욱 옮김, 새물결, 1998, 10~27쪽).
79) 바흐친, 『마르크스주의와 언어철학』, 54쪽.

호를 통해 해석된 무의식은 그저 의식의 자기 이미지일 뿐이며, 굴절되고 변형되어 스스로를 알아볼 수 없게 된 기호의 복제물에 불과하다. 프로이트의 오산은 무의식과 의식을 상호 교환 가능한 문법적 틀 위에서 다루었다는 점이고(의식=무의식), 그럼으로써 무의식을 의식으로 회수하려 했으며(의식⊃무의식), 그 작업의 전제로서 언어를 단일한 구조를 갖는 투명한 매체처럼 취급했다는 점이다.[80]

그렇다면 우리는 애초의 전제(의식≠무의식)로 되돌아 온 것인가? 겉보기에 의식과 무의식은 서로 넘나들 수 없는 경계에 의해 확고하게 분리되어, 전자가 후자를 추방하는 형세가 연출되는 듯하다. 앞서 본 대로, 이는 『프로이트주의』의 논리 내적 결론이지만, 동시에 정신분석을 소비에트의 영토로부터 추방하려던 '공식적' 이데올로기의 정치적 의지이기도 했다.

> 프로이트의 심리적 역학 전체는 의식의 이데올로기적 해명을 위해 주어지고 있다. 따라서 그것은 심리적인 힘들의 역학에서는 존재하지 않고, 의식의 여러 동기들의 역학에서만 존재하고 있다. [······] 무의식은 이 의식의 동기들 중의 하나에 지나지 않는 것이고, 인간 행동의 이데올로기적 해석의 방법들 중의 하나에 지나지 않는다.[81]

---

80) 이 총평에 대해 정신분석가들의 반론이 있을 수 있다. 가령 프로이트 자신이 의식을 통한 무의식에 대한 인식을 무의식의 과정 자체와 동일하게 볼 필요가 없다고 말했다든지, 혹은 우리가 사용하는 자연언어의 불명확성은 곧 해석의 애매성을 낳기에 결국 '단일하고 투명한 언어'에의 유혹은 본래부터 기각되었다는 주장 등이 그렇다. 하지만 우리의 논점은 프로이트의 체계 자체의 정합성이나 완결성이 아니다. 논점은 정신분석이 당대에 일반적으로 이해되던 방식이며, 그로부터 발산되었던 실천적 효과에 있다.

81) 바흐친, 『프로이트주의』, 127쪽.

정신분석의 임상 역시 "의사와 환자 사이의 매우 복잡한 사회적 상호 관계"일 뿐이며(의사-환자라는 개별적 관계),[82] '사회적 역학'의 표현으로서(정신분석적 해석이라는 코드), 무의식의 해석이란 결국 '이데올로기적 형성물'을 가리키는 것이다(정신분석이 태동한 사회역사적 구조).[83] 그러므로 "프로이트의 무의식은 원리적으로 의식과 아무런 차이가 없"고, 무의식과 의식의 차이란 "존재론적 차이라기보다 차라리 그 내용의 차이, 결국 이데올로기적 차이"라는 결론이 도출되는 것은 자연스러워 보인다.[84] 해석된 무의식은 이데올로기란 것이다. 그런데 이 이데올로기는 과연 온전히 의식에 귀속된 것일까?

4. 일상의 이데올로기, 또는 무의식의 귀환

문제는 이데올로기다. 이데올로기가 문제다. 만약 이데올로기가 명확히 의식화된 가치와 믿음을 가리킨다면, 그것은 전적으로 의식의 문제로 귀착될 것이다. 그렇게 볼 때 프로이트의 무의식을 치워 낸 자리에 등장한 이데올로기는 계급의식으로 통일된 사회를 표방하는 스탈린주의를 옹호하는 것처럼 보일 수 있다. 그런데 바흐친이 사용하는 이데올로기는 통상 우리가 이해하는 바로서의 의식적 주의주장, 신념의 체계인 이데올로기와 다르다(의식≠이데올로기).[85] 그것은 사회적 삶의 의

---

82) 바흐친, 『프로이트주의』, 129쪽.
83) 같은 책, 136쪽.
84) 같은 책, 139~140쪽.
85) 몇몇 유보 조건들이 있으나, "이데올로기란 사회어에 고유한 어휘목록, 의미론적 대립법주, 분류법, (거시 통사적인) 서술모델 등을 기반으로 성립하는 담론이다. 이데올로기적 담론은 대상에 대한 적합성·일관성·개념적 엄밀성이라는 측면에서 평가가 가능하다"(페터 지마, 『이데올로기와 이론』, 허창운 외 옮김, 문학과지성사, 1996, 92쪽).

식적 영역뿐만 아니라 사회적인 것이 포괄하는 무의식의 영역에도 넓게 걸쳐 있는 개념이다. 의식과 무의식 사이의 명확한 경계는 존재하지 않는다. 그런 의미에서 해석된 무의식은 결국 의식과 동일한 내용을 갖게 될 것이다. 하지만 그것이 무의식은 존재하지 않는다는 명제로 귀결될 이유는 되지 않는다. 오히려 일상적 삶의 차원은 그 자체로 무의식이 의식 속에 굴절되어 표명되는 스크린이자 갈등을 일으키는 무대로 기능한다. 언어화된 무의식이란 곧 해석된 의식이라는 바흐친의 비판에서 주의를 기울여야 할 대목은 '해석된'에 있다. 해석을 통해 무의식은 의식 속에 다양한 강도로 표상되고, 그것이 바로 이데올로기란 말이다. 따라서 이데올로기는 항상 이미 어느 정도는 무의식에 의해 침투된 것으로 나타나게 된다.[86] 그렇다면, 언어로써 무의식을 해석했다고 주장한 프로이트는 실상 그 이데올로기(무의식)의 지층들 중 특정한 국면을 읽어 낸 게 아니었을까?

'일상의 이데올로기'behavioral ideology: zhitejskaja ideologija란 그와 같은 이데올로기의 (무)의식적 층위를 가리키기 위해 바흐친이 도입한 용어이다. 단적으로 말해, 그것은 의식과 무의식의 이분법을 넘어서는 동시에 자칫하면 폐기될 뻔한 무의식을 '구출'하기 위해 고안된 개념이다.[87] 일상의 이데올로기는 억압이라는 과정 이전에 존재하는 무의식, 그 자체

---

86) 이데올로기를 의식적 관념이 아니라 무의식적 욕망의 차원과 결부시킨 알튀세르를 떠올리게 하는 대목이다. 그에 따르면 이데올로기는 개인들이 자기의 현실적 존재 조건과 맺는 상상적 관계인데, 그 의의는 국가의 지배를 강화하고 정당화하는 기제로서 이데올로기가 작동하기 때문이다(루이 알튀세르, 「이데올로기와 이데올로기적 국가 장치」, 『재생산에 대하여』, 김웅권 옮김, 동문선, 2007, 384쪽).

87) 이 용어는 『프로이트주의』와 『마르크스주의와 언어철학』 두 저술에서만 등장하는데, 이는 이데올로기의 개념이 '힘'의 차원으로 해소 및 전이되었기 때문이다. 1930년대의 말의 문제나 1940년대의 생성의 문제 등은 명백히 이 시기 이데올로기 개념의 연장선에 있다.

로 온존하는 무의식을 가리키기 위해 표명된 개념이다. 그것은 '억압'에 의해서, '해석'에 의해서 언어화되기 이전에 존재하는 힘의 지층을 가리키고 있다.[88] 바흐친의 제안에 따르면, 일상의 이데올로기라는 거대한 영역이 존재하고(물론 이는 '사회적인 것'과 접합하는 영역이다), 거기에 기호적으로 명료하게 의식화된 '공식적 의식'의 층위와 더불어 그렇지 않은 '비공식적 의식'의 층위가 존재한다.

> 프로이트의 무의식을 보통 '공식적 의식'과 구별하여 '비공식적 의식'으로 명명할 수 있다. [……] 이 일상의 이데올로기는 한층 민감하고, 한층 반응하기 쉽고, 한층 신경질적이고, 한층 가변적이다. 일상의 이데올로기 내부에 여러 모순들이 가득 차서 그 모순이 어느 한계에까지 도달하게 되면, 결국 공식적 이데올로기의 체계를 부숴버린다. 일반적으로 일상의 이데올로기는 [……] 사회경제적 토대와 관련되어 있다.[89]

무의식은 일종의 가상이다. 하지만 그것은 존재하는 가상이며 실재의 현상으로서, 의식 세계의 모든 것을 조형하는 토대가 된다. 단지 무의식을 있는 그대로 읽어 내려는 시도는 불가능한데, 그것은 언제나 해석('검열')을 요구하는 까닭이다. 따라서 우리가 알 수 있는 무의식적인 것은 여러 조건들에 의해 의식(언어적 기호)을 경유해 해석된 대상으

---

88) 실상 프로이트 자신이 이러한 주장을 이미 1915년에 개진한 바 있다. "무의식은 전적으로 억압된 것들로만 채워져 있지 않다. 무의식의 영역은 생각 이상으로 넓으며, 억압된 것들은 무의식의 일부에 지나지 않는다"(프로이트, 「무의식에 관하여」, 161쪽). 즉 억압 이전의 무의식이 있고, 그것은 훨씬 크고 강력하다. 다만 우리가 그 힘을 확인하는 것은 의식된 일부를 통해서일 뿐이며, 따라서 분석이 요구된다는 것이다. 한편, 무의식 자체는 리비도의 흐름으로 충전되어 있는 강한 형성적 힘으로 묘사된다(같은 글, 190~191쪽).

89) 바흐친, 『프로이트주의』, 140, 144쪽.

로 나타나며, 이 점에서 무의식은 이데올로기적이라 부를 수 있다. 일상의 이데올로기란 그렇게 해석된 무의식들, 혹은 의식화된 것들과 의식되지 않은 것들의 세계를 통칭하는 표현이다. 이렇게 바흐친은 무의식 자체를 직접 규명하려는 시도를 기각하는 대신, 해석을 통해 표상되는 무의식과 그 너머를 동시에 다루고자 한, 부정과 더불어 (은밀한) 긍정의 방식을 통해 무의식을 인정하고 있는 셈이다.

질문을 무의식이 존재하느냐 아니냐에 둔다면 또 다시 핵심이 빗나가고 말 것이다. 오히려 문제는 공식적인 것과 비공식적인 것의 대립에서 찾아야 한다. 프로이트의 체계에서 의식과 무의식이 투쟁하듯, 바흐친에게는 공식적 의식과 비공식적 의식이 투쟁한다. 전자와 후자가 상당 부분 겹쳐지며 일치한다면 비교적 평온하고 조화로운 사회가 성립할 것이다. 반면 불일치하고 갈등을 빚는다면, 두 영역은 조만간 파열될 위기를 맞이할 것이다. 상부구조에 해당하는 공식적 의식이 비공식적 의식과 대립할 때, 사회 혁명의 가능성이 가시화된다. 『라블레론』에서의 공식 문화 대對 비공식 문화의 대립을 선취하는 이 투쟁은 일상의 이데올로기를 개인 심리적 갈등이 아니라 사회적 역학의 차원에서 기능하는 힘으로서 제시하고 있다.

공식적 이데올로기와 대립했던 모든 동기들이 혼돈스런 내적인 말로 퇴화되어 사라지는 경우도 있지만, 공식적 이데올로기와 투쟁에 들어가는 경우도 있다. 만약 이런 모티브가 전체 집단의 경제적 실존에 근거를 두고 단순히 비계급적 고립물에 머물지 않는다면, 그것은 미래, 어쩌면 승리에 찬 미래를 맞이할 수도 있을 것이다. 이 모티브가 비사회적이고 의사소통으로부터 탈구되어 있을 이유가 전혀 없다. 당초 사회적 환경 속에 발전하다가 지하 속으로 잠입해도 [……] 그것은 건강한 정치적 지하활동이며 [……] 문화의 전全영역에서 혁명적 이데올로기를 형성할 것이다.[90]

일상의 이데올로기가 '사회경제적 토대'와 관련되어 있으며, 공식/비공식적 의식 간의 투쟁이 '전체 집단의 경제적 존재'에 근거했다는 것,[91] 그 과정의 결과로서 비공식적 의식의 '승리'에 대한 암시 등은 위 진술 전체를 맑스주의의 공식적 강령, 곧 '프롤레타리아 계급의 승리'에 대한 반복으로 읽을 혐의를 제공한다. '평범하고' '진부한' 소비에트 이데올로기적 진술이 아니냐는 반문이 그로부터 나온다. 하지만 공식적/비공식적 의식의 대립을 단순히 소비에트 정치학의 범주에 있는 계급투쟁의 유비로 간주할 필요는 없다. 양자는 단지 대립과 모순에 의해서만 규정되지 않는 까닭이다. 오히려 의식의 비공식적 층위('일상의 이데올로기')는 공식적 층위를 그 실존과 운동의 근본에서부터 가능하게 해주는 기저로서의 역동성, 힘 자체이다.

이는 무의식을 대체하며 등장한 일상의 이데올로기의 한 부분, 곧 '비공식적 의식'이 다만 공식적 의식과 사이좋게 영토를 반분한 게 아니란 점에서 곧 입증된다. 일상의 이데올로기는 법과 제도, 아카데미의 분과 학문과 도덕적 원리 및 일상을 제어하는 규범 체계 등등 삶의 다양한 영역들을 '공식화'시키는 것, 다시 말해 가시적 대상으로서 '영토적 경계'[92]를 구축시키는 데 불가결한 본원적 추력으로 언급되고 있다.

---

90) 바흐친, 『프로이트주의』, 146~147쪽.
91) 같은 책, 147쪽.

일상의 이데올로기$^{zhiznennaja\ ideologija93)}$는 우리의 모든 행위와 행동 그리고 의식적 상태에 의미를 부여하는 비체계적이고 비고정적인 내적·외적 발화의 힘$^{stikhija94)}$이다. [……] 사회 윤리, 과학, 예술 및 종교 등의 확립된 이데올로기 체계들은 일상의 이데올로기의 결정체들이다. 이러한 결정체들은 역으로 일상의 이데올로기에 강력한 영향력을 행사하여 그것의 기조를 결정하며, 그와 동시에 이렇게 이미 정식화된 이데올로기적 산물들은 끊임없이 일상의 이데올로기와 지극히 긴밀하게 유기적 접촉을 유지하고 그것으로부터 자양분을 얻는다.$^{95)}$

위 진술을 이데올로기의 공식적/비공식적 층위들이 대칭적이고 상보적인 관계에 있다는 식으로 읽을 수는 없다. 거듭 강조하건대, 비공식적 층위는 공식적 층위보다 더 넓고 본질적인 차원에 가로놓여 있으며, 후자를 '구성'할 뿐 아니라, 위협하고 침해함으로써 '파괴'하고 '해체'할 수 있다는 사실이 핵심적이다. 그리고 일상의 이데올로기의 바로 이러한 존재론적 선차성이야말로 의식(좁은 의미의 이데올로기)에 의해 정향되지 않았기에 어디로 튈지 모르는 전前의식적이고 비非의식적인, 의식 외부의 실재로서 무의식에 대한 정의와 정확히 부합하는 게 아닐까?

---

92) 비가시적 대상을 가시화하는 것은 그것의 경계를 구축하는 것이며, 따라서 개별화(individuali-zation)이자 동일성/정체성 부여(identification)라고 할 수 있다.

93) 이 개념은 공식적·비공식적 의식 전부를 포괄하기도 하고, 비공식적 의식만을 지칭하기도 한다. 용어의 혼용을 자세히 따지고 들 순 없지만, 지시 영역에 대해 대략적인 포함 관계를 살펴보면 다음과 같다. 일상적 이데올로기=공식적 의식+비공식적 의식, 혹은 비공식적 의식(=이데올로기)= 일상적 이데올로기⊃공식적 의식. 그러나 어떤 경우에도 공식적 의식=일상적 이데올로기가 성립하진 않는다.

94) 통상 '자연력'으로도 번역되는 이 단어는 질서로부터 탈구된 카오스적 힘과 같은 것을 의미한다. 이 힘은 사회 전체를 관류하는 실재로서의 말의 힘에 정확히 조응한다.

95) 바흐친, 『마르크스주의와 언어철학』, 125~126쪽.

그렇다면 프로이트주의를 기각함으로써 추방되었던(/억압되었던) 무의식이 귀환한 자리는 상당히 뚜렷해 보인다. '일상의 이데올로기', 또는 '비공식적 이데올로기', '비공식적 의식'이라는 대체된 형태(이름)를 통해 무의식은 귀환하였고, 사실 프로이트가 사용했던 것 이상의 실제적 효과를 동반하고 있다. 여전히 의식은 의식을 통해 투명하게 분석할 수 없는 무의식으로 둘러싸여 있지만(의식≠무의식), 무의식은 의식에 영향을 끼치며(무의식→의식), 나아가 의식 자체가 이미 무의식의 일부로서 언제든지 교란되고 착종될 가능성에 직면해 있다(의식⊂무의식, 또는 의식≒무의식). 논점은 이 과정 전체가 개인 심리의 장이 아닌 집합적인 사회적 장에서 발생한다는 점이며, 어쩌면 바로 이렇게 사회적인 것의 전면화야말로 바흐친이 프로이트의 무의식을 철저하게 부정하는 동시에 확장되고 변용된 모습으로 슬그머니 되불러들인 진정한 이유일지 모른다.

5. 사회적 무의식과 정치적 차원으로의 개방

프로이트식 무의식의 거부와 사회적인 것의 복원은 무의식의 실재에 대한 부정이 아니다. 오히려 무의식을 의식의 범주로 소환하고 의식의 언어로 번역할 때 생겨나는 왜곡을 저지하는 게 바흐친의 진정한 의도였던 것으로 보인다. 억압을 사회적인 것으로부터 절연시킴으로써 개인의 차원에 묶어 두는 데 대해 저항하고, 사회적 역동성의 진정한 힘으로서 무의식을 긍정하고 복권하는 데 이 전략의 목표가 있다.

그런 의미에서, 프로이트주의에 대한 그의 맑스주의적 비판을 굳이 '이솝의 언어'로 간주하고 그 비판의 현실성을 무화시킬 필요는 전혀 없을 듯하다. 앞서 살펴보았듯, 바흐친이 사회적인 것의 선차성을 내세우며 프로이트주의를 기각한 이유는, 무의식 자체를 부정하기 위해서가 아니라 무의식에 대한 특정한 해석 방식을 거부하기 위해서였다. 따라서 『프로이트주의』에서 실행된 무의식 비판은 '프로이트주의'라는 공식화된(/의식에 의해 번역된) 무의식에 대한 비판이었던 셈이다. 이런 전략이 필요했던 이유는, 당시 유행하던 프로이트주의에 대한 레테르인 '범성애주의'와 '생물학 환원주의'로부터[96] 어떻게든 무의식을 떼어내야만 했던 까닭이다.

　그 효과는 이중적이다. 무의식을 의식의 촉수로부터 분리하는 작업은 비단 프로이트주의적 개인화를 저지하는 데 그치지 않았다. 소비에트 정권의 반정신분석 캠페인의 목표가 사회 내에서 불투명한 의식의 동요를 잠재우고 민중을 명확한 계급의식으로 정향시키는 데 있었다면(사회=계급의식≠무의식), 의식성으로 환원되지 않는 무의식(=일상의 이데올로기)을 긍정하는 일은 곧 소비에트 정권의 공식적 이데올로기를 반박하는, 그럼으로써 사회적인 것을 지금-여기의 역동성의 장으로 불러들이는 효과를 지닐 것이기 때문이다(계급의식≠사회적인 것=무의식).[97] 만일 우리가 바흐친에게서 이솝의 언어를 찾는다면, 그것은 모든 공식화된 이데올로기에 대한 우회의 전략으로서 한시적 용법에 불과할 듯하다.

---

96) 프로이트 입장에서는 무척 억울했을 레테르지만, 20세기 초 유럽에서 정신분석이 누렸던 지위와 광범위한 대중적 인상이 이 두 가지로 집약되었던 것도 부정 못할 노릇이다. 라캉이라면 "본래의 프로이트로 돌아가자!"고 외쳤을 일이다.

97) 표면상 맑스주의를 표방하면서도, 실질적으로는 경직된 맑스주의 이데올로기를 비판하는 바흐친의 전략에 대해서는 수차 지적된 바 있다(앨런 스윈지우드, 『문화사회학 이론을 향하여: 문화이론과 근대성의 문제』, 박형신 외 옮김, 한울아카데미, 2004, 204쪽 이하).

의식에 대한 강박으로부터 무의식이라는 제어되지 않는 힘의 차원을 놓아 주는 것, 어디로 유동할지 모르는 무의식의 힘을 긍정하는 것이야말로 무의식에 대한 본래 정의에 부합하며, 사회적인 것을 정치적인 것the political의 차원으로 개방하는 일이 된다.[98] 체제의 안정성을 유지하기 위해 억압되었던 무의식을 복권시키는 일은 결국 그 사회 체제의 변혁과 혁명을 불러일으키는 역동적 잠재성의 정치학을 탐사하는 작업이다. 그러므로 프로이트주의(순치된 무의식)나 소비에트 이데올로기(부정된 무의식)에 포획되지 않는 무의식의 본래 의미를 긍정하고 복권시키는 작업은 학술적 차원의 문제가 아니라, 정치적 변혁의 가능성이란 차원에서 근본적인 논의를 거쳐야 한다. 이런 식으로 무의식의 문제 설정은 정치학의 구도와 겹쳐지지 않을 수 없다.

무의식은 더 이상 개인성individuality의 영토에 결박되지 않는다. 일상의 이데올로기에 대한 해명에서 알 수 있듯, 무의식은 사회적 대중의 집합적 심성의 차원collectivity[99]에 자리하는 잠재력으로 항존한다. 무의식은 언제나 사회적 무의식이라 말할 수 있으며, 한 사회의 확립된 이데올로기 체계(예술, 종교, 법 등), 곧 공식적 의식의 영토를 끊임없이 침해하고 해체하려는 동력학적 실재에 다름 아니다. '혁명적 이데올로기'[100]로

---

98) '정치'와 구분되는 '정치적인 것'에 대한 사유는 랑시에르를 떠올리면 더욱 적절할 듯하다 (Jacques Rancière, *The Politics of Aesthetics: The Distribution of the Sensible*, Continuum, 2004, pp.12~13). 다른 한편, 바흐친 사유의 아나키적 정치화를 조명하려는 시도에 관해서는 다음을 보라. Robert Barsky, "Bakhtin as Anarchist? Language, Law, and Creative Impulses in the Work of Mikhail Bakhtin and Rudolf Rocker", *The South Atlantic Quarterly*, 97:3/4, Summer/Fall, 1998, pp.623~642. 무의식을 기각하는 동시에 전면화함으로써 정치화시키려는 이런 시도는 들뢰즈와 가타리의 분열분석적 기획과 정확히 합치한다.

99) 무의식의 집합적 본성은, 무의식의 주체가 개인이 아니라 사회적인 것 전체, 후기 바흐친의 용어를 쓴다면 '민중'임을 시사한다. 이 책의 후반부에 더 자세히 다루도록 하겠다.

100) 바흐친, 『프로이트주의』, 146쪽.

서의 무의식의 이런 이미지는 후기 바흐친의 카니발 개념에 정확히 상응하고 있다. 사회를 억누르며 규율하는 공식 문화에 대항해, 기성의 질서에 구멍을 뚫고 전복시키려고 들끓어 오르는 민중의 비공식 문화, 즉 카니발의 시간이 그것이다. 우리가 1920년대 바흐친의 사유에서 '억압되었던' 무의식의 지위와 의미를 다시금 곱씹어 보는 이유가 여기 있다.

다른 한편, 1920년대 후반의 바흐친의 지적 편력에 대해서도 한마디 하지 않을 수 없다. 네벨-비테프스크 시기에 칸트와 신칸트주의, 현상학과 미학을 거치며 사변철학적 물음에 천착하던 그는, 이 무렵엔 사회적 문제의식으로 상당히 정향되어 있던 것으로 보인다. 『프로이트주의』뿐만 아니라 『문예학의 형식적 방법』 등의 저술에서 바흐친은 개별 분과 영역의 문제 설정과 이론적 투쟁이 명확히 사회적 갈등 및 계급 투쟁의 문제와 연결되어 있음을 확인하고 있기 때문이다. 하지만 사회적 질문을 던지며 그에 답하는 방식은 당대의 이데올로그들과 사뭇 달랐는데, 맑스-레닌주의라는 소비에트 정책에 그대로 회수되는 방식이 아니라 자기 나름의 비판을 통해 본원적 문제 설정을 고스란히 그러나 은밀하게 되돌려주는 방식을 취했기 때문이다. 『프로이트주의』에서 살펴보았듯 그것은 무의식의 문제 설정을 프로이트와는 다른 방식으로 다시 불러오는 것이었다. 그 시대의 분위기를 고려했을 때 '위험천만한' 지적 곡예로 보이는 이 작업을 '불행히도' 동시대인들은 제대로 간파하지 못했고, '다행히도' 바흐친은 살아남았다.

무의식의 문제 설정은 그 이전 시기에 바흐친이 몰두하던 외부성과 타자성의 문제와도 관련되어 있다. 또 무의식이 유동하는 힘으로 정의된 것은, 그가 외부와 타자를 이행적 힘으로 사유하기 위해 필요한 전제였다. 그리고 무엇보다도 말의 문제가 핵심적인데, 무의식 즉 외부이자 타자를 의식의 표면 위로 떠우는 매체가 바로 말이기 때문이다. 하지만 이는 문법적 차원에서 기능하는 랑그가 아니다. 파롤을 포함한 언어 활동 전반이 바로 말이기 때문이다. 영미권 번역자들이 바흐친의 '말'을 '담론'discourse으로 번역하려는 이유도 여기 있을 듯하다. 아무튼 1930년대 이후의 문학 연구만을 주목하던 이전까지의 연구들은 바흐친의 말을 문예학과 담론 분석의 범위에서 다루려 했으나, 앞으로 확인할 바와 같이 말은 초기의 문제 설정과 연장선에 놓여 있고, 그런 한에서 후기의 민중문화론으로 연결될 것이다.

몇 가지 남은 의문들을 잠깐 정리해 보자. 바흐친은 왜 자신의 사유의 도정을 통해 끊임없이 프로이트의 무의식과 거리를 두고 고집스럽게 의식의 차원을 강조했을까? 정치적 상황을 고려한 '이솝의 언어'라는 명목 외에, 프로이트라는 당대 최대의 사상가와 대결할 때 그 자신 '무의식적인' 영향에 대한 불안을 거론할 만하다.[101] 하지만 바흐친 사유의 내적 논리에 고려한다면, 그가 정신분석적인 무의식과 차별되는 더 커다란 범주에 있는 실재the Real를 염두에 두었을 가능성을 배제할 수 없다. 여기서 실재란 '결여'가 아닌 '흐름'과 '증식'하는 '힘'의 차원에서 이해되는 것이기에 정신분석의 틀을 통해 규정될 수 없다. 반복하건대 바흐친이 되찾은 무의식은 의식/무의식이라는 이분법 중 한 항項이 아니다. 그것은 협의의 의식과 더불어 그 의식의 대타對他로서 무의식을 모두 근거 짓는 힘으로서, 지형학적 하부에 놓인 역량의 차원이다. 언어(기호)적으로 정의되지 않는 무의식은 외부 자체이며, 따라서 상징적

---

101) 프로이트 사상에 대한 이해와는 별도로, 바흐친은 자신의 기획이 프로이트와 뒤섞이지 않도록 고심했다(모슨·에머슨,『바흐친의 산문학』, 314쪽).

질서의 바깥에 있다. 하지만 그것은 동시에 '내재하는 외부'로서 상징계에 의존하지 않으며, 역으로 상징계가 이 외부에 의해 (탈)구축된다.[102]

그렇다면 무의식의 이러한 관념에 상응하는, 바흐친 당대의 용례가 있었을까? 아이러니컬하게도, 그것은 '무의식'이 아니라 '의식'의 이름으로 나타났다. 가령 앙리 베르그손이 언급했던 '의식'이 그러하다. 1907년 출간된 『창조적 진화』에서 그는 인간 지성으로 대표되는 의식의 범주들은 '보편적 의식'인 생명의 아주 작은 일부분일 뿐이라 주장했다. 생명의 약동élan vital 전체로서 의식은 분리 불가능한 삶의 흐름 전체이며, 따라서 우리의 지성에 의해 개별화되지 않는다는 것이다. "지성과 본능이 단일한 토대 위에서 서로 분리된다는 것 [······] 이 단일한 토대는, 더 좋은 말이 없으므로 의식 일반이라고 부를 수도 있으며, 그것은 보편적 생명과 동일한 범위의 것임에 틀림없다."[103]

자신의 학문적 이력 초기에 바흐친은 프로이트뿐만 아니라 당대 유럽의 제일급 지성들을 독해해 가며, 그들 하나하나를 비판적으로 극복해 나갔다. 「행위철학」 및 「미적 활동에서의 작가와 주인공」에서 언급되었던 테오도르 립스, 아돌프 힐데브란트, 베르그손 등이 그들이다. 여기서 '비판적 극복'이 이들의 지적 내용을 흡수하며 보완하고, 변형시키는 과정일 것임은 물론이다. 그렇다면 무의식을 둘러싼 우리의 논

---

102) 바흐친의 무의식을 굳이 정신분석적 틀로 말하고 싶다면, 후기 라캉의 실재 개념에 빗대어 표현할 수 있겠다. 하지만 이 경우에도 실재로서의 무의식은 문화(상징)적인 것을 넘어섬으로써 존재한다. 이런 실재에 문화적인 기능이나 역할을 부여하려는 시도는 무망할 것이다.
103) 앙리 베르그손, 『창조적 진화』, 황수영 옮김, 아카넷, 2005, 281~282쪽. 또한 김재희, 『베르그손의 잠재적 무의식』, 그린비, 2010도 참조하라. 베르그손의 '의식'이 잠재적인 '무의식'과 같은 의미역에 있음은 바흐친의 사례에 대해서도 시사하는 바가 적지 않다. 결국 양자는 '의식'의 이름으로 '무의식' 또는 생성의 힘에 대해 이야기하고 있었던 셈이다. 19세기 말~20세기 초 러시아에서 베르그손 연구에 대해서는 다음 저작을 보라(Frances Nethercott, *Une rencontre philosophique: Bergson en Russie, 1907-1917*, L'Harmattan, 1995).

의가 바흐친과 프로이트를 대면시키는 동시에, 그 배면에 베르그손을 깔고 있었다고도 말할 수 있을까? 더 구체적으로, 바흐친은 프로이트를 '극복하는' 동시에 베르그손을 불러들이고, 베르그손을 '극복하면서' 또한 프로이트를 불러들인 게 아니었을까? 의식=보편적 생명=무의식…… 이렇게 추론해 볼 때 바흐친의 '의식'이란 곧 삶의 근본적인 추력으로서의 '무의식'이라 받아들여도 크게 틀리지는 않을 성싶다.[104] 무의식이 사회적 금기어로 설정되었던 억압적 시대에 이러한 사유의 변주는 무의식의 함의를 최대한 수용하고 자기 식으로 변형해 보기 위한 불가피한 선택이 아니었을까?

『프로이트주의』에 나타난 무의식의 '공식적' 거부, 그리고 그것의 은밀한 '비공식적' 복권은 이후 바흐친 사유의 흐름과 향방을 가늠해 보는 결정적인 단서를 제공한다. 우리는 무의식의 문제 설정을 받아들이는 한에서만 그의 후기 사유의 힘과 동력학을 온전히 파악할 수 있기 때문이다. 1929년의 체포와 유형은 그의 지적 경력에 일대 단절을 도입하지만, 우리는 청년기의 끝에 그가 도달한 문제의식으로부터 갈라져 나온 사유의 전개를 말과 문학, 문화에 관한 1930년대의 저술들에서 강렬히 포착하게 된다.

---

104) 이런 맥락에서, 의식은 '더 높은 질서의 통일성'(질적으로 다른 통일성)으로서 "온갖 무의식의 콤플렉스보다 훨씬 더 끔찍한 것"이란 후기 바흐친의 언급을 음미해 볼 필요가 있다(미하일 바흐친, 「도스토예프스키에 관한 저서의 개작 계획」, 『말의 미학』, 462, 447쪽).

6장 외부성의 언어학과 문학

1. 바흐친 소설론의 기원

1934년, 바흐친에게 내려진 5년여의 유형 기간이 끝났다. 하지만 수형 기간이 종료된 후에도 얼마간 유형지에 머무는 것이 제국 시절부터의 관례였고, 바흐친 역시 2년여를 카자흐스탄에서 더 보냈다. 늘어난 체재 기간 중 그가 종사하던 일은 콜호즈(집단농장)의 회계 업무였다. 농업이나 회계가 그의 관심사는 아니었지만, 유형 중에 그에게 맡겨진 임무였으며, 종교 문제로 고발되었던 정치범에게 운신의 폭은 그리 넓지 않았다. 이 시기부터 두드러진 문학 연구자로서의 면모는 이중적으로 읽힐 수 있다. 한편으로 정치적 색채를 띠지 않는 문학 연구는 당국의 의심을 피하면서 학문에 대한 정열을 기울일 수 있는 유일한 영역이었다. 다른 한편으로 문학은 실제로 그가 젊은 시절부터 각별한 관심과 열의로써 파고들었던 진정한 사유의 영역이었다. 이때 문학은 근대적 학제의 여러 분과들 가운데 하나가 아니라, 사유 본연의 힘과 표현이 총체적으로 결합하고 드러나는 장르였다고 말해도 좋을 것이다.

　바흐친이 40세가 되던 1936년은 유형자의 신분에서 완전히 벗어나 학자이자 교육자로서 새로운 전기를 맞이하던 때였다. 네벨-비테프스크 시대의 친구였던 파벨 베드베데프의 추천으로 모르도바 사범대학의 문학 강사로 일할 수 있었고, 유형 중 틈틈이 구상했던 문학에 관한 글들을 다듬어 가며 단절되었던 연구를 계속하게 되었다. 하지만 곧바로 이어진 학자와 예술가들에 대한 숙청 분위기를 직감한 그는 대학에 사직원을 제출한 뒤 레닌그라드와 모스크바 근교를 전전하며 지인들에게 도움을 요청한다.[1] 정규직을 얻어 대학이나 연구 기관에서 일할 수는 없었으나, 과학아카데미와 세계문학 연구소 등에서 연구 결과를 발표하거나 논문을 내기도 하며 조용한 숙고의 기간을 보내던 시절이었다. 개인으로서는 정처 없는 불안과 불우한 시간이었을 것이다. 그렇지만 행정과 정치에 시달리지 않은 채 묵묵히 연구에만 몰입함으로써 사유의 변전과 도전이 가능했던 기회라고 볼 수도 있을까? 아무튼 우리는 이 시점부터 바흐친 사상의 견실한 힘과 창조력을 다시 만나 볼 수 있게 된다.

이른바 1930년대 문학론을 구성하는 바흐친의 주요 논문들은 다음과 같다. 「소설 속의 말」Slovo v romane, 1934~1935, 「교양소설과 리얼리즘 역사 속에서의 그 의미」Roman vospitanija i ego znachenie v istorii realizma, 1936~1938, 「소설 속의 시간과 크로노토프의 형식: 역사시학에 관한 논고」Formy vremeni i khronotopa v romane: Ocherki po istoricheskoj poetike, 1937~1938, 「소설적 말의 전사前史로부터」Iz predystorii romannogo slova, 1940, 「서사시와 소설」Epos i

---

1) 이 시기의 삶에 대해서는 클라크와 홀퀴스트의 『바흐친』 제9장에 상세히 기술되어 있다. 처음 그가 모르도바대학교에 자리를 잡았을 때, 그는 "혼자서 세계문학을 다 가르치는 형편"일 정도로 '맹활약'을 했다. 근현대 고전은 물론 레닌과 스탈린의 문학예술론도 강의했던 것으로 볼 때, 어느 정도 '처세'에도 신경을 썼던 듯하다. 하지만 1937년에 접어들며 또 한 번의 숙청 바람이 불자, 요행히 그 예봉은 벗어났지만 제도의 사정권을 벗어날 필요에 의해서 대학을 떠났던 것으로 추정된다.

roman, 1941.[2] 그런데 1920년대의 철학적 미학으로부터 1930년대 이후의 문학론으로 넘어오는 계기나 과정에 대해서는 몇 가지 논란 섞인 해석들이 있다.

1930~1940년대 소설론이 철학적 사유에 대한 일종의 사례 제시라는 주장을 펴는 이는 프랑스의 연구자 츠베탕 토도로프Tzvetan Todorov, 1939~2017이다. 그는 1960년대에 줄리아 크리스테바와 함께 바흐친을 유럽에 소개하는 데 주요한 기여를 했고, 단행본 연구서를 출판하여 바흐친 연구의 분수령을 세운 학자이다. 그에 따르면 바흐친 사유의 본령은 '철학적 인간학'으로 대변되는 철학 사상 속에 집대성되어 있으며, 문학 연구는 정치적 담론을 엄격하게 규제했던 소비에트 당국의 눈을 의식한 우회로에 해당된다.[3] 소설은 바흐친이 자신의 철학적 언술을 풀어내기 위해 경유했던 비정치적 담론의 형식이었다는 말이다. 그럴듯하게 들리기도 하지만 이 주장을 받아들일 때 우리는 중·후기 바흐친 사유의 대부분을 이솝우화식의 '돌려 말하기'로 생각해야 하는 아이러니에 부딪힌다. 텍스트에서 언명된 것 이면을 떠올려야 하고, 명제의 진의를 다른 곳에서 발견해야 하는 곤혹에 가로막히기 때문이다.[4] 더구나 『라블

---

2) 총 7권을 목표로 1997년부터 러시아에서 간행되기 시작한 『바흐친 저작집』(Sobranie sochinenij)은 현재 5권 6책이 발간된 상황에서 매우 느린 속도로 여전히 '진행 중'이다. 언제 종결될지, 얼마나 불어날지 알 수 없지만, 『바흐친 저작집』은 지금까지 발굴되고 수합·편집된 바흐친의 모든 원고들을 수록할 예정이어서 미간행 자료들도 상당수 포함될 것으로 보인다. 바흐친이 상대적으로 안정적인, 그러나 실상 곤궁한 처지에서 작업하던 1930~1940년대 문학론은 아직 그 전모가 완전히 밝혀지지 않았기에 앞으로 더 많은 원고가 추가될 가능성이 있다.

3) 츠베탕 토도로프, 『바흐친: 문학사회학과 대화이론』, 최현무 옮김, 까치, 1987, 제7장. 토도로프가 문예비평이 아니라 철학적 사유에서 바흐친의 진면목을 발견하고 적시한 공로는 지대하다. 하지만 철학이라는 분과로 그를 포위시켰을 때 마주치게 될 치명적 결과, 즉 근대적 학제로 다시 바흐친을 포획해 버릴 수도 있다는 점은 예상하지 못했던 듯싶다.

4) 흥미롭게도 이런 식의 암호 풀이식 독해에 대해 바흐친은 『라블레론』에서 가장 피해야 할 방법이라고 비판한 적이 있다(『라블레론』 7장 참조). 텍스트 외적인 요소들, 곧 실증적 자료나 규준 등에 의

레론』에서 보게 되는바, 인간학 너머로까지 펼쳐지는 사유의 우주를 생각할 때 '철학적 인간학'으로 그것을 한정해야 할 근거는 매우 빈약하다. 무엇보다도, 문학과 철학을 서로 분명히 구별되는 장르로 전제하는 것이야말로 지극히 근대적인 관점 아닌가?

반대로 후기 바흐친의 사유를 그의 본래적 관심사가 전개된 것으로 보는 입장, 즉 1930년대 이후의 바흐친 저술들이 온전히 문예학에 바쳐진 데 주목하고 그 점을 실증적으로 강조하는 연구자들도 있다.[5] 청년기의 철학이나 미학적 관심은 다만 '소싯적'의 시론에 불과했고, 바흐친의 지적 관심사는 초지일관하게 문학 연구에 있었다는 입장이다. 하지만 그의 저술들을 문학이라는 하나의 장르에 정박시키고 초기부터 후기까지 일관된 문학 이론가로서 분별하는 관점 역시 온당치 않다. 철학자든 문학자든 분과 학문적 사유만이 일관성과 정합성을 갖는다는 전제에 고착되어 있는 탓이다.

피상적인 지표들로 파악할 때 1930~1940년대 바흐친의 작업은 분명 문예학의 범주에 속해 있다. 그가 쓴 논문들은 대개 소설사, 장르사에 관한 것들이며, 박사학위 논문이자 후기 사유의 집대성인 『라블레론』은 문학적 소재와 주제를 다루고 있는 것이다. 하지만 그의 글들이 단지 문학의 영토에 국한되지 않는 것도 분명하다. 현재의 기준으로도 당시의 기준으로도 바흐친은 문예학에서 널리 통용되는 일반적 분석과 해석의 범주를 훌쩍 넘어선 작업에 몰두해 있었고, 이로써 그가 이루려

존한다거나, 텍스트 외부의 초월적인 의미를 상정하는 게 이런 류의 독해가 안고 있는 문제점이다.
5) 주로 영미 비평가들의 입장이 그렇다. 이들은 바흐친을 정치사회적 맥락으로부터 탈각시켜 순수한 문예이론가, 혹은 인문학자로 탈바꿈시키거나, 기껏해야 반스탈린적 자유민주주의의 옹호자로 내세우고 싶어한다. 하지만 바흐친의 탈정치화는 동시에 바흐친 사유의 힘을 정지시키고 화석화하는 결과를 낳을 뿐이다.

는 바는 분과 학문으로서의 문학을 정립하거나 교정·개정하는 것이 전혀 아니었다. 차라리 그가 관심을 갖고 몰두하던 주제는 말slovo의 역사와 그 운동이다. 여기서 말은 개별 국민어/민족어나 문학어(표준어), 문법적 규준으로서의 랑그를 가리키지 않는다. 말은 랑그와 파롤의 모든 차원을 포함할 뿐만 아니라 언어와 비언어적 기호 일반 및 차이를 생산하는 기호 작용signification(기표작용 또는 의미화) 전체를 포괄한다. 가장 넓은 의미에서의 언어활동langage이라 부를 법한 말의 운동이야말로 바흐친 사유의 초점을 이루며, 1930~1940년대 문학론의 심부에 자리해 있다. 가장 넓은 의미에서의 '문학'이란 바로 이러한 말의 운동과 사유를 가리키는 것인바, 우리는 지금껏 소설사나 장르사의 표준적 형태에 제한되었던 바흐친의 문학 이론을 이 차원에서 다시금 음미해 보아야 한다. '유물론'은 이 작업의 핵심 개념이지만, 통념의 유물론적 도식을 통해 바흐친의 사유를 재단하려는 것은 아니다. 지금부터 '말'의 관점을 통해 문학에 관한 바흐친 사유의 유물론적 '작동'을 따라가 보자.

2. 발화와 사건, 명령-어로서의 말

1929년에 출판된 『마르크스주의와 언어철학』은 말에 대한 이러한 사유의 전회를 잘 밝혀 주는 책이다. 표제에 동시대의 '관제 이데올로기'가 된 맑스주의를 내걸고 있어서 오해의 소지가 있으나, 같은 해에 『도스토예프스키론』과 함께 태어난 이 저작은 속류 스탈린주의적 선전물과는 전혀 다르다. 여기서 바흐친은 근현대 언어학의 주요 흐름이 지닌 난점들을 하나하나 돌파하고 실재적 언어학이 기초해야 할 토대를 찾으려 부심하는데,[6] 그것은 다름 아닌 사건성sobytijnost'이다. 우리는 이것이 앞선 「행위철학」의 대주제였음을 기억해야 한다. 선先규정된 도덕법칙이나 문화규범이 아니라 현실의 행위에서 길어져 나오는 사건의 계열만이 윤리를 정초할 수 있다는 바흐친의 관점은 언어에 대해서도 마찬가지로 적용될 수 있다. 언어는 초역사적 원리나 공시적 문법에 의거해 조합되는 기계론적 산출물이 아니라 사건에 의해 작동하고 변형되는 활동이며, 그 점에서 사유의 운동과 일맥상통한다. 이렇게 말의 사건성을 표현하는 행위가 발화이다.

발화vyskazhivanie; utterance; énoncé는 그 자체로 문법적 단위를 만들지 않는다. 그것은 실제로 수행될 때만 의미를 갖는 사건적 행위이자 발화 주체의 신체 및 발화 과정의 질료성을 통해 현행화되는 언어활동의 단위다.[7] 발화는 단독적이고 자족적으로 성립하는 게 아니라 발화를 듣는 대상을 향해 수행된다는 점에서 타자지향적이다. 즉 발화는 그것의 바깥, 외부와의 관련 속에서 현행화된다.[8] 이러한 발화의 속성은 그것이 관계를 파생시키고, 궁극적으로 사회적인 것의 구성과 결부되기에 중요하다. 주체는 발화를 통해 타자에 대한 의미생성적 활동을 수행하며,

6) 제2부에서 논의하는 '개인주의적 주관주의'와 '추상적 객관주의'가 그것들이다. 전자는 18세기 이래 훔볼트 등으로 대표되는 언어의 정신주의 경향이고, 후자는 소쉬르가 대표하는 차이의 체계로서의 언어학이다. 우리의 논의를 벗어나기에 다루지는 않겠지만, 바흐친은 이 두 경향 모두가 언어에 관한 선험적 객관성을 전제한다는 점에서 플라톤적 본질주의와 규범주의에 귀속되며 현실에서 실행되는 말의 역사와 힘을 수용하지 못한다고 비판한다. 바흐친에 따르면 말의 본래적 힘은 사회적 관계 속에서 의미를 발생시키는 화용론 및 부단한 상호 간섭과 혼성을 통해 의미 생산에 기여하는 자유간접화법에 있다(바흐친, 『마르크스주의와 언어철학』, 제3부 제4장 참조). 여기서 자유간접화법은 '의사직접화법'(nesobstvennaa prjamaja rech')으로 불리고 있다. 문제는 혼성과 생성이다.

7) 푸코가 담론과 그 구성 요소로서 언표를 제시하는 것도 동일한 문맥에서다(미셸 푸코, 『지식의 고고학』, 이정우 옮김, 민음사, 1992).

8) '외부'는 공간적 외재성만을 지시하지 않는다. 발화의 내부에서 진행되는 대화적 관계 역시 외부를 전제할 때 생길 수 있다. 바흐친은 이를 '내적 발화' 혹은 '내적 대화'라 부르는데, 모든 구별되는 것들 사이의 외부성을 가리킨다.

타자는 그 활동에 관여함으로써 자신의 의미생성적 활동을 시작한다. 그것은 발화 주체에 대한 것이거나, 혹은 또 다른 복수의 타자들에 대한 것일 수 있다. 이를 사건적 관계라 부르는바, 의미는 이로부터 생겨나고 또 다른 의미들을 지속적으로 생산한다. 의미는 그때그때마다 조건적으로 구성되는 기호적 구성물이다.

의미는 그 자체로는 아무것도 뜻하지 않는다. 그것은 특정한 맥락 속에 배치될 때 구체적인 지향을 갖는다. 맥락은 그렇게 만들어진 의미의 단편들과 소통하며 부단히 변화를 야기시키고, 기호들에 영향을 끼침으로써 의미론적 변형을 유도한다.[9] 이런 식으로 기호들 사이의 관계, 기호와 맥락의 관계, 그리고 맥락들 사이의 관계 등이 만들어지고, 이 모든 관계들의 상호작용으로부터 새로운 의미의 층위들이 생성된다. 1920년대 전작前作들과의 연관을 따져 볼 때, 이를 공-동적 사건화라 불러도 좋을 듯하다. 발화는 이와 같은 사건화의 최초의 작인이고, 그것들의 총체로서 사회적인 것이 존립하게 된다.[10]

언어활동의 현실은 언어형태들의 추상적 체계도, 독립된 독백적 발화도, 그것을 수행하는 생리적인 행위도 아니다. 그것은 하나의 발화 혹은 여러 발화들 속에서 수행된 언어적 상호작용의 사회적 사건이다.

---

9) 전자를 '의의'(znachenie, Bedeutung)로 후자를 '의미'(smysl, Sinn)로 구분해서 부를 수 있다. 요점은 그 자체로 독립적인 의미는 존재하지 않으며, 따라서 플라톤적 본질주의는 성립하지 않는다는 것이다. 모든 의미는 맥락과 용법에 따라 결정될 따름이다. 이러한 구별은 프레게나 후설, 비트겐슈타인 등 동시대의 언어철학자들에 의해서도 유사하게 개진된 바 있다.

10) 사회와 대비되는 사회적인 것 사이의 구분은 앞 장에서 서술했으므로 덧붙이지 않겠다. 다만 여기에 가라타니 고진의 설명을 덧붙여 본다면, 전자가 동일한 문법을 공유한다는 점에서 실상 유사한 공동체인 반면 후자는 상호 공유되지 않는 타자성을 횡단해야만 비로소 교류할 수 있는 이질성의 집합이라 할 만하다(고진, 『탐구 1』, 제1장).

[……] 언어가 생명을 얻고 역사적으로 진화하는 곳은 언어형태들의 추상적인 언어학적 체계나 화자의 개인적인 심리 속에서가 아니라 바로 여기, 즉 구체적인 언어적 의사소통 속에서다.[11]

'의사소통'에 유의하자. 통상적인 쓰임새와 바흐친의 용법이 서로 다르기 때문이다. 사회적 장에서의 의미화, 즉 의사소통을 바흐친은 화용론pragmatics의 범주에서 다루고자 한다. 이때 의사소통은 언어학 일반이 가정하는 것과는 다른 바탕을 갖는다. 일반적으로 언어는 인간 사고의 도구이자 의사 전달과 수용의 매체로 간주되어 왔다. 가령 방이 덥다고 느껴질 때 창가에 있는 어느 누구에게 창문을 열어 달라고 말할 때처럼 화자의 의미 내용(의도)을 전달하기 위해 언어가 필요하다는 것이다. 그 경우 청자에게는 정확히 화자의 의미 내용을 이해하고 실행하는 것이 중요하지 그 발언에 담긴 어조나 태도 등을 문제 삼을 필요가 없다. 통상적인 의사소통은 이렇게 전언message의 정확한 발신과 수신 사이에서 성립하는 관계, 교환되는 정보의 잉여가 생겨나지 않는 관계를 가리킨다. 언어는 의미 내용을 전달하는 '투명한 도구'로서, 이데올로기로부터 '자유로운' 수단으로 간주된다.

하지만 바흐친에 따르면 이데올로기, 즉 가치 관계를 함유하지 않은 그 어떤 언어나 기호적 관계도 존재하지 않는다. 언어 기호는 본질적으로 이데올로기로서 성립하며, 이데올로기 없이는 어떤 기호도 있을 수 없다. 따지고 보면 인간의 의식도 이데올로기적 가치에 침윤된 도구들, 곧 기호들이 있기에 가능한 것이다.

11) 바흐친, 『마르크스주의와 언어철학』, 131~132쪽.

이데올로기의 영역과 기호의 영역은 일치한다. 따라서 그것들은 서로 대등한 관계이다. 기호가 나타나는 곳 어디에서나 역시 이데올로기도 나타난다. 모든 이데올로기적인 것은 기호적인 의미를 갖는다. [……] 기호는 기호에 의해 성립되고, 의식 자체도 기호들의 질료적인 구체화 속에서만 일어날 수 있고 실현될 수 있다. 기호를 해석하는 것은 결국 이해된 기호와 이미 알려진 다른 기호들 간의 상호 연관된 행위이다. 달리 말한다면, 해석한다는 것은 [미지의—인용자] 기호에 [기지의—인용자] 기호로써 응답하는 일이다.[12]

기호가 본래적으로 이데올로기적이라면, 다시 말해 특정한 가치 관계에 젖어 있는 것이라면 화자와 청자 사이에 성립하는 공평무사한 의미 내용의 전달과 수용은 한낱 이상理想에 불과하다. 오히려 기호적 의사소통이란, 그것이 기호에 의존하고 기호를 통과해서 수행되는 한 특정한 이데올로기적 관계를 수반하게 된다. 들뢰즈와 가타리가 바흐친을 독해하며 발화를 명령-어mot d'ordre라 정의한 것도 그런 까닭이다.[13] 발화를 통해 우리는 의미 내용의 정확한 교환이 아니라 특정한 욕망을 투사하고 관철하려 한다. 그로써 현실을 변형시키고 특정한 방향으로 변화시키고자 한다. 이데올로기는 물질적으로 작용하는 힘이고, 발화는 그 행위인 셈이다. 이 점을 고려하면 발화적 관계 형성으로서의 대화 역시 상호 대등한 의사 교환과 조화가 아니라 자기의 욕망을 대입하여 실현시키려는 투쟁이라 할 수 있다.[14] 따라서 언어적 일상은 이데

---

12) 같은 책, 17~18쪽.
13) 들뢰즈·가타리, 『천의 고원』, 80쪽. 이렇게 말은 명령과 욕망에 관계하기 때문에 필연적으로 정치학의 대상이 된다.

올로기적 힘으로 끓어넘치는 역동적 장이며, 그것은 언어학의 형식적 범주로는 포괄되지 않는 거대한 실재적 영역을 차지한다.

단일한 이데올로기 영역에 전혀 소속될 수 없는 이데올로기적 의사소통의 거대한 영역이 존재하는데, 그것은 일상적 의사소통이라는 영역이다. 이러한 종류의 의사소통은 지극히 풍부하면서도 아주 중요하다. 왜냐하면 그것은 한편으로는 생산과정에 직결되어 있고, 다른 한편으로는 하나의 영역을 형성하기에 충분할 만큼 특수화된 다른 여러 가지 이데올로기 영역들과도 접촉을 갖고 있기 때문이다. 일상생활이나 일상적 이데올로기라고 하는 특별한 영역이 그렇다.[15]

일상적 의사소통은 말이 관류하는 장場이지 언어적 체계가 아니다. 그럼 다시 묻도록 하자. 말이란 도대체 무엇인가? 말은 발화들의 상호 연관적 맥락을 가동시키며, 고정된 게 아니라 지속적으로 유동하는 사건이다. 말을 통해 이데올로기가 움직이며, 이데올로기가 작동하기에 말이 존립한다. 사건으로서의 말, 발화는 현실을 조형하는 힘의 관계를 발산한다. 바흐친의 번역자들이 말을 흔히 '담론'discourse으로 번역하는 것도 이 때문이다.[16]

---

14) 하버마스와 더불어 바흐친의 대화를 균형과 화합의 이상적 담화상황으로 정의하는 연구자도 있다(Greg Nielsen, *The Norms of Answerability: Social Theory between Bakhtin and Habermas*, State University of New York Press, 2002). 하지만 이런 식의 관점은 대화를 이상화(理想化)함으로써 현실에서 작동하는 동력학적 차원을 보지 못하게 만드는 우를 범하기 쉽다. 실제로 바흐친에 대한 '우파적' 해석이 여기에 해당된다. 반면 바흐친 좌파는 대화를 계급투쟁으로 간주하여 사회학적 관점에서 관찰하려 한다(Ken Hirschkop · David Shepherd eds., *Bakhtin and Cultural Theory*, Manchester University Press, 2001).

15) 바흐친, 『마르크스주의와 언어철학』, 23쪽.

16) 하지만 이는 구조와 체계를 내세우는 1960년대의 구조주의적 담론 개념과는 다른 관점에 입각해

바흐친에게 말은 언어적 기호의 질료성이나 체계에 국한되지 않는다는 점을 다시 강조하자. 말은 규정된 일람표에 새겨진 죽은 기호들의 집합이 아니라 살아 있는 생성적 사건의 흐름이다. 말은 유동하는 힘으로 정의되어야 한다. 이 지점에서 화용론은 언어학의 한 분과가 아니라 실재의 학문으로, 동력학動力學으로 전화하게 된다. 말은 기호화된 것과 기호화되지 않은 것의 사이, 기호 작용의 경계에서 벌어지는 사건이다. 현대의 객관적 언어학(소쉬르주의)이 말의 생성적 관점을 취할 수 없는 이유는 그것이 언어 바깥에 있는 힘의 차원을 간과했기 때문이다.

3. 언어학의 외부, 이데올로기와 사회적인 것

억양intonation은 어조tone와 더불어 바흐친이 예시하는 언어학의 가장 중요한 외부이다. 전통적인 언어학과 언어철학에서 이 같은 요소들은 철저히 무시되었고, 고려될 필요도 없었다. 랑그와 파롤을 구별할 때조차 파롤은 단지 랑그의 변이형으로서 질료성, 즉 기표화될 수 있는 변양(사투리)으로만 여겨졌다. 표상 불가능한 요소는 존재하지 않는 것이고, 존재하지 않기에 변화의 동인으로 인정받지 못했다. 방이 더워서 창문을 열라는 요청을 누군가에게 한다고 치자. 이 사례에는 화자(발신자: 말한다)와 청자(수신자: 듣는다), 전언message, 코드(동일한 언어문법), 접촉(같은 방 안에 있음), 맥락(방이 덥다) 등 의사소통의 일반적 요건들이 충족되어 있지만,[17] 억양은 고려되지 않고 있다. 하지만 문을 열어 달라는 동

있다. 앞으로 살펴보겠지만 바흐친에게 말(담론)은 기호의 가시적 체제보다 더 넓은 차원에 걸쳐져 있다. 말에는 무의식이나 신체, 힘의 차원이 함축되어 있으며, 그 점에서 말을 '담론'으로 번역하는 것이 아주 적합한 것은 아니다.

일한 전언도 발화 방식에 따라 얼마든지 다른 의미를 지닐 수 있음은 실제 생활에서 직관적으로 알 수 있는 일이다. 어떻게 발화하는가, 즉 어떤 억양으로 전언을 제시하는가에 따라 의사소통은 명령-복종, 적대-거절, 호의-환대 등의 상이한 관계를 낳을 것이다.

말이 억양에 따라 얼마나 천변만화하는 의미를 담지할 수 있는지 보여 주기 위해 바흐친은 도스토예프스키의 『작가의 일기』에 나오는 한 대목을 소개한다. 어느 날 여섯 명의 직공이 술에 취해 나란히 길을 걷다가 논쟁이 붙었다. 아마도 '점잖은' 독자들을 고려한 탓인지 도스토예프스키는 그 명사가 무엇인지 밝히지 않았으나 우리는 그게 저급한 욕설임을 짐작할 수 있다. 일단 "젠장"이라고 해두자.[18] 누군가 툭 내뱉듯이 "젠장"이란 말을 던진다. 그러자 다른 직공들도 하나씩 이 단어를 반복하는데, 요점은 그들 각각이 발화한 이 "젠장"이라는 단어가 결코 동일한 의미를 지니지 않는다는 것이다. 예컨대 첫번째 직공에게 "젠장"은 이런 논쟁 따위가 무의미하다는 뜻일 수 있다. 이 말을 들은 두번째 직공의 "젠장"은 첫번째 직공의 "젠장"에 동의한다는 뜻일 수 있지만, 거기에 동조 못 하는 세번째는 반문으로서 이 단어를 발화할 수 있다. 그에 대해 네번째는 세번째의 반문을 부정하고 첫번째, 두번째의 "젠장"을 강조하기 위해 한 번 더 이 단어를 내뱉는다. 여기에 다섯, 여섯번째 직공들도 그들 나름의 의사표현을 위해 "젠장"을 발화할 수 있다. 이

---

17) 발신자와 수신자, 전언, 코드, 접촉, 맥락은 로만 야콥슨이 제시한 의사소통 모델의 요소들이다. 문예학 교과서에는 의사소통의 바흐친적 모델이란 게 간혹 언급되기도 하지만, 실상 바흐친은 '모델'과 같은 범례를 제시한 적이 한 번도 없다. 사건을 일으키는 요소들을 항목별로 정확히 분석하고 분류하는 것은 사건의 정의상 불가능한 일이기 때문이다.

18) "젠장"은 한국어로는 감탄사지만 욕설 한마디, 한 단어라는 점을 고려해 이렇게 가정한다. 이 일화는 바흐친, 『마르크스주의와 언어철학』, 143~144쪽에 실려 있다.

모든 "젠장"의 구체적인 의미는 이 단어의 특정한 발화 형태, 즉 억양을 동반한 사건화 방식에 따라 달라지게 된다. 사전적으로는 욕설이라고 간단히 처리할 수 있지만, 실제로는 욕설의 범위를 넘어서는 제각각의 의미로 분화되어 나타난다. 정리하자면, 동일한 한 단어라도 그것이 어떤 억양에 실리느냐에 따라 각양각색의 의미를 가질 수 있다.[19] 그것은 "젠장"이라는 단어를 문법적으로 아무리 분석해도 나올 수 없는, 언어학의 '외부'에서 발원하는 의미의 생성이다.

　　언어활동에서 실제 의미를 발생시키고 유동시키는 것은 말이 물질적으로 실현되고 작동하는 어조 같은 요소이다. 모든 단어의 사전적 의미는 잉여를 남기지 않는 1:1의 의사소통을 전제한다. 하지만 실제 발화의 현장에서 실현되는 것은 사전적 어의 이외의 가치 평가이며, 그러한 평가적 요소야말로 사회적 관계를 투영하며 형성하게 마련이다. 가령 "창문을 열어라"라는 명령문은 문장 자체의 사전적 의미는 중립적이지만, 그것이 어떤 억양에 실려 발화되느냐에 따라 상이한 사회적 관계를 드러낼 것이다. 그것은 청자에 대한 공손하거나 예의 바른 태도일 수도 있지만, 적대적이거나 경멸적인 태도일 수도 있고, 무감정한 '객관적' 태도는 물론이고 심지어 '형언 불가능'한 모호한 태도조차 담을 수 있다. 만일 우리가 언어의 사회성에 관해 이야기하려면, 사전적 소통 가능성 너머로 이와 같은 가치 평가적 요소(이데올로기)를 반드시 포함시켜야 한다. 가치 평가적 요소야말로 언어 현상 바깥에서 작동하는 사회적 관계의 특징을 보여 주기 때문이다. 그것은 언어 현상을 문법적 성분

---

19) 어조와 억양 등을 명확히 분석하는 일 역시 불가능할 것이다. 사전적 정의와 달리 억양과 어조는 항상 혼성적인 상태로 표현된다. 이에 따라 바흐친도 통칭적으로 '표현적 억양'이라는 단어를 쓰고 있다(같은 책, 143쪽).

들로 아무리 분해하고 분석해도 도출되지 않는 언어학의 외부이며, 비가시적으로 작동하는 힘의 조형적 능력이다.

"말은 탁월한 이데올로기적 현상이다."[20] 우리는 이 명제를 두 차원에서 다시 생각해야 한다. 그 하나는 이데올로기란 무엇인가라는 물음을 통해서, 다른 하나는 사회와 구별되는 사회적인 것의 운동이라는 측면을 통해서다. 당연히 이 두 차원은 연동되어 있다.

20세기 초엽의 맑스주의 사상에서 이데올로기는 허위의식false consciousness으로 규정되었다. 맑스와 엥겔스가 『독일 이데올로기』에서 언급했던 것처럼, 허위의식이란 지배계급이 통치의 효율성을 위해 피지배계급에게 강요한 거짓된 스크린, 현실을 있는 그대로 볼 수 없게 가리거나 왜곡시키는 환상이다. 카메라 암상자camera obscura의 비유로도 잘 알려진, 실제 사물의 역상逆像으로서의 이데올로기가 그것이다.[21] 다른 한편, 이데올로기는 경제적 토대 위에 구축된 다양한 문화적 양식들, 곧 정치, 종교, 도덕, 형이상학(철학), 예술 등의 상부구조를 포괄한다. 제도화되어 있거나 준제도화된 사회적 장치들이나 실천들 전체가 이에 해당된다. 경제라는 진정한 생산의 토대로부터 유리되어 있고 부정적으로 굴절된 상부구조는 다만 부르주아 지배의 수단일 뿐이며, 사회주의 혁명을 통해 일소되어야 할 과거의 잔해라고 언명된다.

언어학을 언어에 관한 학문으로 제한하는, 다시 말해 부르주아적 학제의 울타리에 가두는 폐단을 물리칠 것을 제안하는 『마르크스주의와 언어철학』은 이로부터 미묘한 이탈선을 긋는다. 언어학을 사회학의

---

20) 바흐친, 『마르크스주의와 언어철학』, 22쪽.
21) 맑스·엥겔스, 「독일 이데올로기」, 『맑스·엥겔스 저작선집 1』, 202쪽.

일환으로 다룰 수 있어야 한다는 명시적 주제와는 별개로, 바흐친은 언어란 무엇보다도 발화를 통한 말의 현상이며, 말은 이데올로기라는 가치 평가적 활동과 분리될 수 없다고 주장한다. 말 자체가 탁월한 이데올로기적 현상이라면, 이데올로기 없는 말, 즉 언어활동은 존립할 수 없다. 말과 이데올로기는 분리 불가능하고, 사회적인 것이란 바로 이러한 말-이데올로기의 차원에서만 비로소 감지되는 현실이다. 질료로서의 언어 기호는 (무)의식-이데올로기라는 내용과 혼성될 때 가시화된다.[22] 말은 그러한 혼성을 함축하는 표현의 형식으로서, 전통적인 내용(기의)과 형식(기표)의 구분을 무효화시키며 작동한다. 사회적인 것은 이러한 혼성적 흐름의 지대 전체에 다름 아니다.

> 중요한 것은 말은 순수한 기호가 아니라 사회의 구석구석에까지 편재하고 있다는 점이다. 말은 사람이 협력하고 노동하는 곳, 이데올로기적인 상호 교환의 장소, 일상적인 접촉을 하는 곳, 그리고 정치적인 상호작용의 경우 등 문자 그대로 사람들 사이의 모든 행동과 접촉에 관련되어 있다. 사회적 상호 관계의 모든 영역을 관통하고 있는 이데올로기의 무수한 끈이 말에 의해 실체를 부여받고 있다. [……] 말은 일시적이고 미묘하면서도 순간적으로 사라질지 모르는 사회적 변화의 모든 측면들을 정착시키는 능력을 갖고 있다.[23]

---

22) 제5장에서 살펴본 것처럼, 의식을 유동하는 힘으로 사유하는 입장은 바흐친이 무의식을 충분히 감지하고 있었음을 반증한다. 이는 마치 바흐친의 언어철학이 언어적 기호에 관한 것이면서도 실제로는 언어활동 전체로서의 말의 현상을 염두에 두고 있는 것과 다르지 않다. 그에게 작동하지 않는 언어는 말이 아니며, 단지 죽은 기호일 뿐이다. 이 점에서 말은 언어, 랑그적 체제보다 훨씬 더 큰 외연을 차지하며 무의식과 겹쳐져 있다. 한국어의 관용적 용법에 따라 자주 '언어적'이라 번역되는 러시아어는 'slovesnyj'인데, 이것이 '말'에서 연유한 단어임을 충분히 감안하여 바흐친을 읽을 필요가 있다. 반면, 랑그/언어(jazyk)의 형용사형은 'jazykovoj'이다.

바흐친에게 사회는 안착된 제도나 규범, 규칙 들의 체계가 아니다. 통일성과 유일성의 대립, 곧 문화와 삶의 구별에서 후자가 전자를 감싸 안는 외연을 가졌던 것처럼, 사회는 사회적인 것으로서 존립한다. 언어(랑그)와 말의 관계도 마찬가지다. 말은 사회적인 것의 장을 흐르는 힘이기에 랑그와 대립하지 않고 오히려 그것을 포함한다. 이와 같은 말의 현상으로서 이데올로기는 계급 지배의 '수단'에 그치지 않는다. 유동하는 말의 힘인 이데올로기는 항상 갱신되는 가치 평가로서의 사회적 관계를 부단히 파생시키기에 '창조적'이다.[24] 그러므로 사회적인 것의 평면에서 가동되는 말의 현상이란 사건화 능력과 다르지 않다. 그것은 언어학적 요소들로 환원되지 않는 언어의 외부이며 타자성과 결부된 사건적 효과로서만 매번 규정될 수 있다. 이때부터 바흐친의 사유에서 점차 결정적 열쇠어로 부상하기 시작하는 생성stanoblenie; becoming은 말의 사건화 과정에서 드러나는 사회적 삶의 증대이기도 하다.

결국 가치 평가야말로 주어진 지시대상적 의미가 화자의 시야──특별한 사회적 집단의 인접한 사회적 시야와 보다 넓은 사회적 시야──로 들어오는 것을 결정한다. 게다가 의미의 변화에 대해서 창조적인 역할을 하는 것은 정확히 가치 평가이다. 의미의 변화는 본질적으로 항상 재再가치 평가이다. 즉 주어진 말이 하나의 가치 평가적 맥락에서 다른

---

23) 바흐친, 『마르크스주의와 언어철학』, 28~29쪽.
24) 허위의식 이상의 항상적인 힘으로서, 무의식적 변형과 작동의 원인으로서 이데올로기를 정의하는 것은 우리로 하여금 알튀세르의 논의를 떠올리게 해준다. 그에 따르면 이데올로기란 무의식과 같이 무역사적이며 현실조형적인 힘인바, 한편으로 국가 장치와 결합하여 억압적으로 작용하지만 다른 한편으로는 혁명을 향해 긍정적으로도 가동될 수 있다(알튀세르, 「이데올로기와 이데올로기적 국가장치」, 349~410쪽).

가치 평가적 맥락으로 이행하는 것이다. [……] 언어에 있어서 의미의 생성과정은 항상 어떤 특별한 사회적 집단의 가치 평가적인 시야의 발생과 관련되어 있다. [……] 새로운 의미가 낡은 것으로부터, 낡은 것의 도움으로 발생하지만, 이러한 것은 새로운 의미가 낡은 것과 투쟁에 들어갈 수 있고, 낡은 것을 재구성할 수 있는 경우에 일어난다.[25]

4. 일상적 이데올로기와 문화-삶의 생산

이쯤에서 우리는 『프로이트주의』(1927)에서 제출되었던 일상적 이데올로기zhiznennaja ideologija[26]의 문제로 돌아가 볼 필요가 있다. 먼저 1929년의 바흐친이 내리는 일상적 이데올로기의 정의를 살펴보자.

일상적 경험과 그것에 직접적으로 연관된 외적 표현 전체를 이미 확립된 이데올로기적 체계, 곧 예술, 윤리, 법 등과 구별하기 위해서 일상적 이데올로기라는 용어를 사용하도록 하자. 일상적 이데올로기는 우리의 모든 행위와 행동 그리고 의식적 상태에 의미를 부여하는 비체계적이고 비고정적인 내적·외적 발화의 힘stikhija이다.[27]

일상적 이데올로기는 '이데올로기'라 지칭되는 전 영역을 포괄하는 개념이다. 우선 예술과 윤리, 법 등과 같이 명확히 분절된 체계들인

---

25) 바흐친, 『마르크스주의와 언어철학』, 146~147쪽.
26) 『프로이트주의』(1927)에서는 'zhitejskaja ideologija'로 표기되었으나 의미상의 차이는 없다. 영역자들은 'behavioral ideology'로 옮겨 놓았다. 일상적 삶을 통괄하는 (무)의식이라는 뜻으로 새겨 두면 무난할 것이다.
27) 바흐친, 『마르크스주의와 언어철학』, 125쪽.

상부구조 전부가 일상의 이데올로기에 포함될 수 있다. 이에 덧붙여 우리는 그러한 '정상적' 사회 체제의 주변부 내지 외곽화되어 있는 영역들 또한 일상적 이데올로기에 속한다는 점을 염두에 두어야 한다. '비체계적'이고 '비고정적'인 발화의 힘이 미치는 영역이 그곳이다. 러시아어에서 힘stikhija이 통제되지 않는 자연력, 자연 생장의 힘을 함축하는 데서 드러나듯 일상적 이데올로기는 사회적 구조의 변경과 바깥마저 포괄한다. 즉 그것은 의식의 타자, 체계의 외부마저 끌어안는 희미한 정조atmosphere라고 불리는 식별 불가능한 영역에 넓게 걸쳐 있다.[28] 이렇듯 일상 이데올로기는 다양한 층위를 감싸며, 정통 맑스주의가 전제하는 정치적 이해관계나 허위의식은 그것의 가장 상층부에서 결정화된 매우 작은 부분들에 지나지 않는다.

정신분석의 무의식을 비판하면서, 보다 근본적인 차원에서 그것을 복원하려 했던 『프로이트주의』의 전략은 『마르크스주의와 언어철학』에서 더욱 철저하게 정식화된다. 일상적 이데올로기는 상부구조의 단순한 '바깥'을 뜻하지 않는다. 만약 그러한 이분법을 통해 일상적 이데올로기와 무의식을 연결한다면, 그것은 상부구조와 토대의 이분법을 다른 식으로 복제하는 데 불과하다. 그렇게 된다면 알튀세르가 지적했던 것처럼, 상부구조의 자율성, 혹은 다양한 심급들 사이의 독자적 운동에 대해 언급하기 어려운 (경제) 결정론적 사고에 얽매일 우려가 있다.[29] 오히려 바흐친은 일상적 이데올로기의 본령이라 할 만한 비결정

---

28) Valentin Vološinov, *Marxism and the Philosophy of Language*, trans. L. Matejka · I. R. Titunik, Harvard University Press, 1986, p.91. 'atmosphere'는 'stikhija'에 대한 영어 번역이다.
29) 그러나 알튀세르에 따르면 "처음에도 마지막에도 '최종 층위'의 고독한 시간은 결코 오지 않는다"(루이 알튀세르, 『맑스를 위하여』, 이종영 옮김, 백의, 1997, 132쪽).

화된 영역을 하나의 경계 지대로서 표지하려 한다. 사회의 관점에서 '좁고 희미하거나' '우연적'이기도 하고 '순간적'이며 '느슨한 결합' 정도로 여겨지는 삶의 경험과 그 표현은 정상성의 '바깥'이 아니라, 정상적인 것과 병리적인 것의 경계선에 놓여 있다. 즉 '바깥'은 공간적 외부가 아니라 내부성의 작동의 한계에 있다. 그것은 사회적으로 유의미하게 사용될 수 없기에 무용해 보이고 심지어 존재조차 하지 않는 것으로 치부되지만, 실상 일상적 이데올로기의 최하층을 이루는 지층으로서 '토대'에 값하는 계산 불가능한 잠재성의 지대를 이룬다.

> 일상적 이데올로기의 최하층에 있는 가장 유동적이고 빠르게 변화하는 층은 그런[분명히 분절되지 않는—인용자] 종류의 경험들로 구성된다. 따라서 모호하고 개발되지 않은 경험들, 사고들 및 우리의 마음속에 언뜻 스치고 지나가는 우연적인 말들이 이 층에 속한다. 그것들은 주인공 없는 소설이나 관중 없는 무대와도 같이 사회적 지향을 잘못 이끈 유형들이다. 그것들은 어떠한 종류의 논리나 통일도 결여하고 있다. 그러한 이데올로기적 직조물 속에서 사회적 법칙성을 찾아내기란 극도로 어려운 일이다. 일상적 이데올로기의 최하층에서는 통계상의 법칙성만이 검출될 수 있을 뿐이다. 이러한 종류의 산물들의 방대한 분량이 주어진다면, 사회·경제적 법칙성의 윤곽들이 나타날 수도 있다. 그러나 그러한 우연적인 경험과 표현 속에서 사회·경제적 전제들을 찾아낸다는 것은 사실상 불가능하다.[30]

---

30) 바흐친, 『마르크스주의와 언어철학』, 127~128쪽.

이렇게 미분화된 카오스로서의 일상적 이데올로기의 지층은 어떻게 결정화되어 가시적 수준에서 드러나는가? 혹은 그것은 어떻게 현실을 변혁시키는 동력으로 가동되는가? 일상적 이데올로기의 최하층과 최상층은 흐름을 통해 연결되어 있다. 그것은 거대한 힘의 연속체이고, 그래서 끊임없는 유동의 상태 속에서 '접촉'하고 있다. 당연히 이는 미시적이고 분자적인 수준에서 발생하는 요소들의 혼성과 재구성이다. 가시적으로 표지되는 상부구조의 여러 심급들이 사실상 비가시적인 토대의 극히 작은 일부이듯, 일상적 이데올로기의 결정화된 영역과 미결정의 영역은 비대칭 상태를 이루며 서로 이행한다. 토대와 상부구조의 비유가 정태적이고 이분법적인데 비해, 일상적 이데올로기는 동태적이고 연속적이다. 우리는 그것을 푸코의 다이어그램이나 들뢰즈와 가타리의 추상기계의 관점에서 사유할 수 있을 것이다. 아무튼 관건은 접촉으로 언명되는 이행의 계기들이 멈추지 않고 작용한다는 점이다.

> 이미 정립된 이데올로기적 산물들은 끊임없이 일상적 이데올로기와 지극히 긴밀하게 유기적 접촉을 유지하고 그것으로부터 자양분을 얻는다. 문학작품이나 인식론적 관념이 그것에 대한 생생하고 가치 평가적인 지각이 없으면 사멸하는 것과 마찬가지로 그러한 접촉이 없다면 그것들은 모두 소멸하고 말 것이다.[31]

이제 말의 문제로 돌아가자. 언어 기호와 달리 말의 특징은 그것의 변화 가능성, 창조성에 있다. 이는 사회적 맥락에서 형성되는 가치 평가

---

31) 바흐친, 『마르크스주의와 언어철학』, 126쪽.

의 반복을 통해 드러나는 의미의 생성이다. 의미는 무無로부터 생겨나지 않는다. 그것은 두 기호의 접촉, 곧 미지의 기호에 기지의 기호로써 응답하는 과정에서 파생된다. 비결정화된 이데올로기와 결정화된 이데올로기가 만났을 때 이루어지는 재가치 평가pereotsenka가 그것이다. 바흐친은 예술, 특히 문학작품이 이 과정을 예시적으로 보여 준다고 설명한다. 알다시피 문학작품은 통시적인 말의 흐름을 절단해서 공시적인 언어적 구조로 재구성한 결과이다. 그것은 시간의 흐름으로부터 단절되어 있으며, 그 자체로는 환경으로부터 유리된 형성물에 불과하다. 물론, 그 작품이 발생한 시공간적 맥락 속에서 그것이 갖는 나름의 의미도 있겠지만, 그렇게 결정된 맥락과 작품의 관계는 특정한 의미 효과만을 발산할 수 있는 자동화된 회로에 지나지 않는다. 시간의 흐름에 따라 점차 작품의 의미는 생동하는 효과를 잃어버릴 것이며, 과거의 산물로 고형화될 일이다. 작품을 '구원'하는 손길은 외부로부터, 기존의 자동화된 회로의 함수를 벗어나는 낯선 가치 평가적 지각을 만남으로써 가능하다. 문법의 역사 속에 재구되어야 하는 언어 기호가 아니라 시간의 흐름을 통해 변형되고 창안되는 말과의 접촉이 그것이다. 그렇게 일상적 이데올로기의 가장 낮은 층위를 관류하는 질료적 흐름으로서의 말이 항상-이미 작동한다.

역사적으로 존재하는 각각의 시대마다 작품은 변화하는 일상적 이데올로기와 밀접한 관련을 가져야만 하고, 일상적 이데올로기 속으로 침투되어 그것으로부터 새로운 자양분을 획득하지 않으면 안 된다. 작품이 주어진 시대의 일상적 이데올로기와 끊임없이 유기적인 연결을 만들어 낼 수 있는 정도에 따라서 작품은 그 시대에 (물론 그 해당 집단 안에서) 존립할 수 있게 된다. 일상적 이데올로기와의 이러한 연결이 없는 작품은 존재하지 않는다. 왜냐하면 그렇게 되면 이데올로기적으로 의미 있는 어떤 것으로서 경험되지 않기 때문이다.[32]

사례를 반드시 문학이나 예술작품에 한정할 필요는 없다. 러시아 형식주의자들이 주장했듯, 애초에는 생동하는 지각의 경험이었으나 점차 자동화됨으로써 박제화된 기호적 구성물을 새롭게 읽어 내는 것은 그것을 낯설게 읽어 내는 힘, 이질적인 지각 능력에 있다. 그것은 동시대의 기호적 환경에서는 출현할 수 없었던, 지각되지 않는 하부로부터 끌어올려진 일상적 이데올로기의 지층과 접촉함으로써 발생하는 사건의 구성능력이다. 통상의 예술사는 그 능력의 주체를 독창적인 예술가, 천재로 상정하지만 실제로 그를 움직이는 동력을 인칭적 존재자로 지정할 필요가 있을까? 어떤 것이 우리로 하여금 낡은 기호적 구성물을 낯설고 새롭게 느끼도록 강제하는가? 어떻게 우리는 과거의 작품과 사건적/변형적 관계를 맺는가? 말을 통해서이다. 힘의 유동으로서의 말이 대상과 주체를, 작품과 예술가/수용자를 관계시키고 이질적인 감각을 조형한다. 그렇다면 주체는 특정한 인간-행위자가 아니라 말 자체라고 불러야 더욱 정확하지 않을까? 여하튼 만년의 바흐친이 문화의 '본질적인 재구성'이라 불렀던 것은 실상 가치 평가의 지속적인 변전에 다름 아니다. 그는 재가치화라는 사건을 통해 드러나는 지속으로서의 시간, 곧 거대한 시간의 출현을 예감했다.[33]

---

32) 바흐친, 『마르크스주의와 언어철학』, 126~127쪽.
33) Mikhail Bakhtin, "V bol'shom vremeni", *Bakhtinologija: issledovanija, perevody, publikatsii*, Aletejja, 1995, pp.7~9. 정확히 말해, 거대한 시간이란 모든 가능적 시간들의 잠재성의 장이다. 사

이로써 선명히 부각되는 것은 말과 문화의 관계이다. 문화는 우선 청년기 바흐친이 규정했던 통일성의 담지체로서 체계를 지시하지만, 사건을 통해 문화는 삶, 즉 유일성의 차원과 이어진다. 일상적 이데올로기가 그러하듯, 문화와 삶은 서로 연관되어 있으며 이행적 관계 속에서 항상-이미 사건화된다. 문화로 표상되는 제도와 규범의 세계는 끊임없이 주변으로, 하부로 흘러내리며, 그 주변과 하부로부터 삶은 계속해서 문화의 중심으로 침투해 들어온다. 해체와 파괴를 통과하며 드러나는 현실의 (재)구성이 그것이다. 그 가장 중요한 매체로서 말이 있고, 말이 야기시키는 가치 평가의 반복은 사회적인 것 전체의 생성을 끌어가게 된다.

> 어떠한 문화적 기호도 일단 그것이 이해되고 의미가 주어지려면 고립된 상태로 머물러 있어서는 곤란하다. 왜냐하면 그것은 말에 의해 형성된 [무─인용자]의식의 통일성의 한 부분이기 때문이다. [무─인용자]의식은 이데올로기 기호에 대해서 언어적인 접근방법을 발견하는 힘을 갖고 있다. 곧, 말의 응답과 공명共鳴의 물결이 모든 이데올로기 기호의 주변에 널리 형성되어 있다고 할 수 있다. 생성하는 존재의 모든 이데올로기적 굴절은 그것이 어떤 중요한 기호적 실체이든 간에 당연히 부수되는 현상으로서 말에 의한 이데올로기적인 굴절을 불가피하게 수반한다.[34]

멸하고 망각된 삶의 사건들이 다시 조명되고 의미를 부여받는 '부활의 시간'으로서 그것은 역사의 '너머'에서 돌발적으로 되돌아오고, 생성되는 사건화를 가리킨다. 우리는 언제나 거대한 시간의 장 위에서 살아가고 있으며, 삶의 묻혀진 의미를 사유하는 것은 그것이 현행화될 조건들을 모색하는 행위라 할 수 있다.

34) 바흐친, 『마르크스주의와 언어철학』, 24~25쪽.

말은 응답과 공명의 연속체이며, 이데올로기적 굴절은 재가치 평가를 통한 의미의 변형이다. 모든 기호적 체계, 식별되는 사물들의 세계는 이렇게 연결되어 실존한다. 일종의 영구적인 가치의 전도이자 생산의 지속으로서 이 세계를 전제하지 않으면, 이런 논의 전반을 이해하기가 쉽지 않다. 이를 위해 우리는 바흐친이 소설을 어떻게 사유하고 있는지 더 깊이 파고들어야 한다.

5. 장르와 스타일, 헤테로글로시아의 동력학

문학은 왜 중요한가? 문학은 미학적 완결성으로 인해, 또는 예술가의 천재성 때문에 귀하거나 가치 있는 대상이 아니다. 문학의 가치는 문학의 외부에 있다. 즉 문학은 작품으로서 그것이 포괄하지 못하는 일상적 이데올로기의 저층과 접촉함으로써 새로운 의미를 생산하는 평면인 까닭에 중요하다. 생성하는 말의 운동이 무대화되는 장면들 각각이 작품이며, 그러한 작품들이 모여서 문학의 평면을 이룬다.

바흐친은 문학을 발화의 장르rechevoj zhanr; speech genre에 따라 구분 짓는다. 교과서에 나오는 문학의 '5대 장르'와 같은 전통적 구분은 무용하다. 그것은 미리 정해 둔 장르의 기준에 따라 내용을 끼워 넣는 형식적 분류에 지나지 않는다. 오히려 장르는 발화의 형태와 양상에 따라 얼마든지 변용될 수 있어야 한다. 발화 수행speech performance의 힘에 의해 장르는 이런저런 형식으로 변이하고 이행한다. 예를 들어, 누군가와 주고받는 사적인 대화도 하나의 장르가 될 수 있다. 극장이나 음악회 등의 사교적 모임에서 주고받는 의견들도 역시 장르가 될 만하다. 임의적인 대화나 일상의 언어습관, 사회적 관계 속에서 돌출되는 내적인 말의 태도도 마찬가지다.[35] 이 모든 수행적 발화들은 그것이 특정한 사건적 강도를 갖는다면, 어떤 것이든 장르로 성립할 수 있다.

　　장르에 대한 이러한 정의는 문예학의 상식에 비추어 황당무계한 소리로 들릴 법하다. 모든 발화가 장르화된다면, 문학은 온갖 장르의 말들로 셀 수 없이 나누어지고 결국 장르라는 개념 자체가 분해되지 않겠는가? 사실 그렇다. 모든 말은 장르가 될 수 있다. 하지만 동시에 모든 말이 장르가 되는 것은 아니다. 어떤 척도가 있어서 그런 게 아니다. 요점은 강도다. 장르는 내용과 구별되는 외적 형식이 선험적으로 주어져서 그것에 끼워 맞춤으로써 성립하지 않는다. 차라리 장르는 매번 창안된다. 장르는 표현의 형식으로서 특정한 강도를 지속하는 가운데 말하고 쓰여지는 어떤 스타일을 가리킨다. 일상의 잡담이나 혼잣말조차도 일정한 강도와 지속의 벡터를 가진다면 장르라 부를 수 있을 것이다. 거꾸로 잡담이나 혼잣말이 장르화되지 않는 것은 강조와 지속을 통해 충분히 구별되는 것으로서 현행화되지 않았기 때문이다.[36]

　　문학, 더 정확히 말해 소설이라는 장르는 이렇게 강도화된 발화의 유형을 가리킨다. 형식적으로 소설은 시나 희곡, 평론 등과 나란히 놓여 있는 장르들 중 하나를 지시하지만, 강도화된 발화의 집합체라는 점에서 문학에는 소설이라는 단 하나의 장르만이 존재한다. 이것이 소설에 관한 실재적 규정이다. 문학을 곧장 소설이라고 할 수는 없으나, 소설은 문학 자체 혹은 전체다. 이는 다른 장르들에 비해 소설만이 우월하다고

---

35) 바흐친, 『마르크스주의와 언어철학』, 30쪽. 이와 같은 발화적 양상들에 따라 분류되는 장르들을 바흐친은 '일상생활(삶)의 장르'(zhiznennyj zhanr)라 부른다.

36) 잡담이나 혼잣말 중에서도 선문답이나 드라마에서의 독백 등은 그것이 그것임(thisness)을 갖게 해주는 실재적 특징으로 인해 장르화되었다고 할 수 있다. 그러므로 핵심은 말이 어떻게 작동하는가, 사건적으로 표현되었는가에 있다고 해야 할 것이다.

주장하는 특권주의적 발상이 아니다. 소설은 그것을 규정하는 의미 내용, 특수한 척도를 갖지 않는다. 규범 바깥의 규범이자, 규범을 넘어서는 비규범의 총체로서 소설은 소설화romanizatsija하는 힘에 다름 아니다.

1934~1935년에 집필된 「소설 속의 말」은 바흐친이 말과 문학, 소설에 있어서 생성의 문제에 어떻게 접근해야 하는지를 시론적으로 풀어 낸 논문이다.[37] 상당한 분량과 광범위한 주제를 담고 있지만, 일단 말과 소설, 장르의 관계에 대해서만 간략히 언급해 보자.

바흐친은 논문의 첫머리에서 종래의 예술 담론, 즉 문학 연구를 비판한다. 그 주요한 대상은 형식주의와 이념주의이다. 문예학의 이 두 조류는 무엇인가? 후자는 내용에 정향된 전통적 문예학으로서, 작품 속에 사상을 쏟아부어서 이념과 현실을 직접 이어 붙이려는 헤겔주의를 가리킨다.[38] 반면 전자는 후자에 대항하여 20세기 초엽에 나타난 신진 연구자들, 곧 러시아 형식주의자들의 경향이다. 문학성을 내용이 아니라

37) 한국어 번역본이 '소설 속의 담론'으로 번역한 이 제목은 영역본 제목인 'Discourse in the Novel'에 따른 것이다. 영역자들의 단어 선택은 나름의 이유가 있지만, 실제 바흐친의 관점과 어떤 차이가 있는지 검토할 필요는 있다. 이 논문의 원제목은 'slovo v romane'으로서, 'novel'은 'roman'을 옮긴 것이다. 그런데 'novel'이 18세기 이후에 등장하여 중세적 양식과는 구별되는 특수한 근대적 장르를 지칭하는 데 반해(Ian Watt, The Rise of the Novel, Chatto & Windus, 1957, ch.1), 바흐친은 'roman'을 통해 문학의 역사 전체에 걸쳐 지속되어 온 글쓰기 일반을 가리키고자 했다. 한국어로 '장편소설'로 옮길 때 나타나는 분량의 문제와는 아무 상관이 없다. 요점은 근대라는 특정한 역사시대만이 아니라 인류사 전체, 글쓰기의 역사 전체와 관련되어 있다는 사실에 있다. 이는 '담론'으로 옮겨진 'slovo'와도 상관적인데, '말' 또한 길이나 형식의 제한과 무관히 말하기와 글쓰기의 역사에 기입될 수 있는 모든 발화적 집합체를 가리키기 때문이다. 문제는 그것이 어떤 강도를 유지하는가, 어떤 스타일을 형성해 내는가에 달려 있다.

38) 내용미학에 대한 비판은 표면적으로 부르주아 문예학을 겨냥하지만, 그 속내로는 소비에트 이데올로기 역시 포함되어 있다고 말할 수 있다. 이 시기에 맑스주의 문예학의 대부 루카치는 소련에 망명 중이었고, 소비에트 문예학 논쟁에 여러모로 관여하고 있었다(게오르크 루카치, 『맑스로 가는 길』, 김경식·오길영 편역, 솔, 1993, 123~202쪽; 소련 콤 아카데미 문학부 편, 『소설의 본질과 역사』, 신승엽 옮김, 예문, 1988, 제2부). 학계의 선배이자 동시대 문예미학의 선구자인 루카치에 대해 바흐친이 가졌던 '경쟁의식'도 고려하지 않을 수 없을 듯하다.

그것의 외적 형식 속에서 추출하려던 '객관주의'가 그들의 모토였다. 그들은 문학작품이 언어적 형성물이라는 점에 착안하여 문학성의 본질은 언어의 조형 방식과 그에 대한 지각 능력에 달려 있다고 생각했다. 바흐친은 양자 모두가 '추상적'이라고 비판하는데, 이념주의는 내용에 집착한 나머지 소설이라는 장르적 형식을 망각했고, 형식주의는 장르의 스타일(문체)을 간취했으되 그것을 개별적인 차원에서만 다루었기 때문이다. 그 결과, 이념주의는 문예사조라는 거대 양식에 주목한 반면, 형식주의는 작가의 문체론으로 귀결되었다. 하지만 말을 "본질적으로 사회적 성격을 지닌 현상"으로 본다면, 스타일의 거시적 차원과 미시적 차원을 오가는 탈형식적 유동에 유의해야 한다. 사회적인 것이란 이질적인 요소들의 교차와 발산, 분석과 종합을 통해 항상적으로 (재)구성되는 것이다.

　　장르의 스타일론stilistika zhanra; stylistics of genre이란 무엇인가? 재미있게도 스타일은 '양식'으로도 '문체'로도 번역된다. 양식이 초개인적인 시대나 사회 전반의 거시적 규정력을 갖는다면, 문체는 개인별로 차별화된 글쓰기를 표방하기에 그 의미가 사뭇 이율배반적이다. 여기서 바흐친이 택하는 방안은 '제3의 길'이나 양자를 적당히 얼싸안는 절충론이 아니다. 오히려 그는 지금까지 문학예술 연구에서 보이지 않던 부분, 양식과 문체를 규정하는 차이의 동력을 찾아내려 한다. 말에 관한 논의에서 드러났듯, 불변하는 원리를 통해 스타일이 결정되는 게 아니라 스타일 자체가 원리를 규정짓는 운동이고, 오직 그러한 운동만이 원리가 될 수 있음을 밝히려는 것이다. 스타일은 정태적인 대상이 아니다. 그것은 동력학적 차원에서 규명되어야 할 생성의 문제에 잇닿아 있다. 그때야 우리는 "예술적 말 자체의 거대한 익명적 운명"을 감지할 수 있을 것이다.[39]

소설은 다양한 스타일과 다양한 말, 다양한 목소리의 현상들인 전체tseloe; the whole로 정의된다. 이와 같은 전체성은 독일 관념론이 가정하는 선험적이고 절대적인 척도로서의 총체성Totalität과 전혀 다르다. 헤겔은 총체성을 존재와 역사의 목적으로 상정했고, 개별 존재자들은 이러한 목적으로부터 얼마나 가까이 결합해 있는지에 따라 위계화된다고 했다. 목적론적 위계의 중심으로부터 멀리 떨어질수록 우연적이라 불리며, 무가치한 것으로서 소외될 것이다. 하지만 바흐친에게 전체성은 어떤 목적론적 원인에 의해 추동되지 않는다. 역사에 등장하는 모든 개별적인 것들은 애초에 총체화되어야 할 아무런 명분이나 이유를 갖지 않으며, 따라서 위계화될 필요도 없다. 전체라고 묶일 수 있고 명명될 수 있는 것은 다양하게 분기하는 현상 자체일 뿐이다. 헤테로글로시아 heteroglossia; raznorechie, 즉 '언어적 다양성' 혹은 '이질언어성'이라고 번역되는 말의 본래적인 혼종성, 타자성은 그 어떤 목적이나 위계, 척도에서도 벗어나 있다. 헤테로글로시아는 공통성을 추려서 모아 놓은 언어의 이념형이 아니라 모든 가능한 변이체들을 무제한적으로 끌어모으는 운동의 동력이다.

헤테로글로시아의 변이체들이 일정한 강도를 이루고, 특정한 방향성을 갖추었을 때 소설이 나타난다. 발화가 문자적 형식 속에 정착해서 스타일을 창출할 때 우리는 소설이라는 장르가 생겨나는 순간을 목도하는 것이다. 소설은 말의 힘을 구심화하여 표현하는 글쓰기이며, 나름의 구조와 체계를 지니고 있다.

---

39) 바흐친, 「소설 속의 말」, 『장편소설과 민중언어』, 전승희 외 옮김, 창작과비평사, 1988, 64쪽.

장르로서의 소설이 지니는 스타일의 특징은 바로 이러한 상호 의존적이면서도 상대적 자율성을 지닌 단위체들(이는 때로 서로 다른 언어로 이루어지기도 한다)이 서로 결합함으로써 전체로서의 작품이 지니는 보다 높은 차원의 통일성이 창조된다는 점에 있다. 소설의 스타일은 그것을 구성하고 있는 여러 스타일들의 결합 속에서 발견되는 것이며, 소설의 언어란 그러한 '언어들'의 체계이다.[40]

앞서 우리는 사회적인 것이란 단일화될 수 없는 이질적인 성분들이 결합한 전체란 점을 살펴보았다. 소설 역시 사회적인 것이다. 그것은 사회적인 것의 부분집합이면서, 동시에 사회적인 것 전체에 외연을 같이 하는 말들의 우주라고 할 수 있다. 그러한 소설도, 그 우주의 부분집합을 이루는 개별적 작품도 사회적인 것으로 부를 만하며, 이는 모든 개별화된 것들('스타일들')이 타자성을 필연적으로 내포하는 형태로 단일한 결합체singular thing를 이루었음을 뜻한다. 말의 근본적인 타자성이 소설과 문학의 본래적인 타자성을 가리킬 수밖에 없는 이유다. 철저한 분열의 감각, 말과 소설, 문학은 여기에 근거한다. 소설 속의 말이 본질적으로 사회적이라는 의미도 이로부터 파급되어 나온다.

소설은 예술적으로 조직된 사회적 발화의 다양성(때로는 언어들 자체의 다양성)이며, 개별적인 목소리들의 다양성이다.[41] 어떤 단일한 국

---

40) 같은 글, 68쪽.
41) 세 번 반복된 '다양성'은 각각 'raznorechie', 'raznojazychie', 'raznogolositsa'의 번역어이다. 바흐친은 유사한 의미를 지니면서도 미묘한 어감의 차이를 갖는 단어들을 구사했는데, 모두 헤테로글로시아를 고려해야 전체적 이미지를 그려 볼 수 있다. 영역자들 역시 이 곤혹스러움을 '다양한' 어휘들을 써가며 표현하고 있다.

민언어도 다양한 사회적 방언들, 특정 집단의 특징적 행태를 표현하는 전문적 용어들, 장르적 언어들, 세대들 및 연령집단들의 언어들, 특정 유파들의 언어들, 다양한 세력집단과 써클의 언어들, 일시적인 유행어들, 그날그날의 언어들, 심지어는 순간순간의 특수한 사회·정치적 목적에 봉사하는 언어들(어느 날이나 하루하루는 자체의 슬로건과 어휘와 액센트를 갖고 있는 법이다) 등으로 내적인 지층화'vnutrennaja rassloennost' (한국어 번역본은 '분화'分化로 옮겼다)를 겪는 것인바, 어떤 언어사의 어떤 특정 시점에도 존재하는 이러한 내적 지층화야말로 장으로서의 소설을 가능케 하는 필수 요건이다.[42]

내적인 지층화는 두 갈래로 작용한다. 한편으로 그것은 통합되어 있던 것들을 나누고 산개시킨다. 다른 한편, 나누어진 부분들은 그 자체로 또 다른 집합체를 이룬다. 해체와 재구성은 한 몸처럼 동시적으로 일어난다. 스타일은 스타일들로 분기하고, 분기된 스타일은 또 다른 스타일과 결합해 제3의 스타일을 형성할 것이다. 바흐친은 이러한 결합을 '보다 상위의 스타일적 통일성'vysshee stilisticheskoe edinstvo이라 부르지만,[43] '보다 높다'라는 것은 위계상의 종속 관계를 뜻하지 않는다. 그것은 해체와 구성을 통해 파생되는 양상의 차이, 이질성을 포괄한다는 의미에서의 통일성이다. 이 주제는 후기 바흐친 사유의 특징적 면모를 이루는 바, 앞으로도 계속 등장하게 될 것이다.

대화주의는 본질적으로 이러한 해체와 구성의 운동에 관련되어 있

---

42) 바흐친, 「소설 속의 말」, 68쪽.
43) 같은 글, 68~69쪽.

다. 분열과 종합의 끊임없는 지속이 대화를 규정하며, 그것의 결과는 또 다른 대화의 생성에 있기에 이 과정은 무한한 생산에 다름 아니다. 헤테로글로시아란 대화화dialogizatsija의 동력원이자 그 효과로부터 생겨난 말의 분자운동인 것이다. 그 운동이 특정한 강도와 지속을 갖게 되어 스타일을 형성할 때, 그것은 장르로서의 소설이라 불린다. 결국 대화화는 소설화와 동일한 운동을 지칭하는 말이다. 발산 속의 결합, 해체를 통한 구성의 산물이 소설이며, 장르로서의 소설이란 그러한 운동 전체에 붙여진 이름일 것이다. 바흐친은 이런 관점에서 문학사의 오랜 전통과 구도를 다시 써보기 시작한다.

6. 문학, 대화화와 소설화의 역사

근대 이전, 아니 그 후로도 꽤 오래 시는 문학사의 영예를 독차지해 왔다. 문학이란 무엇보다도 먼저 시적인 것이었으며, 시의 언어는 산문어로 오염되지 않는 순수하고 고귀한 자질을 가진 것으로 존중받았다. 시는 그 자체로 자족적인 단일 언어의 이상을 쌓아 올려 만들어진 왕국이었다. 단일 언어란 무엇인가? 일종의 잡다雜多인 헤테로글로시아에 일정한 압력을 가해 특수하게 구부려 강도를 갖게 한 결과가 아닐까?

> 단일 언어edihyj jazyk(통일적 언어)의 범주는 언어의 통합과 집중이라는 역사적 과정의 추상화된 표현, 즉 언어에 존재하는 구심적 힘들의 표현이다. 단일 언어란 본질적으로 이미 주어진dan 어떤 것이라기보다는 상정된zadan 어떤 것으로서, 그 언어학적 진화과정의 계기마다 언어적 다양성[헤테로글로시아 ——인용자]의 현실에 대립한다.[44]

러시아 형식주의자들이 시어란 언어에 행사된 폭력과 왜곡이라고, 그래서 일상어와 단절된 특별한 자질을 지닌 언어라고 불렀던 것[45]을 떠올리게 하는 바흐친의 이 진술은 양가적이다. 한편으로 시는 헤테로글로시아에 일정한 질서를 부여하여 인공적으로 창안된 언어의 체계다. 이는 러시아 형식주의자들과 일치하는 지점이다. 다른 한편으로, 모든 말들은 실상 헤테로글로시아로부터 나와서 특정하게 장르화된 말들이지 않을 수 없다. 우리가 말의 의미를 식별하고 상호 전제된 규범을 통해 의사소통을 하기 위해서는 헤테로글로시아라는 잠재성의 장으로부터 개별적인 장르의 언어로 이행해야 하고, 그렇게 규범화된 언어만이 현실 속에서 유통되기 때문이다. 그렇게 본다면 소설이 과연 시와 얼마나 다를까? 소설 역시, 하나의 장르로서 헤테로글로시아에 압력을 가해 특정한 규범을 갖추게 되어 우리들에게 파악 가능하게 된 언어가 아닐까? 즉 소설어는 시와는 다른 방식으로 단일화된, 통일된 언어적 체계이다. 우리가 현실 속에서, 역사적 과정 속에서 마주치는 모든 언어는 강도화되어 있고, 규범을 통해 지각 가능하게 된 말들이다. 말이 힘을 갖는다는 것, 이데올로기적으로 작동한다는 것은 이미 헤테로글로시아라는 무한한 힘의 원천으로부터 구심적인 경향성을 부여받고, 특정한 방향으로 견인된 말이다. 이는 인위적이지만, 동시에 자연스러운 생성적 현상이다.

역사 속에 실재하는 이러한 힘[강도——인용자]이야말로 언어·이데올

---

44) 바흐친, 「소설 속의 말」, 77쪽.
45) Victor Shklovskij, "Iskusstvo kak priem", *O teorii prozy*, Sovetskij pisatel', 1983, pp.23~25.

로기적 세계를 통일시키고 집중시키는 원천이다. [……] 공통의 단일 언어란 언어적 규범들의 체계이다. 그러나 이러한 규범들은 추상적인 명령과는 다르다. 그것들은 오히려 언어의 생명을 창조하는 힘이며, 헤테로글로시아의 극복을 위해 투쟁하는 힘이다.[46]

단일 언어란 사회·정치적이고 문화적인 집중의 과정과 긴밀히 관련을 맺는 가운데 구체적 언어와 이데올로기의 집중과 통합을 향해 작용하는 힘의 표현이다.[47]

바흐친이 소설과 시를 극단적으로 대립시키고 전자의 우위를 선언했다는 통상적인 평가는 부당하다.[48] 물론 그는 몇 년 앞서 작성한 「서사시와 소설」(1941)에서 후자를 분명히 문학사의 주인공으로 선포하고 전자의 부정적 역할과 의미를 신랄하게 비판한 적이 있다. 하지만 우리는 그가 염두에 둔 문학사의 진짜 '실세'가 무엇인지 상기해야 한다. 그것은 말이다. '시'나 '소설'과 같이 형식적으로 규정되어 있는 특정 장르가 문제가 아니다. 장르는 강도화된 형식이며, 힘의 유동을 담아 두는 그릇과 같은 것으로서 역설적으로 탈형식의 형식이라 불러야 더 적합하다. 모든 말은 헤테로글로시아에서 파생되어 있기에 어떠한 장르라도 고정된 그릇으로서는 이 힘을 보유하고 지탱할 수 없는 까닭이다.

---

46) 바흐친, 「소설 속의 말」, 77쪽.
47) 같은 글, 78쪽.
48) 놀랍게도 상당히 많은 비평가와 연구자 들이 이 대립에 기초해서 바흐친론을 펼치고 있다. 바흐친 연구의 권위자인 모슨과 에머슨조차 이 구도를 유지하고 있는데, 그들이 제기하는 산문학(prosaics)의 이념은 공감할 만한 것이지만 본질적으로 말에 대한 바흐친의 사유와는 다른 맥락에서 나온 것이다. 문제는 시냐 소설이냐의 이분법이 아니다. 말의 운동을 통해 어떻게 장르화되는지, 그 현상을 보아야 한다(모슨·에머슨, 『바흐친의 산문학』).

있는 것은 소설이나 시가 아니라 소설적 경향, 시적 경향이고, 소설적인 말과 시적인 말이다. 이것들은 헤테로글로시아를 추동하는 기호적인 극이며, 견인의 벡터일 따름이다.

그러므로 단일 언어 자체가 선악의 기준이 되지는 않는다. 시든 소설이든 일상의 잡담이든, 장르를 이룬다면 그것은 이미 특정한 방식의 단일성과 통일성을 형성한 효과이다. 그렇다면 바흐친은 시와 소설(산문) 사이의 오랜 역사적 대립을 어떻게 되새겨 보려는 것일까?

바흐친은 장르가 단일 언어와 헤테로글로시아 사이의 경합, 투쟁을 통해 구성된 모종의 타협적 형성물이라고 생각한다. 시든 소설이든 혹은 또 다른 장르든 공시적으로 보면 외적 경계선이 명확한 대상성을 지닌 듯하지만, 실재적인 관점에서 볼 때 그것은 항상-이미 유동하는 과정에 있다. 이러한 유동성의 두 경향이 구심력과 원심력인데, 바로 이 경향성의 각각을 시적인 것과 소설적인 것, 시적 스타일과 소설적 스타일이라 부르는 것이다.

'단일 언어' 속에 구현되어 있는 언어의 구심적 힘들은 어디까지나 헤테로글로시아의 한가운데서 작동하고 있다. 그 생성의 매 순간에 언어는 엄밀한 의미에서의(형식적인 언어학적 표지들, 특히 음성학적 표지들에 따른) 언어학적 방언들뿐 아니라 사회·이데올로기적 언어들, 즉 여러 사회집단의 언어들이라든가 여러 가지 '직업적', '장르적' 언어들, 여러 세대들의 언어들 따위로 지층화된다. 이런 점을 고려한다면 문학의 언어 자체도 이러한 헤테로글로시아 가운데 하나일 따름이며, 이 역시 여러 하위 언어들(장르적·사조적 언어들)로 지층화될 것임을 짐작할 수 있다. 또한 이러한 지층화 가능성과 헤테로글로시아의 다양성은 일단 구체적 모습을 갖추게 되면 언어의 삶 속에서 불변하는 상수常數로 남는 게 아니라 그 역동성을 보장하는 힘으로 된다. 말이 살아 있는 한 지층화와 헤테로글로시아는 폭과 깊이를 더해 나간다. 구심적 힘들과 나란히 원심적 힘들이 작동한다. 언어·이데올로기적 중심화 및 통일성과 더불어 탈중심화와 분열의 과정이 끊임없이 진행된다.[49]

아리스토텔레스 이래 시는, 시적인 말은 '공식적' 장르로서 추앙받고 군림해 왔다. 서사시의 단적인 예에서 알 수 있듯, 시는 민족과 국가, 영웅의 이야기를 건립하며 몰적인 단위로써 성립한 단일 언어다. 그것은 분산과 이탈을 허락하지 않고, 자기 자신과의 통일성에 결박된 채 헤테로글로시아를 부인한다. 자아의 순수성과 동일성이 시적 언어의 유일한 척도인 것이다. 따라서 시는 타자의 말에 반응하지 않는다. 서정시든 서사시든 시의 말은 자신을 향한다. 오해를 피하도록 하자. 이는 시의 폐쇄성을 뜻하는 게 아니다. 관건은 시적인 경향과 그 언어다. 시적인 말은 반드시 시가 아닐 수도 있다. 소설 역시 시적인 말이 될 수 있고, 거꾸로 시가 반反시적 언어로 조성되어 있을 수 있다. 어떤 장르든 자아 동일성의 회로에 갇혀 있다면, 이를 시적인 스타일이라 부를 만하다는 것이다.

다른 언어적 관점의 가능성을 암시하는 어떠한 방식도 시적 스타일에는 똑같이 낯설다. 그 결과 자기 언어의 제한성, 역사성 및 사회적 규정성과 특수성에 관한 어떠한 감각도 시적 스타일에는 낯설게 되고, 따

---

49) 바흐친, 「소설 속의 말」, 79쪽.

라서 다양한 언어로 구성되는 세계 속의 잡다한 언어 중 하나에 불과한 것으로 자기의 언어를 보는 비판적 관점도 시적 스타일에는 낯설다. [……] 하지만 이러한 관점이 작품의 시적 스타일에 자리를 잡게 되면, 그것은 어김없이 그 스타일을 파괴시키며 작품을 산문으로 조調바꿈하고 그 과정에서 시인을 산문작가로 만들어 버린다.[50]

시의 스타일이 소설적으로도, 소설의 스타일이 시적으로도 이행할 수 있다. 모든 말은 대화적이고, 이는 말(헤테로글로시아)이 본성적으로 복수적이며 타자 지향적이기 때문이다. 시적인 것과 소설적인 것, 두 스타일의 차이는 결국 동일한 힘이 어떻게 형태를 이루고 운동의 경향을 띠느냐에 달려 있다. 구심적이고 통일적·집중적일 때 시적인 것이 우세한 반면, 원심적이고 분열적·분산적일 때 소설적인 것이 우월해진다. 이는 생성, 곧 '-화'化라는 변형적 현상만이 장르의 비밀을 설명해 줄 수 있다는 뜻이다. 장르가 장르화인 까닭은 장르가 헤테로글로시아의 이행적 과정 속에서, 현행화를 통해 가시적으로 표현되기 때문이다.

그럼 가장 중요한 질문이 남아 있다. 시화와 소설화가 장르 결정의 주요 요인이며, 문학사 전반을 아우르는 본질적 원인이란 점에 동의한다면, 궁극적으로 시인가 소설인가라는 이분법을 영영 벗어날 수 없는 것일까? 형식주의자 티냐노프가 주장했듯, 문학예술의 역사란 두 코드의 영구적인 자리 바꿈이라는 양식적 교체의 역사를 말하는 걸까?[51]

두 스타일의 힘, 시적인 것과 소설적인 것의 비중이 동등하다면 그

---

50) 바흐친, 「소설 속의 말」, 94쪽.
51) Jurij Tynjanov, "O literaturnoj evoljutii", *Poetika. Istorija literatury. Kino*, Nauka, 1977, pp.270~281.

렇게 말해도 좋으리라. 하지만 그렇지 않다. 놓치지 말아야 할 점은 역시 말이다. 말은 힘이며, 본래적인 다양성이다. 모든 규정 가능한 것의 타자이자 외부이기도 하다. '무엇'이라 정의할 수 있는 실체가 아니라, 빠져나가고 비켜나가는 일탈, 유령적인 부가물로서만 말은 기능한다. 우리는 그 힘을 붙들어서 문자의 전능함에 매달아 언어로서 사용하고자 하지만, 그리하여 현실을 포착하여 지배하려 들지만, 이는 언제나 실패할 수밖에 없는 시도다. 왜냐하면 말이 상대하는 또 다른 말은 자기의 분신이 아니라 타자의 말, 외부의 존재이기 때문이다.

어떤 이유에서 말은 타자 지향적인가? 동일화할 수 없는 외부와 만나야 하는가? 말의 흐름에는 시간이라는 거대한 차원이 개입해 있기 때문이다. 시간을 통해 말은 자기 자신과 분열하며, 낯선 말과 조우한다. 시간 속에 점차 분명해지는 말은 항상 타자의 것이다. 대화는 여기서 필연코 강제되는 사건이다.

모든 예술 외적 산문적인 말들도 일상적인 것이거나 수사적인 것이거나 학문적인 것이거나를 막론하고 '이미 말해진 것', '이미 알려진 것', '앞서 합의된 견해' 등을 상대한다. 말의 대화적 경향성이란 모든 말의 특징이며, 모든 살아 있는 말의 본래적인 방향인 것이지 예술적 산문에만 해당되는 현상이 아니다. 말이란 대상을 향해 가는 다양한 모든 길 위 어느 방향에서건 낯선 말을 만나게 마련이며, 이러한 만남은 또한 생생하고 긴장된 상호작용 속에서 이루어진다. 오직 아담이라는 신화 속의 인물만이, 즉 인간의 발길이 닿지 않았고 아직까지 언어의 대상이 되어 보지 못했던 세계에 최초의 말을 가지고 다가갔던 아담만이 대상 속에서 이루어지는, 다른 말들과의 이 같은 대화적 상호 지향성을 처음부터 끝까지 진정으로 모면할 수 있었다. 구체적인 역사 속의 인간에 의한 말의 행위는 이러한 특권을 갖지 못한다.[52]

타자의 말이 항상-이미 앞서 있다. 대화는 타자의 말에 대한 응답이며, 그로써 응답자 자신이란 존재를 구성하는 것이다. 반응할 수 있다는 것, 이러한 근본적인 수동성이야말로 '나'의, '이해'의 기원이다. 구성의 능동적인 힘은 타자를 수용하는 반응이라는 수동성에 의해 애초에 규정될 수밖에 없다. 이것이 모든 말의 현상에서 나타나는 보편적인 운동이다.

언어 속의 말은 절반은 남의 것이다. 말은 화자가 자기 자신의 의도와 강조로 그것을 채웠을 때, 즉 자기 자신의 의미, 표현상의 의도에 맞게 그것을 차용했을 때만 '자기 자신의 것'이 된다. [……] 말은 오히려 타자의 입, 그들의 문맥 속에 존재하면서 그들의 의도에 봉사한다. 우리가 말을 취하고 우리 것으로 만드는 곳은 바로 그것에서이다.[53]

시나 소설의 개별적 장르는 상대적인 의미만을 갖는다. 창작자에게, 혹은 말의 흐름 사이에 처해 있는 주체에게 주어진 임무는 말에 강도와 지속, 벡터를 부여하여 스타일을 형성하는 데 있다. 말의 흐름을 절단하고 특정하고 결합시켜 개체화된 말의 신체를 형성한 결과물이

---

52) 바흐친, 「소설 속의 말」, 87쪽. 이어지는 진술에 따르면 독백조차 말의 현상인 한에서 '내적 대화화'의 과정, 곧 타자적 말과의 혼성을 겪게 된다. 모든 말은 타자와의 대화일 수밖에 없다. 1929년의 『도스토예프스키 창작의 제문제』에 대한 중대한 수정, 또는 보충이 여기서 진행된다. 톨스토이는 독백론의 대가가 아니라, 내적 대화화의 대가였다는 것이다(같은 글, 91쪽).
53) 같은 글, 103쪽.

각각의 장르들이다. 그러나 그 어떤 장르라도 최종적으로는 해체될 수밖에 없다. 완전히 장악해서 영원불변하는 '자기 자신의 것'을 만드는 일은 불가능하다. 거대한 시간의 흐름 속에 말은 언제나 낯선 말과 부딪히고 대화에 임하며, 사건화될 것이기 때문이다. 장르는 장르화된다. 소설은 소설화되는 것이다. 소설화된다는 말은 탈중심화되고 분산과 분열의 대열에 합류하는 것을 뜻한다. 공식적 장르로서 영예를 누려 온 시의 전통이 그토록 강고함에도 불구하고, 소설에 의해 침식되고 부패해 온 것은 말의 이러한 본성, 헤테로글로시아 때문이다. 시라고 부를 수 있는 것은 없다. 소설도 마찬가지다. 소설적 스타일과 소설화만이 있을 뿐이다.

주요한 시적 장르들이 언어·이데올로기적 삶의 통일적이고 집중적이며 구심적인 힘들의 영향하에서 발전하고 있을 때, 소설과 소설지향적인 예술적 산문은 탈중심화를 도모하는 원심적 힘들에 의해 형성되고 있었다. 시가 보다 높은 공식적인 사회·이데올로기의 차원에서 언어·이데올로기적 세계의 문화적·국가적·정치적 집중화의 과업을 수행하고 있을 때, 보다 저급한 차원, 예컨대 지방 장터의 무대나 어릿광대의 놀음에서는 광대의 다양한 언어가 모든 '언어들'과 방언들을 조롱하며 메아리치고 있었고 우화시나 익살극, 거리의 노래, 속담, 기담의 문학이 펼쳐지고 있었다. 그곳에서는 언어적 중심이란 존재하지 않았으며, 시인이나 학자, 승려, 기사 따위의 '언어들'에 대한 활기찬 장난이 이루어졌다. 그곳에서 모든 '언어들'은 일개 가면일 뿐, 어떠한 언어도 진정하고 확실한 얼굴임을 주장할 수 없었다.[54]

7. 유물론적 문학사와 사유의 운동

말의 문제에 초점을 맞추고 바흐친의 문학론을 살펴보면, 우리는 놀라운 결론에 도달하게 된다. 문학사의 해체라는 역설적 논리에 마주하는 탓이다. 문학에는 장르적 가치나 위계가 존재하지 않는다. 문학을 문학이라고 부르고 애호할 만한 특징이란 것도 눈에 띄지 않는다. 문학의 기호는 말의 운동 속에 해소되어 버리고, 헤테로글로시아라는 분자적 단위들만이 이합집산하는 질료적 흐름만이 존속할 따름이다. 문학의 유물론, 또는 유물론적 문학사란 바로 이런 게 아닐까? 이와 같은 입장은 문학에 대한 모욕이나 파괴적 행위일까? 그럼 문학 연구는 왜 하는가?

힘의 관계, 그 유동에 대한 탐구로서 문학 연구와 문학사 서술은 무의미하지 않다. 왜냐면 바로 이러한 주제에 있어 문학은 가장 중요한 예시가 되기 때문이다. 작동하는 말이 세계를 조형하는 근본적인 동력이라면, 세계의 역사적 궤적, 혹은 운명을 보여 주는 명징한 징표로서 문학은 오랫동안 그 역할을 도맡아 왔다. 지식의 생산과 유통, 사회적 삶의 변전과 발전, 혁명을 야기시키는 가장 유력한 전거는 넓은 의미에서의 문학belles-lettres이었던 것이다. 나아가 바흐친은 이 같은 사정이 이미 고대로부터도 유장하게 전개되어 왔다고 주장한다. 소위 '부르주아의 서사시'로 명명되는 근대 문학의 특권을 깨뜨리고, 말과 글쓰기의 역사로서 문학사는 새롭게 독해할 수 있어야 한다.[55] 하지만 이런 입장이, 토도로프식으로 철학을 통해 문학을 관철하려는 관점과 혼동되어선 곤란하다. 근대적 학과로서 철학은 그 자체의 고유한 방법과 영토를 가진 하

54) 바흐친, 「소설 속의 말」, 80쪽.

나의 '장르'다. 바흐친이 문제화하는 것은 특정한 장르가 아니라, 장르를 넘어서는 힘, 장르들을 뒤섞고 혼합해서 또 다른 장르를 파생시키는 생성이었다. 철학을 철학화하고 문학을 문학화하는 것, 그럼으로써 '대화'라는 일반적 이름에 부합하는 생성의 운동에 참여시키는 것이 핵심이다. 여기에 장르가 있다면 그것은 힘과 (무)의식을 포괄하는 사유라는 운동일지도 모른다. 유일하지만 그 경계가 불명료하고 식별될 수 없는 운동으로서의 장르화.

스타일은 그러한 생성력이 식별 가능한 임계점에 도달한 형태에 붙여진 명칭이다. 말이 스타일을 추구하는 경향이라면, 이는 특정한 강도와 벡터의 지속력을 확보하려는 노력을 가리킨다. 즉 사건화의 기술, 또는 예술이 그것이다. 헤테로글로시아의 다양한 분산적 힘을 형식화하는 것. 탈구시키되 재구성하는 정력定力의 기술로서 예술에 대해, 바흐친은 『라블레론』에서 더욱 명료하게 표명할 것이다.

---

55) 「미적 활동에서의 작가와 주인공」이나 「소설 속의 말」, 「교양소설과 리얼리즘 역사 속에서의 그 의미」, 「소설 속의 시간과 크로노토프의 형식」 등에 나타난 문학사, 혹은 말과 글의 역사는 바흐친 연구의 맹점으로서 아직까지 어둠 속에 남아 있다. 그 누구도 이에 대해 적극적인 해석을 내놓고 있지 못하는데, 통상의 문학사 서술과 너무나 다르기 때문이다. 우리는 앞서 살펴본 말과 스타일의 프리즘을 통해 바흐친의 역사적 서술을 다시 읽어 볼 필요가 있다.

7장 민중과 시뮬라크르

1. 『라블레론』의 역사

모스크바에서 약 100킬로미터, 1930년대 당시 기차로 4시간 반 정도를 달리면 도착할 수 있는 사벨로보는 목가적인 마을이었다. 숲으로 둘러싸여 산골같은 느낌을 주는 데다가 마을 전체에 '거리'라고 할 만한 길은 고작 두셋 정도에 불과했고, 주민들의 일터는 주로 근교의 공장이어서 낮 시간은 한적한 기분을 갖기에 충분했다. 명징성의 미학을 추구하던 아크메이스트 이오시프 만델슈탐 부부가 체류한 적이 있었으나, 그후로는 바흐친 부부가 유일할 만큼 사회적 이목을 끄는 사람들이 거의 찾지 않던 외진 시골이었다. 1938년, 악화된 골수염 때문에 한쪽 다리를 절단해야 했던 바흐친은 사벨로보에서 요양하며 박사학위^{kandidat} 논문을 준비하기 시작한다.

1930년대 후반부터 집필해 1940년에 초고를 완성한 「리얼리즘 역사 속에서의 프랑수아 라블레」는 그 출발점이었다.[1] 이어서 다양한 논

---

1) Mikhail Bakhtin, "Fransua Rable v istorii realizma", *Sobranie sochinenij*, T.4(1), Jazyki slavjan-

문들을 써나가며 바흐친은 차차 생활과 연구의 안정을 찾아가던 중이었다.[2] 그러나 다시 한번 역사의 거센 물결이 밀려들었다. 1941년 6월 22일 히틀러의 나치독일이 소련을 침공했던 것이다. 전쟁은 바흐친에게 행운과 불행을 함께 가져다주었다. 한편으로 전쟁으로 인해 후방의 지원 인력이 부족해지자 정치범들에 대한 관용적 분위기가 조성되고 바흐친도 '가용 인력'으로서 동원되었다. 이는 그가 일정한 '생계'를 보장받았다는 뜻이다(불구자였기에 징집은 면했다). 독일군의 통신을 해독할 필요가 생기자 대규모로 '적의 언어'를 가르쳐야 한다는 요구가 나왔고, 그가 어릴 적부터 익혔던 독일어 해독 능력은 생계의 적절한 자원이 되어 주었다. 교재는 주로 독일군이 유포한 선전 삐라였는데, 수업 자료이자 바흐친의 담배쌈지로도 '유용하게' 활용되었다. 다른 한편으로, 그가 연구를 더 이상 진척시킬 수 없었던 것은 큰 손실이었다. 괴테에 관해 쓴 원고의 대부분을 물자 부족 때문에 귀해진 담배쌈지 대용으로 '말아 피워 버린' 일은 유명한 일화이거니와, 밥벌이를 위한 일에 시달려 글을 쓸 시간도 없어져 버렸다. 박사학위 논문은 중단되었고, 설령 완성했다고 쳐도 마비된 대학 행정으로 인해 심사를 받을 수도 없는 형편이었다. 그렇게 몇 년이 흘러갔다.

1945년, 전쟁이 끝나자 복구 사업이 활발히 이루어졌다. 살 집도 없던 바흐친 부부는 다른 많은 사람들과 함께 버려진 감옥에서 주거를 해결해 나갔다. 격식을 차리지 않던 바흐친은 동네 불량배나 도둑들과

skikh kul'tur, 2008, pp.11~505. 이 선집 제4권의 제2분책이 1965년에 출간된 『라블레론』이다.
2) 클라크와 홀퀴스트는 제2차 세계대전 직전 바흐친이 유형 이전의 지위를 회복해 가고 있었노라고 서술한다. 그가 쓴 여러 문학 논문이 인정받고 있었고, 저술 출판도 제의받았기 때문이다(클라크·홀퀴스트, 『바흐친』, 제12장).

도 허물없이 지냈다고 전해진다. 그에게 호의적인 사람들의 도움으로 더 많은 연금을 받을 수 있는 자격도 부여받았고, 강의가 있을 때는 타고 다닐 수 있는 말을 제공받기도 했다. 불구자란 사실이 감안되어 나중에는 승용차를 대절해서 수업에 나갈 수 있는 특전도 베풀어졌다. 이와 더불어 논문 일정도 급진전을 보이기 시작했다. 마무리가 끝난 논문은 1946년 레닌그라드의 과학아카데미 세계문학 연구소에 정식으로 제출되었다. 논문 방어 날짜는 11월 15일로 정해졌다. 그런데 일이 묘하게 꼬였다. 전쟁 때 대체로 유화적이던 사회 풍토가 경직되기 시작한 것이다. 그해 8월 14일 당중앙위원회 문화 분과는 이데올로기적으로 분파적이거나 해당害黨적 작품들에 대해 거센 비판을 쏟아 냈고, 특히 인민위원이던 안드레이 쥬다노프가 문학의 영역에서 사회주의 리얼리즘을 철저히 고수하라고 주문하면서 그 분위기가 절정에 도달했다.[3] 문학은 창작과 비평 양면에서 부르주아적 현학성을 보여서는 안 되고, 서구적 취향이나 경사를 띠는 것도 금지되었다. 반엘리트주의와 반서구주의는 소련 사회의 가장 중요한 일상적 태도가 되었다.[4] 이와 더불어 대단히 역설적인 측면이 드러났는데, 바흐친의 발목을 잡은 것은 바로 이 부분이었다.

　　지도자는 민중의 지지를 받는다는 것이 스탈린주의 통치의 핵심 기조였다. 스탈린의 교시와 법령은 '민중의 이름으로' 반포된 것이었으며, 통치의 민중적 원천은 결코 의심의 대상이 될 수 없었다. 이러한 민

---

3) Andrj Zhdanov, "Doklad t. Zhdanov o zhurnalakh 'Zvezda' i 'Leningrad'", *Literaturanja gazeta*, No.39, 1946, p.2.
4) 악명 높은 쥬다노비즘(zhdanovshchina)의 경과에 대해서는 리처드 스타이츠, 『러시아의 민중문화』, 김남섭 옮김, 한울, 2008, 제4장을 참조하라.

중성narodnost'은 모호한 것이었다. 이는 종래의 정치학적 '인민'의 개념과 일치하지 않았는데, 그것이 프랑스 혁명 이래의 '시민'과 겹쳐진다면 근대 서구사회적인 범주를 수용하는 결과가 되기 때문이다. 같은 이유로 민족이나 국민과도 동일하지 않았다. 게다가 소련은 다민족 국가 연합이 아닌가?[5] 그렇다고 민중성이 토착적인 모종의 자질을 의미하지도 않았다. 제국 시절에 "민중은 곧 차르의 신민"이라는 '흑역사'를 갖고 있었기에, 19세기적 민중 개념을 곧장 사회주의 시대의 민중성과 겹쳐 놓을 수도 없었다.[6] 1917년 이전의 민주주의 운동사에서 선양되었던 민중과도 일정한 단절이 이루어졌는데, 그것은 서구적 개념에 너무 가까웠기 때문이다. 이 논리의 연장선에서, 그즈음 당의 공식 입장은 소비에트의 민중이 과거의 민중과는 '다른' 존재, 즉 더욱 진보적이고 계명된 공산주의 국가의 구성원이란 데 두어졌다. 요컨대 소련의 민중은 서구적 관념이나 제국 시절의 존재와 완전히 다른 존재이다. 따라서 공산주의적 현재와는 다른 방식으로 민중을 묘사하는 것, 가령 민중성의 '근원적' 자질 따위를 상상하는 것은 허락받을 수 없었다.[7] 그런 연구는 공

---

5) 러시아어 'narod'는 '민족'이나 '국민'을 뜻하는 'natsija'(nation)와 다른 의미역을 갖는다. 근대 이후 민족/국민은 서구적인 지향과 뗄 수 없는 함의를 지녔기에 반서구 정책의 노골적인 비판을 받아야 했다. 민족/국민은 부르주아적 시민의 형성과 관련되어 있었던 탓이다. 후자의 개념적 위상에 대해서는 다음 책을 참고하라. 한국서양사학회 편, 『서양에서의 민족과 민족주의』, 까치, 1999.

6) 1833년 교육부 장관 세르게이 우바로프가 반포했던 러시아 제국의 관제 이데올로기에는 전제주의와 정교(正敎), 민중성이 포함되어 있었다. 정치와 종교, 문화의 일치는 서구와 대별되는 고유한 러시아적 특성을 이룬다는 것이다(니콜라스 랴자노프스키·마크 스타인버그, 『러시아의 역사 下』, 조호연 옮김, 까치, 2011, 547~548쪽). 러시아의 민중이 된다는 것은 곧 전제주의와 정교에 입각한 제국의 신민이 된다는 말이고, 국가주의에 포획되어 있다는 뜻이었다. 다른 한편, 19세기 후반의 혁명주의자들인 '나로드니키'(인민주의자) 역시 민중을 대의명분으로 내세웠는데, 이는 러시아 사상사에서 민중의 뜻과 지위에 심각한 분열을 초래했다(Hans Günther ed., *The Culture of the Stalin Period*, MacMilan, 1990, p.18).

7) Katerina Clark, *The Soviet Novel: History as Ritual*, The University of Chicago Press, 1985, pp.198~199.

식적 학문으로 승인된 민속학이 전담하면 될 일이었다.

박사논문의 연구 대상을 프랑수아 라블레라는 프랑스인으로 설정한 것이 첫번째 문제였다. 반서구주의 풍조가 만연해 있던 상황에서 외국의 작가를, 그것도 중세와 르네상스에 비스듬히 걸쳐져 있는 대상을 다룬 것은 좋은 선택이 아니었다. 소비에트 학계가 공식적으로 인준한 민중상과 '다른' 민중을 강조한 것도 적절하지 않았는데, 바흐친이 라블레 시대의 민중으로 거론했던 사람들은 고상하고 품위 있는 인문주의자들이 아니라 거의 '시정잡배'에 가까운 무지렁뱅이들이었기 때문이다.[8] 그들은 시민적 덕성이나 문화적 규범에도 무지하고, 이념적인 지향도 갖고 있지 않았으며, 그저 물질적·육체적 실존만으로 자신들을 증거하던 존재들이었다. 라블레 작품의 등장인물들은 자유분방하다 못해 난잡스럽고, 무지몽매한 데다 천박하기까지 했다. "먹고 마시고 싸는 잡놈잡년들"이 바흐친의 민중이었던 셈이다.[9] 도대체 그런 이미지로 묘사된 민중을 긍정적으로 볼 수 있겠느냐는 의구심 어린 질문이 바흐친

8) 소비에트 학계의 이념적 전통은 르네상스 휴머니즘으로부터 연원한다. 근대 자본주의와의 단절을 명확히 표명하면서도 근대의 긍정적인 이념적 지표를 찾아낼 수 있던 것은 르네상스의 인간학 덕분이었다(Lidija Bragina, "Ital'janskij gumanizm: Etapy razvitija, Nauka", ed. Viktor Rutenburg, *Tipologija i periodizatsija kul'tury Vozrozhdenija*, 1978, pp.26~38). 이른바 르네상스 인문주의에 대한 소비에트 학계가 각별한 애착과 지향을 가졌던 이유가 그것이다(Mark Petrov·Il'ja Chernjak, "Voprosy istoriogragii epokhi Vozrozhdenija", ed. Lidija Bragina, *Kul'tura epokhi Vozrozhdenija*, Nauka, 1986, pp.5~17). 르네상스의 '방종'과 '쾌락'이 용인될 수 있는 것은 그것이 휴머니즘의 범주에 일치하는 한에서의 일이었다(Oleg Kudrjavtsev, *Renessansnyj gumanizm i <Utopija>*, Nauka, 1991; Mark Petrov, *Ital'janskaja intelligentsija v epokhu Renessansa*, Nauka, 1982).

9) 클라크와 홀퀴스트는 민중에 대한 바흐친의 묘사가 당대의 민중주의를 빌려 자신의 논문을 통과시키려는 '전략'이었다고 풀이한다. 민중에 관해 지나칠 정도로 강조함으로써 논문을 "정치적으로 수용될 수 있게끔" 만들려 했다는 것이다(클라크·홀퀴스트, 『바흐친』, 318쪽). 하지만 이는 클라크와 홀퀴스트가 바흐친의 민중론에 대해 지극히 단선적인 관점에 머물러 있다는 판단을 내리게 해준다. 바흐친을 반스탈린적 자유주의자로 만드는 한편으로, 『라블레론』을 역사비평적 문학 연구에 한정시킴으로써 그 역동성을 차단하는 결과를 빚기 때문이다.

에게 쏟아졌다. 박사학위가 문제가 아니라 자칫하면 정치적 성향이 문제시될 수도 있는 판국이었다.[10] 과연 심사 과정에서 민중에 대한 그의 입장이 어떤 이데올로기에 근거한 것이냐는 질문이 쏟아졌다.

당신은 라블레의 소설에 나타난 구상과 그 이데올로기적 측면을 완전히 무시하고 있는데, 이 점이 당신의 논문에 형식주의적 성격을 부여하고 있습니다. 당신이 전적인 관심을 기울이는 것은 소위 라블레의 민속적 리얼리즘이나 바보를 포함한 장면들과 이미지들이란 거죠. 당신은 거기다가 조야한 생리학적 성격의 이미지들을 중시하는 경향마저 갖고 있습니다. [……] 그런 식으로 접근함으로써 당신은 라블레의 리얼리즘적 스타일을 우리가 지지할 수 없을 만큼 망가뜨려 버린 겁니다.[11]

사태는 생각보다 심각해졌다. 대학 바깥에서는 연일 사회주의 리얼리즘의 교의가 강한 어조로 설파되고 있었고, '정통적' 문예학을 이탈하는 흐름을 그대로 묵과해서는 안 된다는 목소리가 신문지상에서 유포되는 중이었다. 연구자들에게는 '전투적인 볼셰비키 정신'이 요구되

10) 간략한 심사 경위에 대해서는 변현태, 「바흐친의 라블레론 1」, 『러시아어문학 연구논집』 10, 2001, 227~228쪽을 참조하라. 자세한 내역은 『바흐친 저작집』(Sobranie sochinenij) 제4권 제1분책에 다음 네 편의 부록으로 실려 있다. 『『라블레론』의 운명에 관한 바흐친의 서신 교환(1940년대)」("Perepiska M. M. Bakhtina o sud'be 《Rable》[1940-e gg.]"), 「국가문서기록국에 보내는 바흐친의 『라블레론』에 대한 B. V. 토마셰프스키와 A. A. 스미르노프의 평가서(1944년)」("Otzyvy B. V. Tomashevskogo i A. A. Smirnova na knigu M. M. Bakhtina o Rable dlja Goslitizdata[1944 g.]"), 「바흐친의 논문 『리얼리즘 역사 속에서의 프랑수아 라블레』의 방어를 위한 자료들(1946년 11월 15일)」("Materialy k zashchite dissertatsii M. M. Bakhtina 《Fransua Rable v istorii realizma》[15 nojabrja 1946 g.]"), 「국가학위 심사위원회(VAK)에서 이루어진 바흐친의 논문 심사 과정에 대한 고찰을 위한 자료(1947~1952년)」("Materialy k rassmotreniju dissertatsii M. M. Bakhtina v VAK[1947~1952 gg.]").
11) 클라크·홀퀴스트, 『바흐친』, 320쪽.

었고, 이 교시를 벗어나는 자들은 두려움과 비겁함에 젖어 '적들의 스파이 짓'에 동조하는 셈이라고 규탄받고 있었다. 학계의 논문 심사 또한 표적이 되었는데, '무책임하고 반동적 태도'의 표본으로 바흐친이 거론될 지경이었으니, 감히 긍정적인 결과를 기대할 수 없을 지경이었다. 더구나 그로테스크에 대한 그의 각별한 관심과 애호는 '프로이트적'이며 '반反과학적'이란 평가까지 나온 상태였다. 우리는 『라블레론』에서 정신분석이나 무의식에 관한 언급이 일절 나오지 않는 이유, 프로이트와의 관련이 전적으로 부정되었던 원인을 여기서 알아챌 수 있다.

결국 바흐친은 심사위원들의 비판을 수용하지 않을 수 없었다. 그리고 마침내 행운이 그의 편이 되어 주었다. 논문심사 위원회는 독토르 학위 수여는 부결했지만, 박사후보학위는 가결했던 것이다. 이 결정은 1952년 6월까지 공식적으로 발표되지 않았고, 바흐친은 '무늬만' 박사(후보)가 되었다. 그러나 이로써 그는 학계에 자신의 후원자들을 적절하게 챙길 수 있었고, 이것만으로도 사란스크로 돌아가 교편을 잡고 활동하기에는 무리가 없었다. 학위라는 '면허증'을 취득했으니 비교적 안정적인 교직 생활을 유지할 근거가 마련되었다. 전하는 바에 따르면 이후로 그는 스탈린주의에 대해 모호하지만 무난한 처신을 하면서 정치적인 문제로부터 유연하게 자신을 해방시켰다고 한다. 간혹 자신에게 돌려진 비난이나 의혹에 대해 "그것 참 재미있군요"라고 애매하게 반응하며 인정도 부정도 하지 않았으니까. 아무튼 '만년의 평화' 유지에 세심한 관심과 정성을 기울이던 그는 국가와 비교적 '무탈한' 관계 속에서 생활을 영위하는 데 성공했다. 글을 쓸 때는 레닌과 스탈린에 대한 적절한 인용을 빼놓지 않았고, 사회주의 리얼리즘에 대해서도 어느 정도 학문적 관심을 표명할 정도였다.[12] 비정치인의 정치적 생존법이랄까.

다시 박사논문 이야기로 돌아가자. 대개의 학위 심사가 그렇듯, 수정에 대한 공식적인 보고와 수용은 요식적인 '절차'로 끝났던 듯싶다. 논문은 통과되었고, 그후 아무도 이에 관해 캐묻지 않았다. 학문적 업적이 곧 정치적 처지에 상응하는 것이었고, 공식 출판을 통해 이를 학계에 입증하던 관례와 달리, 바흐친의 논문은 오랫동안 알려지지 않았다. 그런데 이는 오히려 다행스런 일이었다. 후일 바흐친은 자신의 최종 제출본과 초고본이 본질적으로 다르지 않다고 고백했기 때문이다.[13] 만일 누군가 그의 수정사항에 관심을 갖고 추적해서 공개했더라면, 사란스크에서 영위했던 만년의 평온은 불가능했을지 모를 일이다. '서류상'으로나마 박사가 됨으로써 그는 소비에트 사회의 제도적 인정을 받았고 그 내부에 안착할 수 있었다. 집필로부터 12년 후에야 학위 인정을 받고, 25년이 지나서야 출판되었다는 '불운'은, 거꾸로 그의 사적인 삶이 지속되도록 허락해 준 운명의 역설 같은 것이었다.

2. 이미지, 시뮬라크르와 스타일

바흐친의 나이 69세인 1965년 12월 8일에 전격 출판된 『프랑수아 라블레의 작품과 중세 및 르네상스의 민중문화』는 일반적으로 문예학 및 문화학적 연구의 전범으로 간주되어 왔다.[14] 문학 연구는 곧 문화 연구의

---

12) 이강은, 『미하일 바흐친과 폴리포니야』, 역락, 2011, 34쪽.

13) Vladimir Alpatov, "VAKovskoe delo M. M. Bakhtina", *Dialog. Karnaval. Khronotop*, 2(27), Vitebsk-Moskva, 1999, pp.40~42. 적어도 공식적으로 바흐친의 과거지사가 심사의 요소로 부각되지는 않았다고 한다. 심사위원들 중 일부는 그에 관해 잘 몰랐고, 바흐친 역시 자신의 이야기를 구구절절하게 늘어놓지 않았다.

14) 출판의 전체 경과에 대해서는 Irina Popova, *Kniga M. M. Bakhtina o Fransua Rable i ee znachenie dlja teorii literatury*, IMLI RAN, 2009, ch.1, pp.7~108에 자세히 실려 있다. 애초에

일환으로 간주되어야 한다는 바흐친의 지론을 덧붙인다면,[15] 연구자들의 중론과 같이 문화가 『라블레론』의 핵심 범주로 지목되는 것은 당연한 일이다. 하지만 문화의 큰 비중에 비해 민중narod은 상대적으로 별다른 주목을 받아 오지 못했다. 중요하지 않기 때문이 아니라 너무나 당연한 전제로서 주어졌기에 따로 주제화할 필요를 느끼지 못했던 듯싶다. 그러나 바흐친에 따르면 우리가 알고 있는 온갖 형태의 문화의 원천은 민중이며, 민중은 특정 시대나 국가, 민족공동체로 회수되지 않는 삶의 본원적인 힘이다.

이 힘이 문제다. 아카데미의 수사학으로 환원되지 않는, 현실을 조형하고 역동시키는 동력으로서의 힘, 그것이 민중이라는 것이다. 생성하는 힘으로서 민중은 문화에 의해 구성되는 존재가 아니라 문화를 구성하고 변화시킬 수 있는 존재라 말해야 할 듯하다. 이 점에서 민중성은 삶의 다양한 형식들, 구체적이고 개별적인 문화 형태들을 근거 짓는 진정한 수원水源이 된다. 하지만 이 역시 하나의 대전제일 뿐, 민중에 대한 적합한 해명은 될 수 없다. 전제가 추상에 머무는 한, 우리는 민중에 관한 유사한 부류의 규정들을 근대적 학제 내부에서도 쉽게 찾을 수 있다.

민중에 방점을 찍어 바흐친의 논의를 살펴볼 때, 우리가 곧장 맞부딪히는 것은 텍스트의 곤혹이다. 민중이 차지하는 중요한 위상에도 불구하고, 그는 민중에 대해 직접적이고 정론적인 정의를 거의 내리지 않았다. 텍스트 곳곳에서 민중은 삶과 문화의 원동력으로서 상찬받고 있

논문이 출판될 것을 별로 믿지 않던 바흐친은 자신을 '발굴'해 준 젊은 학자들의 평가서를 요구했으며, 그들의 수정 요구를 일정 부분 수용하며 단행본 작업을 이어 갔다고 전해진다. 프랑스어 텍스트들에 대한 정확성을 가리는 일이 꽤 있었는데, 이런 점들을 고려하더라도 전반적으로 바흐친 자신의 원래 취지를 훼손하지 않는 범위에서 이루어진 작업이었다.

15) 바흐친, 「『신세계』 편집진의 물음에 대한 답변」, 469쪽.

지만, 민중성의 양보할 수 없는 근본성, 또는 삶과 문화적 변혁의 원천이라는 식의 정언적 언명 이외에 구체적인 진술을 찾아보긴 어렵다.[16] 그는 개념과 범주에 따라 민중의 정체를 논의하지 않는다. 민중은 모호한 집합성으로만 표명되며, 개별화되면 광대나 바보, 악당 등의 부정적인 모습으로 찌그러진다. 이렇게 불명료한 의미역에 놓여 있기에 바흐친의 민중은 통상적인 학문의 언표들, 즉 인민이나 대중, 계급 등으로도 분석되지 않는다. 이와 같은 애매성 탓에 연구자들은 바흐친 사상에서 민중이 갖는 '의의'만을 강조해 왔으며, 실제 민중의 역동에 대해서는 큰 관심을 기울이지 못했다. 민중은 너무나 당연하기에 오히려 보이지 않는 존재가 되었다.

그렇다면 어떤 식으로 민중에 관해 말할 수 있을까? 그것이 과연 가능하기는 할까? 우리는 여기서 가야트리 스피박의 논의를 잠깐 끌어와 참조해 볼 수 있겠다. 그녀의 대표적인 개념인 서발턴subaltern은 인식적으로 포착되지 않는 역설적 대상이다. 하위화된sub- 타자alter로서 서발턴은 서구 근대의 학문적 범주가 늘 대상화하고자 했으나, 이런저런 방식으로 그 포획의 그물을 벗어나는 비-대상이었다.[17] 오리엔탈리즘이라는 명법이 보여 주듯, 근대의 제국주의와 식민주의는 비서구라는 타자를 서구라는 주체에 흡수하여 동일화하든지, 혹은 잔여로서 뱉어 내 무화無化시키고자 했던 것이다. 이에 맞서 서구적 근대, 주체중심주의에

---

16) 여기엔 바흐친의 글쓰기 스타일이 갖는 본질적인 애매성도 개재해 있다. "『라블레론』에서 우리는 바흐친이 자신의 논증적 습관과 초기에 애써 만든 스타일과는 정반대로, 영감이 풍부한 표현 양식으로 서술하는 모습을 보게 된다. [……] 결국 『라블레론』은 (원래는 박사학위 논문이었지만) 라블레적 과장과 황홀경이 반복 및 꼼꼼함과 특이하게 혼합된 책이 되고 말았다"(모슨·에머슨, 『바흐친의 산문학』, 176쪽).

17) 김택현, 『서발턴과 역사학 비판』, 박종철출판사, 2003, 84~85쪽.

반기를 들었던 사상가들은 '자기 자신에 대한', 곧 서구에 대한 맹렬한 비판의 포탄을 퍼부었다. 그것은 합리성과 객관성을 내세운 서구적 근대가 얼마나 독단주의적이고 자기중심적인지, 인식적 구조는 그 자체로 얼마나 서구중심적인지를 폭로하는 과정이었다. 서구 근대의 폭력성에 의해 타자는 억압받고 왜곡되면서 소진될 위기에 처했고, 그것이 역으로 서구 자체의 파멸을 초래하게 된 원인으로 작용하고 말았다. 여기까지라면 통상의 근대성 비판과 크게 궤를 달리하지 않을 것이다.

스피박의 성찰은 이로부터 한 걸음 나아가, 그러한 자기비판과 반성의 은밀한 전제가 무엇인지 질문하는 데 있다. 서구적 근대성이 합리적이거나 객관적인 게 아니라 지극히 자기중심적인 오만이요 폭력임을 드러낼 때, 그래서 보편적 주체란 존재하지 않는 것임을 드러낼 때, 정말 근대적인 주체는 완전히 사라져 버린 것일까? 근대성이란 결국 서구적인 이해관계의 결과요, 서구적인 주체성의 귀결임을 밝혀내면, 서구 근대성의 지배는 종식될 수 있는 것일까? 식민주의와 여성에 대한 억압의 역사를 통해 스피박은 이를 반추한다. 여성은 서발턴의 전형적인 이미지로서, 서구의 남성 주체에 의해 항상 대상화되고 지배당해 왔다. 탈근대적 흐름에 힘입어, 특히 제3세계의 여성들이 점차 발언권을 얻고, 서구적 남성 주체의 허구성을 지적하며 깨뜨렸을 때 과연 서발턴은 해방되었는가? 침묵 속에 수천 년을 보내 왔던 서발턴은 말하기 시작했는가? 그렇지 않다. 여성의 발언은 그 논리와 행위에 있어 실상 근대의 남성 주체의 사고와 문법을 모방해서 성립한 것이며, 때문에 아무리 비판적이고 급진적인 제스처를 취하더라도 근본적으로 남성 주체의 스타일을 받아들일 수밖에 없다는 것이다.[18] 따라서 식민지의 여성, 그녀의 말은 일정하게 지배하는 백인 남성의 태도와 몸짓, 관점을 모사하게 되며,

사정이 이렇다면 완전한 해방이란 전혀 무망한 일이 된다. "서발턴은 말할 수 없다"와 같은 '악명 높은' 진단은 이러한 곤혹의 장면으로부터 기인한다.[19]

이 결론에 대해 수많은 반론들이 이어졌고, 그에 대해 스피박은 수년 후 자신의 논의를 보완하며 아래와 같이 언급했다. 서발턴에 대한 어떤 해독解讀이 주어졌을 때, 그 해독과 서발턴 자체의 발화는 동일시될 수 없다. 아니, 동일시될 수 있어도 동일화되지는 않을 것이다. "식민화된 사람들 사이에도 서로 다른 집단화가 이루어지고 거기서부터 차이가 생긴다. 식민 혹은 포스트식민 서발턴은 그 차이와도 맞은편에 있는 존재로, 인식론적 균열로 정의된다."[20] 다시 말해, 서발턴이 결코 동일시의 기제로 포착할 수 없는 타자를 가리킨다면, 그를 동일자의 일부로 포획하여 동일자라고 부를 수는 있어도, 실재적으로 동일화할 수는 없다는 말이다. 하지만 서발턴을 동일화되지 않는 타자, 전적인 외부라고 표상하는 것 역시 위험스런 오류를 범한다. 서발턴을 하나의 실체로서, '외부'라는 표상으로 '재현'할 수 있는 탓이다.

차라리 서발턴이란, 가시성과 비가시성, 곧 근대적 인식론과 그 극한 사이에서, 경계선에서만 표현되는 어떤 운동 같은 게 아닐까? 균열이란 바로 그러한 운동의 한 단락을 말하는 게 아닐까? '다름'에 대한 통찰을 통해 도달한 타자의 관념으로부터도 다시 빠져나가는 타자, 즉 '차이의 맞은편이자 균열'로서의 서발턴. 동일자에 대한 규정이 내려지

---

18) 가야트리 스피박 외, 「서발턴은 말할 수 있는가?(초판본)」, 『서발턴은 말할 수 있는가?: 서발턴 개념의 역사에 관한 성찰들』, 태혜숙 옮김, 그린비, 2013, 457쪽.
19) 같은 글, 490쪽.
20) 같은 글, 137쪽. 이 가필본은 『포스트식민 이성 비판』(Sarah Harasym ed., *The Post-Colonial Critic*, Routledge, 1999)에 처음 실렸다.

는 순간 발생하는 비동일자와 동일자의 균열 사이에 서발턴은 항상-이미 있다. 어떤 개념적 거소에 정착하지 않고 끊임없는 이탈을 통해 떠내려가는 운동으로서의 서발턴. 그렇다면 이러한 서발턴의 정의는 우리가 바흐친의 사유에서 살펴본 타자나 외부와 크게 멀리 있지 않을 성싶다.[21] 내부화하는 인식적 작동의 경계에서 타자는 모호하게 그 형상을 드러내고, 외부는 내부성의 극한을 표지하는 경계 지대에서 시작되는 까닭이다. 서발턴, 혹은 민중이란 그런 것일 터. 만일 우리가 민중의 이미지, 그 스타일에 대해 말할 수 있다면, 그에 관한 최소한의 발화가 시작될 만한 근거를 찾는다면, 그것은 이러한 애매한 경계 지대에서만 유일하게 가능한 게 아닐까? 스타일의 혼성이 이루어지는 곳, 거기서 민중은 스스로를 표현한다. 온갖 잡스럽고 기이하며, 식별 불가능한 카오스의 형태로.

> 스타일은 그 내부에 외부를 향한 지표들을 구조적으로 포함한다. 자기 자신의 요소들과 다른 맥락 속의 요소들이 그 안에서 조응하는 것이다. 스타일의 내부적 정치학, 즉 말 내부의 구성 요소들이 결합하는 방식은 스타일의 외부적 정치학, 즉 다른 말과 그것 사이의 관계에 의해 결정된다. 말의 삶이란 그것 자신의 맥락과 다른 맥락 사이의 경계선 위에 놓여 있는 셈이다.[22]

---

21) 서둘러 첨언한다면, 서구 철학자들이 상정하는 타자성은 규정적 행위 이후에야 드러나는 잔여이자 흔적으로서 표명된다. 타자는 언제나 주체의 이후에야 흐릿하게 나타나는 근본적인 수동성의 차원에 있다. 하지만 그러한 수동성 이전의 힘, 주체의 규정으로부터 이탈하고 흘러내리는 힘의 능동성이 없다면 과연 본래적인 타자성을 말할 수 있을까? 힘에 대한 사유는 타자의 선차성을 단지 인식론의 문제만이 아니라 존재론의 차원에서 근원적인 것으로 사유하기 위해 반드시 고찰되어야 할 지점이다.

22) 바흐친, 「소설 속의 말」, 92쪽.

민중은 정의를 통해 규명되는 대상이 아니라 사례들 속에서 생명력을 발아시키는 힘이다. 달리 말해, 일정한 강도와 그 지속으로 표명되는 스타일이다. 집단과 개별자 사이의 '이상한' 유동 속에서 바흐친의 민중이 출몰하는 이유가 여기 있지 않을까? 경계 지대의 혼성과 순간적인 형식화, 뒤이은 탈형식적 운동 속에서 드러나는 표현적 스타일만이 민중을 포착할 수 있는 유일한 방법이다. 우리가 민중을 개념적 규정이나 논리적 범주가 아니라 사례표현적인 이미지를 통해 읽어야 하는 까닭도 마찬가지다. 이는 바흐친이 자신의 글에서 말한 것과 말하지 않은 것 사이의 '행간을 읽는' 방식이고, 그의 사유를 곧이곧대로 복제해서 늘어놓는 게 아니라 지금-여기의 지평 위에서 재구성하여 전유하는 작업이기도 하다. 민중은 타자화와 주체화 사이에 있는 시뮬라크르simulacre이기 때문이다.[23]

바흐친의 사유가 분과 학문에 고착되지 않는 것처럼, 민중도 인식론적 개념과 범주 속에 정착되지 않는다. 아마도 이것이 『라블레론』의 사상을 이해할 수 있는 유일한 길이 될 터인데, 그 첫 단계는 그가 던져놓은 민중의 이미지들, 곧 악당, 광대, 바보, 도둑에 대한 분석에서 출발해야 한다. 민중을 추상적인 관념이 아니라 살아 움직이는 생성력으로 본다면, 그 생성하는 힘의 기능들은 이 네 가지 이미지들 속에 구현되어 있다. 바꿔 말해, 민중은 항상 구체적인 행위와 결합해서 자신을 표현하

---

23) 시뮬라크르(모사물, 환영)를 적극적으로 사유했던 들뢰즈는 그것이 현실적인 효과를 산출할 수 있는 잠재력을 갖는다고 언명한다. 세계 속에서 시뮬라크르의 운동, 곧 시뮬라시옹은 영원회귀하는 과정으로서 자신을 표현한다. 영원한 차이화(타자화, 외부화)의 운행이 그러하다. "시뮬라크르는 노마드적 분포와 승리한 아나키 상태의 세계를 수립한다. 그것은 새로운 정초를 제시하지 않는다. 그것은 모든 정초들을 삼켜버린다. 그것은 보편적인 와해를 가져오지만, 그러나 이는 긍정적이고 즐거운 사건으로서, 탈정초로서의 사건이다"(질 들뢰즈, 「플라톤과 시뮬라크르」, 『의미의 논리』, 418쪽).

는 존재이기에, 민중은 언제나 이미지적 실존이며, 악당, 광대, 바보, 도둑의 속성을 통해 자신의 힘을 드러낸다. 이러한 드러냄, 즉 표현은 민중의 힘이 일종의 지적 유희가 아니라 삶과 현실에 대한 적극적인 개입의 의미를 갖고 있음을 시사한다.

3. 근대의 포획장치들

우선 바흐친에게 민중은 근대의 학문적 분류 체계에 따른 명칭이 아니라는 점에서 출발하자. 막연하게 연상되는 즉자적 상태만을 가리키지도 않고, 그렇다고 앞으로 보게 될 것처럼 인민이나 대중, 계급과 같이 근대적 학문의 프리즘을 통해 범주화된 대상을 지칭하지도 않는다. 바흐친이 민중을 어떻게 이끌어내는지 살펴보기 위해, 우선은 우리에게 익숙한 개념적 용어들을 통해 그 전체상을 살펴보도록 하자.

민중은 무엇보다 집합체이고, 일단 그 집합의 주체이자 대상은 사람들이라 불러도 좋을 듯하다. 하지만 막연히 복수의 사람을 가리킨다면 그것이 민중일까? 이 경우 통념적으로 군중crowd이란 표현이 더 자주 사용되는데, 일상적으로야 별 구분 없이 사용할 수 있겠지만 조금 깊이 파고들어가 보면 군중과 민중은 다른 쓰임새와 뉘앙스, 의미를 지닌다.

귀스타브 르 봉에서 프로이트까지 군중은 비규정적인 다수의 집단을 가리키는 데 사용되지만 흔히 '군집'이나 '패거리', '떼'와 같은 부정적인 뉘앙스를 동반한 채 지칭되어 왔다.[24] 군중으로 지표화된 민중은

---

24) 귀스타브 르 봉, 『군중심리』, 이상돈 옮김, 간디서원, 2005; 프로이트, 「집단심리학과 자아분석」, 71~163쪽.

그 정확한 범위를 알 수 없고, 어느 방향으로 나아갈지 예측할 수 없으며, 주체적인 역량을 결여한 집단이라는 함의가 있다. 가령 신촌역으로 향하는 지하철에 승객들이 특별한 목적의식을 갖고 승차한 게 아니며, 그들 각자의 미적 취향이나 정치적 성향, 생활방식 등은 그들 각자의 수만큼이나 다양하게 나누어진다. 보통 '불특정 다수'를 지시할 때 쓰는 용어가 바로 군중으로서의 민중이다.

군중은 민중의 어떤 한 측면이지만 민중과 동일한 외연을 공유하지 않는다. 지시적 의미는 있어도 의미론적으로는 충전되지 않은 관념이기에 군중은 더 협소한 의미장에 갇혀 있다. 이 단어에 결부된 무관심과 경멸감이 극복되고 얼마간 진지한 사유의 대상이 된 것은 근대에 접어들며 생겨난 현상이다. 정치적 권력 관계가 충돌하고 교체되는 무대에 민중이 집단적으로 호출된 시대, 곧 동원mobilization이 정치적 역학의 필수적이고 보편적인 현상이 된 시대로서 근대는 '민중의 시대'로 호명되어 왔다.[25] 전근대 사회에서는 실존한다고 말하기조차 어렵던 민중은 역사의 중심으로 불려 나왔고 '주체'이자 '동인'으로 각광받기 시작한다. 인민주권과 대중문화, 계급투쟁 등의 현실적 개념들은 민중의 관념을 통해 성립되었으며, 정치철학의 주요한 관심사에는 늘 민중의 문제가 가로놓여 있었다. 이렇게 집합체로서의 민중을 호명할 때 인민, 대중, 계급이라는 명칭들은 각기 나름의 의미장을 형성했다. 역사적 명법으로서의 이 용어들에 대해 간략히 기술해 보자.

---

25) 찰스 틸리, 『동원에서 혁명으로』, 양길현 외 옮김, 서울프레스, 1995. 근대 정치의 중핵이 대중 동원에 있음을 간파한 사람은 맑스였다(칼 맑스·프리드리히 엥겔스, 「루이 보나파르트의 브뤼메르 18일」, 『맑스·엥겔스 저작선집 2』, 최인호 옮김, 박종철출판사, 1997, 277~393쪽).

(1) 인민, 주권의 주체인가 객체인가

라틴어 'populus'의 연원은 그리스어 'demos'에 있으며, '민주주의' democracy라는 단어의 어원을 이룬다. 단어 그대로의 뜻으로 민주주의란 데모스의 힘kratia을 말하는데, 특이하게도 군주정monarchy이나 과두정 oligarchy에 함축되어 있는 정치 형태, 곧 특정한 정치체를 직접 가리키지는 않는다. 민주주의는 집단을 구성하는 근본 원리로서의 아르케archē를 전제하지 않으며, 다만 데모스의 역량에 따라 정의되는 탈형식적 집합을 뜻한다.[26] 하지만 데모스에 대한 최상의 표현으로서 힘, 그 능력에 대한 사유는 사상사의 시초에서부터 폄하되어 왔다. 최선의 규범이자 척도로서 이데아를 소중히 여겼던 플라톤은 데모스의 탈형식성을 비-인간, 즉 '짐승'에 비유하여 경계의 대상으로 삼았으며, 아리스토텔레스는 국가를 구성하는 시민성의 자질로부터 제외시켜 버렸다.[27]

사정은 중세에도 다르지 않았다. 개인이 미처 발달하지 않았을 때 집단 역시 그것 자체로서 조망될 수 없었다. 중세의 민중은 개인이든 집단이든 실재적 관계 속에서 접근되지 않고 신분적 전형 속에서만 어렴풋이 포착되었다.[28] 이때의 전형이란 물론 임의적인 형식화, 이른바 '기도하는 자, 경작하는 자, 싸우는 자'의 위계 속에 실존하는 민중적 이미지의 최소치였다.[29] 민중의 위상이나 비중에 대한 본격적인 논의는 교권에 맞서 속권이 전면화되던 시기, 곧 중세 말과 근대 초에 국가 권력

---

26) "민주주의는 어느 정체에서나 오직 집합적 신체로서 데모스가 가진 능력만큼(때로는 현재의 제도를 비판하고 그 작동을 멈추는 힘으로서, 때로는 대안적인 제도를 실험하고 발명하는 힘으로서) 존재한다고 할 수 있을 것이다"(고병권, 『민주주의란 무엇인가』, 그린비, 2011, 20쪽).

27) 플라톤, 『국가·정체(政體)』, 박종현 옮김, 서광사, 1997, 493b-d; 아리스토텔레스, 『정치학』, 천병희 옮김, 숲, 2009, 1253a1-29, 1278a13-40.

28) 쟈크 르 고프, 『서양 중세 문명』, 유희수 옮김, 문학과지성사, 1992, 335~337쪽.

29) 조르주 뒤비, 『세 위계: 봉건제의 상상세계』, 성백용 옮김, 문학과지성사, 1997.

이 등장했을 때 시작된다. 그것은 형태를 갖지 않은 괴물, 혹은 동물로 간주되던 민중을 길들여 국가적 형식 속에 포섭하려는 시도였다.

14세기 무렵 권력의 원천을 신으로부터 속세로 이전하는 과정에서 민중은 폭넓은 정치적 주체로서 호출되었다.[30] 하지만 민중이 신분적 구별에 상관 없이 보편적인 주권자로 통칭되었던 것은 1789년의 프랑스 혁명을 전후한 시기였으며, 근대의 '인민주권'은 민중(인민)과 국민(국가)의 동일시를 통해 성립한 논리적 구성물이다people=nation. 달리 말해, 인민주권론에서의 '인민'은 형상 없이 유동하는 위험한 괴물인 데모스로부터 길어 내졌다기보다 국가라는 형식을 지지하기 위해 소환된 가상적 대상이었다. 루소가 사회의 기초를 다지기 위해 먼저 인민을 창출해야 할 필요성을 설파한 것은 그런 까닭이고,[31] 여기서 인민은 사회계약에 참여하여 시민이 됨으로써만 역으로 인민주권의 원천으로 인정받게 된다. 그런데 근대 민주주의의 정초격인 이 과정에서 주권의 '신성한' 담지자라는 인민은 모호함의 베일에 가려지고 만다. 인민의 근원성과 주권의 영원성은 선거라는 일시적이고 의례화된 절차를 통해서만 보장받는 탓이다. 선거일에 도장 한 번 찍어 주고 몇 년간 통치의 권리를 위임내지 방임해 버린다는 냉소를 떠올려 보라. 투표율을 보고하는 통계 자료가 주권의 존재를 확증하고, 주권은 그렇게 인민의 손을 떠나 대리인들에게 넘겨짐으로써 확보될 수 있다는 기이한 논리가 여기에 있다. 주권은 숫자로 환원되어 인민을 추상화시킨다.[32] 아니, 인민 자체

---

30) 박명규, 『국민·인민·시민』, 소화, 2009, 131~133쪽.

31) 장-자크 루소, 『사회계약론(외)』, 이태일 옮김, 범우사, 1990, 25쪽.

32) "이것은 역사의 묘한 전환이다. 통치권이 인민에게 전달되던 바로 그 순간 인민은 자신의 본질을 상실한다. 조밀하고 유기적인 인간 공동체로서의 인민의 특성은 증발하고 인민은 산수의 원칙에 따라 집계되는 일련의 추상적인 단위들로서만 알려진다"(스테판 욘손, 『대중의 역사: 세 번의 혁명

가 근대주권론을 작동시키기 위한 추상적 전제 아닐까?

　　주권자-인민은 루소나 다른 계몽주의자들에게 권력의 진정한 원천으로 추앙받아 왔다. 하지만 인민주권은 정치학 교과서를 통해서만 기술되는 진리일 뿐, 현실적으로는 공허하고 비-효력적인 관념에 머물러 버렸다. 근대적 인식 체계에서 대상은 언제나 특정될 수 있는 특수자를 가리키는바, 주권자로서 인민은 때로는 프롤레타리아로, 때로는 부르주아지로 제각각 표상되었고, 그 상상의 극대치는 '국민'이라는, 즉 '인민'과 크게 다르지 않은 추상적 개념으로 귀착될 수밖에 없었다. 20세기 세계를 양분했던 공산주의와 자본주의의 첨예한 대립 이면에는, 결국 민중을 국가적 인민으로 결집시켜 국민으로 형성해야 한다는 논리가 깊이 뿌리내려 있었다.[33] '상상의 공동체'로서 근대국가는 그러한 논리의 최근 판본인 셈이다.[34] 민중은 그 자체로서 사유되기보다 항상 근대적 주권국가의 범주와 결부된 채, 그것을 위해서만 상상되어 왔다. 언제나 형태를 벗어나는 불가해한 집단으로서의 데모스를 국가적 소속물로 다루고, 그 프리즘으로 규정지어 온 것이다. 역사적 개념으로서 '인민'은 민중의 특정한 단면을 보여 주었을 따름이다.

(2) 대중, 동물과 괴물 사이의 존재

어원상 밀가루 반죽과 같은 '덩어리'란 단어에서 파생된 대중mass(masses)

1789, 1889, 1989』, 양진비 옮김, 그린비, 2013, 16~17쪽).

33) 알랭 바디우, 「'인민'이라는 말의 쓰임에 대한 스물네 개의 노트」, 알랭 바디우 외, 『인민이란 무엇인가』, 서용순 외 옮김, 현실문화, 2014, 15~16쪽. "비록 '인민'이 국민을 원형적 기반으로 해서 설정되지만, 사실상 근대적 인민 개념은 국민국가의 산물이고 국민국가의 특정한 이데올로기적 맥락 안에서만 생존한다. [······] 각 국민은 다중(민중)을 하나의 인민으로 만들어야 한다"(안토니오 네그리·마이클 하트, 『제국』, 윤수종 옮김, 이학사, 2001, 150~151쪽).

34) 베네딕트 앤더슨, 『상상의 공동체』, 윤형숙 옮김, 나남출판, 2003.

은 생각보다 오랜 역사를 지닌 관념이다. 근대 이전까지는 그것은 주로 ①형태가 없고 구별되지 않는 것, ②조밀하게 결합된 집합체라는 뜻으로만 사용되었다.[35] 모양새가 없기 때문에 구체적인 이름을 붙이기 어렵고, 분할되지 않는 다수의 요소들이 함께 달라붙어 있다는 의미에서 이 단어는 플라톤의 데모스와 의미론적 연관 속에 사유될 필요가 있다. 주로 물질적 특성으로 이해되던 이 단어는 근대의 정치·사회적 담론으로 진입해 오며 조금씩 현대적 어의를 갖추게 된다. 우리는 그 의미화 과정의 역사 자체에 주목해 보아야 한다.

근대에 접어들며 'mass'가 사회적 집단에 대한 지칭이 되었을 때 필연적으로 수반되었던 뉘앙스는 경멸과 조롱이었다. 지배층의 관점에서 볼 때 피지배자들, 서민과 평민은 '비천하고'low '하등하며'base '저열한'vulgar 존재에 불과했다. 이는 하층민들의 질적 특성인 동시에 외적 특성을 이루었다. 무정형이 그것이다. 엄격한 규범 및 예의범절로 일상을 형식화하던 상류층에게 하층민의 무형식성은 무규범성과 상통하는 것이었다. 개별화되지 않은 채 오직 집단으로서만 그 실존을 드러내는 민중의 이미지가 이로부터 연원한다. 형식의 부재는 그대로 질서의 부재로 읽혔고, '더럽고' '위험하다'는 가치 판단과 등치된다. 동원의 시대를 맞이하며 민중이라는 집단의 실존적 특징이 사회적·정치적 가치 판단과 단단히 결착된 것이다.

문제는 외양만이 아니다. 무정형성으로부터 줄기를 뻗은, 도대체 정체를 파악할 수 없다는 사실은 왠지 모를 불안과 공포를 야기시킨다. 16~17세기, 국가라는 거대 기계를 통해 영토를 재편하고 통치 체제를

---

35) 레이먼드 윌리엄스, 『키워드』, 김성기 외 옮김, 민음사, 2010, 291~299쪽.

확보하려던 지배자들에게 다른 무엇보다 큰 정치적 두려움을 불러일으킨 것은 "어디로 튈지 도무지 알 수 없는" 대중의 예측 불가능성이었다. 그즈음 널리 사용되었던 'multitude', 즉 다중多衆에 '머리가 여럿 달린', '미친'이란 뜻이 부가되었던 것은 실로 우연이 아니었다.[36] 프랑스 대혁명을 거치며 다중은 '폭도'mob와 동일시되었고, 그것은 제대로 지도받지 못한 '야만인', '포악한 짐승'이자 '무지한 어린애'에 비견되는 '돼지 같은 다중'을 부르는 말이 되었다.[37] 보수주의자 에드먼드 버크가 비난을 퍼부었던 민중의 정치적 위력은 그 치명적인 도발성과 항상 등을 맞댄 채 거론되었고,[38] 19세기 대중mass의 의미 속에 깊숙이 장착된다.

혁명과 전쟁, 사회사업 등에서 동원이 정치공학적으로 치밀하게 설계되고 계획대로 진행될 때 지배자들은 안도의 한숨을 내쉰다. 하지만 그것이 알 수 없는 사건의 흐름 속으로 휘말려 들어가면 당황하고 혼란에 빠진다. 좌파나 우파를 막론하고 불안정하게 유동하는 대중의 움직임을 위험스럽고 폭력적인 이미지 속에서 떠올리고 통제하려 했던 것도 그래서였다. 근대의 정치적 주체들, 곧 정당과 혁명가들의 눈으로 볼 때 대중은 하나로 결집되어 교육받고 의식화되어야 할 대상과 다르지 않았다. 지도와 계몽이 없다면 대중은 어리석을뿐더러 위험하기조차 한 집단이 될 것이다. 우파 자유주의 전통이 말하는 '국민주체의 형성'이나 레닌의 '전위적 혁명가당' 이론은 모두 대중의 수동성과 미성

---

36) 윌리엄스, 『키워드』, 292쪽. 네그리와 하트에 의해 인민과 대중 이전의 잠재적 능력의 주체로 호명된 다중은, 앞으로의 논의에서 다시 언급되겠지만 바흐친의 민중과 상당 부분 유사한 구도 속에 묘사된다.

37) 18세기 계몽주의자들의 『백과전서』 기획에도 대중은 사회현상이 아니라 물리적 덩어리나 물질적 양으로만 언급되었다. 대중이 폭도의 형태로나마 정치·사회적 현상으로 적극적으로 거론되었던 것은 역설적이게도 버크의 공로다(온손, 『대중의 역사』, 26~27쪽).

38) 에드먼드 버크, 『프랑스 혁명에 관한 성찰』, 이태숙 옮김, 한길사, 2008.

숙을 일정 부분 공유하고 있다. 아이는 엄격히 훈육받지 않으면 괴물이 된다는 논리다. 정치에 있어서나 경제에 있어서나, 또는 문화에 있어서나 대중을 자기 근거로 천명하는 근대사회에서 대중 자신의 자발적 능력은 은연중에 제거되어 왔다. 가능성의 차원에서 대중은 그 자신의 힘에 의거하여 사회의 주체로 등장해야 하지만, 현실의 차원에서 그 가능성은 언제나 불가능한 것으로, 불충분한 것으로 전제되었던 것이다.[39] 사회문화적 현실에서 지금도 역시 대중은 가장 큰 명제적 비중을 차지하지만, 실제로는 '인민'의 사례와 마찬가지로 범주와 개념의 덫에 갇힌 채 박제로 남겨진 게 아닐까?

근대 산업사회의 발전과 짝을 이루어 대중이 '대량생산', '대량소비', '대중교통', '대중매체' 등의 단어들과 결합된 것도 지적해야겠다. 문화의 실질적 향유자로 여겨지면서 대중의 지위가 향상된 듯 보이지만, 그 경우에도 대중은 자본주의 사회의 수동적 소비 주체로 간주되면서 곧장 계몽되어야 할 객체로 전락하게 된다. "무리가 많기 때문에 대중이 아니라, 소극적이기 때문에 대중이다"라는 오르테가 이 가세트의 진술은 자본주의 사회에 각인된 대중의 이미지를 극적으로 보여 주고 있다.[40] 대중에 대한 이러한 불만족이 정치의 새로운 주체로서 계급을 견인하는 원인이 되었다.

---

39) 네그리와 하트는 근대성의 두 흐름 가운데 국민국가적 주권성을 대변하는 쪽이 이러한 경향을 잘 보여 준다고 주장한다. 이는 다중을 주권적 주체인 인민으로 호명하여 국민으로 바꾸는 과정이다. 이것을 정치철학적으로 정당화하였던 계보는 홉스로부터 루소로 이어지는데, 초월성과 대의를 통해 민중(다중)의 힘을 국가화한다는 게 그 요점이다(네그리·하트, 『제국』, 128~133쪽). 다른 한편, 레닌과 로자 룩셈부르크 역시 민중의 능력으로서 '자발성'을 중심으로 논쟁을 벌인 바 있다. 이 논쟁의 핵심에는 민중(대중)의 무의식적 힘을 수용할 수 있는가에 대한 서로 간의 견해차가 중요하게 자리 잡고 있다(이진경, 『맑스주의와 근대성』, 그린비, 2014, 제7장).
40) 호세 오르테가 이 가세트, 『대중의 반역』, 사회사상연구회 옮김, 한마음사, 1999, 제8장.

(3) 계급, 혁명의 원동력인가 장애물인가

계급class은 본래 로마 시민을 재산에 따라 분류했던 라틴어 'classis'에서 기인했다. 역사기술적 용어로 사용되던 이 단어는 교회사적 명법에서 분류학적인 용례를 통해 의미를 확장해 갔고, 18~19세기에 접어들며 특정한 사회 집단을 가리키는 말로 표명되기에 이른다.[41] 산업혁명과 독립전쟁, 프랑스 혁명 등과 맞물려 사회사적 변동을 함축하는 이 단어는 종래의 세습적 신분을 대신하게 되었다. 세대를 이어 전승되어 무의식적으로 귀속되는 신분과 달리, 계급은 사회적 자기의식에 의해 그 귀속성이 표지되는 특별한 현상이었던 것이다. 이 점에서 계급은 인민과 대중에 모두 관련되는바, 정치적 주체로서의 인민, 그리고 불명확한 집합체인 대중의 관념으로부터 계급의 개념화 과정을 목도할 수 있다. 집단적 역량의 담지자로서 대중은 계급을 통해 정치적 주체로 나타난 것이다. 이렇게 산업혁명과 프랑스 혁명 이래 정치적·사회적 운동의 모든 과정이 계급을 향해 전진해 왔으며, 그것으로부터 분기해 나오게 된다.

계급은 자연발생적인 것이 아니라 역사적 과정 속에서 만들어지고, 이데올로기적 의식화를 통해 구성된 결합체이다. 자기 몸뚱이 이외에 다른 생산 수단을 소유하지 않은 집단이 정치적 단결과 자신들의 이해를 동일시하고 사회적 삶의 전면에 나섬으로써 형성된 집합체가 계급이다. 18~19세기 유럽의 정치사회 및 경제적 조건에서 탄생한 새로운 분할, 즉 부르주아지와 프롤레타리아트는 민중을 생산의 프리즘을 통해 복합적으로 절단하고 규정한 결과였다. 어원적으로 부르주아지가 '성안城內 사람'을 뜻하고 프롤레타리아트가 군대에 보낼 자식 이외의

---

41) 윌리엄스, 『키워드』, 83~84쪽.

소유물을 갖지 않은 집단을 가리킨다고 해도,[42] 맑스가 "만국의 프롤레타리아여 단결하라!"라고 선언했을 때 계급은 이전과는 확연히 다른 의미장을 형성하며 나타났다. 즉 계급은 민중에 대한 특정한 방식의 구획화이며 재구성인 것이다.

좌파적 맥락에서 계급 구분은 부르주아지의 계급 지배에 대항하는 유력한 방법이지만, 계급에 대한 정의는 근대의 정치경제적 조건에 따라 규정된 집단, 곧 자본주의적 공리에 의거해 사고와 행동이 규정된 사람들을 포함한다. 이런 관점에서 볼 때 근대사회의 보편 계급이란 실은 부르주아지 이외의 어떤 다른 계급도 지칭하지 않는다. 자본주의 공리계에 충실하다면, 화폐의 증식 논리를 추종한다면 누구든 자본의 대리인(부르주아지)이 되는 것이다. 역사적이고 실제적인 사회 세력으로서 노동계급을 프롤레타리아트라 부르고 부르주아지에 대립하는 계급성을 부여한다 할지라도, 프롤레타리아트가 근본적으로 자본주의적 규정을 벗어나는 힘이라면 계급성에 의해 규정될 수 없는, 규정되어서도 안 되는 이유가 여기에 있다. 계급 바깥의 존재, 또는 비-계급으로서의 프롤레타리아트.[43] 맑스가 단결할 것을 요구하고 불러낸 프롤레타리아트는 정치학적 범주의 계급 규정을 벗어난다. 프롤레타리아트는 규정되는 것이 아니라 그것으로 되어야devenir-prolrtariat 하는, 곧 생성해야 하는 것이기 때문이다.[44] 역사적 형성체로서의 대항계급인 프롤레타리아트와 구별되는 비-계급으로서의 프롤레타리아트는 서로 동일하지 않다. 후자는 "현재의 상태를 지양해 나가는 현실적 운동"과 연관된 실재

---

42) 이재유, 『계급』, 책세상, 2008, 22~23쪽.
43) 들뢰즈·가타리, 『안티 오이디푸스』, 429~430쪽.
44) 이진경, 「계급과 비-계급의 계급투쟁」, 『미-래의 맑스주의』, 그린비, 2006, 243쪽.

적 규정에 속한다.[45] 실재로서의 프롤레타리아트는 아마도 근대적 범주에 포획되지 않은, 그것의 개념적 규정으로부터 벗어나 흘러내리는 민중을 가리키는 언표일 것이다. 맑스는 재현되지 않고 포착되지 않는 힘으로서의 민중을 발견하고 언명하고자 했을지도 모른다.

하지만 역사적 과정에서 우리는 대항계급으로서의 프롤레타리아트, 혹은 노동계급을 마주하고, 그것이 근대적 국민 체계 내부로 흡수되어가는 광경을 목도한다. 노동운동과 현실 사회주의의 역사가 그러한데, 이는 자본주의 국민국가가 인민과 대중을 통해 민중을 포획하려 했던 양상의 반대급부로서, 계급을 통해 민중을 통합하려던 시도였다.[46] 억압받는 노동자들이 프롤레타리아 계급의 이름으로 결집하여 자본주의의 대립항으로서 공산주의 사회를 구축해야 한다는 전망이 그렇다. 이를 위해서는, 마치 루소가 사회 이전에 먼저 인민의 형성을 요구했듯, 계급이 우선 만들어져야 했다.

문제는 계급 형성이 과연 자발적인지 혹은 모종의 지도를 따른 결과인지가 모호하다는 점이다. 19세기 노동계급의 정치적 투쟁에는 전위당에 대한 요구가 있었는데, 이는 인민이든 대중이든 능동적인 주체가 되는 것은 오직 그들이 '올바르게' 지도될 때뿐이라는 신념을 반영한다. 극단적으로 말해 "섶을 지고 불 속으로 뛰어들라"고 명령을 내려도 그렇게 실행하겠다는 믿음, 그러한 결정이 틀리지 않다는 '정치적' 신념이 필요하다. 요컨대 전위당의 '정치적 올바름'에 대한 강력한 신뢰가 전제되지 않을 수 없다. 하지만 '올바름'에 대한 기준을 대체 누가 확증

---

45) 맑스·엥겔스, 「독일 이데올로기」, 215쪽.
46) 이진경, 「계급과 비-계급의 계급투쟁」, 252~253쪽.

할 수 있단 말인가? 더구나 소수의 전위가 '올바름'을 독점하고 민중에게 강요할 때 민중은 다시금 정치의 객체에 머물게 되지 않을까? 계급이론의 현실적 요청들에도 불구하고, 역사 속에서 계급은 민중을 온전히 길어 내기보다 그 일부를 특수한 관점에서 포착하고 묶어 냈던 제한적인 규정이지 않을 수 없었다.

3. 민중, 변형과 이행의 존재론

근대를 떠받치던 동력을 체계에 대한 욕망이라 규정할 때, 세계 내의 모든 것들은 코기토의 도마 위에 분해되지 않을 수 없다. 민중 역시 예외가 아니다. 앞서 살펴본 인민과 대중, 계급은 민중을 포착하고 사유하기 위한 개념적 장치들이었다. 그 중 어느 하나만으로, 혹은 그것들의 단순한 조합으로 민중을 완전히 개념화할 수 없다는 한계는 필연적이다. 어느 경우든 주체와 객체의 이분법이 작동하여 민중을 후자로 부차화함으로써 본래적인 역량을 박탈해 버리기 때문이다. 인민·대중·계급의 정의에 따를 때, 민중은 권력과 자본, 지식에 의존적인 존재로, 그것들이 정해 주는 대로 정체성을 부여받고 그 정체성의 경계 내에 갇혀 버리는 수동적 대상이 된다. 명명에 갇힌 실재, 규정에 포박된 힘이라는 역설 속에 민중이 유폐되는 것이다.

바흐친이 상상하는 민중은 정체성의 정치학을 벗어나 있다. 민중은 어떤 규범적인 정의나 한계적 이념으로 설정되지 않을뿐더러 가치의 위계에 결박되지도 않는다. 권력이든 돈이든 이데올로기든 민중을 특정한 굴레에 가두고 폭력을 가해 훈육할 수 있을지는 몰라도 완전히 속박할 수는 없다. 지배질서는 인민, 대중, 계급으로 이름으로 민중에 특정한 외양을 부여하고 형태를 틀 지으려 하지만, 민중은 본질적으로 명확한 형태화를 거부한 채 커다란 덩어리로서만 존재한다. 또한 정해진 형태 없이 덩어리진 집합체라는 대중의 어의가 보여 주듯, 정형성을 거부하고 고정된 격자를 범람하는 방식으로 움직이는 게 민중의 삶의 방식인 것이다. 이는 중세로부터 근대까지 면면히 이어지던 카니발에서 역력히 확인되는데, 괴테의 이탈리아 기행을 인용하며 바흐친은 일상 속의 개인들이 카니발이라는 시간의 축제에서 어떻게 민중이라는 집단과 일체화되는지 생생하게 서술하고 있다.

> 개인은 자신이 집단에서 분리될 수 없는 부분임을, 민중의 거대한 신체의 한 기관임을 느낀다. 이러한 전체 속에서 개인의 몸은 얼마간 개별적이기를 멈춘다. 서로서로 신체를 바꿀 수 있으며, 새로워질 수 있는 것이다(의상이나 가면으로). 동시에 민중은 자신들의 구체적이며 감각적인 물질·신체적 통일성과 공동성을 느낀다.[47] [······] 이와 관련하여 괴테는 [『이탈리아 기행』에서—인용자] 민중이 원형극장을 통해 얻는 특별한 자기의식에 대하여 매우 흥미로운 견해를 펼쳤다. 즉, 원형극장 덕분에 민중은 눈에 보이는 구체적·감각적 형태로 자신들의 커다란 몸과 통일성을 느꼈다는 것이다. "[······] 질서도 없고 특별한 규율도 없이 혼란스럽게 이리저리 돌아다니는 것을 평소에 익히 보아왔기 때문에, 수많은 머리와 가슴을 지니고 흔들거리며 이리저리 왔다갔

---

47) 한국어로 번역된 '통일성'과 '공동성'의 원어는 'edinstvo'와 'obshchnost'로서 '단일성'과 '공통성' 혹은 '보편성' 등으로 옮길 수 있다. 이 단어들의 함의는 각별하다. 청년 바흐친이 문화 세계의 통일성을 거부하고 사건적 유일성(edinstvennost')을 주창했을 때, 문화의 통일성에서 그가 보고 거부했던 것은 문화의 생성없는 체계주의였다. 이제 『라블레론』에서 바흐친은 민중문화의 통일성, 또는 단일성을 주장하는데, 이는 근대문화의 비생성적 체계성과는 본질적으로 다른 것이다.

다 하는 이 괴물 같은 존재는 자신이 하나의 축복받은 신체 속에 통일되고 하나의 단위로 설정되어 '통일된' 정신으로 살아 움직이는 '통일적인' 형상으로서 하나의 집단으로 연결되고 결합되었음을 발견한 것이다." [……] 그리하여 민중은 자신들의 통일성을 정적인 이미지'eine Gestalt'로 느낀 것이 아니라, 자신들의 생성과 성장이 단절되지 않는 그러한 통일성을 느꼈던 것이다.[48]

이와 같이 근대 정치권력과 자본이 가장 경계해 마지않고 두려워하던 민중의 부정적 특질들은 바흐친에 의해 가장 긍정적이고 적극적인 사유의 첨점으로 표명되고 있다.

데카르트의 코기토가 대표하는 명석판명한 구별은 체계화와 더불어 근대적 사유의 본질적 특성이다.[49] 동양인지 서양인지, 좌인지 우인지, 검은 것인지 하얀 것인지, 이것인지 저것인지를 나누고 확고히 분리할 수 있을 때 근대 정신은 유용성과 질서를 발견했으며, 그것을 미美라고 불렀다.[50] 민중 역시 마찬가지인바, 목적 없고 형태 없이 유동하는 집단은 '어리석고' '난폭한' '괴물', 근대성의 타자로 설정되었으며 어떻게든 국가와 자본의 요구에 맞게 재단되어야 한다고 강요받았다. 인민, 대중, 계급 등은 그러한 범주화에 붙여진 이름이었고, 민중을 질서정연한 체계에 순응시키고 결박시키려던 포획 장치들인 셈이다. 이러한 근대적 개념 장치들의 관점에서 민중의 근본적인 비규정성과 모호한 양가성은 타파되고 제거되어야 할 악덕이지만, 민중의 삶이라는 관점에서

---

48) 바흐친, 『라블레론』, 396~397쪽.
49) 강영안, 『주체는 죽었는가』, 문예출판사, 1996, 제2장.
50) 그로테스크를 거부하는 근대 미학에 대한 비판을 보라(바흐친, 『라블레론』, 61~62쪽).

는 그런 애매성들이야말로 민중으로 하여금 그 어떤 개념이나 범주로도 환원되지 않고 자신 자체로 살아갈 수 있게 해주는 본래적인 존재 양식이라 할 수 있다. 물론 그 양식은 언제나 정체성의 함의를 미끄러져 빠져나간다는 점에서 오히려 역설적이다. 바흐친이 소설에 대해 내린 저 유명한 정의에 나타나듯 민중은 언제나 자기 자신이 되지 않을 권리, 자기 자신으로 남지 않을 수 있는 능력의 주체로만 규정된다.[51] 항상 하나의 상태에서 다른 상태로 이행하는 존재인 민중을 이행의 존재론이라는 틀을 통해 파악해야 하는 것은 필연적이다.

민중을 개념적으로 포착하고 장악하려는 의지, 훈련시켜 통제하려는 역사상의 시도들이 언제나 곤경에 처하고 실패하는 이유는 그 이론이나 방법의 오류 때문이 아니라, 민중 자체의 본래 면목으로서 이와 같은 모호함, 즉 양가성을 이해하지 못했기 때문이다.[52] 예를 들어, 천편일률적으로 교복을 입히고, 잘하면 상 주고 못하면 벌 주는 식으로 아이들을 틀어쥐려 해도 끝끝내 통제를 벗어나는 아이들이 생기고 부모나 교사들이 생각지 않은 (반드시 '나쁜' 것만은 아닌) 결과가 벌어지는 것도 어른의 생각(판단·예측)과는 근본적으로 다른 아이들의 능력, 곧 상상력(변환적 수행력) 때문이 아닌가? 아이들의 상상력을 제압하고 억제할 때 아이들은 어른은 될 수 있겠으나 그들의 상상력은 빈곤해지고 결국 거세될 것이다. 반대로 아이들의 상상력을 뒤따를 때 질서정연한 통제력은 상실되겠지만, 아이들의 상상력은 어른의 사고의 한계를 훌쩍 넘

---

51) 미하일 바흐친, 「소설 속의 시간과 크로노토프의 형식: 역사시학에 관한 논고」, 『장편소설과 민중언어』, 356쪽.
52) 양가성은 『라블레론』에서 거명된 민중의 본래적인 존재 양식이다. 즉, 민중은 단일한 정의에 규정되지 않는 다면성과 다가치성으로 특징 지어지며, 이러한 면모야말로 민중적 "생성의 긍정적이며 부정적인 양극성"을 잘 표현한다(바흐친, 『라블레론』, 233쪽).

어선다. 요점은, 아이는 미성숙한 대상이기 때문에 아무것도 모른다거나 가르치지 않으면 망쳐 버릴 것이란 선입견이 결코 진리가 아니란 사실을 아는 데 있다. 그런 선입견은 어른은 이미 완성된 존재며 언제나 옳고 확실하다는 전제 위에 성립해 있다.[53]

이것을 어린이 예찬론과 혼동해서는 안 된다. 아이다움의 선험성이 문제가 아니라, 아이적인 상상력, 범주화되고 규범적으로 재단된 어른의 상상력과는 '다른 능력'으로서의 상상력이 문제다. 어른의 사고가 미래의 다양한 가능성들을 몇 개의 범주로 압축시켜 버리고 그것만을 반복하려 든다면, 아이들의 상상력은 예측 가능한 범위들을 뛰어넘는 '다른' 것, '새로운' 것들을 생산해 낼 줄 아는 힘이다. 어른과 아이의 비유가 지닌 한계가 없지 않음에도 불구하고, 민중을 아이에 비유하는 까닭은 바로 이 통제의 '외부', 판단과 예측의 '너머'에 있는 '생산하는 상상력'을 지적하기 위해서다. 이미 존재하고 있는 것, 가능하다고 판단·예측되는 것을 재생산하는 게 아니라, 지금-여기 있지 않은 것을 만들어 내는 힘이야말로 민중의 능력puissance인 것이다.[54] 근대성의 여러 장치들, 과학과 정치, 문화 체계가 민중을 장악하는 데 늘 실패하는 진짜 이유는 바로 이 상상력의 힘, 생산하는 힘을 포착하지 못했던 까닭이 아닐까? 역설적이게도, 그 힘을 파악하고 인정할 때 민중은 영원히 붙잡을 수 없는 저편으로 건너뛰어 버리는 것은 아닐까?

53) 생성의 어린아이다움, 어린아이 같은 생성의 본성에 대해서는 바흐친, 『라블레론』, 228쪽을 참조하라. 핀스키를 참조하며 바흐친이 언급하듯, 그것은 길을 지나가는 행인들에게 진흙을 튀기며 노는 천진난만한 아이의 본성과 같은 것으로서, 모욕 없는 부정이자 탄생을 위한 부정, 삶을 위한 죽음과 같은 극단적인 양가성을 통해 구현되는 생성의 본래 면목이다.
54) 부정이나 퇴락 없는 생성으로서의 능력은 들뢰즈가 스피노자의 생성 개념을 설명할 때 도입하는 언어다(들뢰즈, 『스피노자의 철학』, 148~150쪽). 우리는 바흐친에게도 동일한 맥락에서 생성의 능력을 말할 수 있을 것이다.

4. 경계 없는 탈주와 위반의 정치학

질문의 형식은 자신의 답을 은밀하게 예정한다. '무엇'what이라는 질문이 사물이나 사태의 본질에 대한 답안을 기획하는 경우가 대표적이다. 그런 의미에서 "무엇인가?"라는 식의 물음은 변화하고 불확정적인, 양가적인 사태나 사물을 탐구할 때는 적합하지 않다.[55] 차라리 질문은 '어떤'which이란 형식으로 던져져야 하며 민중 역시 이러한 질문에만 비로소 응답될 수 있다. 민중이란 대체 어떤 존재인가?

민중은 낱낱의 개인들로는 별다른 의미를 지니지 않는다. 민중은 집합체로서만 의미를 가지며 현실의 역동을 발산해 낸다. 바흐친에 의하면 민중은 "[권력과 자본에 따른 사회와는 다르게—인용자] 민중의 방식으로 조직화된 전체"로서의 집단이다.[56] 개인이 소중하지 않다거나 무의미하다는 뜻이 아니다. 개인이 갖는 의미도 있고, 개인의 삶이 담지한 가치도 있다. 하지만 우리가 민중에 관해 말할 때 핵심은 개인의 의사를 넘어서고 과학과 정치가 지도하는 훈련·통제의 범위를 뛰어넘는 예측 불가능성, 그 '너머'의 상상력에 놓인다. 예컨대 2002년 월드컵에서 표출되었던 집단적 감성의 흐름, 2008년 광우병 촛불집회에서 나타났던 집합적인 의지의 표현은 분명 개인의 것도 아니고 사전에 기획되고 의도된 정치적 강령의 실행도 아니었다.[57] 민중은 그 외양이 불분명하고 시작과 끝도 불명료한 경우가 많지만, 어느 순간 불쑥 튀어나왔다가 어디론가 사라지는 방식으로 자신의 힘을 표현한다. 민중을 확인할

---

55) 질 들뢰즈, 『니체와 철학』, 이경신 옮김, 민음사, 1998, 143~147쪽.
56) 바흐친, 『라블레론』, 396쪽.
57) 조정환, 『미네르바의 촛불』, 갈무리, 2009, 111~117쪽.

수 있는 것은 어떤 정교한 개념적 장치를 통해서가 아니라 민중이 현실 속에 남기고 간, 그러나 지금-여기서 그 효과를 발생시키고 있는 '흔적'을 통해서다. 마치 작은 고기들이 떼로 모여들어 커다란 물고기의 형상을 만듦으로써 자신들을 잡아먹으려는 큰 물고기를 쫓아내는 만화가 시사하듯, 민중은 그 집합성을 통해서만 자신의 모습과 힘을 드러낸다.

바흐친은 인류 문화가 생산해 온 수많은 작품들에서 민중이 남긴 흔적, 혹은 민중의 이미지가 새겨진 조각들을 찾아냈다.[58] 아이러니컬하게도 거기서 민중은 장엄하고 아름다운, 고귀한 표정을 짓지 않는다. 집합체로서 민중의 표정은 통상적인 인지의 차원을 넘어서 식별 불가능한 이미지로 나타난다. 동물과 식물, 인간과 비인간, 생물과 무생물을 뒤섞고 연결하여 조성해 낸 그로테스크 이미지가 그것이다. 거기서 민중은 '이것도 저것도 아닌' 정체불명의 상태, 이름 붙이기 어려운 덩어리로 나타난다. 확정된 형태를 갖지 않기에 모호하고 불안스러우며 불온해 보이기까지 하는 그로테스크 이미지의 힘은 그것이 형태에서 형태로의 이행성에 있음을 바흐친은 정확히 간파했다. 그리고 이러한 이행 능력이 바로 민중의 본원적 역량이라는 것이다. 변형 중인 집합체로서의 민중이 특정한 개별적 대상으로 드러날 때, 역으로 우리의 기대와 소망은 깨지고 만다. 우리가 흔히 경멸하고 천시하는 모습이 거기 담겨 있기 때문이다. 악당과 광대, 바보 혹은 도둑의 이미지가 그것이다.[59] 전

---

58) 바흐친, 『도스또예프스끼 시학의 제문제』, 제4장. 1963년 개정판에 추가된 이 책의 제4장은 『라블레론』과의 관련성을 강하게 보여 주는데, 여기서 바흐친은 문학의 역사 전체를 민중적 생성의 흐름이라는 관점에서 재음미하고 있다.

59) 바흐친이 『라블레론』에서 드러낸 민중의 이미지는 주로 『가르강튀아』와 『팡타그뤼엘』의 등장인물들로 구현된다. 이 소설의 부자(父子) 왕이나 수도사, 파뉘르주 등은 고유명사를 지닌 민중, 개별화되어 특정되는 민중들 각자다. 하지만 그들의 본성은 지금부터 거론되는 악당과 광대, 바보, 도둑 등에 맞닿아 있음을 지적하지 않을 수 없다. 악당·광대·바보·도둑은 민중적 힘이 구체화되

체로서의 민중은 얼굴이 없지만, 개별화될 때 구체화되는 민중의 표정은 시시하고 하찮아 보인다.

품위 있고 고결한 기사, 조국과 민족을 구원하는 영웅, 자신을 희생하여 남을 보살피는 성자, 지혜롭고 청빈한 현자. 신화와 예술 속에 위대하고 위엄에 찬 영웅적 이미지들이 수없이 많음에도 불구하고, 왜 민중은 악당과 광대, 바보, 도둑의 이미지를 통해 자신을 표현하는가? 삶과 문화 전체, 역사를 추동하는 본원적인 힘으로서 당당히 호명되는 민중을 과연 이토록 저급하고 비천한 존재들이 가로챌 수 있을까? 질문을 천천히 다시 음미해 보자. 민중은 어떤 존재인가? 단언컨대 민중은 추상기계다.[60] 그것은 비가시적일 뿐만 아니라 특정할 수 없는 전체로서의 흐름이다. 분해되지 않는 것을 억지로 분해시켜 보면 그 양상은 초라하거나 어딘지 부족하고 불충분하며, 미적이지 않을 것이다. 하나하나 낱낱이 뜯어본 민중이 비천하고 어리석어 보이는 것은 당연한 노릇이다. 하지만 장삼이사張三李四나 필부필부匹夫匹婦야말로 "더도 말고 덜도 말" 민중의 '민낯'이요, 진실이다.

2008년 경제위기 때 인터넷상에서 국가 경제의 현황을 예리하게

기 위한 하나의 이념형(ideal type), 그 힘의 원천이라 할 만하다. 바흐친은 「소설 속의 시간과 크로노토프의 형식」(1937~1938)에서 악당·광대·바보의 세 유형을 민중-이미지의 주요 전거로 간략하게 거론했다(바흐친, 『장편소설과 민중언어』, 350~360쪽). 이 세 유형에 도둑을 덧붙여 민중-이미지를 개념화하는 게 이 절의 목표다. 정태적이고 추상적인 철학의 개념어를 대신하여 들뢰즈와 가타리는 '개념적 인물'을 제안하는데, 그것은 구체적으로 생동하고 변화하는 사유의 운동, 그 흐름을 포착하기 위한 것이다(질 들뢰즈·펠릭스 가타리, 『철학이란 무엇인가』, 이정임 외 옮김, 현대미학사, 1995, 95~96쪽).

60) 추상기계란 모든 가변적인 형상과 형태/형식을 종합하는 구성 작용을 가리키기 위해 들뢰즈와 가타리가 제안한 개념이다. 추상화가 대개 사물들의 공통성을 추려 '뼈만 남기는' 빈곤한 사유라면, 추상기계는 공통성과 더불어 차이들도 끌어모아 거대한 종합을 달성하는 사유다. 당연히 그 종합의 외양은 '정상'의 범주를 넘어서는 '괴물적인 것'에 가까울 수밖에 없다. 바흐친의 민중은 이 두번째 추상에 근접한 이미지다(들뢰즈·가타리, 『천의 고원』, 15장).

분석하고 금융위기를 예견하여 모두를 놀라게 한 '미네르바 사건'을 예로 들어 보자. 유명 대학 출신의 외국 유학을 다녀온 박사, 수십 년 경력의 노련한 증권가의 거물, 재경 관련 고위급 공무원 등으로 추측이 무성하던 인터넷 영웅 미네르바가 30대 초반의 '전문대 졸업 백수'로 밝혀졌을 때, 많은 사람들은 그의 정체에 대해 의혹을 감추지 못했다. 반신반의하며 뉴스의 신빙성을 의심하는 비난들이 터져 나왔다. "그럴 리가 없다. 우리의 영웅이 그렇게 초라할 리가 없다. 진짜 미네르바를 내놓아라!" 우리 자신과 다를 바 없는 '별 볼 일 없는' 미네르바의 외관은 모두를 당혹스럽게 만들었다. 인터넷이라는 익명의 네트워크에서 강력한 위력을 발휘하던 대중의 영웅도 개인의 모습으로는 평범하기 그지없는 외양을 드러냈고, 그를 둘러싼 신화적 이미지들은 한순간에 몽땅 물거품이 되고 말았다. 하지만 그렇다고 미네르바를 통해 야기되고 수많은 누리꾼들을 감응시킨 그 효과가 실재하지 않는 것이었을까?

흔적으로부터 발원한 효과에 불과할지언정 사람들을 촉발시키고 움직이게 했던 그 힘의 실존은 부정될 수 없다. 그것은 이미지의 위력이다. 이미지는 실체가 아니다. 흡사 유령과도 같은 효과를 통해 작동하는 이미지. 우리는 이를 실재적 이미지라 부를 수 있으며, 그것은 현실 속에 틈입하고 작용함으로써 그 현존을 증거한다.[61] 민중, 곧 악당과 광

---

61) 유감스럽게도 우리는 바흐친의 이미지 이론에 대해 더 파고들 여력이 없다. 하지만 이미지는 바흐친의 사유에서 더할 나위 없이 중요한 자리를 차지한다. 무엇보다도 바흐친은 현실과 관계 맺는 우리 사유의 조각들이 모두 이미지로 이루어져 있으며, 그때 이미지는 현실로 완전히 환원되지 않는 그 자체의 힘을 보유하고 있다고 천명한다. 예컨대 언어를 질료로 삼아 대상을 묘사하는 소설조차 실상은 언어적 이미지(obraz jazyka)에 기대어 그것을 구성하는 작업이다(바흐친, 「소설 속의 말」, 154쪽 이하). 텍스트가 제아무리 정교하게 현실의 요소들(인간과 사물)을 재현하고자 해도 이미지의 도움이 없다면 불가능하며, 텍스트는 궁극적으로 문자화된 이미지이다. 현실과 텍스트의 '사실적' 반영 관계에 천착하는 리얼리즘론은 이로 인해 효력을 상실해 버린다. 당연히, 언어와 이미지 사이의 본질주의적 경쟁은 성립하지 않는다. 이미지가 언어로 환원되지 않듯, 언어

대, 바보, 도둑의 이미지 역시 그에 다르지 않다. 이 이름들에 통념적으로 달라붙는 도덕의 무게를 내려놓는다면, 그들은 민중의 얼굴에 정확히 겹쳐진다. 도대체 바흐친은 그들의 어떤 특성에서 민중의 이미지를, 그 힘-능력을 보았던 것일까? 주술처럼 그들을 불러냈으나 어떤 실체의 외양을 부여하진 않았다. 이론의 틀에 따라 주조될 때 이들의 형상은 금세 박제처럼 고형화될 것이며 금박이 입혀지거나 '똥칠'을 당할 수도 있을 것이다. 텍스트 없는 이미지로서 악당과 광대, 바보 및 도둑의 형상은 우리 앞에 던져져 있을 뿐이다.[62]

캐물을 것도 없이, 악당, 광대, 바보, 도둑은 전혀 새로운 이미지가 아니다. 오히려 이들은 고전고대와 동양의 먼 역사로부터 지속적으로 등장해 왔고, 그래서 역사의 시추를 아무리 깊이 내려 보낸다 해도 이들 이미지의 기원에는 도달할 수 없을지 모른다. 계급 구조 이전의 민속적 심연으로부터 태어났을 그들의 이미지는 실증적 증명의 대상이 아니다.[63] 발생이나 기원의 시간적 좌표가 아니라 현실 가운데 수행하는 기능이 관건이다. 민중 이미지의 기능에 대한 강조는 일차적으로 근대 소설사의 변전을 이해하기 위한 전제로 언급되지만, 동시에 그것은 생성의 존재론을 사유하기 위한 발판으로 새겨져야 한다. 생성이란 도대체

도 이미지로 환원되지 않는다. 하지만 그로테스크가 보여 주는 것처럼 이미지는 언어보다 힘의 역동을 보여 주는 데 보다 유리한 매체일 수는 있다.

62) 도둑은 바흐친이 민중의 이미지로 직접적으로 거명하지 않은 유형이다. 그러나 명확히 설정된 소유의 경계선을 교란시키고 전복을 꾀한다는 점에서 도둑은 민중-위반자의 다른 유형들과 다르지 않다. 특히, 도둑이 훔치는 것이 사물로서의 재화가 아니라 욕망이자 무의식이 될 때 그 의미는 더욱 배가된다. 들뢰즈와 가타리가 역설하듯, 욕망은 본래 나와 타자의 구분이 없으며 언제나 결합하고 증식하는 방식으로 존재하는 힘일 뿐이다. 따라서 그들에게 욕망의 분석은 곧 민중에 대한 분석을 뜻한다. "욕망은 도둑질과 선물만 안다"(들뢰즈·가타리, 『안티 오이디푸스』, 321쪽; 『천의 고원』, 제1권, 제1장 참조).

63) 바흐친, 「소설 속의 시간과 크로노토프의 형식」, 351쪽.

무엇인가? 이것이 민중의 이미지를 고찰하기 위해 방기될 수 없는 첫번째 질문이다.

(1) 악당: 나는 위반한다, 그러므로 존재한다

악당plut; rogue은 카드놀이 등에서 '속이다'plutovat'라는 동사에서 유래했다. '사기꾼'이나 '협잡꾼'이란 뉘앙스에 더 가까운 이 단어는 정해진 것과는 '다른' 카드를 내밀어서 정상적인 게임의 룰을 교란시키거나 깨뜨리는 사람을 가리킨다. 그는 한편으로 외면적이고 공적인 질서를 위반하지만, 다른 한편으로는 양심이나 선의와 같은 내면적인 도덕률조차 무시하고 넘어서 버린다. 오히려 그것을 즐기는 듯한 도착적인 쾌락에 휩싸여 있는 악당에 대해 사회는 경계심과 적의를 감추지 않는데, 그로 인해 공인된 일상의 '정상성'이 침해받기 때문이다. 악당에게는 일반적인 선과 악의 이분법이 적용되지 않는다. 이들에게는 정해진 기준이나 척도, 법이 없다. 무법無法의 존재, 혹은 스스로 법을 정하고 자기가 정한 법마저 지키지 않는 카오스의 화신. 우리가 악당을 '악'하다고 부르는 것은 우리가 '선'에 가까이 있기 때문일까?

선과 악의 통념에 도전한다는 악당의 기능이야말로 우리의 관심사다. 감히 반박할 여지도 없이 절대적인 것으로서 온존하는 규범과 규칙, 질서의 경계선을 돌파하는 것, 문화와 법의 한도에 구속되지 않는 자유로움이 악당의 기능이다. 이렇게 가치 척도에 대한 전복을 꾀한다는 의미에서 악당의 자유는 니체적 초인과 비견될 만하다. 그래서 사회적 범죄자나 히틀러와 스탈린 같은 역사적 독재자와 악당을 섣불리 동일시하는 것은 적절하지 않다. 자기비판이 없는, 사회적인 통념과 규정에 갇힌 악당은 진정한 자유의 고지에 도달하지 못했기 때문이다. 넘어서고 정립하는, 그리고 다시 넘어서는 운동, 실상 이러한 자유는 발견하고 획득하는 것이 아니라 창안하는 능력에 달려 있다. '악'이라는 척도조차 넘어서지 못한다면 악당은 악당의 범주 일반에 갇혀 버릴 것이다. 자기 비판으로서의 경계 이월, 그것은 자신의 정체성마저 파괴하고 뛰어넘는 행위 속에 현시된다. 여기엔 '목숨을 건 도약'이 없을 수 없다.[64]

「루가의 복음서」 제10장에서 언급되는 '선한 사마리아인'의 사례를 돌아보자. 알다시피 이는 민족 간의 적개심이 극심하여 위기에 처한 타민족을 죽게 내버려 두더라도 하등 죄가 되지 않는 시대의 이야기다. 선과 악의 경계는 이미 정해져 있고, 각 개인은 그렇게 결정된 경계의 이쪽 편이나 저쪽 편에서 정해진 규칙대로 살아가는 게 자신의 '선'이 되는 시대였다. 때문에 타민족을 돕는 것은 '우리' 민족에 대한 반역이자 '나' 자신에 대한 배반에 해당되었기에 죽음의 대가를 치를 각오가 필요한 일이었다.

예수가 살던 시대에 유대인들과 사마리아인들은 견원지간犬猿之間이었다. 두 민족 간의 불신과 증오가 극에 달해 서로 말을 섞고 유대를 맺는다는 것은 상상하기 어려운 일이었다. 남몰래 죽고 죽이는 일이 빈번했고, 곤경에 처한 상대를 보고도 그냥 지나가는 것이 오히려 정당한 일이 될 정도였다. 개인적 감정이나 경험이야 어떻든, '우리' 아닌 '저들'과 관계 맺어서는 안 된다는 자기 민족의 율법만이 유일하고도 무조건적인 삶의 조건이었던 것이다. 이제 어느 율법학자가 예수에게 묻는다. 어떻게 해야 영원한 생명을 얻을 수 있겠느냐고. 예수의 답변은 간단하

---

64) 칼 맑스, 『헤겔 법철학 비판』, 강유원 옮김, 이론과실천, 2011, 22쪽. 자신의 전 존재를 건 도약은 타자의 해방인 동시에 자신의 해방을 위한 유일한 방법이다. 가라타니 고진은 바흐친(대화)과 맑스(사회적 과정)를 연결시키며 이를 강조하고 있다(고진, 『탐구 1』, 25~26쪽).

다. "네 마음을 다하고, 네 목숨을 다하고, 네 힘을 다하고, 네 생각을 다하여 하느님을 사랑하라. 그리고 네 이웃을 네 몸같이 사랑하라." 경전을 연구하는 율법학자에게 신에 대한 사랑은 납득할 만해도, 이웃에 대한 사랑은 몹시 의심스러웠던 듯싶다. 그래서 율법학자는 누가 자기의 이웃인지 다시 묻는다. 예수는 즉답을 내리는 대신 이런 이야기를 들려준다.

> 어떤 사람이 예루살렘에서 예리고로 내려가다가 강도들을 만났다. 강도들은 그 사람이 가진 것을 모조리 빼앗고 마구 두들겨서 반쯤 죽여 놓고 갔다. 마침 한 사제가 바로 그 길로 내려가다가 그 사람을 보고는 피해서 지나가 버렸다. 또 레위 사람도 거기까지 왔다가 그 사람을 보고 피해서 지나가 버렸다. 그런데 길을 가던 어떤 사마리아 사람은 그의 옆을 지나다가 그를 보고는 가엾은 마음이 들어 가까이 가서 상처에 기름과 포도주를 붓고 싸매어 주고는 자기 나귀에 태워 여관으로 데려가서 간호해 주었다. 다음날 자기 주머니에서 돈 두 데나리온을 꺼내어 여관 주인에게 주면서 "저 사람을 잘 돌보아 주시오. 비용이 더 들면 돌아오는 길에 갚아드리겠소." 하며 부탁하고 떠났다.[65]

그리고 예수는 덧붙여 말하길 "자, 그러면 이 세 사람 중에서 강도를 만난 사람의 이웃이 되어준 사람은 누구였다고 생각하느냐?" 죽음의 위기에 처한 사람을 사제와 레위인이 망설임 없이 지나쳤던 것은 그들이 유대인, 혹은 다친 사람과 무관하다고 생각했던 탓이다. 우연히 곁

---

65) 대한성서공회 성경 편집팀 엮음, 「루가의 복음서」, 『공동번역 성서』, 제10장 30~35절.

을 지나던 사마리아인은 민족적으로 유대인과 적대적이었을 뿐만 아니라 구태여 그를 도와 자신을 곤란하게 만들 이유가 없었다. 하지만 사마리아인은 유대인을 구조했을 뿐만 아니라 그가 살아남을 수 있는 조치까지 취하고 떠났다. 또 다른 사마리아인이 그 광경을 보았더라면, 혹은 심지어 유대인이 그 장면을 보았더라도 사태는 심각하게 번졌을지 모를 일이다. 그럼에도 불구하고 이 사마리아인은 모종의 '도약'을 감행했다. 그것은 자신의 집단적이고 개별적인 실존의 정체성을 넘어서는 일이면서, 동시에 타민족인 유대인과 '이웃'을 형성하는 모험이 아닐 수 없었다. 이야기를 마치고 율법학자에게 던진 예수의 반문은 이러한 이웃-되기의 사건에 관한 응답이 아니었을까?

통상적인 사회윤리의 실천으로서, 또는 종교적 계율의 예화로서 이 일화를 서술한 것은 아니다. 그 경우 우리를 사로잡는 감동은 다만 행위의 가시적 결과일 뿐, 그 원인에 대한 앎에서 기인한 게 아니다. 사람을 살린 이야기 이전에 자기를 죽음에 던져 넣은 극한의 도전이 있다. 어쩌면 이 이야기는 '선한 사마리아인 이야기'가 아니라 '어떤 누구의 경우(사건)'라 불러야 옳을지 모른다. 그가 실제로 선하디 선한 목자였을지, 아니면 지나가던 길에 우연한 측은지심으로 구조를 행하였는지는 아무도 모른다. 중요한 것은 그를 그렇게 행동하도록 촉발했던 원인, 그로 인해 격발된 행위와 그것이 초래한 도약의 의미일 것이다. 자기 삶의 안정적이고 규범적인 경계를 넘어섬으로써 그는 사마리아인도 유대인도 아닌 자가 되었으며, 선과 악의 경계조차 뛰어넘고 말았다. '악당'이 된 것이고, 그 악당은 특정한 경우 누군가의 '이웃'이 된다.

'이웃'은 어떤 민족적 구분에도 속하지 않고, 도덕적 가치 판단의 한쪽 항목으로 환원되지 않는다. 이웃은 이웃의 이웃, 즉 타자의 타자로서 기능할 뿐이다. 동시대의 선과 악의 기준에 따라 사는 사람들, 가령 예수에게 질문하는 율법학자에게 이러한 애매모호한 정체성을 지닌 자는 악당에 다름 아니다. 이민족이기에, 그리고 자민족의 이익에 배치되는 행위를 했기에, 무엇보다도 자기를 보존해야 한다는 본능적인 요구에도 응하지 않았기 때문이다. 하지만 이렇게 악당이 됨으로써 오히려 그는 이름을 남기지 않는, 모든 경계의 너머에 자리한 어떤 자유의 고원에 도달한 게 아닐까? 그와 같은 악당-되기, 또는 이웃-되기의 원천에 민중이 있다.

(2) 광대: 내 웃음은 무게 없는 진실이리니

그럼 광대shut; clown는 어떨까? 우리는 남을 웃기는 일에 종사하는 자를 광대라 부른다. 제정신이라면 누구도 하지 않을 우스꽝스런 차림새를 하고, 정상적 기준을 초과하는 행동과 말을 일삼는 자가 광대다. 언제나 웃음보를 터뜨릴 준비가 되어 있고 남의 이목에 구애받지 않으며 어떤 행동이든 서슴지 않고 행하는 광대. 사회적 관습과 테두리, 예의범절 등을 요리조리 빠져나가 사물과 사태에 관해 마음껏 말할 수 있는 자가 또한 광대 아닌가? 그에겐 모든 것이 예외이기에 예외가 곧 정상이고 정상이 곧 예외인, 한마디로 '거꾸로 된 삶'을 살아가는 존재라 부를 만하다.

재미있는 점은 광대의 이 거꾸로 된 삶은 그가 광대이기에 가능하다는 사실이다. 즉 광대의 예외성이란 바로 광대 그 자신의 정의이기도 하다는 뜻이다. 일상인들은 감히 할 수 없고 또 하려고도 들지 않는 농담과 우스개를 광대는 태연히 감행한다. 광대인 까닭에 그가 내뱉는 모든 말들은 그것이 아무리 날카롭고 이상하더라도, 모욕적이고 분노를 치밀어 오르게 한다 해도 곧 농담으로 치부되곤 한다. 광대의 진실은

'농담'이므로 용서받을 수 있는 것이다. 하지만 우리는 또한 광대의 익살 속에 뒤섞인 삶의 진실과 사물의 진리를 곧 알아챌 수 있다. 배꼽 빠지게 우스꽝스러운 농담, 무례하고 어리석게만 느껴지는 우스개 몇 마디가 때론 뼈아픈, 때론 눈물 어린 우리 삶의 본래 면목을 가리키는 까닭이다. 바로 그래서 우리는 사회적 관습과 의례, 규범의 테두리에 아슬아슬하게 걸쳐 있는 광대의 말에 더욱 귀기울이게 되는 걸지도 모른다.

역사적으로 볼 때 광대는 봉건시대에 권력자를 즐겁게 하기 위해 자주 동원되었던 역할이었다. 광대만이 왕과 나란히 앉아 우스개를 주고받았고, 왕의 결점을 들추며 비웃을 수 있었던 것이다. 광대의 말과 웃음은 무게가 없는 진실이기에 한편으로 '미친 바보 같은 헛소리'지만 다른 한편으로 '쓰디쓰지만 부인할 수 없는 진실'을 대변한다. 만일 광대의 놀림을 진심으로 받아들이고 분노한다면, 그건 도리어 광대의 우스개가 사실임을 인정하고, 그럼으로써 권력자의 체면을 스스로 깎아먹는 게 될 것이다. 가장 비천하고 멸시받는 신분인 광대는 실상 모든 진지하고 엄숙한 지위와 신분을 마구잡이로 뒤집어 엎어 버리는 '파괴의 대왕'인 셈이다. 광대는 과연 바보인가 현인인가, 혹은 광인인가?

셰익스피어의 위대한 비극 『리어왕』은 광대의 이런 경계적인 존재 양식을 잘 보여 준다. 번잡한 왕의 직무를 내려놓고 한가로운 노년을 즐기려던 리어는 세 딸에게 자신에 대한 사랑을 표현해 보라고 요구한다. 가장 아끼던 코델리아가 예상 외로 신통찮은 답변을 하자 분노한 리어는 그녀를 쫓아내고, 고네릴과 리건에게 재산을 모두 물려주지만 배신당한다. 분노와 슬픔, 절망에 빠진 그는 세상을 주유하는 처지에 놓이는데, 그런 리어를 줄곧 따라다닌 이가 광대였다.

리어는 정말로 이해할 수가 없다. 권세와 영토를 물려받기 전까지 그토록 살갑게 굴던 딸들이 왜 갑자기 매정해진 것일까? 무엇이 진실일까? 혼란스러워하는 그에게 광대가 천연덕스럽게 말을 보탠다. "진실은 개 같아서 개집으로 들어가야지, 회초리로 흠씬 맞아야 하고." 딸들에 대한 진심 타령이나 하는 리어에게 그런 따위에 연연해하지 말라는 뜻일까? 아무튼 속이 곪아 터진 리어 옆에서 광대는 노래까지 부르는 태연함을 보인다. "그대 아는 것보다 적게 말해라, 그대 가진 것보다 적게 빌려 줘라, 그대 걷는 것 이상으로 타고 가라, 그대 믿는 것 이상으로 들어라, 단 한 번 주사위에 모든 걸 걸지 마라." 알쏭달쏭한 가사에 어딘지 '개털'이 되어 버린 리어를 조롱하는 것 같기도 하고 모욕하는 것 같기도 한 노래다. 아마 리어의 남은 신하 중에 누군가가 이런 노래를 불렀다면 당장 목을 쳤을지도 모를 일이지만, 광대의 입에서 나온 소리에 진지하게 대응하면 그 조롱을 인정하는 꼴이 되니 그럴 수도 없다. 난감해진 주군을 대신해 켄트 백작은 "아무것도 아니잖아, 바보야"라며 애써 무시하려 드나, 광대의 노래가 딸들의 감언이설에 속아 넘어간 리어를 빗댄 것이란 점은 누구나 알 만한 일이다. 리어조차 혀를 차며 이렇게 반응하지 않는가? "신랄한 바보로구나!"[66]

　　광대는 바보요, 정상과 비정상을 오가는 광인狂人같은 존재니 별로 신경 써 들을 필요가 없다는 데 핵심이 있다. 무시해 버리면 그만이라는 말이다. 그렇지만 광대를 아예 내쫓아 버리지도 않는 것은 이상하지 않은가? 오히려 광대는 리어의 주변을 계속 얼쩡대며 신소리를 해대고 리

---

66) 윌리엄 셰익스피어, 『리어왕』, 김정환 옮김, 아침이슬, 2008, 39쪽. 번역본은 시처럼 행갈이를 했고, 'fool'을 '바보광대'로 번역했지만, 여기서는 우리의 맥락에 따라 '광대'라 옮겼다. 궁정에서 왕의 곁에서 군주의 권위와 권력을 내키는 대로 조롱할 수 있는 광대의 '위치'와 '역할'이 다음에 이야기할 바보와는 구분되는 까닭이다.

어는 그를 제지하지 않는다. 광대는 리어가 미처 깨닫지 못하는 진실을 일러 주기도 하고 그 진실조차도 실은 모호한 미궁에 빠져 있음을 가르쳐 주는 탓이다. 사태의 진실을 알 듯 말 듯 애태우는 리어가 차라리 바보같이 느껴질 정도다.

　　리어 신랄한 바보로다!

　　광대 아는가, 자네, 신랄한 광대와 달콤한 광대의 차이를?

　　리어 모른다, 이놈아, 가르쳐 다오.

　　광대 자네 땅을 다 줘버리라고 자네한테 진언하던 그 대신을, 와서 여기 내 곁에 서게 하게, 자네는 그를 대변하고, 그럼 달콤한 바보와 신랄한 바보가 등장하는 거야, 알록달록한 복장은 여기로, 다른 바보는 저기로.

　　리어 날 바보라 하는 게냐, 이놈?

　　광대 다른 칭호들은 다 줘 버렸잖아, 태어나면서 지녔던 것들은.

　　켄트 완전 바보는 아니군요, 폐하.

　　광대 아니지, 아암, 대신과 잘난 놈들이 그렇게 놔두겠나, 내가 바보를 독점하려 해도, 그들이 지분을 챙기려 할 걸.

　　이야기를 쭉 따라가 보면 도대체 누가 바보광대인지, 누가 정상이고 비정상인지 애매모호하게만 느껴진다. 만년을 안락하게 보내겠다고 권세를 물려준 리어는 나름대로 합리적인 판단을 한답시고 딸들의 애정을 시험해 봤지만, 결과적으로는 어리석게 속아 넘어가 버렸다. 광대는 바보요 미치광이 같다고 다들 비웃고 멸시하는 존재지만, 실제로는 진실을 꿰뚫어 보는 유일한 인물이다. 바보지만 현인인, 미친 것 같지만 따져 보면 가장 정확한 진실을 읽은, 그런 점들로부터 광대는 경계선 위의 존재라 할 수 있지 않을까?

리어의 잃어버린 왕국을 되찾기 위해 광대가 어떤 정치적인 역할을 담당하지는 못할 것이다. 그는 차라리 빈 여백과도 같은 존재이며, 왕이 왕이 되기 위해 꼭 필요한 존재는 아닌 것이다. 광대는 차라리 권력이나 국사國事라는 거대 정치의 여백, 정치의 외부에 있는 잉여적 존재라고 봐도 좋을 것이다. 하지만 바로 그런 광대의 잉여성 때문에 역설적으로 리어가 보지 못하는 정치의 진실, 즉 아군과 적군을 구별할 수 있는 능력을 갖는다. 리어가 하지 못하는 말을 대신해 주고, 리어의 정치적이고 도덕적인 과오를 일깨우며, 정치로는 돌이킬 수 없는 리어의 응어리를 풀어 줄 수 있는 것도 오직 광대일 뿐이다. 잉여이지만 결여되어서는 안 되는 필연적인 잉여랄까? 광대의 말에서 아무것도 찾아내지 못하는 켄트 백작에게 광대는 이렇게 반문한다. "아무것도 아닌 건 전혀 못 써먹나요?"

광대는 웃음 속에 진실과 진리를 담는 기능을 맡는다. 하지만 그가 전하는 진실과 진리는 엄숙하고 무거워서 우리로 하여금 어떤 최종적인 결단을 촉구하는 그런 것이 아니다. 오히려 광대의 진실, 광대의 진리는 새털처럼 가벼워서 가볍게 웃어넘길 수 있는 농담 속에서 빛을 발한다. 단지 '한바탕 웃음으로' 세상만사 다 잊자고, 경쾌하게 긍정하자는 '개똥철학'이 핵심이 아니다. 사정은 오히려 정반대다. 광대의 농담은 우스개인 동시에 우스개 이상일 수 있다는 것, 그것은 우리가 직시하려 않는 우리 자신의 진실을 겨냥하고 적중시킴으로써 우리 자신의 비-진리를 폭로하고 말 수 있다는 게 중요하다.

(3) 바보: 어리석은, 너무나 어리석은 역설의 진리로부터

바보는 바보이기 때문에 모든 것이 허용되어 있다. 근대 합리주의의 절대진리인 2×2=4도 바보에게는 통하지 않는다. 도스토예프스키의 금언을 비틀어 표현한다면,[67] 모든 것이 허용되어 있는 이유는 신이 없다는 끔찍한 진실 때문이 아니라 그냥 바보가 있기 때문이다. 출세하고 성공하려면 '이 길'로 가라는 데도 못 알아듣고 군이 '저 길'로 가는 게 바보의 본성이지 않은가? 정상성의 관례, 습속의 도덕에 대한 무지, 또는 무분별이 바보에 대한 통상의 정의다.

물론, 바보인 것을 자랑삼아 말할 사람은 아무도 없을 것이다. 만일 누군가 '정상적'이던 사람이 사회의 격률을 위반하고 정상적 삶의 궤도를 이탈하려 든다면 충고와 조언, 또는 폭력과 강제를 통해 그를 바로잡으려 들 테니까. 예컨대 누군가 사회가 싫어서 산에 들어가서 살겠다고 선언했다 치자. 그가 지리산 어딘가로 숨어들어 혼자 움막을 짓고 불피우고 산짐승을 사냥하며 살아간다면, 아마 단번에 국유림 무단침입죄, 세금미납죄, 야생동물 밀렵죄와 밀도살죄 등으로 체포되고 말 일이다. 그런데 바보에게는 이런 죄목들을 적용하기가 난감하다. 모두가 받아들이는 상식과 합리를 전혀 알아먹지 못하는 바보한테 어쩌겠는가? '바보=바보'라는 이 동일성의 공식이야말로 근대적 합리성, '이성=이성'이라는 동일성의 원리가 역전되어 와해되는 지점을 보여 주지 않는가? 그러나 바보는 바보이기 때문에 역설적으로 그가 지닌 잠재성의 세계를 정상성의 세계 속에 세울 수 있다.

---

67) "신이 없다면, 모든 것이 허락될 것이다"(표도르 도스토예프스키, 『카라마조프 가의 형제들 1』, 김연경 옮김, 민음사, 2007, 제5편). 이는 이반 카라마조프가 신 없는 시대의 무도덕을 언급하는 유명한 대목이다.

바보의 미덕은 어리석음에 있다. 우리는 대개 '잘 먹고 잘 사는' 데 필요한 덕목들을 제대로 알아채지 못할 때 어리석으며, 바보라고 비웃는다. '잘 먹고 잘 산다'는 것은 일반적으로 세상의 가치와 기준을 따라 사는 것, 부를 축적하고 사회적으로 인정받으며 남들과의 경쟁에서 이기는 삶일 것이다. 흔히 세상의 진리, 세상의 논리라고 부르는 것은 어떤 정해진 척도에 맞춰 자기를 맞춰 가는 삶을 가리킨다. 이미 어느 것이 옳고 그른지를 정해 놓은 척도에 따라 제약되는 삶은 여러 가지 경계선들에 의해 잘 구획되고 짜맞춰진 삶에 다르지 않다. '~로서', '~다운'이란 표현이 잘 들어맞는 삶이 바로 그렇다.

예를 들어 학생이 수업 시간에 교실에 앉아 있지 않고 매점에서 빵을 사먹거나 동네 공터에서 농구를 하고 있다면 그는 '학생답지' 못한 사람일 것이다. 대학이 인생의 목표가 아니라며 무언가 다른 일을 하고 싶다고 열렬하게 웅변해도 어딘지 바람직하지 못한 학생이란 소리를 듣기 십상이다. "학생이라면 대학을 가야……" 마찬가지로, 가장이라면 일자리를 얻어 가족을 부양하는 게 그의 '가장다운' 행동이 된다. 부모라면 자식을 건사해야 '부모다운' 것이고, '자식이라면' 부모에게 효도해야 하며, '아들이라면' 대를 이어야 하고, '딸이라면' 남편과 시댁에 순종해야 하는 게 세상의 '도리'라고들 한다. '남자라면' 남자를 사랑해선 안 되고, 자신의 남성성을 사람들 앞에서 확인시켜 주기 위해 애써야 할 일이다. 반면, '여자라면' 조신하게 행동하며 사회에 나가서는 '예의를 잃지 않기 위해' 화장을 해야 한다고도 말한다. '국민으로서'는 어떤가? 병역과 세금, 여러 가지 의무를 '마땅히' 짊어지지 않을 수 없다. '시민으로서' 우리는 국가가 허가하지 않은 집회에는 나가지 말아야 옳을 것이다. 또한, '한漢민족의 일원으로서' 자민족의 이익을 찾고 수호하기 위해 노심초사해야 할 듯하다. '우리 회사의 사원으로서' 어떻게든 상대 회사와의 경쟁에서 이기지 않을 수 없고, '우리 가족의 성원으로서' 다른 무엇보다도 우리 가족의 안위와 평안, 행복을 위해 노력하지 않을 수 없다. 이 모든 '~로서'라는 자기의 신원 증명identification에 어긋나는 사람이 있다면, 십중팔구 그는 자신의 직분과 신분을 망각한 바보란 소리를 듣게 마련이다. 바보를 무언가에 대한 지식이 결여된 사람으로 정의한다면, 그가 결여한 것은 바로 자기 자신에 대한 지식일 터이다.[68]

명확한 자기의식의 확보는 근대적 사유 체계가 추구하던 최상의 목표였다. 그것은 합리적 이성에 근거한 지식이며, 자아를 중심으로 가족과 사회, 국가로 확장될 수 있는 '우리'들의 세계를 만드는 기초이기도 하다. '~로서'를 통해 나의 '나다움'을 입증하는 것도 자기와 자기가 속한 세계의 연속성과 통일성을 구성하기 위한 방법인 셈이다. 사정이 그렇다면, 자기에 대한 정확하고 목적의식적인 지식을 갖지 않은 사람은 곧 사회나 국가와 같은 공동체에 대해서도 정확하게 인식하지 못하는 셈이고, 그렇기 때문에 공동체에도 불필요할 뿐만 아니라 위험하기조차 한 분자로 낙인찍힐 수 있다. '위험한 무지', 바보가 단지 바보로 그치지 않는 것은 그런 까닭일 것이다.

르네상스 시대까지 정상성과 비정상성이 뒤섞인 일상생활을 영위하는 것은 민중에게 전혀 이상한 일이 아니었다. 촌락공동체나 도시에는 평범한 사람들이 바보와 광인들과 어울려 살았으며, 어리석음이나

---

68) '~로서'의 신원증명적 구조는 공간의 권력과 관련되어 있으며, 이는 주체의 정체성과 동일성(identity)을 구성하는 계기로 작용한다. 요컨대 내가 누군지 말할 수 있는 것은 나 자신이 아니라 내가 귀속되어 있는 공간의 위계이다. 근대적 주체의 주체성, 즉 자기동일성과 정체성은 지극히 외적인 (권력) 관계에 의해 규정되는 것이다(최진석, 「근대의 공간, 혹은 공간의 근대」, 206~214쪽).

광기가 결코 낯설고 위험스런 요소로 비춰지지 않았다. 공동체는 비정상적이건 정상적이건 집단의 일원으로 인정된 자에게는 삶의 필요를 보조해 주었고, 그런 방식으로 공동체 전체를 유지하고 보존하는 데 부담을 느끼지 않았다. 공동으로 일해 공동으로 나누는 삶을 살았던 중세 말 르네상스 초의 민중은 공동체를 통해 일종의 사회보장 체계를 형성하고 있었던 셈이다.[69] 자연과 사회에 관한 객관적 지식보다는 공동생활을 보존하는 데 요청되는 정서적 유대가 강조되던 시대에 바보나 광인 같은 존재는 단지 눈에 보이는 세계 이상의 무언가를 계시해 주는 존재로 여겨진 경우도 있다.[70] 바보성자나 미치광이 예언자에 얽힌 전설은 그들이 광대가 그런 것처럼 '필요한 잉여'로 간주되었음을 반증한다.

변화는 근대의 시작, 17세기에 들어서 일어났다. 도시와 국가는 지방과 농촌을 강력한 영향력 아래 포섭했고, 질서와 규율의 이름으로 민중을 하나로 통합했다. 명확한 척도로 환원되지 않는 다양성과 이질성, 모호성은 배척되고 억압되었다. 건전하고 올바른 시민, 충성스런 국민이라면 자기 자신이 누구인지 분명히 알고 있어야 하며 자신이 속한 공동체에 대해서도 무지해선 안 될 일이다. 이런 분별의 척도, 그 경계선을 넘어서는 자들은 몽땅 잡아들여 사회로부터 격리시키고 교화시켜야한다는 주장이 제기되었고, 푸코가 '대감금의 시대'라고 불렀던 살벌한풍경이 도처에서 나타나기 시작했다.[71] 그것은 '전체'의 안전과 번영을

---

69) 근대 이전의 상호부조적 공동체에 대한 가장 긍정적인 비전은 크로포트킨에 의해 제시된 바 있다(Petr Kropotkin, *Vzaimopomoshch' kak faktor evoljutsii*, Samoobrazobanie, 2011, chs.5~6).

70) 러시아 민중설화에 나오는 유로디비(jurodivyj)는 바보이면서 광인이지만 동시에 신성(神性)을 읽고 해석할 줄 아는 선지자로 여겨져 민중의 숭배를 받았다(Sergej Ivanov, *Blazhennye pokhaby: kul'turnaja istorija jurodstva*, Jazyki slavjanskikh kul'tur, 2005). 이와 같은 예외적 존재는 통념보다 오래도록 존속했는데, 도스토예프스키의 소설에 자주 나오는 백치의 이미지는 바로 이러한 중세-르네상스적 바보 형상에 대한 근대적 예화로 보아도 좋을 듯하다.

위해 공동체와 사회의 기준을 벗어나는 이들, 즉 바보와 광인 등을 병원과 수용소에 잡아 가두는 일이었다. 오랜 세월 동안 일반 민중과 아무렇지도 않게 함께 섞여 살았던 바보와 광인, 광대(유랑악사), 악당(떠돌이 이방인)들이 사람들의 시야에서 사라지게 된다. 상호부조적 공동체의 붕괴에 이어 국가라는 거대기계가 나타나 민중을 장악하고, 황금의 기호와 법을 부과했다.[72] 자본주의와 근대국가는 그 기계의 형상이었다.

고대 그리스에서 그리스어를 모르는 이방인을 '야만인'이라는 의미의 '바르바로이'barbaroi라고 불렀듯, 근대 사회에서 공동체의 기율을 몸에 익히지 않은 이들은 '바보'라고 불려 마땅했다('광인'은 또 다른 극단적 판본이다). 실제로 그가 수많은 꽃 향기와 새 소리를 분별해 낼 줄 알든 또는 알려지지 않은 자연의 변화에 예민하게 반응할 줄 알든, 그런 건 중요하지 않았다. 돈을 셀 줄 아는 것, 이윤을 추구할 줄 아는 것, 국가와 민족에 충성하는 것 등등 사회가 제시하는 척도에 대한 무지는 곧 모든 것에 대한 무지로 간주되었고, 그런 바보에게 어떤 대우를 해줘도 처벌받지 않을 근거를 제시했던 것이다. 요컨대 바보에게 내려진 '무지'라는 선고는 스스로를 '정상'이라고 간주하는 사람들의 '앎'을 거부한 대가일 뿐, 실제로 바보가 무엇을 알고 모르는지와는 무관하게 내려진 판결에 불과하다.

당연히, 세상의 기준, '정상'의 논리를 무조건 따르는 게 곧 앎의 표지가 되는 것은 아니다. 사회의 통상적인 척도를 따를 때 일상은 더 편

---

71) 미셸 푸코, 『광기의 역사』, 이규현 옮김, 나남출판, 2003, 113~164쪽.
72) 상호부조를 대신한 교환경제 및 법규범의 도입이 근대사회의 시작점이었다. 바꿔 말해, 중세-르네상스적 공동체는 근대국가가 설립되기 위해 우선적으로 격파되어야 할 공동성의 거점이었던 것이다(마빈 해리스, 『문화의 수수께끼』, 박종열 옮김, 한길사, 1982, 10~12장).

안하고 안정적일 수는 있어도, 실재적인 진실에는 오히려 둔감해지고 무지의 장막에 가려질 공산이 더욱 커진다. 왜냐면 세상의 척도에 자기를 맞추며, 바보에서 벗어나 정상의 궤도에 들어선다는 것은 '~로서'의 세계구조에 자기를 적응시키고 오직 그 구조에 맞춰 세계를 바라보고 반응하며 살아가는 것을 뜻하기 때문이다. 당신은 '~로서' 이래야 한다, 저래야 한다고 명령하는 무수한 신원 증명의 경계선들을 넘어서고 가로지르는 일은 비단 용기를 필요로 할 뿐만 아니라 무지함을, 자신과 타자, 세계에 대한 기성의 앎을 돌파할 때 비로소 가능한 일이다.

라블레적 등장인물들이 공유하는 바보스러움은 이런 맥락에 놓여 있다. 바보는 개인성을 갖지 않고, 미모와 지성의 척도를 벗어나기에 특정되지도 않는다. "바보란 이런 것이다"라고 어떻게 규정짓겠는가? 그러나 바로 이렇게 규정지을 수 없는 미련함, 어리석음만이 신원 증명과 정체성, 동일성의 규준으로부터 빠져나갈 수 있는 유일무이한 근거가 된다. 논리의 외부, 이성의 타자가 온존하는 자리는 장소 아닌 장소인 바보의 이미지인 것이다. 바흐친은 라블레의 바보에게서 바보 이상의 바보를 보았던 것이고, 거기에는 이름 없는 민중, 집합적 신체로서의 민중이 있었다.

(4) 도둑: 네 것은 내 것이고, 내 것은 네 것이다

민중의 다양한 이미지들 가운데, 경계를 넘어서는 존재란 의미에서 도둑보다 더 적합한 형상은 없을 듯하다. 도둑은 남의 집 문턱을 침범하고 소유권의 한계지대인 담장을 타 넘는 자를 가리킨다. 그에겐 본질적으로 내 것과 네 것의 구분이, 그 경계가 없다. "모든 것이 네 것이며 동시에 내 것이다"라고 내놓고 말할 수 있는 거의 유일한 존재가 아닐까? 본

래 내 것이 아니기 때문에 마구 퍼줄 수도 있고(로빈 후드로부터 홍길동에 이르는 유구한 역사!), 네 것이란 것도 임시적이기에 어느 집 담장이고 못 넘을 이유가 없다. 도둑에게 남의 집 담장이란, 남의 소유란, 소유권의 경계선이란 임의적인 분할지대에 지나지 않고 언제든 마음 내키면 타넘을 수 있는 장애물에 불과하다.

언뜻 도둑질에 대한 피상적인 옹호로 들리는 이런 주장은 충분히 의심스럽다. 현대 사회는 개인들 각자의 권리, 사적인 것, 사유재산의 쟁취와 보호를 최고의 가치로 삼지 않는가. 프라이버시privacy는 개인이 지켜야 할 가장 내밀하고 중요한 요소로 간주되며, 같은 의미에서 사유재산은 프라이버시의 첫번째 보호물로 지정된다. 예컨대 근대 시민사회의 기원 격인 프랑스 혁명의 「인간과 시민의 권리선언」에도 정치적 결사의 목적의 하나로 사유재산의 보존이 명시되어 있다. 우리 근대인들은 자기의 것을 지키기 위해 체제를 갈아엎고, 새로운 인류사의 한 단계를 열기까지 했다. 하지만 사적인 것에 대한 관념은 생각보다 오래되지 않았다. 개인의 권리와 그 소유에 대한 인식은 근대 이후에 구체화된 관념이며, 전근대 사회와는 다른 종류의 것이었다.[73] 국가를 중심으로 서술되는 역사서들이 강변하는 것과 달리, 근대 이전의 사회에서 공유되었던 삶의 양식은 집합적이고, 공동체적 관계 속에서 형성되고 영위되고 있었다.[74]

근대 초부터 유럽 바깥의 '야만스런' 아프리카나 '신대륙'으로 탐

---

73) 고대와 중세에 개인이 없었다는 '신화'는 재고되어야 한다. 없던 것은 차라리 근대의 여러 제도적 장치들, 즉 오늘날의 사적 개인을 형성시키는 사회적 틀이었다(리하르트 반 뒬멘, 『개인의 발견』, 최윤영 옮김, 현실문화 연구, 2005, 제2장; Aron Gurevich, *Individ i sotsium na srednevekovom Zapade*, M., 2005, ch.1).

74) Kropotkin, *Vzaimopomoshch' kak faktor evoljutsii*, chs.4~6.

험을 떠났던 서구인들은 자기들이 겪은 기이한 경험들을 기록해 두었다.[75] 오지의 야만인들, 야생의 원주민들은 순박하고 호의적인 기질에도 불구하고 남의 물건을 아무렇지도 않게 훔쳐가더라는 것이다. 문명의 관점에서 본다면 명백히 절도에 지나지 않을 이러한 행위는 식민주의를 정당화하는 빌미로 작용했고, 소위 문명개화는 자본주의적 기율을 가르치는 것으로부터 시작되어야 했다. 그것은 시장에서의 교환을 배우는 일이다. 동일한 가치를 동등한 입장에서 맞바꾸는 것. 무력으로 상대방을 탈취하지 않고 서로가 필요로 하는 사물을 등가의 원리에 따라 주고받는다는 점에서 교환은 확실히 '문명화된' 방법으로 보인다. 하지만 교환은 겉보기와 달리 사물의 진정한 가치의 질식시키는 수단이기도 하다. 가치를 살려서 정당한 대우를 받게 해주는 게 아니라 목 졸라 없애 버린다는 말이다.

교환이 사물을 획득하는 일반적인 방식이 되자마자 모든 사물의 가치는 교환을 위해 얼마의 양으로 환산될 수 있는지로 계산되기 시작한다. 맑스가 지적했듯 일반화된 교환의 매개물인 화폐는 사물의 가치를 다른 사물과 교환 가능하게 만드는 척도다. 소나무 한 그루가 내게 해줄 수 있는 다양한 가치들, 정서적이고 환경적인 유익함이 있을 테지만, 교환이 지상명령인 사회에서 소나무의 모든 유익함은 곧 얼마의 금액으로 환산되느냐만이 중요해진다. 나무는 뗄감으로 얼마를 받을 수 있는가? 솔향기의 쾌적함을 향수로 바꾼다면 얼마짜리 상품이 되는가? 심지어 돈으로 환산되지 않는 사물의 가치는 알아보기조차 어려운 경

---

75) Stanley J. · Barbara H. Stein, *The Colonial Heritage of Latin America*, Oxford University Press, 1970, pp.57~66.

우가 종종 벌어진다. 철새 도래지나 뻘의 생태학적 중요성에 대해 아무리 상세히 설명해도 납득하지 못하던 사람들이 보호의 경제적 이득에 대해 듣고 나면 단번에 고개를 끄덕이는 일이 종종 벌어지지 않는가?

문제는 우리가 교환 이외에는 삶의 필요를 만족시킬 수 있는 방법을 잘 떠올리지 못한다는 데 있다. '원시'나 '야생'으로 포장된 근대 이전의 공동체에서, 또는 현대에 이르기까지 과거의 모습을 간직한 채 유지되었던 공동체에서 사물의 이동은 교환이 아닌 순환에 따랐음을 기억해 볼 필요가 있다. 한 공동체에서 다른 공동체로 사물과 사람의 이동은 추상적 매개물을 통한 등가교환이 아니라, 일방적인 증여를 통해 이루어졌다. 즉 선물로 주는 것, 그게 공동체 간의 순환을 형성하는 주요한 힘이었던 것이다.

얼핏 이런 주장은 완전한 넌센스로 들릴 수 있다. 아무런 대가 없이 주기만 하는 게 가능할까? 거기엔 우리가 알아채지 못하는 또 다른 차원의 교환이 작용하는 것은 아닐까? 무조건적 증여라는 것은 환상이 아닌가? 모스는 이와 같은 증여의 순환을 성립시키기 위한 세 가지 중요한 의무를 관찰한 바 있다. 그것은 ①선물을 줄 의무 ② 선물을 받아야 할 의무 ③ 반드시 답례를 해야 할 의무로 이루어진 순환의 고리 같은 것이다.[76] 요점은 일방향으로 선물이 주어질 때, 그것은 역방향으로 다른 선물의 순환을 발생시키고 지속하게 만든다는 점에 있다. 단, 이때 선물은 양화된 크기에 의존하는 게 아니라 질적 가치에 의존한다. 내가 천 원어치를 선물했다고 저편에서 천 원어치를 선물하길 바란다면, 교환과 다를 바가 없을 테니까. 오히려 내가 천 원어치 선물을 했어도, 저

---

76) 마르셀 모스, 『증여론』, 이상률 옮김, 한길사, 2002, 제1장.

편에서는 정성스레 갈무리해 놓은 조개껍데기를 준다든가, 봄에 갓 피어난 꽃다발을 주는 식으로 일반적으로 환산되지 않는 가치를 선물했던 것이다. 교환에 익숙한 시선으로 볼 때, 이런 관계가 어떤 실제적 효과를 낳겠냐는 반문이 가능하다. 전적인 손해로 보일 수도 있다. 이러한 증여의 관계는 화폐적 가치로 환원되지 않는 공동체 사이의, 공동체 내의 연대와 교류를 낳는다. 양적인 공평성이 아니라, 그런 것과는 무관히 지속적으로 생성되는 상호 관계가 핵심이다. 채권자에게 언제까지 얼마의 액수를 갚는 식의 관계는 채무자를 압박할 뿐만 아니라, 빚을 다 갚고 난 후에는 더 이상의 관계성을 유지할 수 없게 만든다. 즉 공동적 관계를 유지시키지 않는 것이다. 하지만 증여를 통해 만들어진 관계는, 환산되지 않는 가치를 갖고, 또 갚는다 할지라도 해소되지 않는 영구적인 관계 생성의 힘을 갖기에 중요하다.[77]

유대감과 정서적 가치를 통해 상호 관계를 형성하는 공동체에서 가장 위험한 것은 내 것과 네 것을 구별하고 엄격한 계산을 통해 교환하려는 시도이다. 사적인 것이 발생하는 순간, 공동체 구성원들 간의 위계가 생겨나고, 그 간격은 사물과 사람의 흐름을 통제하는 메커니즘이 된다. 조선시대에 양반과 천민 사이에 혼인이 불가능했던 것처럼 사유물의 발생은 신분의 차이와 흐름의 봉쇄를 초래할 것이다. 신분사회, 계급사회가 외적으로는 단일체를 이룬 듯 보여도 내적으로는 넘어설 수 없는 벽들로 분할되어 있음은 그런 까닭이다. 그런 공동체는 긴밀한 연대의 끈을 통해 구성원이 미끄러지고 낙오하지 않도록 손 잡아 줄 수도 없

---

77) 리차드 디인스트, 『빚의 마법』, 권범철 옮김, 갈무리, 2015, 248쪽; 모리스 고들리에, 『증여의 수수께끼』, 오창현 옮김, 문학동네, 2011, 152~159쪽. 인류사를 이러한 증여적 관계 속에서 돌아보는 저작으로는 데이비드 그레이버, 『부채, 그 첫 5000년』, 정명진 옮김, 부글북스, 2011을 참고하라.

고, 당연히 계속적인 분열과 붕괴 상태에 떨어질 수밖에 없다.

근대 초부터 현대에 이르기까지, 유럽의 '문명화된' 인류학자들이 오지의 원주민들에게서 목격했던 '야만적인' 행동, 즉 도둑질은 그들의 입장에서는 도둑질이 아니었다. 공동체의 모든 재화를 함께 공유하고 선물을 통해 순환시키던 그들로서는 "네 것이 내 것이고, 내 것이 네 것"인 공동성의 규칙에 따른 삶을 살고 있었을 뿐이다. 그들에게 사적인 것은 알려지지도 않았고, 또 있어서도 안 되는 것이었다. 사물과 사람의 순환은 특정 개인이나 집단에 의해 가로막혀서는 안 되며, 특권화된 척도(화폐)에 의해 일괄적으로 평가되어서도 안 되는 것이었다. 이 점을 이해 못한 '문명인들'은 자기들의 기준에 따라 원주민들의 관습을 매도했고, 문명의 기제를 이식하고자 했다. 그 결과는 오랫동안 인류사를 지탱해 온 선물 공동체의 붕괴이며, 교환에 의해 지배되는 '동일성과 차이'의 세계에 다름 아니다.

증여, 혹은 순환적 공동성과 도둑질이 무슨 상관일까? 이유는 우리가 자연이든 인간이든 타자로부터 얻어 내는 모든 것은 실상 도둑질이라는 형태로 이루어지고 있기 때문이다. 자연으로부터 노동을 통해 얻어 내는 생산물이든, 부모형제나 이웃으로부터 받는 온정이나 대가 등은 모두 나 스스로는 만들어 낼 수 없기 때문에 특정한 방법을 통해 획득하는 내 삶의 일부이다. 증여가 선물인 것은, 그것이 넘치는 것을 덜어 내 공평하게 나누는 행위인 까닭이다. 즉 평등성의 존재론적 기초로서 증여가 있고, 그 증여란 결국 도둑질과 다르지 않다는 뜻이다. 이 단어의 통상적 어감으로 인해 갖는 말초적 거부감을 잠시 접어 두자. 자연으로부터, 부모로부터, 이웃으로부터 우리가 무엇인가를 받아 내는 것은 그 무엇인가가 원초적인 소유권에 결박되어 있지 않은 탓이다. 만일 자연 자체, 인간 자체, 혹은 어떤 것이든 그 자체의 본원적인 소유가 있다면 우리는 결코 그것을 나누어 갖고 살아갈 수 없는 것이다. 민중적 이미지로서 도둑은 바로 그러한 본원적 소유권을 부정하고 거부함으로써 소유 권력의 위계와 지배를 저지한다는 점에서 의미를 갖는다.[78]

우리에게 익숙한 도둑의 이미지는 홍길동이라는 문학적 주인공과, 조세형과 같은 현대의 실화 속 인물이다. '의적'義賊으로 불리는 홍길동은 조선조 말기의 도둑이고, 조세형은 1970년대 말에서 1980년대 초까지 부유층과 고위층만 골라서 도둑질을 함으로써 당시 서민층의 환호(?)를 받았던 인물이다. 부익부 빈익빈이 노골화되던 시절, 그는 돈 있는 계층만을 전문적으로 털어 줌으로써 사회의 질곡을 드러내 보였다는 평가를 받기도 했다. 일단 이 두 인물 모두 공통적으로 도둑질을 통해 사유물의 경계선을 교란시킨 반反영웅이었다고 볼 수 있다. 하지만 단지 사적인 것의 경계선을 가로질렀다는 것만으로 이야기는 끝나지 않는다. 홍길동의 경우는, 탐관오리나 사악한 양반에게서 빼앗은 재물을 동료들이나 가난한 백성들에게 나누어 주었고 그로써 자신의 사유물의 경계조차 지워 버렸다. "아비를 아비로 부르지 못하고 형을 형이라 부르지 못한다는"不許 呼父呼兄 유명한 말처럼 홍길동에게 더 긴박했던 문제의식은 특정한 경계선에 의해 사람과 사람의 관계가 고정되고 병들게 되었다는 점이었으리라. 따라서 모든 신분과 재산상의 경계선들을 허물어뜨리고 다시 재건되지 않도록 저지하는 게 중요했을 것이다.

78) 이 점에서 "소유는 도둑질이다!"라는 아나키스트의 구호는 소유권의 절대성에 대한 반박으로 읽혀야 한다(피에르 조제프 프루동, 『소유란 무엇인가』, 이용재 옮김, 아카넷, 2003, 32~33쪽). 한편, 집약되는 부(富)의 재분배와 파괴에 대해서는 모스와 고들리에를 참조하라. 궁극적으로 이러한 원시사회의 기능들은 국가에 대한 거부로 이어진다(피에르 클라스트르, 『국가에 대항하는 사회』, 홍성흡 옮김, 이학사, 2005, 제11장).

이에 비해 조세형의 일화는 꽤나 씁쓸한 여운을 남긴다. 그는 훔친 재물을 남들과 나누지도 않았을뿐더러, '서민의 심정을 대변하는 도둑'이란 동정을 받고 출감 후 다시 도둑질을 하다 체포되었기 때문이다. 다시 도둑질을 했다는 것보다, 그가 '사적인 도둑'으로 남았다는 것이 진정 씁쓸함의 이유일 터. 세상 최악의 부자를 털었다 해도 그렇게 돌파한 사적인 것의 경계를 다시 자기만의 사유지로 영유해 버릴 때, 도둑은 자신이 털었던 부자와 본질적으로 다를 바가 없다.

도둑 이미지의 진정한 의미는 남의 것을 훔친다는 데서 성립하지 않는다. 네 것과 내 것이라는 사적인 것의 경계선을 침범하고 교란시켜 소유의 경계선을 식별 불가능한 지점까지 끌고 갈 수 있을 때 도둑은 삶의 공동성을 회복하는 긍정적 이미지를 획득하게 된다. 도둑질이 사회적 불평등에 대한 항의가 되고, 사유화와 위계화의 벽을 깨뜨리는 상징적 행위가 되는 것은 오직 그때뿐이다.

민중의 욕망은 단지 도둑질하는 데 있지 않다. 금지된 목소리를 입 밖으로 낼 수 있게 하고, 억압의 지붕을 걷어 내 함께 살 수 있는 공통의 평면을 만드는 것, 이는 사유私有라는 울타리를 깨부수고 거기 쌓인 것을 훔쳐 내 골고루 흩뿌림으로써 평평하게 만들어야 가능한 일이다. 존재하는 모든 것을 평등의 장으로 불러내는 것, 영원불변한 사유의 경계는 없다는 사실을 생생하게 보여 주는 데 도둑의 이미지보다 풍성한 것은 없다.[79] 그러므로 도둑이 훔치는 것은, 그가 손에 쥐는 것이 어떤 것이든 실상 언제나 세상 전부이다. 그가 세상을 훔치는 것은 세상을 돌려

---

79) 생성하는 욕망의 힘으로서 들뢰즈와 가타리는 도둑질과 선물을 거론하고 있다(들뢰즈·가타리, 『안티 오이디푸스』, 321쪽).

주기 위해서일 뿐 온전히 나만의 것을 만들고 나만의 것의 경계선을 세우기 위한 것은 아니다. '사적인 도둑'이란 도무지 어불성설에 불과하다. 세계는 도둑질에 의해서 창조되는 것이라고 말하면 지나친 것일까? 거꾸로 말해 모든 창조자는 도둑이라고 말할 수는 없을까?

악당, 광대, 바보, 도둑은 정상적이고 자연스럽다고 여겨지는 사회적 경계들을 가로지르고 무너뜨린다. 이성과 합리, 상식, 계도나 처벌로도 이들을 저지할 수 없는데, 알다시피 이들은 본래부터 이 사회 '내부'의 '외부'적 존재들이기 때문이다. 아니, 내부와 외부를 넘나들며, 그 경계선상에서 살기 때문에 역설을 통해서만 자신을 주장하는 존재들이다. 물론 이들 자신 역시 통념적인 관념의 기분에 의거해 범주화되지 않는다고 보아야 옳을 것이다.[80] 오히려 이들은 한 가지의 동일한 힘에 대해 다르게 붙여진 이름들이라고 할 수 있다.

문명/문화는 사회 내부의 예측과 통제 가능성을 확대시키고, 그럼으로써 사회의 경계가 깨질 위험성을 꾸준히 줄여 온 과정이다. 다시 말해 사회적 경계를 확정하고 존속시키는 과정이 역사인 셈이다. 하지만 악당, 광대, 바보, 도둑의 존재는 그러한 사회의 노력이 근본적으로 달성될 수 없는 시도임을 보여 준다. 이쪽이나 저쪽 어느 한 편에 귀속되길 거부하며 경계선 위에서 살아가는sur-vivant 존재들이 있는 한 그 사회는 완전히 통제될 수 없다. 악당, 광대, 바보, 도둑의 이미지를 함축하는

---

80) 긴 서술을 통해 암시되었듯, 광인은 이들을 관통하는 급진적인 이행의 이미지에 해당된다. 바흐친과는 다른 뉘앙스를 보이지만, 로트만은 바보와 현자, 광인을 분류하면서 후자의 예측 불가능성과 파열적 능력이 문화를 변형시키는 근본적인 축이 된다고 진술한 바 있다(Jurij Lotman, *Kul'tura i vzryv*, Gnozis, 1992, pp.64~103).

민중은, 그들을 인민이든 대중이든 계급이든 무엇이라 규정하든 그 어디에도 완전히 귀속되지 않는다.

　민중의 이미지가 궁극적으로 노정하는 탈경계와 이행의 운동은 결코 비유가 아니다. 이미지의 운동은 흔히 지적 유희나 문화적 쾌락으로 소비되는 경향이 있으나, 그런 것이야말로 세계 전체를 정연하게 구조화하고 합리적으로 체계화하려는 근대 이성의 노회한 술수가 아닐 수 없다. 세계의 모든 변화와 생성, 창조를 저지하고 무화시키려는. 유희와 쾌락으로 순치되고 마는 위반은, 랑시에르의 표현을 빌린다면 정치le politique가 아니라 치안police으로 수렴되고 만다.[81] 그저 멀찌감치 객석에 앉아 안전하게 즐기는 무대 관람에 다름 아닌 것이다. 이는 바흐친이 역설했던바, 무대가 따로 없는 삶의 현장, 그 생성의 장에 대한 전 민중적 참여라는 사건과 대립되는 것임은 두말할 나위가 없다.[82] 그럼 다시, 무엇이 문제인가?

　민중 이미지들, 즉 악당, 광대, 바보, 도둑의 경계 이월적 행위는 단지 놀이의 차원에 국한되지 않는다. 규범을 위반하고 도덕을 무시하며 세태에 무지한 것, 특히 근대사회의 신성한 소유권의 경계를 파괴하는 것은 결코 한때의 농담으로 끝나지 않는다. 경우에 따라 그런 행동은 나의 정신적·신체적 존속을 위협하며 생명을 빼앗을 정도로 위험한 순간에 노출시킨다. 다시 말해 목숨을 건 도약에 뛰어들게 하며, 그것이 나에게 생사를 걸도록 강제할 때는 이미 놀이의 수준을 떠나 있는 것이다.

---

81) 자크 랑시에르, 『정치적인 것의 가장자리에서』, 양창렬 옮김, 길, 2013, 제1부.
82) 바흐친, 『라블레론』, 28쪽. 중세 민중의 카니발과 정치사회적 전환을 연관시켜 논의한 책으로 Peter Stallybrass·Allon White, *The Politics & Poetics of Transgression*, Cornell University Press, 1986을 보라.

유희가 폭력의 위험으로 전환되는 광경이 누구에게나 즐겁고 유쾌하지 만은 않을 것이다. 오히려 극한의 위험은 '명랑한 그리스적 유희정신'을 위축시키고 중단시키지 않는가?

　　바흐친은 폭력 속에 자기의 존재를 걸 수 있을 때 세계의 전복과 창 조 역시 진정한 의미를 갖는다고 말한다. 그것이 '타자가 될 권리'[83]이 자 '유쾌한 상대성'[84]으로서의 민중적 축제이다. 이 폭력적 창조의 과정 은 무대 위의 광경이 아니라 내가 휘말려 들고 어쩔 수 없이 따라야 하 는 사태의 흐름, 그 사건의 연쇄 속에서 실현된다.[85] 나의 자기성自己性을 무너뜨릴 만한 그런 사건은 "아무나 할 만한" 일이 아니다(당연히 미천 하고 저급한 존재들이 감히 감당하리라고 생각될 수도 없었다). 바로 그런 이유에서 탈경계적 이행의 운동은 위반의 정치학과 불가분의 관계를 맺는다(치안이 아니라!). 말 그대로의 '정치화'로서. 엄숙하고 진지한, 고 뇌와 위엄에 찬 결단이 아니라 우스꽝스럽고 어리석기 짝이 없는 문화 적 반反영웅들의 일거수일투족이 도덕률을 쪼개고 가치를 뒤섞을 때 비 로소 탈경계적 이행의 존재론은 이 세계의 전면적 재구성(정치화!)이라 는 과제를 수행할 수 있기 때문이다. 갖가지 모호하고 비규정적인, 탈형 식적 이미지들로부터 민중의 힘을 상상하고 개념화했던 바흐친의 욕망 이 거기 있었노라 단언한다면 지나친 몽상일까?

---

83) 바흐친, 「소설 속의 시간과 크로노토프의 형식」, 351쪽.
84) 바흐친, 『라블레론』, 34쪽.
85) 이러한 폭력의 파괴적 속성은 바흐친의 생성(카니발)을 스탈린주의적 전체주의와 혼동하게 만들 기도 했다(Boris Groys, "Totalitarizm karnavala", *Bakhtinskij sbornik III*, M., 1997, pp.76~80). 하지 만 기성 세계를 밑바닥부터 부수는 과정이 나-주체를 포함할 수밖에 없음은 바흐친적 생성의 불 가피한 진실이다(Mikhail Ryklin, "Telo terrora", *Terrorologiki*, Tartu-Moskva, 1992, pp.34~51).

5. 민중이라는 신화, 그 매혹과 위험을 넘어서

민중은 경계를 넘는다는 이유로 늘 정당하고 옳을까? 정당함의 이유는 다만 그것뿐일까? 라블레의 소설에 나오는 가르강튀아나 팡타그뤼엘은 키가 수십 미터에 달하는 '건담' 같은 거인으로 묘사된다. 어떨 때는 평범한 사람처럼 그려지다가도 저녁식사로 암소 백 마리를 먹어 치우고 오줌 줄기로 수십 만 명의 적군을 수장(!)시켰다는 장면에서는 이미 우리가 아는 리얼리즘 소설의 범위를 훌쩍 넘어선다. 라블레의 인물들은 '먹고 싸고 노는' 데 필사적으로 매달리며, 영웅이나 현자, 성인의 가르침에는 전혀 무관심하다.

물론 그들은 '동물'이 아니다. 가르강튀아나 팡타그뤼엘은 탐식과 무절제, 과잉된 욕망과 행동으로, '민중의 방식으로' 악당, 광대, 바보, 도둑들과 같이 자신의 세계를 만들어 간다. 자신의 것(나=나)이라는 확고한 영토를 구축하는 식이 아니라 자신이 구축한 것일지라도 끊임없이 부숴 버리고 새로 다른 것을 만들며, 다시 깨뜨리는 과정을 통해 또 새로이 구축한다는 점이 중요하다. 끊임없는 탈영토화가 그들 삶의 방식이며, 삶을 생산하는 욕망이다. 반면 우리들의 삶의 방식과 욕망은 어떠한가? 우리는 우리에게 부여된 정체성에 부합하는 존재가 되기 위해 스스로를 결박하고 거세한 채 살 뿐만 아니라, 그것이 우리의 욕망이라고 믿으며 살아가지 않는가? 사회적 경계의 온존과 보존, 재생산에 예속된 노예의 이미지와 그것은 얼마나 다른가? 오히려 생산하는 욕망의 관점에서, 주체는 자신의 외부, 곧 경계 밖의 타자가 될 수 있어야 한다.

'내'가 '이 세상'을 창조할 때 나는 '주체'가 되지만, 그것을 깨뜨릴 때 나는 이미 그 세계의 주체가 아니다. 그때 '나'는 이 세계의 '타자'이며, 타자의 관점에서 보면 '이 세계'란 허물어뜨려야 할 낡은 과거일 따름이다. 그게 무엇이건, 지금 존재하는 문화의 기준과 규범에 대해 '타자가 될 수 있는 권리'야말로 라블레의 주인공들, 민중들의 능력에 다름 아니다. 그것은 '나=나'가 아닐 권리이자 '나=타자'가 될 수 있는 능력을 말한다. 나는 나 아닌 것, 타자, 다른 존재가 될 수 있을 때, 변신 etamorphosis할 수 있을 때(즉 주어진 경계, 정체성의 선을 넘어설 수 있을 때) 변화 생동하는 삶에 가장 생생하게 가까이 다가갈 수 있다. 무엇이건 나를 정의하려는 모든 정체성들은 다만 특정한 정체성의 가면을 내게 씌우려는 강제에 불과하다. 하지만 꼭 하나의 가면만을 주장하고 그것만을 쓰고 살아야 할 필연적인 이유란 게 있을까? 나는 하나이자 여럿인, n개의 가면을 모두 나 자신의 것이라고, 다수의 정체성 또는 탈-정체성이야말로 나의 본래 면목이라고 주장할 순 없을까? 가면'들'에 대한 권리로서의 민중성!

인습에 대항하고, 진정한 인간을 제멋대로 끼워 맞추려는 현존하는 모든 삶의 형식들이 지닌 부적절성에 대항하는 투쟁에서 이 가면들은 특별한 중요성을 갖는다. 그것들은 이해하지 않을 권리, 삶을 혼란시키고 조롱하며 과장할 권리, 이야기 속에서 다른 사람들을 패러디하면서도 말 그대로 받아들여지지 않을 권리, 자기 자신이 아닐 수 있는 권리, 삶을 영위하며 삶을 희극으로 연출하고 다른 사람들을 배우로서 다루며 그들의 가면을 찢어 버리고 그들에게 거의 제의적이라 할 만한 원시적 분노를 퍼부을 수 있는 권리, 마지막으로 대중에게 개인의 삶을 그 가장 사적이고 음탕한 세세한 비밀에 이르기까지 폭로할 수 있는 권리를 허락한다.[86]

이로써 민중은 단 하나의 가면(정체성)을 거부하고, 여러 개의 가면 혹은 끊임없이 다른 가면을 쓰고 벗을 수 있는, 언제나 다른 존재(타자)의 경계로 이행할 수 있는 힘으로 정의된다. 탈경계와 이행, 위반의 정치가 바로 우리들이 궁구하는 민중성인 셈이다.

그렇다면 민중은 전능한가? 불가침의 절대 강자인가? 다소 거창하게 들리는 이런 수사들은 민중을 위대하고 장엄한 이미지로 포장해 준다. 실제로 그런 포장의 역사가 있었다. 사회혁명을 꿈꾸던 열정적 투사들은 종종 민중의 고결한 덕성, 잡초같이 끈질긴 생명력, 위대한 역사적 의미에 감격하곤 했다. 소련에서는 민중의 그런 이미지들이 공식적인 국가 상징으로 채택되어 '공산주의 국가=민중적 영웅의 낙원'이라는 공식으로 구체화되기도 했다.[87] 하지만 민중을 이렇게 아름답고 숭고하게 미화하기 시작할 때, 우리는 근대 이전으로의 퇴행, 흡사 종교적 분위기를 연출하는 맹목에 대한 숭배를 다시 목도한다. 당연히 그것은 삶의 생산과 무관하다.

다시, 민중은 어떤 존재인가? 악당, 광대, 바보, 도둑 등은 언제나 쫓기고 퇴출당하는 존재들이 아닌가? 악당은 사회적으로 허락된 규범을 무시함으로써 자신의 규범을 세우고, 광대는 자신이 모든 다른 이들보다도 비천한 존재임을 자임함으로써 자기의 자리를 만든다. 바보는 현명함을 거부함으로써 자신을 비우고, 도둑은 도둑질로써 자신을 채우지만 동시에 그 누구의 것도 없음을 보여 준다. 달리 말해, 바흐친의 민중 이미지는 채움과 동시에 비우고, 세움과 동시에 무너뜨림을 통해 경

---

86) 바흐친, 「소설 속의 시간과 크로노토프의 형식」, 355~356쪽.
87) 권형진·이종훈 엮음, 『대중독재의 영웅 만들기』, 휴머니스트, 2005, 228~301쪽.

계를 넘어서는 행위에서 예외를 만들지 않는다. 즉 그 자신마저도 경계 이월의 대상으로 삼는 것이다. 바흐친은 이를 민중의 '자기비판' 능력이라고 불렀다.

　민중은 본질적으로 내재하는 어떤 특별한 자질이나 속성에 의해 정의되지 않는다. 오히려 모든 사회문화적 규범들을 비판하고 뛰어넘을 뿐 아니라 그것을 자기 자신에게도 적용할 수 있음으로써, 그 역량의 우월성을 통해 자기 존재를 입증한다. 다시 말해, 경계를 뛰어넘을 수 있는 권리와 능력은 그 스스로에게도 예외가 되지 않기에 유일하고 근원적인 힘이 될 수 있는 것이다. 악당과 광대, 바보, 도둑들은 '경계 위에서 살아가는'sur-vivant 존재들이기에 언제나 '살아남을 수 있는'survivant 존재들이며, 민중의 가장 적합한 이미지들로 판명된다.[88] 민중의 모호성을 뚜렷하게 규명하려 할수록 우리가 마주치는 것은 바로 이 우스꽝스러우면서도 미련한, 어리석고 비천한 이미지들뿐이지만, 실상 이런 민중 이미지야말로 민중을 가장 끈질기고도 강력한 삶의 실재로 살아가도록 추동하는 원천들이다. 진정한 민중의 정치학은 여기서 시작되어야 할 것이다.

---

88) '경계 위의 존재'와 '살아남음'의 문제는 데리다가 차연의 존재론을 펼치며 개념화한 바 있다(자크 데리다, 『법의 힘』, 진태원 옮김, 문학과지성사, 2004).

8장 인간 너머의 민중

1. 민중의 미스터리

스탈린이 사망하고 바흐친에 대한 '역사적인 복권'이 이루어진 후, 그가 1940년대에 작성했던 박사학위 논문 「리얼리즘 역사 속에서의 프랑수아 라블레」Fransua Rable v istorii realizma가 1965년 『프랑수아 라블레의 작품과 중세 및 르네상스의 민중문화』Tvorchestvo Fransua Rable i narodnaja kul'tura srednevekov'ja i Renessansa라는 제목으로 정식 출간되었다.[1] 편제상의 여러 차이들 중에서도 제목이 보여 주는 바와 같이, 이 책의 주제는 '민중문화'로 지목되어 있으며 이는 곧 후기 바흐친 사유의 기조음을 이루는 것이다. 일반적으로 문화가 '구성되는' 대상이요, 민중이 '구성하는' 주체로 상정된다는 점에서 민중문화의 우선적인 초점은 '민중'에 있다고 보아도 좋을 듯하다.

과연 바흐친은 라블레의 예술이 '민중적 원천' 또는 '근본적인 민중

---

[1] 이 책의 구성사 및 학위 수여에 관련된 여러 정황들, 단행본 출판 사정에 대해서는 다음 책을 참조하라. Irina Popova, *Kniga M. M. Bakhtina o Fransua Rable i ee znachenie dlja teorii literatury*, M., IMLI RAN, 2009.

성'에서 흘러나온 것이라고 책의 첫머리부터 단언한다.[2] 비록 『라블레론』의 표지에 작가의 이름이 명시되고 그의 작품이 분석 대상으로 설정되어 있으나, 『가르강튀아』와 『팡타그뤼엘』은 전적으로 작가 개인의 역량에만 기대어 창조되지 않았다. 라블레는 자기 시대의 '표현자'vyrazitel라 호명되며, 이는 그가 근대적 의미의 예술가-천재와는 다른 위상에 있음을 시사한다. 그는 중세와 르네상스의 민중성이 환기되고 표출되는 '기관'으로서 역할을 맡은 것이지 스스로 예술의 법칙을 설립하여 제시하는 '창조주'가 아니었다는 뜻이다.[3] 이 점에서 16세기 이후 라블레가 '기인' 취급을 당하고 망각된 것은 단지 예술적 천재에 대한 후세대의 몰이해 때문만은 아니었다. 오히려 '라블레의 고독'이란 민중적 배경을 몰각한 채 작품의 표층만을 읽었던 근대정신의 빈곤을 드러낼 따름이다. 따라서 지금-여기서 라블레를 다시 읽는 것은 동시에 상실된 민중적 원천을 회복하는 일이 된다.

> [라블레에 대한 근대인들의 몰이해와 혐오 등——인용자] 이러한 수수께끼는 오직 라블레의 민중적 원천들에 대한 깊이 있는 연구를 통해서만 해결될 수 있다. 만일 라블레가 최근 4세기의 역사 속에 나타난 '문학'belles-lettres의 대표자들 사이에서 어느 누구와도 닮지 않은 고독한 인물로 보인다면, 오히려 반대로 문학발전의 이러한 4세기는 올바르게 해명된 민중적 창조의 바탕 위에서, 어느 것과도 닮지 않은 어떤 특징을

---

2) 바흐친, 『라블레론』, 21쪽.
3) 후자는 칸트 미학의 특징이자 낭만주의 문학관의 작가론을 구성한다. 이에 따르면 근대의 예술가는 법칙정립적 창조자로 명명된다(임마누엘 칸트, 『판단력비판』, 백종현 옮김, 아카넷, 2009, §46 이하). 바흐친은 낭만주의 예술가론과 민중관을 근대의 편협한 인식체계로 간주하여 라블레의 중세 및 르네상스적 민중주의와 맞세우고자 했다(바흐친, 『라블레론』, 22쪽).

제시할 수도 있을 것이다. 라블레의 이미지들은 천여 년에 걸친 민중 문화의 발전 속에서 우리에게 친숙한 것이 될 수 있기 때문이다.[4]

그렇다면 대체 민중이란 누구인가? 기묘하게도 바흐친은 이에 관해 분명한 대답을 하지 않았고, 그로 인해 『라블레론』의 민중성은 포퓰리즘의 상투적 문구나 공허한 수사로 치부되는 일이 종종 벌어졌다.[5] 철학적으로든 역사·사회학적으로든 바흐친은 민중이 누구인지, 민중의 문화란 어떤 것인지에 관해 적극적인 해명을 내리지 않았다. 중세와 르네상스의 민중문화 및 그 표현자로서 라블레에 대한 연구를 표방하였음에도 불구하고, 『라블레론』에서 정작 누락된 것은 민중 자체에 관한 논증이다.

도대체 민중이란 누구인가? 그저 일상적 인간 집단을 지시하는 말이라면 이런 물음은 불필요하고 어리석기만 하리라. 난점은 바흐친의 민중이 근대적 인식틀에 의해 명확하게 표지되는 대상이 아니라는 데 있다. 앞 장에서 살펴보았듯, 근대 역사 속의 집단적 주체인 인민, 계급, 대중 등의 개념으로 '민중'은 포섭되지 않는다. 역으로 민중은 온통 모호성과 불확실성으로 점철되어 있으며, 심지어 인간학적 관념조차도 훌쩍 넘어서 있다는 점에 주목해야 한다. 예컨대 라블레의 작품에 등장하는 민중의 형상은 가르강튀아나 팡타그뤼엘, 파뉘르주, 수도사 장과 같은 개별화된 인물들이다. 그러나 이들은 고대 신화나 서사시의 '영웅'

---

4) 바흐친, 『라블레론』, 21~22쪽.
5) 『라블레론』의 학문적 깊이에 대한 의심, 나아가 1930~1940년대 스탈린 시대를 횡행하던 '민중 이데올로기'의 막연한 치례로 여겨진 것이 그런 경우들이다(Natal'ja Bonetskaja, "Bakhtin glazami metafizika", *Dialog. Karnaval. Khronotop*, No.1, 1998, pp.103~155; Groys, "Totalitarizm karnavala", pp.76~80).

이나 '위인'이 아니라 가장 비속하고 비천하며 어리석은 형상을 취한다. 심지어 그들은 인간의 통상적 관념으로 환원되지 않는 비인간적 양태들을 통해 묘사되어 있다.[6] 인간의 성격과 행위, 사고와 행동을 규정짓는 근대문학의 원칙들은 이들 앞에 무력하다. 라블레의 인물들은 '초인간적' 양상들로 형상화되며, 근대문학은 이를 인식하기 위하여 '우화'라는 레테르를 동원할 수밖에 없었다.[7] 하지만 이런 레테르야말로 라블레의 민중이 합리성의 프리즘으로는 규정되지 않는 결정 불가능한 존재임을, 즉 근대 인간학 '너머'의 형상임을 보여 주는 증거가 아닐까?

라블레의 민중은 근본적인 모호성, 어떤 정합적인 인식론적 틀에 의해 규정되지 않는 탈규정성을 본성으로 갖는다. 마치 민중문화의 특징으로 거론한 그로테스크 이미지가 '비규범성'을 규범으로 삼듯,[8] 민중 역시 개념과 범주를 끊임없이 이탈하는 원심적 운동을 통해 의미화되는 것이다. 이 점에서 민중과 그의 문화는 데카르트적 명석판명에 따라 정의되는 완결체가 아니다. 역으로 그것은 자체 완결성을 주장하는 '공식적 문화'에 대항하고 탈주하는, '비공식성'을 본령으로 삼는다. 여기서 비공식성이란 완료되지 않는 변형의 차원, 이행과 전화의 과정이

---

6) 출생부터 한 끼 식사로 수백 마리의 소와 돼지를 먹어 치우던 팡타그뤼엘, 오줌을 싸서 홍수를 일으켜 적병을 몰살시킨 가르강튀아, 투르크인들에게 산 채로 꼬챙이에 꿰어 구워지지만 끝내 기사 회생하는 불멸의 파뉘르주, 이들의 형상은 '인간의 언어'로 말해질 뿐 실상 초인, 혹은 비인간에 다름 아니다. 이들의 반(反)영웅적 이미지는 비단 고전문학의 영웅상에 대립할 뿐만 아니라 그것을 뛰어넘는 곳에서 형성되는 것이다(최진석, 「또다른 세계를 상상하라!」, 수유너머R 엮음, 『너는 네가 되어야 한다』, 너머학교, 2013, 49~85쪽).

7) 베르당-루이 쏘니에, 『르네상스 프랑스 문학』, 강인옥 옮김, 탐구당, 1984, 105쪽. 라블레를 '우화적 풍자'로 읽는 것은 중세를 봉건적 암흑기로 상정하고 그에 대한 비판으로 라블레의 작품들을 인식하는 방식을 가리킨다. 이에 따르면 라블레 현상이란 르네상스 휴머니즘의 발현이 되며, 여기서 전형적인 근대적 독법이 성립한다.

8) 바흐친, 『라블레론』, 63쪽.

보다 근원적인 지위에 있음을 가리킨다. 이런 의미에서 민중은 역사·사회적 실증의 대상이 아니다. 그것은 오히려 대상화 이전의 차원, 곧 생성이라는 존재론적 지평에서 사유되어야 한다. 명석판명한 대상성이란 주객이분법, 특히 인간의 주관성을 척도 삼아 그에 따라 세계와 사물의 정상성과 정당성을 판별하는 경화된 사고로서 생성의 평면을 알지 못한다.[9] 바흐친의 주장대로 중세 및 르네상스적 민중성의 원천을 되찾고, 그로써 라블레를 다시 읽고자 한다면, 근대적 인간학의 사유 자체를 넘어서 민중을 사유해야 할 이유는 충분할 것이다.

이 장의 과제는 『라블레론』의 민중을 존재론의 평면에서 재음미하는 데 있다. 이를 위해 우리는 웃음, 광장, 카니발이라는 민중성의 세 가지 속성을 살펴볼 것이고, 그로써 민중을 하나의 힘으로서, 생성하는 능력으로서 정의하고자 한다.

2. 민중성의 세 요소

한국어 번역본으로 100여 쪽에 상당하는 「서론」을 제외하고도 총 7개 장으로 구성된 『라블레론』은 체계적으로 정리되고 축조된 저작이 아니다. 바흐친은 이 책을 '웃음의 역사', '광장의 언어', '민중·축제적 이미지', '향연', '그로테스크 신체', '물질적·육체적 하부 이미지', '라블레 시대의 현실' 등으로 구별해서 서술하고 있으나, 각각의 장들은 서로 엇비슷한 내용들을 반복해서 다루고 있으며 사실상 분명하게 상호 변별

---

9) 대상화는 표상화, 즉 재현 작용을 가리킨다. 마르틴 하이데거, 『세계상의 시대』, 이기상 옮김, 서광사, 1995를 참조하라.

되는 항목들로 나뉘지 않는다. 오히려 이 책은 중세에서 르네상스로 장기지속적으로 이어지는 민중문화의 여러 요소들을 서로 연동되는 차원에서 기술하고 있고, 이러한 상관성의 수원水源이자 최종 집결지가 바로 '민중성' 혹은 '민중적 원천'이라 할 수 있다.

생성stanoblenie은 그와 같은 민중성을 총체적인 차원에서 아우르는 주제어다. 『라블레론』의 각 장들에서 제시된 민중문화의 개별 요소들은 생성의 거대한 운동을 향해 일관되게 작동하는 계기들이지만, 현상의 양태들, 곧 문화적 표현의 형식들로서는 서로 구별된다.[10] 다만 민중연희나 웃음문학, 광장의 언어는 양상적으로 분별되어도 실재적으로는 하나의 흐름 속에 합쳐지는 것이기에 민중문화의 각 요소들을 명징하게 잘라 세분화하는 것은 불가능할뿐더러 불필요한 일이 될 것이다. 그러므로 웃음과 광장, 카니발을 민중성의 세 가지 요소로 제시할 때조차, 그것들은 필연적으로 서로 물고 물리는 연관의 흐름 속에서만 사유된다는 것을 기억해야 한다. 민중성의 다양한 요소들은 생성이라는 사건적 종합을 표현하는 존재론적 일관성을 갖기 때문이다. 사건화야말로 바흐친의 지적 이력을 시종일관 사로잡았던 주제라 본다면, 웃음과 광장, 카니발은 사건의 동력이자 그 무대, 그리고 사건 자체를 가리키는 다양하되, 한 가지의 동일한 이름이라 부를 수 있다.

---

10) 민중의 웃음문화의 세 가지 기본 형식들이 그것들이다(바흐친, 『라블레론』, 24쪽). '표현의 형식'이란 내용적 척도에 따라 사태와 사물의 '본질'로 회수되지 않는, 현상 고유의 실존 형태, 그 양태적 특이성을 드러내기 위해 들뢰즈와 가타리가 옐름슬레우로부터 차용한 용어이다. 이로써 현상세계의 문화적 양상들은 그 자체의 고유한 운동 및 표현의 논리를 획득하게 된다(들뢰즈·가타리, 『천의 고원』, 제4장). 바흐친에게 문화적 현실이 가상(simulacre)이 아니라 현상성 고유의 진리를 갖는다고 할 때, 표현의 형식이란 관점은 대단히 중요한 방법적 사유가 된다.

(1) 웃음: 광장에서 펼쳐지는 존재론적 평등화

민중은 '광장 위에서 웃고 있는' 모습으로 자신을 단적으로 표현한다.[11] 아마 민중에게 단 하나의 유일한 표정이 있다면 그것은 바로 웃음이라 말해도 과언이 아닐 듯하다. 그러나 여기서의 핵심은 웃는 얼굴이 아니라 웃음 그 자체다. 민중은 항상 집합적으로 웃으며, 따라서 인칭적인 표정을 갖지 않는다. 다시 말해 웃음이 곧 민중 자신이며, 민중의 온전한 역량인 것이다. 그렇다면 웃음이란 대체 무엇인가? 웃음의 효과는 어떤 것인가?

바흐친은 민중의 웃음이 함유한 '독특한 본성'에 주목하는데, 이는 웃음을 개인의 생리 기능이나 심리 작용에 제한하여 이해하지 않겠다는 뜻이다. 즉 웃음은 말 그대로 민중의, 집합적인 신체성의 현상으로서 이해되어야 한다. 웃음을 개인의 신진대사 및 배변, 심적 스트레스의 해소로 간주하는 것은 웃음이 갖는 우주적이고 세계감각적 차원을 감추거나 간과하는 일이 될 것이다.[12] 근대의 사적私的 인간은 미소한 만족과 쾌락의 차원에만 웃음을 한정시켰다. 세상살이에 찌든 사교적 웃음이나 건강과 미용에의 염려로 강제된 웃음, 혹은 부정일색의 냉소와 조소가 그것들이다. 하지만 웃음의 본래 면목은 개체와 세계, 우주를 연결하는 거대한 호흡을 가동시키는 데 있다. 라블레의 인물들이 각자 웃음을 행위해도, 그 주체이자 궁극의 대상은 항상 민중 전체로 지목되는 이유가 그것이다. 라블레의 웃음은 고립된 영웅, 혹은 천재 작가의 단독적 행위가 아니라, 동시대의 '모든' 민중이 함께 이해하고 행위하는 전 민

---

11) 바흐친, 『라블레론』, 23쪽.
12) Marina Rjumina, *Estetika smekha. Smekh kak virtual'naja real'nost'*, M., 2003 및 Leonid Karasev, *Filosofija smekha*, M., 1996을 참조하라.

중성 속에서 터뜨려졌다.[13] 이것이 바로 웃음의 '독특한 본성'이다.

일종의 우주론이자 세계감각으로서 웃음의 원리는 언제나 개체적 단위를 넘어서는 '과잉'으로 나타난다. 마치 폭우가 내려 강이 범람하고 홍수가 일어나듯, 웃음은 인간사의 제한된 울타리를 넘어서고 흘러넘치는 '힘'으로서 경험된다. 이러한 웃음의 힘-능력은 '파괴적'이지 않을 수 없다. 중세의 공식 문화를 지배하던 종교적·국가적 질서에 대해 민중의 웃음이 항상 불온하고 위협적이었던 것도 그런 까닭에서다. 엄숙하고 진지한 권력의 표정에 나란히 희화화된 얼굴을 맞세우고 등가화시키는 것, 그로써 견고한 위계에 균열을 내서 전복시키는 패러디 전략은 웃음의 파괴적 능력을 전면화해서 보여 주고 있다.

중세 패러디의 역사, 일반적으로 말해 모든 중세 문학작품 속에서 신학교와 대학들에서의 유흥은 커다란 의미를 지닌다. 이러한 유흥은 일반적으로 축제들과 일치했다. 웃음과 농담, 물질적·육체적 삶에 대해 전통적으로 용인되었던 모든 축제적 특권들이 바로 이러한 유흥에 거의 완벽하게 전이되고 있었던 것이다. 유흥기간 동안에는 모든 공식적인 세계관의 체계로부터, 학교의 지식과 학교의 규칙으로부터 휴식을 취할 수 있었을 뿐만 아니라, 그러한 것들을 유쾌한 격하의 놀이와 농담의 대상으로 만드는 것이 허용되었다. 특히 경건과 엄숙함의 육중한 족쇄로부터, '영원', '부동', '절대', '불변'과 같은 음울한 범주의 압제로부터 해방되는 것이었다. 그러한 것들은 세계의 즐겁고 자유로운 웃음

---

13) '광장에서 웃는 민중의 합창'이란 이미지는 바흐친이 초지일관 강조하는 민중성의 중핵이다(바흐친, 『라블레론』, 671쪽).

의 양상들과 더불어 완결되지 않은 열린 세계, 변화와 갱신의 즐거움이 깃들인 세계와 대비되고 있었다.[14]

해방적 놀이로서의 웃음, 그것은 일견 낭비나 방탕, 퇴폐처럼 여겨지지만 실상 정체되어 있는 현실을 움직이게 만들고 고정된 서열을 허물어뜨리는 능동적이고 적극적인 능력이 아닐 수 없다. 그리고 그 극적인 효과는 존재론적 평등화에서 드러난다. 현실의 문화적 관계 속에 준-자연화된 권력의 권위와 폭력은 웃음의 작용 앞에서 자신의 허위와 무력함을 폭로한다. 예컨대『팡타그뤼엘』의 제30장에서 에피스테몽은 죽음으로부터 기적적으로 '회생'한 후, 자신이 지옥에서 겪었던 체험을 들려준다. 그는 거기서 악마들과 '격의 없이' 대화를 나누고 함께 '식사를 했'으며, 역사 속의 군주와 영웅, 위인들이 생전과는 정반대로 험하고 궂은 일, '미천한' 노동을 도맡아 하는 광경을 목격했다고 장담한다. 로마의 건국자 로물루스는 소금을 팔고 있고, 키케로는 대장간의 조수로 일하며, 아킬레우스는 염색업자, 아가멤논은 식충이, 오디세우스는 풀베는 일꾼 등으로 허드렛일을 하며 지내더란 말이다.[15] 이야기는 장장 수 페이지를 이어지며 '라블레적' 입담, 우스개를 보여 주는데 그 핵심은 이 우주에 영원한 것은 없으며, 만물은 영구한 변전 속에서 돌고 돈다는 사상이다. 현세에서 무소불위의 강권과 폭압을 떨치는 그 무엇도 궁극적으로 전복의 운명을 맞을 수밖에 없다. 대관과 탈관은 반복되

14) 바흐친,『라블레론』, 140쪽.
15) 프랑수아 라블레,『가르강튀아/팡타그뤼엘』, 유석호 옮김, 문학과지성사, 2004, 453~466쪽. 탈관과 전복, 죽음과 부활의 양가성의 운동이 현행화되는 장면들이 그것이며, 이로써 지옥은 유쾌한 경험의 장으로 묘사된다. 내세에 대한 두려움이 소멸하는 것이다(바흐친,『라블레론』, pp.588~595).

는 생의 진리로 선포된다. 웃음은 이러한 변전과 전환, 이행의 근본 동력이다. 강철처럼 견고한 모든 것에 대한 적대자이자 전복자, 해체의 화신이 웃음인 셈이다. 그러니 국가와 교회라는 전통적 권위가 웃음을 달가워했을 리 없다.

현상적 위력이 파괴에 맞춰져 있어도, 웃음은 전적인 부정과 허무주의에 함몰되지 않는다. 웃음의 본원적인 능력은 해체 이후의 사태, 즉 새로운 종합과 통일을 향한 구성적 차원을 향할 때 더욱 근본적인 것이 된다. 웃음은 기성의 권위와 질서를 파열시키는 동시에 이전에는 존재하지 않았던 세계, 현상에 가려져 있고 보이지 않던 '낯설고 새로운' 세계를 열어 보여 준다. 아니, 더 정확히 말해 창안해 낸다. 당장 가시적으로 현존하는 것만이 유일하게 실존하는 것이라는 명령에 맞서, 웃음은 새로운 세계가 지금-여기서 만들어질 수 있음을 실연하는 창조 행위가 된다.[16]

웃음은 자신의 세계, 자신의 교회, 자신의 국가를 공식적인 세계, 공식적인 교회, 공식적인 국가에 대항하여 세우는 것이리라. 웃음은 전례를 행하고, 자기 신앙의 상징을 고백하며, 결혼식을 올리고, 장례식을 치르며, 묘비명을 적고, 왕과 주교를 선출한다. 가장 사소한 중세의 패러디일지라도, 마치 그것이 전체적이고 통일된 우스꽝스러운 세계의 일부처럼, 항상 그렇게 만들어지고 있다는 점은 특징적인 사실인 것이다.[17]

---

16) "이성적인 것이 현실적이며 현실적인 것은 이성적이다"라는 헤겔에 맞서 바흐친은 현실의 실정성과 이상이 불일치함을, 그러므로 항상 탈주의 가능성에 개방되어야 함을 주장하고자 했다. '불일치'에 대한 욕망이야말로 생성의 관점에서 세계를 바라보는 본질적인 동력이다.

현실을 전복시키는 웃음의 힘-능력이 없다면, '이 현실'을 넘어설 어떠한 전망도 주어질 수 없다. 웃음의 전면화, 모든 것을 웃음의 심판대에 내던져 버리는 운동만이 필연적이다. 웃음이 없다면 새로운 삶도 불가능하다.

중세의 패러디 작가들에게는 모든 것이 하나같이 우스꽝스러운 것이었다. 웃음도 또한 엄숙함처럼 보편적인 것이었으며, 웃음은 세계 전체, 역사, 사회 전체, 세계관을 향하고 있었다. 이것은 모든 것에 확산되어 있었으며, 그것의 지배로부터 그 어떤 것도 빠져나갈 수 없는 세계에 관한 제2의 진리였다. 이것은 마치 그 모든 요소들 속에 나타난 전 세계의 축제적 양태이자, 놀이와 웃음 속에 나타난 세계에 관한 제2의 계시인 것 같았다.[18]

비공식적 세계로서 웃음이 여는 무대는 현실의 '저편'에 있다. 그것은 초월적인 세계가 아닌데, '이 세계'에서 작동하는 웃음을 통해 항상 들여다볼 수 있는 잠재성의 지대로서 실존하는 세계인 까닭이다. 지금-여기와는 다른 '저 세계'의 현행성은 항상-이미 작동 중이다. 웃음의 실천을 통해.

웃음의 원리를 통해 구성되는 이 모든 [……] 형식들은 완전히 이질적이고 비공식적인, 특히 교회 외적이자 국가 외적인 세계 및 인간과 인

---

17) 바흐친, 『라블레론』, 146~147쪽.
18) 같은 책, 141쪽.

간적인 관계를 넘어서는 관점을 제공하고 있었다. 그 형식들은 마치 모든 공식적인 세계 저편에, 모든 중세인들이 많건 적건 참여했고 일정 기간 동안 살았던 제2의 세계와 제2의 삶을 건설하고 있는 것처럼 보였다.[19]

이러한 세계 구성, 즉 종교와 권력의 외부에 민중의 자율적 해방구를 건설하는 것은 하나의 단절적 사건화이다. 기존의 기계적 공간 관계, 인과적 시간 관계를 절단하고 모든 삶의 환경을 전적으로 낯설게 구성할 수 있어야 가능한 사건적 변환인 것이다. 아마도 웃음의 폭발적 위력을 빌리지 않고는 불가능할 이러한 삶의 전환은 웃음에 파괴와 해체의 정반대되는 힘, 즉 통일적 능력을 가정하지 않을 수 없게 한다. 물론 이러한 통일성은 현존 문화(종교, 국가)의 파괴 이후에 사후적으로 발생하는 게 아니다. 오히려 그것은 민중성 자체에 선재하는 힘, 해체와 구성을 가능하게 만드는 근원적 잠재력을 전제한다. 이 잠재력은 추상적·형식적 일반성이 아니라 실재적 보편성의 차원에 놓인 능력puissance이다.[20] 그것은 '민중적 웃음문화의 통일된 세계'이면서,[21] 분열과 생성의 '이중적 신체성'의 이미지에 구현된 '생명 과정의 연속적이면서도 모순된 통일성'이다.[22]

민중적 웃음문화의 통일성, 이는 바흐친이 평생 추구했던 이념적 물음에 대한 응답이 아니었을까? 1919년 자신의 학문적 이력의 시작점

19) 같은 책, 26쪽.
20) 이후 계속되어 논의되겠지만, 스피노자―들뢰즈의 '능력'(puissance)을 통해 바흐친의 민중을 사유하는 이유는 민중을 변형과 이행의 비인칭적인 생성력으로 고찰하고자 하기 때문이다.
21) 같은 책, 98쪽.
22) 같은 책, 623쪽.

이던 「예술과 책임」에서 그는 칸트적 근대, 즉 과학과 예술, 삶의 분열된 이 세계가 어떻게 다시 통일될 수 있을 것인가에 관해 의미심장한 질문을 던진 바 있다. 그때 그가 내린 답변은 행위하는 개성을 통해 분열된 세계에 하나의 통일성을 도입하는 것이었다. 응답/책임을 경유하여 이 세계 속에 일관성을 형성해 내는 것. 분명 이러한 질문과 답변의 과정에는 20세기 지성이 봉착한 절박한 위기감, 세계의 분열과 통일에 대한 문제의식이 녹아들어 있다. 하지만 여전히 (신)칸트적 통일에의 요청으로부터 멀리 벗어나지 못했던 이런 태도는 『도스토예프스키론』을 거쳐 『라블레론』에 이르자 전혀 뜻밖의 응답에 도달하게 된다. 과연 어떤 차이가 여기에 응축되어 있는가?

이른바 '개성의 책임'이라는 초기 모티프는 개인의 죄의식 관념과 깊이 결부되어 있었다. "책임은 죄과와도 결합되어 있다. [······] 인격은 전적인 책임성을 가져야 한다. 개성의 모든 요소들은 그저 삶의 시간적 연속 속에서 나란히 배열되는 것을 넘어서, 죄과와 책임의 통일 속에서 서로에게 속속들이 스며들어야 한다."[23] 청년 바흐친에게 통일이란 나-주체에게 '부과된' 것이었다. 칸트적 의무와 당위에 의해서는 아니지만 주체는 분열을 극복하기 위해 통일이란 과제를 떠맡아야 한다. 죄의식은 이때 통일을 견인하고 추동하는 심리적 강제로 작용하며, 책임은 그와 같은 심리적 중압을 자발성이라는 외피로 감싸 안는다. 그런 죄의식은 자연스런 감정이 아니다. 그것은 역사적으로 형성된 일종의 '이념적 감정'으로 19세기 유럽의 지식인, 특히 민중으로부터 소외된 러시아 인텔리겐치야에게 사회적 행위를 유인하는 한편으로 자신들의 무기력을

---

23) 바흐친, 「예술과 책임」, 26쪽.

정당화하려 끌어들인 부정적 감정이었다.[24] 그것은 민중 전체를 대상으로 삼는 감정이되, 지식인 각자가 받아들여야 할 개별적 의식이다.

이런 죄의식, 개별적 의식은 라블레의 민중성에 이르러 극적으로 해소된다. 고립된 내면에 갇혀 죄책감에 빠지거나 세상 전체를 적으로 삼는 소외된 자아감정은 민중의 본래적 감각이 아니다. 그것은 과잉된 자의식에 함몰된 근대적 주관주의, 인텔리겐치야의 왜곡된 자의식일 뿐이다. 그와 반대로 민중은 이 세계가 바로 자기 자신이며, 자기가 세계 전체임을 당당히 선언하고 전유해 나간다. 민중은 세계와 분리되어 있지 않으며, 이 세계의 전체성에 대해 민중 자신의 전체성으로 응답한다. 파편화된 주관성과 사적 개인, 고독한 내면과 과잉된 자의식 및 소외감은 민중 전체로부터 탈구된 주체의 부분적 의식에 불과하다. '세계 대 나'(또는 '타자들 대 나')의 이분법적 자의식은 근대 낭만주의에서 특화된 감각이지 본래적인 민중성에서 연원한 것이 아니다. 가령 낭만주의 이래 사람들은 카니발의 이미지에서 집단으로부터 분리된 "개인적 운명의 상징" 즉 소외된 자아를 찾아내곤 했지만, 실상 "그 이미지 속에 드러나고 있는 것은 바로 대지와 밀접하게 연결되고 우주의 태초가 스며들어 있는 민중의 운명"인 것이다.[25]

개체보다 전체를, 개별성보다 집합성을 선차적으로 놓는 것은 결코 후자를 통해 전자를 억압하거나 소거하자는 게 아니다. '근본적인 radikal'naja 민중성' 또는 '전 민중성'vsenarodnost'에 대한 강조는 긍정/부정의 이분법이 아니라 전면적이고 충일적인 긍정에 기반해서만 가장 적

---

24) Philip Pomper, "Preface", *The Russian Revolutionary Intelligentsia*, Thomas Crowell Company, 1970; 올랜도 파이지스, 『나타샤 댄스』, 채계병 옮김, 이카루스미디어, 2005, 제4장.
25) 바흐친, 『라블레론』, 392쪽.

합한 표현이 된다. 다시 말해 그것은 형식논리적 일반성도 아니며 헤겔식의 전일적 보편성도 아니다. 전자는 개체를 전체보다 앞세우고 후자는 무차별적인 전체만을 중요시하는 탓이다. 반면 바흐친에게 전 민중성은 잠재성의 전체 집합을 가리킨다. 그것은 부분과 전체가 얼마든지 상호 이행 가능한 근본적인 변형 가능성에 다름 아니다. 달리 말해, 민중이라는 전체는 개별화된 부분들에게 영향을 줄 뿐만 아니라 거꾸로 영향을 받아 변화될 수 있고, 실제로 이러한 변환적 상관성이야말로 부분과 전체, 전세계성에서 본질적 관계라는 것이다. 웃음은 이러한 상호 변형과 이행, 전화의 본질적인 동력원으로 작동한다. 웃음은 전체 민중에서 발원하여 전체 민중에게 속속들이 스며들고, 이렇게 웃음의 전일성全一性은 세계와 민중이 분리된 객체와 주체가 아니라 본질적으로 유일무이한 하나의 신체로 연결되어 있음을 증명해 준다. 바흐친이 카니발의 웃음을 세계에 대한 웃음이자 민중 자신에 대한 웃음으로 설명하는 까닭이 여기에 있다.

그러므로 카니발의 웃음은 첫째로 전 민중적(이미 언급했듯이 전 민중성은 카니발의 본질 자체에 속한다)이며, 모든 사람들이 웃는 '세계에 대한' 웃음이다. 둘째로 카니발의 웃음은 보편적으로서 모든 사물과 모든 사람들을 향한 것인데(카니발에 참여한 사람들을 향한 것도 포함해서), 세계 전체는 익살스럽게 제시되며 자신의 우스꽝스런 모습 속에서 자신의 유쾌한 상대성 속에서 이해되기도 한다. 마지막 세번째로 이러한 웃음은 양가성을 지닌다. 유쾌해하기도 하고 환호작약하기도 하며 동시에 조소하기도 하고 비웃기도 하는데, 부정하기도 하고 동시에 긍정하기도 하며, 매장되기도 하며 부활하기도 한다. 그러한 것들이 바로 카니발적인 웃음인 것이다. [……] 이 웃음은 웃고 있는 자기 자신을 향하기도 한다. 민중은 생성되고 있는 세계 총체성에서 자신을 제외시키지 않는다. 그들 역시 아직은 미완성이며, 죽음을 맞이하고, 재탄생하며, 갱생한다. 바로 이 점이 근대의 순수하게 풍자적이기만 한 웃음으로부터 민중·축제적 웃음을 구별해 주는 본질적 요소 중의 하나이다.[26]

만약 이 세계를 살아가고 움직여 가는 주체를 꼽을 수 있다면, 그것은 민중 전체이지 개별화된 주체가 아닐 것이다. 나아가 민중은 단지 주체이거나 타자라 불릴 수 없다. 이행과 변형, 생성을 통해 민중이 표현되는 한, 민중은 타자화와 주체화의 양가적 운동 속에서만 자신을 현재화할 수 있다. 따라서 민중은 타자로서의 주체이자, 주체로서의 타자라는 양가적 이미지 속에서만 드러나며, 이런 모호성이야말로 힘-능력으로서의 민중을 특징 짓는다. 그것이 생성의 관점이며, 이에 따를 때 민중은 차라리 비非인칭적이고 전前인칭적인 실체로서 변환과 변이의 탈형식적 과정을 가리킨다고 할 만하다. 물론 민중이 역사의 페이지들 속에서 호명될 때, 인간의 이미지로, 인민, 계급, 대중의 형상으로 표상되는 것 역시 틀림없는 사실이다. 핵심은 민중을 어떤 제한되고 규정된 범주의 주체나 객체 등으로 고정시키는 것은 민중이 지닌 역량을 제대로 파악하지 못하게 만든다는 점이다. 민중의 웃음이 세계 전체와 민중 자체의 온전한 잠재성을 전면화시켜 표현하는 것은 그가 인간의 범주를 벗어나는 힘-능력이 될 때이다.

26) 바흐친, 『라블레론』, 35~36쪽.

(2) 광장: 카니발적 신체성의 크로노토프

전체로서의 민중이 모이는 공간은 광장이다. 고립된 개인의 내면이 침잠하는 장소인 밀실과 달리 광장은 항상 집합적 표현의 공간이자 집단적 신체성이 출몰하는 장이다. 만일 민중이 세계와 동일한 존재성을 갖는다면, 광장은 곧 세계 자체라 말해도 좋을 것이다. 항상 열려 있는 광장의 개방성은 이행과 변형 가능성, 그 능력으로 충전된 민중의 잠재성을 나타낸다.

하지만 민중은 단일체monolithic body가 아니다. 민중이 개인individuum이나 개체성individuality의 산술적 합산이 아니듯, 또한 마찬가지로 민중은 나뉠 수 없는 총체성totality도 아니다. 오히려 민중은 전일적 집합체지만 균열 없는 단일성이 아니라 분기하는 다양성과 복수성에서 존립하고, 거꾸로 다양성과 복수성을 통해서만 전일적 집합성을 갖는다.[27] 그것은 위계적으로 피라미드처럼 구조화되어 있지 않은 상태, 곧 서열 없는 혼성에 다름 아니다. 이 점에서 민중이란 개체와 개인, 개성의 복수성이며, 욕망과 무의식의 혼성체이기도 하다.[28] 따라서 민중은 '너'와 '나', '우리'와 같은 인칭적 관계어를 통해 분절되는 동시에 그런 인칭어들을

---

27) "유기체는 물론 모든 생명체는 사실 분할 가능한(divisable) 요소들의 집합체다. 생명체의 어떤 층위도 분할할 수 없는 '개체'가 아니라 반대로 분할 가능한 요소들의 집합체다. 좀더 강하게 표현한다면, 생명체의 경우 개체(individual)는 없다. 분할 가능한 것들의 집합체만이 있을 뿐이다. 이처럼 분할 가능한 요소들의 집합체를 우리에게 익숙한 개념을 약간 변형시켜 '중-생'이라고 불러도 좋다면(혹은 다중체multi-dividual?), 이제 이 말은 이렇게 바꾸어 표현할 수 있을 것이다. 모든 생명체는 '중-생'이다"(이진경, 『미-래의 맑스주의』, 354쪽). 같은 의미에서 바흐친의 민중은 곧 중-생이라 불러도 좋겠다.

28) 제5장에서 진술했듯, 개별화된 의식에 대비되는 집합체의 무의식이 민중성의 근본적인 문제다. 이는 청년기 바흐친이 동시대의 '부르주아 과학'이던 프로이트주의에 반대하고, 더 넓은 의미에서 무의식을 받아들였던 것과 같은 맥락에 있다. 바흐친에게 민중은 무의식이며, 무의식은 개별적 의식으로 분화될 수 있는 잠재력의 총체로서 실재하는 힘을 지칭한다.

산술적으로 합해 놓은 것 이상의 전체성을 갖는다. 개인의 의식 너머에 있는 집단의 의식, 그것은 일종의 집합적 무의식이라 할 수 있는 것이고 이를 담아내는 그릇으로 제시되는 것이 신체다. 여기서 신체는 개별 인간, 개별 사물들 각자의 구별되는 물리적 특성(체적, 질량)에 한정되지 않으며, 오히려 민중의 신체는 모든 유기체들 전체의 신체, 유적인 삶 전반을 포괄하는 우주적 신체로 확장되어 표현된다. 광장은 이러한 민중의 신체성이 온전히 펼쳐지고 접히며, 이행하고 변형되는 생성의 장으로서 지시된다.

> 광장이나 거리에 서 있는 민중장터의 카니발 군중은 단순한 군중이 아니다. 이들은 자신들의 방식으로, 즉 민중의 방식으로 조직화된 전체로서의 민중이다. 이는 축제기간 동안 잠시 중지되는 사회·경제학적, 정치적 강제 조직의 모든 기존 형태들과 대립하면서, 그 바깥에 존재한다.
> 이러한 민중의 축제조직은 무엇보다도 구체적이고 감각적이다. 빽빽하게 모인 군중과 그 몸의 육체적 접촉까지도 일정한 의미를 갖는 것이다. 개인은 자신이 집단에서 분리될 수 없는 부분임을, 민중의 거대한 신체의 한 기관임을 느낀다. 이러한 전체 속에서, 개인의 몸은 얼마간 개별적이기를 멈춘다. 서로서로 몸을 바꿀 수 있으며, 새로워질 수 있는 것이다(의상이나 가면으로), 동시에 민중은 자신들의 구체적이며 감각적인 물질적·신체적 통일성과 공통성을 느낀다.[29]

---

29) 바흐친, 『라블레론』, 396~397쪽.

개인 각자로 명석판명하게 분석되지 않은 채 개별화된 의식 너머에서 존립하는 민중은 그 양가적 집합성과 신체성으로 말미암아 일종의 '괴물적' 존재로 보인다. 그것은 '나=나'라는 근대적 자기의식, 내면의 밀실에 갇히지 않은 채 광장이라는 열린 무대 위를 흘러내리고, '나=너=우리'를 반복왕래하며 끊임없이 이행하여 변형됨으로써 명석판명한 법과 규범의 바깥으로 빠져나간다. 민중이 타자화하고 주체화하는 양가적 운동을 수행한다는 것은 이런 뜻이다. 가시적으로 민중은 언제나 '나'나 '너'의 각자성으로 회수되지만, 그것의 비가시적 토대에서는 항상 '나', '너'로 분별되지 않는 집합성을 본성으로 삼는다. 『이탈리아 여행』에서 괴테가 목격했던 것은 바로 이런 민중의 모호한 괴물성, 집합적 유동성이었다.

> 질서도 없고 특별한 규율도 없이 혼란스럽게 이리저리 돌아다니는 것을 평소에 익히 보아왔기 때문에 수많은 머리와 가슴을 지니고 흔들거리며 이리저리 왔다갔다 하는 이 괴물같은 존재[민중!—인용자]는 자신이 하나의 고상한 형체로 통일되어 있고, 하나의 단위로 설정되어 '통일된' 정신 하에 살아움직이는 '통일적인' 형상 속에서 하나의 집단으로서 결합되어 고착되었음을 발견하게 된다.[30]

양가적 운동이 본성인 한, 민중의 '통일된' 정신과 형상이 단일체적인 총체성과 다르다는 것을, 심지어 대립적이란 것을 깨닫기는 어렵지 않다.

30) 바흐친, 『라블레론』, 397쪽.

광장에 놓인 것은 근대적 의미에서의 민중적 정신이나 의식이 아니라 다만 그의 신체다. 무의식적 질료덩어리이자 비인간적 실체로서의 민중-신체가 그것. 이와 같은 신체의 유물론에서 민중은 자아와 타자의 구별이 지어지고, 매 순간 변이와 전환, 즉 생성을 통해 새로 태어나는 존재로 언명된다. 이 과정은 도덕이나 진리의 초월적 근거에 의거하지 않는, 순전히 이 세계의 규칙에만 의지하는데 그것은 "자기 자신과, 모든 주어진 상황과 일치하지 않으려는" 욕망의 운동에 다름 아니다.[31] 두말할 나위 없이, 이 욕망은 인간학적 분절 이전의 존재론적 운동에 토대를 두고 있다. 즉 민중의 욕망이란 세계의 욕망이며 우주의 욕망, 어떤 결여에 의해 유인되지 않고 순수하게 자기변형과 이행의 힘에 추동되는 생성에 대한 욕망인 셈이다. 이러한 욕망의 전일성은 당연히 공식 문화의 분석적 범주로는 인지되지 않는다.

> 통일되었으나 비공식적인 세계상. 그것의 어조(웃음)처럼, 그 내용(물질적·신체적 하부)도 비공식적이다. 이러한 요소들은 태어나서, 죽고, 스스로 출산하고, 그리고 먹히고 먹는 것들과 세계의 유쾌한 질료들과 관계를 맺고 있다. 그러나 결국은 항상 성장하고, 증식하고 점점 좋아지고, 점점 풍요로워지는 것들과 관계를 맺고 있는 것이다. 이 유쾌한 질료는 양가적이다. 이것은 무덤이며, 출산하는 모태이고, 사라져가는 과거이며, 찾아오고 있는 미래이다. 이것은 생성 그 자체인 것이다.[32]

---

31) 이는 생성하는 힘이자 비인칭·비인격적 운동으로서 소설의 욕망을 정의하는 관점이다. 괴물성의 존재론, 다시 말해 바흐친의 소설론은 생성의 관점에서 민중론과 일의적이다(바흐친, 「서사시와 소설」, 『장편소설과 민중언어』, 57쪽).

32) 바흐친, 『라블레론』, 304쪽.

생성의 급진성radicality은 그것이 문화 세계의 가장 하부에서, 심지어 '문화'라고도 명명할 수 없는 심저에서 움직이는 힘이라는 데 있다. 정교하게 형식화되고 세련되게 가공된 표상들, 곧 법과 제도, 도덕적 규범과 미적 대상 등은 이렇게 하부에서 관류하는 흐름을 읽어 낼 수 없다. 공식적 문화의 장에 포착되는 것은 개별화되고 특정화되어 있기에 통제할 수 있는 (인간을 포함한) 대상적 사물들이다. 이러한 근대적 체계에서 주체도 아니고 타자도 아닌 영구적 변형의 상태, 항상 타자의 자리를 향하도록 정향된 힘과 욕망 따위는 존재하지조차 않는 것이 된다. 라블레 시대의 민중, 중세-르네상스의 민중이 근대적 사회·문화적 틀로 포착되지 않았던 것은 민중이 그렇게 유동하는 흐름의 존재로서 실존했기 때문은 아니었을까? 고체가 아닌 액체이고, 명사가 아닌 동사로서 유동하는 존재가 민중이 아닌가? 명료한 정체성과 규정성을 자꾸만 벗어나고, 이탈하며 흩어져 버리는 양태로서 민중이란 대체 어떤 존재인가? 민중의 양가성이란 어떤 것인가?

광장의 언어는 두 개의 얼굴을 갖고 있는 야누스이다. 광장의 예찬은 이미 말한 바와 같이 아이러니적이며 양가적이다. 예찬은 욕설과의 경계에 위치하고 있다. 예찬은 욕설을 잉태하고 있으며, 따라서 이 둘 사이에 명확한 경계선을 그을 수 없고, 어디에서 한쪽이 시작하고 어디에서 다른 한쪽이 끝나는가를 가리킬 수 없다. [……] 결국 그로테스크적 광장의 말투(특히 가장 오래된 층위에서)의 대상이 되는 것은 밤에서 아침으로, 겨울에서 봄으로, 낡은 것에서 새 것으로, 죽음에서 탄생으로 옮겨 가는 상태에 있는, 완료하지 않고 변형의 상태에 있는 세계이거나 이러한 세계의 모든 현상인 것이다. [……] 이 양가성은 예찬에서 욕설로, 또는 그 반대로의 이행에 있어서 유기적이며 직접적인 성격을 규정하며, 이러한 예찬이나 욕설의 수신자가 불확정적이라는 잘 알려진 '미未준비성'을 또한 규정한다. [……] 이러한 현상의 밑바탕에는 영원히 완성되지 않은 채, 죽어 가면서 동시에 탄생하는 두 개의 신체를 가진 세계라는 관념이 자리 잡고 있다.[33]

　근대의 '순수한' 풍자가 상대에 대한 비하와 절하, 죽음에의 의지로 점철되어 있다면, 중세-르네상스 민중의 욕설은 '죽이는 동시에 살리고' '살리는 동시에 죽이는' 철저한 양가적 운동으로 충만해 있다. 요점은 이러한 양가성이 의미상으로 볼 때 그렇다는 식의 절충주의가 아니라는 데 있다. 의미적 양가성을 따지는 것은 말의 외연과 내포를 구별하고 그 두 층위 사이의 일치를 따지려는 근대적 언어관의 소산이다. 바흐친이 지적하는 것은 중세-르네상스의 언어 인식이 본래적으로 이중성을 갖고 있었다는 것이며, 이는 말이 본래적으로 양가적 가치를 가지며 그것이 말이라는 신체의 본성을 구성한다는 사실이다. 말을 언어학적으로 분석되는 기표, 기의와 변별되는 기호로 이해하는 것은 지극히 근대적인 언어관일 뿐이다. 또한 언어에 특정한 (민족·국가 등의) 선험적 가치를 채워 넣는 것 역시 라블레의 언어와 동일하지 않다.[34] 말의 신체, 근본적으로 양가적 가치의 유동으로 작동하는 언어의 신체성이 문제

---

33) 바흐친, 『라블레론』, 257~258쪽.
34) 전자는 소쉬르에 의해 체계화된 구조주의적 언어학이고 후자는 18세기 낭만주의 이래 정립된 실체주의적 언어관이다. 바흐친은 『마르크스주의와 언어철학』에서 이 두 가지 언어 학설을 모두 부적절한 것으로 비판한 바 있다. 그에 따르면 말은 그 자체의 생명력을 갖고 가치의 변형을 추구하는 자생적 삶을 살아가는 힘이다. 따라서 언어는 그것이 작동하는 화용론적 차원에 의해 분석되어야 한다.

다. 다소 순환적으로 들리지만 말의 신체성이란, 웃음과 마찬가지로 양가성에 의해 추동되는 사멸과 부활, 격하와 예찬의 실재적이고 실체적인 운동을 가리킨다. 여기서 무엇이 보다 근본적인가? 죽이는 것과 살리는 것 가운데 어떤 쪽이 더욱 본질적인가?

> 광장의 언어는 양가적이고 거기에는 웃음과 아이러니가 울려퍼진다. 광장의 언어는 언제나 그것의 반대편을 가리키려는, 즉 욕설과 저주로 돌아서려는 준비가 되어 있는 것이다. 이들은 또한 격하의 기능을 수행하고 있으며, 세계를 물질화하고 육체화한다. 이들은 본질적으로 양가적인 물질적·육체적 하부와 결합되어 있다. 그러나 음식, 완치, 부활, 생식력, 풍요 등과 같은 이러한 하부의 긍정적인 '극'이 그것들을 지배하고 있는 것이다.[35]

물의 원리가 그러하듯, 이 세계의 모든 사물은 제아무리 높은 곳에 있더라도 시간의 경과에 따라 아래로 떨어지고 분산되어 흐르게 마련이다. 그렇게 멈추고 고여 있는 것, 정체된 것을 다시 움직이도록 추동하는 힘이 바로 '물질적·육체적 하부'의 견인력이고, 웃음이자 광장의 욕설인 것이다. 따라서 '하부의 부정적인 극'[36]은 동시에 '하부의 긍정적인 극'이 된다. 긍정과 부정은 한꺼번에 뒤섞이고 명확한 정체성과 의미를 상실하지만, 양가적 층위를 획득함으로써 생성이라는 거대한 운동에 참여하게 된다. 이런 점에서 광장의 언어, 양가성으로 충전된 말은

---

35) 바흐친, 『라블레론』, 291쪽.
36) 같은 책, 291~292쪽.

기성의 문화적 현실을 파열시켜 새로운 집합성으로서의 민중을 창설해 낸다.

> 언어적 의사소통 속에 확립되어 있는 규범을 고의적으로 위배하는 것으로 [……] 언행$^{rech'}$ 전체를 다른 차원으로 옮겨 놓고, 언어의 조건성과는 동떨어진 측면에서 그 언행을 확립하는 것이다. 그러므로 일반적인 언어의 규범, 질서, 금지의 지배로부터 해방된 그와 같은 언행은 마치 특수한 언어로, 즉 공식적인 언어와의 관계에 있어서 그 자체가 일종의 특수한 은어로 바뀌는 것처럼 보인다. 바로 이 때문에 그와 같은 언행은 특수한 집단, 즉 거리낌없는 교제를 위한 집단, 언행이 솔직하고 자유분방한 집합체를 만들어 내는 것이다. 이와 같은 집합체는 본질적으로 광장의 군중인데, 특히 축제, 정기시장, 카니발의 군중이라고 할 수 있다.[37]

실상 이것은 현실의 세계에서 시공간의 인과율을 벗어나는 이탈이며, 가능성으로부터 불가능성의 차원으로 도약하는 분기점을 가리킨다. 달리 말해, 사건화의 시공간 즉 크로노토프다. 카니발은 사건의 장이고, 크로노토프의 역동이 최고조로 진행되는 과정적 시공간에 다르지 않다. 이러한 카니발적 광장에서 표현되는 말의 힘은 현실의 위계와 제한을 파기하여 본래의 생성적 차원을 되돌리고, 그로써 웃음의 통일적 세계를 회복하여 새로운 현실을 구성해 낸다.

---

37) 같은 책, 292쪽.

이와 같은 언어적 요소를 사용할 수 있는 카니발적 가능성들은, 바로 축제적인 광장에서 사람들 사이의 모든 위계적 장벽들이 제거되고, 그들 사이에 거리낌 없는 현실적 접촉이 이루어지는 조건 속에서 완전하게 전개된다. 이곳에서 그들은 통일적인 웃음의 세계상을 잘 이해하고 참여하게 되는 것이다.[38]

이렇게 새로이 구성된 현실, 그것의 역동적 풍경은 그러나 근대인의 눈에는 낯설고 기이한 것, 때로는 끔찍하고 두려운 광경으로 비치게 된다. 기존의 익숙한 세계는 명석판명하게 구별되고 이름 붙일 수 있는 질서를 이루었던 반면, 카니발적으로 (재)구성된 세계는 변형과 이행의 과정을 통과하며 명명 불가능한 차원을 열어 보이는 까닭이다. 카니발적 신체란 미완성과 비종결의 과정에 있는 질료적 흐름 자체에 다름 아니다. 그로테스크 리얼리즘은 이와 같이 카니발화된 세계상을 가리키며, 형식화된 문화 세계를 탈구시킴으로써 비정형과 비규범, 탈개체적 실재성 자체를 전시하고 있다. 다소 길지만 이러한 생성의 그로테스크를 여실히 묘파하고 있는 바흐친의 문장을 함께 읽어 보자.

그로테스크는 신체에서 기어나오고, 밀려나오고, 솟아나오는 모든 것, 신체적 경계들을 넘어서려 애쓰는 모든 것들에 관심이 있다. [……] 그로테스크한 신체는 우리가 여러 번 강조한 바와 같이 생성하는 신체이다. 이러한 신체는 결코 완성되거나 종결되지 않는다. 이 신체는 언제나 세워지고, 만들어지며, 스스로 다른 신체를 세우고 만든다. 게다가

---

38) 바흐친, 『라블레론』, 293쪽.

이러한 신체는 세계를 삼키고 스스로 세계에게 삼켜 먹힌다(사육제에 가르강튀아가 태어나는 에피소드의 그로테스크 이미지를 떠올려보자). 그러므로 그로테스크한 신체에서 가장 본질적인 역할은 원래 자신의 크기보다 더 커지고 개별적인 경계들을 넘어서며 새로운 (두번째의) 몸을 수태할 수 있는 신체적 부위들이 하게 된다. 예를 들면 배와 남근이 그러하다. 이들은 그로테스크한 신체의 이미지에서 주요한 역할을 담당한다. 바로 이 때문에 이들은 탁월한 긍정적 과장, 즉 과장법에 속하게 된다. 이들은 심지어 신체에서 분리될 수도 있으며, 독자적인 삶을 영위할 수도 있다. 왜냐하면 이들은 신체의 나머지 부분들을 이차적인 것으로 덮어 버리기 때문이다(코도 어느 정도 몸에서 분리될 수 있다). 그로테스크한 신체에서 배와 생식기 다음으로 중요한 역할을 하는 것은 삼켜진 세상이 들어가는 입이고, 그 다음은 엉덩이이다. 실제로 이 모든 융기된 부분과 구멍들에는 공통된 특징이 있다. 바로 이들 안에서 두 신체들 사이의 경계 및 신체와 세상 사이의 경계들이 극복되며, 상호 교환과 상호 관심이 일어나는 것이다. 그러므로 그로테스크한 신체적 삶에서 기본적인 사건들은 육체적 드라마의 행위들이다. 즉, 먹기, 마시기, 배설(그 밖에 다른 구분으로는 발한發汗, 코풀기, 재채기 등이 있다), 성교, 임신, 출산, 성장, 노화, 질환, 죽음, 찢기기, 조각조각 나뉘기, 다른 몸에게 먹히기 등인 것이다. 이 사건들은 신체와 세계의 경계, 새로운 신체와 낡은 신체 사이의 경계에서 생겨난다. 그리고 이 모든 육체적 드라마의 사건들 속에서 삶의 시작과 끝은 서로 밀접하게 얽히게 된다. [……] 본질적으로 그로테스크 이미지는 그 극단의 장소에서 결코 개별적인 신체라는 것을 갖지 않는다. [……] 그로테스크한 신체는 우주적이며 보편적이다.[39]

(3) 카니발: 그로테스크한 신체의 존재-사건

신체에 대한 위와 같은 인식은 우리들에게 대단히 낯설지만, 중세와 르네상스 시대에는 평범한 일상의 지식이었다고 바흐친은 전한다. 르네상스 이래 4세기 동안 신체에 관한 우리의 관념에서 어떤 변화가 벌어졌는지 설명하기 위해서는 대단히 장구한 설명이 필요하다. 고정된 형식을 갖지 않음으로써 오히려 천변만화하는 '무형식의 형식'을 근본으로 삼았던 그로테스크가 근대의 엄격하고 절제된 형식의 미학으로 탈바꿈하게 된 사연이 일종의 연구사 소개로서 『라블레론』의 서론에 자세히 밝혀져 있다. 바흐친에 의하면 그것은 생성하는 힘이라는 삶의 본원적 차원에 대한 축소와 왜곡의 역사라는 것이다. 이는 라블레의 작품에 대한 해석사를 통해서도 간접적으로 설명되는데, 일단 이 논의를 축으로 이야기해 보도록 하자.

16세기 이래 라블레의 작품과 생애, 혹은 그의 시대에 대한 연구는 오해와 의혹으로 가득 차 있었다. 17세기부터 『가르강튀아』나 『팡타그뤼엘』은 괴력난신怪力亂神과 황당무계한 환상 모험담, 또는 어리석기 짝이 없는 우화나 요설饒舌로 받아들여졌을 뿐 삶의 진실을 담고 보여 주는 작품이라 간주되지 않았던 것이다. 그의 작품들은 기껏해야 세태 풍자적 우스개로 읽히게 되었고, 라블레는 16세기의 이인異人 취급을 받으며 문학사에서도 고독한 '섬'처럼 기술될 따름이었다. 그가 어떤 '비밀스런' 해석의 코드 없이는 읽고 이해할 수 없는 암호문처럼 취급되었던 것도 이 때문이다. 그런데 바흐친은 실상 16세기의 "동시대인들이 라블레를 이해했고 그와 친근했다"고 주장한다.[40] 더욱이 그의 "동시대인들

---

39) 바흐친, 『라블레론』, 492~495쪽.

은 라블레적 세계의 통일성을 이해할 수 있었으며, 이러한 세계 속에 나타난 모든 요소들 사이의 본질적인 상호 관계와 심오한 근친관계를 감지할 수 있었"는데, "이러한 요소들은 17세기에 들어와서는 이미 이질적인 것이 되었으며, 18세기에는 서로 결코 양립할 수 없는 것이 되어 버리고 말았"다.[41] 라블레가 어렵다거나 기이하다고, 유별난 별종이라는 식으로 꼬리표를 붙이는 이른바 '라블레의 예외성'이란 표현은 역설적으로 라블레의, 더 정확하게는 민중의 힘-능력이 미처 지각되지 않은 근대의 시대 상황을 증거하는 것이라 볼 수 있다.[42]

> 동시대인들은 세계에 대한 라블레적인 모든 예술적·이데올로기적 총체성과 일관성, 스타일의 통일성과 세계에 대한 단일한 관점, 통일적이고 거대한 스타일로 일관하고 있는 그의 작품에 나타난 모든 요소들의 화성和聲도 파악하고 이해하고 있었다. [……] 라블레의 동시대인들은 통일된 거대한 스타일의 현상으로 이해하고 있었던 것이다.[43]

라블레에 대한 근대인들의 몰이해는, 그의 작품의 정신성이나 예술성에 대한 인식 부족에서 기인한 게 아니라 중세에서 르네상스로 이어지는 민중성에 대한 몰각에서 연원한 것이다. 이때 민중성이란 다름 아닌 민중적 신체, 또는 세계-신체에 대한 감각의 상실일 것이다. 이 세

---

40) 같은 책, 106쪽.
41) 같은 책, 108쪽.
42) 이런 예외성의 한 가지 예는 라블레를 (프랑스) 문학사의 특정 사조(思潮)에 편입시키지 못한 채 그저 개인적 현상으로 봉인하는 데서 확인된다. 가령 라블레는 '인생에 대한 사랑'이라는 표제로 독립되는 16세기의 독특한 문학 현상이라고 기술되어 있다(귀스타프 랑송, 『랑송 불문학사 上』, 정기수 옮김, 을유문화사, 1997, 제3부 제3장).
43) 바흐친, 『라블레론』, 108~109쪽.

계는 이름 붙일 수 있는 개별적 사물들, 개체들로 나누어져 있지만 그것들은 궁극적으로 하나의 신체로 연결되어 있으며, 이러한 신체의 전체성이야말로 민중문화의 통일성을 보여 준다. 그것은 전일적인 이데올로기적 통합성도 아니요, 제도와 체계의 정합성도 아니다. 오히려 이는 인식과 개념의 틀로는 확정되지 않는 우주적 신체의 통일성이기에 근대적 범주 관념으로는 포착되지 않는다. 바흐친이 강조하듯, 민중의 통일성은 그로테스크한 이행의 잠재성에서 성립하는 힘의 통일성이기 때문이다. 민중(성)이 명시적 언어로 표명되지 않고 다만 '스타일'로서만 기술될 수 있는 까닭이 여기에 있다. 이행하고 변형할 수 있는 능력, 그것이 민중의 스타일이며, 만약 민중에 대한 정의가 가능하다면 바로 이러한 자기 변환의 스타일을 창조할 수 있다는 점에 있을 것이다.

이 진술에 동의한다면, 한 걸음 더 나아가 신체에 대한 스피노자의 다음과 같은 영감 넘치는 정의들을 이해하는 것은 그리 어렵지 않을 듯하다. "내가 이해하는 '개체'singular things는 유한하며 제한된 존재를 갖는다. 만일 많은 개체가 모두 동시에 하나의 결과의 원인이 되게끔 한 활동 속에서 협동한다면, 나는 그러한 한에서 그 모두를 하나의 개체로 여긴다."[44] 스피노자에 따르면 '개체'는 무엇보다도 신체적 존재이며, 다수의 이질적인 신체들의 결합으로 나타난다. 생물과 무생물을 막론한 모든 자연물은 각각 개체를 이루지만, 그 개체는 또한 분리 가능한 여러 개의 다른 개체들로 이루어져 있다. 예컨대 인간의 신체는 '나'를 중심으로 축조된 하나의 개체로 여겨지는데, 실상 수많은 분자적 결합 구조들을 가진 수백만 개의 세포들이 모인 결과가 바로 '나'라는 자아와 그

---

44) 베네딕트 데 스피노자, 『에티카』, 강영계 옮김, 서광사, 1990, 68쪽, 제2부 정의 7.

신체의 실상인 것이다. 그런 집합체가 '나'의 유지와 재생산을 위해 기능할 때, 나는 마치 분리 불가능한 단일한 개체라고 표상되지만, 나의 생명 활동이 끝나는 순간 이미 그런 나는 각각의 분자적 개체 상태들로 흩어져 버리게 되고 이전에 '나'라고 표상되던 단일체도 사라져 버릴 것이다. 개체는 분명 존재하지만, 어디까지나 집합체('중-생')로서만 그러할 뿐이다.

민중의 신체 역시 복수적인 것으로, 분할 가능할 뿐만 아니라 합체 가능한 집합체로 이해되어야 한다.[45] 인간의 것이든 비인간적인 것이든 신체는 그것이 개체로서 얼마나 현존할 수 있으며 다른 (신체적) 개체들과 상호작용할 수 있느냐에 따라서만 신체라 불릴 수 있다.[46] 그러므로 다양한 신체들의 복합체로서 신체의 비밀을 푸는 열쇠는, 신체의 변이와 생성뿐만 아니라 신체의 결합 가능성, 상호 접속 능력의 해명에 있다고 할 것이다. 이때 인간의 신체가 분리 불가능한 단일한 전체로 표상되지 않음은 물론이다. "인간의 신체는 각 부분이 매우 복잡한, 본성이

---

45) 이것이 스피노자를 좇아 들뢰즈와 가타리가 존재하는 모든 것을 '기계'로 부르는 이유며, 니체와도 상관적인 관점이다. "개체(individuum)를 대신해 니체는 분할 가능한 것(dividuum)에 관해 말했다. 이는 우리의 자아가 분할 가능하다는 것을 뜻하며, 자아는 어떤 경우에도 영혼을 가진 실체인 단순한 원자로 표상되지 않는다. 니체는 말한다. "나는 이중체다. 내게는 두번째 인격이 있다. 그리고 필시 세번째도 있을 것이다." 우리들의 자아란 우리 자신이 결코 조성해 낼 수 없는 복합적인 구조를 갖는다"(Boris Markov, *Chelovek, gosudarstvo i Bog v filosofii Nitsshe*, Vladimir Dal', 2005, p.601).

46) "스피노자는 철학자들에게 새로운 모델, 즉 신체를 제안한다. 스피노자는 그들에게 신체를 모델로 세울 것을 제안한다. "사람들은 신체가 무엇을 할 수 있는지를 알지 못한다" […] 한 신체가 다른 신체를 '만날' 때, 한 관념이 다른 관념을 만날 때, 이 두 관계는 결합되어 보다 큰 능력을 갖는 하나의 전체를 이루든가, 아니면 하나가 다른 하나를 해체하여 그 부분들의 결합을 파괴하게 되든가 하는 일이 일어난다. 신체와 정신에서 일어나는 이러한 것이야 말로 놀라운 것이다. 살아 있는 부분들의 전체는 복잡한 법칙들에 따라 결합하거나 해체된다. 따라서 원인들의 질서는 끊임없이 자연 전체를 변용시키는, 관계들의 결합과 해체의 질서이다"(들뢰즈, 『스피노자의 철학』, 32~34쪽).

다른 매우 많은 개체로 조직되어 있다."[47]

　　이제 그로테스크 리얼리즘이 기성의 완결된 신체적 이미지를 거부하는 이유가 확연히 드러났다. 근대의 정전들은 완성되고 자족적인 개체성을 중시했고, 그것이 표현된 신체만을 '정상'의 범주에 끼워 넣었다. 근대 예술과 미학이 상정했던 '고전적 아름다움', '조화와 균형의 미', '이상적 절제' 등은 이런 정상화된 신체 이미지에 부여된 가치들이었다. "이러한 규범들의 관점에서 본다면, 그로테스크 리얼리즘의 신체를 추하고 기이하며 기형적이라고 간주하는 것은 전적으로 납득할 수 있다. 근대에 형성된 '미美에 대한 학문'의 테두리 속에 신체는 포함되지 못했던 것이다."[48] 더욱 정확히 말한다면, 신체 자체가 근대 미학의 범위 안에 포함되지 않았던 게 아니라, 조화롭고 아름답다고 평가된 신체, 완결되고 완성된 규범화된 신체만이 그 안에 포함될 수 있었다. 그로테스크한 신체, 즉 변형의 과정을 보여 주고 성장하고 있거나 사멸해 가는 신체는 근대적 관점에서 '신체'라고 인정받을 수 없었던 것이다.

　　모든 언어와 문학, 몸짓의 체계를 가득 채우고 있는 신체의 그로테스크한 이미지들이 시간적으로도 공간적으로도 무한하게 퍼져있는 이 바다 속에서, 근대의 예술, 문학, 예절바른 말이 갖고 있는 신체의 규범은 작고 한정된 섬에 불과하다. 그리스 로마의 고대문학에서 이러한 규범이 지배적이었던 적은 한 번도 없었다. 유럽민족의 공식적 문학에서 이러한 규범이 우세하게 된 것은 최근 4세기 동안의 일일 뿐이다.[49]

47) 스피노자, 『에티카』, 87쪽.
48) 바흐친, 『라블레론』, 62쪽.
49) 같은 책, 496쪽.

그로테스크 리얼리즘에서 민중의 신체는 집합체로 나타난다. 그것은 근본적으로 복수적이지만, 하나의 통일된 이미지 속에 구현되는 괴물적 형상을 드러낸다. 근대적 규범으로서 '단일한 신체'에 대립하는 이러한 신체적 양상으로 인해 민중은 우리 근대인들에게 위험하고 불안스런 괴물에 다름 아니었다.[50] 하지만 그것은 이행과 변형에 열려 있는 실체로서 탐문되어야 한다. 그 어떤 표상이건 인간학적 관념에서 연원한 이미지의 환상으로부터 필연코 벗어나야 할 필요가 있다. 생성의 관점에서 민중을 사유할 때, 민중은 결코 인간의 유한성에 갇힐 수 없는 거대한 힘-능력이다.

『라블레론』에서 거론되는 민중을 인칭적 존재 혹은 인간 유기체와 어떻게 변별할 것인가? 실제로 바흐친은 자신의 저작을 통해 꾸준히 민중을 인간학의 시선에서 바라보며, 인간적 존재로 묘사하고 있지 않은가? 그의 민중이 기성의 정치·사회·문화적 관점을 크게 이탈해 있다는 점을 인정한다 해도, 그의 저작 깊숙이 스며든 민중에 대한 도저한 인간주의적 태도는 어떻게 설명할 것인가? 분명 바흐친의 태도 자체에도 모호한 측면이 없지는 않다. 반복하건대 인간이냐 아니냐의 이분법에 갇혀서는 곤란하다. 인간적 형상은 실존한다. 지금-여기에 실존하는 인간 자체를 부정하는 것은 어리석은 짓일 터이다. 다만 강조되어야 할 것은 그로테스크적 이미지에 실린 생성만이 선차적이라는 사실이다.

> 그로테스크한 신체에는 정면도 없고, 꽉 막혀버린 표면도 없으며, 감정표현을 위한 외양 역시 없다. 이 신체는 풍요로운 육체의 심연들이

---

50) 같은 책, 499쪽.

며, 생산하고 수태하는 돌출부들이다. 이 몸은 먹어 삼키고 출산하며, 빼앗아가고 되돌려준다.[51] 풍요로운 심연들과 생산하는 돌출부들로 구성된 신체는 단 한 번도 세상과 명확하게 구분된 적이 없다. 이 신체는 세상과 서로 교환되고 뒤섞이며 합쳐진다. 신체 속에는(팡타그뤼엘의 입처럼) 완전히 새로운 미지의 세계가 펼쳐지는 것이다. 신체는 우주적인 규모를 받아들이고, 우주는 신체적 성질을 갖게 된다. 우주의 힘은 자라고 번식하고 승리하는 유쾌한 신체의 힘으로 변화한다.[52]

즉 개체를 전체로, 사물의 세계를 우주 끝까지 밀어붙이는 존재론의 사유에 집중하자. 이 과정을 고찰할 때 어떤 점에 유의해야 하는가?

이러한 테마의 전개과정에서 그로테스크한 신체는 매우 중요한 역할을 한다. 이 전 민중적이고, 끊임없이 성장하며 영원토록 승리하는 신체는 우주를 자신의 고향집처럼 편안하게 느낀다. 이러한 신체는 우주 자신의 살과 피로서, 우주와 동일한 자연력과 힘을 훨씬 더 조직적으로 갖고 있다. 신체는 우주의 가장 훌륭한 마지막 말이며, 우주를 이끄는 힘이다. 따라서 신체는 모든 자연력을 지닌 우주를 두려워하지 않는다. 신체는 죽음도 두려워하지 않는다. 개인의 죽음은 민중과 인류의 승리하는 삶 속에서 그저 찰나일 뿐이며, 이는 인류의 삶이 새로워지고 완성되기 위해서 꼭 필요한 순간이기 때문이다.[53]

---

51) 민중의 신체, 그로테스크한 몸의 이미지는 정확히 '기관 없는 신체'와 일치하는 게 아닌가? "입도 없다. 혀도 없다. 이빨도 없다. 목구멍도 없다. 식도도 없다. 위도 없다. 배도 없다. 항문도 없다. 나는 나라고 하는 인간을 재구성한다"(들뢰즈, 『의미의 논리』, 173쪽, 주 7번에서 재인용).
52) 바흐친, 『라블레론』, 525~526쪽.
53) 같은 책, 527~528쪽.

우주 자체, 우주의 힘과 같은 것으로 표명된 신체가 단지 인간의 몸에 국한되지 않음은 두말할 나위가 없다. 바흐친에 의하면, 인간과 그의 신체에 대한 그러한 우주론적 인식은 중세에서 르네상스로 이행하는 시기에 광범위하게 확산되었으며, 민중의 소박한 일상적 믿음 속에 뿌리박혀 있었다. 이 이행기를 특징 짓는 신체에 대한 관념은 분명 근대의 인간 이해, 신체에 대한 이해와 판이하게 다르다. 가령 피코 델라 미란돌라는 『인간의 존엄성에 관하여』에서 인간은 변화를 그 본성으로 삼기에 천상의 영혼을 포함해 모든 다른 하등한 존재자들보다 지고한 존재라 주장했던 것이다.

> 인간은 태어날 때부터 가능한 모든 삶이 다 담긴 씨앗들을 받는다. 인간은 스스로 성장하여 열매를 맺을 씨앗을 스스로 선택할 수 있다. 인간은 자신 안에서 이 씨앗을 기르고 육성한다. 인간은 사물도 될 수 있고 동물도 될 수 있으며 천사가 될 수도 있고 하느님의 아들이 될 수도 있다. [……] 생성, 수많은 씨앗과 가능성의 현존, 선택의 자유와 같은 요소들은 시간과 역사의 변화생성이라는 수평선 위로 인간을 이끌어낸다. 인체는 그 속에서 모든 요소들과 동식물 및 인간의 모든 자연의 왕국들을 통합한다는 점을 강조해야겠다. 인간은 닫히고 미리 만들어진 무엇이 아니라 완성되지 않고 열려있는 존재이다.[54]

확실히 인간의 우월성, 르네상스 이래 신의 자리를 제치고 존재자 최고의 지위와 영광을 누린 인간에 대한 상찬이 바흐친의 저작에는 담

---

54) 같은 책, 563쪽.

겨 있다. 하지만 그러한 인간, 즉 사물도 동물도 천사도 신의 자식도 될 수 있는 존재로서의 인간을 과연 온전히 '인간'이라 부를 수 있을까? 제한 없는 생성의 장에서 변화 생성하는 존재를 '인간'이라는 레테르에 봉인하는 게 정말 온당한 노릇일까? 오히려 인간에 대한 이러한 과잉 진술, 과장된 이미지는 초인 혹은 비인간에게 돌려져야 마땅하지 않을까?

바흐친은 항상 '자기 자신이 되지 않을' 욕망에 대해 강조했다. 그것은 생성에 대한 욕망이며, 그의 소설론('말의 미학')과 존재론(민중의 이미지)의 근본 구도를 이룬다. 그것은 지금-현재와 일치하지 않는, 규정된 정체성을 탈구하는 '다른 존재'가 되고 싶다는 변신에 대한 욕망이자 능력에 다름 아니다. 욕망과 능력의 이러한 일치는 생성의 실재성에 대한 전제 없이는 탁상공론에 지나지 않을 것이다. 존재론적으로 말한다면, 생성하는 힘은 인간이라는 존재자에 선행한다. 여기서 신체는 이미 그 힘에 속한 것이지 인간이라는 표상에 속한 게 아니란 점을 이해하기란 어렵지 않다. 존재론적 선차성은 인간 너머에, 생성 자체에 있다. 따라서 민중의 신체 혹은 민중 자체는 인간이 아니라 생성의 관점에서만 정당화되는 것이다. 자신과의 불일치, 그것이 곧 생성이자 생성에 대한 욕망이다.

인간이 자기 자신과 이렇게 일치하지 않을 필연성을 만들어 내는 것은 바로 완결되지 않은 현재(그리고 결국 미래)와의 접촉영역이다. 인간에게는 실현되지 않은 잠재력과 실현되지 않은 욕구가 항상 남아 있다. 미래가 존재하며, 그리고 미래는 불가피하게 개인과 관계를 맺고 개인 속에 뿌리를 내리는 것이다.

한 개인은 현존하는 사회적·역사적 범주들로 완전하게 구현될 수 없다. 자신의 인간적 가능성과 욕구를 완전하게 구현할 수 있는 형식은 없으며, 그 안에서 비극적·서사시적 주인공처럼 마지막 말에 이르는 순간까지 자신을 소진시킬 수 있는 그런 형식은 없다. 또 맨 가장자리까지 채우면서도 동시에 가장자리 밖으로 흘러넘치지 않을 수 있는 그런 형식은 없다. 항상 실현되지 않은 인간성의 잉여분이 남아 있고, 미래에 대한 요구가 남아 있으므로 이 미래를 위한 자리를 반드시 마련해야 한다. 존재하는 모든 의복은 항상 인간에게 너무 꼭 끼며 그래서 또한 희극적이다. 그러나 아직 구현되지 않은 인간성의 이러한 잉여분은 등장인물 속에서뿐만 아니라 작가의 관점 속에서 실현될 수도 있을 것이다. 우리가 소설에서 대하는 현실은 많은 가능한 현실들 중의 하나에 불과하다. 그것은 필연적인 것이 아니라 임의적인 것이며 그 안에 다른 가능성들을 담지하고 있다.[55]

생성이란 무엇인가? 레오니드 핀스키의 말을 빌리면, "모든 무상한 것들을 무력하게 만드는 심오하고 절멸絶滅없는 삶의 기쁨"이 있다.[56] 소멸되지 않는 삶의 기쁨이란 죽음과 대칭적인 삶을 넘어서는, 삶-죽음의 영원한 변전을 가능하게 하는 근본적인 힘에 다르지 않다. 이는 삶-창조적인 힘이자 능력이고, 생성 그 자체일 것이다. 민중은 이러한 생성의 과정에서 드러난 변형과 이행의 한 양상일 뿐이며, 역사와 문화라는 독특한 표정을 통해 자신을 표현한다.[57] 인간이 다른 모든 존재자들에

---

55) 바흐친, 「서사이와 소설」, 58쪽.
56) 바흐친, 『라블레론』, 223쪽.
57) 이 점에서 민중은 네그리와 하트의 '다중'(多衆, multitude)에 대한 논의와 맞물려 있다. 더 자세히는 이 책의 10장에서 다루도록 하겠다.

비해 특권적인 것은 바로 인간의 관점에서 자신을 바라볼 수 있기 때문이다. 하지만 인간을 넘어서 모든 존재를 함께 사유하고자 할 때 불현듯 인간의 얼굴은 지워지고 우리는 그 자리에 인간의 집합적 신체로서의 민중을, 그리고 생성을 그려 넣어야 할 것이다.

3. 인간 없는 민중, 생성의 사건을 위하여

아직 갈 길은 멀지만 여기서 논의의 일단락을 지어 보자. 앞선 이야기의 대강을 요약해 본다면 이렇다. 민중은 생성이라는 거대한 이행적 운동의 차원에서 파악되어야 하며, 그것은 웃음이라는 동력과 광장이라는 사건적 무대, 그리고 사건 자체로서 카니발적 신체의 요소들을 포함하고 있다. 이 모든 것들을 종합해 볼 때, 민중은 근대적 인간학의 관점으로는 미처 담아 낼 수 없는 존재론적 힘-능력으로 이해될 수 있다. 생성은 이와 같은 민중적 사건의 전체를 가리키는 이름이다.

하지만 우리는 여전히 다음과 같은 의문으로부터 완전히 자유롭지 못하다. "왜 바흐친은 민중에게 이 눈먼 힘을 부여하고 거기에 인간의 얼굴을 부여했을까?" "왜 그는 그토록 완고하게 인간의 이미지를 고수하고자 했을까?" 두 가지 답변이 준비되어 있다.

우선, 우리의 맥락과는 큰 연관을 갖지 않는 외적인 요소를 제거하자. 그것은 민중에 대한 바흐친의 강조가 스탈린 체제의 검열을 회피하기 위해서 채택된 것이라거나, 또는 그와 정반대로 민중을 억압하던 당대의 정치적 현실에 대한 간접적 비판이었다는 것이다.[58] 그런 지적들

---

58) "1930~1940년대에 바흐친의 『라블레론』는 단지 라블레와 그의 시대에 관한 책이었다기보다, 저

이 갖는 나름의 근거에도 불구하고, 『라블레론』이 갖는 존재론적 층위를 면밀히 고려해 볼 때 민중에 대한 우리의 관심은 전혀 다른 의미론적 판도 위에서 세워져야 한다.

바흐친은 언제나 역사적·문화적 시공간을 염두에 두며 자신의 관점을 전개해 왔지만, 그것은 본질적으로 시간의 총체를 고려한 사유였다. 그것은 변화와 진전, 또는 변형과 전환을 필연적 요소로서 포함한 이행론적 입장이며, 따라서 여하한의 특정한 시대사적 이데올로기나 정황에 고착되지 않는 관점이다. 생성에 대한 그의 구도는 '주체도 목적도 없는 과정'이라 할 만하고,[59] 이 점에서 비인칭적이고 반인간적 특징마저 엿보이고 있다. 생성이란 어떠한 인간적 정념이나 목적에도 무관심한 힘-능력인 까닭이다. 생성을 잠재력의 차원에서 고찰한다면, 민중은 이러한 생성의 일단면, 우리-인간의 관점에서 최대한으로 이해된 생성의 얼굴이자 표정, 이름의 형식 그 이상도 이하도 아니란 점이 먼저 정확히 이해되어야 한다. 달리 말해, 민중은 생성이라는 비인칭적 사건화의 힘과 그 표현적 능력에 붙여진 '인간학적' 레테르에 불과하다. 한편으로 민중은 인간의 자기 확신적인 이미지이자 유적 존재 능력를 대변하는 이름이지만, 다른 한편으로 (더욱 본래적인 차원에서) 민중은 비인칭적이고 비인격적인, 전前인간학적 층위에서 사유되어야 할 눈먼 힘, 생성하는 능력에 대한 명명이다.

하지만 역시 바흐친의 비인간주의 존재론이 인간을 부정하고 거절

자가 위치한 시대 정황을 드러내는 책이기도 했다. [……] [라블레라는 역사·문화적 연구 외에, 동시대의 현실을 꼬집었다는 점에서—인용자] 이 점이 바로 전체주의에 저항하던 위대한 20세기의 사상가 바흐친의 공헌이다"(Igor' Kondakov, "Sub"ekt v istoricheskoj dinamizme russkoj kul'tury: k istokam polifonicheskoj epokhi", *Prostranstva zhizni sub"ekta*, Nauka, 2004, pp.492~493).

59) Louis Althusser, *Politics and History*, New Left Books, 1972, p.181.

하는 것이 아니었음을 지적해 둘 필요가 있다. 분명 바흐친은, 그 자신 역사와 문화의 자장에 놓인 개별적이고 구체적인 한 개인으로서 민중의 실존과 그 역량에 대한 믿음을 갖고 있었을지 모른다. 그러나 우리가 주목했던 것은 바흐친의 저작에 표징된 인간학적 진술들이 아니다. 오히려 신중하게 고려하고 구성해야 할 것은 그의 글 저변에 깔린 무의식적이고 비가시적인 층위로서 인간 '너머'의 진실인 생성의 차원이다. 아마도 '심오하고 절멸 없는 삶의 기쁨'이란 생성의 차원에서 표현된 민중에 다름 아닐 것이다.

9장 그로테스크 리얼리즘

1. 생성의 프리즘으로

『라블레론』은 오랫동안 논란의 바다를 표류해 왔다. 전기의 대표작인 『도스토예프스키 시학의 제문제』와 짝을 이루는 이 책이 민중, 웃음, 문화, 카니발, 그로테스크 리얼리즘 등 문화의 역동성을 해명하는 주요한 이론적 개념 및 범주들을 산출해 냈음은 주지의 사실이다. 하지만 동시에 이 책은 '중세에 대한 비사실적인 미화'[1]나 '르네상스에 대한 몰이해',[2] 혹은 '스탈린주의의 은밀한 옹호'[3]란 구실로 빈번히 논쟁의 도마에 올려졌던 것이다. 이런 비판들이 나름의 근거를 갖고 있음에도 불구하고, 『라블레론』에 대한 온당한 판단이라 생각되진 않는다. 바흐친의

---

1) Richard Berrong, *Rabelais and Bakhtin: Popular Culture in Gargantua and Pantagruel*, University of Nebraska Press, 1986. 베롱은 카니발을 재조명한 바흐친의 공적을 인정하면서도, 그가 중세의 역사적 사실과 이상화된 이미지 사이의 차이를 무시하거나 분별하지 못했다고 공박한다.

2) Aleksej Losev, *Estetika Vozrozhdenija*, M., 1978. 로세프는 바흐친이 르네상스를 '미'와 '조화'가 아닌 '추'(醜)의 관점에서 조명했다고 비난한다. 추악함은 인류사의 이상에 배치되기 때문이다.

3) Groys, "Totalitarizm karnavala". 그로이스에 의하면 바흐친이 지지하는 생성의 폭력과 스탈린식 전체주의적 테러 사이의 차이는 구별 불가능하기에 『라블레론』의 논조는 대단히 위험한 가정에 기대고 있다.

중세론에 대한 비판은 사실^{fact}에 얽매인 실증주의에 경도되어 있고, 르네상스관에 관한 비난은 19세기 부르크하르트식의 낡은 전범에 고착되어 있는 탓이다. 또한 스탈린주의에 대한 의혹은 폭력의 문제를 지나치게 형식적으로 다루고 있다. 증거에 대한 집착과 정전에 대한 맹목, 그리고 무맥락적 동일시란 점에서 이 비판들은 『라블레론』의 핵심을 빗나가 있고 아직 '논란의 바다'에 머무는 듯하다.

정말 중요한 문제는 『라블레론』을 둘러싼 비판이 오해였다고 해명하는 데 있지 않다. 그러한 오해를 불식할 만한, 바흐친의 문화론을 근본적으로 해명하는 틀이 제공되어야 한다. 하지만 우리를 난처하게 만드는 지점은 바로 여기인데, 애초에 「리얼리즘 역사 속에서의 프랑수아라블레」라는 제목을 달고 박사학위 논문으로 제출된 이 저작은 여러 가지 중요한 개념과 범주를 포함하고 있음에도 불구하고 그 어느 것에 대해서도 분석적이고 정론적인 정의를 제공하지 않기 때문이다. 이는 바흐친 자신의 글쓰기 스타일과도 결부된 문제로서, 『라블레론』의 열쇠어들은 서로가 서로를 보완해 주면서 순환적 논증의 고리를 맴돌며 직관적으로 전개되는 형편이다.[4] 많은 연구자들이 『라블레론』의 사상에 찬사를 표하면서도 이 책을 문헌학^{philology}의 전통에 넣기보다 철학의 영역에 배치시키는 것도 무리는 아니다.[5] 이로부터 『라블레론』을 다시 읽을 필요가, 바흐친의 사유에서 보이지 않았던 부분을 새롭게 조망해 볼

---

4) 모슨과 에머슨은 이 책이 바흐친의 초기 저작들과 판이하게 다른 스타일로 쓰여졌다고 적시한다. "『라블레론』에서 우리는 바흐친이 자신의 논증적 습관과 초기에 애써 만든 스타일과는 정반대로, 영감이 풍부한 표현양식으로 서술하는 모습을 보게 된다. […] 결국 『라블레론』은 (원래는 박사학위 논문이었지만) 라블레적 과장과 황홀경이 반복 및 꼼꼼함과 특이하게 혼합된 책이 되고 말았다"(모슨·에머슨, 『바흐친의 산문학』, 176쪽).

5) 가령 구소련의 대표적 철학자 비블레르가 그렇다(Vladimir Bibler, *Mikhail Mikhailovich Bakhtin ili poetika kul'tury*, M., Progress, 1991).

필요가 생겨난다.[6] 우리에게 익숙한 학제적 관점의 '바깥'에서 바흐친의 사유를 재구성할 만한 틀거리가 요구되는 것이다.

생성stanovlenie; becoming은 그 재구성을 위해 도입한 열쇠다. 이것은 『라블레론』에 몇 차례 언급되고 중요하게 취급되긴 했지만 핵심적인 개념으로 부각되진 않았다. 우리는 생성이야말로 『라블레론』에서 언명되지 않은 비가시적인 지점들을 찾아내 가동시키는 중핵이라 생각하며, 이를 통해 『라블레론』을 관통하는 사유의 일관성을 세울 수 있으리라 전망한다. 이는 생성을 주인기표 삼아 실행하는 내용의 재배열이 아니라, 예전과는 '다른' 구도 위에서 '새로운' 개념적 배치를 이끌어 내 바흐친의 사유를 '생성'시키는 작업이다.

생성의 문제의식은 지금까지 『라블레론』을 중세와 르네상스 시대의 '문화이론'으로 파악해 왔던 입장과 차별적이다. 우리는 생성의 프리즘을 통해 『라블레론』을 이행과 변이, 변형의 존재론적 텍스트로 읽고자 한다. 그러나 이는 불변하는 본질 같은 것을 설정하려는 시도가 아니라 운동을 통해 세계를 조망하려는 관점이며, 중세나 르네상스 그리고 우리의 현재를 동력학dynamics의 차원으로 포괄하려는 시도이다. 바흐친 본연의 문제의식은 역사적 실증성이나 근대적 역사관, 인간애의 회복 등에 있지 않다. 오히려 바흐친은 세계 전체를 유동하는 힘의 지평에서 보려 했고, 그 힘의 비인간적 특성을 기술하고자 했다. 이로부터 우리는 세계를 운동을 읽으며, 그것이 갖는 반反문화적 특성까지 포착할 수 있을 것이다. 따라서 생성의 프리즘으로 『라블레론』을 다시 읽는 것은 이

---

6) 바흐친이 『라블레론』에서 말하지 않은 것을 밝히는 것, 이는 정확히 라블레가 자신의 작품들에서 말하지 않은 것을 밝혔던 바흐친 자신의 방법이기도 하다(클라크·홀퀴스트, 『바흐친』, 287쪽).

해의 일관성을 구성하는 작업인 동시에 문화와 반문화의 동력학을 규명하는 과정이라 보아도 좋을 것이다.

2. 그로테스크의 문제 설정

그로테스크 리얼리즘이란 무엇인가? 생성의 문제와 그것은 어떤 관련이 있는가? 사실 이 용어 자체가 이미 형용모순적인 조합이다. 그로테스크가 주는 직관적 이미지와 리얼리즘이라는 이론적 개념 사이의 충돌이 금세 떠오르는 탓이다. 이 두 단어의 조합은 그저 형용모순을 표현하기 위한 것이 아니며, 근대와 비근대 또는 탈근대적 전망 사이의 불연속과 연속, 교차를 사유하도록 추동한다. 『라블레론』의 핵심 범주로서 그로테스크 리얼리즘의 비밀은 생성을 출발점으로 삼아 사유할 때 온전히 그 전모가 밝혀지게 된다.

　　카이저에 따르면 15세기 로마 지역에서 출토된 고대의 유물들에 붙여진 '그로테스코'grottesco는 현실 속에서 찾아보기 어려운, 비자연적인 표현물에 대한 명칭이었다.[7] 그것들은 우리가 일상적으로 알고 있는 인간과 동물, 사물의 형상을 이상스럽게 변형시키고 접목시킨 흉물스런 모양을 하고 있었는데, 마치 '지하세계에서 온 낯선 형상'인 듯하다 해서 '그로타'grotta(동굴)와 연관해 작명되었다는 것이다. 이렇게 괴상한 이미지는 기원 전후로도 소급해 올라가는 대단히 유서 깊은 형상들이어서(사실은 그보다 더욱 오래된 것이지만), 건축가 비트루비우스는 고

---

7) 볼프강 카이저, 『미술과 문학에 나타난 그로테스크』, 이지혜 옮김, 아모르문디, 2011, 제1장. 이하 그로테스크에 관한 문헌적 설명은 이 책을 참고했다.

전적 양식에 반하는 비정형의 '괴물스런 형상'이라 비난을 퍼붓기도 했다. 문제는 그로테스크가 단지 한때의 유행이 아니라 고대로부터 근대에 이르기까지 강약을 달리하며 꾸준히 지속되었던 양식적 흐름이었다는 사실이다.[8] 그것은 '우미한' 르네상스 시대에도 은밀하게 반복되었으며, 카이저는 라파엘로가 그린 교황청 기둥 장식에서도 그 흔적을 찾아내고 있다.

> 휘감기듯 솟아나는 덩굴, 덩굴의 잎사귀에서 자라난 동물의 형상(이는 식물과 동물의 구분이 홀연히 사라지는 느낌을 준다), 가면과 가지달린 등과 사원이 이어지며 수직으로 부드럽게 떨어지는 양 측면의 선(여기서는 정역학의 법칙이 완전히 무시된다)이 모두 그렇다. [……] 이 세계에서는 자연의 질서가 무너지고 있다.[9]

그로테스크의 특징은 대칭의 파괴, 비율의 왜곡, 어둡고 섬뜩한 배경, 사물과 식물 및 동물, 그리고 인간과의 구별이 소멸하고 역학적 질서와 비례 관계가 완전히 무시된다는 데 있다. 그것은 형태를 갖춘 개별 존재자들이 변형되고 서로 뒤섞여 알 수 없는 기괴한 괴물로 전이되는 모양새를 드러냄으로써 급기야 진실(사실)과 거짓(허구)의 구분마저 무의미하게 만든다. 근대인들은 그로테스크를 부자연스럽고 비현실적 형상이라 터부시했으며, '천박한', '우스꽝스런', '기괴한' 등의 형용어를 부여함으로써 인식과 감각의 범주 바깥으로 밀어내려 했다. 그로테스

---

8) 이에 관한 재미있는 자료가 19세기 풍자 연구가의 책에 남아 있다(샹플뢰리, 『풍자예술의 역사: 고대와 중세의 패러디 이미지』, 정진국 옮김, 까치, 2001).
9) 카이저, 『미술과 문학에 나타난 그로테스크』, 44쪽.

크는 일체의 합리적 인식과 감각을 벗어나 조화로운 질서를 와해시키는 '위험'으로 적대되지 않을 수 없었다.

무엇보다도 그로테스크는 인식과 실천의 중심에 있는 인간-주체의 이미지를 거부한다. 근대적 주체는 삶과 문화의 작인作人으로서의 개인이며, 그의 개별성은 그가 타자와 명백히 구별될 때 성립한다. 법은 타인과 혼동되지 않는 개인의 행위에 적용되는 규범이고, 책임은 그러한 개인에게 부과되는 사회적 강제다. 같은 논리가 미美의 영역에도 통용되었다. 근대소설의 주인공은 자기를 찾기 위해 타자들과 투쟁하며 자신만의 고유한 내용을 확보할 때 주체가 된다. 문화의 세계는 이런 주체들로 형성되는 가치 체계로서 동일성(나=나)과 배중률(주체≠타자)에 의해 작동하는데, 이것이 효과적으로 운용될 때 나타나는 효과가 '아름다움'이다. 즉 근대의 미적 질서는 균형과 절제에 근거한 조화에 근거하고 있었다. 근대인들은 이러한 자신들의 미의식을 영원불변하는 진리로 격상시키고, 자신들의 미적 규준이 고대부터 당대에 이르기까지 변함없이 전승되었다고 선포했다.[10] 가령 고대 그리스의 미에 대한 근대의 '발견'은 정확히 근대인 자신들의 미의식이 역투영된 것이라 할 수 있다.

그리스 조상彫像에서는 같은 정도로 굽은 부분에 똑같은 주름이 잡힌 경우에도 주름이 전체로서 하나의 조화를 이루어 고귀한 인상을 주며 하나의 물결에서 또 다른 물결이 나오는 물결무늬의 부드러운 곡선을

---

10) 이런 측면에서 17세기를 전후한 '고대인과 근대인의 논쟁'은 실상 근대인의 자기 정립을 위한 내적 대화의 과정이었다고 말할 수 있다. 승자는 필연적으로 근대인 자신이었던 것이다(마테이 칼리니스쿠, 『모더니티의 다섯 얼굴』, 이영욱 외 옮김, 시각과언어, 1998, 33~37쪽).

볼 수 있다. 이러한 걸작들을 보면 팽팽하게 부어올라 터질 듯한 피부가 아니라 정상적인 피부를 가진 건강한 육체를 부드럽게 나타내 살집이 많이 붙은 부분에 굴곡이 있어도 모두가 하나가 되어 똑같은 방향을 따르고 있다. 그 피부는 결코 근대의 작품에서 볼 수 있는 육체처럼 이상하거나 육체에서 분리된 것처럼 보이는 뚜렷한 주름을 만들지 않는다. [……] 아름다운 그리스인 육체의 형성에는 근대 작품에 나타나는 빈약한 융기나 움푹 파인 곳이 없는 전체 구조의 통일, 부분들의 고귀한 결합, 꽉차 있으면서도 한도를 넘지 않는 절제가 있었다.[11]

그러나 바흐친은 근대 문화가 하나의 완성된 체계가 아니라, 천변만화하는 세계상이 고형화되고 박제화된 부분적 형상에 지나지 않는다고 단언한다. 『라블레론』에서 강조하는바, 근대의 '빛나는' 성취인 개인(개체, 개별성)은 이상적인 신체와 정신의 소유자가 아니라 자기통제와 한정, 질서의 강압에 의해 그 어떤 변형도 불가능하게 굳어져 버린 불구의 존재라는 것이다. 예컨대 아름다운 청년의 신체상은 인생의 긴 흐름 가운데 한 부분만을 공시적으로 절단해 전시한 사물화된 표상에 불과하며, 태어나 개체로서 성장하고 죽음으로써 자연과 재결합하는 큰 흐름을 보지 못하게 만드는 제한된 이미지다. 사물(객체) 역시 이러한 주체와 거울상을 이루어 완결된 형태만을 강요받는데, 이는 세계의 변형과 순환이라는 더 큰 원환으로부터 탈구된 인식을 증거할 따름이다. 근대의 이분법적 인식은 이러한 운동성의 이미지로서 그로테스크를 포착하지 못했으며, 따라서 근대의 철학적·미학적·예술적 사조로서 리얼리

---

11) 요한 빈켈만, 『그리스 미술 모방론』, 민주식 옮김, 이론과실천, 1995, 48~50쪽.

즘은 실재를 묘사하는 프리즘이 될 수 없다. 그로테스크는 생성을 묘파하는 인식이자 실재론^{realism}, 더 높은 의미에서의 리얼리즘이다.

　　근대의 규범들과는 달리, 그로테스크한 신체는 나머지 세계로부터 분리, 고립되어 있지 않으며, 완성, 준비되어 있지 않지만, 오히려 자기 자신을 능가하고 자기 자신의 한계를 초월한다. 크게 벌린 입, 생식기, 유방, 남근, 불룩한 배, 코처럼, 신체가 외부세계를 향해 열려 있는 곳, 즉 세계가 신체 속으로 들어가기도 하고 혹은 신체로부터 밀려나기도 하는 곳, 또는 신체 자체가 세계로 밀어낸, 즉 구멍, 융기, 가지, 돌출물과 같은 신체의 부분들이 강조된다. 신체는 성장하고 자신의 한계를 초월하는 원리로서, 성교, 임신, 출산, 임종의 고뇌, 먹고 마시고 배설하는 것과 같은 행위 속에서만 자신의 본질을 전개시킨다. 이것은 영원히 준비되지 않은, 그러나 영원히 창조되고 창조하는 신체이며, 유적 존재가 발전하는 쇠사슬 속의 고리이다. 보다 정확히 말한다면, 이것은 그들 중의 하나가 다른 것 속에 들어가고, 그들이 서로 결합하는 곳에서 나타나는 두 개의 고리이다.[12]

　　그로테스크는 근대의 외부이자 타자의 세계라 할 만하다. 즉 그것은 비정형과 무정형, 탈형식의 세계이며 명석판명한 코기토로 환원되지 않는 무의식과 신체성의 영역인 것이다. 바흐친의 청년기 문제의식이었던 여러 테마들이 그로테스크 리얼리즘의 연속선상에서 다시 제기되는 것도 우연한 노릇이 아니다. 나아가 그로테스크 리얼리즘의 문제

12) 바흐친, 『라블레론』, 57쪽.

설정은 궁극적으로 비근대 혹은 탈근대적 전망과 연결될 수밖에 없다. 생성에 대한 바흐친의 옹호는 세계를 완성되고 완결된 존재로 바라보는 근대의 지평을 온전히 넘어서 있기 때문이다. 푸코를 빌려 말한다면, 그로테스크 리얼리즘의 탐구는 비근대와 탈근대의 고고학에 비견될 수 있다.

생성하는 힘, 생성력은 그 자체로 현실 속에 가시화되지 않는다. 그것이 지금-여기의 현실 속에 표현되기 위해서는 일련의 형식들이 요구된다. 바흐친은 카니발을 그 표현의 형식으로 지목하는데, 그로테스크의 이미지는 생성력이 현행화될 때 나타난 효과이다. 이 점에서 카니발의 여러 가지 역사적 형태들은, 그것들이 아무리 커다란 편차를 보인다 할지라도 실제로는 유일무이한 생성력의 다양한 이름들, 혹은 표현양태들인 셈이다. 예를 들어 카니발은 폭동에 준하는 대중의 소요일 때도 있고 관용官用행사의 모양새로 순화되는 경우도 있는데, 이들 모두는 생성력이 다양한 강도intensity로 실현되는 양상들을 보여 준다. 카니발의 여러 역사적 변양태들은 생성력의 강도적 표현 형식들인 것이다. 이를 이해하지 못한 채 입증 가능한 역사적 형태들의 목록 속에 카니발의 여러 유형들을 사실적으로 나열하려는 시도는 전형적인 근대적 태도를 나타낼 따름이다. 우리는 생성하는 힘이 현행화되는 원리이자 형식인 카니발에 대해 좀더 깊이 파고들어 살펴보아야 한다.

3. 카니발, 생성하는 힘의 세계

중세와 르네상스의 민중문화는 무엇보다도 웃음의 문화였다. 이는 웃음이 두 시대를 관류하는 생성력을 가리키는 이름이기 때문이다. 바흐친에 따르면 민중의 웃음은 카니발 속에서 지속되어 왔는데, 그것은 크게 세 가지 유형 속에, 그러나 스타일의 통일성을 지니며 표현되었다. 그러므로 역사 속의 카니발들은 강도적 차이를 반영하는 유형학에 속하고, 형식적으로는 분리되어 있으나 실재적으로는 생성하는 힘으로서의 통일성을 갖는다. 카니발은 역사적 사실로서 중요한 게 아니라 생성력의 현상이라는 점에서 의미를 갖는다.[13]

> 이 모든 형식들은 통일된 스타일을 갖는데, 이 형식들은 동일하면서도 총체적인 민중의 웃음과 카니발적인 문화의 부분이자 편린들이다.
> [……]
> 1. 의식적儀式的－구경거리 형식들(카니발 유형의 축제, 광장의 다양하고 우스꽝스러운 파르스 등등).
> 2. (언어로 표현된) 다양한 유형의 골계문학 작품들(패러디를 포함하여): 라틴어나 속어俗語로 구전되거나 필사된 작품들.
> 3. 거리낌없는 광장언어의 다양한 형식과 장르들(욕설, 신을 걸고 하는 맹세, 서약, 블라종blason 등등).[14]

카니발의 문제가 강도적 차이에 있다면, 그것의 실제 형식이 문자로 쓰여진 작품인지, 놀이마당의 연희인지, 혹은 언어유희적 실천인지 등을 분별하려는 시도는 불필요할 것이다. 사실 바흐친 역시 『라블레

---

13) 근대 학문의 분류 체계는 형식적·계통적 분류의 엄격성에 기초하며, 분류된 항목들의 상호 불가침성을 전제로 한다. 혼합과 이행을 본원으로 삼는 생성과는 정반대의 입장에 근거하는 것이다 (제프리 보커 외, 『사물의 분류』, 주은우 옮김, 현실문화 연구, 2005, 제1부).

14) 바흐친, 『라블레론』, 24쪽.

론』의 본론을 통해 이 세 유형이 명확히 구별되는 것처럼 서술하고 있지 않으며, 논의가 진행되면 될수록 오히려 세 유형 사이의 명석판명한 구분은 불가능해 보이기까지 한다. 차라리 카니발의 형식들은 언제나 서로 혼합되고 구별 불가능하게 뒤섞여 있기에, 카니발의 본질은 혼성성 자체에 있다는 느낌을 준다. 핵심은 생성이라는 현상이며, 이는 강도적으로만 준별되기 때문이다.

하지만 시각화된 구경거리나 문학작품들, 또는 광장언어 등의 개별성이 아무런 의미가 없다는 말은 아니다. 그것들 각각은 형식적 경계 내에서 생성하는 힘을 충실히 반영한다. 중세 천년과 르네상스에 걸쳐 민중의 삶의 양식 속에서 생성력은 나름의 방식으로 그것이 표현되는 출구를 만들어 온 까닭이다. 이 점에서 카니발의 개별 형식들에 대한 면밀한 탐구는 또한 전체로서의 생성력에 관한 사유를 뒷받침하는 과정이 된다.

(1) 웃음의 원리와 '저 너머의 삶'

카니발 유형의 축제와 그에 관련된 여러 웃음의 양식들, 의식들은 중세 사회에서는 전혀 이례적인 사건이 아니었다. 실제로 축제는 축일이나 의례의 형식으로 중세 삶의 부면 곳곳에 깊이 파고들어 있었다. 공식과 비공식을 막론하고, 즉 국가/교회적이든 민중적이든 축제는 면면히 이어지고 있었고, 그 시대를 떠받치던 삶의 근본 양식을 이루고 있었다.[15]

---

15) 기독교 성사와 관련된 축일들 외에도 이교적 전통에 의거한 행사들이 중세 민중의 일상을 가득 채우고 있었다. 중세인들은 카니발을 통해 공식 종교와 비공식적 믿음을 왕래했고, 의례와 일상을 교차시켰다. 중세적 삶 자체가 혼성성과 동치되는 셈이다(Aron Gurevich, *Problemy srednevekoboj narodnoj kul'tury*, M., 1981; Vladislav Darkevich, *Narodnaja kul'tura srednevekov'ja: parodija v literature i iskusstve IX–XVI vv.*, M., 2004).

때로는 교회와 국가의 강력한 통제를 받는 공식적 의례 속에 준수되었고, 때로는 이교적 전승과 농업 노동의 주기적 관례 속에 비공식적 형태로 진행되었지만, 바흐친은 그 모든 축제의 의식은 카니발의 웃음이라는 공통성을 갖고 있었다고 단언한다. 권위가 엄숙한 표정을 지으며 명령한다면, 웃음은 복종과 동시에 반항을 함축하는 민중의 힘을 가리킨다. 카니발은 질서와 권력으로 통제되는 일상을 순간적으로 전복해서 민중이 지닌 본래적인 저항성을 표출시키는 장치라 할 만한데, 카니발의 '무질서'와 '혼란'은 권력의 입장에서만 그런 것일 뿐 민중적 삶의 관점에서는 기성의 억압 구조를 허물어뜨리는 해방의 장면이라 할 수 있다. 따라서 카니발이 난폭하고 어리석어 보일수록, 광포한 웃음이 가득 넘칠수록 그것은 약동하는 민중의 힘, 또는 바흐친이 생성이라 개념화한 과정의 표출이 된다. 카니발의 웃음은 중세의 삶을 이끄는 가장 강력한 주도 동기였다.

　　며칠 동안이나 계속되는 복잡한 광장 길거리의 파르스들, 행렬들과 같은 고유한 의미의 카니발들 이외에도, 독특한 '바보제'festa stultorum나 '당나귀 축제'가 거행되기도 했으며, 또한 전통적이고 독특하며 자유로운 '부활절 웃음'rirus paschalis도 존재한다. 더욱이 그 자체로 전통이 되어 버린, 거의 모든 교회 축일도 역시 민중들이 모이는 광장의 우스꽝스러운 측면을 지니고 있었다. 예를 들어, 풍부하고 다양한 유흥체계를 마련하는 광장의 장날들(거인과 난쟁이, 절름발이들, '재주를 배운' 짐승들이 참석하는)과 대체로 동시에 거행되는 이른바 '교회의 축제들'이 그러한 것이다. 카니발의 분위기는 성사극聖史劇; mystère과 소티sotie가 상연되는 날 절정에 달하며, 또한 도시로 전파된 포도수확축제vendange와 같은 농경축제에서도 우세하게 나타난다. 일반적으로 웃음은 시민적이고 일상적인 예식과 의식들 속에서도 나타나고 있는 것이다.[16]

  실제로 얼마나 많은 수의 축제들이 그 시대에 실연되었는지는 핵심적이지 않다. 바흐친이 강조하는 카니발의 전복적 힘이 과연 축제마다 그렇게 선명히 발현되었는지 검증하려는 시도는 무의미하다. 우리가 축제적 의식들에서 정말 포착해야 할 중핵은 '웃음의 원리'다. 의식적-구경거리 형식들이 봉건사회의 엄숙성과 공식성을 해체하고, 권력의 외부에서 '제2의 세계'나 '제2의 삶'을 전망할 수 있게 했던 것은 오직 웃음의 원리라는 프리즘이 있었기 때문이다. 국가나 교회는 부정적으로 구심화되는 권력의 상징적 재현물일 뿐 본질적으로 중세인들의 세계관이 될 수 없었다. 중세인들의 삶에서 유적과 유물을 통해 실증되는 지표들은 억압의 기제들, 장치들이며, 그런 것들을 검증 대상으로 삼는 한 중세는 '암흑시대'로 표상될 도리밖에 없다. 지배와 피지배, 억압과 복종의 위계적 대립만을 확인하게 되는 것이다.[17] 법과 제도로 상징되는 공식적 문화의 배면에 짙게 깔린 민중들의 삶은 기도문과 포고령의 그늘 아래 몰래 웃는 얼굴에서 그 실재성을 드러냈으며, 그런 의미에서 웃음은 '이 세계' 너머의 '다른 세계'를 엿볼 수 있는 창窓으로 명명된다.[18] 나아가 이와 같은 '세계의 이원성'[19]을 통해서만 비로소 중세와 르네상스의 문화적 (무)의식, 혹은 문화적 역동을 파악할 수 있는 길이 열린다.

16) 바흐친, 『라블레론』, 25/9.
17) 아날학파나 신역사주의가 그랬듯, 공식적 역사를 비껴가서 문서화되지 않았고 비가시적으로 묻혀 있는 삶이 바흐친이 말하는 민중문화의 세계, 생성력이 작동하는 영토이다.

삶과 '그 너머'를 향한 이원성은 단지 라블레의 시대에만 국한되지 않는다. 그것은 아마도 역사의 가장 첫 단계부터 나타났고 민중들의 삶에서 생생하게 감지되었을 것이다. 바흐친에 따르면 태초의 여러 민족의 생활이 녹아든 민속에는 엄숙함에 대한 숭배 및 신화와 더불어 우스꽝스러운 세계상이 공존하고 있었다. 물론 후자는 웃음의 원리로 바라본 세계다. 국가와 종교적 질서로 재단된 공식적 세계의 이면에는 보다 가볍고 비정형적이고 일상을 (무)의식적으로 주관하는 비공식적 세계가 있었다는 말이다. 하지만 그 세계는 역사적으로 잘 부각되지 못했는데, 웃음은 역사와 문학의 공식적 기술 체계에서 늘 부차적이고 저급한 것, 무의미하기에 존재조차 하지 않는 것으로 폄하되었던 탓이다. 그러나 인류사의 초기 단계, 곧 계급이 분화되고 중앙집권적 국가체계가 출현하기 이전에는 웃음의 문화가 엄숙함의 문화와 대등한 취급을 받았고 거의 '공식적'인 성격마저 보유했으리라 짐작된다. 그로테스크가 이례적인 현상이 아니라 삶의 일반적인 형상으로 대접받았다는 말이다.[20]

그렇다면 시간의 흐름에 따라 생겨난 변화는 어떤 것일까?

복잡해져 가는 계급과 국가제도 속에서 이 두 관점들이 동등한 권리를 가지는 것은 불가능하게 되었고, 모든 웃음의 형식들은 어떤 것은 빨

18) 웃음이 지금-여기를 초월하게 한다는 것은 바로 다른 세계를 생성시키는 힘이라는 뜻이다. 그것은 초월적이 아니라 초월론적(transcendental) 차원에서 기능하는 힘을 가리킨다(Karasev, *Filosofija smekha*; Rjumina, *Estetika smekha*). 중세 민중문화에서 웃음의 지배적 역할에 관한 역사학적 논의들도 다방면에서 진행되었다. "연구자가 원하든 원하지 않든, 중세 민중문화의 지배소가 웃음이란 점은 부정할 수 없다"(Gurevich, *Problemy srednevekoboj narodnoj kul'tury*, p.274).
19) 바흐친, 『라블레론』, 26.
20) 비공식 문화의 공식성에 관한 바흐친의 대담한 추정은 역사적 기록에 근거한 게 아니라 문화와 예술적 흔적들을 추적해 도달한 것이다(바흐친, 「소설 속의 시간과 크로노토프의 형식」, 1988 참고).

리 또 어떤 것은 뒤늦게 비공식적인 관점의 위치로 전락하여 일정한 의미가 다시 부가되기도 했으며, 복잡해지고 심화되면서 민중의 세계 감각과 문화를 표현하는 토대적 형식들로 변모하게 되었다.[21]

인류사의 어느 시점에 계급과 국가가 발생했을 것이다. 이에 관한 역사·사회학적 탐구는 실증적 연구자들에게 맡기자. 바흐친의 임무는 계급과 국가, 혹은 종교의 탄생이 뜻하는 공식적 문화의 역사가 아니라, 그 기저에 자리 잡은 더욱 거대한 웃음의 영토, 즉 생성력의 차원이다. 그것은 문헌과 유물을 통해 입증되지 않는 비가시적인 차원에 속한 것으로, 민중의 비공식적 문화의 선차성에서 연원한다. 카니발의 우스꽝스러움과 저속함, 무질서와 폭력성은 정제된 문화의 일탈이나 아노미 현상이 아니라 본원적인 삶의 차원이 근대적 생활 형식을 찢고 표출된 징후적 현상이다. 우리는 카니발의 장면들을 통해 역사의 탈구를 보는 게 아니라 근원사적 현장의 일단면을 목격하는 것이다. '저 너머의 삶'이자 현실 이전의 실재. 카니발의 힘은 이렇게 현상적으로 우리가 볼 수 없는 차원을 열어 드러내 준다는 점에 있다.

(2) 패러디와 웃음, 세계의 호흡

카니발의 일반적 형식은 광장에서 수행되는 실천적 연희에 있지만, 웃음의 원리는 언어를 통해서도 실연實演되었다. 우스꽝스런 문학 형식들이 그것이다. 문학사가 통상 정전正典을 중심으로 짜여진 반면, 바흐친은 웃음문화의 언어적 형식은 정전과 비정전, 외전을 아우르는 폭넓은

---

21) 바흐친, 『라블레론』, 27쪽.

범위를 갖는다고 말한다. 여기엔 문자적 상징을 넘어선 기호적 표현 전체가 포함될 것이다.

중세에 광범위하게 유포된 우스개 문건들인 『수도원의 우스갯소리』*Joca Monacorum*, 『키프리아누스의 만찬』*Coena Cypriani*, 『문법학자 베르길리우스 마로』*Vergilius Maro grammaticus*, 『우신예찬』*Encomium moriae* 등은 권위를 부정하거나 희롱하는 우스꽝스런 패러디 작품들이다.[22] 이것들의 특징은 구어와 문어가 뒤섞여 있고, 상당수는 작가가 알려져 있지 않으며 진본조차 확인 불가능하나 민중의 사랑을 독차지했다. 또한 특별한 주인공을 내세우지 않았으며, 주인공이 있다 해도 신화 속의 영웅이나 군왕이 아닌, 이름조차 알 수 없는 비천하고 우매하며 '별 볼 일 없는' 존재가 그 자리를 도맡았다. 어쩌면 주인공은 민중 자신, 혹은 그들의 웃음 자체였을 것이다. 그들이 보여 준 우스꽝스러움은 허황스럽기 짝이 없는 허튼 소리와 비합리적인 기담들이었기에 짐짓 무의미해 보일 수도 있지만, 실상 카니발적 세계감각으로 응축된 정념과 욕망의 총체였음을 바흐친은 지적한다. 권력에 대해서나 자본에 대해서나 그것들이 갖는 현실적 지배력을 도외시하는, 또는 요리조리 비껴 나가는 우스꽝스러움의 몸짓이 패러디를 규정한다. 패러디의 주체는 고유명이 아니라 민중 전체로 확산되는 익명의 일반명사, 즉 바보와 광대, 악당과 도둑이다. 그들의 시선이야말로 민중의 눈높이이자 세계관의 투영이며, 그것은 가장 밑바닥의 삶, 즉 생성을 (무)의식적으로 반영하는 현상이다.

22) 『우신예찬』은 알다시피 르네상스 인문주의의 거장인 에라스무스의 작품이다. 작가의 이름도 널리 알려져 있으며, 세속적 휴머니즘의 대표작으로 거론되는 작품이기에 비속하고 방외적인 다른 작품들과 궤를 달리한다고 평가할 수도 있다. 하지만 바흐친에게 중요한 것은 '정통'이냐 아니냐가 아니다. 중세와 르네상스를 잇는 웃음문학의 계보 속에서 '저 세계'를 열어 주는 생성력이 표현되었는가 아닌가만이 문제가 된다. 라블레의 소설들 역시 마찬가지인 것이다.

우스꽝스런 언어적 창작물에서 의식적-구경거리 형식들과 동일한 생성의 이념을 발견할 수 있는 것도 그래서이다. 근대 학문의 관점에서 볼 때, 그러한 창작물들은 야담이나 전설, 외전적外傳的 성격으로 인해 학문의 정식 범주에 속하지 못한다. 권위 있는 정전에 포함되기에는 너무 저속하거나 형식적 완결성을 갖지 못하며, 따라서 하나의 개별적 작품으로 인정될 수 없기 때문이다. 이들은 대개 '민속'의 이름으로 수합되어 '민속학'의 범주에서 연구되었는데, 이렇게 틀 지어진 학문의 질서 속에는 생성력의 앙상한 흔적만이 남아 있을 따름이다. 웃음문학과 민속학은 삶과 죽음만큼이나 거리가 멀다.

> [우스꽝스런 문학은—인용자] 물론 민속학에 관한 것이 아니다(비록 속어로 쓰여진 이러한 작품들의 어떤 부분들은 민속학과 연관될 수도 있지만). 그러나 이러한 웃음문학의 작품은 모두 카니발적 세계감각으로 점철되어 있고, 카니발적 형식과 이미지들의 언어를 폭넓게 사용하고 있었으며, 정당화된 카니발적 자유분방함의 비호 아래 발전하고 있었다. 그것은 대부분의 경우, 카니발 유형의 축제들과 구조적으로 연관되어 있으며, 종종 그것들의 문학적 일부분을 직접적으로 형성하는 것처럼 보인다. 이러한 문학작품 속에서 웃음은 양가적인 축제의 웃음이 된다.[23]

1940년대에 작성된 일련의 논문들, 곧 「소설 속 말의 전사前史로부터」, 「소설 속의 말」 등에 나타난 바와 같이 바흐친에게 웃음의 원리는

---

23) 바흐친, 『라블레론』, 37쪽.

소설 전체의 역사뿐만 아니라 소설적 담론, 혹은 언어적 현상 자체의 역사를 본원적으로 구성하는 힘이다. '살아 있는 말'이라는 관용적 표현의 진리는 말이 스스로 증식하고 변화함으로써 낡고 상투화된 말의 규범을 파괴하여 재탄생한다는 데 있다. 패러디는 건전하지만 의미 없는 우스개가 아니라 말의 과거를 벗어던지고 해체시켜 이전과는 '다른' 말을 현재 시점에서 산출시키는 거대한 폭발에 상당한다. 질료로서의 말, 말의 물질성은 맑스가 우리의 삶을 변형시키는 것은 의식이 아니라 존재라 언명했을 때와 동일한 맥락에 놓여 있고, 따라서 말의 혁명은 삶의 혁명을 아울러야 한다. 시인 김수영을 빌린다면, 패러디는 장난이 아니라 작란作亂이다. 때로 야비하고 천박하며 때로 거역과 부정의 화신이 되는 말의 역동성, 그것이 패러디의 힘이다. 정전의 질서와 평행적으로 실존하지만 공식적이고 엄숙한 언어의 더께를 곧장 벗어던지고 정전이 지닌 모순과 자가당착을 우스꽝스럽게 폭로하는 방식으로 작동하는 힘이 줄곧 존재해 왔다. 패러디를 문예학적 '양식'이 아니라 '힘'으로 사유할 때, 그것의 생성적 힘의 역사는 저 멀리 고대로까지 시추를 길게 드리운다.

중세의 웃음문학은 천여 년에 걸쳐, 또는 그보다도 오랜 기간에 걸쳐 발전해 온 까닭에, 그 기원은 초기 기독교 시대의 고대로까지 거슬러 올라간다. 그렇게 오랜 기간을 존재해 왔으므로 이러한 종류의 문학이 본질적인 변화를 거치는 것은 아주 당연했다(라틴어로 된 작품은 다른 것들보다 최소한의 변화를 거친다). 다양한 장르적 형식들과 문체적 변주들이 생겨나기 시작했다. 그러나 모든 역사적·장르적 차이점에도 불구하고, 이러한 문학은 다소간에 민중적·카니발적 세계감각을 표현하고 있으며, 카니발적 형식과 상징들을 이용하고 있었다. [……] 공식적이며 종교적인 모든 이데올로기와 의례는 여기서 우스꽝스러운 측면을 보여 주게 된다. 웃음은 여기서 종교적 사고와 예식의 가장 숭고한 영역까지 파고드는 것이다.[24]

우미優美하지도 않을 뿐더러 어리석고 저열한 외양을 가졌음에도 불구하고 웃음의 패러디적 특성은 세련되고 정화된 언어를 유혹하여 감염시킨다. 정숙한 숙녀를 난봉꾼 아가씨로 둔갑시키고, 점잖은 양반을 부추겨 음란서생으로 돌변하게 만드는 것이다.[25] 중세의 전 기간에 걸쳐서 교회문학과 나란히 존속하던 '성스러운 패러디'parodia sacra는 그 부정할 수 없는 증거다. 성경, 신학교의 교과서, 수도사들의 기도문과 설교문은 그것이 엄숙하고 진지하면 할수록 노골적인 음담패설과 희롱질의 짝패를 갖게 된다. 기독교 이전의 이교적 전통 속에서 이러한 외설의 씨앗을 찾아낸다면, 기묘하게도 그 탐침을 제대로 뻗은 것이라 칭찬할 만한 일이다. 탈주적인 힘으로서 생성은 시원을 알 수 없는 고대에서 발원하여 중세와 르네상스까지 이어진 비공식적 전통에 속해 있기 때문이다.

공식성으로부터의 이러한 이탈은 금지와 억압의 강도가 강하면 강할수록 절대 근절되지 않는다. 역으로 패러디는 불경과 불온으로 단죄되기보다 공식 문화의 주체들에 의해 장려되고 창작되거나 유포되기도 했다. 웃음은 삶의 본질을 차지하는 토대이기에 공식 문화에 의해 지배

---

24) 바흐친, 『라블레론』, 39쪽.
25) 패러디의 가장 강력한 기능은 전염과 파급을 통해 기성의 언어적·문화적 규범을 분해시키는 데 있다(Darkevich, *Narodnaja kul'tura srednevekov'ja*, pp.29~72).

의 전략으로써 채택되어 조장되기도 했다. 다만 이러한 '공식화'가 어떤 강도, 어떤 형태로 주어지더라도 비공식적 문화, 즉 반문화의 탈주적 힘을 완전히 장악하지는 못했다는 점을 기억하자. 수차례에 걸쳐 바흐친이 지루할 정도로(!) 강조하는 것도 바로 이 사실이다.

> 패러디적 논쟁, 대화, 패러디적 연대기 등등. 라틴어로 씌어진 이러한 웃음문학 작품들 모두는 그 저자들이 어느 정도의 학식(때로는 높은 수준)을 갖추고 있다는 것을 전제로 한다. 그러므로 이 모든 것은 수도원, 대학, 학교의 담장 속에서 울려퍼지고 있는 광장적 카니발의 웃음의 메아리이자 산책이다.[26]

바흐친에 따르면 웃음문학의 텍스트들은 실제로 축제가 벌어졌을 때 광장에서 연기되고 실행되는 강한 수행성을 갖고 있었다. 눈으로 읽고 속으로만 웃는 근대적 독서 행위와는 전혀 다른 방식으로 작동했던 것이다. 웃음문학은 그 최초의 발생 이래 광장과 축제, 드라마 공연의 열린 장소와 밀접하게 결부되지 않을 수 없었다. 군중이 운집하고 서로의 말이 섞여 그 말의 주인을 가려낼 수 없을 정도로 거대한 함성으로 울려 퍼지는 공간, 즉 광장에서 펼쳐지는 카니발적 웃음은 무대와 객석이 따로 없는 삶의 거대한 호흡이 아니었을까? 그런 의미에서 삶은 곧 생성 자체라고 할 만하지 않을까? 웃음은 개인의 얼굴과 표정으로 식별

---

26) 바흐친, 『라블레론』, 40쪽. 공식 문화의 후원을 받았던 웃음이 어느 정도까지 혁명적이고 전복적인지는 논란의 대상이다. 여기서는 일단 이러한 '후원'이 근절할 수 없는 비공식적 삶, 웃음의 원리를 공식 문화가 거역할 수 없었다는 점, 웃음이야말로 엄숙함보다 근원적이고 선차적이었음을 인정했다는 점에 역점을 찍도록 하자.

된다. 그러나 생성의 관점에서 볼 때 웃는 개인은 그의 개별성을 통해 웃는 게 아니라 민중이라는 개체 이상의 전체로서,[27] 혹은 생성하는 힘 자체로서 웃음의 행사에 참여한다.

(3) 카니발화와 이행의 양가성

욕설과 상소리, 신성모독 등은 일상의 규범에서 빠져나온 잔여물이다. 우리가 사회와 공동체, 개인의 삶을 상상할 때 줄곧 무의미하거나 중요하지 않은 것, 혹은 감추어야 할 치부로 제외시키는 이 영역은 살해와 회생, 파괴와 부활의 양가성이 응축되어 있다는 점에서 생성력이 보존된 지대이다. 바흐친은 양가성을 논리적으로 성립 불가능한 모순이나 넌센스가 아니라 생성이 작동하는 양의적 긴장 관계로서 설명한다. 그것은 부단히 차이를 생산하여 변주함으로써 이 세계의 풍요로운 신체성을 증식시키고 종합하는 생성의 가동 방식이라는 것이다.

그로테스크에 대한 근대적 태도가 시사하듯, 부르주아 사회의 형식주의와 미학주의는 양가성을 용인하지 않았다. 조화와 절제를 강조하는 미적 규범은 '문명화'의 명분으로 일상생활을 정화하는 데 주력함으로써 오랜 세월을 지속하던 광장의 언어는 지하로, 공식적 삶의 하부로 숨어들어야 했다.[28] 근대의 사회적 체계가 견고하게 구축되면 될수

---

27) 제8장에서 언급했듯, 개체 이상의 전체는 스피노자의 관점에서 볼 때 또 하나의 개체이다. 달리 말해, 우주 전체도 하나의 호흡 속에서는 개체, 즉 특이성(singularity)으로 볼 수 있다(스피노자, 『에티카』, 86쪽, 제2부 정리13 이하). 이러한 특이적 개체의 정의는 분할 불가능한 개별적 개체(individuality)에 관한 근대적 정의와 대립한다. 후자는 감산과 가산이 더 이상 불가능한 완결체로 표상되는 탓이다.

28) 문명과 문화의 척도를 통해 일상생활을 규제하는 것은 사회의 계급적 분화 및 통치와 밀접히 관련되어 있다. 'civilité'가 '예의범절'에서 '신분'으로, 다시 부르주아적 '시민성'을 거쳐 '문명'으로 이전했던 역사적 문맥은 이를 생생히 보여 주고 있다(노르베르트 엘리아스, 『문명화과정 I·II』, 박미애 옮김, 한길사, 1996).

록 삶의 저변에 깔린 생성의 힘은 파편화되고 분산되어 보이지 않는 차원에 갇히고 말았다. 삶은 더욱더 공식적인 의례에 포위되며 비공식적인 부면은 지각될 수 없었고, 심지어 그 존재 자체마저 은폐되기에 이른다. 공적 일상은 국가와 자본에 장악되었고, 사적 일상은 가족주의에 의해 잠식됨으로써 '생성의 추억'은 전적으로 망각되고 말았다. 그러나 바흐친은 광장 언어의 본원적 근거로서 카니발화가 역사 속에서 소진되지 않았음을 거듭 역설한다. 지하에 매몰되고 일상의 변두리로 떠밀렸어도, 오히려 그것은 삶의 선차적인 힘으로서 끊임없이 지속되어 왔다.

이 시대에 들어와서부터(특히 17세기 후반부터) 민중문화의 '의식적-구경거리'와 같은 카니발의 제반 형식들은 협소하고, 왜소하며, 빈약해지는 과정을 점진적으로 겪어야 했다. 한 측면에서 축제적 삶이 국가적 성격을 부여받아 퍼레이드와 같은 의식의 성격으로 변했다면, 다른 하나는 그 축제적 삶을 풍속화했다. 다시 말해, 축제적 삶은 사적이고, 가정적이며, 가족적인 풍속이 된 것이다. 축제의 광장이 지니고 있던 과거의 특권은 점점 더 제한되고 있었다. 독특한 카니발적 세계 인식과 전 민중성, 자유성, 유토피아성, 미래지향성은 축제 분위기 속에서 변형되기 시작했다. 축제는 민중의 제2의 삶, 그리고 그 삶의 일시적인 재생과 갱신이 되는 것을 거의 중단하고 있었다. '거의'라는 말을 강조하고 있는 이유는 민중적·축제적 카니발의 원리는 본질적으로는 근절될 수 없는 것이기 때문이다. 협소해지고 미약해지는 가운데에서도 그 원리는 여전히 삶과 문화의 다양한 영역을 계속해서 풍요롭게 할 것이기 때문이다.[29]

광장의 언어는 카니발의 원리와 직접적으로 맞닿아 있다. 가령 "비천하고 굴욕적이면서도, 동시에 욕설은 다시 태어나게 하고 새롭게 만드는" 방식을 통해 여전히 작동하고 있는 것이다. 가깝고 친근한 사이에서 욕설과 상소리, 저속한 비어卑語가 빈번하고도 즐겁게 사용되는 것은, 단지 그것이 불가피하게 용인되거나, 인간의 본성이 저열해서 그런 것을 즐기도록 만들어졌기 때문이 아니다. 진실은 다른 데 있다. 욕설과 상소리, 비어는 삶의 하부에 잇닿아 있는 말slovo이며, 분리되어 실존하는 사물들의 본래적 연관 관계를 상기시키는 힘이다. 그런 말들은 삶의 카니발화를 충동질하는 뿌리이다. 말을 통해 타자를 질타하고, 타자의 신체를 공박하는 것은 신체와 신체의 뒤섞임의 한 양상으로 이해되어야 한다.[30]

욕설은 "서로 어깨를 치기도 하고 심지어는 배를 칠 수도 있는(카니발의 전형적인 몸동작)" 신체적 차원을 도외시하고는 카니발화, 웃음의 원리와 결부되지 않는다.[31] 바흐친에 따르면 욕설이 고립되고 부정적인 양태로 표출된다고 해도, 직접적인 신체적 접촉을 함유하는 언어적 형식 속에서 표현된다는 게 중요하다. 욕설의 힘은 그것이 언어적으

29) 바흐친, 『라블레론』, 68쪽. 생성력은 사멸하지 않는다. 왜냐면 그것 자체가 시간성과 동등한 것이기 때문이다. 이 점에서 생성력은 차라리 무시간적인데, 이는 모든 죽어 버린 것들이 되살아나는 '거대한 시간'과 연관된다. 그것은 모든 구체적이고 개별적 가능적 시간들을 근거 짓는 본래적인 시간의 잠재성이다. 현실의 세계는 이 거대한 시간으로부터 발원하는 구체적 사건들의 역사인 셈이다. 따라서 문제는 역사적 시간 속에서 거대한 시간, 즉 생성의 힘이 표현되는 방식과 강도, 조건들을 탐구하는 데 있다. "현실 속에서 '카니발의 정신'은 다양한 육화(肉化)의 정도에 따라 다르게 구현된다"(Jurij Mann, "Karnaval i ego okrestnosti", *Voprosy literatury*, Vy.1, M., 1995, p.156).
30) 언어의 신체성은 기호의 물질성에 관한 『마르크스주의와 언어철학』의 주제였음을 기억하자. 물질적 힘으로서 이데올로기적 기호는 본질적으로 무의식에 관련된 문제이다(빌헬름 라이히, 『파시즘의 대중심리』, 황선길 옮김, 그린비, 2006, 제1장).
31) 바흐친, 『라블레론』, 42~43쪽.

로 신체성을 자극하고 촉발시킴으로써 정형화된 삶의 양태를 무너뜨릴 수 있다는 데 있다. 말이 사람을 살리기도, 죽이기도 하는 힘을 갖는 것은 그저 비유가 아니다. 말은 현실이자 실재이고, 현상이자 운동이며, 생성의 파편이되 통일된 삶의 이미지 속에서만 그러하다.

앞 장에서 잠깐 언급했던 괴테의 『이탈리아 여행』으로 돌아가 보자. 괴테는 자신의 여행기에서 로마의 축제일을 인상적으로 인용했다. 그의 관찰에 의하면 로마 카니발은 '모콜리'Moccoli(타다 남은 양초들)라는 불의 축제로 끝을 맺는데, 거기서 모든 참가자들은 다른 이들이 손에 쥔 양초를 입으로 불어 끄면서 "촛불을 들고 있지 않는 자는 죽어 버려라!"라고 외치게 되어 있다. 축제의 의례가 일상생활의 규범을 완화시키는 데 있다 해도 타인의 죽음을 소망하는 것은 얼핏 무례하고 잔혹한 관습으로 보일 수 있다. 공적인 언어 생활이 사회적 규범으로 확립된 근대 사회에서 의미의 양가성은 정상적 의사소통을 방해한다. 거기서 죽음은 죽음을 뜻하지 달리 해석되지 않는다(살인죄는 피고의 가시적 의사표현에 의해 사법적 대상이 된다). 타인의 죽음에 대한 저주는 근대인의 일상에서는 금기로 여겨진다. 하지만 바흐친은 모콜리 축제의 사례에서 "죽음을 희구하는 심오한 양가성"을 세심하게 짚어 내고 있다. 죽음이자 삶, 살해이자 부활이 동시에 성립하는 역설이 양가성의 본질이며, 그것이 심오한 의미에서의 생성이다. 이는 단지 주관적 감상이나 느낌이 아니라 객관적인 진실이며 사실이기도 하다. 실증적 사실 너머의 실재, 삶의 본래적인 양가성, 생성의 운동이 진리로서 현존한다.[32]

---

32) 바흐친, 『라블레론』, 386쪽.

문제의 핵심은 바로, 소진과 부활을 의미하는 불의 축제의 분위기 속에서, 죽음에 대한 소망과 선량함 및 삶에 대한 소망, 욕설과 칭찬이 양가적으로 결합하는 데 있다. 그러나 이 표현에 나타나는 의미와 어조의 형식적인 대조 너머에, 또 상호 간의 주관적인 놀이 너머에 객관적인 양가성이 놓여 있다. 이러한 모순들의 객관적인 일치를 명확하게 설명할 수는 없지만, 카니발에 참가한 사람들은 어렴풋이 이것을 느끼게 된다. "죽어 버려라!"와 즐거운 억양, 부드럽고 친근한 인사말, 아부·칭찬의 결합은, 골목길의 공연묘사에서 나왔던 칼싸움·살인과 출산행위의 결합과 완전히 동등하다. 이것은 본질적으로, 동일한 임신시키고 출산하는 죽음의 연극으로, 골목길에서도 공연되었고 '불의 축제'가 끝날 무렵에도 공연되었다. '모콜리'에서 죽음의 소망에 담긴 고대적 양가성은 죽음의 소망이 혁신과 새로운 탄생의 소망으로 울려퍼지면서 되살아난다. "죽어라, 그래서 다시 태어나라"인 것이다. 여기에서 이러한 고대적 양가성은 과거의 죽은 유물이 아니다. 그것은 생생하게 살아 있으며, 카니발에 참가한 사람들 사이에 주체적인 반향을 일으킨다.[33]

생성, 즉 이행의 힘으로서 카니발을 조명할 때, 그것은 실증주의적 사실의 차원에 관심을 기울이지 않는다. 카니발화는 모든 엄숙하고 진지한 문화를 경직되고 사멸해 가는 것으로 상대화시킴으로써 변형되도록 자극하는 것, 마침내 해체시켜 다른 것이 싹틀 수 있도록 추동하는 힘의 과정이다. 그로써 기성의 문화적 잔재들은 자취를 감추는 대신, 새롭고 이질적인 문화의 씨앗이 싹틀 지반이 마련된다. 이 과정을 해명하

33) 같은 책, 386~387쪽.

기 위해 바흐친이 끌어들인 틀이 바로 그로테스크의 실재론, 곧 그로테스크 리얼리즘이다. 가시적이고 형식적인 논리적 범주, 완결되고 꽉 짜여진 현실 너머에서 유동하는 삶의 흐름을 포착하는 프리즘이 생성이고, 그렇게 파악된 흐름의 이미지가 그로테스크인 것이다. 그렇게 본다면, 그로테스크 리얼리즘은 실상 공식적 문화의 '너머'를 가리키는 반문화의 원동력이라 할 수 있지 않을까?

4. 생성, 문화와 반문화를 넘어서

카니발 유형들에 대한 분석이 생성의 원리적 차원에 관한 해명이라면, 라블레의 작품에 대한 구체적 논의는 그 원리의 적용 사례일 것이다. 이로부터 『라블레론』의 표제이자 열쇠어의 하나인 '문화'는 격렬한 논쟁의 대상이 된다. 바흐친은 '라블레 현상'을 무엇보다도 문화적 문제 설정으로 바라보는데, 아이러니컬하게도 문화가 도대체 어떤 것인지에 대해서는 아무런 명확한 설명도 남겨 두지 않았기 때문이다. 명시적인 정의 없이, '민중문화'와 '웃음문화'의 파생 범주들이 쏟아져 나오고 『라블레론』의 기둥 줄거리가 되기에, 우리는 바흐친이 말하고자 한 문화가 대체 무엇인지 의혹을 품지 않을 수 없다.

　　바흐친이 라블레에게서 통찰한 것은 작가의 천재성이나 예술적 미학주의 따위가 아니다. 오히려 우리가 주목해야 할 것은 "두 문화의 투쟁, 즉 중세의 공식 문화와 민중문화의 투쟁이 긋는 근본적이고 커다란 획"이다.[34] 문화들 사이의 투쟁은 태고적부터 유장하게 반복·지속되

---

34) 바흐친, 『라블레론』, 669쪽.

었던 역사의 큰 흐름이며 중세 말과 르네상스 초엽에 전면적으로 격화되었다는 게 그의 입장이다. 라블레의 시대, 통념적으로 16세기 유럽은 '낡은 중세 대對 새로운 르네상스' 사이의 투쟁으로 표명되었던 것과 달리, 유사 이래로 계속되어 온 두 문화의 투쟁이 전면화된 시기였다. '지배하는 문화 대 대항하는 문화', 즉 공식 문화와 비공식 문화의 격돌이 그것이다. 우리가 교과서에서 배워 읊었던 '신神중심적 중세 대 인간 중심적 르네상스'의 구도는 신화적 가설에 불과하다. 이는 자기 시대를 르네상스의 적자로 파악했던 19세기의 시대 구분으로서, 전형적인 근대적 사고의 반영에 지나지 않는다.[35]

중세와 르네상스를 대립과 단절이 아니라 연속성의 프리즘을 통해 바라볼 때, 두 시대를 이어 주는 끈이 바로 민중문화이다. 왜 그냥 '문화'가 아니라 '민중문화'인가? 사전적으로 문화란 특정한 지역에서 특정한 거주민들이 형성한 생활의 공통적 양식과 규범들의 집합이다. 그런데 문화의 양식과 규범이 성문화되고 해당 집단의 자의식에 기입될 때 그것은 대개 권력과 자본에 의해 공식적 승인을 거치게 된다. 엄숙하고 진지한 표정으로 자기 문화의 정통성이나 정상성, 우월성을 공표하는 것은 실제 삶의 모습을 보여 주기보다 당위적으로 그래야 할 문화의 표상들을 말하는 것이기 쉽다. 가령 '정의사회 구현'과 같이 우리에게 익숙한 사회의 규범은 공포의 정치를 통해 설정된 강요된 지향이지 실제 삶의 풍경은 아닌 것이다. 따라서 공식적 문화는 민중의 정념과 욕망, 소망에서 발원한 것이 아니라 권력의 지배와 명령에 의해 조형된 허상이

---

35) "르네상스에 관한 우리의 관념은 야콥 부르크하르트의 창조물이다"(월라스 퍼거슨, 『르네상스사론』, 진원숙 옮김, 집문당, 1991, 221쪽에서 재인용).

자 이데올로기일 것이다.

생성은 공식 문화의 굴레를 이탈하는, 복종하면서도 저항하는 삶과 생명의 흐름이다. 생성의 주체를 바흐친은 민중^{narod}이라 호명한다. 민중은 개별적인 인격과 이름, 유기체로 한정되지 않는 전체로서만 호출되며, 하나의 유적 집합으로서만 실체성을 갖는다. 앞 장에서 본 것처럼, 정치학이나 사회학, 문학과 역사학 등 근대 학문의 범주에서 민중은 개인들의 수적 집합체이며, '인민', '국민/민족', '대중', '계급' 등으로 개념화되어 왔지만, 본질적으로 그런 이름들의 산술적 합으로는 포착할 수 없다. 그에게 민중은 러시아인도 프랑스인도 아니고 오직 인류 전체를 부를 때만 가능한 이름이며 유적 존재로서만 현행성을 갖는 실체적 주체이다. 민중을 전체이자 한 무리의 개체, 실체이면서 동시에 주체로 파악할 때, 거기서 구별 가능한 개인은 존재하지 않는다. 민중은 어떤 위계나 차이도 인정하지 않는 집합체로서만 역사의 동력으로 등장해 왔다. 일상의 삶에서 민중은 권력과 자본의 압력에 굴복하고 충실히 복종하며 살아가지만, 삶의 '예외 상태', 즉 카니발의 순간에 폭발적인 잠재력을 발휘함으로써 일상의 모든 경계(위계와 금지선)를 범람해 버린다. 민중은 말 그대로 '하나'가 되며, 소외가 불식된 시간으로서 카니발의 삶을 살아간다. 요컨대 민중은 '전체'로서 의미를 갖지만 그 전체성은 범주적으로 파악되지 않는 통일성을 지니며, '실체'로서 엄존하되 '운동'의 관점에서는 이해되는 과정적 존재라 할 수 있다. 카니발은 이를 보여 주는 원리이자 표현적 현상이다.

카니발에서는 모든 사람들이 평등한 것으로 간주된다. 일상적인 생활, 즉 비카니발적 생활에서 계급, 재산, 직무, 가문, 연령상의 위치라는 뛰어넘을 수 없는 경계 때문에 서로 분리되어 있던 사람들 사이의 자유스럽고 거리낌 없는 접촉의 독특한 형식이 이 카니발 광장에서는 주도적이 된다. [……] 인간은 마치 새롭고 순수한 인간적 관계들을 위해 재탄생하는 것처럼 보였다. 소외疎外가 일시적으로 사라져 버린 것이다. 인간은 자기 자신에게로 되돌아왔고, 인간들 사이에서 자기 자신을 인간의 한 사람으로 감지할 수 있었다. 이렇듯 진정한 인간성과의 관계는 단지 상상력 혹은 추상적 사고의 대상이 아니라, 생생한 물질적이고 감각적인 접촉 속에서 실제로 실현되고 체험되고 있었다. 이상적이며 유토피아적인 것과 현실적인 것이 독특한 카니발적 세계감각 속에서 일시적으로 합류하고 있는 것이다.[36]

우리가 민중을 생성이라는 비인칭적인 언어로 지칭하는 이유가 여기에 있다. 민중은 생성의 원동력으로서 생성력 혹은 생성 능력이라 할 만하고, 그러한 생성의 과정 자체가 문화라 할 수 있다. 그러나 비공식적 문화로서 '문화'는 실상 반문화에 다르지 않다. 기성의 문화를 해체하고 재구성하는 힘은 비공식적 삶의 심저에 놓여 있다. 따라서 민중문화를 근대적 의미에서 대중이 살아가는 구체적인 생활방식이나 사물들의 집합, 습관의 목록 등으로 상상해서는 그 생성의 차원을 전혀 감지할 수 없을 것이다. 유물과 유적은 민중의 삶, 생명의 자취이자 흔적에 지나지 않기 때문이다. 생성으로서의 민중, 민중문화는 그것이 지금-여기서 사건적으로 표현될 때, 현재의 시점에서 구성되지만 현실 너머의 '제2의 세계'라는 잠재성의 지대로 뻗어 나갈 때 그 실재적 효력을 갖는다.

36) 바흐친, 『라블레론』, 33쪽.

용광로, 존재하는 모든 것을 용해시켜 하나로 합쳐 버리는 이 현상을 카니발에서 찾아볼 수 있다. 결국 생성이라는 힘의 운동으로 귀결되는 카니발은 현행의 위계와 차별 일체를 무효화하여 새로이 출발시키는 분기의 거점이다. 현실에서, 시간적으로든 공간적으로든 아무리 멀리 떨어져 있던 것들도 카니발의 시간에서는 바로 인근에 모여들어 접촉함으로써 변성의 과정에 말려들지 않을 수 없다. 생성, 존재론적 평등화의 거대한 시간이 이로써 열린다. 그럼, 이 원리를 머리에 새기고 다시 한 번 질문을 던져 보자. 문화란, 반문화란 도대체 무엇인가?

5. 유쾌한 상대성, 혹은 절멸 없는 삶의 기쁨

근대 문화에 저항하는 문화, 공식 문화 바깥의 비공식 문화를 '문화'라고 불러야 할까? 문화를 넘어선 그 영역을 우리는 다시금 문화라고 지칭해도 좋은 걸까? 이에 대해 답하려면 우리는 다시 그로테스크 리얼리즘의 문제 설정으로 되돌아가야 한다. 바흐친에게 민중문화의 동력학은 여기에 응답함으로써 해명될 것이다.

그로테스크 리얼리즘은 형태적 완결성에 의거해 인간과 동물, 사물을 기성품으로서 제시하는 근대성에 대항한다. 그것은 사태를 서로 뒤섞여 혼합된, 이행적 과정으로 파악하는 특이적인 관점이다. 프랜시스 베이컨의 기괴한 화폭들이 보여 주듯,[37] 시간을 정지시켜 놓은 정물적 풍경으로 대상을 바라보는 게 아니라 이행의 관점에서 이전과 지금, 이후의 연속성을 투과하는 시선이 그로테스크에 녹아 있다. 이러한 시

---

37) 질 들뢰즈, 『감각의 논리』, 하태환 옮김, 민음사, 1999.

선은 생성의 시간을 보는 눈이며, 시간의 흐름을 창조적 전화의 과정으로 바라보는 사물의 응시이기도 하다. 달리 말해, 그로테스크 리얼리즘은 인간-주체의 시야를 벗어나 세계-사물의 관점에서 바라보는 역투시법의 전망인 것이다. 여기서 웃음의 원리는 물질적·신체적 원리와 호환될 수 있다.

> 그로테스크 리얼리즘 속에서 물질적·신체적인 힘stikhija은 심오한 긍정의 원리를 바탕에 깔고 있는데, 이 힘은 여기서 결코 사적私的이고 자아중심적인 형식이 아닐뿐더러, 삶의 다른 영역들과도 결코 분리되지 않는 형식이다. 물질적·신체적 원리는 여기서 보편적이고, 전 민중적인 것으로 인식된다. 즉 그러한 원리는 세계의 물질적·신체적 뿌리로부터 이탈하고자 하는 모든 것들, 자기 자신 속에 고립되어 있고 감금되어 있는 모든 것들, 모든 추상적 관념화들, 대지와 신체와는 무관하게 단절된 의의에 대한 모든 요구들과 대립하고 있다. 다시 말하자면, 여기서 신체와 신체적 삶은 우주적인 동시에 전 민중적인 특성을 띤다. 이는 근대의 협소하고 엄밀한 의미에서 말하는 신체와 생리묘사가 결코 아니다.[38]

르네상스는 흔히 인간의 해방으로 알려졌고, 신체에 대한 긍정적 인식을 포함한다. 즉 인간의 신체가 수치스런 타락의 징표로 간주되길 중단하고 아름답고 떳떳한 긍지의 대상으로 재인식되던 시기라는 것이다. 신학이 물러간 자리에 들어선 세속적 인간주의는 인간의 신체를 지

---

38) 바흐친, 『라블레론』, 47쪽.

상에서 가장 우월한 존재자의 표상으로 부각시킬 수 있었다. 빈켈만의 저술에서 확인할 수 있듯, 적절한 비례에 맞춰 잘 성장 발육한 인간의 신체는 단지 피와 살로 이루어진 육체성을 넘어선다. 특정한 이름과 인격을 지닌 개인으로서, 갓 성장을 종료한 그의 신체는 장애와 불구로부터 해방된 완전한 인간의 표상이기에 그 자체로 고귀하고 아름다운 것으로 간주되었다.

하지만 그로테스크 리얼리즘의 지평에서 볼 때 그러한 관념은 거꾸로 뒤집어 세워져야 한다. 낱낱의 개인적 신체는 타자와 세계에 더 이상 섞여들 수 없는 고립된 상태에 놓여 있으며, 성장이 완결되었기에 더이상 증식되고 발달할 수 없으며, 고귀함과 아름다움이라는 완전성의 가치에 포위되었기에 또 다른 가치로 전화할 수 없다. 십분 양보해서 그모든 인간학적 의미들을 인정한다 해도, 시간의 풍파에 따라 신체는 노쇠하고 허약해지고 결국 죽어 해체되고 말지 않겠는가? 그로테스크의 구도에서 인간의 신체는 물질적·신체적 원리에 따라 작동하는 질료들의 일부일 따름이다. 거대한 대양이 물결을 실어 보내는 바닷가에서 바위 구멍에 고인 물 한 방울이 대체 어떤 점에서 귀하고 아름답다 하겠는가? 개체로서의 신체가 의미를 갖는 것은 오직 그것이 생성의 무한한 흐름의 일부로서 유동하고 있을 때뿐이다. 전체로부터 분리되어 홀로 완결된 존재성을 갖는 한, 그러한 신체는 생성과 무관하게 남겨질 수밖에 없다. 역설적이게도 과잉 속에 놓여 있을 때만 개체는 의미를 갖는다. 이행과 변이, 변성의 과정에 실려 있는 까닭이다.

그러므로 모든 신체적인 것은 여기서[라블레의 작품과 그의 시대의 민중적 상상력—인용자] 그처럼 장대하고, 과장되며, 정도를 넘는 것이다.

그러나 이러한 과장은 적극적이며 긍정적인 성격을 띤다. 물질적·신체적 삶의 이러한 모든 이미지들 속에서 주도적인 요소는 풍요와 성장과 정도를 넘는 과잉의 풍부함이다. 물질적·신체적 삶의 모든 발현과 모든 사물들은 여기서 다시 한번 반복하자면, 하나의 생물학적 개체도 아니고, 개인적이고 에고이스트적인 '경제적' 인간도 아니다. 단지 민중적이고 집합적인, 조상 전래의 유적 신체와 연관을 맺고 있을 뿐이다.[39]

모든 존재자를 완결된 개체로 만들고 싶어 하는 근대적 규범은 변신, 즉 신체적 변형과 변이, 이행을 혐오했다. 사물마다 정해진 개체의 한계, 그 경계선을 이탈하는 탓이다. 그래서 신체의 변형과 전이에 대한 이야기는 신화와 전설 속에 봉인되고, 그래도 삐져나오는 상상력은 '허구'의 명목으로 문학 속에 가두어졌다. 하지만 변신이 과연 허구이고 그릇된, 사악한 관념일까? 그로테스크의 관점에서 보자면 오히려 변신이야말로 만물의 가장 본래적인 상태가 아닐까? 실재란 변신들의 집합, 그 총체가 아닐까?

그로테스크 이미지는 변화의 상태, 아직 완전히 끝나지 않은 변신 metamorphosis의 상태, 죽음과 탄생, 성장과 생성의 단계 속에서 나타나는 현상을 특징 짓는다. 시간과 생성에 대한 관계는 그로테스크 이미지의 필수적이고 본질적 특징이다. 이러한 것들과 연관된 또 다른 필수적인 특징은 양가성이다. 거기에는 낡은 것과 새로운 것, 사멸하는 것과 탄생하는 것, 변형의 시작과 끝 같은 변화의 양극이 주어지고 있다.[40]

---

39) 바흐친, 『라블레론』, 48쪽.

근대의 공식적 제도 속에서 문화는 단일한 경계선 내부의 현상이다. 그 경계선을 가늠자로 삼아 어떤 것은 문화의 본질적인 부분이 되어 중심화되고, 어떤 것은 비본질적인 것으로 주변화되며, 또 다른 것은 이질적인 것으로 분류돼 배척당한다. 근대적 의미에서 문화의 구성이란 삶의 비공식적 부문들을 제외시키고 순화시켜 다듬는 감산적 과정이다. 이런 방식으로 특정한 국가와 민족, 전통의 문화가 성립하게 되고, 그것은 여간해서는 변형되어서는 안 되는 유지와 전승의 대상으로 군림한다. 근대 이래 국민국가에서 벌어진 '민족정기 보존'이나 '국어순화운동', '전통문화 지키기'와 같은 사회적 캠페인은 대개 이러한 내부성을 수호하려는 권력의 명령이거나 그것을 내면화한 자발적 복종이었다.

이에 반해 변형과 변신, 이행을 삶의 본래 면목으로 간주하는 그로테스크의 관점은 외부를 내부화하고 내부를 외부로 밀어내는 양가적 운동을 존재의 본질로 삼는 만큼, 근대 문화에 대립하면서 넘어서는 모습을 보인다. 달리 말해, 그로테스크는 근대를 초과하고 범람하는 규정 불가능한 힘이다. 감산의 과정으로 근대를 정의할 때 그것은 근대의 '잔여'이고 '외부'지만, 실상 이러한 외부 없이는 내부가 이루어질 수 없고, 잔여가 없다면 내적 구조도 불가능할 것이다. 그로테스크는 밀려난 잔여를 다시 끌어들여 접합하고 바깥을 안으로 흡인하여 더 커다란 덩어리를 만드는 운동이고, 그로써 이전의 문화적 경계를 와해시켜 새로운 경계선을 긋는 운동이라 할 수 있다. 아마도 그렇게 구성되는 새로운 문화의 경계, 그 내부성은 또하나의 '문화'를 형성하겠지만, 그 역시 또 다른 그로테스크의 운동에 의해 변형될 운명을 맞이하게 될 것이다. 이렇

---

40) 바흐친, 『라블레론』, 54~55쪽.

게 본다면 그로테스크 리얼리즘은 문화의 규범, 경계와 내부성을 항상-이미 해체시키는 대항적 문화, 반문화의 힘이 아닐까? 우리가 가시적으로 지칭하는 문화란 이러한 비가시적 운동으로서의 반문화가 없이는 불가능한 표상에 불과하지 않을까?

　시인 김수영의 마지막 시 「풀」(1968)은 바람의 끊임없는 틈입으로 인해 쓰러지는 풀의 이미지를 형상화했다. 잘 알려진 작품이지만 짧으니 잠깐 인용해 보자.

　　풀이 눕는다
　　비를 몰아오는 동풍에 나부껴
　　풀은 눕고
　　드디어 울었다
　　날이 흐려서 더 울다가
　　다시 누웠다

　　풀이 눕는다
　　바람보다도 더 빨리 눕는다
　　바람보다도 더 빨리 울고
　　바람보다 먼저 일어난다

　　날이 흐리고 풀이 눕는다
　　발목까지
　　발밑까지 눕는다
　　바람보다 늦게 주워도

바람보다 먼저 일어나고

바람보다 늦게 울어도

바람보다 먼저 웃는다

날이 흐리고 풀뿌리나 눕는다[41]

　바람의 강력한 압박에 가녀린 풀은 여지없이 무너져 패배한다. 하
지만 다시금 일어나는 풀의 생명력이 있기에 바람이 불어 다시 풀은 쓰
러지는 것이며, 쓰러지는 풀이 있기에 바람이 강력함을 알게 되는 것이
다. 시인의 시선은 풀의 허약함이나 허망함을 인간적으로 동정하는 게
아니라 풀과 바람의 관계 속에서 결국 어느 편이 더욱 본래적인 생명성
을 보여 주는지 확인하는 쪽으로 기운다. 바람보다 풀이 먼저 눕고, 바
람보다 풀이 먼저 일어서는 것. 그런데 매번 바람결에 쓰러지고 다시 일
어나는 풀은 언제나 같은 풀일까? 한결같은 자기의 주체성과 정체성을
보존한 풀일까? 뜬금없이 들리겠지만, 바람과의 관계 속에서 패배하고
다시 재기하는 풀은 이전의 풀과는 이미 다른 풀이 아닐까? 혹은, '다시
일어나는' 게 아니라 재생성한 풀, 다르게 생성한 풀은 아닐까? 바람은
언제나 같은 풀을 눕힌다고 여길 수 있지만, 그것이 눕힌 풀과 새로 일
어난 풀은 다르다(아마 바람도 그러할 것이다). 우리는 시간의 흐름 가운
데 바람과 풀의 상호작용과 운동을 보며 그것의 동일한 자취를 찾고자
하지만, 매번 일어나는 사태는 새로운 생성의 과정일 뿐이다. '먼저 웃
는' 것은 바람도 풀도 아닌 웃음 자체, 생성인 것이다.

　생성의 프리즘으로 문화를 바라볼 때 우리는 동일한 과정을 목도

41) 김수영, 『김수영 전집 1』, 민음사, 2003, 375쪽.

하게 된다. 공식 문화의 잔여로서 비공식 문화가 있는 듯하지만, 실상 비공식 문화로 인해 공식 문화가 존립하고, 비공식 문화의 침범과 역동으로 공식 문화의 파기와 재구성이 가능해지는 것이다. 비공식 문화로서 그로테스크는 우리가 논리로 형언할 수 없는 이미지지만, 그 말할 수 없고 볼 수 없는 과정이야말로 우리의 언어와 시선의 본원적인 토대이다.

'유쾌한 상대성'[42]은 그로테스크의 운동을 가리키는 표현이다. 왜 상대적인가? 모든 절대화된 규범, 내부성, 가치를 여지없이 통박해 거꾸러뜨리는 탓이다. 왜 유쾌한가? 비록 개체의 차원에서는 소멸과 죽음이 고통스럽고 슬픈 일이지만, 삶 전체의 관점에서는 다시 살아나고 생장하는 생명의 운동이기 때문이다. 역설적이게도 이는 폭력적인 과정으로 묘사된다. 피가 흐르고 살점이 떨어지는, 인간과 동물, 사물의 개체성이 해체되는 과정이다. 아름답거나 추하거나, 선량하거나 사악하거나 각자성이 훼손되고 부서지는 시간의 도래이다. 그럼에도 불구하고, 이로써 모든 기성의 완결과 완성, 숭고와 순결, 온갖 자족적인 통일체들이 전방위적으로 격하되며 지상에 추락하여 새로운 삶의 밑거름이 된다. 이때 '새롭다'는 말은 국적과 인종, 성별, 종차 등의 모든 현실적인 구별을 돌파하는 절대적 운동에만 허락된 형용이다.[43] 유쾌한 상대성은 이러한 전복적인 힘의 무한한 운동, 그 운동의 절대성에 붙여진 감수성으로서, 핀스키가 '절멸 없는 삶의 기쁨'이라 명명했던 사건을 뜻한다. 니체라면 '영원회귀'라 불렀을[44] 이 역동을 바흐친은 생성과 그로테스크, 혹은 반문화라 부르고 있다.

---

42) 바흐친, 『라블레론』, 34쪽.
43) 참혹성에만 주목하여 어떤 형태로든 폭력을 거부하는 그로이스의 불안은, 그가 스탈린주의를 체험한 러시아인이란 점에서는 이해할 일이지만 생성의 본원적 차원과는 다른 문제이다.

6. 비근대와 탈근대의 동력학

그로테스크 리얼리즘은 특정한 척도로 수렴되거나 환원되지 않는 다양성을, 그러나 궁극적으로는 천변만화하는 과정만을 본질로 삼는 생성력의 표현이다. 그것은 본래적으로 모든 주어진 형식을 벗어나는 경향이기에 탈형식적 운동이지만, 생성이라는 목적 아닌 목적을 추구하는 운동이라는 점에서 통일성을 지닌다. 물론 이는 생명의 전체적 흐름이라는 관점에서만 파악 가능한, 그래서 인간의 인지를 넘어서는 비가시적 운동이기에 실증할 수 없는 초월론적transcendental 문제다. 근대의 규범적 문화가 그로테스크의 이러한 특이성을 온전히 파악하지 못했던 것은 당연하고도 불가피한 노릇이었다.

> 우리는 고전적인 규범을 예술적으로 이해하고 어느 정도까지는 그 규범과 더불어 살아가고 있지만, 이미 오래전부터 그로테스크적 규범을 이해하기를 중단하거나 그것을 왜곡해서 이해하고 있다. 역사학자나 문학 및 예술이론가들의 임무는 이러한 규범을 진정한 의미 속에서 재구축하는 것이다. 근대 규범의 정신 속에서 그로테스크적 규범을 해석하거나, 근대 규범에서 동떨어진 것만을 그로테스크 규범 속에서 보려

---

44) "니체가 영원회귀를 통해 말하고자 한 것은 다른 것이 아니다. 영원회귀는 동일자의 회귀를 의미할 수 없다. 오히려 모든 선행하는 동일성이 폐기되고 와해되는 어떤 세계(힘의 의지의 세계)를 가정하기 때문이다. 회귀는 존재이다. 하지만 오직 생성의 존재일 뿐이다. 영원회귀는 '같은 것'을 되돌아오게 하지 않는다. 오히려 생성하는 것에 대해 회귀가 그 유일한 같음을 구성하는 것이다. 회귀, 그것은 생성 자체의 동일하게-되기이다"(질 들뢰즈, 『차이와 반복』, 김상환 옮김, 민음사, 2004, 112~113쪽). 이 원리를 가장 잘 보여 주는 텍스트가 『차라투스트라는 이렇게 말했다』이다. 청년기 바흐친에게 끼친 니체의 영향에 대해서는 다음 글을 보라. James Curtis, "Mikhael Bakhtin, Nietzsche, and Russian Pre-Revolutionary Thought", ed. Bernice Rosenthal, *Nietzsche in Russia*, Princeton University Press, 1986, pp.331~354.

고 하는 것은 용인될 수 없다. 그로테스크 규범은 자기 고유의 척도로 측정해야 할 필요가 있는 것이다. [……] 신체에 대한 그로테스크의 이미지는 [근대적 척도에서의─인용자] 그러한 규범을 갖고 있지 않다. 그로테스크 이미지는 본질적으로 비규범적이다.[45]

생성은 생성 자체만을 목적으로 갖는다는 것, 이는 "카니발화의 원천은 카니발 자체"[46]라는 바흐친의 사상과 이어져 있다. 카니발은 역사적으로 증명되거나 철학적으로 입증되는 이념이 아니지만, 그것의 실재적인 작동, 그 기능을 부정할 수는 없다. 같은 맥락에서 생성을 그 자체로 검증하려 한다면 우리는 그것의 운동을 영원히 지각할 수 없을 것이다. 바흐친에게 생성은 카니발화하는 모든 형식들, 유형들을 통해 표현되는 현상이다. 생성의 운동은 그로테스크의 이미지 속에 남겨져 있으며, 자연과 인간의 모든 사태 속에서 그 이미지를 추적함으로써 그것의 실재성을 확인해 보는 수밖에 없다. 생성과 그로테스크는 근대 너머의 지평이고, 현재의 문화를 탈영토화하여 '다르고' '새로운' 문화로 이행할 수 있게 만드는 발화점이 된다.

생성의 프리즘을 통해 문화를 고찰할 때 곧잘 봉착하는 문제는 여기에 인간의 얼굴을 부여하고 싶은 충동이다. 실제로 『라블레론』의 전체적 논조가 비인칭적 생성의 힘에 초점을 맞추고 있음에도 불구하고, 민중에 대한 바흐친의 호명에서 우리는 인간학적 질문들로 쉽게 되돌아가곤 한다. 가령 문화의 주체는 누구인지, 휴머니즘과 문화는 어떤 관

45) 바흐친, 『라블레론』, 62~63쪽.
46) 바흐친, 『도스토예프스키론』, 171쪽.

계인지에 대한 질문들이 그렇다. 하지만 생성 자체에 방점을 찍어 바흐친의 사유를 뒤좇는다면, 인간의 이미지를 덧대는 일은 근대성의 함정에 다시 걸려드는 어리석음에 지나지 않는다. 생성과 그로테스크, 바흐친과 우리의 주제는 인간의 주체성이 아니라 인간에게는 무관심하게 운동하는 힘에 있다.

10장 카오스모스, 또는 시간의 카니발

1. 바흐친 사유의 정치철학적 전회

정치철학적 관점에서 볼 때, 민중은 절대주의 시대에 군주의 주권을 대신하여 통치의 합법성을 확보하기 위해 호출된 관념이다. 권력의 원천을 신에게 위임했던 봉건적 주권을 대신해, 근대 국민국가 체제에서 정치적 주체성은 민중에게 주어졌고, 그렇게 주권자로 호명된 민중의 권력을 특별히 '인민주권'이라 부른 사정은 익히 알려져 있다.[1] 근대 사회의 선험적 전제로서의 사회계약론, 즉 자유로운 개인들이 맺은 자발적인 약속에 대한 이야기는 이러한 새로운 정치적 주체로서의 인민을 정당화하기 위한 신화였다. 그러나 주권의 원천으로 정의되었던 인민이 실제로 정치적 사회체의 자유롭고 능동적인 주체로서 행위했던 역사는 거의 없다. 반대로 인민은 국가적 권력에 의해 상정되는 주체의 이미지이며, 국가의 통일성을 담보하기 위해 동원되어야 할 대상에 가까웠다.[2]

---

1) 히라타 기요아키 엮음, 『사회사상사』, 장하진 옮김, 한울, 1982, 116~128쪽.
2) 찰스 틸리, 『유럽혁명 1492~1992: 지배와 정복의 역사』, 윤승준 옮김, 새물결, 2000, 제2장.

이것이 우리가 알고 있는 민중과 근대 국가 및 사회의 관계이다.

봉건제에서 근대 국가로의 이행을 나타내는 지표로 흔히 거론되는 예속적 '신민'으로부터 '시민'으로의 이행은 실상 민중의 재예속화 과정을 나타낸다. 인민주권, 즉 주권자로서 인민을 선포하는 것은 역설적 수사에 불과하다는 분석은 여기서 나온다. "[새롭게 등장한 근대 통치 체제는—인용자] 주권이 불안정해지자 근대성의 위기에 대한 하나의 해결책으로 처음에는 국민nation을 언급했고, 그 후 국민 역시 불안정한 해결책으로 드러났을 때 인민people을 언급했다. 달리 말해, 국민 개념이 주권에 우선한다고 주장함으로써 주권 관념을 완성하듯이, 인민 개념 역시 또하나의 가공된 논리적 회귀를 통해 국민 개념을 완성한다. [……] 비록 '인민'이 국민을 원형적 기반으로 해서 설정되지만, 사실상 근대적 인민 개념은 국민국가의 산물이고 국민국가의 특정한 이데올로기적 맥락 안에서만 살아남는다."[3]

근대의 인민은 본래부터 권력의 주체가 아니라 가공을 통해 만들어진 개념으로서, 민중에게 국민국가적 형식을 부여한 결과로 탄생했다. 달리 말해, 국가를 구성하는 국민으로 호명되었을 때, 역설적으로 민중은 주권의 주체('인민주권')로서 등장했다는 것이다.[4] 권력이 민중을 '인민'으로, 또 '국민'으로, 즉 주체로서 형성한 것이지 그 반대는 아니라고 말할 법도 싶다. 프랑스 대혁명 이후 민주주의의 금과옥조로 신봉되는 인민주권과 사회계약은 근대 국가가 권력을 참칭하기 위해 고

---

3) 네그리·하트, 『제국』, 150쪽 이하. 네그리와 하트가 적시한 '인민'(people)은 국가적 국민 내부의 민중으로서, 바흐친은 물론 아감벤이나 바디우 등 현대 정치철학에 있어서의 '인민'과는 다른 의미역을 갖는다. 바흐친과 겹쳐지는 후자들의 인민 개념에 대해서는 바디우 외, 『인민이란 무엇인가』를 참조하라.
4) 알튀세르, 「이데올로기와 이데올로기적 국가장치」, 349~410쪽.

안한 정치적 신화이며, 모순과 허구를 통해 작동하고 있다. 중세와 르네상스 초기까지 삶과 문화의 비공식적 차원에서 살아가던 민중은 근대의 지평에서 국가적이고 공식적인 권력에 예속되어 왔다. 바흐친이 상찬했던 민중은 근대 사회에서 자신의 힘을 완전히 상실하여 수동적 대상이 된 것일까?

네그리와 하트는 근대적 국민(인민주권의 주체)과는 상이한 민중의 계보학을 설정하고 있다. 그들에 따르면 다중多衆; multitude이라 명명되는 집합적 주체성은 국민국가가 성립하며 포섭한 국민의 형식과는 판이한 특징을 갖는데, 다중은 정체화正體化를 벗어나는 탈정체성의 주체라는 점에서 바흐친의 민중과 상당 부분 소통하는 측면이 있다.

> 다중은 복수성, 특이성들의 구도, 관계들의 열린 집합이며, 그 자신과 동질적이거나 동일하지 않고 자신을 벗어난 관계들과는 불분명하고 포괄적인 관계를 지닌다. 반대로 인민은 자신에게서 벗어나 있는 것을 배제하고 그것과 자신의 차이를 설정하면서 내적으로는 정체성과 동일성으로 향하는 경향이 있다. 다중이 확정적이지 않은 구성적 관계인 데 반해, 인민은 주권을 위해 준비된 구성된 종합이다. [……] 각 국민은 다중을 하나의 인민으로 만들어야 한다.[5]

국가에 의해 주조된 정치적 주체로서 '인민'이나 '국민'이 아닌, 국

---

5) 네그리·하트, 『제국』, 151쪽. 한국어판은 '대중'으로 번역했으나, 논의의 일관성을 위해 '다중'으로 옮긴다. '인민'이나 '국민' 등 역시 우리의 논의에 적합하게 바꿔서 옮겨 두겠다. 다른 한편, 네그리 등의 러시아어판은 다중을 '복수성'으로 번역했는데, 이는 'multitude'에 보다 근접한 개념적 함축을 지닌다(Antonio Negri·Majkl Khardt, *Mnozbestvo: vojna i demokratija v epokhu Imperii*, trans. V. L. Inozemtseva, Kul'turnaja revoljutsija, 2006).

가 이전의 삶의 주체 또는 삶이라는 주체화 과정의 첨점尖點으로서의 민중에 대한 이러한 정의는 바흐친의 입장과 공명하는 지점이 없지 않다. 중세와 르네상스 시대의 웃음문화나 그로테스크 리얼리즘에서 민중은 비공식적이고 국가 외부적이며, 비형식적인 동시에 탈형식적인 신체의 이미지로 표명되었기 때문이다. 바흐친이 민중을 특정 사회체의 구성원이 아니라 시간과 공간을 관류하는 변이와 생성, 그 역동을 만들어 내는 힘으로 서술했던 것은 그런 이유이며, 여기엔 네그리와 하트가 다중을 정의하는 요소인 결정 불가능성과 변형의 잠재성이 포함되어 있다.

다중과 마찬가지로, 민중은 통일체를 이룬다. 그러나 민중의 통일성은 동질적 집합체로 환원되지 않는다는 점에서 이질적 복수성을 본성으로 삼는다. 혼성적 통일성이야말로 민중의 독특한 속성이라 할 만하지만, 그것은 특이적인 것singular thing으로서 언제나 분할되는 동시에 결합하는 운동의 일관성을 지닌다는 점에 유의하자. 불변하는 개체로서 표상되지 않는다는 의미에서 민중은 괴물적 존재로 표상되며, 따라서 민중의 통일성, 혼성체적 단일성은 고전 미학의 규범이 지시하는 우미한 조화의 이념과 거리가 멀다.[6] 또한, 민중은 다수多數의 순수하고 중립적인 공존 자체와도 같지 않은데, '섞임'이라는 정태 상태가 아니라 섞여서 이리저리 유동함으로써 시시때때로 특이한 응집성을 만들어 내는 힘의 벡터를 갖는 까닭이다.[7] 요컨대 민중이라는 신체적 집합은 탈

---

6) 한때 '바흐친 전도사'로 활약하던 보네츠카야는 바흐친이 명석판명하게 식별되지 않는 혼성성, 카오스의 과잉적 이미지를 상찬했다는 이유로 반대편으로 돌아섰다. "그의 서술에는 완전히 지옥에서 튀어나온 듯한 실재와 탈실체적이며 반형이상학적인 특징이 울려퍼지고 있다. 그에게 지옥의 실재성이란 곧 카오스 자체다"(Bonetskaja, "Bakhtin glazami metafizika", p.150).

7) 혼성의 본질은 혼성의 구성에 있다. "신체들의 심층에는 모든 것이 혼성적이다. 그런데 하나의 혼성체가 다른 혼성체보다 나쁜 것이라고 말할 수 있게 해주는 규칙들은 존재하지 않는다. 플라톤이 믿었던 것과는 반대로, 혼합물들을 위한 저 높은 곳의 척도도, 또 좋은 혼성체와 나쁜 혼성체를

규칙적이고 비대칭적인 힘의 운동 전체이다. 민중의 이러한 혼성적 본성은 말[slovo]의 차원에도 고스란히 드러나 있다.

라블레의 작품에는 중립적인 말이 없다. 오직 칭찬과 욕설의 혼성이 있을 뿐이다. 그러나 이것은 전체의, 유쾌한 시간 자체의 칭찬이며 욕설이다. 전체의 관점은 조금도 중립적이거나 공평한 데가 없다. 왜냐하면 이는 제3자의 무관심한 입장이 아니기 때문이다. 생성하는 세계에서는 그러한 제3자가 있을 수 없다. 전체는 칭찬하는 동시에 욕을 한다. 칭찬과 욕설은 사적인 목소리들 속에서는 구분되고 분리된다. 그러나 전체의 목소리 속에서 이들은 양가적인 통일체로 합쳐진다. [……] 라블레 작품에서 칭찬과 욕설은 현존하는 모든 것들을 향한다. 왜냐하면 존재하는 모든 것들은 죽으면서 동시에 태어나고, 그 속에서 과거와 미래, 노쇠와 젊음, 낡은 진리와 새로운 진리가 합쳐지기 때문이다. 우리가 아무리 작은 부분을 고른다 하더라도, 거기서 우리는 이와 동일한 혼성을 발견할 수 있을 것이다. 그리고 이러한 혼성은 매우 역동적이다. 존재하는 모든 것은 전체이건 부분이건 다 생성하며, 생성하기 때문에 우스꽝스럽다(생성하는 모든 것들이 그렇듯이). 그래서 우스꽝스럽긴 하지만 우스꽝스러움-조롱-기쁨이 일체가 되는 것이다.[8]

정의할 수 있게 해주는 이데아들의 조합도 존재하지 않는다. 또, 자연철학자들과 대조적으로 자연(la physis)의 심층들 내에서 한 혼성체의 질서와 진행을 고정시킬 수 있는 내재적인 척도도 존재하지 않는다. 모든 혼성체들이 유효하듯이 서로 관통하는 신체들과 서로 공존하는 부분들도 유효하다. 혼성체들의 세계가 어떻게 모든 것이 허용되는 검은 심층의 세계가 아닐 수 있겠는가?"(들뢰즈, 『의미의 논리』, 235쪽). 그러므로 혼성적 신체의 세계 속에 남은 문제는 선과 악의 구별이 아니라, 좋은 것과 나쁜 것의 구별, 신체적 혼성의 좋은 조성과 나쁜 조성의 차이일 뿐이다. "때문에 모든 혼성체는 좋거나 나쁘다고 말해질 수 있다. 즉 모든 것의 질서 안에서는 좋지만, 부분적인 만남의 질서 안에서는 불완전하고 나쁘며, 나아가 최악일 수도 있다"(같은 책, 236쪽). 이로써 우리는 마침내 "태초에 분열이 있었다"라는 명제로 들어서게 된다(같은 책, 232쪽).

'인민'이나 '대중', '계급'과 달리, 다중은 근대의 분과적 범주로 분할되지 않는다. "인민은 하나이다. 이와는 달리 다중은 다수^{many}이다. 다중은 하나의 통일성이나 단일한 동일성으로 결코 환원될 수 없는 수많은 내적 차이로 구성되어 있다. 다양한 문화들, 인종들, 민족들, 성별들, 성적 지향성들, 다양한 노동형식들, 다양한 삶의 방식들, 다양한 세계관들 그리고 다양한 욕구들. 다중은 이 모든 특이한 차이들의 다양체 multiplicity이다."9) 균열 없는 단일성으로 수렴되지 않는 특이성들의 복합체로서 다중이 바흐친의 민중과 공명하는 개념이라는 것, 서로 다른 표현의 형식으로서 언어적 차이로 표식된 힘이라는 것은 분명하다. 다중, 곧 민중은 통일적이고 유일한 실체로서, 존재의 다면적인 얼굴을 담는다. 인민이든 대중이든 계급이든, 민중을 표현하는 다양한 얼굴들은 생성적 힘이 현실적 조건 속에서 현상화하는 각양각색의 표정들에 지나지 않는다.

이러한 민중의 역량이 단지 형이상학을 위한 개념적 유희에 머물지 않음은 당연하다. 다양체적 변형, 이질성의 혼효로서 민중은 혁명이라는 사건화와 불가분하게 연결되어 있다. 즉 정치적 주체화의 계기로서 우리는 민중을 사유할 수 있어야 한다. 이때 혁명은 연대기적 사실^{fact}이 아니며, 역사책에 '남을 만한' 거대한 파란이나 변동만을 지시하지도 않는다. 사건화라는 개념이 암시하듯, 민중과 혁명을 함께 사유하는 것

---

8) 바흐친, 『프랑수아 라블레의 작품과 중세 및 르네상스의 민중문화』, 638~639쪽. 원서 Mikhail Bakhtin, *Tvorchestvo Fransua Rable i narodnaja kul'tura srednevekov'ja i Renessansa*, Khudozhestvennaja literatura, 1990을 참조해 번역문을 수정한다.

9) 안토니오 네그리·마이클 하트, 『다중』, 조정환 외 옮김, 세종서적, 2008, 18쪽. 다양체는 혼성적 구성체, 즉 스피노자-들뢰즈적 의미에서 해체와 구성을 역동적으로 반복하는 특이적인 신체를 의미한다.

은 사건을 생성시킬 수 있는 잠재성, 그 힘으로서의 민중을 고찰하는 것이다. 바흐친의 후기 사유에 나타난 문화의 동력학이란 논제는 이렇게 혁명의 정치학으로 전위될 수 있으며, 이 고지에 도달해서야 비로소 문화와 민중에 관한 『라블레론』의 미스터리가 해명될 수 있을 듯하다.[10] 이제 풀어야 할 과제는 바흐친 사유에서 정치적인 것의 차원을 어떻게 발견하고 가동시킬 것인가에 있다.

개략적으로나마 정치적인 것the political의 개념에 대해 일별해 보자. 일반적으로 사회적 규범이나 제도, 법적 형식 등의 명문화된 측면들, 혹은 명문화되지 않았더라도 사람들의 관습과 의식, 믿음 속에 가시적인 형태를 취하고 영향력을 행사하는 측면들은 정치politics의 대상이다. 즉 국가나 자본과 같은 현상적 권력이 강제로 조형하고 통제하는 일상의 부면이 정치이다. 반면, 정치적인 것이란 정치와 정치 사이, 정치가 또 다른 정치로 이행할 때 가동되는 사건을 말한다. 랑시에르는 공동체적 결집을 주도하는 통치와, 그렇게 위계화된 치안적 공동체의 질서를 붕괴시키는 평등화의 과정이 마주치는 현상을 정치적인 것이라 불렀다. 요컨대 치안police과 평등의 두 과정이 격발시켜 나타나는 것이 정치적인 것이다.[11] 바흐친식으로 말한다면, 일상의 의식적 위계들, 계급들, 공식적 문화의 체계를 교란시키고 해체시키는 생성을 정치적인 것이라

---

10) 단도직입적으로 말해, 바흐친의 정치철학에 대한 우리의 질문은 네그리·하트를 경유해 들뢰즈·가타리와 만날 때 구체적인 모양새를 띠게 된다. 먼저 네그리와 하트는 『다중』에서 "다중은 무엇이 될 수 있는가?"라고 묻는다. 이 물음은 들뢰즈와 가타리의 『천의 고원』 제6장과 관련되는바, "어떻게 기관 없는 신체를 이룰 것인가?"와 소통하고 있다. 되물을 것도 없이, 이 테마는 『라블레론』에 깊이 관련되어 있으며, 이를 바흐친식으로 바꿔 말한다면 다음과 같을 것이다. "어떻게 민중의 신체를 구성할 것인가?" 바흐친의 문화이론이 궁극적으로 정치학적 문제 제기가 될 수밖에 없는 까닭도 여기에 있다.

11) 랑시에르, 『정치적인 것의 가장자리에서』, 112~115쪽.

할 수 있을 것이다. 분과 학문으로서의 정치학이 아니라 삶과 문화의 근본 토대로서 정치적인 것에 대한 사유가 바흐친의 민중적 존재론에 담겨있다는 전제에서 우리는 출발한다. 즉 정치적 존재론으로서 바흐친의 (반反)문화론을 읽는 것이 이 글의 과제이다.

2. 힘의 일원론과 존재의 통일성

『라블레론』을 정치적 텍스트로 읽어 내려는 시도는 이 책의 출판과 번역 과정 초기부터 일어난 현상이다. 그것은 바흐친의 사유를 (탈)근대적 정치철학의 관점에서 설정하려는 흐름을 반영한다.[12] 특히 민중의 신체성과 카니발의 전복성은 웃음문화 및 그로테스크 리얼리즘과 더불어 『라블레론』의 전매특허처럼 호출되었던 측면들로서, 바흐친의 사상이 문예미학이나 문화이론의 분과적 차원에 국한되지 않는다는 명확한 전거로서 자주 인용되어 왔다. 가령 다음 대목을 읽어 보라.

> (가장 넓은 의미에서) 카니발은 공식적 세계관의 지배로부터 의식을 해방시켰으며, 세계를 새롭게 보게 만들었다. 두려움도 경건함도 없이 완전히 비판적으로, 그러나 동시에 허무주의에 빠지지 않으면서, 나아가 긍정적으로. 카니발은 풍부하고 물질적인 세계의 시원과 형성, 변형, 그리고 새롭고 불멸하는 민중의 억누를 수 없는 힘과 영원한 승리를 드러내기 때문이다.[13]

---

12) Ken Hirschkop, *Mikhail Bakhtin: An Aesthetic for Democracy*, Oxford University Press, 2000; 정화열, 『몸의 정치』, 박현모 옮김, 민음사, 1999.
13) 바흐친, 『라블레론』, 424쪽.

물론 해방의 정치학은 현실의 지평을 아우른다. 파괴와 전복의 운동은 온전히 미래를 위한 행위인 것이다.

중세 계급제도의 수직선으로부터 남은 것은 아무것도 없었다. 거듭되는 새로운 세대들의 탄생은 시간의 운동을 보장하게 된다. 신들은 이 끊임없는 새로운 세대의 탄생에 놀랐던 것이다. [······] 불멸에 대한 생생하고 심오한 감각은 라블레 소설의 모든 민중적·축제적 이미지들을 구성하고 있다. 이러한 이미지 체계의 중심에 있는 것은 새로운 세대 속에서 반복되기만 하는 생물학적인 신체가 아니라 역사적으로 진보하는 인류의 신체가 된다.
이런 식으로 새롭고 구체적이며 실제적이고 역사적인 느낌이 신체의 그로테스크 개념 속에서 태어나고 형성되었다. 이것은 미래에 대한 추상적인 생각이 아니라, 역사를 창조하는 불멸의 민중 속에 각각의 사람들이 동참하고 있다는 생생한 감각이었다.[14]

관전의 포인트는 바흐친의 정치학이 민중의 존재론에 기대고 있으며, 이는 민중이 무엇보다도 비인격적인 힘의 유동으로 정의된다는 점, 그리고 이러한 힘의 차원이 일원론에 입각해 있다는 점을 이해하는 데 있다. 하지만 일원론의 테마는 충분히 문제적이다. 20세기 지성사에 끼친 바흐친의 중대한 영향의 하나로 흔히 거론되는 것이 바로 그의 다원론, 다시 말해 '독백주의'라고 불리는 일원론에 대한 반대 테제로서 존재에 대한 다원론적인 태도(대화주의)이기 때문이다. 지성사가들이

14) 같은 책, 568쪽.

바흐친을 '해방의 철학자'로 부른다든지, '자유의 이론가'로 거명했을 때, 그들이 염두에 두었던 것은 『도스토예프스키 창작/시학의 제문제』(1929/1963)의 저자인 바흐친, 다성악과 타자, 대화주의의 사상가였던 것이다.

만일 바흐친의 사유를 단일한 이데올로기의 강압에 저항하는 힘으로 간주한다면, 그리하여 근대 사상의 도그마적 경향, 가령 파시즘이나 전체주의로부터의 이탈을 추구하는 이념으로 간주한다면 다원론은 어떤 의미에서든 바흐친과 분리될 수 없을 것이다.[15] 실제로 1960년대 서구 지성사회에 바흐친이 소개되어 열렬히 환영받을 수 있던 것도 근대적 주체나 주체중심주의로 단일화된 경향에 맞선 다원주의 때문이었다. 또한 포스트모더니즘과 바흐친을 쉽게 연결지어 논의할 수 있었던 배경은 그의 사유가 갖는 타자성, 단일화되지 않는 이질성 때문이라 언급되어 왔다.[16] 하지만 다원론에 대한 지나친 강조, 특히 조건 없는 자유의 옹호자로 바흐친을 상찬하는 것은 자칫 그를 정치적 자유주의의 이론가로 간주해 버리거나, 또는 정치적 압제(스탈린주의)에 대한 풍자적 비판자에 머물게 만들 수도 있다.[17] 달리 말해, 바흐친을 보수화시켜 버리거나 협소한 국면에 가두어 버릴 수 있는 것이다.

그와 반대의 경우로 바흐친이 일원론자라는 주장은, 그가 전체주의와 유혈적 테러를 옹호했다는 공격으로 귀결되곤 했다. 예컨대 스탈

---

15) Zali Gurevitch, "Plurality in Dialogue: A Comment on Bakhtin", ed. M. Gardiner, *Mikhail Bakhtin*, Vol.III, SAGE Publications, 2003, pp.348~368; Ken Hirschkop, "Heteroglossia and Civil Society: Bakhtin's Public Square and the Politics of Modernity", ed. M. Gardiner, *Mikhail Bakhtin*, Vol.II, pp.173~182.

16) 김욱동, 『모더니즘과 포스트모더니즘』, 현암사, 2004, 제6장.

17) Ken Hirschkop, "A Response to the Forum on Mikhail Bakhtin", ed. G. S. Morson, *Bakhtin: Essays and Dialogues on His Work*, University of Chicago Press, 1981, pp.73~79.

린주의의 순수 이론적 귀결이 바흐친의 카니발이란 주장을 보라.[18] 하지만 이런 판단들은 대개 현실과 사유를 직접적으로 동일시해서 파악한 논리적 착오에 불과하다. 문맥을 벗겨 내서 이해해 보면 그럴 듯해 보이지만, 바흐친 사유의 전체상을 염두에 둔다면 오해와 무지에 더 가까운 일이다.[19] 특히 『라블레론』이 미학과 철학, 문학에 있어서 근대적 규범 체제를 교란시키고 해체시키려는 시도로 가득 찬 저작임을 고려할 때, 근대적 정체성주의를 '폭력적으로' 파괴하는 그로테스크 리얼리즘에 대한 반감은 그 자체로 근대적이라 하지 않을 수 없다. 바흐친의 반대자들이 그를 적대하는 근거로 내세우는 '탈인격성'이나 '물질주의'(유물론), '지옥의 실재로서의 카오스' 등은 실상 바흐친의 사유를 묘사하는 가장 정확한 언어들이 된다.[20] 그렇다. 바흐친의 사유는 힘의 일원

18) "모든 카니발화 원리의 기원에는 유혈이 있다"(Sergej Averintsev, "Bakhtin, smekh, khristinskaja kul'tura", *M. M. Bakhtin kaka filosof*, M., 1992, p.13). "바흐친 해석의 한 계열이 기쁨에 의해 현실을 넘어선다면, 다른 한 계열은 상당 정도로 테러에 의해 그러하다. 진정 테러와 기쁨의 결합은 말을 통해 구현되는 것이다(직접적이진 않지만 테러에 관한 책이자 '테러에 의해' 작성된 라블레에 관한 책에서 바흐친은 이 점을 탁월하게 보여 주었다)"(Mikhail, Ryklin, "Telo terrora", *Terrorologiki*, Ejdos, 1992, p.43). 이러한 입장은 마침내 파국적인 결론으로 치닫는다. "여하한의 무신앙적인 사회적 지성이나 집합체는 조만간 불가피하게 악마화될 것이다. 카니발이란 악마화된 사회성의 구체적인 변형태 정도라고 밖에는 더 할 말이 없다"(Bonetskaja, "Bakhtin glazami metafizika", p.118).

19) 모든 언어가 사회적이란 뜻은, 그러므로 말은 구체적 맥락을 통해서만 구체적 의미를 생산한다는 테제에 입각해 있다. "'사회적 언어'라는 말의 의미는 [……] 언어학적 표지들의 집합체가 아니라 그 언어에 사회적 윤곽을 부여하는 모든 표지들로 이루어진 구체적이고 생생한 집합체를 가리킨다"(바흐친, 「소설 속의 말」, 178쪽).

20) 바흐친의 반형이상학(반신학)을 맹렬하게 비난했던 보네츠카야가 실상 가장 정확하게 그의 사상의 중핵을 꿰뚫어 봤다는 점은 놀랄 만한 역설이다. 예컨대, 그녀가 "바흐친의 '제1철학'에 있어, '카니발'은 '대화'의 논리적 귀결이다"라고 주장했을 때, 혹은 "'카니발'은 1920년대의 '대화'를 논리적으로 대체한 결과이며 [바흐친 사유에서—인용자] 존재의 통일적인 이미지에 해당한다"라고 주장한 것을 보라(Bonetskaja, "Bakhtin glazami metafizika", pp.118, 135). 보네츠카야는 '카니발'이든 '대화'든 바흐친에게서 독신적(瀆神的)이며 유물론적 악마성을 찾아낼 수 있다고 비판한 것인데, 생성력의 관점에서 본다면 그녀의 진술은 전혀 틀린 게 아니다. 실로 힘의 일원론은 신도 인간도 알지 못한다. 대화와 카니발은 만물의 생성유전(生成流轉)이라는 진리를 다양한 언표적 형식들로 보여 주고 있다.

론을 따라 흐르고 있다. 다만 이러한 힘의 양상을 전체주의나 파시즘과 동일시하는 것은 사태의 아주 작은 일면에만 눈길을 돌린 부주의한 태도다. 해체와 파괴로 표징되는 힘의 운동은 그 이상의 차원, 생성의 전체성에 잇닿아 있다.

힘의 존재론적 의미를 이해하는 것이 가장 긴요한 과제이다. 힘은 일원적이다. 하지만 고형화되거나 정체되어 있지 않기에 힘은 또한 다원적 역동, 즉 변형과 이행의 양상들 속에서만 일원론적이다. 유일하고 단일한 존재-사건으로서 힘은 실재하지만, 항상-이미 작동함으로써 양태적 변용을 보이는 것이다. 그러므로 힘을 근대의 역학적이고 기계론적 관념 너머로 밀어붙여 존재론적 수준에서 음미해 보아야 한다. 현상적인 모든 것은 힘의 부재나 고착이 아니라 특정한 상태의 지속^{durée}, 그러나 유동하는 과정의 한 양태^{mode}라는 들뢰즈의 진술이 도움이 될 듯하다. "대상 자체가 힘이고, 어떤 힘의 표현이다. [……] 대상이란 그 자체로 외관이 아니라 어떤 힘의 출현이다."[21] 그러므로 실재하는 것은 다양한 힘들의 현존 형식, 힘들 사이의 상호 관계를 통해 가시화된 표현의 형식이다. 데카르트의 '코기토'나 라이프니츠의 '단자', 전통 형이상학의 '단순한 영혼'이나 사회사상사의 '자유로운 개인'과 같은 고립된 실체는 존재하지 않는다. 사건적 관계 속에 있지 않은 어떠한 자립적인 사물도 없다. 아무리 고양된 함축을 갖는다고 해도, 타자 역시 관계로부터 분리된 실체로서는 다만 추상적 관념이며, 신학적 봉헌물에 가깝다.[22] 힘, 생성력 또한 마찬가지다. 그것은 단일하고 유일한 실체로서 제시되

---

21) 들뢰즈, 『니체와 철학』, 25쪽.
22) 최진석, 「코뮨주의와 타자」, 『코뮨주의 선언: 우정과 기쁨의 정치학』, 교양인, 2007, 233~277쪽.

지만, 그러나 분할 가능한 동시에 연결 가능한 관계들의 총체로서만 그렇다. 민중은 이러한 힘과 생성의 표현적 명명으로서 모든 변형 가능한 잠재성의 차원을 가리키고 있다.[23]

현실의 다면성은 힘들의 상호 관계, 그 표현의 형식들의 다양성에 상응한다. 현실의 모든 문화적 형식들은 특정한 방식으로 현상한 힘의 관계를 보여 주는 것이다. 이렇게 긴장된 역량의 관계를 제외하고는 아무것도 현존하지 않는다. "힘의 관계가 하나의 (화학적·생물학적·사회적·정치적) 신체를 구성한다. 모든 불균등한 두 힘은 그것들이 관계 속에 들어가자마 하나의 신체를 구성한다. [······] 신체는 환원될 수 없는 복수적 힘들로 구성되어 있기에 다양체적 현상이다. 따라서 그것의 통일은 다양체적 현상의 통일이며, '[다양체적—인용자] 지배의 통일'이다."[24] 개체로서의 모든 신체를 구성하는 이러한 힘의 속성이 그로테스크적 신체, 곧 민중을 형성한다.[25]

'화학적·생물학적·사회적·정치적'인, 혹은 그 어떤 신체적 형식을 통해서도 표현되는 힘의 다양성은 생성하는 힘의 영원한 변전을 통

---

23) 들뢰즈를 읽는 러시아 철학자의 다음 진술로 보충해 보자. 표피적으로 볼 때 힘은 오히려 "미약하다. 왜냐하면 진리를 주장하는 투쟁에 참여하지 않기에, 다른 힘들을 억압하고 부정하는 위계 질서에 참여하지 않기에, 그리고 [초월성이 아닌—인용자] 내재성의 평면에 속해 있기에 유약해 보인다. 힘은 그것과 동등한 다른 힘과의 충돌을 통해서, 의지의 계열 및 생성적 차이의 계열, 사유(생성)의 새로운 사건을 형성하는 충돌들의 계열을 통해서만 비로소 드러난다". 생성력에 비교할 때 파시즘이나 전체주의에서 표상되는 폭력은 작고 보잘 것 없는 권력에 다름 없다(Oleg Aronson, "Igra sluchajnykh sil", Gilles Deleuze, *Nitsshe i filosofija*, Ad Marginem, 2003, p.24).

24) 들뢰즈, 『니체와 철학』, 87~88쪽.

25) 다중의 정의를 한번 더 끌어와 보자. "다중은 통일되어 있지 않으며 복수적이고 다양한 상태로 남아 있다. [······] 다중은 특이성들의 집합으로 구성되어 있다. 그리고 여기에서 특이성은 그 차이가 동일성으로 환원될 수 없는 사회적 주체, 차이로 남아 있는 차이를 뜻한다. [······] 다중은 환원 불가능한 다양성/복수성이다. 다중을 구성하는 특이한 사회적 차이들은 항상 표현되어야 하며, 결코 동일성, 통일성, 정체성 또는 무차별로 평준화될 수 없다. 다중은 그저 파편화된 그리고 분산된 다양성이 아니다"(네그리·하트, 『다중』, 135~141쪽).

해 부단히 현행화된다. 그러므로 전통적 형이상학이 노정하였던 존재와 생성의 오랜 대립은 효력을 상실한다. 세계는 초월계와 현상계의 분리를 통해서가 아니라 '존재=생성=힘'이라는 내재성의 단일한 평면의 운동이란 게 드러났기 때문이다. 들뢰즈는 이를 존재의 일의성一義性; univocité이라 부르는데, 그것은 존재하는 모든 것들은 결국 똑같다는 동일성의 테제가 아니다. 오히려 그것은 존재하는 모든 것들의 다양성이 긍정되는 한에서만 존재 자체의 일원성이 긍정될 수 있다는 뜻이다. 이 테제가 얼마나 깊이 바흐친과 공명하는지 인용해 보겠다.

> 일의성의 본질은 존재가 단 하나의 똑같은 의미에서 언명된다는 점에 있는 것이 아니다. 그것은 존재가 단 하나의 같은 의미에서, 하지만 자신의 모든 개체화하는 차이나 내생적 양상들을 통해 언명된다는 점에 있다. 존재는 이 모든 양상들에 대해 같은 것이다. 그러나 이 양상들은 서로 같은 것들이 아니다. 존재는 모든 양상들에 대해 '동등'하다. 그러나 그 양상들 자체는 서로 동등하지 않다. 존재는 모든 양상들에 대해 단 하나의 의미에서 언명된다. 그러나 그 양상들 자체는 서로 같은 의미를 지니지 않는다. 일의적 존재의 본질은 개체화하는 차이들에 관계하는 데 있다. 그러나 그 차이들은 서로 같은 본질을 지니지 않으며, 또한 존재의 본질을 변하게 만들지도 않는다. 이는 흰색이 상이한 강도들에 관계하지만, 본질적으로는 똑같은 흰색으로 남는 것과 마찬가지다. 파르메니데스의 시를 보고 사람들은 두 가지 '길'이 있다고 믿는다. 그러나 존재의 목소리, 단 하나의 '목소리'가 있을 뿐이다. 이 목소리는 존재의 모든 양태, 지극히 상이한 것, 지극히 다채로운 것, 지극히 분화된 것들에 모두 관계한다. 존재는 자신을 언명하는 모든 것들을 통해 단

하나의 같은 의미에서 언명된다. 하지만 존재를 언명하는 각각의 것들은 차이에 의해 지배받고 있다. 즉 존재는 차이 자체를 통해 언명된다.[26]

이렇듯 힘의 일원론은 다양한 표현적 분화들, 양태들의 다양한 형상들, 개체적 변형들, 이행의 형식들 등이 빚어 내는 다원론과 전적으로 합치한다. 도스토예프스키의 세계에서 바흐친이 들었던 타자들의 목소리, 이데올로기는 단일하고 유일한 힘의 다면적인 변용의 양상들이라 할 만하다. '타자'의 이름으로 호출된 그러한 양태적 다양성은 서로 환원되지 않는 타자성을 지니지만, 근본적으로는 힘의 존재론적 차원에서 흘러나온 다종다기多種多岐한 지류들이다. 도스토예프스키의 자신의 언급처럼, 우리는 '더 높은 의미에서' 존재-사건, 즉 존재-생성의 리얼리즘을 볼 필요가 있다.[27] 이러한 관점에서 이해하지 않는 한 바흐친의 텍스트들은 서로 어울리지 않는 불일치와 모순, 극단적인 불분명 속에 함몰되고 말 것이다. 실제로 바흐친은 곳곳에서 이런 취지의 발언들을 남겨 두었다.

다성악의 본질은 다성악에서 목소리들이 각기 독립적으로 남아 있다는 사실과, 그러므로 목소리들이 단성악에서보다 더 높은 질서의 통일성 속에서 결합된다는 사실에 있다.[28]

---

26) 들뢰즈, 『차이와 반복』, 102~103쪽.
27) 바흐친, 『도스토예프스끼 시학의 제문제』, 78쪽. 같은 맥락에서 바흐친은 이렇게 말한다. "아인슈타인적 세계의 통일성은 뉴턴적인 것보다 훨씬 더 복잡하고 심오하다. 이것은 훨씬 더 높은 질서의 통일성(질적으로 다른 통일성)이다. […] 도스토예프스키에게서 전체의 통일성은 플롯적인 성격이나 독백적인 이념적 성격, 다시 말해 단일 이념적인 성격을 띠는 것이 아니다. 그것은 플롯과 이념 위에 자리하는 통일성이다"(미하일 바흐친, 「도스토예프스키에 관한 저서의 개작 계획」, 『말의 미학』, 2006, 462쪽).

도스토예프스키는 예술적 구성의 계획 속에 한 조調에서 다른 조로 이행하는 음악적 전위의 법칙을 도입하고 있다. [……] 이것이 대위법 punctum contra punctum이란 것이다. 그것은 한 가지 테마를 놓고 각기 다른 식으로 노래를 부르는 다양한 목소리다. 이것은 역시 인생의 다양성과 인간 체험의 복합성을 규명해 주는 복수의 목소리들이기도 하다.[29]

이렇게 존재의 일의성은 '의식의 통일성'이 아니라 '존재의 통일성'이라는 '더 높은 의미에서' 파악되도록 주문받고 있다. 그렇지 못할 때, 힘의 일원론은 현실 논리의 일방적인 강압, 폭력적인 억압으로 변질될 것이다. 이와 같은 관점에서 근대성의 정신을 수놓은 헤겔의 관념론은 비판의 대상이 된다. 근대적 정신주의(이상주의)는 그것이 존재와 힘의 일원론을 파악하지 못했기에 문제인 게 아니라, 그것을 의식과 사실의 차원에서만 풀어 놓고 절대화했기에 문제가 되었다. 의식의 통일성을 존재의 통일성, 혹은 존재의 일의성이라는 문제로 '거꾸로 뒤집는' 작업은 정치적 존재론을 정초하기 위한 시금석이 된다.[30]

관념적 독백주의의 원리는 관념론 철학에서 가장 선명하고 이론적으로 두드러지게 표현되어 있다. 일원론적 원리, 즉 존재의 통일성을 긍정하는 것은 관념론에서 의식의 통일성의 원리로 전환되고 있다.[31]

---

28) 바흐친, 『도스토예프스키론』, 28~29쪽.
29) 같은 책, 56쪽.
30) '순수' 사유의 무대에 잠복한 정치적 논쟁에 대해서는 피에르 부르디외, 『나는 철학자다』, 김문수 옮김, 이매진, 2005를 참조하라. 사유와 정치의 문제는 단순히 어떤 이데올로기에 입각해 있느냐의 질문에 있지 않다. 관건은 사유가 전개하는 (무)의식의 평면 위에 현실의 정치적 (무)의식이 작동한다는 점이다.
31) 청년시대부터 바흐친은 의식의 통일성이 문화적 환상에 불과하다는 점을 역설해 왔다. "의식의

[······] 의식의 통일성은 존재의 통일성을 대체한다. 의식의 통일성은 필연적으로 한 가지 의식의 통일성으로 전환하게끔 되어 있다. 이러한 전환이 벌어질 때 통일성은 어떤 형이상학적 형태이든 관계없이 '의식 일반', '절대적 나', '절대적 영혼', '규범적 의식' 등을 취한다. 단일화로 인해 하나가 된 의식 곁에는 복수의 경험적 인간 의식이 있게 마련이다. 의식들의 이러한 복수성은 '의식 일반'의 관점에서 볼 때 우연적이다. 말하자면 잉여적인 것이다. [······] 하나의 통일된 의식은 통일된 진리의 개념으로부터 나온 필연적인 결과가 결코 아니라는 점을 지적해 두지 않으면 안 된다. 통일적인 진리는 의식의 복수성을 요구한다. 진리는 원칙적으로 하나의 의식 세계 속에서 수용될 수 없다. 진리가 본성적으로 사건적이고 또 다양한 의식을 접촉하는 지점에서 탄생한다는 사실은 완전히 가능한 일이다. 모든 것은 진리와 진리의 의식에 대한 관계를 어떻게 사유할 수 있느냐에 달려있다. 인식과 진리를 지각하는 독백적 형식은 있을 수 있는 모든 형식의 하나에 불과하다. 이 형식은 의식이 존재 위에 서게 됨으로써 그리고 존재의 통일성이 의식의 통일성으로 전환됨으로써 탄생하게 된다.

철학적 독백주의의 토양에서 의식들의 본질적인 상호작용은 불가능하다. 그렇기 때문에 본질적인 대화도 불가능하다. 본질적으로 관념론은 의식들 사이에 있는 인식적 상호작용의 한 가지 양태만을 알 뿐이다. 진리를 알고 그것을 소유하고 있는 자는 이 진리를 모르거나 잘못 알고 있는 자를 가르친다. 말하자면 이것이 스승과 제자와의 상호작용

통일성은 문화적 통일성에 대한 이미지에 불과하다. 의식을 통해 문화의 통일성을 이룩하는 것은 근본적으로 실현 불가능하다"(Lev Pumpjanskij, "Lektsii i vystuplenija M. M. Bakhtina 1924-1925 gg. V zapisjakh L. V. Pumpjanskogo", *M. M. Bakhtin kak filosof*, Nauka, 1992, p.237).

인데, 이는 결과적으로 오로지 교육적 대화에 불과한 셈이다.[32)

교육적 대화가 상정하는 일반적 도식, 즉 남성과 여성, 연상과 연하, 스승과 제자 사이의 통상적 위계를 무너뜨리는 평등화의 무대에서 존재의 일의성과 통일성이 드러난다. 바흐친의 정치적 존재론의 일원론적 기반이 여기에 있다.

3. 진리와 생산, 지형학적 하부의 논리

『라블레론』을 관통하는 근본 기조는 '일원론 속의 다원론'에 응축되어 있다. 아마도 근대 이전으로 소급되는 오래된 삶의 사유, 민중적 이야기 속에 함축된 사상일 것이다. 이는 히포크라테스와 그의 학파의 저술에도 반영된 경향으로서, 인간과 자연, 우주 전체를 포함하여 모든 신체적 존재자는 생성하는 힘의 다종다기한 체현이라는 주장 속에 담겨 있으며,[33) 이에 따라 존재의 일의성 내지 존재의 통일성이 표현되어 왔다. 만물을 구성하는 4대 원소에 관한 고대인의 사상은 비과학적이거나 신화적인 미신이 아니었다. 차라리 그것은 세계의 역동을 포착하여 그들 자신의 언어로써 표현하고자 했던 통찰의 방식이었다.

[『히포크라테스』—인용자] 전집의 모든 저작들에는 그로테스크한 [신체의—인용자] 개념이 공통적으로 나타난다. 즉, 몸과 세계의 경계가

---

32) 바흐친, 『도스토예프스키론』, 104~105쪽.
33) 자크 주아나, 『히포크라테스』, 서홍관 옮김, 아침이슬, 2004, 442~457쪽.

불명확해지고, 몸의 불완전성과 개방성의 요소들에 초점이 맞춰진다. 몸의 외적 모습은 내적 양상과 단절되어 있지 않으며, 언제나 몸과 세계 사이의 교환이 강조된다. 몸의 그로테스크 이미지에서 매우 큰 역할을 했던 유기체의 다양한 분리는 여기서도 중요한 의미를 획득한다. 4대 요소에 대한 연구는 몸과 세계의 경계가 지어지는 지점이었다. 다음은 작품 『바람에 대하여』*de flatibus*의 한 부분이다. "인간과 다른 생물들의 몸은 음식, 음료, 영혼pneuma이라는 세 가지 양분으로 유지된다. 여기서 몸 속에 살고 있는 영혼들은 바람이라 불리고, 몸 밖에 있는 것은 공기라고 불린다. 후자인 공기는 만물의 가장 위대한 주인이므로 그 힘을 관찰하는 것이 중요하다. 실제로 바람은 공기의 흐름이며 기류인 것이다. 따라서 많은 공기가 강한 흐름을 만들 때, 한꺼번에 부는 공기의 힘으로 나무들은 땅에서 뿌리가 뽑히고, 바다는 큰 파도를 치며, 짐을 가득 실은 배들은 풍랑에 이리저리 흔들린다. [……] 사실, 하늘과 땅 사이는 영혼으로 가득 차 있는데, 이것이 겨울과 여름을 만드는 요인이다. 겨울 동안 영혼은 응축되고 차가워지고 여름이 되면 가볍고 잠잠해진다. 게다가 영혼은 태양과 달과 별의 궤도를 주관한다. 왜냐하면 영혼은 불의 양식이어서, 영혼이 없으면 불은 존재할 수 없기 때문이다. 따라서 그 자체로 영원하고 영묘한 이 영혼은 태양이 영원히 운행하도록 한다. [……] 그럼 왜 공기가 만물에게 강한 힘을 갖는가에 대해서는 이미 이야기한 바 있다. 그러나 죽은 자들에게 있어서도 공기는 삶의 원인이며, 환자들에게는 질병의 원인이다. 그리고 모든 이들에게 공기는 절대적으로 필요한 것이다."[34]

34) 바흐친, 『라블레론』, 551~552쪽.

영혼과 바람, 공기 등은 고대인들이 믿었고 투쟁하던 상징체계의 필수적 요소들이다. 힘과 생성을 부르는 이름이 역사와 민족, 시대와 조건에 따라 달라질 수 있음을, 그것이 문화의 형식임을 염두에 둔다면, 고대인들에게 영혼과 바람, 공기야말로 힘과 생성을 가리키기 위한 그들의 언표였음을 직감할 수 있다. 이 점에서 근대의 '과학적 세계관'과 구별되게, 자연의 힘에 대한 고대인들의 믿음은 (라블레 시대에 민중이 가르강튀아와 팡타그뤼엘의 이미지에 대해 그랬던 것처럼) 다분히 실재적이었고 현실적인 요구에서 불거져 나온 것이었다. 그러한 믿음은 시간의 흐름에 따라 변색되고 상이한 양상을 취하기도 했으나, 전반적으로 만물의 생동과 변전에 대한 본연의 핵심을 간직하고 있었고, 마침내 라블레의 시대, 곧 르네상스에 이르러 그 비밀을 드러내게 된다. 모든 사물들이 서로 분리되어 개별적인 대상으로 현존하는 게 아니라, 서로 이어져 있다는 사실, 하지만 이러한 연결은 개념적 매개가 아닌 감응affect; 정동을 통해 이루어진다는 사실이 그렇다. 즉 그것은,

'세계의 교감'이라는 형태로 나타났다.[35] 이 덕분에 인간은 자신 속에서 가장 높은 것과 가장 낮은 것, 멀리 있는 것과 가까이 있는 것들을 결합할 수 있고, 땅 속 깊은 곳에 감추어져 있는 모든 비밀들 속으로 흘러들어갈 수 있다.

'자연의 신비'와 '교감'의 사상은 라블레 시대에 모든 현상들 속에 널

---

35) 교감(sympathie)은 푸코가 르네상스의 세계 인식을 특징 짓는 네 가지 방법적 관점 중 하나로서 술한 것이다. 교감은 세계의 심층에서 자유로운 상태로 유동하여 서로 분리된 것들을 연결시키고 소통하게 만드는 힘이다(미셸 푸코, 『말과 사물』, 이규현 옮김, 민음사, 2012, 54~55쪽). 한국어판은 '감응'으로 번역되었다.

리 퍼져 있었다. 바티스타 포르타, 조르다노 브루노, 특히 캄파넬라가 표현한 형식 속에서 이 사상들은 현상들 간에 수직적인 거리가 주어졌던 중세의 세계도를 무너뜨리는 역할을 하였다. 이들은 분열된 것을 통합하고, 현상들 간의 잘못된 경계들을 제거하며, 세계의 삼라만상을 시간에 따라 변화하는 우주의 단일한 평면으로 전환시키는 데 기여하였다.

특히 만물에는 영혼이 있다는 사상이 널리 퍼져 있었음을 강조할 필요가 있다. 피치노는 이러한 사상을 지지하며, 세계는 죽어있는 요소들의 집합체가 아니라 각 부분들이 전체의 한 기관이 되는 영혼을 가진 존재임을 증명하였다. [……] 이 모든 현상들은 라블레에게 얼마간 직접적인 영향을 줄 수 있었다. 왜냐하면 이들은 어떤 경우든 모두, 시대의 전체적 경향에서 흘러나온 동종적이고 유사한 현상들이기 때문이다. 천체에서 각 요소들에 이르기까지 이 모든 세계의 현상과 사물들은 우주의 수직체계 속에 있던 자신의 과거 위치를 버리고, 생성하는 세계의 통일적인 평면을 지향하였다. 그리고 이 평면에서 자신의 새로운 위치를 찾으며, 새로운 관계들을 맺고, 새로운 이웃들을 형성하게 되었다. 모든 사물과 현상과 가치들이 재편되면서 그 중심이 된 것은, 자신의 내부에 삼라만상을 통합하고 있던 인간의 신체였다.[36]

인간의 신체는 자연력, 곧 생성하는 힘이자 우주 전체로서 그로테스크한 신체가 현상하는 '유력한' 장소로 자리매김한다. 『라블레론』이 예거하는 수많은 민중연희와 카니발적 발화들, 문학작품들은 이러한

---

36) 바흐친, 『라블레론』, 564~566쪽.

인간 신체를 매개로 표현된 생성력에 다름 아니다. 강조하건대, 관건은 '인간'의 신체가 아니라 인간의 '신체'로 표출된 힘이다. 르네상스에 대한 공식적 문화가 선호하는 조화롭고 절제된 신체의 비율, 예지와 안목, 건강한 덕목의 담지자로서의 추상적 인간이 아니다. 핵심은 신체에, 신체들의 집합에 있다. 바흐친이 '인간'이라는 추상적이고 개체적인 명사 대신, '민중'이라는 집합적 명명을 선호하는 이유도 여기 있을 것이다. 따라서 일원론적 힘의 체현자는 민중의 신체에 있다고 말해도 좋을 듯하다. 이러한 힘의 존재론적 사태를 문화적 형식 속에서 읽어 내는 일이 필요하다. 민중의 신체를 경유한 관념과 사태, 물질적 구성과 현상을 현실의 논리로 번역해 내는 것이 (비)공식적 문화에 대한 바흐친의 연구이다. '두 문화'에 대한 분석, 현상의 다원론과 복수성에 대한 고찰은 이로부터 시작된다.

공식 문화와 비공식 문화의 대립은 이미 청년 시절부터 바흐친 사유의 기본 구도를 열고 있었다. 현상적으로 볼 때, 두 문화는 첨예하게 대립하며 타협 불가능하게 보인다. 공식 문화는 현실과 사회를 가시적으로 분절하는 질서를 창출하고, 법과 제도를 통해 통제하는 막강한 힘이다. 반면, 비공식 문화는 현실의 비가시적인 층위로 숨어들고 의미의 변경으로 내쫓기는 억압된 차원이다. 심지어 '문화'라는 이름을 붙이기조차 어려운 지리멸렬한 상태에 빠져 존재하지 않는 것으로 간주되기도 한다. 이와 같은 기술은 표층적으로 더할 나위 없이 그럴 듯하다. 그러나 심층을 뜯어 보면 꼭 그렇지만도 않음을 알게 된다. '공식'과 '비공식'의 대립은 형식적 명명이며, 그 내용을 고려할 때 언제나 똑같은 것은 아니었다. 현실의 조건에 따라 무엇이 공식적이고 비공식적인지는 항상 달라졌고, 자리를 바꾸거나 다른 대립의 구도를 산출해 왔다. 이른바 혁명이란 이 두 항이 상호 전화를 이루는 결정적인 순간들에 대한 기록들이다. 아마도 내용은 수시로 변경될지 몰라도 두 항의 대립이라는 형식적 측면은 영구불변한 것이어서, 결국 역사란 양극적 대립을 벗어날 수 없는 수레바퀴와도 같다고 응수할지 모르겠다. 대립의 두 극이 전환 가능하다는 점에서 바흐친의 사유는 위상학적topological 특성을 갖지만, 언제나 비공식적 하부가 우선권을 갖는다는 점에서 충분히 지형학적topographical이다. 『라블레론』의 제6장에서 언급된 수많은 사례들은 중세와 르네상스인들에게 널리 알려져 있던 힘의 현실적 분포에 대한 단서를 제공하고 있다. 그리고 지형학에 대한 이러한 고려만이 영원히 순환하는 지배와 예속, 권력과 민중, 제국과 다중 사이의 이원론적 숙명을 끊어 낼 수 있다.

공식 문화와 비공식 문화의 대립. 통념적인 문화의 양극성 테제 및 이원적인 평형 상태에 대한 논제에는 함정이 있다. 일견 다양성과 복수성을 수긍하는 듯한 태도를 취하지만, 이 주장의 내막에는 결과적으로 현상적 힘의 우위를 가진 쪽만이 언제나 승리한다는 체념이 포함되어 있는 탓이다. 즉 현실 속에서 힘의 두 극은 언제나 부정적인 방향으로만 귀결된다는 것. 예컨대 역사를 일별해 볼 때 우리가 늘 확인하는 것은 민중보다는 국가나 자본의 거대 권력이 현실을 장악하고 있다는 사실이다. 이른바 역사는 승자에 의해 쓰여진다는 낙담 어린 진술을 보라. 강자의 승리로 역사를 채색하는 이러한 구도를 힘의 일원론과 겹쳐 놓을 때, 바흐친의 적대자들이 그를 전체주의의 옹호자로 의심했던 것은 어쩌면 충분히 이해할 만한 일이 아니겠는가? 역사적으로 비공식 문화는 공식 문화에 대해 승리의 노래를 구가해 본 적이 거의 없다. 존재 자체가 인정된 일도 별로 없다. 그렇다면 존재-생성으로서 힘의 일원론,

그것의 존재론적 우위를 말하는 것은 어떤 의미를 가질 수 있는가?

지형학적 하부는 상부에 상대적인 장소, 개념적 공간이 아니다. 그것은 상대적 하부를 넘어서는 절대적 하부로서, 모든 존재하는 것이 항상-이미 정향되어 있고 흐르고 있는 단 하나의 극이다. 생명을 위해 먹고 마시고 집어삼키는 모든 것은 결국 아래를 향해 내려가게 되어 있다. 제 아무리 고결하고 존귀한 사상과 감각일지라도 똥과 오줌의 배설하는 하부에 연결되어 있지 않다면, 추상적 허구로 폭로되거나 스스로 고사枯死해 버리고 말 것이다. 지상적 삶으로부터 뛰어오른 모든 것을 아래로 끌어내리는 이 힘은 그래서 절대적이다. 산 것은 죽어야 하고, 먹은 것은 배출되어야 하며, 안에서 잉태된 것은 밖으로 출산하게 되어 있다. 이러한 궁극적 하부가 없다면, 상대적인 상부의 삶도 존재하지 않는다. 죽음과 부활이 등을 맞대고, 죽음은 결국 부활로 전복되며, 죽지 않고는 부활할 수 없기에 죽음은 곧 생명의 운동에 견인될 수밖에 없다. '만물유전'이라는 통념적 순환론에 빠지지 말자. 죽음과 삶은 현상적으로 등가等價처럼 보이지만 동등한 힘이 아니다. 죽음이 삶이 되는 것은 오직 삶의 생성적 운동의 견인력에 의해서일 뿐이다. 개별적 신체만을 볼 때 죽음은 그 개체의 사멸을 의미할 것이다. 하지만 우주적 신체를 놓고 본다면, 한 개체의 죽음은 다른 개체의 생장을 지시하는 생성적 현상의 한 고리일 따름이다. "신체의 지형학은 우주의 지형학과 긴밀하게 뒤섞여 있다."[37] 제도와 습속, 체제와 반체제, 혁명에 대해서도 같은 식으로 말할 수 있으리라. 공식적이든 비공식적이든 문화의 양극성은 실재적으로는 힘의 일원론적 토대에서 유래한 현상이다. 대립은 가상이

37) 바흐친, 『라블레론』, 548쪽.

며, 실제로는 ('더 높은 의미에서의') 비공식적 문화의 층(또는 비-문화의 지층)만이 유일하게 생성을 가동하는 원천이다.

하부, 실로 이 우월성의 극만이 존재-생성의 유일하고 통일된 원천이다. 현실을 채우는 온갖 상징적 체계들은 상대적인 양극성에 의해 구축되어 있다. 생성의 원천으로서 하부는 이러한 현실의 절대적인 외부이자 타자라 할 수 있다. 하지만 외부성과 타자성은 현실 내재적인 작용력이며, 현실을 축조하는 힘으로 드러난다. 현실의 문화적 상징들이 만들어질 때, 그것은 양극적 또는 다극적 구조를 형성한다. 그러나 어떤 구조든, 알튀세르식으로 말해 최종 심급에서는 절대적 하부를 향한 경향을 참조하지 않을 수 없다. 하부를 향한 흐름은 현상적 문화의 지층들이 마멸되게 하고 와해시키며, 지반 아래로 가라앉게 만듦으로써 새로운 구축의 장場을 연다. 공식적 문화의 지대가 분해되고 전복될 때 비공식적 문화의 힘이 가시화되는 것이다. 어떤 의미에서는 비공식적 문화란, 그래서 실존하지 않는다. 그것은 실재하지만, 통상적인 규범의 척도로는 관찰되거나 지각되지 않는 차원에 있다. 초월론적 타자로서 비공식적 문화는 공식적 문화의 외부, 특히 후자가 파괴될 때 비로소 지각되는 비-지각적 차원이 아닐까? 비공식적 문화가 정치/치안이 아니라 정치적인 것의 생성력으로서만 드물게 표현되는 까닭도,[38] 힘의 존재론이 항상 정치적 존재론으로 전화되는 이유도 마찬가지이다. 힘의 일원론에 대한 질문은, 그 힘이 어떻게 그리고 무엇을 현실성의 차원에서 새롭고 다르게 생산해 내느냐의 문제의식으로 전위되어야 한다. 요컨대 문제는 생산이다.

38) 랑시에르, 『정치적인 것의 가장자리에서』, 14쪽; 바흐친, 『프로이트주의』, 145~147쪽.

민중과 힘, 생성의 존재론을 정치적으로 독해할 때 필요한 생산의 논제는 무엇보다도 진리의 생산이다. 이는 무엇을 척도로 정하느냐의 문제이자 규범 설정의 문제로서, 어떤 사회 구성체도 이에 근거하지 않을 수 없는 강한 소구력을 지닌다. 진리는 그것의 진위 여부와는 무관하게, 공식적으로 설정되고 나면 그 사회의 온갖 규범과 제도, 법을 규정 짓는다. 단적으로 말해, 무엇이 그 사회의 공식성을 갖는지 정의하는 기준이기에, '자연스럽게' 그 사회의 비공식성마저도 할당해 버린다. 예컨대 근대 사회에서 계약은 사회의 구성적 근거로 설정되어 있으며, 정치와 경제, 사회, 문화, 예술과 일상생활을 총괄하는 범례적 성격을 띤다. 일단 공식화되고 나면, 그 후에는 동종적이고 동질적인 내용과 형식을 재생산함으로써 해당 사회체의 보존과 재생산에 기여하고, '다른' 진리의 탄생을 억압한다. 포괄적인 의미에서 문화의 근본 문제란 실상 특권적인 진리 모델의 (재)생산에 달려 있다고 보아도 좋을 듯하다.

진리는 언제나 생산되어 왔고, 생산되고 있으며, 이러한 과정 속에서만 실효적이다. 형상Form이나 이데아와 같은 고대적 진리관이 그러했고, 주권과 소유에 관한 근대적 진리 개념 역시 크게 다르지 않다. 어느 쪽이든 진리는 특정한 집단의 욕망이 상상적으로 투사된 이데올로기이다. 즉 진리는 그것이 통용되고 반복되는 조건들 속에서만 유효하게 작동하는 부분적 진리인 것이다. 그렇다면 진리란 단지 특정하게 생산되는 것이기에 무시해도 좋다거나, 무의미하다고 거부하면 되는 걸까? 포스트모더니스트들의 주장대로, 진리는 단지 유명론적 대상일 뿐일까? 청년 시절의 바흐친은 당시 통용되던 프로이트주의를 논박하는 가운데 억압된 것, 혹은 언어적 매개에 의해 구성된 것이 아니라 의식과 사회의 하부에서 들끓어 오르는 본연의 무의식을 방어하고 구출하려 한 바 있

다. 그에 따르면 무의식은 사회적으로 구성되는 것인데, 이때 '사회적'
이란 말의 의미는 기성의 규범과 제도, 의식 형태만을 가리키지 않는다.
오히려 비공식적 부면들, 즉 사람들 사이에서 명확하게 연표되지 않거
나 단지 감각되기만 한 부분들, 예감적으로만 연결된 감응의 차원이 결
합될 때, 무의식은 사회적으로 구성된다. 진리는 영원불변하는 완성태
로서 존재하는 게 아니라, 그와 같이 전 사회적 공-동적共-動的 사건을
통해 매번 만들어지는 것으로서만 실존하는 힘을 지닌다. 절대적인 것,
하부를 향한 경향은 곧 공-동적 사건화이다.[39] 카니발이라는 사건, 곧
카니발화야말로 이러한 구성적 진리의 본성이 아닌가?

> [소크라테스적 대화──인용자] 장르의 근저에는 진리에 관한 인간 사
> 유의 대화적 본성과 진리의 대화적 본성에 대한 소크라테스적 개념이
> 놓여 있다. 진리 탐구의 대화적 수단은 기존 진리의 지배권을 주장하
> 는 공식적인 독백주의와 대립하고 있으며, 무언가 자신들이 알고 있다
> 고, 다시 말해, 어떤 진리들을 자신들이 소유하고 있다고 생각하는 사
> 람들의 순진한 자기 과신과도 대립하고 있다.
> 진리란 개별적 인간의 머리 속에서 탄생하지도 않고, 거기서 발견되지
> 도 않는다. 진리는 공동으로 그것을 탐구하는 사람들 사이에서 그리고
> 이들의 대화적 교류과정에서 탄생한다. [……] 진리의 대화적 본성에

---

39) 바디우에 따르면 이러한 사건화야말로 진리들의 진리이다. 즉 실체가 아닌 생산의 공정으로서의
진리가 문제다. "철학의 조건들은 횡단적이다. 이 조건들은 긴 기간에 걸쳐 식별될 수 있는 한결
같은 공정들이며, 사유에 대한 이 공정들의 관계는 상대적으로 불변적이다. 이 불변성의 이름은
명백하다. 즉 그 이름은 '진리'이다"(알랭 바디우, 『철학을 위한 선언』, 이종영 옮김, 백의, 1995, 33~34
쪽). "사실상 단 하나의 주체만이 있는 것이 아니다. 진리들이 있는 만큼 주체들이 있는 것이며, 진
리의 공정들이 있는 만큼 주체성의 유형들이 있는 것이다"(알랭 바디우, 『윤리학』, 이종영 옮김, 동
문선, 2001, 39쪽).

관한 소크라테스의 개념은 소크라테스식 대화 장르의 민중적-카니발적 근저에 놓여 있었으며, 그것이 이 장르의 형식을 결정했다.[40]

『라블레론』의 주도적 논조도 이와 멀지 않다. 이 책에서 바흐친이 모든 죽어 가는 것에 환호하고 태어나는 것을 찬양하는 이유는 진리가 주어진 조건을 통해 늘 새롭게 구성되는 것이기 때문이다. 현행화의 조건이 맞지 않는다면 기성의 진리는 사멸해야 할 운명에 빠지고, 새 조건 속에서 이질적인 진리가 움트는 일은 당연한 이치다. 기성 진리의 추상성을 폭로하고 해체시키는 가운데 새로운 진리의 탄생을 견인하는 원인으로서 지형학적 하부에 대해서는 이미 살펴보았다. 이렇듯 존재-생성의 흐름은 문화의 현상적 차원을 관류한다. 다만 그것을 어떤 각도에서 바라보고 평가하는가가 문제인데, 우리가 어떤 관점을 취하든 그것은 부분적 진리만을 포함하기에 전체의 흐름을 놓치기 쉽다. 오직 진리들이 생산될 뿐이며, 진리들은 항상 다르게 생산된다. '낯선' 생산이자 '다른' 생산에 대한 긍정만이 진리의 적극적positive 작동을 끌어낸다. 매번 생산되는 진리'들' 사이의 존재론적 위계는 없다. 존재론에 있어서의 급진적 등가화, 평등화가 생산의 긍정성을 보장한다. 랑시에르식으로 말해, 진리의 생산이 항상 정치적인 사건이 될 수밖에 없는 이유다.

4. 문화와 반문화, 또는 강도의 유형학

진리의 생산은 삶의 세계에 형식을 부여한다. 곧 '문화화'한다. 문화의

---

40) 바흐친, 『도스토예프스키론』, 144쪽.

자립적인 표상이 생겨나는 것은 이 과정을 통해서이다. 특정한 진리 개념이 성립하고, 그것을 척도로 삼아 다양한 가치들에 옳고 그름의 자리가 분배되며, 그 문화의 실효적인 권역이 구축된다. '공식적인 문화'의 영토란 이것을 말한다. 문제는, 이런 문화적 영토화를 위해 동원되는 표상과 의미 체계, 가치의 체제들은 단일하고 보편적인 척도로서의 진리 관념에 기반한다는 것, 다시 말해 진리의 실재성에 대한 강고한 믿음에 바탕한다는 사실이다.

새로운 진리가 낡은 진리와 가치 체계를 해소시키고 등장하게 되면, 그것은 제도적 장치 속에 쉽게 용해되게 마련이다. 이 과정에서 '새로운 진리'는 다시 낡은 진리로 몰락하며, 기성의 경화된 체계 속에 역동성을 상실해 버린다. 그렇게 되면, 예전에 낡은 진리를 무너뜨리고 성립했던 새로운 진리의 체제 역시 보수적인 내용과 형식을 유지하려 애쓰면서 또 다른 새로운 진리의 탄생을 억압하는 권력이 된다. 맑스가 한 시대의 지배적 사상은 항상 지배계급의 사상이라고 강조했던 까닭이다. 혁명이 해체시키려는 대상은 그렇게 퇴락하고 반동적으로 고착된 억압된 진리 형식으로서의 문화이다. 그렇다면 진리의 탄생과 죽음, 소멸과 재건의 이 '반복적' 과정은 어떻게 시발되는 것일까? 저 세계 '너머'에 있지 않으면서도, 이 세계를 내재적으로 변전에 빠뜨리는 힘의 정체는 무엇인가?

생성하는 힘의 유일한 극, 즉 사멸하는 모든 것과 낡고 고루해지는 온갖 것들에 대립하는 하부에는 시간이 있다. 세계사의 공간을 관통하며 현존하는 어떤 것도 남겨 두지 않고 파괴하는 원천은 시간이다. 시간이 없다면 지금까지 역설해 온 '힘'은 그저 추상에 지나지 않아, 현실 세계에서 어떠한 실질적 변화도 일으킬 수 없을 것이다. 시간은 내재적이며 충만한 이 세계의 변형 자체이자 전체이다. 바흐친이 생성력을 민중의 이미지 속에 인간화했던 까닭을 깊이 이해해야 한다. 힘은 지금-여기라는 이 내재적 평면, 곧 역사의 공간에서만 육체라는 구체적 표면을 얻는다. 카니발이 '시간의 축제'라는 이름으로 불리고, 축제는 곧 '시간의 승리'라고 선포되는 것도 생성력이 본래적으로 시간성 자체로 이해될 때 납득할 수 있는 일이다.

> 축제는 항상 시간성과 본질적인 관계를 맺는다. 그 근본에는 항상 자연적(우주적), 생물적, 역사적 시간의 일정하고 구체적인 개념이 자리한다. 더욱이 역사 발전의 모든 단계 속에서 축제는 자연과 사회와 인간의 삶에 있어서의 위기와 변혁이라는 계기들과 관련되어 있다. 죽음과 부활, 변화와 갱생의 계기들이 축제적인 세계감각 속에서 항상 주도적인 것이었다. [……] 공식적인 축제와는 대조적으로 카니발은, 마치 지배적인 진리들과 현존하는 제도로부터 일시적으로 해방된 것처럼, 모든 계층질서적 관계, 특권, 규범, 금지의 일시적 파기를 축하하는 것이다. 이것은 진정한 시간성의 축제이며, 생성과 변화·갱생의 축제인 것이다. 카니발은 모든 종류의 영구화, 완성, 그리고 완결성에도 적대적이다. 카니발은 아직 완성되지 않은 미래를 응시하고 있다.[41]

시계를 통해 가시화되는 근대적 시간, 곧 천문학적 방법과 규범에 의해 측정되고, 국가적 권력을 통해 보편화되는 공식적 시간은 완결된 체제 속에서 작동한다. 정치와 경제, 사회의 전 부문은 공식적으로 관리

41) 바흐친, 『라블레론』, 31~33쪽.

되고 통제되는 시간의 질서에 따라 통치되며, 이로부터 벗어나는 일탈적 시간이란 사실상 불가능하다. 카니발이 사건화의 기폭제가 되는 것은, 일상생활의 시간적 규범이 카니발이라는 예외 상태 동안 해체되고 새롭게 구성될 것을 요구받는 까닭이다. 예외이지만 근본인, 해체와 파괴의 화신으로서 시간을 통해 '정상적'이고 '일상적인', '규범적인' 시간 감각은 방향을 잃은 채 유실되며, 거기에서 새로운 시간의 감각이 피어올라 삶의 이질적인 양태를 구축할 것이다. 통치를 불가능에 빠뜨리는 정치적인 사건으로서의 시간과 카니발에 역점을 찍자.

여기서 다시 한번, 축제적인 웃음이 시간과 시간의 변화와 맺는 본질적인 관계를 강조해야만 한다. 축제의 역법曆法적 계기는 민중적인 웃음의 비공식적인 측면 속에서 되살아나며, 아주 생생하게 감지된다. 사계절의 변화, 태양과 달月의 위상, 초목의 죽음과 갱생, 농사 순환주기의 변화와 맺는 관계가 여기서 되살아나고 있다. 이러한 변화 속에서는 새롭고, 곧 다가오며, 갱생의 계기들이 긍정적으로 강조된다. 이러한 계기들은 보다 넓은 확대된 의미를 획득하게 되는 것이다. 그곳에는 보다 나은 미래, 보다 공평한 사회·경제제도, 그리고 새로운 진리를 갈구하는 민중들의 희망이 깔려있기 때문이다. 마치 로마의 사투르누스제가 사투르누스의 황금시대로 복귀하는 것을 상연上演하는 것처럼, 축제에 나타나는 민중적인 웃음의 측면은 어떤 면에서 보편적인 물질적 풍요, 평등, 자유와 같은 보다 나은 미래를 상연하고 있다. 이로 인해 중세의 축제는 마치 두 개의 얼굴을 가진 야누스가 된 것처럼 보였다. 가령 야누스의 공식적인 교회의 얼굴이 과거를 향해 있고, 현존하는 제도를 신성화하며 승인하는 역할을 맡았다면, 야누스의 민중·

광장적인 웃는 얼굴은 미래를 응시하고 있으며, 과거와 현재의 매장埋葬에 대해 미소를 보낸다. 이 얼굴은 보수적인 부동성과, '초超시간성', 확립된 제도와 세계관의 불변성과 대립하고 있으며, 뿐만 아니라 사회·역사적 차원 속에서도 변화와 갱신의 요소를 강조한다.[42]

일견 이러한 입장은 헤겔이 역사철학을 강의하며 언명했던 '시간의 파괴적인 힘'을 연상케 만든다. 아마도 죽음과 삶의 교차 순환, 파괴와 구축의 상호 전위에 관한 바흐친의 진술에서 헤겔의 테마를 연상하는 것은 이상한 일이 아닐 듯하다. 그에 따르면 역사의 도정에서 벌어지는 온갖 파괴와 살육, 해체의 현상은 각 시대의 조건에 따라 새롭게 구성되는 보다 나은 현실을 위한 발판이 된다. 모든 시대는 다음 시대의 실현을 위해 부정되어야 한다는 것이다. 하지만 이러한 진보적 시간관의 전제에 유의하지 않는다면, 헤겔과 바흐친을 뒤섞는 오류에 곧장 빠지고 만다.[43] 그 어떤 권력과 질서도 남겨 두지 않고 부숴 버리는 시간의 위력 이면에는, 절대정신으로서의 이념이 있기 때문이다. "세계사의 일반적 목적은 정신의 개념을 만족시키는 것"이라는 목적론적 테제가 그것이다.[44] 반면, 바흐친에게 문제는 역사가 아니라 시간이며, 목적이 아니라 운동이다. 기성의 질서와 권력을 절멸시키는 이유는 정해져 있지 않다. 발생의 조건이 달라졌다면 현상의 질서와 권력 역시 변화를 겪어야 하며, 와해되는 운명에 처해지는 것은 당연한 사태 아닌가? 시간의

---

42) 바흐친, 『라블레론』, 136~137쪽.
43) V. V. Nazintsev, "Myslitel' Bakhtin i Teoretik Khajdegger", ed. K. G. Isupov, *M. M. Bakhtin i filosofskaja kul'tura XX veka*, RGPU, 1991, ch.1, pp.102~112.
44) 헤겔, 『역사철학강의』, 86쪽.

항거 불가능한 위력이란 그것이 아닐까? 목적 없는 역사는 눈먼 부정의 운동에 내맡겨져 있다. 이 흐름에 억지로 방향을 설정하고, 이름을 붙여 목적을 확인하려는 것은 부질없는 짓이다. 카니발에 관한 바흐친의 서술을 세심히 읽어 본다면, 우리는 여기서 어떠한 규범적인 목적의식도 찾아볼 수 없다.

민중적·축제적 이미지들 속에 나타나는 부정은 결코 추상적이거나 논리적인 성질을 띠지 않는다. 이것은 항상 사실적이고 명확하고, 느낄 수 있는 것이다. 부정 뒤에는 아무것도 없는 것이 아니라 대상의 독특한 이면이, 부정된 대상의 내면이, 카니발적인 뒤집기가 있다. 부정은 부정된 대상의 이미지를 재편하고, 무엇보다 먼저 전체 대상과 각 부분들의 공간적 위치를 바꾼다. 부정은 전체 대상을 지옥으로 옮기고, 대상 안에서 하부를 상부로 옮기거나 뒷부분을 앞부분으로 옮긴다. 부정은 나머지 요소들을 없애면서 일정 요소들을 강조하는 등, 대상의 공간적 비율을 일그러뜨린다. 이런 식으로 대상의 부정과 파괴는 무엇보다 그 대상의 공간적 재배치와 재구성으로 나타난다. 대상의 비존재는 대상의 이면이며, 속이 겉으로 뒤집어진 것이다. 그리고 이러한 뒤집기나 하부는 시간성을 획득한다. 파괴된 대상들은 과거의 것으로, 노쇠한 것으로, 현재 존재하지 않는 것으로 이해된다. 파괴된 대상은 세상에 남긴 남지만, 새로운 형식의 시간적·공간적 존재로 남게 된다. 이 파괴된 대상은 과거에 자신의 자리를 차지한 새로운 대상의 이면이 된다. [……] 문제는 공간적·시간적, 크로노토프적 부정이 부정적인 극점을 기술하면서 동시에 긍정적인 극점과도 분리되지 않는다는 점이다. 이것은 대상을 나머지 세상과 완전히 구분하여 이를 부정하는, 추상적이고 절대적인 부정이 아니다. 크로노토프적 부정은 대상을 그렇게 구분하지 않는다. 이러한 부정은 현상을 그 생성의 과정 속에서 파악하고, 부정적인 극점에서 긍정적인 극점으로 옮겨 가는 운동 속에서 파악한다.[45]

카니발의 부정성은 그 자체가 생성적 힘의 작용이기에 긍정적이다. 시간의 파괴적 위력은 동시에 생성의 구축적 힘을 보여 준다. 지형학적 하부에 대한 앞선 언급을 떠올린다면, 시간의 파괴적 힘이란 기실 시간의 구성적 힘의 동의어이자 결과에 대한 진술임을 파악할 수 있을 것이다. 스피노자식으로 말한다면, 능산적 자연natura naturans과 소산적 자연natura naturata은 일치한다. 단, 전자가 후자를 포괄하는 한에서 그렇다.[46] 요컨대 통일적이고 유일한 힘으로서 생성은 언제나 두 가지 국면에서, 서로 대립적인 것처럼 보이는 양극성을 통해 현상하지만, 전체적('우주적 지형학')으로 볼 때, 시간의 운동 속에 하나의 흐름으로 되돌아 간다. 앞서 논의했던 힘의 일원론의 현상적 테제로서 복수성과 다원론을 도식화해 보면 다음과 같이 펼쳐 보일 수 있을 것이다.

삶 — 문화
유일성 — 통일성
욕망 — 쾌락[47]
해체 — 구성

45) 바흐친, 『라블레론』, 630~633쪽.
46) 스피노자, 『에티카』, 46~48쪽, 제1부, 정리 29, 주석.
47) 욕망과 쾌락을 구별한 이유는, 전자가 목적의 궤도를 이탈하는 힘인 반면 후자는 대상적인 즐거움에 고착되는 성향을 보이기 때문이다(질 들뢰즈, 「욕망과 쾌락」, 서울사회과학연구소 편, 『탈주의 공간을 위하여』, 푸른숲, 1997, 101~115쪽).

발산 — 수렴
무의식 — 의식
탈형식 — 형식
펴기 — 접기[48]
카오스 — 코스모스
다중 — 제국
반문화 — 문화
웃음 — 엄숙
비공식성 — 공식성
대화 — 독백

이 목록은 얼마든지 더 길게, 무한히 늘여 쓸 수 있을 것이다. 물론, 이러한 문화의 양극성은 이론적 관조를 통해 추출된 현실의 체계들이며, 양극성의 바탕에는 모호한 실재로서의 혼성적 힘의 흐름만이 있다. 선과 악, 미와 추, 좌와 우, 늙음과 젊음, 삶과 죽음, 남성과 여성 등등의 이원론적 짝은 현상에 대한 상징적 명명이지 실재 자체가 아니다. 명석판명한 선형적인 분류는 일종의 사변적 가상이다. 이런 대립 이면의 점이지대, 끊임없이 서로 교통하고 뒤섞이는 질료들의 흐름을 예의 주시해야 할 것이다. 하지만 문화의 양극성은 또한 현실적이다. 모든 시대의 문화는 특정한 조건들에 의해 조형된 다양한 힘의 벡터들의 조성체로

---

48) "펼침(dépli)은 접힘(pli)의 반대가 아니다. 펼침은 또 다른 접힘에까지 접힘을 따라간다. [……] 접힘-펼침은 이제 단순히 팽팽하게 당겨짐-느슨하게 늦춰짐, 수축됨-팽창함이 아니라, 또한 포괄됨-전개됨, 말아넣어짐(involuer)-풀려나옴(évoluer)을 의미한다. 유기체는 자신의 고유한 부분들을 무한하게 접는 능력과 무한하게가 아니라 그 종(種)에 부여된 전개의 정도까지만 펼치는 능력에 의해 정의된다"(질 들뢰즈, 『주름, 라이프니츠와 바로크』, 이찬웅 옮김, 문학과지성사, 2004, 16~21쪽).

서, 다른 시대, 다른 조건에서 형성된 문화와는 다를 수밖에 없다. 현실의 양태는 그 양태를 만들어 낸 조건들의 효과로서 실재적이다. 문화의 차이, 또는 차이로서의 문화는 단지 외양의 문제가 아니라 그런 문화를 현상하게 만든 조건들의 차이, 이질적인 배치와 그 효과의 차이를 함축한다. 따라서 문화를 완결된 전체로서, 모종의 원형적 본질을 갖는 실체로 간주하여 분류법을 건설하는 것은 부정확한 시도일 듯하다. 그와 같은 분류법에 의하면, 문화는 그 자체의 창달과 번영에 있다는 목적론에 종속되든지, 또는 문화는 태어나서 번성하다 죽는다는 일종의 생물학적 유비, 유기체론에 귀속되는 탓이다.[49] 차라리 문화란, 시간의 격발로 시작된 생성력이 강도强度적 차이에 따라 표현된 다양한 전개 양상들의 집합이 아닐까?[50] 마치 탈형식화하는 힘으로서 추상에 대한 이해가 가능한 것처럼, 생성하는 힘이 주관하는 주체도 목적도 없는 과정에 대한 유형학이 가능하지 않을까?[51]

---

49) "우리는 사물 자체를 보는 것이 아니라 대개의 경우 그 사물에 부착되어 있는 분류표시만을 읽는 것으로 만족한다"(앙리 베르그손, 『웃음』, 정연복 옮김, 세계사, 1992, 125쪽).

50) 신체는 그 모든 형태에 있어서 이질적인 다른 신체들의 혼성체로 나타나며, 이 혼성체가 개체(singular thing)로 보이는 것은 그것이 일정한 운동과 속도의 비율을 통해 마치 '한 몸처럼' 움직이기 때문이다. "신체는 운동과 정지, 빠름과 느림에서는 서로 구별되지만, 실체에 있어서는 구별되지 않는다"(스피노자, 『에티카』, 82쪽, 제2부, 정리 13, 공리 1과 2, 보조 정리 1).

51) 힘의 강도적 차이에 따른 유형학은 바흐친의 소설 유형학에서 최고의 수준으로 펼쳐진다. 소설의 역사는 시공간을 사건화시키는 능력의 증대, 곧 크로노토프의 발전사이기 때문이다. 근대 문학사는 대개 문학의 진보나 문학 이념의 완성이라는 측면에서 목적론적으로 서술되지만, 바흐친의 소설사는 글쓰기와 실재 사이의 관계에 따른 양상적 차이만을 기록하고 있다. 물론, 소설은 스스로 증식하는 괴물적 생명체로서 더 큰 생성력을 갖는다는 점에서 '우월해지는' 장르로 명명되지만, 헤겔적 목적의 이념과는 판이하다. 목적 없는 분류법, 열린 유형학이 그것이다. 크로노토프적 사건에 기반한 소설사에서 글쓰기-장치는 역사 속에 사건을 도입하여 그 지속을 실험하는, 시간의 흐름에 대한 강도적 개입과 실천이다. 그것은 오직 말이라는 신체에 어떤 강도인 형식을 덧입히는가에 관한 여러 유형들의 탐구인 것이다. 이 연구의 범례는 「소설 속의 시간과 크로노토프의 형식」(1937~1938)에 서술되어 있다. 다시 바흐친과 들뢰즈의 만남을 확인해 보자. "[힘의—인용자] 의지의 일원론은 다원론적 유형학과 분리될 수 없다"(들뢰즈, 『니체와 철학』, 159쪽).

겉보기에 이항적 평행을 이루는 듯한 위의 목록은 한쪽으로 기울어져 있다. 기호학적 이분법이 가치의 대립만을 문제 삼는 데 비해, 존재론적 사유는 비대칭적인 절대적 무게를 포함하는 까닭이다. 좌변의 항들은 존재-생성의 차원에서 항상 우선권을 갖는다. 기성의 가치와 의미, 진리치, 자기 충족적인 문화의 틀을 전복시키는 '지형학적 하부'가 그 편에 있다. 현실의 명석판명하며 질서 있는 기호적 배치들, 문화적 체계들은 언제나 이면의 보이지 않는 차원, 스스로를 급속히 와해시키고 분해하는 무게를 향해 달려가고 있다. 하지만 이는 예외적이거나 일탈적인 부분적 현상이 아니다. 사태 전체가 흐르는 단 하나의 방향은 물질과 육체의 하부일 뿐이다. 그러나 하부의 근본성은 그것이야말로 존재의 진리로서, 밀실의 고착이 아니라 광장의 사건이란 점에 있다.

> 광장의 언어는 양가적이고, 거기에는 웃음과 아이러니가 울려퍼지고 있다. 그것들은 언제나 자기의 반대편을 가리키려는, 즉 욕설과 저주로 돌아서려는 준비가 되어 있다. 이들은 또한 격하의 기능을 수행하고 있으며, 세계를 물질화하고 육체화한다. 이들은 본질적으로 양가적인 물질적·신체적 하부와 결합되어 있다. [……] 이 경우 우세한 것은 하부의 부정적인 극極이다.[52]

비공식적 문화의 근원인 광장, 생성력이 천변만화하는 무대이자 공장인 그곳을 들뢰즈라면 기관 없는 신체corps sans organes라 불렀을 것이다. "광장은 모든 비공식적인 것들의 중심이었으며, 공식적인 것의 질서

52) 바흐친, 『라블레론』, 291~292쪽.

와 공식적인 이데올로기의 세계에서 볼 때는 마치 '치외법권'을 누리고 있는 곳 같았다. 광장은 항상 '민중의 것'이었다."[53]

'광장에서 웃고 있는 민중'은 바흐친이 제시한 존재-생성의 가장 강력한 이미지이다. 그것은 다원론을 용해시키고 있는 일원론이자 일원론으로 이행 중인 다원론에 관한 사유를 표현한다.[54] 다른 한편, 그것은 카오스를 긍정하는 코스모스이자 코스모스를 안으로 감싸는 카오스, 능산적 자연과 소산적 자연의 상호 생성적인 카오스모스적 영원회귀의 이미지이다.[55] 다중의 저항이 제국의 지배에 선행하듯,[56] 민중의 비공식 문화, 웃음의 문화는 공식 문화에 대해 근본적인 선차성과 우월성을 갖는다. 존재론적으로 볼 때 민중과 광장은 다르지 않다. 들뢰즈식으로 구분한다면 전자를 생성적 힘 자체로, 후자를 생성의 평면plan으로

---

53) 바흐친, 『라블레론』, 239~240쪽. 요컨대 '민중=광장=기관 없는 신체'의 변형적 존재론.

54) 이런 의미에서 일원론과 다원론 사이의 형식적 대립(이원론)은 전적으로 무의미하다. 양자 간의 역동적 관계, 이행하는 힘의 차원을 보지 못하는 탓이다. "우리가 이원론을 불러내는 것은 단지 다른 이원론을 거부하기 위해서일 뿐이다. 우리는 모든 모델을 거부하는 과정에 도달하기 위해서만 모델의 이원론을 사용할 뿐이다. 우리가 만들고 싶지 않았지만, 그것을 거쳐가야만 했던 이원론들을 파괴할 두뇌의 교정자가 필요하다. 우리의 적이, 하지만 전적으로 필요했던 적이자 끊임없이 대체해야 하는 가구인 그 모든 이원론을 통과함으로써 우리 모두가 찾고 있던 마술적인 공식, 즉 다원론=일원론이라는 공식에 도달하는 것"(들뢰즈·가타리, 『천의 고원 1』, 26쪽).

55) 카오스에 존재론적 선차성을 잊지 말자! "영원회귀의 비밀은 바로 그것이 결코 카오스에 대립하는, 그리고 그를 복종시키는 질서를 표현하는 것이 아니라는 점이다. 오히려 영원회귀는 카오스, 카오스를 긍정하는 잠재력일 뿐이다. [……] 영원회귀의 원환은 계속 탈중심화되는 한 중심에 대해 언제나 이심적(異心的)인 원환이다"(질 들뢰즈, 「플라톤과 시뮬라크르」, 『의미의 논리』, 420~421쪽). "존재론, 그것은 주사위 놀이, 즉 코스모스가 발생하는 카오스모스이다." "영원회귀는 유사하게 된 어떤 세계에 동일자가 낳는 효과가 아니고, 세계의 혼돈에 부과된 어떤 외부적 질서가 아니다. 오히려 거꾸로 영원회귀는 세계와 카오스의 내적 동일성, 카오스모스이다"(들뢰즈, 『차이와 반복』, 431, 624쪽).

56) "제국의 행위가 효과적일 때, 이것은 제국 자신의 힘 때문이 아니라, 제국적 권력에 대항하는 다중의 저항으로부터 생긴 반향에 의해 제국이 움직인다는 사실 때문이다. 이러한 의미에서 저항은 실제로 권력에 앞선다고 말할 수 있다"(네그리·하트, 『제국』, 461쪽). 다중의 선차성은 다중의 주체화라는 생성 능력의 차원에서 발원하며, 이것이 탈근대 정치 존재론을 이해하는 핵심이 되어야 한다.

나누어 볼 수도 있을 듯하다. 관건은 존재의 통일성이라는 일의적 관점을 고수하는 데 있다. 초월적 시점에 입각하거나 인간학적 구별을 도입하지 않는 것. 그러므로 광장을 섣불리 '세계'와 등치시키거나 민중을 '주체'라고 언명해서는 곤란하다. 생성의 시점에서 볼 때 광장과 민중은 이행의 계기들을 언어적으로 표명한 것일 뿐이다. 그래서 '광장에서 웃는 민중'이란 언명은 동어반복적이지만 그 자체로 다중적인 울림을 지닌다.

웃음이 중핵이다. 웃음은 광장이든 민중이든 이질적인 변형과 이행의 사건(-화化)을 가능하게 하는 시간의 흐름에 값하기 때문이다. 웃음을 인간학적 관심사에서 분리시켜야만 한다. 존재-생성에 되돌려주어야만 우리는 웃음의 존재론에 다가갈 수 있다. 요컨대 웃음의 주체는 인간으로서의 민중이 아니다. 혹은 어떤 생명 있는 것, 동물이나 식물로서의 그런 것도 아니다. 그 모든 존재자를 포함하는 한에서, 웃음은 여하한의 기호적인 것 이전과 외부, 혹은 기호로부터 탈주하는 분기적 힘에 대한 이미지이다. 그로테스크적 신체의 욕망과도 같이, 웃음은 세계-내-사건에 대한 감응affect; 정동이라 할 만하다. 따라서 웃음에는 얼굴(인격)이 없으며, 이름도 없고 의식도 없다. 무의식적이며 눈먼 힘으로서, 엄숙한 표정으로 현존을 과시하는 모든 것들을 해체시켜 파괴하는 능력이자, 그 폐허로부터 다른 것을 생성시키는 능력이다. 목적도 주체도 없는 세계의 변성變成. 태초에 웃음이 있었다고 말해도 좋지 않을까? 인간을 벗어나 자연 자체, 우주의 무한하고 절대적인 운동으로서의 웃음. "단지 웃을 뿐이다on rit."[57] 주어는 없다. 아니, 실재만이 유일하게 주어가 될 것이다.

웃음과 결부된 또 다른 힘의 표현은 말slovo이다. 바흐친은 결코 민중으로부터 유리된, 고립적 개인에 관해 이야기하지 않는다. 그의 관심사는 오직 전체로서의 민중, 말하는 몸으로서의 민중의 신체에 집중되어 있다. 신체는 말로 이루어진slovesnoe 구성체일 뿐만 아니라, 말 또한 신체화된 힘에 분명하다. 모든 주체란 주체화이자 타자화의 산물이요 효과란 점을 인식한다면, 주체 및 타자와 그들의 언어는 말의 신체적 변이양상들임을 알 수 있다. 존재론의 최고 수준에서 모든 사물은 존재-생성의 사건에 참여하는 신체이자 말인 것이다. 말의 존재론이 언어의 인간학과 연결되는 교점이 여기다. "개인에게 영향력을 행사하기 위해 사물은 자신의 의미론적 잠재력을 펼쳐보여야 하고, 말이 되어야 한다. 다시 말해, 말의 의미론적 맥락의 가능성에 참여해야만 한다."[58]

민중의 말은 공식 문화의 지배력을 이탈하는 본성을 갖기에 생성에 속해 있다. 그것은 열린 광장에서 태어나고 살아가는 힘이다. 이러한 말의 힘은 어떤 '공통적인 것'이며, 민중의 웃음 속에서, 비공식 문화 속에서 생산된 무엇이다.

중세 후기 및 르네상스의 광장은 통일된 총체성의 세계로서, 모든 '연기'演技는 광장에서 큰 소리로 주고받는 욕설에서부터 축제날의 잘 정

---

57) 바흐친은 뤼시엥 페브르에서 인용한 이 문장이야말로 라블레 시대의 민중을 드러내는 가장 적확한 표현이라고 강조한다. 이 문장에서 주어 'on'은 특정한 누군가를 가리키지 않기에 비인칭적이고 전인칭적이며, 탈인칭적 생성의 사건으로 이어진다. 인간의 언어를 통해 표현되는 힘이기에 불가피하게 주어 'on'을 붙인 것일 뿐이다. 그러나 인간적 감정과는 무관히 생성은 그 자체의 방식대로 '웃을' 따름이다. 들뢰즈는 말에 대해서도 같은 식의 언명을 내리고 있다. "무엇보다 우선적인 것은 어떤 '말한다'(on parle)는 것이며 익명적 중얼거림이고 가능적 주체들은 그 안에 배치된다. '담론의 무질서하고 끊임없는 거대한 웅성거림'"(들뢰즈, 『푸코』, 90쪽). 블랑쇼의 경우, 이러한 웃음과 말은 글쓰기라는 운동 속에서 드러나는 '어두운 밤'의 작동이다. "자동기술은 이 침묵 없는 언어의 긍정이다"(모리스 블랑쇼, 『문학의 공간』, 박혜영 옮김, 책세상, 1990, 250쪽 이하).

58) 미하일 바흐친, 「인문학의 방법론을 위하여」, 『말의 미학』, 519쪽. 힘으로서의 말과 언어(랑그)로서의 말이 교차하는 지점에 주의하자.

리된 구경거리에 이르기까지 어떤 공통적인 것nechto obshchee; something in common을 가지고 있었으며, 자유·솔직함·친근함과 같은 공통성의 분위기가 그 안에 스며들어 있었다. [……] 이러한 축제의 광장은 이미 여러 차례 말한 것과 같이, 중세의 공식적인 세계 내부에 있는 독특한 제2의 세계였던 것이다. 여기서는 독특한 형태의 소통이 지배적이다. 자유롭고 거리낌 없는 광장적인 소통이 지배적인 것이다.[59]

광장에서 생산되고 소통하는 '공통적인 것'은 합리적 규준이나 정합적 개념틀을 통해서는 결코 포획되지 않는 감응적/정동적 힘을 가리킨다.[60] 각종 규범과 제도, 법, 습속의 이면에서 사람들이 맺은 관계를 절단하고 결합시키는 것은 감응하는 말의 능력이다. 기호적 지시체 없이, 언표되는 감정의 고착 없이 관계를 관류하는 이 능력은 타자화하는 힘이자 주체화하는 힘, 곧 생산과 밀접히 관련된 과정이다.[61] 민중이 왜 인간의 이미지를 통해 자신을 드러내지만, 또한 인간학을 넘어서는 생

---

59) 바흐친, 『라블레론』, 239~240쪽.
60) '공통적인 것'은 과연 존재하는가? 그렇다. 그것은 모든 신체적 존재자들의 본성에 속한 것이기 때문이다. "모든 신체는 서로 간에 공통적인 것을 갖는다"(스피노자, 『에티카』, 82쪽, 제2부, 정리 13, 보조정리 2[번역은 러시아어 판 Benedikt Spinoza, "Etika", *Sochinenija v dvukh tomakh*, Nauka, 1999를 따름]). 공통적인 것이란 시원적 본질의 문제가 아니라, 생성이라는 과정과 운동을 통해 생산된다는 점을 염두에 두자. "오늘날 우리는 능동적인 특이성들로서 창조하며, 다중의 네트워크들 속에서, 다시 말해 공통된 것 속에서 협력한다"(네그리·하트, 『다중』, 174쪽). 이런 의미에서 공통적인 것은 공-동적인 것의 사건적 이미지라 할 수 있지 않을까? 소산적 자연이 능산적 자연에 대해 그런 것처럼.
61) "우리는 우리가 공통으로 공유하고 있는 언어들, 상징들, 생각들 그리고 관계들을 토대로 해서만 소통할 수 있으며, 우리의 소통의 결과로 다시 새로운 공통적인 언어들, 상징들, 생각들, 관계들이 산출된다. 오늘날 생산과 공통된 것 사이의 이 이중적 관계, 즉 공통된 것이 생산되며 그것이 다시 새로운 것을 생산하는 관계는 모든 사회적·경제적 활동을 이해하는 관건이다. [……] 다중은 이 특이성과 공통성의 동학에서 출현하는 주체성이다. [……] 언어는 항상 공통적으로 생산된다. 언어는 결코 개인의 생산물이 아니며, 항상 소통과 협력을 이루는 언어적 공동체에 의해 만들어진다. [……] 모든 언어적 행동은 공통된 것을 창조한다"(네그리·하트, 『다중』, 243~245, 248~249쪽).

성으로서만 자신을 표현할 수밖에 없는지는, 이러한 생산의 과정을 지각하지 않고는 불가능한 일이다.

5. 소수성의 정치학과 반(反)문화의 동력학

니체를 좇아 들뢰즈는 문화를 '훈련'과 '선택'이라 규정했다. 그들은 문화가 본질적으로 '조화' 따위와는 무관한 현상이며, 삶의 정연한 상태도 아니라고 힘주어 말한다. 역으로 문화란 우리의 사유를 '능동적이고 긍정적인 어떤 것'으로 변형시키는 파괴적인 폭력의 과정이다.[62] 이 과정은 결코 단순하거나 평화롭지 않고, 오히려 늘 갈등과 투쟁으로 점철된 지난한 순간들로 채워져 있다. '문화의 창조'란 문화 자체의 고통스럽고 불가피한 파괴를 수반하지 않고는 일어날 수 없는 사건이다. 파열과 몰락만이 낯선 문화의 도래를 환영할 수 있다.

능동적이고 자유로운 인간, 곧 생산이 결실을 맺는 것은 기성 문화가 황혼을 맞고난 이후의 일이다. "문화의 생산물은 법에 복종하는 인간이 아니라, 자기 자신에 대한, 운명에 대한, 법에 대한 능력에 의해서 정의되는 주권자이고 입법자인 개인이다. 즉 자유로운 자, 가벼운 자, 책임이 없는 자'irresponsable이다. [……] 자유로운 개인은 법 앞에 선 반응적 힘들에 대해 더 이상 책임이 없고, 그것의 주인이며, 주권자이고, 입법자이며, 창안자이고 행위자이다. 그는 더 이상 대답할[책임질—인용자] 필요가 없다. 그는 단지 말할 뿐이다. 부채-책임은 인간이 해방되는 그 운동 속에서 사라지는 것 이외에 아무런 다른 의미도 없다. [……] 문

---

62) 들뢰즈, 『니체와 철학』, 196쪽.

화의 일반적 운동이 그러하다. 수단은 생산물 속에서 사라진다."[63] 이렇게 새로 태어난 존재를 니체는 '초인'Übermensch이라 명명했지만, 우리는 그를 '민중'이라고 바꿔 부를 만한 충분한 이유를 갖는다. 민중과 마찬가지로 초인은 현존하는 인류의 정체성이나 인격적 개인이라는 익숙한 자아관념과는 단절된 존재이기 때문이다. 초인 또는 민중은 새로운 유적 존재Gattungswesen요, 완전히 다른 발생론적 연원을 지닌 존재들일 것이다.[64] 민중과 초인은 미리 결정된 종차 외부의 존재들이며, 그 때문에 매번 그들은 그들이 처한 시간적·공간적 조건, 즉 크로노토프에 의해 새로이 구성되어야 한다. 그것이 존재와 생성이 하나의 의미론적 묶음으로, 존재-생성으로 명명되어야 하는 까닭이다.[65]

　　이쯤에서 바흐친과 정치적인 것에 관한 애초의 논제로 돌아가도록 하자. 현존하는 문화란 생성력이 일정한 조건을 통해 현행화된 형식들

---

63) 들뢰즈, 『니체와 철학』, 243쪽.

64) 인간의 종말에 대한 푸코의 예언을 기억하라(푸코, 『말과 사물』, 526쪽). 들뢰즈는 이렇게 보충한다. "이 새로운 담론은 더 이상 이미지의 담론이 아니며, 그렇다고 무형의 담론도 아니다. 그것은 차라리 순수한 무정형이다. '당신은 하나의 괴물이자 하나의 혼돈이다.' 니체는 대답한다. '우리는 이런 예언을 실현했다.' 이 새로운 담론의 주체──그러나 여기에 더 이상 주체는 존재하지 않는다──는 인간이나 신이 아니며, 신의 자리에 앉은 인간은 더욱 아니다. 그것은 이 자유로운 특이성, 개체화의 질료들과 인칭적 형식들에 관계없이 인간들, 식물들, 동물들에 돌아다니는 익명적이고 노마드적인 특이성이다. 즉 초인은 다른 것을 말하고자 하지 않는다. 다만 존재하는 모든 것의 보다 우월한 유형을 말하고자 할 뿐이다"(들뢰즈, 『의미의 논리』, 201~202쪽).

65) 이로써 청년기 바흐친의 정언명제이던 책임의 인간학적 굴레가 완전히 벗겨져 버린다. 오직 미래만을 바라보는 민중 혹은 초인은 과거의 사슬에 얽힌 부채의식 끌려다니지 않으며, 구태를 떨어낸 현재의 존재-생성에 대해 죄의식을 갖지 않는다. 그는 '자유롭고 가벼우며 책임이 없는 자'인 것이다. 이는 바흐친에 대한 보네츠카야의 '전향'을 염두에 둘 때 더욱 선명히 부각된다. 그녀는 바흐친이 '죄'라는 초기의 문제의식을 내팽개쳤다는 점, 인간적인 실존의 고뇌를 도외시하고 비인간적 생성을 찬양했다는 점에 격분했기 때문이다. 그런데 역설적으로 그녀는 바흐친의 진리를 깨달았던 게 아닐까? 존재-생성의 평면에는 죄책감도 없고, 죄에 대한 의식도 없는 탓이다. 생성의 무의식적 힘은 인간학의 지평을 넘어서 있다. 바흐친이 강조하는 민중의 관점이란 생성의 비인간적 지평, 인간 이후의 초인의 시점이 아닐까? 아직 현행화되지 않았으나, 언제 어떤 방식으로 실현될지 예측 불가능한 도래할 미래로서의 '거대한 시간'(바흐친), 순수 사건들의 영원회귀로서의 '거대한 사건'(들뢰즈, 『의미의 논리』, 299쪽).

의 집합으로서, 그 문화를 내용으로 삼는 사회구성체의 공식적 구조에 해당한다고 할 만하다. 그것은 중심을 갖고, 주변을 조형하여 위계 속에 배치함으로써 구조의 일원적 통일성을 확보한다. 청년 시절의 바흐친이 고민하던 현대 문화의 통일성이란 바로 이러한 공식적 문화의 완결된 형태를 가리킨다. 생성력의 관점에서는, 그러나 현존하는 문화는 다만 그 토대로서의 비공식적 문화의 한 지류이며, 그것이 석고화된 일부에 지나지 않는다. 문화의 비공식적 영역은 스스로를 표명할 언어를 갖지 않으며, 기호 작용의 바깥에 놓인 까닭에 일상적으로는 보이지 않고 들리지 않는 비-존재의 지위에 머물러 있다. 기껏해야 그것은 '반非문화', '비非문화', '반反문화'라는 식으로 주변화된 타자의 꼬리표를 달고서만 현상할 따름이다. 문화에 대한 동력학적 문제 설정은 문화를 기호적이고 상징적인 체계가 아니라 변전하는 과정으로서 파악하고, 그 원천을 생성적인 힘에 두는 관점을 말한다. 이에 따를 때, 공식적 문화에 대한 비공식적 문화, 혹은 문화 자체에 대한 반反문화야말로 이행과 전화의 실재적인 바탕이라 할 수 있다. 문제는 후자의 선차성이 존재론적이라는 점일 터이다. 즉, 선언적으로 생성의 우월성이 언명된다 해도, 실제로 그것을 어떻게 입증할 것인가? 바흐친의 사유는 과연 형이상학에 빠지지 않고, 실재를 통찰하는 눈이 될 수 있을까?

이 질문에 응답하기 위해 현대 인문사회과학의 강력한 방법론을 자랑하는 기호학과 대비시켜 보는 작업이 나름대로 유익할 듯싶다. 기호학적 관점에 따르면 문화적 체계의 특수성은 중심부와 주변부 사이의 관계를 통해 특정한 구조, 즉 모델을 설정하는 데 있다. 어떤 특정한 문화적 모델이든 그것은 내용에 있어서나 형식에 있어서나 항상 이원적 대립쌍으로 성립된다. 이로 인해 중심은 내적이고 긍정적인 가치와 의미로 충전되는 데 반해, 주변은 외적이며 부정적인 가치와 의미로 표상되곤 한다. 바흐친식으로 말해 공식적인 국가적 문화가 전자라면, 비공식적인 민중문화는 후자일 것이다. 하지만 중심과 주변은 현상 이면으로 긴밀하게 얽혀 있으며, 실상 중심은 주변 없이는 구성될 수도 없고, 작동할 수도 없다. 가치와 의미의 내용적 이분법은 구조적으로도 문화의 공식성과 비공식성을 상호 의존적인 관계로 배치시킨다. 이렇게 정교하게 짜여진 모델을 통해 문화의 역사적인 변동에 관해 고찰하면서, 로트만은 문화의 구조적 공간, 혹은 기호계Semiosphere라는 것을 제안한 바 있다.[66] 기호계의 역동성은 중심과 주변, 내부와 외부 사이의 상호 교섭과 전환적 힘에 의해 보장되며, 우리가 아는 문화사적 현실은 이런 관점에서 해명될 수 있다. 사정이 그렇다면, 바흐친처럼 굳이 일원론적 관점을 취할 필요가 있을까? 외부를 '절대적'인 것으로서, 비공식적 문화를 영원한 '타자'로서, 인간 너머의 생성으로서 '민중'을 거론하는 위험을 무릅쓰고 동력학적 시점을 견지할 이유가 있을까? 반문화, 또는 문화 외부적인 요소란 종국적으로 기호학적 공간의 빈 곳을 보충하고 완성시키기 위해 동원되는 요소들이 아닐까? 생성이란 결국 이분화된 가치 체계의 자리 바꿈, 의미론적 전환에 불과하지 않을까? 형식주의자 티냐노프의 논의를 로트만은 이렇게 정리한다. "구조적 형식이 축적되기에 주변부의 보다 유연한 메커니즘이 보다 적합한 것으로 판명되고, 이렇게 주변부에 축적된 구조적 형식들은 이후의 역사적 단계에서 지배적인 것으로서 체계의 중심부로 이동하게 된다. 중심과 주변의 항상

---

66) 유리 로트만, 「기호학적 체계의 역동적 모델」, 『기호계』, 김수환 옮김, 문학과지성사, 2008, 174~204쪽.

적인 교체는 구조적 역동성의 메커니즘 중 하나이다."[67]

이분법의 권력이 미치지 못하는 지점까지 로트만은 분명 나아갔던 듯싶다. 가령 그것은 기호학의 '외부'에 대한 그의 통찰이다. 만년의 삼원체계를 예시하는 이 외부에 대한 직관은 기호화되지 않는 영역의 실재에 대한 감각으로서, 비가시적인 차원이 틈입하여 현실을 와해시키는 가운데 문화적 모델이 성립한다는 사실을 반증한다. "모든 문화에게 문화 외적인 공간(즉, 저-편의 공간)의 존재는 존립의 필수조건이자 자기 정의를 위한 첫 걸음에 해당한다. 하지만 문화 외적인 공간이 곧 비기호적이란 것이란 주장은 단지 해당 문화의 (내부적) 입장에서 본 사실일 뿐이다. 사실상 그것이 의미하는 바는 해당 문화의 언어가 사용되지 않는 영역이 존재한다는 것이다."[68] 그러나 이 진술은 곧장 그것의 반대 진술로 부정되고 보충된다. "명심해야 할 것은, 기호학적 측면에서 외부 공간이 제시되자마자 그것은 이미 명명된다는 것, 다시 말해 표면적으로나마 이미 기호화된다는 사실이다. 기호계는 기호 외적 세계와 사실상 만날 수 없다. [……] 20세기가 발견한 무의식의 영역은 당대의 의식의 뒤집힌 구조, 즉 아직은 기호학적으로 개작되지 않았던 심리적 과정에 해당한다. [……] 진짜 외적 세계는 기호학적 교환의 적극적인 참여자이다. 기호계의 경계 지대는 기호학적 적극성이 최고조에 달한 곳이다."[69]

기호학의 타자, 외부성이란 우리가 고찰해 왔던 생성력과는 전혀 다른 것이다. 바흐친의 사유에서 외부란 전前기호적이고 비非기호적인,

---

67) 로트만, 「기호학적 체계의 역동적 모델」, 198쪽.
68) 로트만, 「주체이자 그 자신에게 객체인 문화」, 『기호계』, 329쪽.
69) 같은 글, 329~330쪽.

기호의 외부를 말하며, 따라서 구조적 공간의 바깥에 있는 규정 불가능한 힘이다. 현상적으로는 (기호의) 다원론이지만, 실재적으로는 (힘의) 일원론이라 주장했던 이유가 그것이다. 반면 이분법에 기초한 기호학은 사유되지 않는 것, 곧 외부와 무의식, 욕망, 생성하는 힘 등을 포획하여 중심과 주변으로 분배하고, 일종의 사유의 예비군으로서 전제해 두며, 다음 사유를 위해 준비된 공간 속에 남겨 둔다. 그것은 사유할 수 없는 것이 아니라, 아직 사유하지 않은 것, 미未사유의 대상인 잠정적 외부이다.[70] 이 점에서 기호학은 현상적으로 다원론이지만, 본질적으로 (기호적) 일원론이다. 목적론과 별로 다를 바 없다. 하지만 바흐친에게 사유할 수 없는 것은, 미래의 사유를 위해 대기하는 대상이 아니라, 그렇게 예견되고 준비된 사유의 공정을 지연시키고 교란시켜 불가능하게 만드는 사건이다. "매 순간 새롭게 규정된다"는 말은 언젠가 사유될 것이고, 간취되고 표상될 것을 예기하는 표현이 아니라, 어떤 순간에도 끝까지 사유되지 않은 채 빠져나가고 마는, 그래서 미-래만을 기약할 수밖에 없는 절대적 외부이자 타자성을 뜻한다.[71]

문화를 구조나 체계로 정의하려는 대부분의 시도들이 유용하고도 유력한 방법론적 장점들을 갖고 있음에도 불구하고,[72] 치명적인 한계를

---

70) 이분법적 대비를 통해 기호계의 외부, 타자를 회수하려는 시도는 형식주의에 관한 최고의 이론가인 한젠-뢰베에게서 단적으로 나타난다. 그는 바흐친의 카니발화를 낯설게 하기의 기술적 변형이라고 단언하는 형편이다(Aage A. Hansen-Loeve, *Russkij formalizm*, Jazyki russkoj kul'tury, 2001, pp.440~446).

71) "기호학은 이미 완비된 코드를 통해 이루어지는 이미 완비된 전언의 전달을 우선적으로 다룬다. 그러나 엄밀하게 말한다면, 생생한 담론에 있어서 전언은 그 전달과정에서 처음으로 창조되는 것이기 때문에, 본질적으로 어떠한 코드도 존재하지 않는다"(바흐친, 「1970~71년의 노트에서」, 『말의 미학』, 498쪽).

72) Aleksandr Pigalev, *Kul'tura kak tselostnost'*, Izdatel'stvo volgogradskogo universiteta, 2001; Andrej Pelipenko · Igor' Jakovenko, *Kul'tura kak sistema*, Jazyki russkoj kul'tury, 1998.

노정할 수밖에 없다. 이는 다른 무엇보다도 문화의 현행적 질서를 정당화하고, 강제와 확대를 합리화하며, 전복의 사건을 동일한 구조의 반복으로 평가절하해 버린다는 데 있다. 문화라는 명칭 자체가 사실상 공식적 문화, 특정한 사회체의 의식되고 공식화된 기억을 보존·생산·재현하기 위해 호출된 게 아닌가?[73] 어떤 문화의 관점에 의해 인식되지 않고 특정되지 않은 영역이 있더라도, 그것은 곧 주변부라는 또 다른 유표적 경계를 따라 영토화된다. 불문법적 관습이나 습속, 혹은 개인적 습관 등의 비문화적·하위문화적 영역들은 문화의 외부적 잠재력의 지대가 아니라 미약하거나 준질서화된 예비지대일 뿐이다.[74] 공식 문화에 의해 포획된 힘은 비공식적 문화, 혹은 민중의 웃음문화에 쉽게 적대적으로 변모하고, 해체와 혁명의 잠재력을 봉인당한다. 문화를 체계나 구조로만 파악하려는 시도는 정치적 보수주의로 귀결될 가능성이 높다. 들뢰즈와 가타리가 제기한 탈주선의 길이 가로막히는 것이다. 그러나 "탈주의 체험은 자유를 위한 욕망의 훈련과 같은 것이다".[75] '훈련'과 '선택'

---

73) "가장 넓은 의미에 있어 문화는 금지와 규정의 일정한 시스템 속에 표현되는 어떤 집단의 비유전적 기억으로 이해될 수 있다. 그렇다고 해서 이 같은 견해가 문화에 대한 가치론적 접근 방법을 배제하는 것은 결코 아니다. 실제로 문화란 해당 집단 자신에게는 언제나 일정한 가치의 시스템으로 나타난다. 문화의 역사란 여러 가지 금지와 규정의 역학일 뿐만 아니라, 그때그때의 규범적 조정 즉 규정과 금지의 변화를 어느 정도 설명해 주는 문화의 자기 이해의 역학이기도 하다"(유리 로트만·보리스 우스펜스키, 「기호 및 기호체계의 문제와 11~19세기 러시아 문화의 유형론」, 『러시아 기호학의 이해』, 이인영 외 옮김, 민음사, 1993, 44~45쪽). 근현대 문화의 역사적 조형과 위계에 대해서는 최진석, 「급진적 문화 연구의 기획은 실패했는가?」, 『문화과학』 81, 2015, 93~129쪽을 보라.
74) 하위문화의 '문화화'는 비공식 문화에 대한 공식 문화의 지배력을 보여 주는 전형적 현상이다. 이 과정은 단지 '하위문화'라는 꼬리표를 붙여 주는 것만으로도 충분할 때가 있다. 인식되지 않음, 혹은 사유되지 않음이라는 무표성의 표지는, '출입 금지'라는 팻말이 금지된 지역의 내용에 대해서는 아무것도 알려주지 않음에도 불구하고 가치론적으로 '위험'과 '폭력' 등의 연상을 통해 그 지역을 (무)의식적으로 봉쇄해 버리는 효과를 갖는 것과 마찬가지다. 이런 방식으로 하위문화, 반문화 등은 문화의 주변부로 편입되어 문화화되곤 한다(크리스티안 생-장-폴랭, 『히피와 반문화』, 성기완 옮김, 문학과지성사, 2015, 239~240쪽).
75) 네그리·하트, 『다중』, 172쪽.

으로서의 문화는, 따라서 현행적 문화로부터 탈주할 수 있는지에 대한, 그 조건에 대한 탐구와 맞물린다. 바흐친이라면 아마 비공식적 문화의 잠재성을 찾아내는 선택과 훈련으로서 이러한 탐색을 명명했을 것이다. 물론, 그것은 하나의 정치학을 구성하는 모색이다. 기성 문화를 유지하고 관리하는 능력이 아니라, 낡은 문화를 깨뜨리고 새로운 문화를 만들어 내는 능력이 관건이다.

민중을 생성력으로 규정하는 이유는 민중이 많기 때문이 아니다. 다수이기에 민중이 아니라, 생성이기에 민중이다. 만일 수적 다수를 내세워 생성의 탁월함을 이끌어 낸다면, 우리는 가장 많은 것에 대한 통계적 연구에 몰두해야 할 것이다. 여성보다 남성의 수가 많기 때문에 가부장제가 성립한 것도 아니고, 곤충보다 인간이 많기 때문에 인간중심주의가 등장하지도 않았다. 문제는 척도다. 존재하는 모든 것들을 위계의 사다리에 따라 분류하고, 각각의 자리마다 그에 상당하는 몫을 부여하는 최종 권력의 척도가 문제다. 민중을 백성으로, 신민으로, 인민으로, 계급으로, 대중으로, 국민이자 주체로 호명해 불러냈던 근대 정치학은 민중에게 합당한 자리를 찾거나 만들어 냄으로써 민중의 생성력을 포박하는 과정에 다름 아니었다. '한줌이 안 되는' 권력자들이 다수의 민중을 통제하고 지배할 수 있었던 것은 척도의 폭력을 통해 민중의 인식과 감각을 결박하고 특정한 시선과 지각으로 살아갈 것을 명령했기 때문이다. 여럿이던 머리가 모두 잘리고 단 하나의 머리만을 가진 괴물은 이미 괴물이 아니고, 온순한 가축이 된다. 주인의 채찍은 날짐승에게는 무의미하지만 가축에게는 생사여탈권을 가진 권력이다. 가축이 살고 있는 우리는 세계의 모든 것이자 생존의 한계표지로서 다른 삶에 대한 욕망을 분쇄해 버린다. 우리가 알고 있고, 지각하며, 살아가는 '이 문화'

라는 것도 그러하지 않을까? 온순한 시민이 되어 문화생활을 영위하고, 일체의 문화 바깥의 것들을 배척하거나 등 돌리는 태도, 혹은 문화적인 것으로 명명되지 않는 것을 아예 느낄 수 없는 무능력이야말로 공식적 문화의 치안권력이 생생히 작동한다는 증거 아닐까?

라블레의 등장인물들이 보여 주는 어처구니없는 반문화적 행태들, 가령 존귀한 귀부인들에게 개의 오줌을 뿌리거나 엄격한 예식이 진행될 때 야유를 퍼붓는 행동들, 금지된 것을 아무렇지도 않게 행하는 태만과 부주의, 연민과 자비에 얽매이지 않는 잔혹한 검술 등은 이른바 '문학적 묘사'로 치부되어 관음증의 대상에 머물지 않는다. 마찬가지로 중세와 르네상스의 민중생활에 나타난 욕설과 조롱, 죽음을 소망하는 축사와 폭력적 난행, 황음무도의 난장판은 전근대의 야만적 풍경도 아니다. 지형학적 하부의 요소들로서 그것은 생성의 새로운 자원이자 삶의 지속을 촉발하는 힘이다. 이분법에 종속되지 않는 낯선 기호는 폭력적이고, 오직 그러한 폭력만이 우리의 인식을 일깨워 이질적인 감각으로 삶을 변형시킬 수 있다고 할 때,[76] 라블레적 그로테스크는 정치적인 힘을 발휘한다. 그것은 척도의 지배력을 무시하고 부정하여, 척도 외부의 것들을 삶의 무대로 끌어들이기 때문이다. 척도는 시간의 흐름을 부정하지만, 라블레적 부정은 정확히 시간의 위력을 등에 업고 사건이라는 무기를 휘두른다.

들뢰즈와 가타리에 의하면, 다수자는 권력pouvoir의 획득에 의해 규

---

76) 질 들뢰즈, 『프루스트와 기호들』, 서동욱 외 옮김, 민음사, 1997, 41쪽 이하. 두말할 것도 없이 이러한 기호는 기호학의 외부에 있는 탈기호적 작용을 가리킨다. 이는 감각적인 것의 '폭력적' 재배치를 통해 정치적인 것의 장을 여는 랑시에르의 입장과도 연결된다. 어떠한 기성의 척도도, 다양한 영역들 사이의 경계를 수립하기 위한 절대적 법칙은 없다(Jacques Rancière, *The Politics of Aesthetics: The Distribution of the Sensible*, Continuum, 2004, pp.61~62).

정되는 반면, 소수자는 이행의 능력puissance에 의해 정의된다.[77] 소수자는 척도 바깥에 있기에 형식에서 일탈하고, 흡사 괴물적인 것으로 보인다. 근대 정치학이 즐겨 비유하던 민중의 외양은 머리 여럿 달린 괴물인 히드라이며,[78] 그로테스크는 이에 꼭 맞는 표현처럼 들린다. 아름다움과 규칙에 부합하지 않는 민중은 추악하며 위험스럽기 때문이다. 물론 이는 그로테스크를 이행의 이미지로, 존재의 근본적인 리얼리즘으로 파악하지 못한 무능력의 결과다. 소수성은 다수적 척도에 의거할 때 무의미하거나 유익하지 않으며, 적대적인 환영으로 보인다. 이렇듯 소수성은 척도의 '바깥에', 그 '피안에' 있다.[79] 당연하게도, 소수성의 본질적 우월성을 보장해 주는 이데아 따위는 존재하지 않는다. 소수적인 것이 갖는 힘은 소수성에 내속하는 게 아니라, 소수적이라는 사건을 조성하는 조건들의 효과에서 기인한다. 따라서 기성의 현실 문화권력을 해소시켜 여러 방향으로 분열시키고 새로운 표현적 형식을 만들어 내는 소수성의 힘은, 그 힘이 구체적으로 작동하는 양상을 통해서만 드러난다. 그로테스크가 규범 바깥의 규범으로서, 그 자체의 표현의 형식을 통해서만 실재를 드러내는 리얼리즘이듯,[80] 소수성이 전제하는 유일하고도 강력한 '척도'란 끊임없는 생성 자체, 자기 분열적인 이행의 힘에 있다. 즉 그것은 비공식 문화와 민중의 웃음문화가 내장한 자기비판적 능력samokritichnost'이다.[81] 소수성은 다수자의 척도를 해체시키고 새로운 생

---

77) 들뢰즈·가타리, 『천의 고원 2』, 107~108쪽.
78) 피터 라인보우·마커스 레디커, 『히드라』, 정남영 외 옮김, 갈무리, 2008, 12~17쪽.
79) 네그리·하트, 『제국』, 452~459쪽.
80) 바흐친, 『라블레론』, 57, 62~63쪽.
81) 같은 책, 36쪽; 바흐친, 「서사시와 소설」, 22쪽 이하. 자기비판 능력이란 관점에서 볼 때, 바흐친이 스탈린 정치학의 이론적 변호자라는 비판은 전혀 근거가 없다. 스탈린의 정치학은 소수성의 정치인가, 다수성의 정치인가? 스탈린은 국가장치라는 다수화(척도) 기관을 이용해 민중의 생성적 힘

성의 장을 열어 내는 추동력을 일컫는다. 벤야민식으로 번역해 '신적 폭력'에 값하는 소수적 생성에서 "문제는 다수성을 획득하는 것이 아니며, 새로운 상수를 세우는 것도 아니다. 다수적 생성이란 없으며 다수성은 생성이 아니다. 모든 생성은 소수적이다".[82]

소수적 생성(소수자-되기devenir-mineur)은 왜 정치적인가? 그것만이 견고하게 굳어진 기성 문화의 두께를 뚫어 낡은 심층을 부식시킬 수 있기 때문이다. 그것만이 조화롭게 배치된 일상을 교란시켜, 삶의 '다른' 형식을 발생시킬 수 있기 때문이다. 법 정초적 폭력과도 같이, 생성은 잔혹을 동반한다. 가르강튀아와 팡타그뤼엘, 파뉘르주와 수도사 장이 대검을 휘둘러 적들을 토막 내고 분해하는 것은 문명 이전의 잔인성을 보여 주기 위함이 아니다. 그것은 오히려 선형적 인과의 현실에 구멍을 뚫고, 절단을 통해 이질적인 발생을 끌어들이기 위한 잔혹 극장, 또는 들뢰즈와 가타리처럼 말해 공장을 지어 가동시키는 실험이다. 무엇보다도 강조되어야 할 점은, 이와 같은 반문화의 동력은 공식 문화의 심층 어딘가에 은폐되어 있다가 어떤 결정적인 순간에 튀어오르는 극적인 요소가 아니라는 점이다. 차라리 반문화적인 것은 항상-이미 잠재해 있는 힘이다. 랑시에르의 정치적인 것과 마찬가지로, 그것은 기관 없는 신체로서 정치의 불안, 통제의 착란 속에서 형성되고, 인간적 의지와 욕구와 무관하게 운동하는 힘이다. 이런 점에서 공통적인 것the common을 넘어서는 공-동적共-動的 사건에 우리는 더욱 근접해 간다. 반문화적 역동, 민중적 생성은 서로 부합하는 요소들의 집합으로 정의되기보다 상

을 억압했던 장본인 아닌가? 바흐친과 스탈린 사이의 친연성을 의심했던 비판자들은 소수성과 다수성의 근본적 차이를 이해하지 못한 것이다.
82) 들뢰즈·가타리, 『천의 고원 2』, 112쪽.

호 작동적 관계를 통해 언제나 구성되는 사건들의 총체인 까닭이다. 그것은 산술적 합산 이상의 총합이며, 공유되는 것 이상으로 자유롭게 열린 운동이다. 이렇게 반문화는 민중과 광장, 그로테스크 리얼리즘과 웃음문화와 평행적으로 합류한다. 생성의 선차성을 염두에 둔다면, 문화는 항상-이미 반문화일 수밖에 없다. 문화 자체가 늘 자신의 해체와 파괴를 위한 소수적 생성에 참여하는 반문화적 역동인 것이다.

하지만 문화는 한낱 가상이 아니다. 실재의 그림자이지만 현행적인 효과로서 현실의 문화, 문화적 현상들은 부단히 작동하고 있다. 문화의 영토적 경계들은 끊임없이 설정되는 동시에 지워져 나가는 양가적 운동 속에 놓여 있다. 후자는 물론 반문화일 것이며, 그 힘의 견인력이 문화의 지속을 이끌어 내는 역설적 동력이다. 문화와 반문화의 동력학은 이 과정에 대한 개략적인 소묘이자 해명이 될 듯하다. 그렇다면 이 동력학을 어떻게 계속해서 이끌어 낼 것인가? 생산의 과정으로 지속하게 할 것인가? 청년 바흐친은 예술과 학문, 삶 사이의 분열과 진동을 어떻게 해소할 것인지, 즉 삶과 문화를 통일하는 형식을 어떻게 구할 것인지 의문을 던지며 자신의 학문적 이력을 시작했다. 사건의 윤리와 삶의 건축학은 청년기를 마감하며 그가 내놓은 응답이었다. 그런데 이제 『라블레론』에 이르러 그는 전혀 새로운 지평에서 또 다른 응답을 제출하고 있다. 이는 하나의 답안이라기보다, 연이어지는 물음 자체이다. 이를 하나의 문제 설정적 테제로써 재구성해 보자. "영토화와 탈영토화라는 두 방향으로 분기해 나가는 존재-생성의 흐름, 소수적 생성의 힘을 어떻게 이끌어 낼 것인가?" 따지고 보면, 상이한 영역들의 분기, 그 경계선을 어떻게 다시 설정해서 조화롭고 통일적인 전체상을 만들 것인가와 같은 애초의 질문은 사태의 맥락을 제대로 짚지 못한 것이었다. 라블레와 생성, 그로테스크의 웃음문화 등을 경유하여, 만년의 바흐친은 이렇게 부연한다.

> 우리가 특수성에만 천착하는 가운데, 문화의 다양한 영역들이 갖는 상호 연관성과 상호 의존성에 관한 문제점들은 무시되어 왔고, 이 영역들 간의 경계가 결코 절대적이지 않다는 사실, 그리고 이 경계들은 각 시대마다 서로 다른 방식으로 획정되었다는 사실이 종종 망각되어 왔다. 게다가 우리는 문화의 가장 긴장감 있고 생산적인 삶이, 바로 문화의 개별적 영역들의 경계선에서 창출되는 것이지, 결코 개별 영역들이 자신의 특수성 속에 유폐되어 있을 때 생겨나는 게 아니란 점을 고려하지 못했던 것이다.[83]

단지 경계를 넘나드는 운동으로서, 문화와 반문화를 부지런히 주파하는 활력만이 해답은 아니다. 그와 같은 이원론적 답안은 기호학의 사례에서 보았듯, 현실을 변함없는 질서 속에 다시 가두는 보수적인 해석에 갇힐 우려가 있다. 관건은 상호 연관과 상호 의존이라는 다양한 영역들 사이의 갈등과 충돌을 주시하며, 그 사건화의 경계선에서 기존의 문화적 지배를 깨뜨리는 요인을 발견하고 그 불씨를 키우는 데 있다. 반문화이자 비문화인 것, 다른 것은 사건의 경계선에서 나타난다. 문화와 반문화의 동력학에서 소수성과 생성의 정치학을 발견하는 길은 정확히 이러한 경계선에 대한 통찰을 통해서일 것이다. 경계이월적 능력과 더불어 언제나 경계선에 머무는 능력이 필요하다. 기존 문화의 내용,

---

83) 바흐친, 「『신세계』 편집진의 물음에 대한 답변」, 『말의 미학』, 469쪽.

그 심층으로 빨려 들어가는 순간 사건을 목격할 가능성은 현저히 낮아진다. 깊이를 거부하고 표층에 남는 것, 표면에 거주하는 동시에 표면을 조직하는 것, "어떻게 이 정치학, 이 완전한 게릴라에 도달할 것인가?"[84]

6. 민중의 타자성, 혹은 반정치의 정치학을 위하여

바흐친의 문화이론, 즉 문화와 반문화의 동력학을 정치적 차원에서 재고해 보는 작업은 비단 예술미학적 통찰을 얻기 위함만은 아니다. 문학이든 미술이든 연극이든, 삶의 창안을 주제로 삼은 시도들은 어떤 식으로든 정치적인 것의 생성을 실험하지 않을 수 없었다. 바흐친이 활동하던 20세기 초엽, 새로운 삶을 향해 정치적 기치를 내걸었던 러시아 아방가르드는 점차 공식적 문화와 이데올로기, 국가적 법에 장악되었고, 끝내 치안의 질서에 질식당해 종언을 고하고 말았다. 소련 바깥의 급진적 예술의 운명도 크게 다르지는 않았다.[85]

　　20세기 아방가르드는 고전주의적 규범과 형식들로 가득한 기성의 감각 체제에 균열을 내고 과격한 탈형식의 실험을 감행했지만, 정치화의 문제 설정을 더 이상 밀어붙이지 못했다. 가령 이탈리아 미래주의와 반대로 급진적인 좌파의 길을 택했던 러시아 미래주의는 국가주의적 권력과 삶-창조적 능력 사이에서 길을 잃고 몰락하지 않았던가? 기존 문화적 경계의 극한에 도달해 그것의 파열점을 만드는 대신, 국가가 허

---

84) 들뢰즈, 『의미의 논리』, 272쪽.
85) 최진석, 「예술-노동의 역사·이론적 궤적: 놀이노동의 신화에서 예술기계의 실재까지」, 『문화과학』 84, 2015, 20~61쪽; Boris Groys, *The Total Art of Stalinism*, Princeton University Press, 1992.

가한 치안의 영토에 홈을 파는 것으로 반문화의 실험을 수행할 수는 없는 일이다. 1930년대 스탈린주의가 숙청의 맹위를 떨치며 공포독재를 실시했을 때, 혁명과 정치의 전선에서 싸우던 예술가들이 '한낱' 예술의 감옥에 유폐된 채 죽거나 사라진 사실은 이를 반증한다. 그렇지만 벤야민이 적절히 지적했듯, 예술은 정치를 직접적으로 지향하지 않는다. 예술의 정치화는 정치와는 다른 방법으로 치안을 교란하고 고장 내는 정치적인 것의 힘이다. 라블레는 '문학적' 언어유희로서 사람들을 즐겁게 하고, 도락에 젖게 했기에 위대한 작가가 아니었다. 그가 자신의 소설을 통해 건넨 말은 권력자의 심기를 뒤틀리게 만들고, 성직자를 분노하게 하는 감응적 실천의 하나였다. 대중의 큰 인기를 얻었음에도, 자신의 창작 때문에 일생을 도망다녀야 했던 탈주자의 비운을 생각해 보라.[86]

하지만 라블레의 붓 끝이, 가르강튀아와 팡타그뤼엘의 생동이 단지 지배자에게만 불편했으리라 단정 짓지는 말자. 바흐친이 주장하듯, 라블레의 말이 동시대 민중들에게 가감 없이 지각되었다고 할 때, 그가 염두에 둔 것은 민중에게도 라블레적 반문화는 쾌감과 동시에 불쾌감을 주었으리란 사실이다. 그렇지 않다면 반문화적 역동은 '포퓰리즘'이라는 수사적 언표에 지나지 않을 것이다. 문화의 정치화, 반문화의 정치성은 안정적이고 정신화된 문화를 육화함으로써 비롯된다. 피와 살로 이루어진 생리학적 육체로 문화를 환원시켜 버리는 것, 이는 공고하게 불멸을 자랑하는 현행적 문화에 시간의 힘을 틈입시켜 살아 움직이게 할 뿐만 아니라 노쇠해지고 급기야 죽어 썩어 버리게 만드는 역설적 과정이다.[87] 마치 시신의 죽은 피가 피부의 경계를 뚫고 나오듯, 경화된 문

---

86) 이환, 『프랑스 근대 여명기의 거인들 1: 라블레』, 서울대학교 출판부, 1997, 제1장.

화를 노화시켜 형식적 경계를 내파시키는 이 과정을 우리는 (반)문화의 동력학, 또는 소수성과 생성의 정치학으로 명명할 수 있을 것이다. 실상 유형 이후 바흐친이 몰두했던 문학과 문화의 문제들은 바로 이러한 경계선의 파열, 기성 체제의 균열과 새로운 흐름의 등장에 대한 생성적 사유가 아니었던가? 그렇다면 우리는 『라블레론』을 비롯한 바흐친의 텍스트들을 정치적 사유의 다른 형식으로서 읽을 수 있지 않을까?

반문화의 운동을 현행화시키는 현실의 조건들, 그 고리들을 찾아내 집요하게 잡아당기는 행위, 그것이 바흐친의 정치학이다. 정치적인 것은 기왕의 주어진 정치/치안의 규칙들이 아니라 그것들이 미처 포획하지 못한 미시적 지대, 비가시적 영역들, 즉 공식 문화의 경계선에서 솟아난다. "소수적 생성은 정치적 사안이고, 모든 능력의 작업, 능동적인 미시정치에 호소한다. 그것은 거시정치, 그리고 심지어는 역사[HISTORY—인용자]의 반대항이다."[88] 민중이라는 거대한 '관념'은 우리를 종종 근대 거시정치의 늪 속에 빠뜨려 허우적거리게 한다. 그러나 얼굴 없고 표정 없는 생성적 괴물로서의 민중은 현실에서는 '흔적'을 통해서만 그 실재를 확인할 수 있는 사건적 잔여로서 나타난다. 따라서 우리의 유일한 과제는 민중의 말을 들을 수 있는가 없는가, 민중의 기호를 읽을 수 있는가 없는가의 지각능력에 달려 있다.

세계사라는 드라마의 모든 움직임들은 웃고 있는 민중의 합창 앞에서 공연되었다. 이 합창소리를 듣지 못한다면, 결코 드라마를 전체적으로

---

87) Terry Eagleton, *Walter Benjamin: Towards a Revolutionary Criticism*, Verso, 1981, p.150.
88) 들뢰즈·가타리, 『천의 고원 2』, 68쪽.

이해할 수 없다. 민중들의 장면이 없는 푸슈킨의 「보리스 고두노프」를 상상해 보라. 이는 푸슈킨 드라마를 완전히 이해하지 못한 생각일 뿐만 아니라 왜곡시킨 생각이다. 드라마에서 각각의 등장인물들은 제한된 자신의 관점을 표현할 뿐이며, 시대와 그 사건의 진정한 의미가 펼쳐지는 것은 이 극에서는 오직 군중장면에서다. 푸슈킨 작품에서 마지막 대사를 하는 인물은 민중인 것이다. [민중에 대한―인용자] 우리들의 이미지는 단순한 은유적 비유가 아니다. 민중문화는 세계사의 각 시대를 반영하고 있다. 과거의 모든 시대에 광장은 그곳에서 웃고 있는 민중들과 항상 함께 존재했다.[89]

소수성과 생성의 정치는 민중을 동력으로 걸고서만 전개된다. 그리고 민중은 주체화와 타자화의 경향으로서만 정의되는 역설 속에 그 본래 면목을 두고 있을 듯하다. 즉 실체적으로 존재하는 대상이 아닌 것이다. 어떤 절대적인 타자이자 외부로서, 그러나 초월론적으로 상정되기에 현실의 내재적 평면에 작용하는 힘으로서 민중은 '항상 함께' 존재하고 있다. 이러한 민중의 흐름을 그 자체로서 현실을 조형하는 매체로 볼 수는 없을 것이다. 우리는 여기서 비로소 작가의 기능에 대해 묻고 답할 수 있게 된다. 또한 그것은 정치적인 것을 발생시키는 작인作人에 대한 이론이다. 라블레는 '천재적 작가'로 호명되지만, 실제로 그가 갖는 기능은 민중문화의 '표현자'vyrazitel'라는 점을 강조해야 한다.[90] 즉 라블레-작가는 생성력의 표현의 형식, 그 기관이다. 또한 작가는 민중

---

89) 바흐친, 『라블레론』, 721~722쪽.
90) 같은 책, 22쪽.

적 웃음의 '계승자'naslednik이며 '완결자'zavershitel로도 불린다. 왜냐면 그의 작품은 민중적 반문화를 이해하고 열게 해주는 '교환 불가능한 열쇠' nezamenimyj kljuch인 까닭이다.[91] 그렇다면 결국 작가는 생성력의 유동을 꾸준히 관찰하여('흔적을 좇는'na-sled) 그것이 현실의 어느 수준에서 조형되는 것을 목격하고 기록하는('완결 짓는'za-vershit') 특이한 감각의 소유자가 아닐까? 최종적 완성이 아니라 민중이라는 생성적 흐름을 절단하고 연결시켜 하나의 현실적 표현의 형식으로서 단락 짓는 역할을 맡고 있는 게 아닌가? 민중 합창단의 '지휘자'korifej로서 작가란 그런 기능이 아닐까?[92] 이렇게 작가는 욕망하는 기계로서 작동한다.

어쩌면 여기서 작가의 기능을 정치적 선동과 조직화의 전위로 떠올리는 사람도 있을 듯하다. 그러나 만일 우리가 바흐친의 저작을 정치적 사유로 전개시키고자 한다면, 그것이 레닌주의적 전위와 갈라지는 지점에 주목하지 않을 수 없다.[93] 실마리는 바흐친이 인용하는 푸슈킨 드라마의 한 대목에 선명히 나타나 있다.

저 아래 광장에서 민중이 끓어올랐다.
그리고 나를 향해 손가락질하며 웃었다.
그러자 나는 부끄럽고 무서워졌다.

이 대목에서 주어 '나'는 물론 작중인물인 보리스 고두노프이다. 통

---

91) 같은 책, 720~721쪽.
92) 같은 책, 721쪽.
93) Vladimir Lenin, "Chto delat'?", *Izbrannye proizvedenija*, T.1, Izdatel'stvo politicheskoj literatury, 1988, p.93.

상 이 역사적 인물의 형상은 스탈린을 비유한다고 해석되어 왔으며, 이 장면은 소비에트 체제에 대한 반정치의 표징으로 읽혀져 왔다. 한 걸음 더 나가 보자. 비단 폭압적 독재자만이 아니라 권력의 첨단에 올라설 수 있는 누구든 고두노프의 이미지와 겹쳐질 수 있다. 낡은 체제를 타도하는 혁명가뿐만 아니라 문화적·지적 선구의 위치에 있는 작가들도 다르지 않다. 러시아 혁명에 참여했던 무수한 지식인들을 떠올려 보라. '직업적 혁명가'라는 기표 없이도 얼마나 많은 예술가들이 반역의 과정에 동참했던가. 라블레가 중세와 르네상스 민중성의 표현자이자 계승자이고 완결자, 지휘자라는 언명은 전위적 정치가이자 혁명가로서 작가의 자리를 쉽게 연상시켜 준다. 그러나 민중은 전위의 의지대로 조직되지 않으며, 역으로 민중이라는 극복 불가능한 외부성, 그 타자성에 의해 작가-혁명가는 항상 후경화될 수밖에 없다. 광장 '위'에 오른 고두노프가 '아래'의 민중을 굽어보며 소스라치게 몸을 떨며 내뱉는 이 대사는 주체화와 타자화의 생성적 요동 속에 괴물화된 민중, 즉 혁명가와 전위적 지식인의 이해 속에 포착되지 않는 힘 자체의 실재성을 반증한다. 누대樓臺에 오른 자가 스탈린이든 누구든 상관 없다. 어느 누구라도 위에 올라선 자라면, 위계의 상단, 권력이 첨단에 올라서 있다면 하부에서 굽이치는 제어 불가능한 힘을 두려워하지 않을 수 없을 것이다.

　이것이 과연 정치학일까? 공동체의 구조 속에 각자의 자리를 배분하여 그 소유를 인정하고 거기 머물게 하는 것, 그 조화로운 질서를 추구하던 전통적 정치학의 목표에 비추어 볼 때, 절대적 하부를 향해 구조를 허물어뜨리고 분산시키는 정치적인 것의 힘에 주목하는 사유는 차라리 반反정치학이라 불러야 하지 않을까? 추상으로 높이 뜬 것, 의지적으로 앞으로 끌어가는 것은 언제나 아래로, 뒤로 미끌어 내려져 존재론적 평등의 평면으로 환원되게 마련이다. 오직 반문화의 사유만이 정치적이며 또한 반정치적일 수 있는 까닭이다. 아무나에 대한 아무나의 절대적 평등의 감각을 예민하게 벼리면서,[94] 차이와 변형, 이행의 생성력을 포착하는 이 지점에서 우리는 바흐친의 반정치의 정치학을 예감할 수 있을 것이다.

94) 자크 랑시에르, 『불화: 정치와 철학』, 진태원 옮김, 길, 2015, 46~47쪽.

11장 '거대한 시간', 그날은 언제 오는가?

1. 생성력, 사유의 거미집

지금까지 우리가 지나온 길은 생성력을 주제로 재구성한 바흐친 사유의 여정이었다. 물론 바흐친은 문학 이론이나 문화 연구, 철학 등의 분과적 영역 속에 정립된 지 오래이고, 우리의 독서를 그 영역들의 일부라 불러도 무방할 듯하다. 하지만 생성력을 주제로 삼는 이 도정이 결코 분과 학문의 굴레에 갇혀 끝날 것이라 생각하지는 않는다. 계속 강조했다시피 생성력에 본성이 있다면, 그것은 어떤 형태로도 변형되고 이행하는 힘 자체일 것이기 때문이다. 개별 문화가 갖는 특정한 형식은 반문화의 역동, 그 생성력을 통해서만 드러나며, 다시 다른 것으로 전화할 수 있다. 그 변화하는 힘을 뒤좇는 것, 우리의 탐구에 동력학^{dynamics}이라는 이름을 붙일 수 있는 이유가 이에 있다.

생성에 관해 말하는 것은 어렵다. 현실의 지평에서 가시화되어 있고 규범과 제도를 통해, 혹은 습속을 통해 표면화된 것은 생성하는 힘이 형태를 입어 고착된 결과이기 때문이다. 생성 그 자체는 실증적으로 증명할 수 없을지 모른다. 하지만 생성의 과정에 세계 전체가 항상-이미 관여해 있다는 것은 다양한 방식으로 드러나 있다. 생성하는 힘의 유효성은 거대한 사변철학의 전통이 주장했듯 추상적인 보편성에 있는 게 아니라 언제나 현상의 특수한 국면들을 통해서만 구체적으로 표현된다. 가령 일상생활의 개인적인 행동들, 문학작품이나 연극 공연 같은 장르적 실행들, 또는 광장에서 벌어지는 집단적 연희에 이르기까지, 바흐친이 사건화와 소설화, 카니발화라고 불렀던 여러 가지 양상들은 생성력의 표현의 형식들이다. 이것들은 서로 이질적인 특이적 개별성으로 현상하지만, 해체와 종합의 거대한 원환 속에 합쳐지는 분할 불가능한 전체상 속에서 그 실재를 드러낸다. 이와 같은 역설을 해명하는 유일한 언어는 이행과 변형이며, 사건일 것이다. 동력학은 사건학을 동반하지 않는다면 체계주의의 유혹에 빠질지 모른다.

영원한 운동의 이미지로 생성을 표징한 것은 바흐친만이 아니다. 그에 가까운 친구들로 우리는 스피노자와 들뢰즈·가타리, 네그리 등을 거론하였다. 사실 바흐친 연구사의 관례에 비추어 이들 현대 사상가들의 이름자를 거명하는 것은 다소 예외적인 일이다. 혹자는 바흐친과 그들 사이의 관계가 실증될 수 있는지, 구체적으로 파고들어 그들의 저술에서 서로를 호명하는 지점이 있는지 여부에 대해 따지려 들 것이다. 하지만 이들 사이에 직접적인 영향 관계나 참조점 등을 논증하는 일은 필수적인 과제가 아니다. 생성력의 관점에서 문화와 반문화의 동력학을 전개시킬 때 핵심이 되는 것은 실정적 증명의 문제가 아니기 때문이다. 분명 생성은 특수한 형식을 통해 개별 국면 속에서 가시화된다. 하지만 그게 어디서부터 어디까지라는 식으로 한정을 짓게 된다면, 흐르는 강물에 댐를 쌓아 물길을 막는 것처럼 그 생동하는 힘을 잃게 된다. 생성하는 힘은 소진되지 않는다. 다만 그 운동을 목격할 수 없게 될 것이다.

이런 맥락에서 바흐친의 동력학적 사유에 일어난 영향이나 참조관계는 텍스트의 실증성을 토대로 증명해야 할 과제가 아니다. 생성하는 힘은 텍스트의 의식적 표층뿐만 아니라 심저의 무의식적 흐름을 통해 움직인다. 이와 같은 유동이 생성력의 실재이기에 형식적 상동성이나 문자적 유사성을 통해 그 힘을 입증하려는 시도는 실패할 수밖에 없는 어리석은 요구다. 그래서 우리는 바흐친의 저작권에 관련된 여러 논쟁들을 거침없이 통과해 나왔고, 실증적인 고찰에 개의치 않은 채 현대 철학자들과의 동반 관계를 설정했다. 들뢰즈나 가타리 등과의 연관에 대해 바흐친 자신은 들어 본 적도 없을뿐더러, 이런 식의 교량 짓기에 대해 깜짝 놀랄지도 모를 일이다. 스피노자에 대한 참고는 본인에게 말 그대로의 참고에 지나지 않을지도 모른다. 그 반대도 마찬가지일 것이다. 하지만 그들의 무의식에서 서로를 호출하고 사유의 거미집이 지어지고 있음은 본인들 자신도 모르는 일 아닌가. 사유의 탈영토화란 이러한 힘의 탈경계적 흐름 가운데 형성되는 재영토화, 즉 새로운 의미화이자 가치 평가의 설정이 아닐까?

그래도 다음과 같은 반박을 완전히 벗어나지는 못할 수 있다. 문화와 반문화의 동력학이라는 조망점은 지금까지의 바흐친 연구가 다루던 문제틀 일반이나 전제들과 사뭇 다른 전개 양상을 보여 주고, 무엇보다도 정말 바흐친이 그렇게 생각했는지 의구심을 갖지 않을 수 없다는. 요컨대 바흐친 자신은 이러한 관점에 동의할까? 나는 이 질문에 대해 그렇기도, 아니 그렇기도 하다는 양가적인 답변을 내놓겠다. 실제로 이 책의 고찰은 바흐친에 대한 텍스트 해석의 연구라기보다, 그의 사유를 급진적으로 변형시키고 전화시키는 문제에 더 치중해 있다. 흔히 말하듯, 좋게 말하면 '전화'요, 나쁘게 말하면 '왜곡'이자 '곡해'라는 것이다.

현실의 인과율을 따르는 가능성과 달리, 잠재성으로부터 발원하는 사유의 흐름은 삶의 여러 층위들 중 어떤 것은 옳고 다른 어떤 것은 그름을 미리 지정한다든가, 특정한 방향성에만 진리의 보증을 적시하는 절대적이고 초월적인 척도가 있지 않다.[1] 잠재적 장에서 분화되어 나온 힘은 현실 속에서 경계선을 그리는 동시에 그것을 지워 나가는 과정만을 지속할 따름이다. 이렇게 잠재적인 것과 가능적인 것 사이의 운동을 우리는 역사적 현실 속에서 문화와 반문화의 역동으로 관찰하는 것이다. 문화는 처음부터 일종의 혼성체로, 다종 다기한 힘들이 집산·분열하며 변형하는 집합체이기 때문이다. 따라서 문화와 대한 성찰은 항상 반문화를 그 이면에서, 더 근본적인 차원에서 동반할 수밖에 없다. 그것은 "실재적인 생성을 확보해 줄 수 있는 무조건적인 어떤 것"으로서의 내재적 사건인 사유이다.[2]

2. 바흐친에 저항하는 바흐친

사건은 문화의 장, 현실성의 무대에서 펼쳐진다. 문화의 역사를 돌아볼 때 '문화'라는 단어 자체가 현대적 의미로 사용된 역사는 그리 길지 않다. 그것은 기껏해야 18세기 이후의 일로, 애초에 이 단어는 다만 형용사적 수식어로, 혹은 은유적인 뜻으로만 사용되었다.[3] 수많은 의미적 변용을 거친 연후에야, '문화'라는 단어는 조금씩 현재적인 의미를 지니

---

1) Gilles Deleuze, *Bergsonism*, trans. Hugh Tomlinson·Barbara Habberjam, Zone Books, 1991, ch.5.
2) 들뢰즈, 『의미의 논리』, 73쪽.
3) 야나부 아키라, 『한 단어 사전, 문화』, 박양신 옮김, 푸른역사, 2013.

게 되었고, 다양한 의미의 스펙트럼 속에서 변형되어 왔고 지금도 그 과정을 계속하고 있다. 이런 의미에서 '문화'라는 단어 자체는 여러 의미론적 지류들이 교합하고 분기하는, 사건적 힘으로 충전된 공동성共動性의 장소였다고 할 만하다.[4] 이곳에서 일어나는 문화의 변이, 변용태들의 계보는, 그래서 선형적인 족보를 만들지 않는다. 차라리 여기서 생겨나는 사태는 '창조'라는 이름을 붙일 만한 것인데, 이는 무로부터의 창조가 아니라 잠재성으로부터 연원하여 현실의 가능한 조건들에서 창출하는 기호들의 변형, 곧 다른 것의 생성이란 의미에서 창조이다. 문화적 텍스트의 역사는 잡종화의 역사 그 자체라고 할 수 있으니, 텍스트에 대한 이해 역시 그러해야 하지 않을까.

> 작가 자신이 텍스트를 이해했듯이 주어진 텍스트를 이해하는 것. 그러나 이해는 그보다도 더 훌륭할 수 있고 또 그래야만 한다. 강력하고 심원한 창조는 많은 경우 무의식적이고 다중의미적이다. 이해를 통해 창조는 의식에 의해 보완되고, 그 의미들의 다양성이 밝혀진다. 그런 식으로 이해는 텍스트를 보완한다. 이해는 능동적이며, 창조성을 담지하고 있는 것이다. 창조적 이해는 창조를 지속시키고, 인류의 예술적 자산을 더욱 풍요롭게 만든다. 이해하는 자들의 공동적 창조.[5]

잡종화란 무엇인가? 텍스트의 의미는 매 순간 다른 맥락과 다른 계열의 외부적 의미들과 만나고 충돌함으로써 새로 태어난다. 접속과 파

---

4) Julij Asojan · Anatolij Malafeev, *Otkrytie idei kul'tury: Opyt russkoj kulturologii serediny XIX i nachala XX vekov*, OGI, 2001, ch.1.
5) 바흐친, 「1970~71년의 노트에서」, 490쪽.

열이 텍스트의 운명이며, 그렇게 생성되는 계열들의 집합을 맥락context
이라고 부를 때, 본래부터 잡종적이고 파행적인 이 생성의 흐름에 어떻
게 초월적인 경계선이나 한도가 있겠는가. 하이데거를 살짝 비틀어 말
한다면, 왜 있는 것은 도대체 단순하게 있지 않고, 복잡한 것이 있는가?
존재는 다만 있지 않고 생성으로서만 있기 때문 아닐까. 의미의 생성,
그것은 본래적으로 변성이자 변용이고 이행이며 차이화가 아닐까.

> 의미는 그 본질의 깊이와 복잡성 전체 속에서 정의되어야 한다. 의미
> 화란 응시(함께-봄, sozretsanie 관조)를 통해서 현존을 발견하고 창조
> 적인 공동생성(sozidanie, 창조)을 통해서 덧붙이는 것이다. 앞으로 계
> 속하여 자라날 맥락을 예기하는 것, 그것을 완결된 전체에 연결시키거
> 나 완결되지 않은 맥락에 연관시키는 것. 이런 의미는 (완결되지 않은
> 맥락 속에서) 고요하게 남아 있을 수도 없고, 편안하게 있을 수도 없다
> (거기서 평안을 느끼며 죽어갈 수조차 없다).[6]

의미는 죽을 수 있는 운명이 아니다. 시간의 흐름 속에 의미의 기호
가 흘러 다니는 한, 의미는 생성이라는 불가피한 운명의 궤적을 몸에 새
긴 채 떠돌아다닐 수밖에 없다. 잠재성의 장에서 의미의 기호는 다른 기
호들과 필연적으로 마주쳐야 한다. 지속적인 이행과 변형을 통해 낯선
기호로 전화하는 '존재의 역운'에 의미는 실려 있다.

의미는 잠재적으로 무한하다. 그러나 그것은, 비록 이해자의 내적 말

---

6) 바흐친, 「인문학의 방법론을 위하여」, 512쪽.

에서 제기되는 물음이라 할지라도, 다른 (타자적인) 의미와 접촉하고 나서야 활성화될 수 있다. (말 또한 맥락 속에서만 자신의 의미를 드러내 듯) 자기 무한성의 새로운 계기를 펼쳐 보이기 위해서 의미는 매번 다른 의미와 접촉해야만 한다. 활성적인 의미는 하나의 (고립적인) 의미에 귀속되지 않으며, 오로지 서로 만나고 접촉하는 두 의미에 속한다. '그 자체로서의 의미'는 불가능하다. 의미는 오직 다른 의미에 대해서만 존재하는데, 이는 곧 다른 의미와 함께할 때에만 존재함을 뜻한다. 단일한 (하나의) 의미는 있을 수 없다. 그러므로 최초의 의미나 최후의 의미란 존재할 수 없다. 의미는 언제나 여러 의미들 사이에서, 의미 사슬의 한 고리이고, 오로지 총체로서의 이 의미 사슬이야말로 단 하나 실재적인 것일 수 있다. 역사적인 삶에서 이 사슬은 무한히 성장하며, 따라서 개별적인 고리 각각은 마치 새로이 태어나는 것처럼, 거듭하여 개신되는 것이다.[7]

시간은, 그것이 내재적인 평면에서 끝없이 흐르는 힘인 한, 생성의 직접적인 원천이다. 거대한 시간. '지금 그리고 여기' 현존하거나 부재하는 모든 것은 새로운 탄생의 잠재력에 촉수를 뻗고 있으며, 사물들이 현행화되는 능력은 거대한 시간의 시원에 항상-이미 함축되어 있는 것이다.[8] 대화란 이런 점에서 지극히 비인간적인 사건에 속한 일이다. 말 slovo이 인간에게 귀속되지 않듯, 대화의 주체는 인간이 아니다. 대화는 잠재성의 평면에서 사물들이, 사물적 기호들이 부딪히고 관계 맺는 다양한 사건들일 뿐이다.

7) 바흐친, 「1970~71년의 노트에서」, 496쪽.

대화적 맥락에는 최초의 말도, 최후의 말도 없으며 한계도 없다(그것은 무한한 과거와 무한한 미래로 떠난다). 심지어 과거의, 다시 말해 지나간 세기들의 대화 속에서 태어난 의미들도 결코 안정적인 것이 (한 번에 그리고 영원히 종결되고 완결된 것이) 될 수 없다. 그것들은 언제나 뒤이어 나타날 대화의 미래의 발전 과정 속에서 (새로워지면서) 변화할 것이다. 대화적 발전의 어느 순간에나 잊혀진 의미들의 광대하고 무한한 덩어리가 존재하지만, 대화의 계속적인 발전 속에서 특정한 계기가 오면 그 행보에 걸맞게 그것들은 다시 상기되어 (새로운 맥락 속에서) 새로워진 모습으로 소생할 것이다. 절대적으로 죽어 버린 것은 아무것도 없다. 그 어떤 의미에게도 갱생의 축제일이 찾아올 것이다. 거대한 시간의 문제.[9]

죽지 않음, 불멸의 문제. 진시황으로부터 현대의 독재자들에 이르기까지 인간은 늘 불멸을 희구해 왔다. 신화와 전설, 문학의 질문 역시 이 문제에 잇닿아 있다. 죽지 않는 말, 사멸하지 않는 의미의 지평에서 볼 때 인간은 이미 불멸의 삶에 관여하고 있었을 것이다. 단지 죽지 않는 주체로서, 불사의 개체로서 그것을 바랐던 것이다. 거대한 시간 속에 죽는 것은 없다. 거기서 죽는 것은 인간이라는 관념이며, 인간의 언어와 신체이다. 말과 의미, 생성력의 언어와 신체는 소진되지 않는다. 부활의 복음이 여기에 있다!

---

8) 본문에서 자세히 다루진 못했지만, 바흐친의 거대한 시간은 스피노자(sub specie aeternitatis)와 베르그손(sub specie durationis)의 시간관에 맞닿아 있다.
9) 바흐친, 「인문학의 방법론을 위하여」, 528쪽.

[『도스토예프스키론』에서—인용자] 나는 거대한 시간의 개념을 도입했다. [……] 거대한 시간 속에서는 그 무엇도 흔적 없이 사라지지 않으며, 모든 것은 새로운 삶을 향해 부활한다. 새로운 시대의 도래와 함께, 예전에는 우연히 생겨났던 모든 것들, 인류가 간난신고를 겪어 왔던 모든 것들은 새로운 의미에 의해 증식되고 충전된다.[10]

바흐친의 사유는 바흐친 너머에 있다. 아마도 우리는 그의 저술들 중에서 갖가지 형태로 드러난 '인간주의적' 해석을 발견할 수 있을 것이다. 그에 대한 연구서와 주석서에서도 사정은 비슷하다. 실존주의자 바흐친, 스탈린적 독재에 은밀하게 맞서 인간의 자유를 옹호한 바흐친, 민중에 대한 역사의식에 충만한 민중주의자 바흐친……. 하지만 맑스에 관한 엥겔스의 표현을 빌려 말할 때, 바흐친 자신은 결코 바흐친주의자였던 적이 없다. 생성에 대해 사유하고 그 표현의 형식을 뒤좇기 위해 우리가 바흐친주의자가 될 필요도 없다. 바흐친은 생성이라는 다양한 얼굴의 유일한 사건적 힘이 내는 소음을 우연히 듣고, 그에 관해 기록한 청자였을지 모른다. 예민한 귀로서의 바흐친. 소리를 듣는 자는 그 소리를 다르게 조직하여 자신의 목소리에 싣는다. 그것은 오케스트라의 조화로운 합주가 될 수도 있고, 듣기 난감한 '소음'의 무더기로 나타날 수도 있다. 어느 쪽도 가능하고 무방하겠지만, 어느 쪽에 우리는 청각을 곤두세워야 할까? 우리가 바라야 할 것은 또 다른 예민한 청력의 연마자가 되어 바흐친의 소음을 듣는 게 아닐까? 소음의 지휘자 바흐친. 이것이야말로 그가 귀기울여 듣고자 하던 사건의 소리였을 터.

10) Bakhtin, "V bol'shom vremeni", p.8.

세계사의 모든 행동에는 웃음의 합창이 수반되어 있었다. 그러나 모든 시대에 다 라블레 같은 지휘자가 있었던 것은 아니다. 그는 르네상스 시대의 민중합창단 지휘자였지만, 웃고 있는 민중의 독특하고 어려운 언어를 매우 분명하고 풍부하게 드러냈다. 그리하여, 그의 작품은 다른 시대의 민중의 웃음문화까지도 밝혀 주고 있는 것이다.[11]

3. 문화와 반문화, 어떻게 좋은 만남을 만들 것인가?

이제 이 책의 마지막 질문으로 넘어가도 좋을 듯하다. 이행과 생성의 사유, 다종다기한 외부와의 접속은 항상 좋은 것, '생산적'인 것일까? 사상을 이런 식으로 무한정하게 확대·재생산하는 것은 그저 사유의 공리주의나 기회주의, 제국주의를 초래하는 것은 아닐까? 변형과 종합을 드러내는 사유는, 그게 어떤 모습이든 무조건 허용될 수 있을까?

이런 질문의 함정은, 그 대답이 '예스'나 '노'를 선택함으로써 '옳은' 답변을 미리 가정하고 있다는 데 있다. 따라서 어떻게 답을 해도 '이것이냐 저것이냐'의 양자택일을 벗어나기 힘들다. 질문 자체를 바꾸는 게 관건이다. 다시 말해 "무엇이 좋은 것인가?"라는 물음을 "어떻게 좋은 것을 만들 수 있을 것인가?"로 대체해야 하는 것이다. 니체에 의하면, '좋음'the good은 도덕적 의미의 '악함'the evil의 반대말이 아니라(그 경우 'the good'이란 '선'善으로 번역된다), 신체적 관계성이란 측면에서 해석된 '나쁨'the bad의 반대말이 된다. 들뢰즈는 이 차이를 스피노자가 남긴 가장 중요한 교훈으로 꼽는다. 그리고 지금까지의 긴 여정 속에서 확인

---

11) 바흐친, 『라블레론』, 722쪽.

했듯, 바흐친에게 타자와 만나고 타자가 되는 것, 그것이 생성의 과제이며 나-주체가 이 세계와 결합하고 타자가 될 수 있는 '좋은' 만남이다.

자연 전체의 영원한 법칙들에 따라, 고유한 질서 속에서 서로 결합되는 관계들이 언제나 존재한다. 선과 악은 없으며, 좋음과 나쁨이 있다. "'선악을 넘어', 이것은 적어도 '좋음과 나쁨을 넘어'를 의미하지 않는다." 좋음은, 한 신체가 우리 신체와 직접적으로 관계를 구성할 때, 그리고 그 신체의 능력의 전체 혹은 부분을 통해 우리 신체의 능력이 증가할 때를 지시한다. 음식물을 예로 들 수 있을 것이다. 우리에게 나쁨은, 한 신체가, 비록 그것이 우리 신체의 부분들과 여전히 결합하고 있다 하더라도, 우리의 본질에 상응하는 것들과는 다른 관계들 아래서 우리 신체의 관계를 해체할 때이다. 혈액을 해체하는 독이 그 예이다. 따라서 좋음과 나쁨은 그 첫번째 의미, 즉 객관적이지만 관계적이고 부분적인 의미를 갖는다. 나의 본성에 맞는가 혹은 맞지 않는가에 의존하기 때문이다. 이러한 결과로서 좋음과 나쁨은 또한 두번째 의미, 즉 인간 존재의 두 유형, 두 양태를 특징 짓는 주관적이고 양태적인 의미를 갖는다. 할 수 있는 한에서, 만남들을 조직하고, 자신의 본성과 맞는 것과 통일을 이루며, 결합 가능한 관계들을 자신의 관계와 결합하고, 이를 통해 자신의 능력을 증가시키려고 노력하는 사람은 좋다고 (혹은 자유롭다고, 혹은 합리적이라고, 혹은 강하다고) 일컬어질 것이다. 왜냐하면 좋음은 역학, 능력, 그리고 능력들의 결합에 관련되어 있기 때문이다.[12]

12) 들뢰즈, 『스피노자의 철학』, 38~39쪽.

잠재적으로 주어진 모든 신체적 관계들을 고려하며 '좋은 만남'을 조직하는 것, 이는 정확히 그로테스크 리얼리즘의 세계에 부합한다. 주체도 타자도 없는 주체화의 운동은 곧 타자화의 운동이며, 생성하는 우주적 신체의 이미지로서 바흐친이 제시한 것이다. 때로는 민중이라는 이름으로, 때로는 생성의 비인간적이고 괴물적인 얼굴로 우주는 그 자신과 끊임없이 교합하고 증식한다. 『라블레론』에서 묘사된 세계감각은 자신을 끊임없이 집어삼키면서 증식하는 역설적인 세계 이미지이다. 이것이 역설적인 이유는 자기를 먹는 것이 동일성의 반복이 아니라 차이를 낳는 타자화의 과정으로 전시되기 때문이다. 바흐친이 중세와 르네상스의 민중문화를 거론하며, 세계와의 만남, 세계 속의 과정을 풍요롭게 먹고 마시는 광경과 결합시켜 설명했던 것은 실재의 리얼리즘 Realism of the Real을 보여 주기 위함이었다.

음식과 음료, 이것은 그로테스크한 신체의 삶에 나타나는 가장 중요한 현상들 중 하나이다. 이러한 신체의 특징은 개방성과 비종결성, 세상과 갖는 상호작용이 된다. 이 특징들은 먹는 행위 속에서 아주 구체적이고 명료하게 나타난다. 여기서 몸은 자신의 경계선을 넘어선다. 몸은 세상을 꿀꺽 삼키고, 빨아들이며, 잡아뜯는다. 몸은 세상을 자기 것으로 하며, 세상의 희생을 바탕으로 풍요로워지고 성장한다. 물어뜯고 찢고 씹으며 크게 벌어진 입 속에서 일어나는 세계와 인간의 만남은 인류사상과 이미지의 가장 오래되고 중요한 슈젯 중 하나이다. 여기서 인간은 세상을 먹고, 세상의 맛을 느끼고, 세상을 자신의 몸 속으로 집어넣으며 몸의 일부로 만든다. 차츰 깨어나고 있던 인간의 인식은 당연히 이러한 요소에 집중하게 되었고, 그것으로부터 세상과 인간의 상호 관계를 규정하는 가장 본질적인 이미지들을 끄집어내게 되었다. 먹는 행위 속에 일어나는 세상과의 이러한 만남은 즐겁고 기쁜 일이었다.[13]

이질적인 사유, 욕망, (무)의식은 신체적으로 표현되는 힘이다. 그러므로 사유의 교합이나 욕망의 분기, (무)의식의 이합집산은 신체들 사이의 관계에 다름 아니며, 특정한 조건에서 더 좋은 신체적 구성을 이룰 수 있다. 또한 마찬가지로 그 반대도 가능할 것이다. 좋은 신체들 간의 나쁜 만남, 또는 나쁜 만남으로 인한 더 나쁜 국면으로의 돌입과 신체의 파괴. 달리 말해, "두 신체의 만남, 각각을 특징 짓는 관계들이 서로 결합되지 않는 만남이다. 나쁜 만남, 소화불량, 중독, 관계의 해체".[14] 무엇을 먹는가에 따라 우리 신체가 강건해지든지 그 반대가 되는 것과 같이, 사유-신체의 양상 역시 어떤 만남을 만드는가에 따라 증대하거나 감소한다. 사유가 체계의 구속에 결박되고, 엄격한 법의 원리에 의해 통제될 때 신체로서의 사유는 줄어들고 무력하게 해체되고 말 것이다. 반면, 사유를 어떻게 조직하는가, 그 만남의 방식에 따라 좋은 사유든 나쁜 사유든 좋은 만남의 방식 속에 생상의 결과를 이룰 수도 있을 것이다. 스피노자적 윤리의 진정한 의미는 이 점에 있다.[15] 윤리는 신체들의 관계에 대한 사유의 학문으로서 행동학ethologie의 차원에 있지 선과 악을 구별하고 판단하는 도덕철학의 문제가 아니다.[16]

---

13) 바흐친, 『라블레론』, 439~440쪽.
14) 들뢰즈, 『스피노자의 철학』, 38쪽.
15) 같은 책, 40쪽
16) "바로 이렇게 윤리학, 즉 내재적 존재양태들의 위상학은 언제나 존재를 초월적 가치들에 관계시키는 도덕을 대체한다. 도덕은 신의 심판이고, 심판의 체계이다. 그러나 윤리학은 심판의 체계를 전도시킨다. 가치들(선-악)에 대립하여 존재양태들의 질적 차이(좋음과 나쁨)가 들어선다. [……] 윤리학은, 예를 들면 인간과 동물의 경우에, 각각의 경우에서 오로지 변용능력만을 고려하는 행

'좋은 만남'으로서 문화를 어떻게 조직할 것인가? 지금까지 우리의 논의를 곱씹어 볼 때, 이 질문은 다음의 물음을 선행적으로 내포하고 있다. '나쁜 만남'으로서의 문화를 어떻게 해체할 것인가? 이 두 질문은 사실상 한 가지 문제의식의 서로 다른 전개, 양상을 보여 준다. 한 가지로 동일한 힘의 상이한 양태들에 관련된, 양가적인 물음인 것이다. 그 중 어떤 질문에 현실적 선차성이 있는지는 우리가 파악하는 현재의 문화적 정황이 어떤 것인지, '지금 여기'의 크로노토프적 조건에 달려 있을 것이다. 앞서의 테제를 반복하자면, 생성하는 힘은 존재론적으로 볼 때 절대적이고 선차적지만, 그것이 현행화되는 것은 현실의 다양한 조건들, 그 맥락에 달려 있다.

따라서 좋은 만남을 조직하는 것과 나쁜 만남을 해체하는 것은 현실 문화의 구체적인 조건들을 부지런히 탐문하고 따져 보며, 새롭게 조형하는 데서 출발하지 않을 수 없다. 사건화하고, 소설화하며, 카니발화하는 것. 고형화된 현실 문화의 블록들에서 비가시적으로 작동하는 그로테스크 리얼리즘의 흐름을 포착하는 것. 실상 이러한 과정 자체가 이미 응답의 하나일 것이다.

질문과 응답은 논리적인 관계(범주)가 아니다. 그것들을 (단일하고 스스로에 갇혀있는) 하나의 의식 속에 집어넣어서는 안 된다. 모든 응답은 새로운 물음을 낳는다. 질문과 응답은 상호적인 외부성을 전제한다. 응답이 자기 자신으로부터 새로운 질문을 낳지 않는다면, 그것은

동학이다"(들뢰즈, 『스피노자의 철학』, 40, 45쪽; Valerij Podoroga, *Vyrazhenie i smysl*, Ad Marginem, 1995, p.91).

대화에서 탈락되어 체계적이고 본질상 비개성적인 인식 속으로 들어
갈 것이다.[17]

이것이 생성의 관점sub specie generationis으로 바라본 문화와 반문화의
동력학의 전모이다. 만약 이를 견고하게 체화하고 실천할 수 있다면, 바
흐친이란 이름조차 잊어도 좋으리라.

17) 바흐친, 「인문학의 방법론을 위하여」, 525쪽.

보론 안티-바흐친, 사유의 성좌를 넘어서

1. 제도와 반제도의 길항, 바흐친 연구의 성립사

1950년대 중반, 젊은 연구가들이던 바딤 코쥐노프Vadim Kozhinov와 세르게이 보차로프Sergei Bocharov, 게오르기 가체프Georgi Gachev 등이 바흐친을 '발견'하여 소개한 이래, 그의 저술들은 현대 인문·사회과학에서 가장 중요한 이론적 전거들의 하나로 간주되어 왔다.[1] 물론 소비에트 러시아의 역사를 돌아볼 때, 스탈린의 엄혹했던 철권통치 아래 핍박당하고 말살되다시피 했다가, 해빙 이후 복권되었던 학자나 예술가들의 사례는 비일비재하다. 그런 점에서 1920년대 말, 학문적 이력을 시작하자마자 지식사회에서 '퇴출' 당했다가 복귀한 바흐친의 사례를 아주 이례적인 것이라고 특기할 수는 없을 듯하다. 문제는 그 사연의 절절함이 아니라 사유의 현재성이다. 스탈린 시대의 오랜 침체와 왜곡을 겪었던 러시아 지성계에서 바흐친의 재기는 무엇보다도 그의 사유가 여전한 힘을 발

---

1) 클라크·홀퀴스트, 『바흐친』, 제15장; Sergei Bocharov, "Conversations with Bakhtin", ed. Michael Gardiner, *Mikhail Bakhtin*, Vol.1, SAGE Publications, 2003, pp.3~4.

휘할 수 있었다는 데 기인한다. 낡은 고전의 박물관이 아니라 지금-여기서 육박하는 사유의 힘으로서 바흐친이 호출되지 않았다면, 그의 이름자는 오늘 우리에게까지 미칠 수 없었을 것이다. 바흐친의 '첫번째 귀환'이라 부를 만한 이 지성사적 사건으로부터 그의 사유가 발휘하는 현행성의 궤적을 뒤좇아 보자.

멀리 사란스크의 '살아 있는 바흐친'의 소식은 전기적인 풍미를 더하는 일이겠으나, 지성사에서 더욱 중요한 사실은 그의 텍스트들이 새롭게 발견되고 조명되었다는 점이다. 이데올로기적 구호에 갇혀 있던 러시아 문학 및 문화 연구는 바흐친이라는 자양분을 통해 혁명 이전과 혁명기의 활발했던 지적 흐름을 재흡수했고, 이는 동시대 서구 지성사의 궤적에도 무시할 수 없는 흔적을 남겼다. 특히 후자는 주목할 만한데, 바흐친이 촉발시킨 지적 자극은 1960년대부터 유럽 지성계를 흔들었던 세계사적 운동인 포스트모더니즘의 한 축을 이루었기 때문이다. 그 무렵부터 널리 회자되기 시작한 '다성악'과 '대화주의', '크로노토프', '카니발', '웃음문화' 등은 온전히 바흐친에게 저작권이 회수되는 개념들이며, 현대 서구 지성사를 논할 때 누락시킬 수 없는 중요한 열쇠어들로 남아 있다.

예컨대, 근대성을 구성하는 가장 중요한 요소로 지목되는 전일적全一的 총체성과 거대 서사는 포스트모더니즘의 논의 속에서 전면적으로 부정되었으며, 이에 따라 근대적 주체성, 곧 데카르트적 코기토cogito 역시 타자라는 거울을 통해 재조명되기에 이른다.[2] 주체의 전능성에 의해

---

2) 장-프랑수아 리오타르, 『포스트모던의 조건』, 유정완 외 옮김, 민음사, 1992, 93~104쪽; 미하일 엡슈테인, 『미래 이후의 미래』, 조준래 옮김, 한울, 2009, 27~57쪽.

줄곧 상대화되고 대상화되기만 했던 타자는 또 다른 주체로서 정위定位되거나(상호 주체성), 나아가 주체 너머의 목소리로까지 나타나게 되었다. 주체에 의해 완전히 포획되지 않는 존재로서 타자가 비로소 그 모습을 드러낸 것이다. 이러한 타자성의 사유는 레비나스에 의해 지성사의 전면에 드러난 것이지만, 우리는 여기에 이미 바흐친의 목소리가 섞여 들어 있음을 어렵지 않게 알 수 있다.[3] 도스토예프스키를 연구하며 그가 제기했던 등장인물들의 관계성은, 어느 특정한 주인공에게 수렴되거나 일원화될 수 없는 다양성, 복수의 목소리들에 실린 타자의 권리이자 힘을 가리키기 때문이다. 우리는 20세기 중반에 벌어진 근대성 비판과 성찰의 격랑으로부터 바흐친의 반향을 결코 누락시킬 수 없다.[4]

바흐친을 포스트모더니즘과 연결시키는 것은 한편으로 정당한 역사적 평가이지만, 다른 한편으로는 포스트모더니즘이 채 담아내지 못하는 사유의 진폭을 빼놓을 우려가 있기에, 이 자리에서는 간략하고 정확하게 그 입지만을 표지하도록 하자. 역사적 현상으로서 포스트모더니즘은 사회적·지적·예술적 담론들의 다양한 양상들이 교합하여 펼쳐졌던 문화운동으로 규정된다.[5] 이 점에서 문화의 '포스트모던적 전회' 혹은 일련의 '포스트' 담론의 형성에 끼친 바흐친의 공헌은 개별 분과적 차원(특히 문학 연구)에 한정되지 않고, 현대 지성사 전반을 아우르는 포괄적 관점에서 음미되어야 한다. 특히 바흐친이 주시하였던 영역이 근대성의 가시적 영토가 아니라, 그 이면이었음을 기억하자. 타자와 외

---

3) 최진석, 「타자 윤리학의 두 가지 길: 바흐친과 레비나스」, 『노어노문학』 21(3), 2009, 173~195쪽.
4) 김욱동, 『포스트모더니즘』, 37~38쪽.
5) Fredric Jameson, "Postmodernism, or the Cultural Logic of Late Capitalism", *New Left Review*, June(146), 1984, pp.59~92.

부, 민중의 문화는 근대세계의 투명한 지대가 아니라 비가시적인 지대, 곧 공식적 문화 영역들 '사이'에서 드러난 역사의 비공식적인 시공간이 었다.

이러한 문제의식은 『도스토예프스키론』(1929/1963)과 『라블레론』(1965)의 수용사를 고찰해 볼 때 더욱 선명히 드러난다. 이 두 저작은 저자에 의해 문학 연구를 표방하고 있음에도 불구하고, 러시아와 서구 지성계에서는 문화 연구의 서지 목록에 늘 포함되어 있었다.[6] 여기서 문화의 범주가 공식적 부문이 아닌 비공식적 부문을 가리키는 것은, 바흐친 문화론의 핵심이 민중에 대한 이해에 있기 때문이다. 바흐친 연구의 초기부터 민중은 당대 사회학이나 정치학의 표준적 논리를 벗어난 특이한 대상으로서 설정되어 왔으며, 이로 인해 바흐친 연구는 기성의 제도화된 학제적 틀로는 제대로 포괄되지 않는 '난항'을 겪어야 했다.[7] 이는 단지 연구 대상의 생소함에 기인하지 않는다. 바흐친이 구사하는 개념과 논리가 통상적인 아카데미의 규준 안에 놓여 있다 할지라도, 그의 사유는 이 모든 것들을 뒤섞고 재배치하며 '다른' 방식으로 전용함으로써 새로운 질문을 구성하는 방식으로 작동한다. 요컨대 어떻게 사용하는가, 곧 용법用法만이 문제다.[8] 사유의 스타일이 문제인 것이다.

---

6) "라블레에 관한 이 책은 출간되자마자 하나의 문화적 사건이 되었으며, 그 분야의 가장 중요한 연구목록에 추가되었다"(Elena Bogatyreva, *Dramy dialogizma: M. M. Bakhtin i khudozhestvennaja kul'tura XX veka*, M., 1996, p.119; Karine Zbinden, *Bakhtin Between East and West*: Cross-Cultural Transmission, Legenda, 2006, pp.36~57; Richard Berrong, *Rabelais and Bakhtin: Popular Culture in Gargantua and Pantagruel*, University of Nebraska Press, 1986, pp.3~16).

7) Aron Gurevich, *Probleny srednevekovoj narodnoj kul'tury*, M., 1981, pp.271~278. 역사가 구레비치는 바흐친 사유에서 민중이 갖는 특이성에 관해 처음부터 주목하고, 그것이 갖는 폭발적 잠재력을 지속적으로 주장해 왔다. 그에 따르면 바흐친의 민중론, 그리고 문화론은 역사 바깥의 역사, 즉 비공식적 역사성으로 표지될 만하다.

8) 에머슨에 따르면, 항상적인 번역/전달 가능성(ready translatability)은 바흐친 사상의 가장 중요한

1980년대에 이르기까지, 바흐친의 이론적 유산은 대개 미학이나 문학사, 소설 이론의 영역에 국한되어 있었고, 이는 주로 사유의 내용에 관한 연구이며, 함축된 의미, 즉 기의를 찾아내는 작업이었다. 당시 미국에서 유행한 '바흐친 산업'Bakhtin industry이란 표현은 이런 현상의 효용과 한계를 여실히 보여 준다.[9] 각광받는 '산업'이 됨으로써 바흐친은 현대 인문학의 꽃으로 확고한 위상을 확보했으나, 그만큼 더 빠르게 정전화正典化되었고, 곧 사유의 현행성을 상실하고 말았다. 사유하기의 방법, 그 스타일을 망실한 채 그것이 가리키는 내용에만 매달리다 보니, 핵심적인 의미를 발견하고 나면 더 이상 연구할 여지가 없어지는 것이다. 이런 식으로 바흐친이 제시한 사유의 틀거리들은 다른 많은 이론들이 밟아 왔던 운명과 비슷하게 역사화되었고, '이론의 박물관'에 진열되고 말았다. 이 현상을 러시아의 저명한 문헌학자 가스파로프는 '바흐친의 운명적 아이러니'라 불렀다.[10]

다른 한편, 1980년대 중반 이후 러시아에서는 바흐친에 대한 '두번째 발견'이 시작된다. 학문적 이력의 초기에 작성되었던 수고본들이 공개되었으며, 특히 「행위철학」의 발견은 바흐친 연구의 결정적인 전환점을 이루는데, 이로부터 우리는 '철학자 바흐친'이라는 그의 또 다른 이미지와 만날 수 있게 된 것이다.[11]

장점들 중 하나이다(Emerson, *The First Hundred Years of Mikhail Bakhtin*, p.16). 물론, 이런 범박한 가능성으로 인해 바흐친의 사유가 오용되거나 퇴락하게 되었다는 비판도 완전히 무시할 수는 없다.

9) Gary Saul Morson, "The Baxtin Industry", *Slavic and East European Journal*, Vol.30, No.1. 1986, pp.81~90.

10) Mikhail Gasparov, "M. M. Bakhtin v russkoj kul'ture XX veka", *Izbrannye trudy*, T.2, M., 1997, p.496.

11) 그 첫번째 결과물이 1992년에 발간된 『철학자 바흐친』이다(Sergej Averintsev ed., *M. M. Bakhtin*

1986년 공간소개된 「행위철학」은, '제2의 귀환'이라 부를 수 있을 만큼 바흐친 연구사의 중요 사건으로 기록되었다. 만년의 바흐친이 자신을 '철학자'나 '사상가'로 소개했다는 데 주목하며,[12] 러시아 연구자들은 그의 초기 저술에 나타난 미학적이고 철학적인 문제 설정에 주목하게 되었다. 이로써 '철학적 미학'이란 명칭이 붙은 1920년대의 수고본들은, 문예학에 편중되었던 바흐친 연구의 방향을 획기적으로 전환시켜 버린다. 1930~1940년대 문예학 논문들에 나타난 철학적 사변의 근거와 문제의식의 본위가 무엇이었는지, 초기의 수고본들이 상당 부분 해명해 주었던 까닭이다.[13] 이런 식으로 '철학자 바흐친'의 이미지는, '산업'으로 인해 다소간 피폐해지고 정체되었던 바흐친 연구에 다시 활력을 불어넣는 계기가 되었다. 1960년대 이래 바흐친 연구의 주도권을 서구에 빼앗겼다는 위기감에 사로잡혀 있던 러시아 학계가 그를 철학의 렌즈를 통해 재소환했던 것은 우연스럽게만 느껴지지는 않는다.[14]

하지만 바흐친 연구[15]라는 학제의 부흥과 사유의 현행성은 엄연히 다른 차원에서 다룰 문제다. 대학과 학회에서 활발히 읽히고 연구되어

---

kak filosof, Nauka, 1992). 이 책에는 가장 명망 있는 현대 러시아의 철학자와 사회학자, 문예학자들이 대거 참여해 바흐친의 사상가적 위상을 정립하는 데 기여했다.

12) Dubakin, *M. M. Bakhtin*, p.47.

13) Gary Saul Morson · Caryl Emerson eds., "Introduction: Rethinking Bakhtin", *Rethinking Bakhtin: Extensions and Challenges*, Northwestern University Press, 1989, pp.1~60.

14) Caryl Emerson, "Po ty storonu aktual'nosti", *Bakhtinskij sbornik V*, M., 2004, p.492. 에머슨은 이 논문에서 바흐친 연구를 철학이나 문화 연구의 장으로 끌어들이는 경향에 대해 다소간 부정적인 입장을 표명하고 있다. 그것은 러시아 바흐친 연구의 철학적 경도를 경계하는 것이면서, 동시에 '바흐친 좌파'의 입장이 담긴 『바흐친과 문화이론』의 초판(Ken Hirschkop ed., *Bakhtin and Cultural Theory*, Manchester University Press, 1989)을 겨냥한 것이다. 보수적 입장에 선 에머슨은 바흐친 사유의 원류는 문예학에 있다고 강조하는 편이다.

15) 영어로는 'Bakhtin Studies', 러시아어로는 'Bakhtinologija', 'Bakhtinovedenie'의 두 단어가 사용되는데, 본문에서는 포괄적으로 '바흐친 연구'라 칭하겠다.

수많은 논문들이 양산된다고 해도, 지금 발 딛고 선 현실을 이해하고 변화시키는 힘으로서 사유가 작동하지 못한다면, 그것은 온전히 '책 속의 이론'이자 '박물관의 사상'에 지나지 않을 것이다. 아이러니컬하게도 두 번의 귀환을 통해 표면화된 사실은 바흐친의 사유가 아카데미즘과 정전화의 굴레로부터 여전히 자유롭지 않다는 점이다. 이 과정에 이르는 전사前史로서 바흐친 연구의 위기, 즉 '분열'과 '우상 파괴' 현상을 먼저 돌아보도록 하자.

2. 사유의 위기와 그 결과들

우선 '분열'은 두 측면에서 조망해 볼 수 있다. 한편으로, 이는 텍스트들 사이의 특수한 관계로부터 불거져 나오는데, 바흐친 연구의 영원한 골칫거리인 저작권 논쟁이 그것이다. 1970년대 이래 『프로이트주의』(1927)와 『문예학의 형식적 방법』(1928), 『마르크스주의와 언어철학』(1929)과 같은 굵직한 저작들 및 다수의 1920년대 논문들이 과연 바흐친의 저술들인지에 관해 논란이 있어 왔다. 정확히 말해, 기호학자 뱌체슬라프 이바노프가 이 저작들이 실은 바흐친이 작성한 것들이라고 선언하기 전까지 그 저술들은 바흐친의 친구들이 집필한 것으로 인정되어 왔기 때문이다. 도서관의 서지사항에는 이 책들이 메드베데프나 볼로쉬노프의 이름으로 등록되어 있었고, 이바노프가 저작권의 진짜 주인에 관해 이야기하기 전에는 누구도 이에 대해 의심을 품지 않았다. 기록되고 출판된 바 그대로, 다른 사람들의 책이었던 것이다.

이바노프의 폭로는 꽤나 큰 파급력을 낳았다. 논쟁은 논쟁을 낳고, 저마다의 입장과 관점에 따라 상이하게 변주되어 되돌아왔다. 비록 바흐친이 생존해 있을 때 불거진 문제였으나, 어찌된 영문인지 바흐친 자신이 불명확한 태도로 일관하다가 1975년 사망하고 나서는 저작권의 진위를 달리 입증할 방법이 없었다. 몇몇 지인들의 모호한 증언이나 암시 등을 제외하고는 그 문제적 저술들의 진정한 저자가 누구인지 알 방도가 없었다. 문체나 필사 기록 등을 필사적으로 추적해 봐도 의문은 아리송하게 남았고, 몇몇 연구가들의 주장대로 설령 바흐친이 집필하고 친구들 명의로 출판했다 해도 도대체 왜 그랬는지에 관해 분명히 밝혀낼 수 없었다. 이런 연유로 저작권에 관한 갖가지 의문이 끊임없이 제기되어 왔으며, 절대 끝나지 않을 성싶은 논쟁이 지루하게 반복되었다. 바흐친 사유의 '비종결성'과 관련하여, 저작권 논쟁은 "바흐친의 철학적 신조와 정확히 동일한 의미에서 결코 종결될 수 없다"라는 역설적인 결론이 호사가들 사이에서 회자되기도 했으나, 속시원한 해법이 아님은 물론이다.[16]

다른 한편, 바흐친의 '공식적' 저작들 사이에서도 주도동기leitmotif 상의 차이가 점점 예리하게 부각되어 갔다. 예컨대 「작가와 주인공」과 『도스토예프스키론』 사이, 또는 『도스토예프스키론』과 『라블레론』 사이에 드러난 차이가 중요하다. 「작가와 주인공」의 바흐친은 (주로 창작 활동으로서) 미적 활동에서 작가가 등장인물에 대해 우월한 권리를 갖

---

16) 러시아 학자들의 대부분은 바흐친이 저자라는 데 의심을 품지 않는다(Vjacheslav Ivanov, "Znachenie idej M. M. Bakhtina o znake, vyskazyvanii i dialoge dlja sovremennoj semiotiki", *Mikhail Bakhtin: pro et contra*, T.1, SPb., 2001, p.310; Natal'ja Bonrtskaja, "Problema avtorstva v trudakh M. M. Bakhtina", *Studia Slavica*, Hung. T.31, 1985, pp.61~108). 논란이 되는 저작들의 집필에 어떤 식으로든 바흐친이 영향을 끼쳤을 것이란 입장이, 비록 명시적이진 않으나 전반적으로 수용되는 듯하다(Vadim Kozhnov, "Kniga, vokrug kotoroj ne umolkajut spory", *Dialog. Karnaval. Khronotop*, No.4, 1996, pp.140~147). 서구에서는 문학 및 문화 연구자들은 바흐친이 저자임을 승인하는 반면, 언어학자들은 바흐친과 다른 저자를 병기해서 표시하기도 한다.

는다고 단언했지만, 『도스토예프스키론』에서는 등장인물이 작가로부터 완전한 자유를 누리게 된다고 정반대의 관점을 시사했다. 단지 사상의 변천, 혹은 진화인 것일까? 그러나 이 두 상반된 입장은 나름의 타당성을 갖고 평행선을 달린다. 또한, 『도스토예프스키론』과 『라블레론』의 충돌도 간과할 수 없다. 전자가 개별자로서 인간 개성에 권리를 부여한다면, 후자에서는 집합적 민중이 전권적全權的 주체성의 담지자로 제시되는 까닭이다. 나아가 이 충돌은 바흐친의 사유에서 개인과 집단, 서구와 러시아의 대립으로 비화되었는데, 자주 인용되는 레오니드 핀스키의 다음 지적은 이에 대한 재치 있는 통찰을 보여 준다. "서구적인 개성의 이념은 러시아의 작가 도스토예프스키에게서 발견되고, 러시아적인 집합성sobornost'의 이념은 서구의 작가 라블레에게서 발견되고 있다."[17]

이렇듯 바흐친 사유의 내부에는 어떤 형태로든 단절과 불연속성이 다수 포진해 있기에, 바흐친 연구는 출범기부터 그에 일관성과 통일성을 부여하려는 시도들로 채워졌고, 이는 특히 '두번째 귀환'과 맞물려 바흐친에게 '사상가'의 지위를 부여함으로써 극적인 전기를 맞게 된다. 바흐친 사상의 일관성과 통일성을 부각시켜, 하나의 '진화사'적 맥락에 정위시키려는 움직임이 그렇다.[18] 하지만 체계화(제도화, 정전화)에 대한 강렬한 의지에도 불구하고, 체계화되지 않은 채 끓어오르는 것이 사유의 힘이다. 처음부터 '사상가 바흐친'이란 표제에는 동의해도, 그의 사상에 일관성과 통일성을 부여하려는 시도에는 회의적인 시각이 적

---

17) Sergej Averintsev, "Bakhtin i russkoe otnoshenie k smekhu", *Ot mifa k literature*, M., 1993, p.344에서 재인용.

18) 이문영, 「바흐친 이론과 사상의 체계적·통일적 전유를 위한 서론」, 『러시아문학 연구논집』 8권, 2000; Oleg Osovskij, *Dialog v bol'shom vremeni: literaturnaja kontseptsija M. M. Bakhtina*, Saransk, 1997; Bogatyreva, *Dramy dialogizma*.

지 않았다.[19] 더구나 체계에의 강박 자체가 결코 통합되지 않는 타자성 alétrité의 사상가 바흐친의 이미지와 어긋나는 게 아니냐는 반론을 피할 수 없다. 바흐친의 분열성, 즉 비체계성과 불연속성이란 문제는 건드릴 수록 일파만파 커지기만 하는, 어떻게 처리할지 갈피를 잡을 수 없는 체계의 궁지를 드러낸다.

이제 논의를 '우상 파괴'로 옮겨 가보자. 최초의 귀환 이래, 바흐친은 러시아 인문학의 지주이자 '지난 시대의 성자'로 존중받아 왔다. 그의 저작들은 스탈린 시대의 엄동설한을 견딘 희생자의 휘장 속에 잘 버무려졌고, 그를 정면으로 비판한다는 것은 어느 정도 '신성모독'적인 것으로 금기시되었다. 실제로 바흐친을 처음 '발견'하고 직접 그와 교류하던 '50년대인들'은 학문적 존경심과 인격적 존경심을 구분하지 않았다. 어느 연구자의 표현에 따르면, 바흐친 연구가 심화될수록 필연적으로 부딪히는 난점은 '성자화'聖者化라는 문제이며, 이를 돌파할 수 없다면 바흐친 연구는 고사枯死를 면치 못할 것이다.

우상파괴와 관련해 재미있는 사례가 미국의 비평가에 의해 보고된 적이 있다. 1990년대의 어느 국제 바흐친 학술대회에서 일어난 일이다. 대회 분위기를 고조시킬 겸, 바흐친이 시와 문학에 대해 강의한 육성 녹음 테이프를 틀어 주었는데, 그 반응이 딱 절반씩 나누어졌다. 참가자들 중 일부는 기립하여 숙연한 몸가짐으로 녹음된 '스승의 목소리'를 경청한 반면, 또 다른 일부는 몹시 못마땅한 표정으로 딴청을 피웠던 것이

---

19) "바흐친은 분열된 사상가이다. [······] 사상가이자 저술가로서 그를 다룰 때 우리를 사로잡는 문제는, 바흐친에게 전체성이란 존재하지 않으며, 단지 조각된 파편들만 있다는 사실이다"(Anthony Wall, "A Broken Thinker", *The South Atlantic Quarterly 97: 3/4, Summer/Fall*, Duke University Press, 1998, pp.669~670).

다. 후자가 '무덤으로부터 나온 목소리'가 자신들을 가르치고 있다는 데 심한 반발감을 느꼈던 반면, 경의를 표시했던 이들은 마치 '델피 신전의 사제들'처럼 시종일관 경건한 자세를 유지하고 있었다.[20] 이런 사례들로 미루어 볼 때, 바흐친 연구의 활기 뒤편으로 제도화와 정전화가 견고하게 진행되고 있었음을 능히 짐작할 만하다.

하지만 이런 '유사' 종교적 아우라가 제도화·정전화의 지배적 흐름은 아니었다. 근대 학문의 조건으로서 세속화 역시 이 경향에 한몫했다. 대략 1980~1990년대, 바흐친을 직접 만나 보았던 세대가 퇴장하면서 연구의 태도는 보다 '객관화'되었고, 적절한 '거리'도 만들어지게 된다. 여기서 '두번째 귀환'은 별반 역할을 하지 못했는데, 새로이 불붙은 논쟁은 바로 바흐친 사유의 '이데올로기적' 요점을 둘러싸고 벌어졌던 것이다.

『라블레론』은 가장 격렬한 논란의 중심에 있었다.[21] 대표적인 예를 꼽아 보면, 촉망받던 바흐친 학자였던 나탈리야 보네츠카야가 돌연 '전향'을 선언하며 이 책을 집중 공격한 일을 기억해 볼 만하다. 그녀에게 『라블레론』은 기독교 형이상학에 대한 최악의 독신瀆神과 불경의 표본이었다. 기독교를 포함해 형이상학에 대한 바흐친의 전면적인 거부는, 인간과 신, 혹은 휴머니즘적 가치의 구현체인 개성적 인격'lichnost'에 대한 전통적인 믿음을 시궁창에 처박는 것과 다름없어 보였다. 그녀가 '탈객

---

20) Rachel Falconer ed., *Face to Face: Bakhtin in Russia and the West*, Sheffield Academic Press, 1997, pp.25~26.

21) 변현태, 「바흐친의 라블레론 1」, 『러시아문학 연구논집』 10권, 2001. 『라블레론』에 대한 비판은 다음을 보라. Emerson, *The First Hundred Years of Mikhail Bakhtin*, pp.179~195; Vladimir Vakhrushev, "Tragikomicheskaja igra vokrug karnavala M. M. Bakhtina", *Dialog. Karnaval. Khronotop*, No.4, 1996, pp.46~56.

관화'이자 '탈신성화', '탈실체화'라 지목했던 『라블레론』의 주제는 인간과 신, 인류 문화에 대한 더할 수 없는 모욕에 다르지 않았다.[22] 학술 논문의 수위를 마구 넘어서는 거친 언사도 불사하며, 그녀는 예전에 자신이 '진정한 러시아의 사상가'라 칭송해 마지않던 '우상'을 타도하기 위해 앞장섰다. 예컨대 '두번째 귀환' 이후, 즉 서구 중심적으로 경도되었던 바흐친을 '러시아의 사상가'[23]로 자리매김하며 스스로 끌어들인 '위험성'에 대해 그녀는 이렇게 회고하고 있다.

> 1980~1990년대경, 연구자들을 사로잡았던 것은 '부정신학'apofatizm이라는 신학적 열쇠어였다. 부정의 길을 따라가면 지성에 의해 파악되지 않던 바흐친의 '존재' 개념이 임의의 구체성에 얽매이지 않는 실재로서 이해될 것이라 기대되었다. 그때 바흐친은 신비주의적 부정신학자로 간주되었으며, 이름 붙일 수 없는 것, 표현되지 않은 것의 추구자로 생각되었다. [……] 하지만 이제 그 모든 것이 실수였음이 명백해졌다. 바흐친의 세계관을 사물에 대한 정상적이고 형이상학적인 시선으로 끌어들이려는 시도는 근본적으로 오류인 것이다. [……] 회고하건대, 수년 전 처음으로 「작가와 주인공」을 읽게 되었을 때 나를 놀라게 했던 것은, 자신을 죄인으로 여기고, 이웃을 성자로 생각하는 바흐친의 사유 구조가 러시아의 신학적 입장 및 윤리적 명령에 무척 근접해 있

---

22) Bonrtskaja, "Bakhtin glazami metafizika", p.118.
23) Natal'ja Bonrtskaja, "Estetika M. Bakhtina kak logika formy", *Bakhtinologija: issledovanija, perevody, publikatsii*, p.108. 또 다른 곳에서는, "아무튼 바흐친은 러시아의 사상가이다. 그의 저작은 '러시아의 이념'에 속해 있다"(Natal'ja Bonrtskaja, "M. M. Bakhtin i traditsii russkoj filosofii", *Voprosy filosofii*, No.3, 1993, p.83). 바흐친의 러시아 종교철학적 의의에 대해서는 다음 책을 참고하라. Natan Tamarchenko, *Estetika slovesnogo tvorchestva Bakhtina i russkaja religioznaja filosofija*, M., 2001.

다는 점이었다. 그렇다. 그때 나는 바흐친이 이런 낯선 사유를 우리에게 설명해 줄 사람이라고 생각했다. [……] 오랫동안 고심하여 바흐친의 '철학적 이념'을 명백히 파악하고서야, 즉 그의 '제1철학'이 내포한 반反형이상학적이고 반기독교적인 본성을 밝혀내고서야, 내게는 모든 것이 비로소 분명해졌다. 바흐친은 죄와 신성함을 '설명해 준' 게 아니라, 기만과 허위로써 기독교적 변신론의 근본 범주들을 파괴하고 해체시킨 자다.[24]

바흐친은 '형이상학적' 성격, 즉 신학적 입론을 결여하고 있으므로 정신적 지주의 자격이 없다는 것이다. 이런 식으로 고조되는 그녀의 비판은 격앙된 언어를 통해 증폭되고, 학문적 비판의 한계마저 훌쩍 넘어선다. '우상파괴'의 중핵이 어디에 있었는지 보여 주기 위해 조금 더 인용하겠다.

사란스크의 사상가를 발견한 50년대인들은 힘세고 교활한 뱀에 현혹된 토끼떼나 마찬가지였다. [……] 바흐친의 위험성 [……] 그는 간악하게도 교묘한 방법들을 통해 자신의 의도를 숨겼다. [……] 그는 능수능란한 소피스트 철학자였다. [……] 이런 신비주의는 'memento mori'[죽음을 기억하라──인용자]라는 기독교적 신앙에 대항하고, 형이상학 및 모든 상식에 대한 도전을 뜻한다. [……] 바흐친은 가장 논리 정연하고, 가장 방탕한 궤변가라 부르고 싶다. [……] '영혼'에 대한 바흐친의 소피스트적 날조는 수치스런 일이다. [……] [『라블레론』

---

24) Bonrtskaja, "Bakhtin glazami metafizika", pp.114~115, 123~124.

에 나오는—인용자] 아비한 욕설들을 들었을 때, 순간 지옥문이 열린 듯 영혼이 한기로 얼어붙는 느낌이 든 것은 절대 우연이 아니다. 바흐친은 러시아 욕설의 신비주의와 형이상학 및 그 유럽적 변종들을 아주 잘 알고 있었다. [……] 유형지에서 그는 '쿠스타나이 농장원들'로부터 이 욕설들을 듣고는, 자신의 어휘록에 추가했던 것이다.[25]

우상파괴는 비단 종교적 차원에 국한되지 않았다. 특히 고대와 중세 텍스트로부터의 인용이 많은 『라블레론』을 둘러싸고, 고전 문헌학 진영은 강한 불쾌감과 반발심을 감추지 않았다.[26] 소비에트 최고의 고전 문헌학자인 로세프가 미학적·예술적 관점에서 바흐친의 르네상스관에 격렬한 반대 의사를 표명했던 것도 같은 맥락이었다.[27] 그뿐 아니라 『라블레론』이 서구에서 현대 문화 연구의 고전으로 인정받게 되면서, 바흐친은 '이상주의'(관념성)나 '단순화', '불명료한 개념' 등을 이유로 러시아 학계에서 전방위적인 비판을 받기 시작했다.[28] 더불어 『라블

25) Bonrtskaja, "Bakhtin glazami metafizika", pp.107, 110~111, 121, 141. 보네츠카야는 그 전에 이미 사유의 논리적 정합성을 지킨다는 이유로 '바흐친의 진정한 저작'의 목록에서 『라블레론』을 제외시켜 버린 바 있고, 이 논문에서는 바흐친의 모든 저작을 완전히 폐기해 버리고 만다. 형이상학과 신학적 신념에 위배된다는 이유에서다. 이것이야말로 '신앙으로서의 학문'의 전형적인 태도가 아닐까? 몹시 흥미로운 현상이 아닐 수 없다.

26) 로세프를 비롯해, 가스파로프나 아베린체프 등이 여기 속한다. 보네츠카야와는 다른 방식으로 정교신앙을 옹호하는 이들은, 정통 문헌학적 지식을 앞세우며 바흐친 저작의 비정통성을 공박했다. 바흐친이 인용하고 제시한 중세와 르네상스의 전거는 인정되기 어려운 '외경'이라는 것이다.

27) "바흐친이 물질적·신체적 하부라고 부르던 영역의 실체는 완전히 파악 불능한 것이다. 여기서 언급되고 묘사되는 것들은 불쑥 나온 배, 자궁, 창자, 엉덩이, 생식기 따위뿐이다. [……] 라블레의 리얼리즘이란 온갖 종류의 추악함과 불쾌함에 대한 숭배일 따름이다. 만일 이따위 리얼리즘을 진보적이라고 부르고 싶다면, 맘대로 하시라!"(Losev, *Estetika vozrozbdenija*, p.591) 로세프는 르네상스를 우아하고 조화로운 미적 이상으로 제시한 점에서 부르크하르트의 적전 제자라 할 만하다.

28) "[서구 중세와 러시아 중세 사이의—인용자] 유비가 틀렸다는 것은, 고대 루시에 유사한 현상이 없었다는 이유 때문이라기보다, 바흐친의 사상 체계가 자의적이고 근거 없는 개념에 기대있기 때문이다"(Viktor Zhivov, *Razyskanija v oblasti istorii i predystorii russkoj kul'tury*, M., 2002, p.313).

레론』에 나타난 '폭력의 미화'가 스탈린주의의 이론적 지지대라는 정치적 비판 역시 감수해야 했던 부분이다.[29]

　　바흐친 연구사의 궤적에는 '분열'과 '우상파괴'가 수반되어 있으며, 이는 '두번째 귀환' 이후 바흐친의 권위가 심각한 회의에 직면했음을 뜻한다. 어떤 사상을 옹호하고 방어하려 할 때, 그것의 전통과 체계를 조성하는 작업은 불가피하다. 하지만 그 결과로 제도라는 견고한 옹벽이 만들어지고 정전화를 통해 수용과 배제의 심급이 설정되는 것은 어느 모로 볼 때도 좋을 수 없다. 사유의 갱신과 새로운 접속 및 변환의 가능성이 저지될 수 있는 탓이다. 바흐친을 '학제'로서 영토화하려는 다음 시도는 이런 진퇴양난의 상황을 잘 보여 주고 있다.

3. 제도화, 혹은 박제가 된 사유

러시아 인문학에서 '적용'을 위한 방법론적 매뉴얼이 아니라, 바흐친의 사유 자체를 연구 대상으로 삼으려는 학제화에 대한 욕망은 1980년대 이후, 곧 '두번째 귀환'과 더불어 본격화되었다. 그 이전에도 바흐친은 러시아 인문학의 고전으로 통용되었으나, 학제적 장의 분과로서 완전히 정립된 것은 아니었다. 아무튼 학제화의 시도는 한편으로 서구의 열광에 비견되는 '본토'에서의 바흐친 연구의 위상을 제고하며, 다른 한편으로 '사상가'의 위광 속에 다시 무한정 확장되려던 조짐을 보인 '유행'에 대한 비판적 반성의 결과로 나타난 것이었다.

　　러시아 바흐친 연구의 한 축을 이루는 마흘린에 의하면, 바흐친의

---

29) Groys, "Totalitarizm karnavala", pp.76~80.

사유를 각 저작마다 분리된 개념과 범주들로 나누어 추출하는 것은 상황을 더 복잡하게 헝클어뜨리는 오류일 뿐이다. 따라서 서구에서 널리 회자된 소위 '분열된 사상가'의 이미지를 거절하고, 바흐친의 사유를 하나의 '전체'tseloe로서 조감하는 일이야말로 이후 연구의 생산적 향방을 결정 짓는 관건이 된다는 것이다.[30]

마흘린에 따르면, '관여의 사회적 존재론'sotsial'naja ontologija prichastnosti은 바흐친의 전 저작을 관통하는 단일하고 변함없는 학문적·철학적 기획이다. 바흐친의 지성사적 공헌은, 그가 서로 교섭 불가능하게 나누어진 분과들, 즉 상호 '비관여적인 자율성의 영역들' 사이의 분열을 극복할 만한 토대를 제공했다는 점에 있다. 삶 그 자체에 있어서나, 19세기 말~20세기 초의 상징주의와 형식주의 혹은 미래주의 같은 예술미학에 있어서나, 혹은 근대적 분과 체제로서 여하한의 학문적 인식에 있어서나 자율성에 대한 대가는 고립과 단절, 소통 없는 자기 폐쇄였다. 그러나 바흐친은 단자單子적인 문화의 성립 가능성을 애초부터 부정했다. 모든 역사적·문화적 현상들은 본래적으로 시·공간적인, 후기의 용어를 빌린다면 '크로노토프'적인 조건들에 의해 구성되는 산물인 까닭이다. 이로써 바흐친의 사유는 근대적 분과 체제를 극복하는 유일하고 강력한 돌파구로 상정된다.

물론, 바흐친을 만병통치약처럼 제안하는 순진함에 경도될 필요는 없다. 바흐친을 통해 근대 학문의 난관을 돌파하기 위해서는 사유의 조건과 체계에 대한 검토를 빼놓을 수 없다. 이는 바흐친 연구가 하나의 학문인 이상, 필수적으로 갖춰야 할 논리와 형식에 관련된 문제다.[31] 그

---

30) Makhlin, "Litso k litsu", p.82.

러므로 논리와 형식이 성립하기 위한 조건이 우선 심사숙고되어야 한다. 바흐친에게 인간의 행위 일반, 존재-사건에 대한 관여는 절대적으로 열려 있는 것이란 점에서 무조건적이다(무조건적 유한성). 미래가 열린 시간으로 우리에게 주어져 있는 한, 우리는 우리의 존재자적 제약을 제외하고는 무엇이든 자유롭게 선택할 수 있을 것이다. 그러나 선택의 구체적 형태는 역사적 구체성에 따라 한정 지어지는 것도 사실이다(조건적 무한성). 우리는 무한과 유한, 조건과 무조건의 어딘가에서 항상-이미 행위하고 있다. 다른 맥락에서, 바흐친은 체계를 독백적 사유 형태로 간주하고 반대했으나, 사유가 온전히 방임과 아나키만으로 전개될 수는 없다고 판단했다. 삶의 구성은 불가피하게 모종의 조건들을 끌어들이며, 그 조건 속에서 구조화된다. 따라서 바흐친의 사유를 현실 속에 적용하려 할 때는 이 두 차원, 즉 이념적ideal인 것과 현실적actual인 것의 상호성을 고려해야 한다. 이 상호성이 어떤 논리와 체계를 담보하느냐, 어떻게 형식화되는가가 진정 문제적이다.[32]

마홀린은 바흐친의 '제1철학'이 근대적 의미에서 '체계'를 가리키는 게 아니라고 단언한다. 외견상의 유사성에 사로잡혀 바흐친을 체계론자로 간주하는 우愚를 범하지 말라는 경고다.

바흐친 저작의 중심에는 체계의, '전체'의 요소들 사이의 상호 관계라

31) "삶에 어떻게, 어떤 형식을 부여할 것인가?"라는 질문은 20세기 초엽 서구와 러시아 지성계에서 가장 절박하게 떠오른 문제였다(Bonrtskaja, "Estetika M. Bakhtina kak logika formy", pp.51~53).
32) 그러나 비블레르는 이러한 형식화, 체계화를 통해 바흐친을 포획하려는 시도에 강한 반감을 표했다. "대체로 바흐친의 사유에 어떤 논리를 부여하려는 시도는, 그의 사유 자체 및 저술의 파토스와 모종의 갈등 관계를 맺을 수밖에 없다. 바흐친에게 논리란 대화의 추상적 추출물에 불과하기 때문이다"(Bibler, *Mikhail Mikhailovich Bakhtin ili poetika kul'tury*, p.96). 흥미롭게도 마홀린과 비블레르는 문화철학의 영역에서 바흐친을 수용하고, 전개시키려 했던 대표적인 두 학자였다.

는 문제가 놓여 있다. 그 요소들은 '체계의 부속성분'이나 '체계 외¹적인 것'이 아니라, 체계의 외부에서 체계에 자유롭게 참여하는 것들이다. 문학 연구 및 미학 연구를 다룬 텍스트들의 핵심에서 바흐친이 모든 문화 현상과 문화적 행위를 '구체적인 체계성'이란 관점에서 논급한 것은 이런 맥락에서다. 그에게 문화의 원리는 '자율적인 관여' 또는 '참여적 자율성'이라고 정의될 수 있기 때문이다.[33]

바흐친의 초기 저술에 개진된 건축학은 이제 근대적 체계의 대안으로 제시된다. 특히 1920년대 철학적 미학의 저술들이 근대 문화를 비판하고 대안적 삶의 구성으로서 사건을 강조했던 것은 마흘린의 입장에 대한 강력한 논거가 된다.

삶의 세계와 문화의 세계를 열린 체계이자 열린 전체로서 객관적으로 '기술'하고 '묘사'하는 것이 가능하다. '존재-사건'은 '체계적'으로가 아니라 '건축학적'으로 묘사될 수 있다.[34]

삶의 구성으로서 건축학의 전제는 문화의 어느 국면도 결코 완전한 자율성을 갖지 않는다는 사실이다. 어떤 식으로든, 세계의 모든 부면들은 서로 관련되어 있다. 달리 말해, 관여된 채 존재한다. 자율성은 근대 문화의 신화에 불과하다. 이 점에서 19세기 말에서 20세기 초엽의 세계와 포스트모던 세계는 재미있는 상동성을 보여 준다. 가령 20세기 초

33) Makhlin, "Litso k litsu", pp.84~85.
34) Ibid., p.86.

러시아 형식주의자들은 어떠한 사회적 맥락으로부터도 분리된 순수한 문학성文學性을 발견하려 했고, 아방가르드 시인들은 그것을 이상적(/인공적) 언어에서 찾아냈다. 마치 포스트모던 예술가들이 근대성의 신화를 허무는 과정에서 현실에 대한 참조 없는 순수한 기표, 자율적 기표의 운동을 그리려 했던 것과 다르지 않다. 포스트모던은 모던 이후, 모던과 다른 세계를 추구하는 듯하지만, 그것이 모던한 세계를 비판하고 조롱하거나 무시하려고 의식할 때마다, 실상 포스트모던은 모던을 어떻게든 그 이면에 포함할 수밖에 없기에 그와 같은 자율성은 자기기만이나 환상에 빠진다.

> 슬로터다이크에 의하면 근대의 꿈은 자율성에 관한 몽상이었다. 일체의 '타자적인 것'으로부터의 해방이라는 유토피아주의는 급진적 실험을 벌였고, 러시아 미래주의자들의 자움zaum'(초超이성적 언어)이 그 이름이었다. [……] 자움은 인공의 언어이자, 극단적인 비참여성을 함축한 유토피아적 철학소素였으며, 사건에 대한 허구적인 비-참여를 나타내는 존재의 알리바이였다.[35]

자움으로 표징되는 근대 문화의 자율성은 우리의 실존이 실재하는 현실과 분리되어 있음을 강변하기 위한 알리바이에 불과하다는 뜻이다. 그러나 존재하는 모든 것은 사건적인 현실과 무관하지 않다. 존재한다면, 이미 사건에 관여하고 있는 것이다. 함께so-있음bytie, 그것이 사건 sobytie이다.

35) Ibid., pp.87~88.

마흘린이 보기에 포스트모더니즘의 시대는 세기 전환기와 비슷한 문화적 양상에 젖어 있다. 특히 바흐친 산업이 보여 주듯, 개별 분과 학문들은 자율성의 허상에 사로잡혀 무엇이든 할 수 있다는 망상 속에서 바흐친의 사유틀을 마구잡이로 가져다 썼다. 아무런 맥락 없이 대화주의와 민중문화가 남발되었고, 문학과 철학, 예술 등은 각자의 자율성을 내세우며 그것을 정당화했다. 하지만 모든 사유는 맥락 의존적이다. 다시 말해, 그 사유가 처해 있는 현실의 조건에 의해 다양한 방식으로 직조될 수밖에 없다. 자아 이외의 존재, 타자라는 조건을 인정하는 것. 유아론에 대항하는 바흐친의 사유틀이 바로 외부성이다. 항상 나의 바깥에vne-있음nakhodimost'이 그것이다. 대화란 타자의 이러한 외재성, 혹은 외재하는 타자와의 관계를 뜻한다. 이렇게 '대화의 조건으로서 상호적인 외부성'을 이해하지 못할 때 하나의 학문으로서 바흐친 연구가 지켜야 할 원칙이 무너진다는 게 마흘린의 생각이다.

이로부터 바흐친 연구라는 학제가 명확히 포함해야 할 원칙들이 도출된다. 타자든 대화주의든 카니발이든 바흐친의 이론적 개념들을 무원칙적으로 사용하는 것은 결국 체계로서 바흐친 연구의 일관성과 통일성을 파괴하고 말 것이다. 따라서 바흐친 연구의 새로운 전망은 대단히 조심스럽고 주의 깊은 자세를 통해 표명되어야 할 것이다. "감히 제언하건대, 오늘날 바흐친의 개념과 용어들에 대한 대중화된 사용에 대해서는 방법론적 판단중지가 필요하다."[36] 이러한 판단중지는 기존의 개념이나 용어에 대한 거부가 아니라, 그것들을 '건축학적으로' 재정향시킴으로써 바흐친 연구의 토대를 재정비하려는 방법이다. 또한, 슬

---

36) Makhlin, "Litso k litsu", p.87.

로터다이크적 의미에서 긍정적 냉소주의나 객관적 거리화에 상응하는 전략이며, 자율성의 환상을 걷어 내고, 바흐친적 개념과 범주 사용에 있어 엄격한 원리·원칙을 적용하자는 제안이다. "이는 가장 중요한 원칙으로서, 서구의 포스트모던적 연구자들에게는 너무나도 낯선 원칙일 것이다."

요컨대, 마흘린은 바흐친의 사유에 특정한 방법론적 원칙과 목표를 설정함으로써 바흐친 연구가 학제적 정체성을 확립하는 데 기여하였다. 아이러니컬한 점은, 자율성으로 무장한 근대적 분과 체제를 넘어서기 위해 호출된 바흐친이 이로써 아카데미의 분과 속에 완전히 정착하게 되었다는 사실이다. '포스트모던'한 연구 경향들에 대한 마흘린의 반감에서 엿보이듯, 바흐친에 대한 엄밀하고 객관적인 연구를 위해 제안된 판단중지는 실상 바흐친 사유의 확장과 변용에 제한을 가하기 위해 도입된 고육책이며, 정전으로서의 텍스트 연구를 은연중에 강제하고 있다. 그리고 이런 우려는 마침내 현실로 공표되기에 이른다.

4. 정전화, 마침내 사유의 위기가!

2006년 러시아의 문예지 『새로운 문학의 전망』 제79호는 바흐친을 특집 주제로 내세워 한 편의 대담과 다섯 편의 논문들을 여기에 할애했다. 이미 오래 전부터 바흐친은 러시아 문예학의 단골 주제 중 하나였기 때문에 그의 이름이 다시 거론된 것 자체는 새삼스러울 게 없다. 문제는 지금 왜 바흐친이 다시 소환되었는지, 그 담론적 정세conjoncture의 절박성에 있다. 이 특집호의 대문을 여는 문학평론가 리포베츠키와 산도미르스카야 사이의 대담이 이를 잘 보여 주는바, 그 제목은 「어떻게 바흐친을 '종결시키지' 않을 수 있을 것인가?」이다. 사유와 말의 종언, 그 최후를 늘 경계했던 바흐친의 언급들을 떠올려 볼 때, 이런 제목의 대담이 나오게 된 사실 자체가 다소 놀랍지 않을 수 없다. 대체 바흐친 연구에 어떤 일이 벌어졌는가?

리포베츠키는 바흐친과 그의 사유의 종결이란 최근의 문제의식을 이렇게 개진하고 있다.

> 슬픈 노릇이지만, 최근 십여 년간 러시아의──물론 비단 러시아에 한 정되지만은 않은──'정신적' 문예학의 철학적이고 방법론적 지주인 바흐친의 정전화가 진행되어 왔습니다. 그러한 정전화는 대개 다음과 같은 요인들에 따른 결과이지요. 세르게이 보차로프와 류드밀라 고고치슈빌리, 이리나 포포바 등의 방대한 주석이 포함된 바흐친『저작집』의 간행, 그에 관한 수많은 저술과 논문들의 출판, 그리고 많은 점에서 캐릴 에머슨의 『바흐친의 첫번째 100년』에 의해 일반화된 [바흐친 사유의──인용자] 고착화 등등 [……][37]

이어서 대담자들이 지적하는 정전화의 포괄적인 원인 두 가지는 아래와 같다. 첫째, 바흐친에 관한 기존의 연구들은 모더니즘[38]이나 포스트모더니즘, 어느 쪽으로부터도 영향사적 관련을 맺지 못한 채, 바흐친과 그의 저작들을 고립된 텍스트로 다루었다. 마치 바흐친이 지난한

---

37) Mark Lipovetskij · Irina Sandomirskaja, "Kak ne 'zavershit' Bakhtina?", *Novoe literaturnoe obozrenie*, No.79, M., 2006, p.7.

38) 이때 '모더니즘'은 특정 문예 사조가 아니라, 포스트모더니즘의 대응 관계로서 '근대적 관점 일 반'을 나타낸다. 따라서 전통적 문예학이 전제하는 '근대 문학'에 대한 이념적·방법론적 태도 전 반을 가리킨다고 볼 수 있을 것이다.

사유의 역사와는 아무런 관련도 없다는 듯한 태도를 취함으로써 그의 개념과 범주들은 결코 침해받지 않은 영토를 구축했고, 그 결과 바흐친의 대표적 개념인 대화주의는 '러시아적 로고스 중심주의의 공식'이 되고 말았다. 둘째, 여기엔 정전화의 성격에 관한 문제가 얽혀 있다. 즉 『저작집』 간행 등을 통해 드러난 바흐친의 정전화는 '전통주의적'이란 꼬리표를 붙일 수 있을 만큼 러시아의 '정교적' 지향을 드러내 왔다. 이와 같은 종교성의 표현 방식은 '신학적'이라기보다는 '이념적'인데, 러시아의 바흐친주의자들은 정신적 이념성을 무기로 삼아 '포스트모더니즘'의 서구에 맞서 싸우고자 한다. 그들에게 서구의 이른바 '포스트' 문화는 물질적이고 신체적인 세속문화로 표상되는 까닭이다.

첫번째 입장이 바흐친의 사유를 불변하는 본질로서 간주하는 것이라면, 두번째 입장은 바흐친의 정통성을 지키려는 것으로서, 대담자들이 일정 정도 귀속되어 있는 러시아 지성계의 입장이 반영되어 있다. 그들은 모든 것을 '철학화'하는 포스트모던 문화에 대한 적대감을 감추지 않으며, 엄밀한 텍스트 연구로서의 문헌학philology이 '포스트모던' 철학에 자신의 권리를 헐값에 넘겨주었기에 작금의 '불행한 사태'가 벌어졌다고 일갈한다. '문화적 허무주의'라 지칭되는 이 사태는 바흐친의 사유가 1960년대 이래 서구의 탈脫근대적 사상들과 접목되면서 빚어진 자충수라는 것이다.[39] 만일 바흐친이 정말 정전화되었다면, 여기엔 그의 사유를 고립시킨 요인과 더불어 마구잡이로 확장시켜 그 본령을 훼손한 탓도 크다는 게 대담자들의 분석이다. 그러므로 정전화란 바흐친적 사유가 새로움을 담지하지 못할 뿐만 아니라, 새로움으로부터 그것의 본

---

39) Lipovetskij · Sandomirskaja, "Kak ne 'zavershit' Bakhtina?", pp.9~10.

래 영토를 지켜 내지 못했기에 나타났다는, 다분히 모순적인 결론으로 이어지지 않을 수 없다. 돌파구는 어디에 있는가?

자못 의미심장하지만, 한편으로는 그 답안이 대략 짐작되는 일종의 수사적 물음이란 인상도 지울 수 없다. 실제로 두 대담자는, 서로의 입장을 '바흐친적 대화의 정신에서' 인정하면서도, 결국 사유의 새로운 모험을 (슬로터다이크적 의미에서) 긍정적인 냉소주의, 곧 '객관적 거리화'라는 전략을 통해 극복해야 한다는 점에서 '합의'하고 있기 때문이다.[40] 바흐친을 종결시키지 않는 길은 정전화라는 현상을 보다 유연하게 만드는 데 있다는, 원리적 입장 표명을 통해 이 문제를 손쉽게 정리하고 있다는 느낌이 드는 것도 무리는 아니다.

하지만 정작 긴요한 질문은 그 다음부터다. 대담자들이 제시한 '긍정적 냉소주의'가 원리·원칙에 있어 수긍할 만한 것임에도 불구하고,[41] 실천적으로 그것이 무엇을 뜻하는지, 또는 그 '냉소', 즉 객관적 거리화의 수준은 어느 정도를 뜻하는지가 불명확하게 남겨져 있기 때문이다. 오히려 두 대담자들의 의견대로 1960년대 이래 바흐친의 사유틀이 무한정 확장되고 무차별하게 적용되었던 데 대한 반작용으로 정전화가 진행되었다고 볼 때(두번째 이유), 그 '냉소'는 '적절함'과 '부적절함'을 갈라 냄으로써 임의의 사유가 바흐친'적'인지 아닌지를 선별하고 바흐친학學의 내부로 수용/배제하는 척도 역할을 맡으리란 혐의를 지울 수

---

40) Lipovetskij · Sandomirskaja, "Kak ne 'zavershit" Bakhtina?", p.38.
41) 『새로운 문학의 전망』의 대담자들이나 마홀린이 사용하는 '냉소주의'가 슬로터다이크의 개념과 정확히 일치하는지는 조금 다른 문제다. 슬로터다이크는 냉조주의를 계몽된 허위의식으로 간주하며, 그것을 넘어서길 촉구하고 있다(페터 슬로터다이크, 『냉소적 이성 비판 1』, 박미애 외 옮김, 에코리브르, 2005). 문맥상 러시아 학자들의 냉소주의는 열광도 냉정도 아닌, 객관화를 가리킨다는 점을 지적해 두자.

없다. 인문학에서 '객관성'이 사심 없는 평가의 역할보다는 종종 권력 관계에 준거한 구별 짓기의 잣대가 되었음을 상기할 때,[42] 바흐친 연구의 내부에서 이런 선별의 원리가 작동하지 않는다고 자신할 수 있을까?

바흐친을 문학·문화를 분석하고 해석하는 적용의 매뉴얼이 아니라, 이론 그 자체로 수용하고 연구하기 시작했을 때, 다시 말해 일단의 학제discipline로서 바흐친 연구가 출범하였을 때 이미 정전화의 위험은 배태되었다. 근대적 제도로서 학문은 그 범위와 방법론을 결정하는 척도로서 정전正典을 설정하지 않고는 성립하지 않기 때문이다.[43] 따라서 바흐친의 정전화는 대담자들이 지적하는 것마냥 최근에 나타난 '예외적인' 현상이 아니다. 오히려 정전화는 바흐친이 학문적 대상으로 정립되는 순간부터 끌어안아야 했던 불가피한 역설, 필연적인 문제라 할 만하다. 만일 그렇다면, 정전화는 단지 객관적인 토론·검증을 거친 '긍정적 냉소주의' 정도로는 극복될 수 없는 '고질병'일지 모른다.

진짜 문제는 이제부터라고 말해도 과언이 아니다. 최초의 귀환 이후 몇 차례의 굴곡을 겪으면서도 끊임없이 현행화의 역동성을 복원해왔던 바흐친의 사유가 이제 드디어 제도 속에 함몰되기 일보 직전이라고 선언되었다. 어쩔 수 없는 사상의 운명일까? 혹은 시대와 조건의 변화에 따른, 불가피한 역사화의 수순일까?

사유는 '누구의' 것이라는 소유격을 통해 사유화私有化할 수 없는 힘이다. 바흐친'적' 사유가 어떤 것인지 구태여 찾아 나설 필요는 없다. 그러한 사유의 에센스는 존재하지 않는 허상일지 모른다. 사유를 물의 흐

---

42) 에드워드 사이드, 『저항의 인문학』, 김정하 옮김, 마티, 2008, 제5장; 피에르 부르디외, 『구별짓기 下』, 최종철 옮김, 새물결, 1995, 제8장.
43) Peter Uwe Hohendahl, *The Institution of Criticism*, Cornell University Press, 1982, ch.1.

름에 비견한다면, 표층수와 심층수, 급류와 완류의 본성을 갖는 물이 따로 있을 리가 없다. 그것은 물이 어디를 어떻게 흐르는가에 따라 달리 붙여지는 이름들이며, 전적으로 물길이 통과하는 조건들에 의존한다. 예컨대 굴곡지고 가파른 협곡을 통과하는 물길을 급류라 부르고, 넓게 퍼진 하상을 지나가는 물은 완류라 불린다. 심해의 차가운 바닥을 통과할 때 심층수라 불리지만, 남양의 따뜻한 모래사장을 지나가는 물길은 표층에 머무른다. 우리가 이름 붙이는 것은 물의 흐름이 지닌 강도적 힘의 차이들이다. 바위를 깎고 모래톱을 형성하는 물의 능력은 다양한 속도와 압력을 만들어 내는 환경의 차이, 그 조건에 달려 있다. 바흐친은 사유의 물길을 만드는 조건의 한 이름인 셈이다.

5. 생성하는 힘, 문화란 무엇인가?

사유의 무비판적이고 무작위적인 적용에 대한 '판단중지', '무제한적 자율성의 굴레에 대한 방법론적 제한' 등이 진정 무익하지만은 않을 것이다. 하지만 섣부른 일반화가 늘 그렇듯, 마흘린의 관점을 일반화하는 데도 분명 무리가 따른다. 더구나 바흐친에 대한 '포스트모던적 악용'을 막고자 판단중지를 요청한다면, 이 역시 사유의 자유로운 전개와 흐름을 가로막는 소극적·부정적인 걸림돌이 되지 않을 수 없다. 실제로 자신의 방법론을 엄격히 적용하는 마흘린의 연구 방향은 바흐친과 그 주변적 텍스트 연구에 국한되는 경향이 있으며, 사유틀의 변용과 변환을 허락하지 않는 보수성을 드러낸다.[44] 바흐친의 제도화가 이루어진 것이다.

　　제도화의 반대급부로 던져진 보수성은 바흐친 연구의 최근 영역인 문화 연구적 추세에 주요한 장애물로 기능한다. 방법론적 판단중지는 결국 '적합한' 문화와 '그렇지 못한' 문화를 나누는 일종의 선별 장치로 작용할 것이기 때문이다. 바흐친 사유의 잠재성과 현행성을 건져 내기 위해서는 먼저 문화에 대한 세심한 접근이 있어야 할 듯하다. 많은 연구자들이 문화에 대한 그의 입장을 문학을 포괄하는 일반적인 인문학 연구의 범박한 틀에서 파악하는 경향이 있는데, 문학과 문학을 소박하게 등치시키는 포괄주의적 정의는 그다지 유용한 출발점이 될 수 없다. 그런 입장은 근대 학문 일반의 방법적 사고에 갇혀 있기에 생성력과는 동떨어진 태도를 내재하는 탓이다. 생성의 관점에서 정위된 문화를 기반으로 삼아야만 바흐친 문학론의 위상과 의미에 대한 정확한 이해도 주어질 것이다.

일반적으로 문화는 특정한 지리적 공간에서 일정하게 시간적 경험을 공유한 사람들이 의식하는 공통된 생활의 양식들, 규범적이고 제도적인 장치들의 집합이라고 기술된다. 근대 이후 이러한 문화 규정은 국민국가를 기준 삼아 민족과 국민, 대중적 명칭과 함께 쓰이는 경향이 있다. 프랑스 문화, 일본 문화, 중국 문화 등이 그런 예이다.[45] 문화에 관한 이러한 외적 기준과 아울러 내적 기준 역시 통용되는바, 공동체의 구성원들이 지각하고 인정하는 공통의 관습과 절차, 규칙, 그리고 정신적·물질적 성취의 산물들도 문화라고 불린다.[46] 특히 19세기 이래 문화를 소속 공동체의 지적·예술적 업적과 동일시하고 선양하려 했던 관행

---

44) 마흘린이 주로 활동하는 『문학의 제문제』가 러시아 문예학의 정통주의와 전통주의 진영에 속해 있다는 점, 그가 서구 바흐친 연구에서 자유주의자로 분류되는 에머슨과 함께 작업하고 있다는 점 등을 고려할 때, 그의 방법론이 순수한 객관성을 실천한다고 볼 수는 없다. 그것은 학문적으로 정전주의, 정치적으로 보수주의에 더 가깝다.

45) 피쳐, 『코젤렉의 개념사 사전 1』, 제6장. 문화의 정신적 측면이 아무리 강조된다 해도, 근대 세계에서 문화는 기본적으로 국가와 사회를 지지하는 상부구조로서 기능해 왔다(레이먼드 윌리엄즈, 『문화사회학』, 설준규 외 옮김, 까치, 1984, 26~30쪽).

이 이에 해당된다. 일반화된 보통교육을 통해 문화에 대한 대중적 인지를 확산시키고, 문화에 대한 자부심과 신념 등을 주입하는 현상은 근대사회의 보편적 특징이다.[47] 이는 문화의 이데올로기적 기능이라고도 할 수 있는데, 이때 문화적 이데올로기는 세속화된 근대사회에서 국민을 형성하는 가장 긴요한 심성적 장치가 되었다. 결국 통념적인 문화의 개념은 근대국가와 사회의 형성 및 보존과 재생산에 밀접히 관련되어 있는 것이다. 바흐친이 이를 '공식적 문화'라고 불렀음을 우리는 이미 확인한 바 있다.

바흐친에게 문화란 역사를 통해 존속하던 모든 삶의 현상을 포괄한다. 이 표현의 역설성, 또는 이면적 의미에 유의하자. 역사는 통상 공식적인 문화적 장치들의 총체로써 채워지게 마련이다. 비공식적 문화는 역사 바깥에 '버려진 영역'이며, 주의 깊은 단절과 접속을 거치지 않는다면 미처 인지되지조차 않는 영역이다. 바흐친이 중세와 르네상스의 민중문화에 관해 이야기할 때, 그것은 이렇게 지각되지 않고 식별되지 않던 영역을 조명하는 시도였다. 이 점에서 바흐친의 문화론적 시선은 역사 외부적이거나 비역사적인, 심지어 반역사적인 조망을 함축한다. 가령 그에게 민중이 근대사회의 인민, 계급, 대중과는 다른 역사성 위에 놓여 있으며, 비근대적이며 반근대적인 힘으로서 표현되었던 것은 이러한 맥락이다. 이러한 역사 외부의 역사, 혹은 비역사나 반역사로서의 역사를 실재로서의 역사라 불러도 좋을까? 상징화를 비껴가는 힘으로서의 시간, 비공식적 시간의 흐름이자 민중적 삶이 지속되는 비공

---

46) 크리스 젠크스, 『문화란 무엇인가』, 김윤용 옮김, 현대미학사, 1996, 제1장.
47) 김용규, 『문학에서 문화로』, 소명출판, 2004, 34~50쪽.

식적 영토가 바로 실재로서의 역사이고, 문화인 셈이다. 반문화를 문화와 역설적으로 일치시키고, 문화를 가동시키는 원천으로 보았던 이유도 그와 다르지 않다.

민중적인 말하기와 글쓰기를 통해 포착되는 이와 같은 역설적 역사성의 형식이 비공식적 문화다. 이는 규범과 제도, 법의 울타리를 넘어서는 가장 넓은 의미의 문화의 시간이며, 공통 요소들만 뽑아 추려 냄으로써 설립한 협의의 추상이 아니라 모든 우연하고 부속적인 현상들까지 전부 포함시켜 구성해 낸 광의의 추상이다. 이러한 정의를 통해서만 바흐친이 매진했던 문학사적 탐구의 위상도 정위될 수 있다. 문학은 장르의 규칙, 책의 형태, 문학 시장 및 문단 등으로 이루어진 제도적 요소들로 충족되지 않는다. 말하고자 하는 욕망, 그것을 기록하려는 글쓰기의 충동을 뺀다면 문학은 결코 작동하지 않는다. 생성력이 문학의 진정한 근원이다.

아마도 이런 점들이 바흐친이 자신의 문학 연구를 통상적인 작가론이나 작품론, 구조 분석 등에 묶어 두지 않은 이유이리라. 그의 문학 연구는 '문학'이라는 근대적 제도의 울타리에 묶이지 않는다. 문학은 민중의 욕망, 곧 말하고자 하고 쓰고자 하는 충동을 표현하는 탈형식적 형식이다.[48] 문학은 문학주의자의 지고지순한 열정의 대상이나 아카데미적 법도를 추종하는 현학자의 직무가 아니다. 문학은 생성하는 힘을 표현하는 형식으로서만 현실적 실존을 갖는다. 거꾸로 말해 문화를 생성

---

48) "역사는 텍스트가 아니며, 지배적이건 그렇지 않건 간에 서사도 아니지만, 부재원인으로서, 텍스트의 형식을 통해서가 아니면 우리에게 접근 불가능하며, 역사와 실재에 대한 접근은 반드시 선행하는 텍스트화, 정치적 무의식 속에서의 서사화를 거치게 된다." "이러한 실재는 오직 욕망 자체에 의해서만 밝혀질 수 있다"(프레드릭 제임슨, 『정치적 무의식』, 이경덕 외 옮김, 민음사, 2015, 41, 236쪽).

시키는 힘의 한 영역, 혹은 그 힘이 표현되는 형태로서만 문학은 실존한다. 바흐친은 이 현상을 예민하게 촉지했던 탐구자의 한 사람이었다.

> 문학을 한 시대의 전체 문화와 절연시킨 채 연구해서는 물론 안 되지만, 문학현상을 그것이 이루어진 어떤 시대에, 곧 당대성에 유폐하는 것은 더더욱 치명적인 일이다. [……] 작품은 자기 시대의 경계를 파괴하고 여러 시대에, 다시 말해 대 시간 속에 살며, 그 속에서 종종 (위대한 작품이라면 언제나) 자기 시대에서보다 더욱 강렬하고 충만한 삶을 영위하게 된다. [……] 오로지 현재에만 속해 있는 모든 것은 현재와 더불어 사멸한다.[49]

문화의 개별적 영역들, 장르들이 우리에게 표상하고 전달하는 것은 일정한 의미와 가치다. 그것은 항상 구체적인 사회·역사적 조건, 곧 주어진 크로노토프에 의존해 형성된다. 특정한 문화적 개체cultural singularity가 만들어지고 출현하게 된 관계들의 총체 속에서 그 개체의 의미와 가치가 결정되는 것이다. 따라서 의미와 가치의 '본질', 마치 플라톤 사상의 이데아idea 같은 것은 존재하지 않는다. 역사적 세계에서 실존하는 것은 단지 '특정한' 조건들 속에 놓인 '특정한' 의미와 가치의 구성물일 따름이다. 이것이 바흐친적 의미에서 조건성과 체계성, 혹은 이념적인 것과 현실적인 것 사이의 구성적 표현이다.[50]

문화적 구성물에 관한 해석은 특정한 시공간 속에 특정한 의미와

---

49) 미하일 바흐친, 「『신세계』 편집진의 물음에 대한 답변」, 470~471쪽.
50) 이렇게 역사적 조건과 생성을 함께 사유하는 태도야말로 유물론적이라 불러도 좋지 않을까. 맑스와 바흐친 사이의 은밀한 연대를 나는 여기서 찾아내고 싶다.

가치를 함유한 채 등장할 수 있게 만든 조건들에 대한 연구로 전환되어야 한다. 존재의 본질이 아니라 실존의 조건이 진정 문제적problematique이다. 만일 이데아와 같은 본질적 요소를 문제 삼는다면, 학문이든 예술이든 그 어떤 무엇이든 일종의 '신앙'의 대상이 될 따름이며, 그 앞에서는 어떤 논쟁도 무용해질 것이다. 신, 제1원동자, 실체 등과 같이 일체의 '조건 없음' 가운데 성립한 존재의 밀도는 절대적이라고 느껴지는 만큼 추상적이고 헛되다.

근거나 조건을 물을 수 없는 것은 시간과 공간의 구체성 속에 기반하지 않았기에 '삶의 창조'zhiznetvorchestvo; creating life로서의 문화와 무관하다. 문화를 연구한다는 것은 현존하는 문화를 가능하게 한 조건을 질문하고 분석하는 가운데 시간의 하부下部에 내장되어 있던 의미와 가치를 재조명하고, 현행화하는 과정이다. 종종 문화를 신비화하는 데 동원되는 '기원'origin도 이런 관점에서 보면 전혀 신기할 게 없다. 기원의 신비주의는 조건을 묻지 않은 데서 나타나는 환영이기 때문이다. 하나의 조건은 그것을 현행화시키는 조건으로서 다른 조건들에 '관여'되어 있고, 그 조건들은 역시 다른 조건들에 관여, 연루되지 않을 수 없다. 문제는 조건의 본질이 아니라, 조건의 조건, 곧 조건들의 계열화에 있다. 푸코식으로 말해 '조건의 계보학'을 따져 보아야 한다. 문화적 산물의 의미와 가치는 조건화의 계열적 효과라는 점에서 바흐친 연구는, 문학과 문화 연구는 출발하지 않을 수 없다.

생성력의 현행화, 그 조건의 일차적이고 가시적인 실존은 기호를 통해 드러난다. 기호는 의미와 가치를 실어 나르는 형식이다. 하지만 '그릇'이라는 비유로 종종 언급되는 형식은 그저 형식에 머물지 않는다. 그릇 안에 담길 내용을 선결정하고, 담은 이후에도 그 내용물의 뉘앙스와 방향을 조정하는 그릇으로서 작용하는 한, 기호는 표현의 형식으로 기능하는 것이다.[51] 내용과 형식을 선험적으로 분리하는 형식논리학은 여기에 기각된다. 내용과의 상관적 결합체인 형식이 기호이며, 이렇게 형식에 의해 표현된 내용, 즉 의미와 가치는 특정한 이데올로기적 색조를 띠게 된다. 현상하는 모든 것은 기호적 실존으로서 존립하며, 이데올로기적으로 충전되어 있다. 이데올로기와 기호는 분리 불가능하다.

> 모든 물리적 사물, 생산도구, 소비재 등과 마찬가지로 모든 이데올로기적 생산물은 그 자체가 현실(자연적 혹은 사회적)의 일부분을 이룰 뿐만 아니라, 또한 그러한 여타의 현상들과는 달리 이데올로기적 산물의 외부에 존재하는 현실을 반영하고 굴절시킨다. 모든 이데올로기적인 것은 의미를 갖는다. 그것은 그 자신의 외부에 있는 어떤 것을 표현하고, 묘사하고, 혹은 표상한다. 바꿔 말해, 이데올로기적인 것은 기호가 되는 것이다. 기호가 없는 곳에는 이데올로기도 없다.[52]

기호는 사물 자체Ding an sich가 아니다. 그것은 의미와 가치를 함유한 채 지금-여기라는 조건에서 현행화된 구체적 대상object이다. 기호는 현실의 일부로서 현존하지만 현실의 즉물성則物性을 그대로 제시하지는 않는다. 자연은 문화적 기호라는 변형기계를 통과함으로써 우리 앞에 나타난다. 이데올로기는 그 기계를 통과해 특정한 의미와 가치 관계를

---

51) 옐름슬레우의 관점을 참조하며 들뢰즈와 가타리는 생성을 현실화하는 표현의 형식에 주목한다. 기호는 추상기계의 구성 요소이며, 항상 특정한 스타일을 형성함으로써 현행화된다. 세계를 이렇게 보아야 하는 이유는 어디에 있는가? 바로 변형, 이행과 변이의 과정을 관찰하기 위함이다(들뢰즈·가타리, 『천의 고원』, 제4장.)
52) 바흐친, 『마르크스주의와 언어철학』, 15쪽.

띠게 된 자연이다. 기호는 자연을 있는 그대로 투영하는 게 아니며, '굴절'시키고 궁극적으로 '변형'시키기도 하는 것이다. 유의해야 할 점은, 이 과정에서 작용하는 기호는 단 하나만도 아니며, 하나의 체계만도 아니라는 사실이다. 오히려 기호는 차이를 발생시키는 모든 운동 전체이다. 문화가 가치 평가와 의미의 관계망을 통해 조형되는 과정에는 복수의 기호들과 다양한 기호적 관계들이 개입한다. 문화의 생성적 과정에서 상호 관계와 조건성을 강조할 때, 우리는 일체의 차이를 낳는 활동, 곧 기호 작용에 항상 주의를 기울여야 한다.

잠재성^{virtuality}(이념적인 것)과 현행성^{actuality}(현실화된 것)의 두 차원은 문화의 생성을 이해하는 필수적인 관건이다. 여기서 잠시 들뢰즈의 이론적 구분을 빌려 이야기해 보자. 그에 따르면 잠재성은 가능성^{possibility}과 다르다. 가능성은 현재 주어진 조건들을 통해 현행화된 것, 또는 현행화될 수 있는 것을 가리킨다. 지금 명동 거리를 걸으며 상점을 구경하고 있다면, 걷는 와중에 아이스크림을 사먹기도 하고, 주변에서 흘러나오는 음악을 들을 수도 있고, 잠시 멈춰서서 하늘을 올려다볼 수도 있을 것이다. 하지만 명동에서 산책하며 동시에 한강 고수부지 수영장에서 물놀이를 즐길 수는 없다. 시공간적으로 제약되어 있기 때문이다. 전자는 가능한 것이고 현행화되거나 될 수 있는 것인 반면, 후자는 불가능하다. 잠재성의 차원에서는 모든 것이 항상-이미 주어져 있다.[53] 동사적인 운동으로서 명동의 산책과 한강의 수영은 동시적이다. 두 사건을 현행화시키기 위한 조건들을 찾아내 현실로 끌어들이는 과정만이 문제이다. 예컨대 명동의 산책은 버스나 택시, 부지런한 걸음 등을 통해

---

53) Deleuze, *Bergsonism*, pp.97~99.

한강의 수영으로 이어질 수 있는 이행적 기호 작용으로 충전되어 있다. 관건은 잠재성의 바다에 잠겨 있는 그 기호들을 어떻게 길어내 현실 가운데 사건화시키느냐에 달려 있다.

잠재성의 기호는 어떤 실체적인 내용물이나 소질이 아니라, 특정한 조건에 맞춰 반응할 수 있고 촉발하거나 촉발받을 수 있는 능력 puissance일 것이다. 비록 지금-여기의 현실에 드러나진 않고, 작용하지 않는 듯 여겨져도, 일정한 조건 속에서 자극되고 접속된다면 현행화될 수 있는 힘이란 점에서 기호는 항상 잠재적이다. 이를 문화사적 고찰의 평면에서 다시 풀어 본다면 이렇게 말할 수 있을까. 현재하는 모든 문화적 양식은 특정한 시공간적 조건에서 발현되어 현실화된 잠재성이다. 때문에 어떤 위대한 전통과 권위를 담지하고 있더라도, 영원한 문화적 양식은 존재하지 않는다. 시간의 흐름을 통해 새로운 조건들이 창출되고, 그 조건들이 불투명하게 잠복해 있는 또 다른 조건들을 불러내서 현실화시키는 까닭이다. 그렇다면 가시적이고 규범적인, 현재의 문화적 제도들은 그것들이 현행화되는 순간부터 이미 낡고 허물어져 가는 과정에 있다고 말해도 좋으리라. 해체하고 파괴하는 힘을 표방하는 반문화야말로 문화의 원동력이라는 역설이 여기에 있다. 문화는 가능성의 차원에, 공시적 공간에 세워진 탑이지만, 문화의 생성력은 잠재성의 늪에 잠긴 사건적 유동이기 때문이다. 이러한 잠재성의 장을 바흐친은 '거대한 시간'이라고 명명했다.[54]

이제 답할 때가 왔다. 문화란 무엇인가? 문화는 기호적 관계들을 통해 조형되는 어떤 효과, 지금-여기서 현행화된 조건들뿐만 아니라,

---

54) Bakhtin, "V bol'shom vremeni", pp.7~9.

미래의 어느 시점에 현행화될 조건들까지를 포함한 상호 관계들의 총합이다. 그러한 총합은 잠재성, 혹은 거대한 시간의 차원에 놓인 것이기에 당장의 가시적이고 의식화된 제도들, 실증적으로 확인할 수 있는 영역들을 넘어선다. 거대한 시간의 관점에서 볼 때, 문화는 보이지 않고, 물질화되지 않는 공간, 무의식적이고 잠재력에 의해 충전된 시간을 놓치지 않는다. 생성하는 힘으로서의 문화는 얼마든지 변형 가능하고 새롭게 절단·종합될 수 있는 능력의 전체성을 뜻한다. 언어로 표시할 수 있고 눈으로 확인할 수 있는 형식이 아니라, 역동적으로 움직이고 있으며 그래서 언어와 기호로는 포획할 수 없는 비非형식과 탈脫형식의 힘이 문화의 본질이라면 본질이다.

의미론적 현상은 감춰진 형태로, 잠재적으로 존속하다가, 그 다음 시대에서 이것의 발견에 유리한 의미론적이고 문화적인 맥락이 제공될 때에 비로소 드러나게 된다. [……] 또한 한 시대의 문화는, 비록 그 시대가 시간적으로 우리에게서 아무리 멀리 떨어져 있다 하여도, 기성의 상태로, 온전히 종결되고 또 되돌이킬 수 없이 지나가 버린, 사멸해 버린 어떤 것으로 폐쇄될 수 없다. 폐쇄되고 종결된 문화적 세계에 관한 슈펭글러의 생각이 지금까지도 역사가들과 문학 연구가들에게 커다란 영향력을 행사하고 있지만, 그러한 사고는 본질적인 교정을 필요로 한다. 슈펭글러는 한 시대의 문화를 닫혀 있는 원환이라고 생각했지만, 기실 일정한 문화적 통일체는 열린 통일체이기 때문이다. [……] 문화는 죽어 버린 요소, 그러니까 단순한 벽돌덩이로 창조되는 게 아니라, 건축가의 손 안에서 그것의 [변형하는 힘인!—인용자] 형식에 의해 무엇인가를 표현해 낸다. 그러므로 의미의 물질적 담지자를 새롭게 발견하는 일은 우리의 의미 개념에 변화를 불러일으키고, 그것의 본질적인 재구성을 요구하게 될 수도 있다.[55]

그럼 문화의 '본질적인 재구성'이란 어떻게 가능한가? 어떤 조건에서 어떤 방식으로 문화는 구축되는가? 혹은 낡은 형식을 폐절시키고 생성력에 의해 새로이 현행화된 문화를 이전 문화의 '재탄생'이나 '재구성'이라고 불러도 좋은 걸까? 차라리 그것은 완전히 새로운, 이전의 것과는 다른 차원에서 생겨난 문화, 또는 문화 아닌 '다른 어떤 것'이라 불러야 하지 않을까? 궁극적으로, 생성하는 힘에 의해 다시 태어난 모든 것들은 전적으로 다른 종種의 도래라고 보아야 정당하지 않을까? 문화의 창조나 생성은 언제나 사멸과 해체의 경계선에서 그 단초를 드러낸다.[56] 기존의 의미와 가치가 황혼에 잠기고, 익숙하지 않은 조건과 상호관계, 크로노토프 속에서 전혀 알려져 있지 않던 의미와 가치가 돌연 조명되기 시작할 때, 새로운 문화가 얼굴을 내보일 것이다. 하지만 그 이전에, 우선 기성의 문화적 형식의 철저한 파괴와 단절이 앞서 도착할 것이기에 생성하는 힘이라는 이름의 그 얼굴은 언제나 낯설게 느껴진다.

6. 안티-바흐친, 사유의 전화를 위한 조건

지금까지 바흐친의 문화 개념을 상세히 뜯어 본 이유는, 문화가 바흐친

---

55) 바흐친, 「『신세계』 편집진의 물음에 대한 답변」, 472~475쪽.
56) 근대문화와 인간학에 대한 푸코의 묵시적 사유를 참고하자. 근대라는 특정 시대에 발생하여 온전한 지배를 누리던 인간학은 근대의 황혼과 더불어 '모래사장 위의 얼굴그림'처럼 말끔히 지워지고 말 것이다. 이것은 비극이 아니라 일종의 자연사적 과정이다(푸코, 『말과 사물』, 526쪽).

연구의 가장 중요한 테마이자 바흐친 연구의 현재를 돌아보는 시금석이고, 그것의 미래를 가늠해 보는 시험지이기 때문이다. 하지만 역설적이게도 바흐친은 문화에 관해 어떤 적극적인 정의나 관점을 내놓은 적이 없다. 그의 가장 중요한 문화학적 연구로 평가받는 『라블레론』의 어느 장절에서도 그는 문화의 본질이나 이념에 관해 상술하지 않았다. 이 책에서 문화는 단지 특정한 '조건들' 속에서 발현된 특정한 삶의 '양상'을 가리킬 따름이다. 바흐친은 문화의 '전일성'이나 '보편성'에 관해 말하지 않는다. 그가 우리에게 관심을 기울이라고 촉구했던 것은, '중세와 르네상스'를 살아가던 '민중'의 '웃음'이라는 현상이었다. 문화의 특정한 양상, 곧 조건화된 문화야말로 이 저작의 근본 테마였던 셈이다.[57]

문화는 불변하는 통일체, 절대적으로 확정된 단일체가 아니다. 문화에 대한 사전적 정의는, 그것이 아무리 방대한 삶의 사실을 담아내더라도 무용하거나 무의미하다. 달리 말해, 문화는 현재의 여러 물질적·비물질적 조건들이 특정한 배치를 이룸으로써 가시화된, 조건들의 성좌constellation인 것이다. 동시에 문화는 늘 새로운 성좌로 이동하고 있으며, 내용도 형식도 변함없이 지속될 수 없다. 변화를 본성으로 삼는 이 특성이야말로, 바흐친이 문화를 역동성의 장으로 끌어들여 사유했던 이유였다. 그렇다면, 『라블레론』이나 기타 다른 텍스트들에서 문화에 대한 명석판명한 정의를 찾아볼 수 없는 것도 당연한 게 아닐까? 오직

---

57) 『라블레론』의 의의를 역사학과 그 너머로, 인문학 일반의 수준에서 정립시킨 장본인은 중세사가 구례비치였다. "바흐친의 저술들이 나온 후, 이전과 같은 관점에서 중세사를 연구한다는 것은 더 이상 불가능해졌다. 아무튼 우리가 직시해야 할 것은, 바흐친이 중세의 민중문화에 대한 결론을 내려 주었다기보다는, 우리들의 관심사를 이 문제로 이끌어 주었다는 데 있다. 그 시대의 문화를 바라보는 일반적 맥락에서, 공식문화가 민중문화에 어떤 작용을 했느냐가 여전히 의문인 것처럼 후자가 전자에 끼친 작용도 여전히 미지수로 남아 있으며, 이렇게 민중문화의 위치는 아직 완전히 해명되지 않은 채로 남아 있다"(Gurevich, *Probleny srednevekovoj narodnoj kul'tury*, p.273).

동력학이라는, 힘의 운동에 대한 사유만이 이러한 주제들을 담아내고 촉지할 수 있는 길이 아닐까?

문화에 관한 이런 조망은 바흐친 연구에 대한 우리의 고민에 한 줄기 서광을 비춰 준다. 현재 바흐친 연구가 당면한 과제는 정전화, 곧 바흐친과 그의 텍스트를 절대시함으로써 사유의 촉발 능력을 상실해 버렸다는 사실에 있다. 바흐친의 제도화다. 그런데 바흐친 연구사의 성립 과정에서 보았듯, 어떤 점에서 정전화란 바흐친 연구가 하나의 학문으로 자기 정체성을 마련하는 과정에서 불가피하게 떠안아야 했던 내적인 자기모순에 다름 아니었다. 그래서 바흐친 연구의 학문적 영토를 지키려 들면 들수록, 정전화라는 '악령'은 점점 떼어 놓을 수 없을 정도로 강력한 접착력을 보이는 것일지 모른다. 이 난관의 돌파구는 어디에 있는가? 현재 인문학의 일반적 추세가 그런 것처럼, 기존의 문학 연구의 틀거리는 문화라는 대상으로 확장시키고, 모든 것을 문화의 이름으로 포장하는 것이 대안이 될 수 있을까? 문화학, 또는 문화 연구는 사유를 제약하고 옭아매는 또 다른 울타리가 되진 않을까?

바흐친이 문화에 관해 적극적인 규정을 내리지 않았던 것은, 우리로 하여금 문화라는 것을 성립시키면서 동시에 해체시키는 힘, 즉 문화의 가시적 형태보다는 그 형태를 조직하거나 허물어뜨리는 비가시적인 힘에 주목하도록 만든다. 일반적으로 문화라는 언표를 통해 우리는 제도화되고 의식화된 산물들을 지각하고 그것을 문화의 견고한 현실성이라고 간주하지만, 사실 모든 정립된 문화는 자기 해체의 필연적이고 자연적인 과정을 향하고 있다. 바흐친이 거대한 시간을 거론하며, 지금 살아 있는 것들이 사멸하고, 과거에 망각된 것들이 다시 살아나는 미래의 시간을 언급한 이유도 여기에 있다.

문화의 밝은 표면에 드러난 구성적 힘은 배면의 해체적 힘 없이는 성립하지 않는다. 문화의 역동성이란 관점에서 존재론적 선차성을 갖는 쪽은 해체적 힘인 것이다. 만약 문화의 본질에 관해 말할 수 있다면, 그것은 언제나 자신의 경계를 넘어서는 능력으로 정의되는, 자기 변형과 해체의 힘을 가리킬 것이다. 하지만 이 해체의 힘은 구성의 힘과 샴쌍둥이처럼 한 몸을 이루고 있는바, 서로 다른 방향을 향하는 동일한 힘이란 사실 또한 강조하지 않을 수 없다. 『라블레론』에서 제시되었던 그로테스크 리얼리즘은 어떤 규정된 양식이 아니라 어떤 양식이든 가능하게 하는 생성의 힘, 생성 능력에 다르지 않다.

따라서 문화의 해체적 힘은 결코 부정적이고 파괴적인 힘 자체를 뜻하지 않는다. 그것은 늘 새로운 생성을 노정하고 있으며, 의미와 가치의 변형 및 창조를 포기하지 않는다. 만년의 바흐친이 도달한 '창조적 이해'는 이 과정에 관한 이미지다.

창조적 이해는 자신을 부정하거나, 시간 속에서의 자신의 위치를 부정하거나, 스스로의 문화를 부정하는 게 아니다. 창조적 이해는 아무것도 망각하지 않는다. 이해를 위해 중요한 것은 이해자가 창조적으로 이해하고자 하는 대상과의 관계에 있어서 시간과 공간과 문화 속에 놓인 이해자의 외부성을 확보하는 일이다. [……] 문화의 영역에서 외부성은 이해의 가장 강한 지렛대이다. 다른 문화는 오직 타자적 문화의 시선에 의해서만 스스로를 온전하고도 깊이 있게 드러낼 수 있다(그러나 완전히는 아닐 것이다. 왜냐하면 더 많이 보고 더 많이 이해하게 될 타자적 문화들이 계속 도래할 것이기 때문이다). 하나의 의미는 낯선 다른 의미와 마주치고 접촉하고 나서야 비로소 자신의 깊이를 드러내게 된다. 그리고 이 사이에서 의미와 문화의 폐쇄성과 일면성을 극복하는 대화와 같은 것이 발생하는 것이다.[58]

정전화와 제도화라는 난관을 헤쳐 가기 위해 바흐친 연구가 취해야 할 행동도 이로부터 뚜렷해지지 않을까? 긍정적인 냉소주의나 객관적 거리화, 또는 판단중지 등은 바흐친의 사상 체계가 비정통적이고 불순한 것들에 의해 훼손되고 변형되는 것을 방어하기 위해 설정된 경계들이다. 하지만 이런 견고한 경계선들로 과연 바흐친 사상의 영토를 온전히 지켜 낼 수 있을까?

현재 바흐친 연구의 딜레마를 돌파하는 길은 바흐친적 사유를 그 외부에 적극 개방하고 마주치게 함으로써 어떤 변형과 전화의 계기를 끌어들이는 데 있다. 창조적 이해를 위해서는, 또는 창조적 이해 자체는 외부성의 계기들 없이 작동할 수 없다. 바흐친 사유의 진정한 힘, 문화의 창조 능력은 낯섦과 차이의 외부성과 접속함으로써, 곧 연속성 내에 불연속성을 도입하고 불연속성 내에서 연속성의 계기들을 찾아내는 데 있다.

사유는 어떤 척도를 통해 정통성과 순수성을 선별함으로써 자신의 영토적 경계를 보존하는 데 목적을 두지 않는다. 특정한 방법론과 관점이 규정하는 영토성은 바흐친이 애써 극복하고자 했던 근대적 분과 학문의 테두리를 재설정하는 일에 불과하다. 어떠한 문화적 영역에서도 마찬가지겠지만, 바흐친 연구 역시 학문적 영토성에 대한 독점적이고 배타적인 권리 주장을 포기하지 않는다면 동일한 문제와 위기를 늘 되

58) 바흐친, 「『신세계』 편집진의 물음에 대한 답변」, 475~476쪽.

풀이하지 않을 수 없다. 차라리 모든 것의 경계를 사건화하는 것, 즉 바흐친을 그 외부와 충돌시키고 교합함으로써 사상의 경계선을 매번 다르게 긋는 실천이 핵심이지 않을까. 사유의 전화轉化란 사유 자체의 변형을 노정하지 않고는 공허한 자기 위안에 머물고 만다. 안티-바흐친! 가장 바흐친적인 사유의 힘은 바흐친 자신을 돌파하는 데 있다.

참고문헌

1950년대의 '부흥'을 계기로 러시아에서 바흐친의 저술들은 개별 저작들을 중심으로 여러 차례 발간되어 나온 바 있다. 출판사의 수 자체는 많지 않으나 (준)국영 출판사들이 한 번 책을 인쇄할 경우 적게는 수만 부, 많게는 수십만 부를 펴냈던 구소련의 관행을 감안하면, 바흐친의 저작은 학계와 더불어 일반 지식사회에서도 광범위한 독자층을 갖고 있었다고 할 만하다(가령 1975년의 『문학과 미학의 제문제』는 30000부, 1979년의 『언어창조의 미학』은 25000부가 출간되었다). 하지만 소련의 해체와 뒤이은 경제난, 서구화와 더불어 시작된 뉴미디어 열풍은 러시아의 출판 시장에도 적지 않은 영향을 미쳐 바흐친의 저작들이 계속해서 출판되기 어려운 상황을 조성하고 있다.

러시아에서 바흐친의 저술들이 체계적으로 출판되기 시작한 것은 1997년 『저작집』 제5권이 나오면서부터이다(출간 부수 3000부). 이후 2016년 1월 기준, 『저작집』은 1, 2, 4(1), 4(2), 5, 6권이 나왔으며, 앞으로도 꽤 오랜 출판의 여정을 남겨 두고 있다. 각 권이 거의 1000여 쪽에 달하는 『저작집』은 시기별로 작품을 수록함과 동시에 전체 분량의 거의 절반에 달하는 비평적 평주를 포함하고 있어 향후 바흐친 연구의 기본적인 자산이 될 듯하지만, 날로 열악해지는 러시아의 출판 여건상 언제 완간될지는 점칠 수 없는 상황이다(가장 최근인 2010년에 나온 4[2]권의 경우 1500부를 인쇄했을 뿐이다). 이 책에서 인용한 바흐친 저술의 경우, 가급적 한국어로 번역된 책들을 사용하되, 필요에 따라 『저작집』을 비롯한 러시아어 원본들에 의지해 윤문했다.

바흐친 저작의 한국어 번역은, 1980년대에 시작되었을 당시 영어본을 이용한 중역이 대부분이었음을 감안해도 대부분 '읽을 만한' 수준을 보인다. 일부 청년기 저술들이 원본의 저술 형태나 보존 상태로 인해 '난해'하게 남은 경우를 제외하고, 중기 이후의 저작들은 대부분 영어로 깔끔하게 번역되었고, 한국어로도 무난히 옮겨졌다. 일부 오역이나 더 이상 통용되지 않는 번역어 등을 새로 고친 것을 제외하면, 기왕의 한국어 번역을 최대한 살려 보고자 했으며, 필요시 원서나 기타 외국어 번역문을 참조했다. 이 원칙은 참고용 연구문헌들에도 마찬가지여서, 예컨대 들뢰즈의 저작들은 한국어 번역서들을 인용하는 가운데 필요할 때마다 원서나 영문판, 러시아어판 번역문들을 들여다보았다. 내가 읽은 책들의 모든 역자들에게 깊은 감사를 표하고 싶다.

아래 목록은 본문에 직접 언급되거나 인용된 것들로만 선별했고, 번역본을 확인하기 위해 찾아본 원문이나 기타 언어본 등은 따로 싣지 않았다.

1. 바흐친 저술

■ 러시아어 원문

Bakhtin, M. M., *Estetika slovesnogo tvorchestva*, Iskusstvo, 1979[『언어창조의 미학』; 한국어판은 『말의 미학』].

_____, "Materialy k rassmotreniju dissertatsii M. M. Bakhtina v VAK(1947~1952 gg.)", *Sobranie sochinenij*, T.4(1)[「국가학위 심사위원회(VAK)에서 이루어진 바흐친의 논문

심사 과정에 대한 고찰을 위한 자료(1947~1952년)」, 『저작집』 4(1)].

_____, "Materialy k zashchite dissertatsii M. M. Bakhtina ≪Fransua Rable v istorii realizma≫(15 nojabrja 1946 g.)", *Sobranie sochinenij*, T.4(1)[「바흐친의 논문 『리얼리 즘 역사 속에서의 프랑수아 라블레』의 방어를 위한 자료들(1946년 11월 15일)」, 『저작집』 4(1)].

_____, "Otzyvy B. V. Tomashevskogo i A. A. Smirnova na knigu M. M. Bakhtina o Rable dlij Goslitizdata(1944 g.)", *Sobranie sochinenij*, T.4(1)[「국가문서기록국에 보내 는 바흐친의 『라블레론』에 대한 B. V. 토마셰프스키와 A. A. 스미르노프의 평가서(1944년)」, 『저작집』 4(1)].

_____, "Perepiska M. M. Bakhtina o sud'be ≪Rable≫(1940-e gg.)", *Sobranie sochinenij*, T.4(1)[「『라블레론』의 운명에 관한 바흐친의 서신 교환」, 『저작집』 4(1)].

_____, *Problemy tvorchestva/poetiki Dostoevskogo*, Next, 1994[『도스토예프스키 창작/시 학의 제문제』].

_____, *Sobranie sochinenij*, Jazyki slavjanskikh kul'tur, 1997~2010[『저작집』]. 2016년까 지 1, 2, 4(1), 4(2), 5, 6권 출간.

_____, *Tvorchestvo Fransua Rable i narodnaja kul'tura srednevekov'ja i Renessansa*, Khudozhestvennaja literatura, 1990[『프랑수아 라블레의 작품과 중세 및 르네상스의 민 중문화』].

_____, "V bol'shom vremeni", *Bakhtinologija: issledovanija, perevody, publikatsii*, Aletejja, 1995[「거대한 시간 속에서」, 『바흐친학: 연구, 번역, 출판』].

_____, *Voprosy literatury i estetiki*, Khudozhestvennaja literatura, 1975[『문학과 미학의 제문제』].

■ **한국어 번역**

바흐친, M., 『도스또예프스끼 시학의 제문제』, 김근식 옮김, 중앙대출판부, 2011.

_____, 「도스토예프스키에 관한 저서의 개작 계획」; 「미적 활동에서의 작가와 주인공」; 「『신세계』 편집진의 물음에 대한 답변」; 「예술과 책임」; 「인문학의 방법론을 위하여」; 「1970~71년의 노트에서」, 『말의 미학』, 김희숙·박종소 옮김, 길, 2006.

_____, 『마르크스주의와 언어철학』, 송기한 옮김, 한겨레, 1988.

_____, 「서사시와 소설」; 「소설 속의 말」; 「소설 속의 시간과 크로노토프의 형식」, 『장편소 설과 민중언어』, 전승희 외 옮김, 창작과비평사, 1988.

_____, 『프랑수아 라블레의 작품과 중세 및 르네상스의 민중문화』, 이덕형·최건영 옮김, 아카넷, 2001.

_____, 『프로이트주의: 비판적 스케치』, 송기한 옮김, 예문, 1987.

_____, 「행위철학」, 『예술과 책임』, 최건영 옮김, 뿔, 2011[『저작집』 1권].

■ 기타 외국어 번역

Bakhtin, M. M., *Art and Answerability: Early Philosophical Essays by M. M. Bakhtin*, University of Texas Press, 1990.

_____, *The Dialogic Imagination: Four Essays by M. M. Bakhtin*, University of Texas Press, 1981.

_____, *Toward a Philosophy of the Act*, University of Texas Press, 1993.

_____, *Speech Genres & Other Late Essays*, University of Texas Press, 1986.

2. 연구문헌

강영안, 『주체는 죽었는가』, 문예출판사, 1996.

고들리에, M., 『증여의 수수께끼』, 오창현 옮김, 문학동네, 2011.

고병권, 『민주주의란 무엇인가』, 그린비, 2011.

권형진·이종훈 엮음, 『대중독재의 영웅 만들기』, 휴머니스트, 2005.

그레이버, D., 『부채, 그 첫 5000년』, 정명진 옮김, 부글북스, 2011.

그로이스, B., 『아방가르드와 현대성』, 최문규 옮김, 문예마당, 1995.

김덕영, 『논쟁의 역사를 통해 본 사회학』, 한울, 2003.

_____, 『주체·의미·문화: 문화의 철학과 사회학』, 나남, 2001.

김상봉, 『호모 에티쿠스』, 한길사, 1999.

김수영, 『김수영 전집 1』, 민음사, 2003.

김용규, 『문학에서 문화로』, 소명출판, 2004.

김욱동, 『모더니즘과 포스트모더니즘』, 현암사, 2004.

_____, 『포스트모더니즘』, 민음사, 2004.

김인환, 『줄리아 크리스테바의 문학 탐색』, 이화여대출판부, 2003.

김재희, 『베르그손의 잠재적 무의식』, 그린비, 2010.

김택현, 『서발턴과 역사학 비판』, 박종철출판사, 2003.

낭시, J. -L., 『무위의 공동체』, 박준상 옮김, 인간사랑, 2010.

네그리, A.·하트, M., 『다중』, 조정환 외 옮김, 세종서적, 2008.

_____, 『제국』, 윤수종 옮김, 이학사, 2001.

대한성서공회 성경 편집팀 엮음, 「루가의 복음서」, 『공동번역 성서』.

데리다, J., 『법의 힘』, 진태원 옮김, 문학과지성사, 2004.

도스토예프스키, F., 『카라마조프 가의 형제들 1』, 김연경 옮김, 민음사, 2007.

뒤비, G., 『세 위계: 봉건제의 상상세계』, 성백용 옮김, 문학과지성사, 1997.

디인스트, R., 『빚의 마법』, 권범철 옮김, 갈무리, 2015.

들뢰즈, G.,『감각의 논리』, 하태환 옮김, 민음사, 1999.

_____,『니체와 철학』, 이경신 옮김, 민음사, 1998.

_____,『스피노자의 철학』, 박기순 옮김, 민음사, 1999.

_____,「욕망과 쾌락」, 서울사회과학연구소 편,『탈주의 공간을 위하여』, 푸른숲, 1997.

_____,『의미의 논리』, 이정우 옮김, 한길사, 1999.

_____,『주름, 라이프니츠와 바로크』, 이찬웅 옮김, 문학과지성사, 2004.

_____,『차이와 반복』, 김상환 옮김, 민음사, 2004.

_____,『푸코』, 허경 옮김, 동문선, 2003.

_____,『프루스트와 기호들』, 서동욱 외 옮김, 민음사, 1997.

_____,「플라톤과 시뮬라크르」,『의미의 논리』, 이정우 옮김, 한길사, 2000.

들뢰즈, G.·가타리, F.,『안티 오이디푸스』, 김재인 옮김, 민음사, 2014.

_____,『천의 고원 1·2』, 이진경 외 옮김, 연구공간 너머, 2000.

_____,『철학이란 무엇인가』, 이정임 외 옮김, 현대미학사, 1995.

딜타이, W.,『정신과학에서 역사적 세계의 건립』, 김창래 옮김, 아카넷, 2009.

라블레, F.,『가르강튀아·팡타그뤼엘』, 유석호 옮김, 문학과지성사, 2004.

라이히, W.,『파시즘의 대중심리』, 황선길 옮김, 그린비, 2006.

라인보우, P.·레디커, M.,『히드라』, 정남영 외 옮김, 갈무리, 2008.

랑송, G.,『랑송 불문학사 (上)』, 정기수 옮김, 을유문화사, 1997.

랑시에르, J.,『불화: 정치와 철학』, 진태원 옮김, 길, 2015.

_____,『정치적인 것의 가장자리에서』, 양창렬 옮김, 길, 2013.

랴자노프스키, N.·스타인버그, M.,『러시아의 역사 2』, 조호연 옮김, 까치, 2011.

로트만, Ju.,「기호학적 체계의 역동적 모델」,『기호계』, 김수환 옮김, 문학과지성사, 2008.

_____,「주체이자 그 자신에게 객체인 문화」,『기호계』.

로트만·보리스 U.,「기호 및 기호체계의 문제와 11~19세기 러시아 문화의 유형론」,『러시아 기호학의 이해』, 이인영 외 옮김, 민음사, 1993.

루소, J.-J.,『사회계약론(외)』, 이태일 옮김, 범우사, 1990.

루카치, G.,『맑스로 가는 길』, 김경식·오길영 편역, 솔, 1993.

_____,『역사와 계급의식』, 박정호 외 옮김, 거름, 1992.

르 고프, J.,『서양 중세 문명』, 유희수 옮김, 문학과지성사, 1992.

르 봉, G.,『군중심리』, 이상돈 옮김, 간디서원, 2005.

리오타르, J.-F.,『포스트모던의 조건』, 유정완 외 옮김, 민음사, 1992.

리케르트, H.,『문화과학과 자연과학』, 이상엽 옮김, 책세상, 2004.

마야콥스키, V.,『대중의 취향에 따귀를 때려라』, 김성일 옮김, 책세상, 2005.

맑스, K.,『헤겔 법철학 비판』, 강유원 옮김, 이론과실천, 2011.

맑스, K.·엥겔스, F.,「독일 이데올로기」,『맑스엥겔스 저작선집 1』, 최인호 외 옮김, 박종철출판사, 1994.

_____, 「루이 보나파르트의 브뤼메르 18일」, 『맑스엥겔스 저작선집 2』, 최인호 외 옮김, 박종철출판사, 1997.

모스, M., 『증여론』, 이상률 옮김, 한길사, 2002.

모슨, G. S.·에머슨 C. 『바흐친의 산문학』, 오문석 외 옮김, 책세상, 2006.

바디우, A., 『윤리학』, 이종영 옮김, 동문선, 2001.

_____, 「'인민'이라는 말의 쓰임에 대한 스물네 개의 노트」, 바디우, A. 외, 『인민이란 무엇인가』, 서용순 외 옮김, 현실문화, 2014.

_____, 『철학을 위한 선언』, 이종영 옮김, 백의, 1995.

박명규, 『국민·인민·시민』, 소화, 2009.

반 뒬멘, R., 『개인의 발견』, 최윤영 옮김, 현실문화연구, 2005.

버크, E., 『프랑스 혁명에 관한 성찰』, 이태숙 옮김, 한길사, 2008.

베르그손, H., 『웃음』, 정연복 옮김, 세계사, 1992.

_____, 『창조적 진화』, 황수영 옮김, 아카넷, 2005.

변현태, 「바흐친의 라블레론 1」, 『러시아어문학연구논집 10』, 한국러시아문학회, 2001.

보커 J. 외, 『사물의 분류』, 주은우 옮김, 현실문화연구, 2005.

부르디외, P., 『구별짓기 上·下』, 최종철 옮김, 새물결, 1995.

_____, 『나는 철학자다』, 김문수 옮김, 이매진, 2005.

블랑쇼, M., 『문학의 공간』, 박혜영 옮김, 책세상, 1990.

빈델반트, W., 『근대 독일문예·철학사조』, 장남준 옮김, 정음사, 1979.

빈켈만, J., 『그리스 미술 모방론』, 민주식 옮김, 이론과실천, 1995.

사이드, E., 『저항의 인문학』, 김정하 옮김, 마티, 2008.

샹플뢰리, 『풍자예술의 역사: 고대와 중세의 패러디 이미지』, 정진국 옮김, 까치, 2001.

서순, D., 『유럽문화사 III』, 오숙은·정영목·한경희·이은진 옮김, 뿌리와이파리, 2012.

생-장-폴랭, Ch., 『히피와 반문화』, 성기완 옮김, 문학과지성사, 2015.

셰익스피어, W., 『리어왕』, 김정환 옮김, 아침이슬, 2008.

소련 콤 아카데미 문학부 엮음, 『소설의 본질과 역사』, 신승엽 옮김, 예문, 1988.

스윈지우드, A., 『문화사회학 이론을 향하여』, 박형신 외 옮김, 한울아카데미, 2013.

스피노자, B., 『에티카』, 강영계 옮김, 서광사, 1990.

스피박, G. 외, 「서발턴은 말할 수 있는가?(초판본)」, 「서발턴은 말할 수 있는가?」(수정가필본), 『서발턴은 말할 수 있는가?: 서발턴 개념의 역사에 관한 성찰들』, 태혜숙 옮김, 그린비, 2013.

스타이츠, R., 『러시아의 민중문화』, 김남섭 옮김, 한울, 2008.

슬로터다이크, P., 『냉소적 이성 비판 1』, 박미애 외 옮김, 에코리브르, 2005.

슈펭글러, O., 『서구의 몰락 1~3』, 박광순 옮김, 범우사, 1995.

쏘니에, B. -L., 『르네상스 프랑스 문학』, 강인옥 옮김, 탐구당, 1984.

아리스토텔레스, 『정치학』, 천병희 옮김, 숲, 2009.

알튀세르, L., 『맑스를 위하여』, 이종영 옮김, 백의, 1997.

_____, 「이데올로기와 이데올로기적 국가장치」, 『재생산에 대하여』, 김웅권 옮김, 동문선, 2007.

앙지외, D., 『피부자아』, 권정아 외 옮김, 인간희극, 2008.

앤더슨, B., 『상상의 공동체』, 윤형숙 옮김, 나남출판, 2003.

야나부 아키라, 『한 단어 사전, 문화』, 박양신 옮김, 푸른역사, 2013.

엘리아스, N., 『문명화과정 I·II』, 박미애 옮김, 한길사, 1996.

엡슈테인, M., 『미래 이후의 미래』, 조준래 옮김, 한울, 2009.

오르테가 이 가세트, J., 『대중의 반역』, 사회사상연구회 옮김, 한마음사, 1999.

온손, S., 『대중의 역사』, 양진비 옮김, 그린비, 2013.

윌리엄스, R., 『문화사회학』, 설준규 외 옮김, 까치, 1984.

_____, 『키워드』, 김성기 외 옮김, 민음사, 2010.

이강은, 『미하일 바흐친과 폴리포니야』, 역락, 2011.

이문영, 「바흐친 이론과 사상의 체계적·통일적 전유를 위한 서론」, 『러시아문학연구논집』 8, 한국러시아문학회, 2000.

이종훈, 『현대의 위기와 생활세계』, 동녘, 1994.

이재유, 『계급』, 책세상, 2008.

이진경, 「계급과 비-계급의 계급투쟁」, 『미-래의 맑스주의』, 그린비, 2006.

_____, 『맑스주의와 근대성』, 그린비, 2014.

이환, 『프랑스 근대 여명기의 거인들 1: 라블레』, 서울대출판부, 1997.

정화열, 『몸의 정치』, 박현모 옮김, 민음사, 1999.

제임슨, F., 『정치적 무의식』, 이경덕 외 옮김, 민음사, 2015.

조정환, 『미네르바의 촛불』, 갈무리, 2009.

주아나, J., 『히포크라테스』, 서홍관 옮김, 아침이슬, 2004.

젠크스, C., 『문화란 무엇인가』, 김윤용 옮김, 현대미학사, 1996.

지마, P., 『이데올로기와 이론』, 허창운 외 옮김, 문학과지성사, 1996.

짐멜, G., 「문화의 개념과 비극」, 『게오르그 짐멜의 문화이론』, 김덕영 외 옮김, 길, 2007.

최진석, 「근대의 공간, 혹은 공간의 근대」, 이진경 편저, 『문화정치학의 영토들』, 그린비, 2007.

_____, 「근대적 시간: 시계, 화폐, 속도」, 『문화정치학의 영토들』.

_____, 「급진적 문화연구의 기획은 실패했는가?」, 『문화과학』 81, 2015.

_____, 「또 다른 세계를 상상하라!」, 수유너머R, 『너는 네가 되어야 한다』, 너머학교, 2013.

_____, 「예술-노동의 역사·이론적 궤적: 놀이노동의 신화에서 예술기계의 실재까지」, 『문화과학』 84, 2015.

_____, 「코뮤주의와 타자」, 고병권·이진경 외, 『코뮤주의 선언』, 교양인, 2006.

_____, 「타자 윤리학의 두 가지 길: 바흐친과 레비나스」, 『노어노문학』 21(3), 2009.

_____, 「트로츠키와 문화정치학의 문제」, 『마르크스주의 연구』 40, 한울, 2015.

카시러, E., 『계몽주의 철학』, 박완규 옮김, 민음사, 1995.

카이저, W., 『미술과 문학에 나타난 그로테스크』, 이지혜 옮김, 아모르문디, 2011.

카테리나, K.·홀퀴스트, M., 『바흐친』, 이득재 외 옮김, 문학세계사, 1993.

칸트, I., 『실천이성비판』, 백종현 옮김, 아카넷, 2009.

_____, 『판단력비판』, 백종현 옮김, 아카넷, 2009.

칼리니스쿠, M., 『모더니티의 다섯 얼굴』, 이영욱 외 옮김, 시각과언어, 1998.

컨, S., 『시간과 공간의 문화사 1880~1918』, 박성관 옮김, 휴머니스트, 2004.

코오진, 가라타니, 『탐구 1』, 송태욱 옮김, 새물결, 1998.

코제브, A., 『역사와 현실변증법』, 설헌영 옮김, 한벗, 1988.

크루프스카야, N., 『크루프스카야의 국민교육론』, 한신대제3세계문화연구소 옮김, 돌베게,
    1989.

클라스트르, P., 『국가에 대항하는 사회』, 홍성흡 옮김, 이학사, 2005.

텐부룩, F., 『막스 베버의 사회과학 방법론』, 차성환 편역, 문학과지성사, 1990.

토도로프, Tz., 『바흐친: 문학사회학과 대화이론』, 최현무 옮김, 까치, 1987.

톰슨, J., 『20세기 러시아 현대사』, 김남섭 옮김, 사회평론, 2004.

틸리, Ch., 『동원에서 혁명으로』, 양길현 외 옮김, 서울프레스, 1995.

_____, 『유럽혁명 1492~1992』, 윤승준 옮김, 새물결, 2000.

파이지스, O., 『나타샤 댄스』, 채계병 옮김, 이카루스미디어, 2005.

_____, 『속삭이는 사회 1』, 김남섭 옮김, 교양인, 2013.

팔머, R., 『해석학이란 무엇인가』, 이한우 옮김, 문예출판사, 1990.

퍼거슨, W., 『르네상스사론』, 진원숙 옮김, 집문당, 1991.

푸코, M., 『광기의 역사』, 이규현 옮김, 나남출판, 2003.

_____, 『말과 사물』, 이규현 옮김, 민음사, 2012.

_____, 『지식의 고고학』, 이정우 옮김, 민음사, 1992.

프로이트, F., 「나의 이력서」; 「비전문가 분석의 문제」; 「정신분석운동의 역사」, 『정신분석학
    개요』, 박성수 옮김, 열린책들, 2004.

_____, 「무의식에 관하여」, 『정신분석학의 근본 개념』, 윤희기 옮김, 열린책들, 2004.

_____, 『성욕에 관한 세 편의 에세이』, 김정일 옮김, 열린책들, 2004.

_____, 「신경증과 정신증」, 『정신병리학의 문제들』, 황보석 옮김, 열린책들, 2004.

_____, 「집단심리학과 자아분석」, 『문명 속의 불만』, 김석희 옮김, 열린책들, 2004.

프루동, J., 『소유란 무엇인가』, 이용재 옮김, 아카넷, 2003.

플라톤, 『국가·정체(政體)』, 박종현 옮김, 서광사, 1997.

피쉬, J., 『코젤렉의 개념사 사전 1: 문명과 문화』, 안삼환 옮김, 푸른역사, 2010.

하스, B., 『세기말과 세기초』, 김두규 옮김, 까치, 1994.

하이데거, M., 『마르틴 하이데거 존재론: 현사실성의 해석학』, 이기상 외 옮김, 서광사, 2002.

_____, 『세계상의 시대』, 이기상 옮김, 서광사, 1995.

한국서양사학회 엮음, 『서양에서의 민족과 민족주의』, 까치, 1999.

해리스, M., 『문화의 수수께끼』, 박종열 옮김, 한길사, 1982.

험프리스, R., 『미래주의』, 하계훈 옮김, 열화당, 2003.

헤겔, G. W. F., 『역사철학강의』, 김종호 옮김, 삼성출판사, 1990.

후설, E., 『유럽학문의 위기와 선험적 현상학』, 이종훈 옮김, 한길사, 1997.

휴즈, S., 『의식과 사회』, 황문수 옮김, 개마고원, 2007.

히라타 기요아키 엮음, 『사회사상사』, 장하진 옮김, 한울, 1982.

Alpatov, V., "VAKovskoe delo M. M. Bakhtina", *Dialog. Karnaval. Khronotop*, 2(27), Vitebsk-Moskva, 1999[「국가학위심사위원회(VAK)에서 진행된 바흐친 논문의 경과」, 『대화. 카니발. 크로노토프』].

Althusser, L., *Politics and History*, New Left Books, 1972.

Aronson, O., "Igra sluchajnykh sil", *Gilles Deleuze, Nitsshe i filosofija*, Ad Marginem, 2003[「우연한 힘의 유희」, 『니체와 철학』].

Asojan, J. & Malafeev, A., *Otkrytie idei kul'tury. Opyt russkoj kulturologii serediny XIX i nachala XX vekov*, OGI, 2001[『문화 이념의 발견. 19세기 중반부터 20세기 초까지의 러시아 문화학 논고』].

Attwood, L., *The New Soviet Man and Woman*, Indiana University Press, 1990.

Averintsev, S., "Bakhtin i russkoe otnoshenie k smekhu", *Ot mifa k literature*, M., 1993[「바흐친과 웃음에 대한 러시아적 태도」, 『신화에서 문학으로』].

_____, "Bakhtin, smekh, khristinskaja kul'tura", ed. Averintsev, S., *M. M. Bakhtin kak filosof*, Nauka, 1992[「바흐친, 웃음, 기독교 문화」, 『철학자 M. M. 바흐친』].

Barsky, R., "Bakhtin as Anarchist? Language, Law, and Creative Impulses in the Work of Mikhail Bakhtin and Rudolf Rocker", *The South Atlantic Quarterly 97:3/4*, Summer/Fall, 1998.

Bauer, R., *The New Man in Soviet Psychology*, Harvard University Press, 1952.

Bely, A., "Tvorchestvo zhizni", *Kritika. Estetika. Teorija simvolizma*, T.2, Iskusstvo, 1994[「삶의 창조」, 『비평. 미학. 상징주의 이론』].

Bernard-Donals, M., *Mikhail Bakhtin between Phenomenology and Marxism*, Cambridge University Press, 1995.

Berrong, R., *Rabelais and Bakhtin: Popular Culture in Gargantua and Pantagruel*, University of Nebraska Press, 1986.

Bibler, V., *Mikhail Mikhailovich Bakhtin ili poetika kul'tury*, Progress, 1991[『미하일 미하일로비치 바흐친 또는 문화의 시학』].

Bocharov, S., "Conversations with Bakhtin", ed. Michael Gardiner, *Mikhail Bakhtin*, Vol.1, SAGE Publications, 2003.

_____, *Sjuzhety russkoj literatury*, Jazyki russkoj kul'tury, 1999[『러시아 문학의 슈제트』].

Bogatyreva, E., *Dramy dialogizma: M. M. Bakhtin i khudozhestvennaja kul'tura XX veka*, M., 1996[『대화주의의 드라마: M. M. 바흐친과 20세기 예술문화』].

Bonetskaja, N., "Bakhtin glazami metafizika", *Dialog. Karnaval. Khronotop*, No.1, 1998[「형이상학자의 눈으로 본 바흐친」, 『대화. 카니발. 크로노토프』].

_____, "Estetika M. Bakhtina kak logika formy", *Bakhtinologija: issledovanija, perevody, publikatsii*, SPb., 1995[「형식논리로서의 바흐친 미학」, 『바흐친학: 연구, 번역, 출판』].

_____, "M. M. Bakhtin i traditsii russkoj filosofii", *Voprosy filosofii*, No.3, 1993[「바흐친과 러시아 철학의 전통」, 『철학의 제문제』].

_____, "Problema avtorstva v trudakh M. M. Bakhtina", *Studia Slavica*, Hung., T.31, 1985[「바흐친 저술에 나타난 저작권의 문제」].

Bragina, L., "Ital'janskij gumanizm. Etapy razvitija, Nauka", ed. Viktor Rutenburg, *Tipologija i periodizatsija kul'tury Vozrozhdenija*, 1978[「이탈리아 휴머니즘. 발전의 단계들」, 『르네상스 문화의 유형과 시대구분』].

Brandist, C., *The Bakhtin Circle. Philosophy, Culture and Politics*, Pluto Press, 2002.

Bruss, N., "V. N. Voloshinov and the Basic Assumptions of Freudianism and Structuralism", *Voloshinov, V. Freudianism. A Critical Sketch*, Indiana University Press, 1976.

Bykhovskii, B., "Metapsikhologija Frejda", *Antologija rossijskogo psikhoanaliza*, Vol.1, Flinta, 1999[「프로이트의 메타심리학」, 『러시아 정신분석 선집 1』].

Clark, K., *The Soviet Novel. History as Ritual*, The University of Chicago Press, 1985.

Curtis, J., "Mikhael Bakhtin, Nietzsche, and Russian Pre-Revolutionary Thought", ed. Bernice Rosenthal, *Nietzsche in Russia*, Princeton University Press, 1986.

Darkevich, V., *Narodnaja kul'tura srednevekov'ja: parodija v literature i iskusstve IX-XVI vv.*, M., 2004[『중세의 민중문화: 9~16세기 문학과 예술에서의 패러디』].

Deleuze, G., *Bergsonism*, trans. Tomlinson, H. & Habberjam, B., Zone Books, 1991.

Deleuze, G. & Guattari, F., *Anti-Oedipus. Capitalism and Schizophrenia*, The Athlone Press, 1984.

Dmitrieva, N., *Russkoe neokantianstvo*, ROSSPEN, 2007[『러시아 신칸트주의』].

Dubakin, V., *M. M. Bakhtin: besedy s V. D. Dubakinym*, Soglasie, 2002[『M. M. 바흐친: 두 바킨과의 대화』].

Eagleton, T., *Walter Benjamin: Towards a Revolutionary Criticism*, Verso, 1981.

Emerson, C., "Po ty storonu aktual'nosti", *Bakhtinskij sbornik V*, M., 2004[「현행성의 저편」, 『바흐친 논문선 5』].

_____, *The First Hundred Years of Mikhail Bakhtin*, Princeton University Press, 1997.

Ermakov, I., *Psikhoanaliz literatury*, Novoe literaturnoe obozrenie, 1999[『문학의 정신분석』].

Falconer, R. ed., *Face to Face: Bakhtin in Russia and the West*, Sheffield Academic Press, 1997.

Fitzpatrick, S., *The Commissariat of Enlightenment*, Cambridge University Press, 1970.

Gasparov, M., "M. M. Bakhtin v russkoj kul'ture XX veka", *Izbrannye trudy*, T.2, Jazyki slavjanskikh kul'tur, 1997 [『20세기 러시아 문화에서의 M. M. 바흐친』, 『논문집』].

Godzich, W., "Correcting Kant: Bakhtin and Intellectual Interactions", *Boundary 2*, Vol.18, No.1, 1991.

Groys, B., "Totalitarizm karnavala", *Bakhtinskij sbornik III*, M., 1997 [「카니발의 전체주의」, 『바흐친 연구논집 III』].

Gurevich, A., *Individ i sotsium na srednevekovom Zapade*, M., 2005 [『중세 서구의 개인과 사회적 이성』].

_____, *Problemy srednevekoboj narodnoj kul'tury*, M., 1981 [『중세 민중문화의 제문제』].

Gurevitch, Z., "Plurality in Dialogue: A Comment on Bakhtin", ed. M. Gardiner, *Mikhail Bakhtin*, Vol.III, SAGE Publications, 2003.

Günther, H. ed., *The Culture of the Stalin Period*, MacMilan, 1990.

Haardt, A., *Husserl in Russland*, W. Fink, 1993.

Hansen-Loeve, A. A., *Russkij formalizm*, Jazyki russkoj kul'tury, 2001 [『러시아 형식주의』].

Hirschkop, K., _____, "A Response to the Forum on Mikhail Bakhtin", ed. G. S. Morson, *Bakhtin: Essays and Dialogues on His Work*, University of Chicago Press, 1981.

_____, "Heteroglossia and Civil Society: Bakhtin's Public Square and the Politics of Modernity", ed. M. Gardiner, *Mikhail Bakhtin*, Vol.II. SAGE Publications, 2003.

_____, *Mikhail Bakhtin: An Aesthetic for Democracy*, Oxford: Oxford University Press, 2000.

Hirschkop, K. & Shepherd, D. ed., *Bakhtin and Cultural Theory*, Manchester University Press, 2001.

Hohendahl, P. U., *The Institution of Criticism*, Cornell University Press, 1982.

Holquist, M., *Dialogism: Bakhtin and His World*, Routledge, 1990.

_____, "Introduction", *M. M. Bakhtin, Speech Genres & Other Late Essays*, University of Texas Press, 1986.

Holquist, M. & Clark, K., "The Influence of Kant in the Early Work in M. M. Bakhtin", ed. Joseph Strelka, *Literary Theory and Criticism*, Vol.1, Peter Lang, 1984.

Ivanov, S., *Blazhennye pokhaby: kul'turnaja istorija jurodstva*, Jazyki slavjanskikh kul'tur, 2005 [『축복받은 외설성: 어리석음(유로디비)의 문화사』].

Ivanov, V., "Znachenie idej M. M. Bakhtina o znake, vyskazyvanii i dialoge dlja sovremennoj semiotiki", *Mikhail Bakhtin: pro et contra*, T.1, SPb., 2001 [『현대 기호학에서

기호, 발화 및 대화에 관한 바흐친적 이념의 의미」, 『미하일 바흐친: 찬성과 반대』 제1권].

Jameson, F., "Postmodernism, or the Cultural Logic of Late Capitalism", *New Left Review*, June(146), The Aldsen Press, 1984.

Joravsky, D., *Russian Psychology*, Basil Blackwell, 1989.

Jurinets, V., "Frejdizm i marksizm", *Antologija rossijskogo psikhoanaliza 1*, Flinta, 1999[「프로이트주의와 맑스주의」, 『러시아 정신분석 선집 1』].

Kagan, M., *O khode istorii*, Yazyki slavyanskoi kultury, 2004[『역사의 행로』].

Kalygin, A., *Pannij Bakhtin: Estetika kak preodolenie etiki*, RGO, 2007[『초기 바흐친: 윤리학의 극복으로서의 미학』].

Karasev, L., *Filosofija smekha*, M., 1996.

Kelly, C. & Shepherd, D., *Constructing Russian Culture in the Age of Revolution: 1881~1940*, Oxford University Press, 1998.

Kendall, B., "Alexei Gastev and the Soviet Controversy over Taylorism 1918~1924," *Soviet Studies*, Vol.29, No.3, 1977.

Kondakov, I., "Sub"ekt v istoricheskoj dinamizme russkoj kul'tury: k istokam polifonicheskoj epokhi", *Prostranstva zhizni sub"ekta*, Nauka, 2004[「러시아 문화의 역사적 역동성에 나타난 주체: 다성악 시대의 원천에 부쳐」, 『주체의 삶의 공간들』].

Konkin, S. & Konkina, L., *Mikhail Bakhtin: Stranitsy zhizni i tvorchestva*, Saransk<Mordovskoe knizhnoe izd-vo>, 1993[『미하일 바흐친: 삶과 저술의 페이지들』].

Kozhnov, V., "Kniga, vokrug kotoroj ne umolkajut spory", *Dialog. Karnaval. Khronotop*, No.4, 1995[「끊이지 않는 논란의 책」, 『대화. 카니발. 크로노토프』].

Kozulin, A., *Psychology in Utopia*, The MIT Press, 1984.

Kropotkin, P., *Vzaimopomoshch' kak faktor evoljutsii*, Samoobrazobanie, 2011[『상호부조론』].

Kudrjavtsev, O., *Renessansnyj gumanizm i ≪Utopija≫*, Nauka, 1991[『르네상스 휴머니즘과 『유토피아』』].

Lejbin, V., *Frejd, psikhoanaliz i sovremennaja zapadnaja filosofija*, Izdatel'stvo politicheskoj literatury, 1990[『프로이트, 정신분석과 현대 서구철학』].

Lejbin, V. ed., *Zigmund Frejd, psikhoanaliz i russkaja mysl'*, Respublika, 1994[『지그문트 프로이트, 정신분석과 러시아 사상』].

Lenin, V., "Chto delat'?", *Izbrannye proizvedenija*, T.1, Izdatel'stvo politicheskoj literatury, 1988[「무엇을 할 것인가?」, 『저작선집 1』].

_____, *Lenin i kul'turnaja revoljutsija. Khronika sobytij (1917~1923 gg.)*, Mysl', 1972[『레닌과 문화혁명: 사건일지(1917~1923)』].

Likhachev, D., *O filologii*, Vysshaja shkola, 1989[『인문학에 관하여』].

Lipovetskij, M. & Sandomirskaja, I., "Kak ne 'zavershit'' Bakhtina?", *Novoe literaturnoe obozrenie*, No.79, M., 2006[「어떻게 바흐친을 '종결시키지 않을 수 있을 것인가?」, 『새로운 문학의 전망』].

Losev, A., *Estetika Vozrozhdenija*, M., 1978[『르네상스의 미학』].

Lotman, Ju., *Kul'tura i vzryv*, Gnozis, 1992[『문화와 폭발』].

Lurija, A., "Psikhoanaliz kak sistema monicheskoi psikhologij", *Antologija rossijskogo psikhoanaliza*, T.1, Flinta, 1999[「일원론적 심리학 체계로서의 정신분석」, 『러시아 정신분석 선집 1』].

Makhlin, V., "Litso k litsu: programma M. M. Bakhtina v arkhitektonike bytija-sobytija", *Voprosy literatury*, Maj-ijun', 1996[「얼굴을 맞대고: 존재-사건의 건축학에 있어서 M. M. 바흐친의 프로그램」, 『문학의 제문제』].

_____, "Predislovie redaktora", M. I. Kagan, *O khode istorii*[「편집자 서문」].

Mann, Ju., "Karnaval i ego okrestnosti", *Voprosy literatury*, Vy.1, M., 1995[「카니발과 그 주변」, 『문학의 제문제』].

Markov, B., *Chelovek, gosudarstvo i Bog v filosofii Nitsshe*, Vladimir Dal', 2005[『니체 철학에 있어서 인간, 국가 그리고 신』].

Miller, M. A., *Freud and Bolsheviks: Psychoanalysis in Imperial Russia and the Soviet Union*, Yale University Press, 1998.

Morson, G. S. "The Baxtin Industry", *Slavic and East European Journal*, Vol.30, No.1, 1986.

Morson, G. S. & Emerson, C. ed., "Introduction: Rethinking Bakhtin", *Rethinking Bakhtin. Extensions and Challenges*, Northwestern University Press, 1989.

Nazintsev, V. V., "Myslitel' Bakhtin i Teoretik Khajdegger", ed. Isupov, K. G., *M. M. Bakhtin i filosofskaja kul'tura XX veka*, ch.1, RGPU, 1991[「사상가 바흐친과 이론가 하이데거」, 『M. M. 바흐친과 20세기 철학적 문화』].

Nielsen, G., *The Norms of Answerability: Social Theory between Bakhtin and Habermas*, State University of New York Press, 2002.

Negri, A. & Khardt, M., *Mnozhestvo: vojna i demokratija v epokhu Imperii*, trans. V. L. Inozemtseva, Kul'turnaja revoljutsija, 2006[『다중: 제국 시대의 전쟁과 민주주의』].

Nethercott, F., *Une rencontre philosophique. Bergson en Russie, 1907-1917*, L'Harmattan, 1995.

Osovskij, O., *Dialog v bol'shom vremeni: literaturnaja kontseptsija M. M. Bakhtina*, Saransk, 1997[『거대한 시간 속에서의 대화: M. M. 바흐친의 문학 개념』].

Ovcharenko, V., *Rossijskie psikhoanalitiki*, Akademicheskij proekt, 2000[『러시아 정신분석가들』].

Paperno, I. & Grossman, J. ed., *Creating Life: The Aesthetic Utopia of Russian Modernism*, Stanford University Press, 1994.

Pelipenko, A. & Jakovenko, I., *Kul'tura kak sistema*, Jazyki russkoj kul'tury, 1998[『체계로서의 문화』].

Petrov, M. & Il'ja Chernjak, "Voprosy istoriogragii epokhi Vozrozhdenija", ed. L. Bragina, *Kul'tura epokhi Vozrozhdenija*, Nauka, 1986[「르네상스 시대에 대한 역사기술학의 문제들」, 『르네상스 시대의 문화』].

Petrov, M., *Ital'janskaja intelligentsija v epokhu Renessansa*, Nauka, 1982[『르네상스 시대의 이탈리아 인텔리겐치야』].

Pigalev, A., *Kul'tura kak tselostnost'*, Izdatel'stvo volgogradskogo universiteta, 2001[총체로서의 문화].

Podoroga, V., *Vyrazhenie i smysl*, Ad Marginem, 1995[『표현과 의미』].

Pomper, Ph., *The Russian Revolutionary Intelligentsia*, Thomas Crowell Company, 1970.

Poole, B., "From Phenomenology to Dialogue: Max Scheller's Phenomenological Tradition and Mikhail Bakhtin's Development from 'Toward a Philosophy of the Act' to his Study of Dostoevsky", *Bakhtin and Cultural Theory*, eds. Hirschkop, K. & Shepherd, D., Manchester University Press, 2001.

Popova, I., *Kniga M. M. Bakhtina o Fransua Rable i ee znachenie dlja teorii literatury*, IMLI RAN, 2009[『프랑수아 라블레에 관한 바흐친의 책과 문학이론에 있어서의 그 의의』].

Portnov, A., "Ideja dialogizma soznanija v filosofii i psikhologii XIX-XX vekov", *Bakhtinskie chtenija*, OGTRK, 1994[「19~20세기 철학과 심리학에 나타난 의식의 대화적 이념」, 『바흐친 읽기』].

Pumpjanskij, L., "Lektsii i vystuplenija M. M. Bakhtina 1924-1925 gg. V zapisjakh L. V. Pumpjanskogo", *M. M. Bakhtin kak filosof*, Nauka, 1992[「1924~1925년간 M. M. 바흐친의 강의와 발표: L. V. 품판스키의 노트에서」, 『철학자 바흐친』].

Pushkin, A., *Sobranie sochinenii v 5 tomakh*, T.1, Bibliopolis, 1993[『푸슈킨 선집』].

Rahmani, L., *Soviet Psychology*, International University Press, 1973.

Rancière, J., *The Politics of Aesthetics. The Distribution of the Sensible*, Continuum, 2004.

Rancour-Laferriere, D., *Russian Literature and Psychoanalysis*, John Benjamins Publishing Company, 1989.

Rejsner, M., "Sotsial'naja psikhologija i uchenie Frejda", *Antologija rossijskogo psikhoanaliza 1*, Flinta, 1999[「사회심리학과 프로이트 학설」, 『러시아 정신분석 선집 1』].

Rjumina, M., *Estetika smekha: Smekh kak virtual'naja real'nost'*, M., 2003[『웃음의 미학: 잠재적 현실성으로서의 웃음』].

Rosenthal, B. ed., *Nietzsche in Russia*, Princeton University Press, 1986.

Ryklin, M., "Telo terrora", *Terrorologiki*, Tartu-Moskva, 1992[「테러의 신체」, 『테러의 논리』].

Shatskikh, A., *Vitebsk. Zhizn' iskusstva 1917-1922*, Yazyki russkoj kul'tury, 2001[『비테프스크. 예술의 삶』].

Shklovskij, V., "Iskusstvo kak priem", *O teorii prozy*, Sovetskij pisatel', 1983 [『장치로서의 예술』, 『산문의 이론』].

Shukman, A., "Between Marxism and Formalism: The Stylistics of Mikhail Bakhtin", *Comparative Criticism: A Yearbook 2*, Cambridge University Press, 1980.

Sinyavsky, A., *Soviet Civilization*, Arcade Publishing, 1990.

Stallybrass, P. & White, A., *The Politics & Poetics of Transgression*, Cornell University Press, 1986.

Stanley, J. & Barbara H., *Stein, The Colonial Heritage of Latin America*, Oxford University Press, 1970.

Tamarchenko, N., *Estetika slovesnogo tvorchestva Bakhtina i russkaja religioznaja filosohija*, M., 2001 [『바흐친의 언어창조의 미학과 러시아 종교철학』].

Tarasov, K., *"Frejdo-marksizm" o cheloveke*, Mysl', 1989 [『"프로이트-맑스주의"의 인간학』].

Tynjanov, J., "O literaturnoj evoljutii", *Poetika. Istorija literatury. Kino*, Nauka, 1977 [『문학의 진화에 관하여』, 『시학. 문학사. 영화』].

Vakhrushev, V., "Tragikomicheskaja igra vokrug karnavala M. M. Bakhtina", *Dialog. Karnaval. Khronotop*, No.4, 1996 [『M. M. 바흐친의 카니발을 둘러싼 희비극적 유희』, 『대화. 카니발. 크로노토프』].

Voloshinov, V., *Filosofija i sotsiologija gumanitarnykh nauk*, Asta-press, 1995 [『철학과 인문과학의 사회학』].

Vološinov, V., *Marxism and the Philosophy of Language*, trans. Matejka, L. & Titunik, I. R., Harvard University Press, 1986.

Vygotsky, L. & Lurija, A., "Predislovie k russkomu perevodu knigi Z. Frejda 'Po tu storonu printsipa udovol'stvija'", *Antologija rossijskogo psikhoanaliza 1*, Flinta, 1999 [『프로이트의 「쾌락원칙을 넘어서」의 러시아어 번역본 서문』, 『러시아 정신분석 선집 1』].

Wall, A., "A Broken Thinker", *The South Atlantic Quarterly 97: 3/4, Summer/Fall*, Duke University Press, 1998.

Watt, I., *The Rise of the Novel*, Chatto & Windus, 1957.

Zalkind, A., "Freidizm i marksizm", *Antologija rossijskogo psikhoanaliza 1*, Flinta, 1999 [『프로이트와 맑스주의』, 『러시아 정신분석 선집 1』].

Zbinden, K., *Bakhtin Between East and West: Cross-Cultural Transmission*, Legenda, 2006.

Zhdanov, A., "Doklad t. Zhdanov o zhurnalakh 'Zvezda' i 'Leningrad'", *Literanturanja gazeta*, No.39. 1946 [『잡지 『즈베즈다』와 『레닌그라드』에 대한 쥬다노프 동지의 발표』, 『문학신문』].

Zhivov, V., *Razyskanija v oblasti istorii i predystorii russkoj kul'tury*, M., 2002 [『러시아 문화의 역사와 그 전사(前史)에 대한 탐구』].

찾아보기